TRATADO DE
Direito Administrativo Especial

VOLUME II

TRATADO DE DIREITO ADMINISTRATIVO ESPECIAL

VOLUME II

COORDENADORES

PAULO OTERO
Professor da Faculdade de Direito de Lisboa

PEDRO GONÇALVES
Professor da Faculdade de Direito de Coimbra

Reimpressão

TRATADO DE DIREITO ADMINISTRATIVO ESPECIAL – VOL. II

1ª Edição: Novembro de 2009

COORDENADORES
PAULO OTERO E PEDRO GONÇALVES

EDITOR
EDIÇÕES ALMEDINA, S.A.
Rua Fernandes Tomás, nos 76 a 80
3000-167 Coimbra
Tel.: 239 851 904 · Fax: 239 851 901
www.almedina.net · editora@almedina.net

PRÉ-IMPRESSÃO
EDIÇÕES ALMEDINA, S.A.

IMPRESSÃO E ACABAMENTO
PAPELMUNDE

Dezembro, 2017

DEPÓSITO LEGAL
301261/09

Os dados e as opiniões inseridos na presente publicação
são da exclusiva responsabilidade do(s) seu(s) autor(es).
Toda a reprodução desta obra, por fotocópia ou outro qualquer
processo, sem prévia autorização escrita do Editor, é ilícita
e passível de procedimento judicial contra o infractor.

Biblioteca Nacional de Portugal – Catalogação na Publicação
Tratado de direito administrativo especial / coord.
Paulo Otero, Paulo Gonçalves
2º v. : p. - ISBN 978-972-40-3943-5
I – OTERO, Paulo, 1963-
II – GONÇALVES, Pedro
CDU 342

NOTA DE ABERTURA

1. Num sistema jurídico cada vez mais administrativizado, observando-se a progressiva intervenção do Direito Administrativo em todos os sectores do ordenamento jurídico, enquanto expressão da multiplicidade de tarefas confiadas ao Estado nos mais diversos domínios, pode bem afirmar-se que o Direito Administrativo é um ramo de Direito expansivo e colonizador de todas as restantes disciplinas da ciência jurídica, mostrando uma intrínseca vocação imperialista.

Não existem hoje quaisquer ramos de Direito imunes à "contaminação" gerada pelo Direito Administrativo: se, em 1956, Marcello Caetano afirmava, no prefácio à 4.ª edição do seu *Manual*, já não ser lícito ignorar o Direito Administrativo, senão aos ignorantes, pode dizer-se agora, passado mais de meio século, que nem aos ignorantes é lícito ignorar esta disciplina.

E não se trata apenas de verificar que hoje mais de noventa e nove por cento dos diplomas publicados no jornal oficial dizem respeito a matérias de Direito Administrativo, nem de se registar que existem centenas de entidades públicas e entidades privadas que exercem poderes públicos emanando actos jurídico-administrativos: o Direito Administrativo é um mundo dentro do mundo do Direito e, apesar da tradição ainda fazer do Direito Civil o repositório dos grandes princípios jurídicos, a verdade é que aquele assume hoje uma dimensão quantitativamente mais importante.

Todas as áreas do Direito, desde o Direito Privado até ao Direito Constitucional, surgem hoje influenciadas pelo Direito Administrativo, senão pelas suas regras, ao menos pelos seus valores e princípios: o próprio declínio do dogma liberal da autonomia da vontade em Direito Privado, tal como a progressiva invasão de normas de natureza injuntiva na regulação de relações jurídico-privadas, substituindo as tradicionais normas dispositivas, visando tutelar interesses de ordem pública e a própria vinculação das entidades privadas aos direitos fundamentais, revelam uma

6   Tratado de Direito Administrativo

paulatina, embora consistente, tendência para a publicização do Direito Privado.

Num outro domínio, por paradoxal que possa parecer, a dita "fuga" da Administração Pública para o Direito Privado acabou por gerar, num momento subsequente, um novo e distinto fenómeno de publicização ou administrativização do Direito Privado aplicado por estruturas administrativas. Neste último sentido, a presença do Direito Administrativo contribuiu também para colocar em causa a tradicional dicotomia que, oriunda do Direito Romano, separava o Direito Privado e o Direito Público: é que o Direito Privado Administrativo já não é Direito Privado típico mas ainda não é Direito Administrativo, revelando a transversalidade e a pluralidade de matizes reguladoras da moderna Administração Pública que não se esgota no Direito Administrativo, apesar de fazer do Direito Administrativo o seu Direito comum.

Se o Estado Social do século XX se assemelhou à lenda do Rei Midas, administrativizando ou publicizando tudo aquilo que tocava, a verdade é que o recente fracasso económico das teses neoliberais adeptas da desregulação, prognosticando um regresso desejado ao Estado mínimo, faz esperar nova cruzada administrativadora dos mercados económicos e financeiros: uma nova geração de normas jusadministrativas já está a nascer, provocando um novo surto de administrativização da sociedade deste século XXI.

Depois de algumas décadas de ilusório engano, apresenta-se hoje claro que a própria efectividade da Constituição e do modelo político-social de Estado nela definido dependem mais da intervenção administrativa do que de qualquer esforço dos poderes legislativo e judicial: as promessas eleitorais feitas pelos políticos são quase todas de natureza administrativa e relativas à sociedade de bem-estar, além de que a materialização dos direitos fundamentais envolve o conferir à Administração Pública um protagonismo que a torna senhora do sucesso ou fracasso da própria ordem constitucional.

Na verdade, a Constituição está hoje, neste sentido, refém do poder administrativo: é assim que o Direito Administrativo se impõe como Constituição em movimento, tornando-se claro que só através da Administração Pública a Constituição ganha efectividade.

O Direito Privado, tendo perdido o senhorio maioritário das normas do sistema jurídico, encontra-se obnubilado pela expansão quantitativa do Direito Administrativo e surge nos nossos dias como vítima silenciosa de uma progressiva colonização que o vai contaminando e descaracterizando ao nível dos valores da liberdade e da autonomia da vontade: se exceptuarmos alguns princípios gerais de Direito que, por mera tradição histórica, ainda se localizam geograficamente no Direito Civil, apesar de serem repositório de um verdadeiro Direito Comum a todos os ramos institucionalizados da ciência jurídica, afigura-se nítido que, no jogo de influências recíprocas, a primazia indiscutível pertence hoje ao Direito Administrativo. Nascido sob o signo do desvio em relação a uma matriz jus-privatista, o Direito Administrativo impôs a sua autonomia e, na sua idade adulta, irradia os seus próprios valores para todo o ordenamento jurídico, incluindo, claro, o Direito Civil.

Em suma, recorrendo a uma ideia que tem vindo a ser generalizadamente aplicada em campos muito diversos, a noção de *Direito Administrativo Global* pode surgir, em termos adequados, como a representação simbólica do Direito Administrativo enquanto sistema de valores e de princípios jurídicos que se têm difundido com sucesso por todas as províncias do Direito.

2. Num sistema jurídico em que o Direito Administrativo não é mais um simples ramo, antes deve ser encarado como um hemisfério da ciência jurídica, urge clarificar que se recortam no seu âmbito dois distintos grupos de normas:

(i) Existem normas que, atendendo à sua dimensão reguladora de toda a Administração Pública, consubstanciando um repositório de princípios gerais comuns à organização e funcionamento da Administração e suas relações com os administrados, integram aquilo que se pode designar como o *Direito Administrativo geral* ou comum, desempenhando uma função sistémica de verdadeira teoria geral do ordenamento jusadministrativo;

(ii) Regista-se, por outro lado, a existência de uma pluralidade indeterminada de normas reguladoras de sectores específicos de intervenção administrativa, dotadas de princípios que alicerçam uma unidade interna própria de cada um desses sectores, constituindo o denominado *Direito Administrativo especial*, o qual compreende todo um conjunto de pequenos ramos autónomos do ordenamento jusadministrativo.

8 Tratado de Direito Administrativo

Sem prejuízo da necessária intercomunicabilidade científica entre os dois grupos de normas, nunca podendo o Direito Administrativo especial deixar de tomar em consideração o enquadramento legislativo e dogmático das soluções adiantadas pelo Direito Administrativo geral, nem a evolução dogmática deste na reconstrução da teoria geral do ordenamento jusadministrativo se alhear dos progressos alcançados pelos diversos Direitos Administrativos especiais, o presente *Tratado* versa, única e exclusivamente, estudar e apresentar o Direito Administrativo especial.

3. O *Tratado de Direito Administrativo Especial*, nascido da conjugação das vontades dos seus coordenadores, se, por um lado, parte da impossibilidade de uma só pessoa ser hoje capaz de abarcar a totalidade dos diversos sectores em que se desdobra o moderno Direito Administrativo especial, arranca do reconhecimento da indispensabilidade de uma tal obra no panorama científico português. Há muito que se sentia essa ausência: a ciência jusadministrativista portuguesa tinha aqui uma maioridade diminuída face às suas congéneres europeias.

Sem se correr o risco de exagero, pode dizer-se que a presente obra comporta, à partida, três inovações:

(i) Trata-se da primeira tentativa de estudar e sistematizar, à luz do ordenamento jurídico português, os diversos ramos especiais em que se desdobra hoje o Direito Administrativo: apesar de um tal intento já há muito ter sido realizado em ordenamentos jurídicos estrangeiros de língua alemã, espanhola, francesa e italiana, poderá estar-se aqui diante do primeiro Tratado de Direito Administrativo Especial escrito em língua portuguesa, desconhecendo-se a existência de algo semelhante no Brasil;

(ii) Expressa um grande esforço de participação de uma nova geração de especialistas nos diversos sectores específicos destes ramos de Direito Administrativo, provenientes de diversas escolas do país, todos integrados num projecto de construção dogmática plural e aberta de um novo Direito Administrativo para o século XXI: a própria sistemática de publicação dos diversos volumes do *Tratado*, sem obedecer a um plano fechado, recolhe os contributos já entregues e está aberta a novos estudos;

(iii) Traduz, por último, um projecto conjunto de coordenação entre dois professores de duas diferentes Universidades, comprovando que só a convergência entre os cientistas faz a ciência progredir, isto depois de já se terem perdido tantos anos de estéreis antagonismos: o *Tratado* junta, neste sentido, as tradições da Escola de Direito Administrativo de Lisboa e da Escola de Direito Administrativo de Coimbra.

Quanto ao resto, a tudo aquilo que se lerá, a partir daqui, e ao longo dos vários volumes que fazem parte deste *Tratado de Direito Administrativo Especial*, o mérito é dos Autores que, a convite dos coordenadores, elaboraram os seus textos, segundo um modelo de dimensões tendencialmente uniforme.

Se, depois da publicação deste *Tratado*, algo mudar na ciência do Direito Administrativo Português, estará justificada a sua existência e, numa outra dimensão, homenageados os fundadores de ambas as Escolas de Direito Administrativo.

Oxalá, por último, a presente iniciativa produza frutos dentro e fora do Direito Administrativo!

Os coordenadores
Paulo Otero e *Pedro Gonçalves*

DIREITO ADMINISTRATIVO DA ÁGUA

JOANA MENDES

O actual direito administrativo da água é fruto de uma evolução histórica que data pelo menos dos finais do século XIX, em particular das diferentes percepções da água ao longo do século XX. Assim, na análise que segue, proceder-se-á, primeiro, a um breve enquadramento histórico e conceptual que permitirá compreender melhor o actual regime jurídico, tal como como identificar os traços fundamentais mais ou menos estáveis que o caracterizam. Por outro lado, nas últimas décadas, o direito administrativo nesta área foi decisivamente condicionado pela legislação europeia. Deste modo, numa segunda parte, um breve excurso pelas diferentes fases do direito comunitário do ambiente da água servirá dois propósitos fundamentais: não só assinalar os elementos de ruptura e os elementos de continuidade da Directiva Quadro da Água[1] com o regime jurídico antecedente; mas, sobretudo, entender os diferentes condicionalismos que decorrem do direito comunitário, em particular da Directiva Quadro da Água, tendo em conta o seu papel determinante na actual configuração do direito da água português, contribuindo desta forma para a caracterização deste último.

Este capítulo pretende dar uma visão global do direito da água português, o que ocupará sobretudo a sua terceira parte. O direito da água é caracterizado nas suas linhas fundamentais, situado no seu contexto actual, procurando-se ao mesmo tempo as causas próximas das soluções hoje contidas na Lei da Água[2] não só no direito comunitário, sua fonte directa, mas

---

[1] Directiva 2000/60/CE do Parlamento Europeu e do Conselho, de 23 de Outubro de 2000, que estabelece um quadro de acção comunitária no domínio da política da água (JO L 327/1, 22.12.2000).

[2] Lei n.º 58/2005, de 29 de Dezembro (DR I Série-A, n.º 249).

também no direito nacional que a precedeu. Este capítulo onstitui, deste modo, uma narrativa do direito da água na encruzilhada entre a tradição do direito administrativo português e o direito comunitário. Pretende-se, salientar, para além das características do regime actual, os elementos de continuidade e de "transcendência" que indiciam traços que se prevêem estáveis e relativamente imunes a mudanças profundas de política legislativa.

1. ENQUADRAMENTO HISTÓRICO E CONCEPTUAL

1.1. Os três períodos fundamentais na evolução do direito português

Se organizar o uso, individual ou colectivo, da água, prevendo os necessários mecanismos de controlo e tutela, é uma necessidade tão antiga como a vida em sociedade, a partir de certo período – que se verificou em épocas diferentes em sociedades diferentes –, lidar com os problemas relacionados com a água implicou um papel de intervenção dos poderes públicos que excedeu a regulamentação jurídica da propriedade da água bem como dos conflitos daí emergentes. Na maior parte dos países europeus, a intervenção pública em matéria de água acentuou-se a partir das décadas de 60 e 70 do século XX, quando e à medida em que a poluição começou a atingir escalas alarmantes, ameançando os usos da água tal como tinham sido garantidos até então. De certa forma, o direito administrativo da água consiste, fundamentalmente, na regulação dos usos da água, bem de reconhecido valor social e económico, visando garantir a sua utilização racional e sustentada, bem como a sua protecção e valorização ambiental. Sendo que esta não era uma preocupação desconhecida anteriormente, ganhou indiscutivelmente uma predominância ímpar a partir de então[3]. Porém, as origens do direito administrativo da água são mais remotas, como se verá de seguida.

A forma como a água é valorizada pela comunidade tem sido um aspecto essencial na configuração da respectiva disciplina jurídica, em

---

[3] Sobre as preocupações ambientais do Decreto n.º 8, de 5 de Dezembro de 1892, relativo à organização dos serviços hidráulicos e do respectivo pessoal, PEDRO SERRA, *Política da água em Portugal: as tarefas da sustentabilidade*, in VIRIATO SOROMENHO MARQUES (coord.) *O desafio da água no século XXI entre o conflito e a cooperação*, Editorial Notícias, Lisboa, 2003, pp. 85-119, at p. 91.

particular no que respeita à definição das regras de direito público que regem a gestão deste bem, marcando assim a sua evolução. Em traços gerais, é possível distinguir três períodos fundamentais na evolução do direito português nesta matéria[4]. É necessário reconhecer, porém, que esta evolução não constituiu um processo linear: diferentes concepções da água coexistiram em diferentes épocas, e a resposta jurídica às diferentes percepções e necessidades raramente significou o abandono de instrumentos e regras criados em épocas anteriores.

Numa primeira fase, a administração da água foi fundamentalmente uma administração hidráulica e o direito público da água aquele que enquadrava o desenvolvimento dos aproveitamentos que garantiam uma oferta que satisfizesse as necessidades sociais e económicas, incluindo as obras que permitiam o abastecimento às populações. A água é o suporte das mais diversas actividades humanas e foi, inicialmente, entendida sobretudo como um factor de produção, sendo especialmente valorizado o seu papel vital como base do desenvolvimento sócio-económico. Os seus usos foram regulados em disciplinas sectorias destinadas fundamentalmente a favorecer o desenvolvimento das actividades produtivas que utilizam a água. Dito de outra forma, as regras de direito público foram fixadas fundamentalmente em função das actividades produtivas que a utilização da água permite realizar. Durante muito tempo, o direito administrativo da água careceu de uma abordagem global que permitisse avaliar as disponibilidades hídricas existentes e assegurar uma gestão coerente e racional do domínio público hídrico em função de objectivos de interesse público[5]. Como a água não era considerada um bem em si mesmo e a sua

---

[4] Ignora-se, nesta sede, a regulação pré-industrial da água, que continuou a caracterizar o ordenamento jurídico português durante grande parte dos períodos a seguir referidos. Em parte, as considerações seguintes seguem de perto o capítulo 2 da dissertação de mestrado da autora: JOANA MENDES, *O governo da água. Gestão integrada por bacia hidrográfica e administração hídrica*, Dissertação de Mestrado em Ciências Jurídico-Políticas, Faculdade de Direito da Universidade de Coimbra, 2003.

[5] Veja-se, por exemplo, o preâmbulo do Decreto-Lei n.º 16 767, de 23 de Abril de 1929, onde é patente o reconhecimento das limitações da acção do Estado em defesa do interesse público (por razões que se prendiam com o contexto económico e social da época, não por razões técnico-jurídicas): "Considerando que, embora o desenvolvimento económico do País não permita ainda ao Estado, sem risco de retrair iniciativas, tomar as posições que seria mester, este não deve iludir essa responsabilidade, com disposições legais facilmente sofismáveis".

14 Joana Mendes

relevância dependia dos usos que proporciona, a respectiva regulamentação era parcial, focando aspectos particulares relativos à tutela das diversas actividades, e funcionalizada ao tipo de interesses que aí se manifestam (por exemplo, indústria, agricultura, protecção da navegação, salubridade dos aglomerados urbanos)[6]. A principal preocupação do Estado consiste em assegurar que as obras hidráulicas concessionadas mantivessem um nível de oferta satisfatório para o abastecimento das populações, assim como para usos agrícolas e industriais (os últimos com menor relevo à época), assim como a manutenção de uma certa reserva de energia. O problema da tutela ambiental da água era apenas indirectamente considerado, no quadro de disciplina sectoriais.

A concessão, juntamente com a licença, foram os instrumentos jurídico-públicos privilegiados ao dispor dos poderes públicos para regulação dos diferentes usos particulares[7]. Porém, ambos os títulos incorporam decisões administrativas pontuais, tomadas na sequência de procedimentos isolados, muitas vezes a cargo de diferentes sectores da administração, não permitindo assim fazer uma valoração global dos diversos pedidos apresentados pelos particulares, nem uma consideração global dos efeitos sobre as águas decorrentes das diversas utilizações[8].

A predominância das preocupações de protecção ambiental mudou o quadro jurídico que prevaleceu durante este primeiro período. Gradualmente, emergiu uma disciplina jurídica própria, destinada à protecção do bem água, ententido como um bem que requer tutela para além da tutela dos usos que dele são feitos. Esta mudança ocorreu em Portugal fundamentalmente durante a década de 90, altura em que foram aprovados diplomas importantes, que, por um lado, dotaram o direito da água de instrumentos jurídicos próprios, desigadamente os planos de bacia hidrográfica, e, por outro, inseriram a actividade de licenciamento num quadro jurí-

---

[6] RICCARDO BAJNO et al., *Acque pubbliche interne ed usi: disciplina amministrativa e tutela penale*, in *Rivista trimestrale di diritto pubblico*, Milano, 1973, pp. 574-639, at p. 579, referindo-se ao direito italiano mas de relevância geral.

[7] Decreto n.º 5787-IIII, de 10 de Maio de 1919 (a lei da água que vigorou durante grande parte do século XX) e Decreto-Lei n.º 23 925, de 29 de Maio de 1934 (reconhecendo a complexidade e a morosidade do regime de concessão e determinando a licença como título jurídico adequado ao aproveitamento de águas não navegáveis nem flutuáveis).

[8] NICOLA LUGARESI, *Le acque pubbliche. Profili dominicali, di tutela e di gestione*, Giuffrè, Milano, 1995, p. 250.

Direito Administrativo da Água   15

dico coerente, especificamente destinado à protecção da água[9]. Trata-se, respectivamente, do Decreto-Lei n.º 45/94, de 22 de Fevereiro, relativo ao planeamento dos recursos hídricos, e do Decreto-Lei n.º 46/94, de 22 de Fevereiro, fixando o regime de licenciamento da utilização do domínio hídrico[10]. Ao mesmo tempo foi adoptado o Decreto-Lei n.º 47/94, de 22 de Fevereiro, que estabeleceu um regime económico e financeiro da utilização dos recursos hídricos inspirado pelo princípio do utilizador-pagador, mas que nunca chegou a ser implementado (as taxas, se bem que configuradas de forma diferente da que veio a ser consagrada neste diploma, não eram, aliás, uma novidade no regime jurídico português[11]). Estes mantiveram-se em vigor até à adopção dos diplomas complementares da Lei da Água, entre 2007 e 2008[12]. Este quadro legislativo foi completado pelos

---

[9] Os primeiros diplomas que denotam uma preocupação pela protecção ambiental da água foram adoptados nos inícios da década de 70 (a Portaria de 27 de Abril de 1970 criou uma comissão para proceder ao estudo de medidas legislativas relativas à defesa da qualidade das águas; o Decreto-Lei n.º 90/71, de 22 de Março de 1971 intensificou a protecção contra a poluição das águas, praias e margens, tanto na zona contígua e mar territorial, como nos portos, docas, caldeiras e na zona marítima dos rios; o Decreto-Lei n.º 605/72, de 30 de Dezembro de 1972 definiu os serviços da Direcção Geral dos Serviços Hidráulicos e procedeu à integração da luta contra a poluição na gestão dos recursos hídricos). Contudo, os primeiros diplomas significativos em matéria de protecção ambiental da água datam dos inícios da década de 90, nomeadamente o Decreto-Lei n.º 74/90, de 7 de Março, que estabeleceu critérios e normas de qualidade com a finalidade de proteger, preservar e melhorar a água em função dos seus principais usos (que viria a ser revogado em 1998 – artigo 83.º, n.º 1 do Decreto-Lei n.º 236/98, de 1 de Agosto, DR I Série-A, n.º 176) e o Decreto-Lei n.º 70/90, de 2 de Março, que, inspirado por preocupações de cariz ambiental re-definiu a organização da administração hídrica, que, porém, nunca chegou a ser criada nos termos aí previstos.

[10] DR I Série-A, n.º 44. O Decreto-Lei n.º 46/94 revogou legislação relativa à de utilização de recursos hídricos que vigorou durante várias décadas (artigo 91.º, n.º 1).

[11] O Decreto-Lei n.º 48 483 de 11 de Julho de 1968 já fixava taxas pela ocupação de terrenos do domínio público e emolumentos pela emissão de alvarás de licenças relativas a diferentes utilizações da água. Sobre o Decreto-Lei n.º 47/94, ver as considerações tecidas na sub-secção 3.5.

[12] Ver artigo 98.º, n.º 2, al b) a d) e artigo 102.º, n.º 1 e 2 da Lei da Água. O artigo 102.º da Lei da Água não se refere explicitamente à adopção de diplomas em matéria de planeanento, ainda que ela seja requerida por outras normas da Lei da Água. Tendo em conta o que este diploma dispõe a respeito do planeamento hídrico nesta matéria, pode, no entanto, considerar-se que o Decreto-Lei n.º 45/94 se encontra revogado, apesar de ainda não ter sido adoptada toda a legislação complementar nesta matéria.

16 Joana Mendes

diplomas que procederam à transposição de directivas comunitárias[13]. O regime jurídico criado na década de 90 reflectiu uma percepção da água segundo a qual esta é não só um bem público essencial à satisfação de necessidades humanas básicas, com potencialidade para ser posto ao serviço de um modelo de desenvolvimento económico de uma região ou de um país, como também o suporte de equilíbrios ambientais fundamentais à preservação de ecossistemas vários, sendo simultaneamente um "bem instável", dependente em grande medida de fenómenos naturais por vezes difíceis de controlar ou, mesmo, de prever[14]. A água é entendida como um bem ambiental ("o meio hídrico, como ecossistema, reveste-se de enorme sensibilidade e requer a tomada de medidas específicas de salvaguarda das suas características biofísicas"[15]) e um bem socio-económico ("a água é um recurso natural escasso e indispensável para a vida e para o exercício de uma enorme variedade de actividades económicas"[16]) que requer protecção específica. Preconizam-se, assim, os valores que viriam a ser plenamente consagrados na Lei da Água adoptada em 2005 (a Lei n.º 58/2005 já citada anteriormente[17]).

A aprovação da Lei da Água em 2005 marcou a transição para um terceiro período do direito público da água, assinalando a sua maturidade e a convergência entre a herança resultante da evolução brevemente delineada e a influência decisiva do direito comunitário da água, ele próprio sujeito a uma mudança de paradigma[18]. O regime jurídico actual será objecto de uma análise pormenorizada na terceira parte deste capítulo, pelo que a sua caracterização resultará das conclusões que forem aí tecidas. Assim, prefere-se analisar de seguida conceitos e instrumentos essenciais que caracterizam o direito da água pautado por preocupações de cariz ambiental. Estes, formaram-se, com as suas características actuais, no segundo período mencionado e foram desenvolvidos no quadro jurídico actual.

---

[13] Ver o disposto nas sub-secções 2.3.1 e 2.3.2 (notas 36, 41 e 42).

[14] Esta concepção deduz-se de algumas referências dos preâmbulos dos diplomas mencionados.

[15] Preâmbulo do Decreto-Lei n.º 45/94.

[16] Preâmbulo do Decreto-Lei n.º 47/94.

[17] Artigo 3.º, n.º 1, em particular al. a), b) e c). Para uma apreciação geral dos resultados produzidos fundamentalmente durante a década de 90, ver PEDRO SERRA, *Política da água...*, pp. 94-5.

[18] Ver secção seguinte, em particular sub-secção 2.4.1.

1.2. Conceitos e instrumentos fundamentais do direito da água

A reflexão da interdependência física entre as diferentes massas de água na respectiva disciplina jurídico-pública é um traço caracterizador do direito administrativo da água que decorre fundamentalmente de preocupações de cariz ambiental. No direito português, a primeira (ou pelo menos mais evidente) manifestação desta preocupação encontra-se na Lei de Bases de 1987, cujo artigo 12.° determina,

> "A bacia hidrográfica é a unidade de gestão dos recursos hídricos, a qual deverá ter em conta as suas implicações sócio-económicas, culturais e internacionais"[19].

A bacia hidrográfica obedece a fronteiras ecológicas, potencialmente ultrapassando os limites territoriais administrativos tradicionais (até mesmo as fronteiras internacionais, se levado às últimas consequências)[20]. Independentemente de como deve ser concretizada a regra segundo a qual a bacia hidrográfica é a unidade de gestão dos recursos hídricos, a gestão ou a regulação da água – o governo da água, se quisermos – devem ter em conta a realidade hidrológica, atender à unidade do ciclo da água, condição para assegurar uma sua gestão equilibrada e global. A bacia hidrográfica integra a fase terrestre do ciclo hidrológico, sendo que as diferentes massas de água que a compõem se encontram numa relação de interdependência, pelo que qualquer interferência que afecte a água num deter-

---

[19] Bacia hidrográfica é uma unidade geográfica e hidrológica que designa a "área terrestre a partir da qual todas as águas superficiais fluem, através de uma sequência de ribeiros, rios e, eventualmente, lagos, para o mar, desembocando numa única foz, estuário ou delta, abrangendo igualmente as águas subterrâneas". Esta definição, constante do artigo 1.°, 1, b) da Convenção sobre a Cooperação para a Protecção e Uso Sustentado das Águas nas Bacias Luso-Espanholas (assinada em Albufeira em 30 de Novembro de 1998), é praticamente idêntica à constante do artigo 2.° da Directiva Quadro da Água (citada na nota 1). Saliente-se, porém, uma importante diferença: a Directiva não abrange as águas subterrâneas no conceito de bacia hidrográfica. O ponto 13 do artigo 2.° define-a como "a área terrestre a partir da qual todas as águas fluem, através de uma sequência de ribeiros, rios e eventualmente lagos para o mar, desembocando numa única foz estuário ou delta", noção que é retomada, praticamente nos seus exactos termos, pela Lei da Água (artigo 4.°, al. m)).

[20] A adopção da bacia hidrográfica como unidade básica de administração da água é uma manifestação daquilo a que Martín Mateo chama "espacialidade singular", apontando-a como uma das características do direito do ambiente (RAMÓN MARTÍN MATEO, *Tratado de Derecho Ambiental*, Vol. I, Trivium, Madrid, 1991, pp. 92-93).

18 Joana Mendes

minado ponto da bacia pode ter repercussões noutras zonas da mesma bacia[21]. Esta interdependência justifica a eleição da bacia hidrográfica como unidade de administração da água, no seio da qual os poderes públicos devem mover-se para actuar a sua política de água[22].

A esta escolha fundamental estão associados dois outros conceitos: o conceito de abordagem combinada e o conceito de gestão integrada. Segundo o conceito de abordagem combinada, deverão ser estabelecidas condições suplementares ou controlos ambientais mais estritos se o cumprimento de normas de qualidade ambiental não puder ser satisfeito pela aplicação dos valores limites de emissão vigentes, fixados de acordo com as melhores técnicas disponíveis[23]. A aplicação deste conceito pressupõe "uma avaliação de impactes acumulados das actividades e valoriza, por isso, a integração territorial na prática dos actos autorizativos ambientais".[24] Dito de outro modo, em aplicação deste conceito, "apenas com conhecimento dos impactes das utilizações a longa distância, por intermédio da corrente hidráulica, [é] possível fixar as condições de licenciamento"[25].

Por outro lado, a escolha da bacia hidrográfica como a unidade de gestão dos recursos hídricos é uma manifestação do conceito de gestão integrada. Este conceito pressupõe uma visão global dos problemas da água e contrasta com uma abordagem que a encara exclusivamente como um recurso para diferentes fins[26]. Gestão integrada justifica-se, não só pela unidade física da água, mas também pelos diferentes interesses que nela

---

[21] Estes e outros aspectos são desenvolvidos na dissertação citada na nota 4 (sub-secção 3.3.)

[22] LUÍS VEIGA DA CUNHA et al., *A gestão da água. Princípios fundamentais e sua aplicação em Portugal*, Fundação Calouste Gulbenkian, Lisboa, 1980, p. 51.

[23] Este conceito foi pela primeira vez consagrado no artigo 10.º da Directiva 96/61/CE, do Conselho, de 24 de Setembro, relativa à prevenção e controlo integrados da poluição (JO L 257/26, 10.10.1996), entretanto substituída pela Directiva 2008/1/CE, do Parlamento Europeu e do Conselho, de 15 de Janeiro de 2008 (JO L 24/8, 29.1.2008). É um conceito chave da Directiva Quadro da Água (artigo 10.º).

[24] PEDRO SERRA E CARLA MENDONÇA, *A Directiva-Quadro e a reforma das instituições da gestão da água*, p. 4 (texto policopiado, sem data).

[25] PEDRO SERRA, *Política da água...*, p. 102.

[26] Neste sentido, FRANCISCO NUNES CORREIA, *Políticas da água e do ambiente na construção europeia* in VIRIATO SOROMENHO MARQUES (coord.) *O desafio da água...*, pp. 121-71, at p. 124, falando da centralidade do conceito na Directiva Quadro da Água (p. 125).

convergem. O conceito decompõem-se em várias dimensões. Gestão integrada significa, desde logo, *integração territorial*, entre águas de superfície e águas subterrâneas, entre rio principal e afluente, entre rio, foz e águas costeiras, entre água e solo (gestão integrada torna-se, assim, independente de questões relacionadas com a propriedade do recurso ou com os limites do domínio público hídrico). Significa também *integração entre os diferentes tipos de usos* de que a água é objecto: as múltiplas utilizações suas não podem ser tratadas de forma singular e fragmentária, sob pena de não se conseguir superar uma visão parcelar, que impediria ter em linha de conta a unidade natural do bem em causa essencial à sua preservação ambiental. A preservação ambiental da água e a garantia de satisfação dos diferentes usos que nela convergem implicam igualmente que sejam consideradas de *forma integrada as questões relativas à qualidade e à quantidade da água*. São dois aspectos que não podem ser objecto de tratamento diferenciado, desde logo porque à preservação de muitos dos ecossistemas que dependem da água é essencial não só o seu estado qualitativo como também o seu estado quantitativo, mas ainda porque é tão importante garantir que a água oferecida reúne as características de qualidade exigidas como assegurar que, uma vez usada, seja devolvida aos caudais públicos em condições que permitam posteriores usos, em quantidades suficientes. Gestão integrada significa, assim, uma abordagem integrada de todos os tipos de água numa mesma bacia ou região hidrográfica, uma visão integrada da relação entre as actividades económicas e os recursos hídricos que mobilizam, bem como a preservação do valor ecológico da água como garantia de disponibilidade para vários fins a longo prazo.[27]

A centralidade destes conceitos no direito da água manifesta-se nos seus principais instrumentos, ou pelo menos, em aspectos estruturais do seu regime jurídico. Desde logo, os planos hídricos são essenciais para assegurar uma gestão integrada por bacia hidrográfica. Com efeito, os planos são um instrumento crucial para assegurar uma visão de conjunto necessária ao acerto das decisões públicas o contexto actual. Sendo reflexo também da "espacialidade singular" do direito do ambiente,[28] os planos constituem, no fundo, um instrumento imperfeito de um ideal inalcansá-

---

[27] Sobre a importância dos conceitos de gestão integrada e de bacia hidrográfica em alguns ordenamentos europeus a partir da década de 70, JOANA MENDES, *O governo da água...*, Capítulo 4, referindo-se ao quadro normativo que precedeu a transposição da Directiva Quadro da Água para os diferentes ordenamentos jurídicos considerados.

[28] Ver nota 20.

vel: a "adequação espacial entre o sistema jurídico e os ecossistemas"[29], devendo igualmente reflectir, na medida do possível, a integração entre protecção ambiental e desenvolvimento económico. A necessidade dos planos decorre igualmente do conceito de abordagem combinada, já que "para estabelecer (...) as condições de descarga há que ter em conta o efeito cumulativo dos impactos das diversas actividades na bacia e a sua propagação de montante para jusante através da comunicação hidráulica entre as diferentes massas de água"[30]. A abordagem combinada, por sua vez, informa necessariamente o regime jurídico dos títulos de utilização da água: contribui quer para a complexidade da actividade de licenciamento quer para a precariedade dos títulos de utilização, sujeitos a revisão e mesmo a revogação tendo em vista a necessidade de cumprir os objectivos ambientais fixados. Por outro lado, a gestão integrada por bacia hidrográfica, em particular a consideração dos diversos usos da água, bem como da necessidade de assegurar a sua disponibilidade a longo prazo, recomenda uma abordagem económica à gestão da água – por exemplo, um processo de planeamento que tenha por base, entre outros aspectos, uma análise económica das utilizações que são feitas em cada bacia.

2. ENQUADRAMENTO COMUNITÁRIO

O direito comunitário da água passou por uma evolução sensivelmente paralela àquela descrita na secção anterior (ainda que, naturalmente, os períodos num e noutro plano não correspondam cronologicamente)[31]. Não é de estranhar, já que, como foi salientado, a evolução normativa acompanhou as diferentes percepções sociais da água e, no essencial, estas não diferiram muito de país para país na Europa Ocidental. Por outro lado, como é sabido, a partir de meados da década de 80, o direito português do ambiente, então ainda em estado incipiente, passou a ser amplamente determinado pelo direito comunitário.

---

[29] JOSÉ LUIS SERRANO MORENO, *Ecología y Derecho: principios de derecho ambiental y ecología jurídica*, Comares, Granada, 1992, p. 56.

[30] PEDRO SERRA, *Política da água...*, p. 97.

[31] Ver, designadamente, CLAUDIA OLAZÁBAL, *Community legislation on water protection. An assessment of its evolution and possible future*, in MARCO ONIDA (coord.), *Europe and the environment. Legal essays in Honour of Ludwig Krämer*, Europa Law Publishing, Groningen, 2004, pp. 157-172.

Ao nível comunitário, porém, os diferentes períodos foram igualmente determinados por características específicas deste ordenamento, designadamente pela finalidade predominantemente económica do processo de integração europeia, pelo alargamento de competências comunitárias ocorrido em meados da década de 80 e no início da década de 90, sendo que o direito comunitário, aqui como em outros âmbitos, foi igualmente condicionado pela influência deteminante exercida pela negociação entre Estados-Membros portadores de visões e interesses díspares durante os processos de elaboração e aprovação dos respectivos instrumentos legislativos[32].

2.3. A PRIMEIRA E A SEGUNDA GERAÇÃO DE DIRECTIVAS

2.3.1. Primeira geração, novas directivas e efeito directo

Até meados da década de 80 e no início da década de 90, a água foi regulada pela Comunidade Europeia enquanto um meio de suporte de actividades com relevância económica[33]. O direito comunitário da água, nesta fase, compreendia dois conjuntos normativos: por um lado, uma série de directivas que definiram normas de qualidade da água em função dos seus usos, destinadas a preservar a água na medida em que os respectivos usos económicos pudessem ser ameaçados pela poluição[34]; por outro lado, um grupo de directivas cujo objectivo primordial foi a redução ou eliminação

---

[32] Em geral sobre a evolução do direito comunitário do ambiente, fazendo uma análise mais completa dos diferentes factores que influenciaram a política e direito do ambiente da União Europeia, ver INGMAR VON HOMEYER, *The evolution of EU environmental governance*, in JOANNE SCOTT (coord.), *Environmental protection. European law and governance*, Oxford University Press, Oxford, 2009, pp. 1-26.

[33] Para uma análise da primeira geração de directivas, ver PAULO CANELAS DE CASTRO, *Novos rumos do direito comunitário da água: a caminho de uma revolução (tranquila)?* in *Revista do CEDOUA*, 1998, pp. 12-13; assim como, PAULO CANELAS DE CASTRO, *European Community water pólicy* in Joseph W. Dellapenna e Joyceta Gupta (coord.), *The evolution of the law and politics of water*, Springer, Dordrecht, 2009 pp. 227-244, at. pp. 232 ss.

[34] Directiva 75/440/CEE (águas superficiais captadas para consumo humano JO L. 194/26, 25.7.1975); Directiva 76/160/CEE (águas balneares JO L. 31/1, 5.2.1976); Directiva 78/659/CEE (águas doces para fins piscícolas JO L. 222/1, 14.8.1978); Directiva 79/923/CEE (águas conquícolas JO L. 281/47, 10.11.1979); Directiva 80/778/CEE (águas destinadas ao consumo humano JO L. 229/11, 30.8.1980), entretanto revogadas.

da poluição causada pela presença de substâncias perigosas no meio aquático, fixando valores limite de emissão[35]. Formalmente, tendo em conta o princípio de competências atribuídas, as directivas comunitárias deste primeiro período basearam-se quer na necessidade de eliminar disparidades entre normas de direito nacional relativas à qualidade da água e a descargas industriais que pudessem criar condições de concorrência desiguais no mercado interno, na altura ainda em formação (artigo 94.º CE), quer, subsidiariamente, na norma relativa aos poderes implícitos da Comunidade Europeia, na medida em que uma acção comunitária relativa à protecção da água pudesse ser considerada necessária para atingir um dos objectivos da Comunidade para os quais o Tratado não tenha previsto os poderes necessários (artigo 308.º CE, à luz do artigo 2.º que, desde a versão original do Tratado de Roma, define como objectivos comunitários a promoção de um desenvolvimento harmonioso das actividades económicas, de uma expansão contínua e equilibrada, bem como a melhoria das condições de vida).

O objectivo fundamental era enfrentar problemas específicos de poluição que envolviam riscos para a saúde humana e para os diferentes usos da água. Diferentes usos, bem como diversos tipos de substâncias poluentes foram regulados por diplomas distintos, resultando numa abordagem sectorial e fragmentária. De uma forma geral, definiram parâmetros que devem ser transpostos para os ordenamentos nacionais, obrigações por parte dos Estados-membros de elaborar programas para alcançar os objectivos de protecção definidos nas directivas, além de obrigações de monitorização, controlo e comunicação de resultados à Comissão Europeia.

Estas directivas foram transpostas para o direito português pelo Decreto-Lei n.º 236/98, de 1 de Agosto (entretanto sucessivamente alterado à medida que foram sendo transpostas outras directivas comunitárias)[36]. Na sua maior parte, foram entretanto revogadas e enquadradas por legislação adoptada na sequência da Directiva Quadro da Água. Algumas das novas directivas vieram consolidar os regimes anteriores, outras intro-

---

[35] Directiva 76/464/CEE (poluição causada por determinadas substâncias perigosas lançadas no meio aquático da Comunidade, JO L. 129/23, 19.5.1976), "directiva-mãe" de uma série de directivas relativas a substâncias concretas, todas entretanto revogadas; Directiva 80/68/CEE (protecção das águas subterrâneas contra a poluição causada por certas substâncias perigosas, JO L. 20/43, 26.1.1980), em vigor até 2013 (ver igualmente Directiva 2006/118, citada a seguir, na nota 37).

[36] DR I-Série A, n.º 176, alterado pelo Decreto-Lei n.º 306/2007, de 27 de Agosto (DR I-Série, n.º 164).

Direito Administrativo da Água

duziram um novo regime jurídico e como tal requerem novos diplomas de transposição[37]. Tal como as suas antecessoras, no essencial, as novas directivas fixam parâmetros de protecção ambiental e definem deveres procedimentais das administrações nacionais face à Comissão Europeia[38]. Deste modo, os seus efeitos na relação entre a Administração e os particulares prendem-se fundamentalmente com o facto de estas directivas condicionarem as normas legislativas internas. No entanto, pode entender-se que algumas das suas normas, pelas suas características, poderão ser directamente invocáveis pelos particulares perante os tribunais nacionais, desde que não sejam transpostas dentro dos limites temporais fixados ou sejam transpostas de forma incorrecta. Por exemplo, a Directiva n.º 2008/105/CE estabelece normas de qualidade que são claramente definidas e incondicionais; como tal, podem ser directamente invocados por particulares contra actos contrários.[39] Da mesma forma, normas que impõem a necessidade de determinadas descargas estarem dependentes de autori-

---

[37] Directiva 2006/7/CE, do Parlamento Europeu e do Conselho, de 15 de Fevereiro de 2006, relativa à gestão da qualidade das águas balneares e que revoga a Directiva 76/160/CEE (JO L 64/37, 4.3.2006); Directiva 2006/11/CE, do Parlamento Europeu e do Conselho, de 15 de Fevereiro de 2006, relativa à poluição causada por determinadas substâncias perigosas lançadas no meio aquático da Comunidade (JO L 64/52, 4.3.2006); Directiva 2006/44/CE, do Parlamento Europeu e do Conselho, de 6 de Setembro de 2006, relativa à qualidade das águas doces que necessitam de ser protegidas ou melhoradas a fim de estarem aptas para a vida dos peixes (JO L 264/20, 25.9.2006); Directiva 2006/113/CE, do Parlamento Europeu e do Conselho, de 12 de Dezembro de 2006, relativa à qualidade exigida das águas conquícolas (JO L 376/14, 27.12.2006); Directiva 2006/118/CE, do Parlamento Europeu e do Conselho, de 12 de Dezembro de 2006, relativa à protecção das águas subterrâneas contra a poluição e a deterioração (JO L 372/19, 27.12.2006); Directiva 2008/105/CE, do Parlamento Europeu e do Conselho, de 16 de Dezembro de 2008 relativa a normas de qualidade ambiental no domínio da política da água, que altera e subsequentemente revoga as Directivas 82/176/CEE, 83/513/CEE, 84/156/CEE, 84/491/CEE e 86/280/CEE do Conselho, e que altera a Directiva 2000/60/CE (JO L 348/84, 24.12.2008).

[38] Na verdade, esta observação esconde as diferenças reais entre as directivas originais e as que as vieram substituir nos últimos anos, na sequência da adopção da Directiva Quadro da Água. Sobre estas diferenças, ver nomeadamente, LUDWIG KRÄMER, *EC environmental law*, 6.ª ed., Sweet and Maxwell, London, 2007, pp. 279-94.

[39] Artigo 3.º, n.º 1 e Anexo I da Directiva 2008/105/CE (citada na nota 37). Defendendo que o facto de os Estados-membros poderem fixar parâmetros mais restritos, no sentido de prosseguirem um elevado grau de protecção ambiental, não afecta a possibilidade de estas normas serem directamente invocadas contra parâmetros menos exigentes, ver JAN H. JANS e HANS H.B. VEDDER, *European environmental law*, 3.ª ed, Europa Law Publishing, Groeningen, 2008, p. 176.

24 Joana Mendes

zações (semelhantes às constantes do Artigo 4.° da Directiva n.° 2006/11) podem ser invocadas nos tribunais nacionais para prevenir ou reagir contra descargas que violem essas regras.[40] Por outro lado, na medida em que os parâmetros fixados por estas directivas se imponham como valores imperativos que o legislador nacional deve reproduzir nos diplomas de transposição, estes serão os mesmos que, uma vez incorporados no direito nacional, terão de ser tidos em conta nos instrumentos administrativos de actuação do direito da água, designadamente no licenciamento das utilizações do domínio hídrico.

2.3.2. Segunda geração: o anúncio de uma mudança de paradigma

Após meados da década de 80, a introdução de competências específicas em matéria de ambiente, conjugada com a percepção crescente de que a água é mais do que meramente o suporte de actividades economicamente relevantes, permitiu uma mudança gradual de paradigma. Assim, fruto de um segundo período de direito comunitário da água, a "directiva nitratos"[41] e a "directiva águas residuais"[42] – ambas instrumentos cruciais no combate à poluição difusa – baseariam-se em técnicas de protecção diferentes e revelam uma perspectiva já menos antropocêntrica da protecção do meio hídrico. Desigadamente, a necessidade de classificar o meio receptor em função da sua vulnerabilidade a determinados poluentes, tendo assim em conta a protecção do meio receptor ao fixar os parâmetros de poluição permitidos para determinadas descargas e impondo tratamentos de descargas mais exigentes ou medidas específicas em zonas mais

---

[40] Directiva 2006/11/CE (citada na nota 37). JAN H. JANS e HANS H.B. VEDDER, *European...*, pp. 180-1. Quanto ao efeito directo dos requisitos a que estão sujeitas as autorizações de recargas artificiais de águas subterrâneas, vide *IDEM*, p. 187.

[41] Directiva 91/676/CEE, do Conselho, de 12 de Dezembro de 1991, relativa à protecção das águas contra a poluição causada por nitratos de origem agrícola (JO L 375/1, 31.12.1991) (transposta para o direito português pelo Decreto-Lei n.° 235/97, de 3 de Setembro, DR I-Série A, n.° 203, alterado pelo Decreto-Lei n.° 68/99, de 11 de Março, DR I-Série A, n.° 59).

[42] Directiva 91/271/CEE, do Conselho, de 21 de Maio de 1991, relativa ao tratamento de águas residuais urbanas (JO L 135/40, 30.5.91), transposta para o direito português pelo Decreto Lei n.° 152/97, de 19 de Junho, DR I-Série A, n.° 139, alterado pelo Decreto Lei n.° 198/2008, de 8 de Outubro, DR I-Série, n.° 195).

Direito Administrativo da Água

poluídas em vista da protecção do meio hídrico, demonstra a centralidade que o bem água gradualmente adquire como bem a proteger independemente dos usos que dele são feitos.[43]

No mesmo período, a directiva relativa à prevenção e ao controlo integrados da poluição introduziu o conceito de abordagem combinada[44]. Como é sabido, o objecto desta directiva não é especificamente a protecção da água, mas a protecção integrada dos diferentes componentes ambientais no momento do licenciamento de instalações industriais. No entanto, aplicado à água, o conceito de abordagem combinada preconiza uma mudança profunda: esta deixa de ser entendida como um conjunto de diferentes massas de água classificadas em função dos seus usos para passar a ser tomada como um sistema hidrológico integrado. Esta é a concepção que veio a basear a Directiva Quadro da Água.

2.4. A DIRECTIVA QUADRO DA ÁGUA

2.4.1. Um novo paradigma do direito da água

A Directiva Quadro da Água produziu uma mudança profunda em matéria do regime jurídico da água, dando início à terceira e decisiva fase do direito comunitário nesta matéria.[45] Baseada claramente nos princípios de protecção ambiental, a Directiva estabelece o quadro jurídico para o devenvolvimento de uma política comunitária integrada relativa à água que requer uma cooperação estreita entre instituições comunitárias, entidades nacionais e locais, assim como entre estas e os particulares.[46] Trata-se de um instrumento ambicioso que rompeu com muitos dos constrangimentos vigentes até então, tendo em vista a conservação e a melhoria do

---

[43] Artigos 4.º e 5.º, bem como Anexo I, ponto B, quadros 1 e 2 e Anexo II da Directiva 91/271/CEE, *cit.*; artigo 3.º, n.º 1 e 3, artigo 5.º, n.º 1 a 4, bem como Anexos I e III da Directiva 91/676/CEE, *cit.*.

[44] Artigo 10.º da Directiva PCIP (Directiva 96/61/CE, *cit.*, nota 23, entretanto substituída pela Directiva 2008/1/CE, *cit.*, nota 23). Ver a este propósito o que foi dito acima (sub-secção 1.2).

[45] Considerando a Directiva Quadro como um marco também na evolução do direito europeu do ambiente, ver INGMAR VON HOMEYER, *The evolution...*, pp. 20-23 e 26.

[46] Preâmbulo, parágrafos n.º 9, 11, 12, 14, 16.

26 Joana Mendes

ambiente hídrico no território da União Europeia.[47] Em parte, veio enquadrar a legislação comunitária anterior, adaptando-a a um novo paradigma.

A disciplina jurídica que a Directiva estabelece alicerça-se claramente num conceito de gestão integrada da água. Considera ser essencial uma abordagem integrada de todos os tipo de água – águas de superfície e águas subterrâneas, águas interiores e águas costeiras[48] –, bem como a integração entre tutela da água e solos circundantes. Exige a integração entre as questões relacionadas com a qualidade ecológica da água e aquelas que contendem com o seu estado quantitativo, por se reconhecer que os aspectos quantitativos podem condicionar a qualidade da água[49]. Pressupondo também uma abordagem integrada dos diferentes usos de que a água é susceptível, no sentido de garantir a sua utilização racional, de forma a conseguir a melhor satisfação das necessidades que nela confluem. Em consequência, determina a integração da política da água nas restantes políticas comunitárias (nomeadamente, nas políticas energética, de transportes, agrícola, de pescas, regional e turística)[50].

O seu objectivo primordial – alcançar um bom estado das águas até 2015[51] – contém em si muito da novidade que esta Directiva trouxe em termos de evolução do direito da água. Em primeiro lugar, este objectivo revela uma abordagem diferente ao problema da protecção da água: esta é sobretudo entendida como "um património que deve ser protegido, defendido e tratado como tal", o que deverá acontecer através do restabeleci-

---

[47] Artigo 1.º da Directiva (excepto onde expressamente indicado, os artigos citados nesta secção referem-se à Directiva Quadro).

[48] A título de exemplo, veja-se o que diz o 17.º considerando da Directiva: "uma política da água eficaz e coerente deve ter em conta a vulnerabilidade dos ecossistemas localizados perto da costa e de estuários ou em golfos e mares relativamente fechados, pois o seu equilíbrio é fortemente influenciado pela qualidade das águas interiores que para eles afluem (...)".

[49] No 20.º considerando pode ler-se: "o estado quantitativo de uma massa de águas subterrâneas pode ter impacto na qualidade ecológica das águas de superfície e dos ecossistemas terrestres associados a essa massa de águas subterrâneas". E no 34.º: "para efeitos de protecção ambiental, é necessária uma maior integração dos aspectos qualitativos e quantitativos das águas de superfície e das águas subterrâneas, que tenha em conta as condições de fluxo natural da água dentro do ciclo hidrológico". Tudo isto terá de ser considerado nos planos de gestão de bacia.

[50] A este propósito, o 16.º considerando é explícito: "a presente directiva constituirá a base para o prosseguimento do diálogo e para o desenvolvimento de estratégias destinadas a uma maior integração das diferentes políticas".

[51] Artigo 4.º, n.º 1, al. a), *ii)*; al. b), *ii)*.

Direito Administrativo da Água 27

mento dos seus equílibrios biológicos, hidromorfológicos, químicos e físico-químicos, bem como de outras características gerais.[52] Com efeito, a Directiva preocupa-se fundamentalmente com o funcionamento dos sistemas hídricos. Assegurar os usos da água é uma preocupação secundária quando comparada com os objectivos primários da Directiva. A perspectiva de protecção é assim predominante ecocêntrica, sem abandonar a necessidade de ponderar objectivos ambientais com preocupações sociais e económicas.[53] Ao mesmo tempo, esta perspectiva implica uma visão holística da água: a Directiva abrange todas as águas – superficiais, subterrâneas, águas de transição e águas costeiras – bem como todos os usos que dela sejam feitos e que possam contender com a qualidade da água que se pretende alcançar.[54] Destas escolhas fundamentais resulta um dos aspectos inovadores da Directiva: a eleição da região hidrográfica como unidade geográfica de gestão da água.[55]

Em segundo lugar, alcançar este objectivo requer que sejam tomadas em consideração as circunstâncias específicas de cada região hidrográfica. Dito de outra forma: alcançar um objectivo de protecção comum para todas as águas do território da União Europeia implica uma estratégia

---

[52] O conceito de bom estado das águas é definido por referência à qualidade química e à qualidade ecológica da água (no caso das águas de superfície – artigo 2.º, n.º 18), bem como ao estado quantitativo e à qualidade química da água (no caso das águas subterrâneas – artigo 2.º, n.º 20). Bom estado químico das águas é definido pelo alcançar de objectivos ambientais em que as concentrações de poluentes não ultrassam as normas de qualidade estabelecidas (artigo 2.º, n.º 24). Bom estado ecológico exprime a boa qualidade estrutural e funcional dos ecossistemas aquáticos associados à água (artigo 2.º, n.os 21 e 22). Alcançar estes estados depende do cumprimento das condições contidas no Anexo V. Daqui decorre que o conceito de bom estado das águas depende do preenchimento de parâmetros biológicos, hidromorfológicos, químicos e físico-químicos de suporte aos elementos biológicos, bem como de outros parâmetros gerais, tais como temperatura e acidez (ver, em particular, ponto 1.1 do Anexo V).

[53] Ver, designadamente, os fundamentos das excepções e prorrogações ao objectivo de alcançar um bom estado das águas até 2015 (artigo 4.º, n.os 4 a 7) – por exemplo, o custo excessivo das melhorias requeridas dentro do prazo estabelecido é fundamento de prorrogação (artigo 4.º, n.º 4, al. a), ii)) – bem como as regras relativas à amortização dos serviços hídricos, que permitem que os Estados tenham em consideraçãoas consequências económicas e sociais (entre outras) na fixação – ou na isenção – de uma política de preços da água (Artigo 9.º, n.º 1, último parágrafo, e n.º 4).

[54] Artigo 1.º e artigo 5.º (na medida em que pressupõe uma visão global relativamente às utilizações da água em cada bacia).

[55] Artigo 2.º, n.os 13 e 15; artigo 3.º.

europeia que garanta um entendimento e prossecução uniformes dos objectivos fixados, mas também um conhecimento profundo das realidades regionais e locais.[56] Deste modo, "bom estado das águas" não pode deixar de ser um conceito relativamente indefinido e consideravelmente complexo.[57] No esquema da Directiva, este conceito deverá ser concretizado através de uma série de decisões tomadas a diferentes níveis de governo (local, nacional e europeu) o que resulta numa abordagem relativamente flexível – dentro dos limites definidos pela Directiva – à definição do que em cada zona e em cada momento será um "bom estado das águas".[58] Estas diferentes decisões convergem na unidade territorial escolhida como unidade de referência de aplicação da Directiva.[59]

Em terceiro lugar, trata-se de um objectivo enquadrado por um prazo determinado. Apesar disso, uma longa e complexa lista de excepções e prorrogações, definidas por recurso a conceitos indeterminados, deixa aos Estados-membros uma considerável margem de manobra, fazendo com que o cumprimento do objectivo global definido seja mais uma obrigação de meios do que uma obrigação de resultado (devendo em qualquer caso ser cumprido o complexo conjunto de regras contido no artigo 4.º da Directiva). Este aspecto é característico de uma estratégia de protecção ambiental que assenta na definição de objectivos de longo prazo mas que, ao mesmo tempo, deixa em aberto a definição de muitos aspectos cruciais para a realização desses objectivos.[60] Esta abordagem tem consequências

---

[56] Preâmbulo, parágrafos 13 e 14. Note-se que os planos de gestão de bacia hidrográfica – um dos principais instrumentos previstos pela Directiva com vista à consecussão dos objectivos por ela determinados – pressupõem a elaboração de programas de medidas que permitam alcançar os objectivos ambientais definidos no artigo 4.º tendo por base uma análise prévia, geográfica e sócio-económica, das características de cada região hidrográfica (artigo 5.º; ver também artigos 11.º e 13.º, bem como Anexo VII).

[57] Cf. artigo 4.º, bem como Anexo V da Directiva.

[58] Neste sentido, MARIA LEE, *Law and governance of water protection policy*, in JOANNE SCOTT (coord.), *Environmental protection. European law and governance*, Oxford University Press, Oxford, 2009, pp. 27-55, at p. 30. Esta abordagem flexível é particularmente visível no regime de prorrogações e excepções do artigo 4.º.

[59] Considerando que a escolha desta unidade territorial é "inherently disruptive of ideas of EU, local *and* national regulation", ver Lee, *op. cit.*, p. 28 (ênfase no original).

[60] Esta relativa abertura das normas da Directiva, que parece também indiciar uma opção por uma técnica diferente de protecção ambiental. é fundamentalmente o resultado das dificuldades de negociação no âmbito do procedimento legislativo de co-decisão que antecedeu a sua adopção.

importantes ao nível da execução da Directiva, que ultrapassa o esquema tradicional de transposição e de eventual concretização por "directivas filhas" ou directivas de segundo grau adaptadas na sequência de procedimentos de comitologia (elas próprias dependentes de transposição).[61] Muitas das regras da Directiva – mesmo as mais centrais, como as que estabelecem os objectivos a alcançar – carecem de concretização. Porém, na medida em que o que se pretende é uma consecussão uniforme dos objectivos fixados, as respectivas medidas de execução tendem a ser coordenadas a nível europeu, pelo menos no sentido de alcançar um entendimento comum relativamente à interpretação da Directiva e aos mecanismos técnicos requeridos para a levar a cabo.[62]

Em suma, três aspectos fundamentais, inter-relacionados, caracterizam a actual fase do direito comunitário da água. Por um lado, uma abordagem predominantemente ecocêntrica à protecção da água conduz ao quebrar das fronteiras administrativas – e até políticas – na medida em que a concretização da Directiva implica, pelo menos, uma coordenação entre as diferentes entidades com competências administrativas com incidência directa no território que que compõe a região hidrográfica. Por outro lado, as decisões tomadas em cada região tendo em vista a prossecução do objectivo principal da Directiva dentro do prazo de longo termo fixado, são o produto de um processo de concretização das normas da Directiva que, sendo uma competência das entidades administrativas nacionais, é coordenado a nível europeu.

Do regime jurídico da Directiva derivam indicações específicas relativamente à organização administrativa que servirá de suporte à gestão da água, bem como relativamente a instrumentos administrativos de actuação dos seus objectivos, nomeadamente os planos, ao regime económico e financeiro que deve ser posto ao serviço de uma utilização sustentável da água, às formas de participação dos interessados na elaboração dos instrumentos de gestão da água. Estes e outros aspectos serão abordados na secção seguinte, onde se analisará o direito da água vigente em Portugal após a transposição da Directiva e se salientará a influência do direito comunitário em aspectos específicos do actual regime jurídico da água.

---

[61] Ver von Homeyer, *op. cit.*, p. 20.
[62] Este aspecto será desenvolvido na sub-secção 2.4.2.

2.4.2. A estratégia comum de implementação da directiva

Antes de entrar na análise do direito da água nacional tal como ele foi configurado na sequência da transposição da Directiva, é importante chamar a atenção do leitor para um aspecto fundamental. Como resulta de algumas das considerações precedentes, muitos dos procedimentos de decisão requeridos pela concretização da lei que procedeu à transposição da Directiva Quadro para o direito português são não apenas determinados pelas disposições da Directiva, mas também influenciados por escolhas tomadas a nível europeu no âmbito da Estratégia Comum de Implementação da Directiva Quadro da Água. Este é talvez o principal mecanismo de implementação criado na sequência da Directiva e é relativamente inovador no direito comunitário do ambiente.[63] Não decorre de nenhuma previsão legislativa comunitária, resulta antes de negociações ocorridas após a sua adopção entre a Comissão e os representantes dos Estados-membros (e da Noruega) com competência em matéria de água.

A Estratégia Comum de Implementação é, em parte, o resultado do carácter indefinido de algumas das normas da Directiva, em parte, o resultado dos seus objectivos ambiciosos e da sua complexidade técnica. Trata-se de uma estrutura informal que reúne representantes dos Estados-membros e membros da Comissão, especialistas e políticos; esta estrutura abrange igualmente ONG's e outros participantes, mas o seu estatuto difere consoante o tipo de funções em causa.[64] A sua principal função é

---

[63] Em geral sobre a Estratégia de Implementação, analisando-a como uma nova forma de governança europeia, ver JOANNE SCOTT e JANE HOLDER, *Law and new environmental governance in the European Union* in GRÁINNE DE BÚRCA e JOANNE SCOTT (coord.), **Law and new governance in the EU and the US**, Oxford and Portland, Oregon: Hart Publishing, 2006, pp. 211-42, at pp. 224-33. As autoras falam de "multi-level collaborative governance" e de federalismo experimental para caracterizar o significado deste tipo de estrutura. Ver também PAULO CANELAS DE CASTRO, *European Community...*, pp. 238-240 INGMAR VON HOMEYER, *The evolution...*, pp. 20-23 e MARIA LEE, *Law and governance...*, pp. 46-55.

[64] Organizatoriamente, a Estratégia está estruturada em três níveis: num primeiro nível, os Directores da Água (de cada Estado-membro) e a Comissão conduzem o processo e consolidam os documentos produzidos; num segundo nível, um grupo de coordenação estratégica, composto por representantes de todos Estados-membros, conduzido (chaired) por um membro da Comissão e financiado pela Comissão, assegura a coordenação do trabalho dos diferentes grupos; por fim, grupos de trabalho, lideradas pelo representante de um país ou pela Comissão e reunindo representantes (técnicos) dos Estados-membros interessados, ONG's e outras partes interessadas ("Common Implementation Strategy for the

facilitar a partilha de informação – com particular ênfase em questões metodológicas relativas às implicações técnicas e científicas da Directiva – e, com base na informação reunida, produzir documentos de apoio à implementação da Directiva.[65] O seu objectivo é, assim, "promover a harmonização da interpretação das obrigações da DQA e estabelecer uma base comum de trabalho que conduza a uma maior comparabilidade das metodologias aplicadas e resultados obtidos".[66] Os documentos produzidos não são vinculativos: são apenas "colocados à disposição dos Estados-membros que desejem utilizá-los voluntariamente".[67]

Os Estados-membros retêm, naturalmente, discricionariedade relativamente às medidas que deverão ser adoptadas para a consecussão dos objectivos da Directiva, para além da transposição legislativa. Não há dúvida de que é aos Estados-membros que compete definir, à luz da Directiva, qual é a situação concreta de cada região hidrográfica ou cada parte de região hidrográfica inserida no seu território, quais são os objectivos que poderão ser alcançados em cada caso – considerando o disposto no artigo 4.° da Directiva – bem como as medidas necessárias para alcançar esses objectivos. Aliás, o documento onde a Estratégia foi definida insiste no princípio de administração indirecta vigente no direito do ambiente.[68] Porém, os documentos que são produzidos no âmbito da Estratégia Comum de Implementação, tendo em conta o seu propósito, tendem a condicionar a discricionariedade dos Estados-membros em matéria de execução da Directiva e, assim, a condicionar o referido princípio de administração indirecta. Com efeito, ainda que aqueles documentos não sejam vinculativos, não deixa de ser verdade que tarefas que tradicionalmente

---

Water Framework Directive (2000/60/CE) – Strategic Document as agreed by the Water Directors under the Swedish Presidency, 2 May 2001", pp. 12-3; a seguir "Strategic Document"). A participação de ONG's e de outros privados é excluída no primeiro nível; no segundo nível, estes podem participar como observadores; no terceiro nível podem ser convidados a participar no grupo de trabalho, na medida em que possam contribuir para as informações técnicas que deverão ser produzidas ou fazer parte, à partida, do grupo de trabalho (o que de acordo com as listas de infrmação anexadas ao "Strategic Document" citado – Anexo II – ocorreu apenas num caso – "Strategic Document", *cit.*, p. 66) – "Strategic Document", *cit.*, p. 14.

[65] Cf. "Strategic Document", *cit.*, p. 2.

[66] Ver também http://dqa.inag.pt/dqa2002/port/implementa/estrategias.html#anchor2, onde se encontra informação geral sobre esta estratégia e onde se pode ler a frase citada.

[67] "Strategic Document", *cit.*, p. 2.

[68] "Strategic Document", *cit.*, p. 1.

32 Joana Mendes

seriam da competência única de cada Estado-membro, são agora coordenadas a nível europeu com o contributo da Comissão. Estes documentos podem mesmo vir a ser formalizados, constituindo a base para actos adoptados no âmbito do procedimento de comitologia previsto no artigo 21.º da Directiva.[69]

O controlo sobre o cumprimento da Directiva alicerça-se numa série de obrigações de informação dos Estados-membros à Comissão.[70] Um desvio por parte das autoridades competentes responsáveis relativamente às indicações contidas nos documentos indicativos de boas práticas relativas à execução da Directiva pode alertar a Comissão para possíveis incumprimentos. É certo que, dada a natureza destes documentos, está afastada uma acção de incumprimento nesta base, mas não é de excluir que, dada a complexidade técnica da Directiva, os parâmetros e valores produzidos no âmbito da Estratégia de Implementação sirvam para avaliar práticas conformes ou divergentes com as disposições da Directiva. Com efeito, nada impede a Comissão de o fazer, até porque os documentos guia produzidos no âmbito da Estratégia são adoptados por consenso.[71] Aliás, o mais provável é que os Estados-membros, pressionados por falta de tempo e recursos para o cumprimento da Directiva, sigam as indicações contidas nesses documentos. Como quer que seja, é neste contexto que se procede – e procederá – à concretização das disposições legislativas dando efeito às regras contidas na Directiva Quadro da Água.

Por outro lado, a análise de um dos documentos produzidos no âmbito da Estratégia de Implementação revela que a fronteira entre a con-

---

[69] "Strategic Document", *cit.*, p. 2 e 12.

[70] Os planos constituem a principal base de informação à Comissão (artigo 15.º, n.º 1). As obrigações de informação definidas no artigo 15.º traduzem-se num controlo apertado relativamente ao cumprimento da Directiva, já que os planos sintetizam a aplicação do conteúdo da Directiva a cada região hidrográfica (ver Anexo VII, relativo ao conteúdo dos planos).

[71] Scott e Holder apontam dois factores que podem fazer dos documentos adoptados no âmbito da Estratégia um parâmetro de avaliação do cumprimento da Directiva: por um lado, os relatórios de execução da Directiva são elaborados com base num questionário da Comissão (artigo 15.º, n.º 2), por outro, a Comissão deve elaborar relatórios sobre a execução da Directiva, que incluem, entre outros aspectos uma avaliação do estado das águas (artigo 18.º, n.ºs 1 e 2, al. a), bem como artigo 18.º, n.ºs 4 e 5). Na opinião das autoras, a Comissão pode sem constrangimentos adoptar a informação contida nos referidos documentos como parâmetro de avaliação (JOANNE SCOTT e JANE HOLDER, *Law and new environmental governance...*, p. 231).

cretização técnica das disposições da Directiva, no sentido de criar uma base metodológica comum e uma interpretação uniforme das suas disposições, por um lado, e a formulação de indicações que vão para além do que é directamente previsto na Directiva (ainda que geralmente abrangido pelo seu espírito), por outro, pode ser uma fronteira ténue. Estas indicações destinam-se, naturalmente, a influenciar escolhas de execução que são da competência dos Estados-membros.

Assim, o principal documento de apoio ao processo de planeamento contém uma descrição geral dos requisitos da Directiva nesta matéria, explicando às entidades competentes a forma como este processo deve ser entendido, bem como as relações que intercedem entre as diferentes disposições da Directiva pertinentes a questões de planeamento, definindo deste modo um entendimento comum nesta matéria.[72] Ao mesmo tempo, porém, inclui também recomendações sobre como tornar o processo de planeamento operacional, propondo para o efeito boas práticas de planeamento hídrico. Entre outras recomendações, o documento sublinha a necessidade de integrar o planeamento hídrico com planos de ordenamento do território e planos sectoriais de forma a assegurar a realização dos objectivos da Directiva. Repare-se que, enquanto que a única referência explícita à integração da protecção da água noutras políticas se encontra no preâmbulo da Directiva,[73] o documento de apoio considera que o processo de planeamento é crucial para a coordenação de diferentes políticas com impacte na água, estimando mesmo que esta coordenação é um requisito para uma efectiva execução da Directiva.[74] Além disso, apesar de se reconhecer a dificuldade de articular planos de diferente tipo (estes "devem suportar-se mutuamente na medida do possível"),[75] parece haver uma clara preferência pela prevalência das opções dos planos hídricos, na medida em que "objectivos económicos e sociais [devem ser alcançados] de forma a salvaguardar e promover o estado do ambiente aquático" e se

---

[72] Common Implementation Strategy for the Water Framework Directive (2000/60/CE), Guidance Document n.º 11 – Planning Process, Working Group 2.9, Secções 3 e 5 (disponível em http://circa.europa.eu/Public/irc/env/wfd/library?l=/framework_directive/guidance_documents/guidancesnos11splannings/_EN_1.0_&a=d; referido a seguir como "Guidance Document n.º 11").

[73] Parágrafo 16.

[74] *Guidance Document n.º 11, cit.*, pp. 20 e 15-16.

[75] *Guidance Document n.º 11, cit.*, p. 15.

determina que os planos de ordenamento do território devem ter em conta o cumprimento dos objectivos da Directiva.[76] Esta recomendação assenta na constatação que as características específicas da água fazem com que o planeamento hídrico condicione outros processos de planeamento.[77] Uma outra recomendação interessante tem a ver com o período de transição entre a execução da Directiva e a existência de instrumentos que, à data da transposição da Directiva possam servir os mesmos propósitos dos instrumentos nela indicados. Assim, dados os constrangimentos temporais, aceita-se que, sempre que possível, sejam utilizadas "estruturas, processos e instrumentos existentes". Porém, esta possibilidade fica dependente de uma revisão dos mecanismos em vigor que controle a sua adequação e capacidade para a prossecução dos objectivos da Directiva.[78]

Ambos os aspectos mencionados poderiam ter integrado uma directiva de segundo grau adoptada segundo o procedimento previsto no artigo 21.º. Seriam então configurados como um dever que incumbe aos Estados-membros. No entanto, este não foi o modo escolhido de dar forma às disposições da Directiva, deixando aparentemente aos Estados-membros uma maior margem de adaptação às circunstâncias nacionais. Como se verá, ambos os aspectos mencionados encontram reflexo pelo menos parcial na lei da água que procedeu à transposição da Directiva para o direito português, indiciando que, ainda que seguidas de forma voluntária, as recomendações constantes dos documentos de apoio à execução da Directiva, podem ser tão influentes como claras obrigações legais.

3. A LEI DA ÁGUA

A leitura das motivações da proposta de lei que serviu de base à aprovação da Lei da Água – a já citada Lei n.º 58/2005 – não deixa margem para dúvidas relativamente às suas intenções. Esta lei visou, antes de mais, transpor a Directiva Quadro para o ordenamento jurídico português, aproveitando o ensejo para proceder à consolidação do regime jurídico-público da água e para rever a estrutura institucional que lhe serve de base[79].

---

[76] Ver respectivamente *Guidance Document* n.º 11, *cit.*, p. 20 e p. 15.

[77] *Guidance Document n.º 11, cit.*, p. 16.

[78] *Guidance Document n.º 11, cit.*, p. 21.

[79] Diário da Assembleia da República, II Série-A, n.º 28, de 25 de Junho de 2005, p. 67.

A Lei da Água está longe de esgotar o quadro normativo nesta matéria. Desde logo, dada a complexidade e o grau de pormenor técnico das matérias abrangidas pela Directiva, o legislador optou por proceder à transposição dos seus anexos em diploma complementar (Decreto-Lei n.º 77/2006, de 30 de Março, nos termos do artigo 102.º, n.º 1 da Lei da Água). Além disso, e principalmente, a Lei da Água é, ela própria, uma lei quadro, contendo em si um verdadeiro programa legislativo. Assim, o regime jurídico por ela estabelecido é complementado por outros diplomas que regulam matérias fulcrais do direito da água, tais como o regime jurídico relativo à utilização dos recursos hídricos (aprovado pelo Decreto-Lei n.º 226-A/2007, de 31 de Maio[80]) e o regime económico-financeiro (aprovado pelo Decreto-Lei n.º 97/2008, de 11 de Junho[81]). Além destes diplomas fundamentais, outros regulam matérias importantes, desenvolvendo o regime jurídico especificado na Lei da Água (tais como o que define Decreto-Lei n.º 311/2007, de 17 de Setembro regime económico-financeiro relativo aos empreendimentos de fins múltiplos, bem como as condições em que serão constituídos e explorados[82]; o Decreto-Lei n.º 208/2007, de 29 de Maio, que aprovou a orgânica das Administrações de Região Hidrográfica[83]; Decreto-Lei n.º 348/2007, de 19 de Outubro, regulando o modo de criação, reconhecimento, estatutos e regras de funcionamento das associações de utilizadores[84]; o Decreto-Lei n.º 129/2008, de 21 de Julho, que fixa as condições segundo as quais os planos de ordenamento de albufeiras de águas públicas podem ter por objecto lagoas ou lagos de águas públicas[85]). Por fim, subsequente actividade legislativa e regulamentar que permita uma total realização da Lei da Água é ainda exigida por outras

---

[80] Entretanto modificado pelo Decreto-Lei n.º 391-A/2007, de 21 de Dezembro (modifica o artigo 93.º do Decreto-Lei n.º 226-A/2007 e determina que os actos praticados no âmbito dos procedimentos previstos nos seus artigos 89.º e 91.º são ratificados pelo INAG DR I Série, n.º 246) e pelo Decreto-Lei n.º 93/2008, de 4 de Junho DR I Série, n.º 107.

[81] DR I Série, n.º 111. Vide o artigo 10.º, n.º 2 da Lei da Água

[82] DR I Série, n.º 179. Vide artigo 76.º, n.º 3 da Lei da Água.

[83] DR I Série, n.º 103. Vide ainda as Portarias n.º 393/2008 e 394/2008 de 5 de Junho (DR I Série, n.º 108), regulando, respectivamente, a sucessão das ARH no domínio dos recursos hídricos em todas as posições jurídicas tituladas pelas CCDR, e aprovando os estatutos das ARH, incluindo a composição, forma e critérios de indicação, bem como número de representantes de cada Conselho de Região Hidrográfica (vide Artigo 12.º, n.º 3 da Lei da Água).

[84] DR I Série, n.º 202. Vide artigo 70.º, n.º 2 da Lei da Água.

[85] DR I Série, n.º 139. Vide artigo 20.º, n.º 4 da Lei da Água.

36 Joana Mendes

normas da lei, que determinam que devem ser objecto de legislação específica, por exemplo, o conteúdo dos planos de gestão de bacia hidrográfica (artigo 29.º, n.º 2); as medidas de base que, nos termos do artigo 30.º, n.º 3, fazem parte integrante dos programas de medidas (artigo 30.º, n.º 7), o regime das medidas de protecção e valorização dos recursos hídricos, bem como o regime das zonas de intervenção (artigo 32.º, n.º 4) e o regime das contra-ordenações (artigo 97.º, n.º 1).

Além disso, no mesmo período em que a Directiva Quadro foi transposta para o ordenamento jurídico português, o legislador optou por rever o regime jurídico do domínio público hídrico, actualmente constante da Lei n.º 54/2005, de 15 de Novembro[86].

Nas secções que se seguem tratar-se-ão algumas das matérias agora mencionadas. A selecção destas matérias foi feita em função dos três aspectos basilares que caracterizam o regime jurídico constante da Lei da Água. Desde logo, gestão integrada é o conceito nuclear que suporta a actividade administrativa no sector da água. Este traço manifesta-se em particular em matéria de organização administrativa e de planeamento, mas, naturalmente, reflecte-se também no regime jurídico da utilização dos recursos hídricos na medida em que a actividade de licenciamento é enquadrada por estes dois aspectos. Em segundo lugar, a gestão da água é entendida como uma tarefa partilhada entre entes públicos e privados, aspecto que informa decisivamente alguns dos aspectos da actual organização hídrica. Em terceiro lugar, o actual regime jurídico é caracterizado por uma abordagem económica à gestão da água inovadora relativamente ao regime jurídico anterior. Esta característica informa, por exemplo, alguns aspectos do regime jurídico dos planos, mas sobretudo determina que a internalização dos custos ambientais, bem como a recuperação dos custos de prestações públicas que envolvam vantagens para os particulares ou despesas públicas, e ainda a recuperação dos custos dos serviços de água sejam alguns dos traços marcantes do regime jurídico definido na Lei da Água. Organização administrativa, o sistema de planeamento hídrico, o regime jurídico da utilização do domínio hídrico e, por fim, o regime económico-financeiro serão, assim, os temas a analisar. Em cada caso, sublinhar-se-á a influência exercida pelas disposições da Directiva Quadro.[87]

---

[86] DR I Série-A, n.º 219.

[87] Alguns dos aspectos analisados nesta secção foram já mencionados pela autora nos textos de apoio policopiados distribuídos aos auditores dos cursos do CEDOUA, no âmbito do módulo Direito da Água. Optou-se por não se analisar neste capítulo as disposi-

Direito Administrativo da Água

Antes disso, porém, abordar-se-á o regime jurídico do domínio público, analisando-se o significado da Lei n.º 54/2005 no actual contrato normativo. Apesar de a sequência escolhida poder prejudicar a continuidade do texto – já que o regime jurídico do domínio público hídrico é uma matéria da competência exclusiva dos Estados-membros, estando, como tal, formalmente subtraída à influência do direito comunitário – a escolha justifica-se pela dignidade desta matéria no ordenamento jurídico português.

3.1. Domínio público

No ordenamento jurídico português, tradicionalmente, a questão da natureza jurídica da água manteve-se isolada de questões de tutela pública de um bem cujo valor ambiental se pretende tutelar. As sucessivas leis que foram sendo publicadas neste sentido, quer ficando as normas relativas à utilização do domínio hídrico (Decreto-Lei n.º 46/94, de 22 de Fevereiro, entretanto revogado), quer as normas relativas à qualidade da água (fundamentalmente contidas no Decreto-Lei n.º 236/98, de 1 de Agosto), criaram as respectivas regras sem nunca distinguir entre águas do domínio público e águas do domínio privado, em nada alterando a sua primitiva delimitação, ao contrário do que sucedeu, por exemplo, em Espanha, onde motivos de protecção levaram à integração das águas subterrâneas no domínio público. Da mesma forma, a Lei de Bases do Ambiente não faz qualquer distinção nesse sentido (artigo 10.º, n.º 1), parecendo querer indicar que, para efeitos de protecção ambiental, essa distinção será irrelevante[88].

O princípio vigente é o de uma responsabilidade pública efectiva em matéria de protecção ambiental, decorrente da Constituição e das obrigações

---

ções transitórias definidas no novo regime jurídico da água, ainda importantes nalguns casos à data da escrita, mas que provavelmente em breve deixarão de o ser.

[88] No mesmo sentido, INÊS FOLHADELA REBELO DE ALBUQUERQUE, *O direito público das águas no ordenamento jurídico português: uma abordagem do ambiente e os decretos-leis nº 45/94, 46/94, 47/94, 70/90 e 74/90*, Dissertação de mestrado em Ciências Jurídico-Políticas Faculdade de Direito da Universidade de Coimbra, 1994, p. 21 e 33. Apenas o Decreto-Lei n.º 47/94, de 22 de Fevereiro, limitava o seu campo de aplicação ao domínio público hídrico, já que continha o regime das taxas que deverão ser cobradas aos utilizadores da água, e estas eram taxas exigidas pela utilização do domínio público, não pelo impacte ambiental da utilização.

38 Joana Mendes

do Estado português enquanto membro da União Europeia[89]. O alcance deste princípio é o mesmo independentemente da natureza pública ou privada da água, não se considerando, portanto, que o facto de a água ser pública dê maiores garantias de protecção ou que tal seja necessário para garantir a sua função ambiental[90]. Aliás, o domínio público hídrico é, no caso português, consideravelmente extenso. As massas de água mais significativas que são de propriedade privada são as águas subterrâneas existentes em prédios particulares[91]. Em consonância com os princípios básicos do direito do ambiente, o fundamental para a prossecução de uma adequada tutela ambiental não é a propriedade, mas os poderes de intervenção ao dispor da Administração – ou melhor os condicionamentos administrativos às actuações que podem pôr em causa a protecção ambiental – bem como a fiscalização do cumprimento das regras ambientais.

---

[89] Ver Artigo 66.º, n.º 2, al. a) e d) da Constitutição da República Portuguesa (CRP).

[90] Na ausência de um critério inequívoco que permita aferir da utilidade pública dos bens que devem ser classificados como públicos ou que tenha sido seguido pelo legislador nesta classificação, a discussão doutrinal em torno do conceito de domínio público fornece alguns índices que poderão revelar essa utilidade. Esta poderá residir no facto de os bens estarem afectos ao uso directo do público, ou a um serviço público essencial, desempenhando o bem um papel principal nesse serviço, ou ainda no facto de os bens estarem destinados à satisfação de uma utilidade pública (ver, designadamente, JOÃO PEDRO FERNANDES, *Domínio público*, in *Dicionário Jurídico da Administração Pública*, Vol. 5, Narciso Correia, Lisboa, 1991, pp. 175-177 e por MARCELLO CAETANO, *Manual de Direito Administrativo*, Vol II, Almedina, Coimbra, 1999, pp. 881-889; vide, ainda, ANA RAQUEL GONÇALVES MONIZ, *O domínio público. O critério e o regime jurídico da dominialidade*, Almedina, Coimbra, 2006, p. 287-299, defendendo um critério formal e material de delimitação do domínio público). Se se considerar que a razão de ser da inclusão de um bem no domínio público é conferir-lhe uma protecção especial em vista da sua utilidade pública, e se se entender o instituto do domínio público como uma técnica de intervenção dos poderes públicos, este poderia ser posto ao serviço da protecção de recursos naturais (FRANCISCO DELGADO PIQUERAS, *Derecho de aguas y medio ambiente. El paradigma de la protección de los humedales*, Editorial Tecnos, Madrid, 1992, p. 139). Assim se entenderia que o interesse público de protecção ambiental influenciasse a delimitação do domínio público, no sentido da sua extensão. Para uma visão restritiva do instituto do domínio público, e crítica relativamente à actual extensão do domínio público português, excluindo assim a sua ampliação, ver JOÃO PEDRO FERNANDES, *Domínio público...*, p. 179. Quanto às balizas constitucionais nesta matéria, ver JOANA MENDES, *O governo da água...*, Sub-secção 6.2, especificamente sobre o domínio hídrico; em geral sobre a Constituição e o domínio público, ver ANA RAQUEL GONÇALVES MONIZ, *O domínio público...*, pp.114-157.

[91] Matéria hoje regulada, *a contrario sensu*, pelo artigo 7.º, al. a) da Lei n.º 54/2005 e pelo artigo 1386.º, n.º 1, al, b) do Código Civil.

Deste modo, as águas que pela sua "primacial actividade colectiva"[92] tinham sido integradas no domínio público português continuaram a ser aquelas definidas no Decreto n.º 5787-IIII, de 18 de Maio de 1919, no Decreto-Lei n.º 468/71, de 5 de Novembro, no Decreto-Lei n.º 477/80, de 15 de Outubro (sobre o inventário dos bens do Estado), bem como, *a contrario sensu*, nos artigos 1386.º e 1387.º do Código Civil. Estas incluem as águas que vieram a ser designadas no artigo 84.º da Constituição como fazendo parte integrante do domínio público, ou seja as "águas territoriais com os seus leitos e os fundos marinhos contíguos, bem como os lagos, lagoas e cursos de água navegáveis ou flutuáveis, com os respectivos leitos" (alínea a) do n.º 1 do artigo 84.º)[93]. Para além destas, o domínio público compreende, entre outras águas, também os lagos, lagoas e cursos de água não navegáveis nem flutuáveis, com os respectivos leitos e margens (desde que formados pela natureza em terrenos públicos, no caso de lagos e lagoas, ou que atravessem terrenos públicos, no caso dos cursos de água), bem como os que por lei sejam reconhecidos como aproveitáveis para fins de utilidade pública, assim como lagos e lagoas circundados por prédios particulares ou existentes dentro de prédios particulares mas alimentados por corrente pública, e ainda águas de albufeiras criadas para fins de utilidade pública[94].

Contrariamente à ,"separação" que vem sendo analisada, a reforma legislativa de 2005 abrangeu, para além da aprovação da Lei da Água, a aprovação da Lei n.º 54/2005, de 15 de Novembro, que estabelece a titularidade dos recursos hídricos, fazendo convergir num mesmo momento questões de tutela ambiental e de propriedade da água. Porém, na linha da tradição referida, o intuito fundamental desta lei não foi a redefinição da extensão do domínio público hídrico (apesar de algumas modificações introduzidas), mas sobretudo sistematizar e estabilizar as regras até então dispersas em diplomas diferentes, por vezes contraditórias e lacunosas.

---

[92] MARCELLO CAETANO, *Manual...*, p. 881.

[93] Além disso, a Constituição integra também no domínio público *as nascentes de águas mineromedicinais* (artigo 84.º, n.º 1, al. c)). Estas estão, porém, sujeitas a um regime especial. O regime das águas minerais consta de um conjunto de diplomas de 1990 (Decretos-Lei n.º 84/90, n.º 85/90, n.º 86/90 e n.º 90/90, todos de 16 de Março).

[94] Artigo 1.º, n.os 3 e 4 e artigo 2.º, n.º 2 do Decreto 5787-IIII, artigo 5.º, n.º 1 do Decreto-Lei n.º 468/71, e artigo 4.º, al. b) e al. d) do Decreto-Lei n.º 477/80. Estas águas são referidas hoje como parte do domínio público no artigo 5.º, al. c), e), f) e g) da Lei n.º 54/2005.

Foram assim fundamentalmente preocupações de confiança e segurança jurídica que levaram à adopção do novo diploma.[95] Com efeito, os factores de dominialidade são, no essencial, os mesmos que anteriormente regiam a titularidade dos recursos hídricos.[96] Da mesma forma, as noções de leito e de margem, bem como os respectivos condicionamentos, assim como o regime das zonas adjacentes e o das respectivas restrições de utilidade, até há pouco tempo definidos no Decreto-Lei n.° 468/71, foram mantidos[97]. Assim, distinguem-se os condicionamentos relativos às áreas de ocupação edificada proibida e às áreas de ocupação edificada condicionada, a concretizar no respectivo diploma de classificação, considerando-se nulos e desprovidos de efeitos os actos que desrespeitem as condições aqui fixadas[98].

A adopção quase simultânea e entrada em vigor no mesmo momento da Lei da Água não foi, claramente, casual[99]. Entendeu-se que a manutenção de um quadro jurídico fragmentário e por vezes incoerente, fonte de conflitos entre normas e de lacunas, poderia ser prejudicial a uma efectiva gestão da água em vista da sua protecção ambiental, que é o objectivo

---

[95] Proposta de Lei n.° 19/X, Exposição de Motivos, Diário da Assembleia da República, II Série-A, n.° 27, 24.6.2005, p. 15, pontos 1 e 2. A autonomia formal da Lei da Água e da lei que define a titularidade dos recursos hídricos justifica-se, nos termos da mesma exposição de motivos, quer pelo objecto do último diploma mencionado – a definição e regime dos bens do domínio público é matéria da competência reservada da Assembleia da República, nos termos do artigo 165, n.° 1, al. v) da Constituição – quer pelo propósito da sua adopção referido acima – não uma reforma do quadro jurídico vigente até à data, mas a estabilização do mesmo num único diploma coerente. Acrescente-se, relativamente ao primeiro ponto, o facto de a lei relativa à titularidade dos recursos hídricos ter um âmbito de aplicação mais vasto do que a Lei da Água, na medida em que regula o domínio público marítimo e, assim, os fundos marinhos contíguos da plataforma continental, incluindo a zona económica exlcusiva (artigo 3.°, d)) – neste sentido JOSÉ ROBIN DE ANDRADE, *Um novo regime da titularidade de águas públicas*, in **Revista Jurídica do Urbanismo e do Ambiente**, 2005, pp. 109-26, at p. 112.

[96] Vide a comparação entre as regras anteriores e as actuais em JOSÉ ROBIN DE ANDRADE, *Um novo regime...*, pp. 112-22. O autor sublinha a continuidade entre o regime anterior e o actual.

[97] Artigo 10.°, artigo 11.°, bem como artigos 21.° a 25.° da Lei n.° 54/2005 (cf., respectivamente, artigos 2.°, 3.°, 12.° a 15.° do Decreto-Lei n.° 468/71, conforme redacção da Lei n.° 16/2003, de 4 de Junho – DR I Série-A, n.° 129).

[98] Artigo 25.°, n.os 2, 5 e 7 da Lei n.° 54/2005 (cf. artigo 15.° do Decreto-Lei n.° 468/71).

[99] Artigo 30.° da Lei n.° 54/2005.

Direito Administrativo da Água

principal da Lei da Água[100]. Designadamente, a atribuição de competências em matéria de gestão do domínio hídrico à autoridade nacional da água – o INAG, nos termos da Lei da Água –, superando a divisão de atribuições entre Ministérios diferentes nesta matéria, foi considerada uma medida essencial para facilitar a prossecução dos propósitos da Lei da Água. Assim, "o domínio público hídrico pode ser afecto por lei à administração de entidades de direito público encarregadas da prossecução de atribuições de interesse público a que ficam afectos, *sem prejuízo da jurisdição da autoridade nacional da água*"[101]. É ao INAG que compete agora organizar e manter actualizado o registo das águas do domínio público, bem como das respectivas margens e leitos[102]. O INAG é, assim, responsável pelas classificações técnicas necessárias para a este registo (nomeadamente da navegabilidade e flutuabilidade das águas). Além disso, tem poder de iniciativa (juntamente com o Instituto da Conservação da Natureza) no procedimento de classificação de zonas adjacentes, no caso em que se preveja o avanço das águas do mar sobre terrenos particulares situados para além da margem, assim como no procedimento de classificação de uma área ameaçada pelas cheias como zona adjacente[103]. Por fim, na linha do que já era previsto no regime jurídico anterior definido pelo Decreto-Lei n.º 468/71, determina-se a intervenção das entidades com competências na gestão dos recursos hídricos no planeamento urbanístico ou no licenciamento de operações urbanísticas situadas em áreas contíguas ao mar ou a cursos de água que não tenham ainda sido classificados como zonas adjacentes, por serem ameaçadas pelo mar ou por cheias, tal como são definidos os seus poderes de intervenção em zonas já classificadas, para garantir que, nos respectivos procedimentos, sejam tomados em conta os perigos emergentes da proximidade das águas, bem como considerações relativas à protecção do domínio hídrico[104].

Na mesma linha de coerência entre o regime de gestão e o regime de titularidade, tendo em conta as atribuições do Ministério do Ambiente,

---

[100] Proposta de Lei n.º 19/X, *cit.*, ponto 1, 2.º parágrafo.

[101] Artigo 9.º, n.º 1 da Lei n.º 54/2005 (sublinhado da autora).

[102] Artigo 20.º, n.os 1 e 2 da Lei n.º 54/2005 (cf. artigos 4.º, 14.º e 15.º do Decreto-Lei n.º 477/80).

[103] Respectivamente, Artigo 20.º, n.os 1 e 2; artigo 23.º, n.º 1; e artigo 23.º, n.º 2, al. b) da Lei n.º 54/2005 (cf. Artigo 14.º, n.º 6 do Decreto-Lei n.º 468/71).

[104] Artigo 25.º, n.os 9 e 10 da Lei n.º 54/2005.

42 Joana Mendes

Ordenamento do Território e Desenvolvimento Regional em matéria de gestão e protecção dos recursos hídricos, o mesmo passa a ter a iniciativa de promover a constituição das comissões de delimitação, que procedem, nos termos do artigo 17.º e do Decreto-Lei n.º 353/2007, de 26 de Outubro, à delimitação dos leitos e margens dominiais confinantes com terrenos de outra natureza, definindo a respectiva estrema, no procedimento de delimitação de iniciativa pública[105]. Este inicia-se por impulso do INAG ou de uma das entidades designadas no artigo 3.º, n.º 2 do Decreto-Lei n.º 353/2007, eventualmente a pedido dos proprietários públicos e privados de terrenos confinantes[106], e é fundamentalmente desenvolvido pela comissão constituída para o efeito, de acordo com os trâmites definidos no artigo 3.º, n.os 4 a 6, e artigos 4.º a 9.º do Decreto-Lei n.º 353/2007. O intuito deste procedimento é clarificar as condições do exercício dos poderes de gestão dos recursos hídricos, quando haja dúvidas fundadas relativamente aos limites do domínio público hídrico[107]. Note-se que, nos termos da actual Lei da Água, os procedimentos de utilização de recursos hídricos dominiais e de recursos hídricos de propriedade privada diferem[108].

De acordo com o propósito de clarificação e sistematização, a lei estabelece a titularidade do domínio público hídrico (matéria que não era directamente regulada no Decreto-Lei n.º 468/71 e que o Decreto-Lei n.º 477/80 atribuía exclusivamente ao Estado)[109], atribuindo-a ao Estado (domínio marítimo), ao Estado ou às Regiões Autónomas ou ainda aos municípios ou às freguesias (domínio lacustre e fluvial, bem como domí-

---

[105] Ver também o artigo 4.º do Decreto-Lei n.º 353/2007, de 26 de Outubro (DR I Série, n.º 207). Cf. Artigo 10.º do Decreto-Lei n.º 468/71.

[106] No preâmbulo do Decreto-Lei n.º 353/2007 especifica-se que "a delimitação de iniciativa particular deve ser admitida na medida que não prejudique o programa de delimitação de iniciativa pública". Por outro lado, o disposto neste diploma "não substitui nem prejudica a possibilidade de os interessados obterem [a] delimitação por via judicial". Veja-se, a propósito, o disposto no artigos 10.º, n.os 1 e 2 do mesmo diploma.

[107] Preâmbulo do Decreto-Lei n.º 353/2007, bem como o seu artigo 2.º.

[108] Artigos 60.º a 62.º da Lei da Água. Esta matéria é desenvolvida na secçao 3.4. deste capítulo.

[109] Artigo 4.º, al. a) a e) do Decreto-Lei n.º 477/80. Note-se que, apesar de este diploma não ser revogado pela Lei n.º 54/2005, as suas disposições relativas ao domínio hídrico devem considerar-se implicitamente revogadas (aliás, isto é referido no ponto 11 da exposição de motivos da proposta de lei citada na nota 95).

Direito Administrativo da Água

nio público hídrico das restantes águas)[110]. As águas dos baldios municipais e paroquiais foram integrados no domínio público hídrico dos municípios e das freguesias, respectivamente, resolvendo assim as possibilidades de conflitos relativamente à titularidade destas águas[111].

Um aspecto inovador do novo regime jurídico foi a forma como se passou a regular a invocação de direitos privados anteriores a 1864 ou 1868[112]. Desde logo, quem pretender invocar direitos históricos adquiridos sobre parcelas de leitos ou margens das águas do mar ou de águas navegáveis ou flutáveis – que, nos termos do artigo 12.º, n.º 1, se presumem públicos – deve fazê-lo, em termos semelhantes aos que eram já fixados no Decreto-Lei n.º 468/71, até 1 de Janeiro de 2014[113]. Fixa-se assim um prazo máximo de invocação de direitos históricos. Este é o resultado da ponderação entre a protecção dos direitos privados e a estabilidade do domínio público, tendo-se considerado a esta luz, e em particular tendo em conta que a faculdade de invocação vigora desde 1971, que não se justificava permitir indefinidamente a possibilidade de reconhecimento de direitos privados anteriores a 1864 ou 1868. Além disso, ao contrário do regime anterior, os terrenos que tenham sido mantidos na posse pública pelo período necessário à usucapião não ficam sujeitos ao regime de reconhecimento de propriedade privada sobre parcelas de leitos e margens públicas, sendo assim parte integrante do domínio público hídrico[114]. A mesma isenção aplica-se, naturalmente, aos terrenos que tenham sido objecto de um acto de desafectação[115]; nos termos do artigo 19.º da Lei n.º 54/2005, as parcelas desafectadas integram o património do ente público a que estavam afectas.

---

[110] Respectivamente, artigos 3.º e 4.º; artigos 5.º e 6.º; e artigos 7.º e 8.º da Lei n.º 54/2005.

[111] Artigos 6.º, n.º 2 e 3, e 8.º, n.º 2 da Lei n.º 54/2005.

[112] Ver a este respeito, JOSÉ ROBIN DE ANDRADE, *Um novo regime...*, pp. 122-4.

[113] Nos termos do Artigo 15.º, n.º 1 e 2, a propriedade priavada ou comum anterior àquelas datas deve ser provada documentalmente, por título legítimo; na falta dos documentos exigidos, deve provar-se que os terrenos em causa estavam na posse em nome próprio de particulares ou na fruição conjunta de indivíduos compreendidos em certa circunscrição administrativa; no caso de os documentos anteriores a 1864 ou a 1868 tenham sido destruídos por incêndio ou facto semelhante ou se tornaram ilegíveis, deve provar-se que os terrenos relativamente aos quais se pretende o reconhecimento de propriedade privada eram objecto de propriedade ou posse privada antes de 1 de Dezembro de 1892 (cf. artigo 8.º, n.ºs 1 a 3 do Decreto-Lei n.º 468/71).

[114] Artigo 15.º, n.º 3 da Lei n.º 54/2005.

[115] *Ibidem.*

44 Joana Mendes

Deste modo, o propósito da adopção da lei da titularidade dos recursos hídricos – clarificação e estabilização do regime de propriedade das águas, na medida em que este é um aspecto relevante para a aplicação do regime de gestão da água que foi aprovado pela Lei da Água, bem como tornar a distribuição de competências coerente entre os dois regimes jurídicos – não impediu a introdução de reformas pontuais em aspectos cruciais para a estabilidade do domínio público hídrico. A adopção da lei da titularidade dos recursos hídricos, naturalmente não determinada pelas obrigações comunitárias do Estado português em matéria de protecção ambiental da água – com efeito o regime de propriedade dos Estados-membros não pode ser prejudicado pelas regras do Tratado da Comunidade Europeia, nem, deduz-se, pelas regras adoptadas ao seu abrigo[116]. A não deixa, porém, de ser uma consequência da transposição da Directiva Quadro para o ordenamento interno. As páginas seguintes ocupar-se-ão do regime jurídico contido na Lei da Água, onde os condicionamentos resultantes da Directiva Quadro são, naturalmente, marcantes.

3.2. ORGANIZAÇÃO ADMINISTRATIVA

3.2.1. Entre a Directiva Quadro e a tradição do direito português

A Directiva Quadro dá claras indicações relativas à estrutura organizativa que deve servir de base à administração do sector da água. Não define o modelo organizativo que deve ser seguido pelos Estados-membros nesta matéria – este seria, aliás, um condicionamento excessivo ao princípio da autonomia administrativa e institutional. Porém, define regras fundamentais a este respeito, o que é raro no direito europeu do ambiente e talvez questionável num instrumento com as características das directivas comunitárias.[117]

Dela resulta que a região hidrográfica – constituída com base nas bacias hidrográficas – é a principal unidade de gestão para a actuação do

---

[116] Artigo 295.º CE (correspondente ao artigo 345.º do Tratado sobre o Funcionamento da União Europeia – JO C 115/47, 9.5.2008).

[117] Cf. artigo 249.º CE (correspondente ao artigo 2885.º do Tratado sobre o Funcionamento da União Europeia.

Direito Administrativo da Água

regime jurídico que a Directiva estabelece (artigo 2.°, n.° 15).[118] Isto tem reflexos ao nível da estrutura organizativa que deve servir de base à actuação administrativa nesta matéria, como desmonstra o disposto no artigo 3.° da Directiva. Com efeito, nos termos desta norma, os Estados-membros devem identificar as bacias hidrográficas existentes no seu território e incluí-las numa região hidrográfica, bem como proceder à identificação das massas de água subterrâneas e águas costeiras que lhes estão associadas (artigo 3.°, n.° 1). Deverão igualmente designar as autoridades competentes que garantam a aplicação da Directiva em cada região ou parte de região hidrográfica existente no seu território (artigo 3.°, n.° 2 e n.° 3, 2.° parágrafo).[119]

Resulta igualmente desta norma que as regiões devem ter dimensões que permitam a criação de uma organização que assuma a responsabilidade pela totalidade da sua administração[120]. Assim, as bacias de pequena dimensão devem ser associadas entre si ou combinadas com bacias de maior dimensão para formar uma única região hidrográfica. Além disso, os Estados-membros devem assegurar que os requisitos necessários à realização dos objectivos previstos na Directiva sejam coordenados para a totalidade da região hidrográfica (artigo 3.°, n.° 4). Deduz-se que a autoridade competente para a administração da água de uma região hidrográfica deve ter capacidade para, no âmbito funcional fixado, tomar as decisões necessárias relativas à área territorial correspondente e coordenar a acção administrativa que sobre ela incide. Por fim, nos termos da Directiva, a autoridade competente pode ser um organismo já existente (artigo 3.°, n.° 6).

Dentro destes parâmetros, os Estados-membros são livres de definir os aspectos organizativos relativos à disciplina jurídica da água, podendo escolher a solução que melhor se adeque à prossecução dos objectivos da Directiva em função da realidade institucional de cada um. Designadamente, podem optar entre uma de duas soluções: entregar a administração da região hidrográfica a uma entidade ou órgão administrativo especializado, em princípio com fronteiras territoriais coincidentes com as frontei-

---

[118] Vejam-se igualmente os Artigos 5.° e 13.° da Directiva.

[119] As disposições relativas às bacias internacionais serão mencionadas na última parte da secção 3.2.2, onde se analisarão as suas consequências no caso português.

[120] Neste sentido, PETER CHAVE, *The EU Water Framework Directive. An introduction*, IWA Publishing, London, 2001, pp. 11 e 18.

46 Joana Mendes

ras da região que administram, ou atribuir essa competência às estruturas existentes da administração central ou regional, desde que se garanta que cada região hidrográfica é gerida como uma unidade.[121] Na opção entre uma e outra solução converge uma outra questão: favorecer uma solução organizativa que privilegie integração territorial do bem água, assim como a abordagem combinada como técnica de protecção que deve presidir às condições de utlização da água, o que aponta para a criação de administrações de regiões hidrográficas?[122] Ou favorecer o princípio da protecção integrada dos diferentes componentes ambientais, cuja tradução organizativa é a existência de administrações integradas do ambiente (no caso português, as Comissões de Coordenação e Desenvolvimento Regional – CCDR – e a Agência Portuguesa do Ambiente) e que tem expressão jurídica na licença ambiental actualmente regulada pelo Decreto-Lei n.º 173/2008, de 26 de Agosto[123].

Foi fundamentalmente esta a escolha com que se deparou o legislador português. À época da adopção da Directiva, as competências de gestão hídrica (planeamento, licenciamento e fiscalização) estavam atribuídas às antecessoras das CCDR em matéria ambiental (as Direcções Regionais do Ambiente e do Ordenamento do Território – DRAOT). Em favor da manutenção desta solução militavam sobretudo, para além do princípio da integração, razões de economia, em particular tendo em conta os aspectos comuns à gestão ambiental,[124] e de estabilidade organizativa. Porém, ao mesmo tempo, uma indesejável dispersão de competências nesta matéria, resultado de retalhos de diferentes épocas e propósitos,[125] recomendava uma reforma. Qualquer que fosse o seu sentido, esta era, aliás, aconselhada à luz da própria Directiva, tendo em conta a obrigação de assegurar

---

[121] Cf. Peter Chave, *The EU Water Framework Directive...*, p. 24.

[122] Sobre as implicações do conceito de abordagem combinada vide supra sub-secção 1.2.

[123] DR I Série, n.º 164.

[124] Neste sentido, Pedro Serra e Carla Mendonça, *A Directiva-Quadro e a reforma das instituições...*, (nota 24), pp. 3-4.

[125] Veja-se a análise do quadro normativo nesta matéria anterior à entrada em vigor da Lei da Água em Joana Mendes, *O governo da água...*, pp. 141-147, e, em particular, pp. 147-153. A dispersão de competências era particularmente grave no que respeita aos poderes de fiscalização, partilhados pelo INAG, CCDRs, autoridades marítimas e autarquias locais, o que poderia conduzir a conflitos de competências, negativos ou positivos, em todo o caso indesejáveis.

Direito Administrativo da Água

o cumprimento dos seus requisitos de uma forma coordenada em cada região hidrográfica. Manifestamente, quanto maior fosse a dispersão de competências, mais difícil se tornava o cumprimento desta obrigação, tanto mais tendo em conta as obrigações de coordenação internacional que também derivam da Directiva.[126]

Na verdade, para além das questões de princípio indicadas e das dificuldades e potenciais custos de coordenação administrativa, a favor de uma reforma no sentido da criação de uma administração especializada militava a tradição da organização administrativa portuguesa nesta matéria. Com efeito, em Portugal, a organização administrativa da água baseada na bacia hidrográfica – ou melhor, em regiões hidrográficas que agrupam diferentes bacias hidrográficas – remonta aos finais do século XIX, servindo de base à administração dos serviços hidráulicos.[127] A organização administrativa então criada preconizava os princípios de organização que viriam a ser definidos na Directiva Quadro da Água.[128] Porém, foi radicalmente modificada entre 1986, quando foram criadas as Direcções Regionais do Ambiente e Recursos Naturais, como serviços integrados das Comissões de Coordenação Regional (CCR, organismos desconcentrados do Ministério do Planeamento e Administração do Território), que viriam a ter circunscrições correspondentes às NUT II, e 1991, data em que foi criado o Ministério do Ambiente e dos Recursos Naturais.[129] Gra-

---

[126] Cf. última parte da secção 3.2.2.

[127] Decreto de 2 de Outubro de 1886, que regulamentou a Lei de 6 de Março de 1884, assim como Decreto n.º 8, de 1 de Dezembro de 1892, que alterou a primeira estrutura criada com base no mesmo princípio. Sobre estes diplomas e a evolução que brevemente se refere aqui, ver JOANA MENDES, *O governo da água...*, pp. 128-136.

[128] Quando em 1976, foi extinta a Direcção-Geral de Serviços Hidráulicos tendo-lhe sucedido a Direcção-Geral de Recursos e Aproveitamentos Hidráulicos, como serviço da Secretaria de Estado de Recursos Hídricos e do Saneamento Básico, criada no mesmo ano, no quadro Ministério das Obras Públicas (Decreto-Lei n.º 117-D/76, de 10 de Fevereiro, DR I Série, n.º 34, e Decreto-Lei n.º 383/77, de 10 de Setembro, DR I Série, n.º 210), aquela Direcção passou a ser o "principal organismo executivo da *gestão, qualitativa e quantitativa, das águas de superfície e subterrâneas*", assumindo "todos os aspectos executivos de uma *gestão integrada dos recursos hídricos*, de acordo com os modernos conceitos, isto é *global e unificada e exercida no quadro natural das bacias hidrográficas*" (preâmbulo do Decreto-Lei n.º 383/77; sublinhado da autora). As respectivas áreas de jurisdição deveriam "tanto quanto possível" ser fixadas "*de acordo com as áreas das bacias hidrográficas*" (artigo 3.º, n.º 5 do Decreto-Lei n.º 383/77, sublinhado da autora).

[129] Nível II da Nomenclatura das Unidades Territoriais para Fins Estatísticos.

48 Joana Mendes

dualmente, perdeu-se então a organização administrativa da água baseada na bacia hidrográfica.[130] Paradoxalmente, foi no mesmo período que a Lei de Bases do Ambiente fixou a bacia hidrográfica como unidade básica de gestão dos recursos hídricos (artigo 12.º), contendo igualmente uma série de disposições que indiciam um modelo de gestão integrada da água por bacia hidrográfica.[131] Um diploma de 1990 – Decreto-Lei n.º 70/90, de 2 de Março – pretendeu novamente reformar a organização hídrica, seguindo os princípios definidos na Lei de Bases do Ambiente, prevendo designadamente a criação de administrações de recursos hídricos que seriam serviços desconcentrados de um futuro Instituto da Água, com competências de gestão hídrica territorialmente delimitadas pela bacia ou conjuntos de bacias hidrográficas. Porém, este diploma foi revogado sem nunca ter sido concretizado. Como se verá a seguir foi, de certo modo, este modelo – como se viu com raízes profundas na organização administrativa portuguesa – que serviu de inspiração ao legislador ao reformar a organização administrativa da água à luz das indicações da Directiva Quadro.[132]

---

[130] Designadamente por força do Decreto-Lei n.º 130/86, de 7 de Junho (Lei Orgânica do Ministério do Planeamento e Administração do Território; DR I Série, n.º 130), do Decreto-Lei n.º 246/87, de 17 de Junho (DR I Série, n.º 137), do Decreto-Lei n.º 260/89, de 17 de Agosto (DR I Série, n.º 188), e, por fim, do Decreto-Lei n.º 294/91, de 13 de Agosto (DR I Série-A, n.º 185), nos termos do qual "as delegações regionais [do ambiente] têm a área geográfica de actuação definida para as comissões de coordenação regional e exercem as suas funções em estreita articulação com estas entidades" (artigo 17.º, n.º 4).

[131] O artigo 10.º, n.ºs 1 e 2, refere as categorias de águas e os solos adjacentes que são objecto da lei, indiciando a integração territorial, que justifica igualmente o facto de o legislador indicar, entre as medidas específicas a regulamentar através de legislação apropriada, o estabelecimento de uma faixa de protecção ao longo da orla costeira (Artigo 10.º, n.º 3, alínea c)). A necessária consideração integrada dos aspectos qualitativos e quantitativos da tutela da água bem como dos seus diferentes usos resulta do Artigo 10.º, n.º 3, al. a), que coloca a "utilização racional da água, com a qualidade referida para cada fim" a consideração integrada dos diferentes usos da água e das actividades económicas que nela confluem aflorada no artigo 12.º, ao determinar que a gestão dos recursos hídricos deve ter em conta as suas implicações sócio-económicas e culturais.

[132] Note-se, no entanto, que a exposição de motivos da prorposta de lei do Governo, relativa à aprovação da Lei da Água, apenas menciona as imposições da Directiva relativas ao princípio da região hidrográfica como unidade principal de planeamento e gestão como justificação do modelo organizativo escolhido (Proposta de Lei n.º 22/X, Exposição de Motivos, ponto 2, Diário da Assembleia da República, II Série-A, n.º 28, 25 de Junho de 2005, p. 57).

Direito Administrativo da Água

3.2.2. O quadro actual

As Administrações de Região Hidrográfica e os poderes do INAG

A Lei da Água optou pela criação de uma administração desconcentrada e especializada (administrações de regiões hidrográficas – ARH). As ARH são institutos públicos periféricos, dotados de autonomia administrativa e financeira e património próprio.[133] A sua autonomia financeira resulta do facto de, pelo menos, dois terços das suas receitas serem necessariamente receitas próprias.[134]

As ARH receberam as competências das CCDR em matéria de licenciamento e fiscalização dos recursos hídricos e assumiram as funções de planeamento que, mesmo a nível regional, estavam previamente divididas entre o Instituto da Água (INAG) e as CCDR.[135] Em matéria de planeamento compete-lhes "elaborar e executar os planos de gestão de bacias hidrográficas e os planos específicos de gestão das águas", bem como, em função da delegação que lhes seja conferida pelo INAG, elaborar ou participar na elaboração dos planos de ordenamento de albufeiras de águas públicas, nos planos de ordenamento da orla costeira e nos planos de orde-

---

[133] Artigo 9.º, n.º 3 da Lei da Água e artigo 1.º, n.º 1 do Decreto-Lei n.º 208/2007, de 29 de Maio (DR I Série, n.º 103). Ver igualmente o artigo 2.º, n.º 1 do Decreto-Lei n.º 208/2007, que define as regiões hidrográficas que estão sob a jurisdição de cada ARH. O n.º 2 do mesmo artigo prevê a possibilidade de se criarem delegações das ARH com âmbito sub-regional.

[134] Estas serão, entre outras, as receitas resultantes da cobrança da taxa de recursos hídricos, das taxas devidas por serviços de licenciamento ou outros legalmente exigidos (por exemplo, a emissão de pareceres), o produto da cobrança de coimas, os rendimentos provenientes de bens próprios, receitas emergentes da execução de obras e trabalhos previstos nos planos (artigos 9.º, n.º 9 e 81.º, n.º 1 da Lei da Água, bem como artigo 11.º, n.º 2 do Decreto-Lei n.º 208/2007). Do terço restante, uma parte não especificada será suportada pelo orçamento da UE.

[135] Artigo 7.º, n.º 1, al. b), bem como artigo 9.º, n.º 6, al. b) da Lei da Água e artigo 3.º, n.º 2, al. b) do Decreto-Lei n.º 208/2007; artigo 9.º, n.º 6, al. b) da Lei da Água e artigo 3.º, n.º 2, al. b) do Decreto-Lei n.º 208/2007. Quanto à prévia distribuição de competências em matéria de planos de bacia ver artigo 5.º, n.º 1 e 2 do Decreto-Lei n.º 45/94, de 22 de Fevereiro (DR I Série-A, n.º 44, p. 768). Tal como anteriormente, o INAG retém o poder de elaborar o Plano Nacional da Água (artigo 8.º, n.º 2, al. a) da Lei da Água), bem como, no quadro actual, os planos de ordenamento de albufeiras, de estuários e da orla costeira (artigo 8.º, n.º 2, al. b) da Lei da Água).

50 Joana Mendes

namento dos estuários na área da sua jurisdição.[136] Além disso, têm a seu cargo a realização das tarefas que nos termos da Directiva Quadro estão envolvidas na actividade de planeamento ou que essa actividade pressupõe (por exemplo, compete-lhes proceder à análise das características da região hidrográfica e das incidências das actividades humanas sobre o estado das águas; bem como definir e aplicar os programas de medidas previstos nos planos de gestão de bacias hidrográficas).[137] Compete-lhes ainda a aplicação do regime económico e financeiro nas bacias hidrográficas da sua área de jurisdição.[138]

Optou-se, assim, por privilegiar uma solução claramente informada pelo conceitos de gestão integrada e de abordagem combinada. O legislador, ciente dos custos em termos de protecção integrada dos vários componentes ambientais, associados à criação de uma administração hídrica especializada, teve o cuidado de clarificar que às CCDR compete assegurar a protecção ambiental da água através dos instrumentos de gestão territorial, definindo ainda que as CCDR preservam as competências coordenadoras que possuem no âmbito do regime da prevenção e controlo integrados da poluição. Remete-se, desta forma, para os termos gerais da lei nesta matéria. Note-se, porém, que segundo o n.º 3 do artigo 26.º do Decreto-Lei n.º 173/2008[139], a articulação das condições a estabelecer na licença ambiental em matéria de recursos hídricos envolve a ARH e a Agência Portuguesa do Ambiente (depende de uma consulta obrigatória da ARH competente a esta entidade), não implicando a CCDR.

Nos termos do artigo 9.º, n.º 4 (e do artigo 1.º, n.º 2 do Decreto-Lei n.º 208/2007), as ARH estão sujeitas à superintendência e tutela do Ministro do Ambiente, Ordenamento do Território, que pode delegar as respectivas competências no presidente do INAG. Na realidade, porém, tendo

---

[136] Artigo 9.º, n.º 6, al. a) da Lei da Água e artigo 3.º, n.º 2, al. a) do Decreto-Lei n.º 208/2007; artigo 9.º, n.º 6, al. f) da Lei da Água e artigo 3.º, n.º 2, al. d) do Decreto-Lei n.º 208/2007. Note-se que os planos de gestão de bacia hidrográfica, bem como os planos específicos de gestão de águas, são aprovados pelo INAG (artigo 8.º, n.º 2, al. a) da Lei da Água).

[137] Respectivamente, artigo 9.º, n.º 6, al. c) da Lei da Água, artigo 3.º, n.º 2, al. c) do Decreto-Lei n.º 208/2007; e artigo 9.º, n.º 6, al. e) da Lei da Água.

[138] Artigo 9.º, n.º 6, al. j) da Lei da Água e artigo 3.º, n.º 2, al. f) do Decreto-Lei n.º 208/2007.

[139] *Cit.*, supra, nota 123.

em conta os poderes específicos de coordenação e de garante da política da água que a Lei da Água atribui ao INAG, pode entender-se que a própria Lei da Água confere ao INAG poderes de orientação típicos da superintendência, enquanto poder conferido a uma pessoa colectiva pública de "guiar a actuação" de outras pessoas colectivas públicas, e, nalguns casos, poderes de intervenção típicos da tutela.[140] De certa forma, isto representa um desvio das regras gerais nesta matéria, já que os poderes de superintendência e de tutela sobre a administração indirecta do Estado competem ao Governo, nos termos do artigo 199.º, al. d) da Constituição, concretizado pelos artigos 41.º e 42.º da Lei Quadro dos Institutos Públicos[141]. De referir que o papel coordenador do INAG visa assegurar que os objectivos da Lei da Água sejam alcançados a nível nacional, garantindo assim o cumprimento das obrigações que incumbem ao Estado português por força da Directiva Quadro. Ou seja, de uma forma indirecta, as obrigações da Directiva acabaram por determinar aspectos do regime jurídico da organização administrativa da água a nível nacional, para além das indicações que resultam expressamente da Directiva.

Na verdade, o papel de coordenador do INAG reflecte-se sobretudo em aspectos de coordenação técnica "stricto sensu" (v.g. definição de metodologias relativas à análise das regiões hidrográficas, das incidências das actividades humanas sobre o estado da água, bem como à análise económica da utilização da água, que leva à coordenação ou à uniformização

---

[140] Diogo Freitas do Amaral, *Curso de Direito Administrativo*, Almedina, Coimbra, Vol. I, 1994, p. 717. O artigo 7.º, n.º 1, al. a) caracteriza o INAG como autoridade nacional da água, representante do Estado "como garante da política nacional das águas". O seu papel de coordenador das actividades desenvolvidas pelas ARH é expressamente referido no preâmbulo do Decreto-Lei n.º 135/2007, de 27 de Abril, que aprovou a sua orgânica (DR I Série, n.º 82) e no preâmbulo do Decreto-Lei n.º 208/2007, que refere a "uniformização de procedimentos a nível nacional" como "elementos vitais para a credibilidade da administração, em favor dos quais a autoridade nacional da água assume um papel fulcral". Esta última concepção tem reflexo no artigo 1.º, n.º 3 do mesmo diploma, nos termos do qual as ARH "articulam-se entre si e com a autoridade nacional da água com o objectivo de assegurar um exercício de competências concordante em termos de metodologias, acções e procedimentos, garantindo assim, no quadro das respectivas atribuições, a consecução das políticas e orientações estratégicas determinadas a nível nacional". Esta forma de entender o papel do INAG tem consequências ao nível das competências que lhe são atribuídas pelo artigo 8.º da Lei da Água, como se verá a seguir no texto.

[141] Lei n.º 3/2004, de 15 de Janeiro (DR I Série-A, n.º 12).

de procedimentos nestas matérias), podendo afirmar-se que, nesta base, existe um "nexo de competência comum" entre o INAG e as ARH, ou melhor, uma divisão de competências relativas ao mesmo âmbito material.[142] Por outro lado, algumas das competências de coordenação do INAG implicam um condicionamento da actuação das ARH que lhe conferem, na prática, os referidos poderes de orientação típicos da superintendência. O seu propósito é guiar a actuação das ARH para objectivos comuns, seguindo critérios aplicáveis uniformemente a todo o país. Assim, por exemplo, compete ao INAG "definir critérios e parâmetros técnicos que devem ser observados nas suas actividades no domínio de gestão dos recursos hídricos pelas ARH" (artigo 8.º, n.º 3, al. b)[143]), bem como "assegurar que a realização dos objectivos ambientais e dos programas de medidas especificadas nos planos de gestão de bacia hidrográfica seja coordenada para a totalidade de cada região hidrográfica" (artigo 8.º, n.º 2, al. f)). A origem desta última norma encontra-se no artigo 3.º, n.º 4 da Directiva Quadro, nos termos do qual "os Estados-membros assegurarão que os requisitos previstos na presente directiva para a realização dos objectivos ambientais fixados no artigo 4.º, e em especial todos os programas de medidas, sejam coordenados para a totalidade da região hidrográfica". Deste modo, apesar de as competências executivas relativas à realização dos referidos objectivos e programas de medidas caberem às ARH – na medida em que lhes cabe prosseguir "a protecção e valorização dos componentes ambientais das águas" na respectiva área territorial e, para o efeito, elaborar e executar o plano de bacia, cujo âmbito territorial abrange a toda a região (artigo 9.º, n.os 5 e 6, al. a) da Lei da Água; artigo 3.º, n.º 1, e n.º 2, al. a) do Decreto--Lei n.º 208/2007[144]) – o INAG tem, no fundo, ao abrigo da norma referida, competências para guiar a actuação das ARH a este respeito.

---

[142] Artigo 8.º, n.º 2, al. g), h) e i), respectivamente. Ver referência no preâmbulo do Decreto-Lei n.º 208/2007, citada na nota anterior. A expressão citada é de PAULO OTERO, *Legalidade e Administração Pública. O sentido da vinculação administrativa à juridicidade*, Almedina, Coimbra, 2003, p. 885, referindo-se, porém, às relações entre superior hierárquico e subalternos.

[143] Este poder parece acomodar mais o poder de dar ordens do que o poder de emitir directivas (ver a propósito, DIOGO FREITAS DO AMARAL, *Curso...*, p. 719). Porém, não parece que estejamos perante um verdadeiro poder hierárquico, mas mais perante uma relação subsumível na superintendência.

[144] À primeira vista, a designação dos planos – planos de gestão de *bacia* hidrográfica – pode deixar margem para dúvida relativamente ao seu âmbito territorial, já que bacia

Direito Administrativo da Água   53

Ao mesmo tempo, a Lei da Água confere directamente ao INAG alguns "poderes de controlar a regularidade ou adequação" da actuação das ARH, típicos do poder de tutela[145]. Estes são concebidos como um poder-dever e exercidos sob a condição de o exercício desses poderes se revelar necessário "ao cumprimento das suas obrigações como garante da aplicação da [...] lei" (artigo 8.º, n.º 3). Deste modo, compete ao INAG verificar periodicamente o cumprimento dos prazos para elaboração e revisão dos planos a cargo das ARH, fiscalizar a sua execução, bem como substituir-se às ARH na respectiva elaboração, sempre que necessário (artigo 8.º, n.º 3, al. a)[146]), mas também "apreciar os planos de actividades e os relatórios das ARH em tudo o que respeite à gestão dos recursos hídricos" (artigo 8.º, n.º 3, al. d)), o que, no fundo, significa que a tutela integrativa prevista no artigo 41.º, n.º 2, al. a) da Lei Quadro dos Institutos Públicos, que neste caso está a cargo do Ministro do Ambiente, é apoiada pelo parecer prévio do INAG.

No fundo, devido ao facto de muitas das competências das ARH terem relevância directa para o cumprimento das obrigações comunitárias do Estado português no âmbito da Directiva Quadro da Água, as ARH, apesar da sua autonomia administrativa e financeira, estão sob controlo apertado do INAG. Além disso, por diferentes razões, o INAG retém algumas competências executivas directas, designadamente em matérias em que estão directamente em causa interesses nacionais, de uma forma mais premente, ou, pelo menos, menos dependente de condicionalismos regio-

---

e região hidrográfica têm âmbitos territoriais distintos (artigo 4.º, al. m) e al. vv) da Lei da Água). Porém, a Directiva Quadro é clara: "os Estados-Membros garantirão a elaboração de um plano de gestão de bacia hidrográfica, para cada região hidrográfica inteiramente situada no seu território" (artigo 13.º, n.º 1, sublinhado da autora); note-se que esta redacção corresponde igualmente a outras versões linguísticas da Directiva (nomeadamente, a alemã, a espanhola, a francesa, a inglesa e a italiana). Além disso, algumas normas da Lei da Água indicam que cada plano de bacia deve abranger a totalidade da região hidrográfica: artigo 12.º, n.º 2 (ao Conselho de Região Hidrográfica compete "apreciar e acompanhar a elaboração do plano de gestão da bacia hidrográfica") e artigo 30.º, n.º 1 ("o plano de gestão da bacia hidrográfica assegura o estabelecimento de um programa de medidas para cada região hidrográfica").

[145] DIOGO FREITAS DO AMARAL, *Curso...*, p. 719.

[146] Nada é dito relativamente a poderes de substituição na revisão dos planos, mas pode admitir-se a tutela substitutiva neste caso com base no disposto no 41.º, n.º 9 da Lei Quadro dos Institutos Públicos – que confere tutela substitutiva ao ministro da tutela – e no artigo 9.º n.º 4 da Lei da Água – que permite a delegação dos poderes de tutela no presidente do INAG.

54 Joana Mendes

nais, como "aprovar os programas de segurança de barragens, delimitar as zonas de risco e garantir a aplicação do Regulamento de Segurança de Barragens", "declarar a situação de alerta em caso de seca e iniciar, em articulação com as entidades competentes e os principais utilizadores, as medidas de informação e actuação recomendadas", bem como "aplicar medidas para redução de caudais de cheia e criar sistemas de alerta para salvaguarda de pessoas e bens" (Artigo 8.º, n.º 2, al. t), al. o) e q), respectivamente, da Lei da Água). Note-se que estes poderes conferem ao INAG poderes de intervenção directa nas áreas de jurisdição das ARH. Com efeito, nos termos do artigo 41.º da Lei da Água, as medidas de prevenção de seca podem implicar a alteração e eventual limitação de procedimentos e usos. De referir, por último, que, em situações de cheias e secas, compete ao INAG a resolução de diferendos entre os diferentes utilizadores relacionados com as obrigações e prioridades decorrentes destas situações anómalas (Artigo 3.º, n.º 2, al. f) do Decreto-Lei n.º 135/2007).

Flexibilidade de competências

A Lei da Água prevê diferentes possibilidades de delegação e de transferência de competências, o que torna a distribuição de competências por ela fixada relativamente flexível e permite envolver na gestão da água outras entidades públicas, designadamente autarquias, associações de municípios, o Instituto da Conservação da Natureza, associações de utilizadores, concessionários de utilização de recursos hídricos, administrações portuárias, bem como entidades exploradoras de empreendimentos de fins múltiplos. Algumas destas possibilidades enquadram-se no princípio da cooperação definido na alínea h) do artigo 3.º da Lei da Água, nos termos do qual se pode entender que a protecção da água, enquanto tarefa colectiva, deve ser uma responsabilidade partilhada entre entidades públicas e entidades privadas[147]. Outras resultam da necessidade de colabora-

---

[147] O princípio da cooperação definido no artigo 3.º, al. h) da Lei da Água deve ser interpretado à luz do artigo 66.º, n.º 1 da Constituição, que define o direito a "um ambiente de vida humano, sadio e ecologicamente equilibrado", mas também o dever de todos de o proteger – o que implica entre outros aspectos, o cumprimento de obrigações positivas por parte dos particulares (J.J. GOMES CANOTILHO E VITAL MOREIRA, *Constituição da República Portuguesa Anotada. Artigos 1.º a 107.º, Vol. I*, 4.ª ed., Coimbra Editora, Coimbra, p. 847) – e do n.º 2 do mesmo artigo, que enuncia as tarefas fundamentais do Estado na

Direito Administrativo da Água

ção administrativa entre diferentes entidades públicas na protecção e valorização da água, evitando potenciais conflitos de jurisdição (por exemplo, com o Instituto de Conservação da Natureza ou com as autarquias). Além disso, justificam-se ainda por uma lógica de eficiência administrativa, atribuindo às entidades mais próximas dos problemas envolvidos na gestão hídrica ou, por outra razão, mais competentes, a possibilidade de receberem competências nesta matéria, para além do que foi especificamente determinado pelo legislador (ainda que, naturalmente, ao abrigo da respectiva habilitação legislativa).

Deste modo, dentro da administração hídrica propriamente dita, o INAG tem o poder-dever de delegar nas ARH "as competências a seu cargo relativas a cada região hidrográfica que melhor possam ser asseguradas pela respectiva ARH" (artigo 8.º, 3, al. e) da Lei da Água). Trata-se, na verdade, de um caso de delegação de funções, não de uma delegação de poderes propriamente dita[148]. Além disso, esta norma contém uma cláusula de delegação peculiar pelo facto de esta ser configurada como um dever do INAG sujeito à verificação de uma condição: um juízo relativo à capacidade das ARH de melhor assegurarem o exercício das competências em causa. Esta possibilidade envolve uma avaliação por parte do próprio INAG da capacidade de actuação da ARH em causa. Abre-se assim a possibilidade de as ARH terem poderes assimétricos entre si, na medida em que podem receber competências a cargo do INAG relativas a cada região

---

protecção do ambiente, determinando que estas devem ser desempenhadas com o envolvimento e participação dos cidadãos. Se se pode entender que o disposto no n.º 2 do artigo 66.º é sobretudo dirigido a assegurar direitos de participação em matéria de gestão ambiental, não é menos verdade que favorece igualmente formas de cooperação que se venham a estabelecer entre os entes públicos e os particulares e que assegurem, por motivos diversos, o envolvimento destes últimos na administração ambiental. Neste sentido, e tendo em conta o dever definido no artigo 66.º, n.º 1, a protecção ambiental pode ser considerada uma tarefa partilhada.

[148] Ver, a este propósito, MÁRIO ESTEVES DE OLIVEIRA, PEDRO GONÇALVES e J. PACHECO DE AMORIM, *Código do Procedimento Administrativo Comentado*, 2.ª ed., Almedina, Coimbra, 1999, pp. 211-212. Prefere-se a designação "delegação de funções" em detrimento do termo "delegação de atribuições", já que se trata na verdade da delegação de poderes funcionais (i.e competências) entre pessoas colectivas diferentes e não da delegação de atribuições (no sentido de "fins ou interesses que a lei incumbe as pessoas colectivas públicas de prosseguir" – DIOGO FREITAS DO AMARAL, *Curso...*, p. 604). Neste sentido, o uso do termo competências para designar os poderes cujo exercício é transferido neste caso afigura-se correcto.

56 Joana Mendes

hidrográfica. De certa forma, esta medida pode ter o efeito de criar uma situação de competição entre as diferentes ARH relativamente ao seu próprio desempenho. Note-se que, em qualquer caso, a possibilidade de delegação depende de um acordo entre a ARH em causa e o INAG, já que, nos termos da lei, pressupõe a elaboração de protocolos previamente estabelecidos. O mesmo requisito aplica-se a uma outra possibilidade de delegação especificamente prevista na lei: o INAG tem o poder-dever de delegar nas ARH "as competências para a elaboração dos planos de ordenamento das albufeiras de águas públicas, dos planos de ordenamento de estuários e dos planos de ordenamento da orla costeira cuja água não seja utilizada para consumo humano ou fins múltiplos" (artigo 8.º, n.º 3, al. f)).

As ARH, por seu turno, podem delegar alguns dos seus poderes de gestão da água nas autarquias, em associações de municípios, no Instituto da Conservação da Natureza, ou transferi-las para associações de utilizadores e concessionários, nos termos do artigo 9.º, n.º 7 da Lei da Água e do artigo 13.º do Decreto-Lei n.º 226-A/2007, de 29 de Maio[149]. Estas possibilidades de transferência do exercício de poderes são configuradas de uma forma diferente do caso de delegação referido no parágrafo anterior: trata-se de faculdades, não de deveres, e as competências que podem ser transferidas estão definidas taxativamente, não dependendo de uma apreciação discricionária. Assim, a lei prevê a possibilidade de delegar poderes de licenciamento, de fiscalização e alguns poderes de planeamento (elaboração de planos específicos de gestão da águas ou de programas de medidas que devem ser integrados nos planos de bacia) nas autarquias, nas associações de municípios e no Instituto da Conservação da Natureza, bem como a possibilidade de transferir os mesmo poderes de planeamento para associações de utilizadores e para concessionários[150]. À semelhança das hipóteses de delegação entre o INAG e as ARH, estes casos de delegação de poderes estão dependentes da celebração de protocolos ou de contratos de parceria. Além disso, a lei prevê ainda, em termos mais genéricos mas ainda suficientemente delimitados, a possibilidade de as ARH delegarem nas associações de utilizadores competências de gestão da totalidade ou de parte das águas abrangidas pelos títulos de utilização que são geridos por estas associações, "desde que comprovadamente,

---

[149] DR I Série, n.º 105.

[150] Artigo 9.º, n.º 7 da Lei da Água e artigo 13.º, n.º 7 do Decreto-Lei n.º 226-A/2007.

Direito Administrativo da Água

os utilizadores que integram a associação demonstrem capacidade de gestão dos respectivos títulos, nomeadamente pelo respeito dos objectivos de qualidade e da utilização economicamente sustentada da água"[151].

A delegação de poderes de licenciamento (recorde-se que, neste caso, as possíveis entidades delegatárias são as autarquias, as associações de municípios e o Instituto de Conservação da Natureza) está sujeita a uma série de controlos, definidos pelo Decreto-Lei n.º 226-A/2007. Com efeito, a flexibilidade permitida pela delegação não pode fazer perigar os propósitos de protecção e valorização da água como bem ambiental que são a razão de ser do regime jurídico da Lei da Água. Desde logo, quando esteja em causa a qualidade da água, as autoridades delegatárias devem submeter à aprovação das ARH as condições a definir no título respectivo. Além disso, as autoridades delegatárias são obrigadas a apresentar estudos, planos e programas de monitorização que sejam solicitados pelas ARH, independentemente do que em concreto estiver definido no instrumento de delegação. Por fim, são ainda definidas por lei situações específicas em que as ARH podem avocar poderes delegados em matéria de licenciamento, nomeadamente em casos de incumprimento dos controlos definidos, das disposições dos planos ou das orientações da entidade delegante, ou em casos de ocorrências excepcionais que justificam poderes directos das ARH (secas e cheias), assim como em períodos de suspensão ou revisão dos planos[152]. Estas possibilidades de avocação justificam-se à luz das atribuições das ARH – têm a seu cargo a protecção e valorização dos componentes ambientais das águas, nos termos do Artigo 9.º, n.º 5 da Lei da Água. Recordem-se, igualmente, as obrigações definidas na Directiva Quadro relativamente aos objectivos de qualidade da água.

Diferente das hipóteses de delegação analisadas até agora é aquela prevista no artigo 13.º da Lei da Água, relativa à "delegação de competências" das ARH nas administrações portuárias, nos termos do qual:

> "Nas áreas do domínio público hídrico afectas às administrações portuárias, a competência da ARH para licenciamento e fiscalização da utilização dos recursos hídricos considera-se delegada na administração portuária com jurisdição no local" (artigo 13.º, n.º 1).

---

[151] Artigo 70.º, n.º 5 da Lei da Água e artigo 13.º, n.º 4 do Decreto-Lei n.º 226-A/2007. Ver, a este propósito, a secção relativa à colaboração dos particulares em matéria de gestão hídrica. Ver, igualmente, o artigo 13.º do Decreto-Lei n.º 348/2007.

[152] Artigo 13.º, n.os 2, 3 e 5 (respectivamente) do Decreto-Lei n.º 226-A/2007.

58 Joana Mendes

Trata-se de uma forma de inserir as administrações portuárias na administração hídrica, ultrapassando a cisão vigente até à entrada em vigor deste novo regime[153]. No entanto, esta norma representa mais um caso de transferência de poderes, dependente da aprovação da portaria referida nesta norma, do que de delegação. Neste caso, quem decide os termos da "delegação" são os ministros que não possuem os poderes cujo exercício transferem para as administrações portuárias. Note-se que, tendo em conta que as ARH podem avocar as competências cujo exercício foi transferido e que mantêm o poder de definir orientações às administrações portuárias relativas aos poderes em causa, deve entender-se que, tal como nos casos de delegação, se trata de uma transferência do exercício de poderes e não de transferência de titularidade[154].

Esta transferência será efectuada por portarias conjuntas dos Ministros das Obras Públicas, Transportes e Comunicações e do Ambiente, do Ordenamento do Território e do Desenvolvimento Regional[155], que têm um valor jurídico específico: constituem o título de utilização dos recursos hídricos pela administração portuária, fixando, nessa medida, as respectivas obrigações e condicionamentos.[156] Os Ministros, entre outros aspectos, deverão definir aí quais as utilizações do domínio hídrico cujo licenciamento e fiscalização devem "considerar-se delegados" nas administrações portuárias, quais os actos compreendidos na "delegação" e quais os poderes das ARH relativamente ao exercício dos poderes transferidos, bem como os critérios de repartição das receitas inerentes à actividade de licenciamento e fiscalização. Deve salientar-se que o propósito de integrar as administrações portuárias na administração hídrica prende-se com o cumprimento dos objectivos de qualidade das águas também por parte das entidades que a compõem. Assim sendo, nos termos da Lei da Água, as administrações portuárias estão estritamente obrigadas a cumprir as normas

---

[153] Veja-se igualmente o disposto no artigo 80.º, n.º 4 da Lei da Água, que confere um estatuto especial às administrações portuárias em termos financeiros.

[154] Ver, sobre a transferência de competências, DIOGO FREITAS DO AMARAL, *Curso...*, p. 664; sobre a transferência de titularidade e a transferência de exercício, ver, por analogia, *idem*, pp. 680-681.

[155] À data de redacção deste capítulo, a referida portaria ainda não tinha sido adoptada.

[156] Artigo 13.º, n.º 2 e o artigo 38.º, n.º 2 do Decreto-Lei n.º 226-A/2007, que define o conteúdo obrigatório da referida portaria.

Direito Administrativo da Água

dela constantes, bem como os planos aplicáveis e as orientações definidas pela ARH compete.[157]

Por último, prevê-se ainda uma outra possibilidade que garante a flexibilidade de competências que vem sendo caracterizada nesta secção. A Lei da Água prevê que pensam ser transferidas para as entidades exploradoras de empreendimentos de fins múltiplos, através de contrato de concessão, as competências de licenciamento e fiscalização da utilização por terceiros dos recursos hídricos afectos ao empreendimento.[158] Esta possibilidade vem na linha do princípio de cooperação já mencionado. Aliás, todo o regime dos empreendimentos de fins públicos – tal como preconizado na Lei da Água – assenta na promoção da "cooperação entre o Estado e os utilizadores dos recursos hídricos para a manutenção, conservação e gestão de infra-estruturas hidráulicas comuns a diversos fins, repartindo os encargos entre todos os utilizadores, tendo como finalidade, nomeadamente, a promoção da utilização eficiente e sustentável dos recursos hídricos afectos a esses empreendimentos, a protecção da água e dos ecossistemas", como se lê no preâmbulo do Decreto-Lei n.º 311/2007.[159] É, assim, evidente que por detrás do princípio da cooperação se encontra um intuito económico: libertar o Estado de uma actividade de cariz eminentemente empresarial, sem abdicar do controlo sobre a exploração que fica a cargo dos utilizadores, que, para o efeito, constituiram uma entidade pública ou privada[160]. Além disso, pretende-se favorecer modelos de gestão da água

---

[157] Artigo 13.º, n.º 3.

[158] Artigo 76.º, n.º 3, al. b) da Lei da Água e artigo 9.º, n.º 7, al. b) e c) do Decreto-Lei n.º 311/2007, de 17 de Setembro (DR I Série, n.º 179). Sobre os empreendimentos de fins públicos vejam-se, igualmente, os artigos 76.º, n.º 1 da Lei da Água, os artigos 7.º e 8.º do Decreto-Lei n.º 226-A/2007.

[159] Veja-se igualmente o disposto no artigo 6.º do mesmo diploma, relativo aos objectivos de gestão. A cooperação entre o Estado e os utilizadores na execução e exploração de obras hidráulicas é um aspecto com tradições antigas no direito português, mesmo que, naturalmente, tenha sido prevista anteriormente em moldes e com objectivos diferentes dos actuais. Recorde-se, a este propósito, que no preâmbulo do Decreto de 1 de Dezembro de 1892 se referia o seguinte: "É bem sabido que a protecção do Estado é um dos mais poderosos meios para se levar a efeito a execução de quaisquer trabalhos que, a maior parte das vezes, a iniciativa particular, deixada a si só, não consegue, principalmente se esses trabalhos vão contender com interesses individuais ou outros já criados à sombra das leis; mas no interesse geral do país e sem sacrifício do Estado, este deve favorecer aqueles esforços, dispensando-lhe o seu apoio e auxílio".

[160] Artigos 4.º, n.º 2 do Decreto-Lei n.º 311/2007.

60 Joana Mendes

que assegurem o seu uso eficiente: esta intenção resulta do regime económico-financeiro aplicável aos empreendimentos de fins múltiplos[161]. As competências de licenciamento estão sujeitas ao controlo e poderes de avocação pela ARH territorialmente competente, nos termos do artigo 13.º do Decreto-Lei n.º 226-A/2007, já referidos[162]. A competência de fiscalização, por outro lado, consiste na possibilidade de levantar autos e de os remeter às ARH respectiva[163]. A esta incumbe, em qualquer caso, acompanhar, apoiar e fiscalizar a actuação da entidade gestora do empreendimento, tendo em vista a prossecução dos interesses públicos em causa[164]. A ARH competente pode, por fim, exercer a tutela de legalidade sobre a entidade gestora, caso a respectiva competência lhe seja delegada nos termos do artigo 7.º do Decreto-Lei n.º 311/2007.

Resulta do exposto que as normas da Lei da Água analisadas constituem um exemplo do "princípio da excepcionalidade da definição legal de um único órgão como exclusivamente competente sobre determinada matéria"[165]. Verifica-se igualmente que houve uma preocupação por parte do legislador de fazer acompanhar a flexibilidade de competências, justificada pelas razões já mentionadas, de poderes de controlo mais ou menos estritos, fixados por lei (em particular no caso da delegação de poderes de licenciamento) ou a determinar em protocolos ou contratos de parceria (no caso da delegação de poderes de fiscalização e planeamento). Estes poderes são exercidos pelas entidades a quem a lei atribui a título primário a protecção e valorização da protecção ambiental da água e que são, como tal, responsáveis pelo cumprimento das obrigações impostas na Directiva Quadro da Água – o INAG e as ARH. Algumas destas possibilidades pressupõem, como foi dito, uma avaliação prévia por parte da entidade delegante relativamente às capacidades do delegatário de exercer as compe-

---

[161] Artigo 32.º, n.º 2 do Decreto-Lei n.º 97/2008, de 11 de Junho, que estabelece o regime económico-financeiro dos recursos hídricos (DR I Série, n.º 111).

[162] Ver Artigo 9.º, n.º 7, al. b) do Decreto-Lei n.º 311/2007. Além disso, a concessão de títulos cujo prazo exceda o prazo do contrato de concessão depende de parecer prévio favorável da ARH (artigo 16.º, al. a) do Decreto-Lei n.º 311/2007; cf. artigo 22.º do mesmo diploma). Por fim, os títulos de utilização que incidam sobre recursos hídricos afectos ao empreendimento devem especificar os deveres a que ficam sujeitos os utilizadores para com a entidade gestora (artigo 19.º, n.º 2 do diploma referido).

[163] Artigo 9.º, n.º 7, al. c) do Decreto-Lei n.º 311/2007.

[164] Artigo 19.º, n.º 1 do Decreto-Lei n.º 311/2007.

[165] PAULO OTERO, *Legalidade e Administração Pública...*, p. 877.

tências em causa (artigo 8.º, n.º 3, al. e), artigo 70.º, n.º 5 da Lei da Água e 13.º, n.º 4 do Decreto-Lei n.º 226-A/2007). É, aliás, significativo que a delegação dependa de uma forma contratual, assegurando assim uma vontade comum relativamente à transferência de poderes que, idealmente, poderá favorecer o correcto exercício das competências em causa.

Colaboração dos particulares: as associações dos utilizadores

A secção anterior revela um outro aspecto característico do actual regime jurídico. A transferência de poderes de gestão para as associações de utilizadores, nos termos do artigo 13.º, n.º 4 do Decreto-Lei n.º 226-A/2007, e de poderes de planeamento para as associações de utilizadores e concessionários confirma que a gestão da água é entendida como uma tarefa partilhada entre entidades públicas e entidades privadas. Estas possibilidades são apenas um sinal da importância que o regime jurídico atribui às associações de utilizadores como entidades de gestão da água. No fundo, estas entidades são uma forma de a Lei da Água garantir a participação dos utilizadores na gestão da água. Com efeito, determina que:

> "A totalidade ou parte dos utilizadores do domínio público hídrico de uma bacia ou sub-bacia hidrográfica pode constituir-se em associação de utilizadores ou conferir mandato a estas com o objectivo de gerir em comum as licenças ou concessões de uma ou mais utilizações afins do domínio público hídrico."[166]

Este aspecto do actual regime jurídico da água tem antecedentes históricos no direito da água português. O destaque dado à colaboração dos utilizadores tem origens no Decreto de 1892, afirmando-se aí que às direcções hidráulicas de então competia "fomentar a organização de associações de proprietários e acompanhar o seu funcionamento, nos termos do Decreto n.º 8 de 1 de Dezembro de 1892, em colaboração com a Direcção-Geral da Hidráulica e Engenharia Agrícola".[167] Mais recentemente, o Decreto-Lei n.º 70/90 previa que, para além do INAG e das administrações de recursos hídricos, integrariam a administração da água os conse-

---

[166] Artigo 70.º, n.º 1.
[167] Artigo 11.º, n.º 1, al. e) do Decreto de 19 de Dezembro de 1892.

62 Joana Mendes

lhos regionais da água e as *associações de utilizadores* (tal como os utilizadores individuais). Estes seriam os principais sujeitos a actuar ao nível sub--regional ou local (o terceiro nível em que, segundo aquela lei, se desenvolveria a administração e gestão dos recursos hídricos), competindo-lhes promover e realizar "acções de fomento hidráulico, incluindo a realização e exploração de infra-estruturas hidráulicas"[168]. Como foi já referido, este diploma nunca chegou a entrar em vigor. A referência aos utilizadores e suas associações como o terceiro nível da administração, onde se desenvolveriam as acções de fomento hidráulico, desapareceu nos diplomas de 1994, parecendo indicar a mutação de um modelo de administração participado num modelo essencialmente burocrático. No entanto, as associações de utilizadores não desapareceram totalmente do quadro legal, ainda que presentes de uma forma mais tímida[169] ou reguladas em sectores específicos, como as associações de regantes e beneficiários no âmbito das obras de fomento hidroagrícola[170].

Actualmente, os poderes de gestão das associações de utilizadores tal como previstos na Lei da Água e no Decreto-Lei n.° 348/2007 são mais amplos do que aqueles que lhes eram reservados no modelo do Decreto-Lei n.° 70/90, apesar de se poder entender que este inspirou o modelo actual. Com efeito, como resulta da norma citada, ao abrigo do regime actual, o papel das associações de utilizadores não é limitado às obras de fomento hidráulico[171]. O propósito da sua constituição é a gestão em comum de licenças ou concessões de utilizações afins do domínio público, prevendo para o efeito (como também já foi referido), a possibilidade de

---

[168] Artigo 4.°, al. c) do Decreto-Lei n.° 70/90. Ver JOANA MENDES, *O governo da água...*, pp. 174-77, onde alguns dos aspectos mencionados neste parágrafo são referidos e desenvolvidos.

[169] Veja-se o disposto no artigo 18.°, n.° 2 e 3 do Decreto-Lei n.° 47/94, de 22 de Fevereiro. Este diploma, na medida em que se refere às associações de utilizadores, preconiza um modelo em que o papel do Estado é predominante em detrimento da autonomia das associações. Cf., a este propósito, JOANA MENDES, *O governo da água...*, pp. 176-7.

[170] JOANA MENDES, *O governo da água...*, pp. 178-81.

[171] Note-se, porém, que o Decreto-Lei n.° 70/90 considerava obras de fomento hidráulico "as acções estruturais ou não estruturais que conduzam a um aproveitamento do domínio hídrico ou que permitam a conservação e protecção da qualidade do meio hídrico" (artigo 9.° do Decreto-Lei n.° 70/90), sendo estruturais, nos termos do artigo 6.°, n.° 2, as que dependessem da construção de infra-estruturas e não estruturais as restantes. A amplitude desta noção relativiza, assim, a afirmação do texto.

Direito Administrativo da Água

lhes serem transferidas – sempre mediante formas contratuais – as competências de gestão da totalidade ou parte das águas abrangidas pelos títulos de utilização abrangidos pela associação[172]. Nos termos do artigo 13.º, n.º 3 do Decreto-Lei n.º 348/2007, os poderes transferidos podem abranger, entre "outras acções necessárias à boa gestão dos recursos hídricos":

> "a) A preparação ou a colaboração na preparação de instrumento de planeamento; b) A realização de acções de monitorização; c) A realização de trabalhos para cumprimento de planos específicos das águas ou de outros instrumentos de planeamento dos recursos hídricos".

Além disso, as associações de utilizadores podem "explorar total ou parcialmente empreendimentos de fins múltiplos que utilizem os recursos hídricos que são geridos pela associação de utilizadores" bem como "gerir por concessão infra-estruturas hidráulicas na área dos recursos hídricos que são geridos pela associação" (artigo 15.º do Decreto-Lei n.º 348/2007).

As associações de utilizadores podem ser quer pessoas colectivas de direito público quer pessoas colectivas de direito privado, necessariamente reconhecidas pelo INAG[173], e, aparentemente, prosseguem com considerável autonomia os interesses em vista dos quais são constituídas. Com efeito, gerem em comum os títulos (licenças e concessões) de utilizações afins do domínio público, "escolhem as suas áreas de actividade no seu âmbito de intervenção geográfica" (artigo 16.º, n.º 1 do Decreto-Lei n.º 348/2007), têm órgãos de governo próprio representativos (artigo 8.º, n.os 1 e 2, al. b) do mesmo diploma), autonomia estatutária (dentro dos limites fixados pelo artigo 6.º, n.º 2 do Decreto-Lei n.º 348/2007)[174], organizatória (artigo 16.º, n.º 2 do Decreto-Lei n.º 348/2007), administrativa (inerente,

---

[172] Artigo 70.º, n.os 1 e 5 da Lei da Água e artigo 13.º, n.º 1 do Decreto-Lei n.º 348/2007. Cf. artigo 13.º, n.º 4 do Decreto-Lei n.º 226-A/2007, quanto aos limites da delegação (ver secção anterior) e artigo 13.º, n.º 2, al. a), bem como 13.º, n.º 4 do Decreto-Lei n.º 348/2007, quando aos poderes de avocação e revogação por parte da entidade delegante.

[173] Artigo 2.º, n.º 3 do Decreto-Lei n.º 348/2007. Só podem utilizar a designação correspondente após e durante este reconhecimento (artigo 2.º, n.º 4 e artigo 3.º, n.º 4 do Decreto-Lei n.º 348/2007). Mediante parecer favorável do INAG, poderão obter a declaração de utilidade pública, sendo então equiparadas a pessoas colectivas de utilidade pública administrativa local (artigo 5.º do Decreto-Lei n.º 348/2007).

[174] Dentro dos limites fixados pelo artigo 6.º, n.º 2 do Decreto-Lei n.º 348/2007. Ver igualmente o disposto no artigo 8.º, n.º 2, al. e) do mesmo diploma.

64 Joana Mendes

por exemplo, aos poderes referidos no artigo 17.°, n.° 2 do Decreto-Lei n.° 348/2007), bem como autonomia financeira (autonomia patrimonial e orçamental, nos termos do artigo 8.°, n.° 2, al. c) e d) do Decreto-Lei n.° 348/2007). Além disso, estão sujeitas à tutela inspectiva da ARH territorialmente competente e do INAG (Artigo 10.° e 15.°, n.° 2 do Decreto-Lei n.° 348/2007). Parecem estar assim reunidas as condições para as considerar um fenómeno da administração autónoma. Porém, o seu estatuto de autonomia é limitado num aspecto decisivo: nos termos do artigo 16.°, n.° 1 do do Decreto-Lei n.° 348/2007, as associações de utilizadores "prosseguem autonomamente a sua acção, no respeito pelos instrumentos de ordenamento e planeamento dos recursos hídricos em vigor e pelas instruções das ARH e do INAG, I. P." Ora, mais do que uma tutela de mérito, esta disposição parece comportar um poder de superintendência, sugerindo que, na prossecução das suas atribuições, as associações de utilizadores estão sujeitas às directivas daquelas entidades e não apenas a um controlo de mérito. Cerceia-se assim a sua autonomia de orientação político-administrativa, característica fundamental da administração autónoma[175]. Poderia interpretar-se o disposto no artigo 16.° como referindo-se apenas a instruções proferidas no âmbito funcional dos poderes transferidos pela ARH, o que salvaguardaria a autonomia das associações de utilizadores na prossecução dos interesses que justificam a sua criação, podendo então concluir-se que são ainda uma manifestação da administração autónoma. Porém, isso significaria uma repetição desnecessária, já que a sujeição a directivas nesta hipótese está prevista no artigo 13.°, n.° 2, al. b) do Decreto-Lei n.° 348/2007. Nem teria sentido, tendo em conta a inserção sistemática da norma em causa[176].

Considerando que a parceria entre associações de utlizadores e as ARH pode originar "modelos de funcionamento inovadores na gestão da água"[177], a criação destas entidades é incentivada pelo legislador. Deste

---

[175] Ver VITAL MOREIRA, *Administração autónoma e associações públicas*, Coimbra Editora, Coimbra, 1997, pp. 78-87, 170-219, em particular pp. 175-176, 206 e 213-214.

[176] Os artigos 13.° e 14.° regulam as hipóteses de poderes delegados, enquanto que os artigos 15.°, 16.° e 17.° regulam outros poderes das associações de utilizadores. Do mesmo modo, deve entender-se que o disposto no artigo 17.°, n.° 1 se refere a apoio técnico e financeiro do Estado no âmbito de poderes não delegados, já que os apoios do Estado por intermédio das ARH e INAG no âmbito do exercício de poderes delegados deverá ser negociado no âmbito dos contratos-programa referidos no artigo 13.°, n.° 2.

[177] Preâmbulo do Decreto-Lei n.° 348/2007.

Direito Administrativo da Água

modo, não só as ARH podem atribuir às associações de utilizadores parte dos valores provenientes da cobrança da taxa de recursos hídricos, como também poder-lhes-ão ser atribuídos subsídios estatais ou provenientes de outras pessoas colectivas de direito público[178]. Note-se, porém, que este é sobretudo um incentivo à concordância da associação com a possibilidade de delegação, já que o âmbito da respectiva norma é restrito à associação de utilizadores delegatária de competências nos termos do artigo 13.° do Decreto-Lei n.° 348/2007. Independentemente de uma hipótese de delegação, às associações de utilizadores já constituídas poderão ser concedidos direitos de preferência na atribuição de novas licenças e concessões, se tal "for reconhecido pelo Governo como vantajoso para uma mais racional gestão das águas"[179].

Se as associações de utilizadores constituem uma oportunidade para diferentes utilizadores, com propósitos comuns, melhor gerirem os seus próprios interesses, do ponto de vista do interesse público, elas parecem justificar-se, sobretudo, pela possibilidade de aliviar o exercício de competências de gestão e de planeamento das ARH relativamente a utilizações afins que podem ser geridas em comum.

Órgãos consultivos

A existência de órgãos consultivos é um traço relativamente recente mas de continuidade na administração hídrica portuguesa. O Conselho Nacional da Água e os conselhos de bacia existem desde a década de 70, mas com propósitos não totalmente coincidentes com as suas funções actuais. Com efeito, inicialmente a criação do Conselho Nacional da Água, por efeito do Decreto-Lei n.° 438/76, de 3 de Junho, na dependência directa do Ministro das Obras Públicas, serviu apenas o objectivo de garantir a coordenação entre os diferentes órgãos com competências relativas à gestão da água e seus aproveitamentos. Da mesma forma, os conselhos de bacia, criados pelo Decreto-Lei n.° 383/77, de 10 de Setembro como órgãos consultivos das direcções hidráulicas, foram concebidos, a julgar

---

[178] Artigo 14.°, n.° 1 do Decreto-Lei n.° 348/2007.
[179] Artigo 70.°, n.° 4 da Lei da Água. Uma possibilidade semelhante era prevista no Decreto-Lei n.° 70/90 (artigo 18, n.° 3).

66 Joana Mendes

pela sua composição, como órgãos de coordenação intra-administrativa e não como órgãos de participação dos interessados.[180]

Quer o Conselho Nacional da Água, quer os conselhos de bacia foram mantidos na legislação de 94, que continuou em vigor até ao desenvolvimento do regime jurídico da Lei da Água, mas surgiram então como órgãos consultivos de planeamento, nacional e regional, respectivamente. O Conselho Nacional da Água, cujo regime jurídico foi entretanto revisto, passou a abranger representantes de organizações profissionais, económicas representativas dos respectivos sectores, assim como organizações científicas e representantes de organizações não governamentais do ambiente, para além de representantes da Administração Pública, que, apesar de tudo, continuaram a dominar a composição do Conselho[181]. Os conselhos de bacia, nos termos do Decreto-Lei n.º 45/94, deveriam incluir representantes dos organismos do Governo relacionados com o uso da água, bem como os utilizadores, mas na prática não funcionaram devidamente, não se reunindo com a periocidade devida e não desempenhando as suas funções de acompanhamento do planeamento hídrico a nível regional.[182]

Quer o Conselho Nacional da Água, quer os conselhos de bacia, na sua configuração actual, mantêm muitas das características do regime anterior. Desde logo, o Conselho Nacional da Água continua a ser regulado pelo Decreto-Lei n.º 166/97, de 2 de Julho, tal como alterado pelo Decreto-Lei n.º 84/2004, de 14 de Abril. Entre outros aspectos, o número de representantes não governamentais não atinge a maioria dos membros do Conselho, sendo portanto insuficiente para convocar uma reunião extraordinária, por exemplo, assim como para colocar estes membros em posição decisional[183]. É definido pela Lei da Água como "órgão de consulta do

---

[180] Artigo 15.º do Decreto-Lei n.º 383/77, de 10 de Setembro (DR I Série, n.º 210).

[181] Artigo 9.º Decreto-Lei n.º 45/94, de 22 de Fevereiro (DR I Série-A, n.º 44). Artigo 2.º, n.º 2 do Decreto-Lei n.º 166/97, de 2 de Julho, tal como alterado pelo Decreto-Lei n.º 84/2004, de 14 de Abril.

[182] Artigo 11.º Decreto-Lei n.º 45/94. Vide, a propósito, JOANA MENDES, *O governo da água...*, p. 173-4.

[183] Artigos 2.º, n.º 2 e 7.º, n.º 1 do Decreto-Lei n.º 166/97 (alterado). O Conselho Nacional da Água é composto por 48 membros, 18 dos quais são representantes não governamentais (6 representantes de organizações não governamentais na área do ambiente e recursos naturais; 6 representantes de entidades científicas e de investigação; 6 representantes de empresas ou associações económicas relacionadas com os usos da água, nos termos das al. u) a x) do artigo 2.º, n.º 2). O Conselho reúne, ordinariamente, duas vezes por ano e, extraordinariamente, sempre que convocado pelo presidente, por sua iniciativa ou a

Governo no domínio das águas" (artigo 11.º, n.º 1), caracterização que resultava já do Decreto-Lei n.º 166/97, conforme alteração de 2004. As suas competências são as resultantes deste diploma; designadamente, compete-lhe acompanhar a elaboração e execução de planos hídricos ou com impacte em planos hídricos[184], propor acções que considere necessárias a uma boa gestão dos recursos hídricos[185], informar as questões comuns a duas ou mais regiões hidrográficas[186], bem como emitir parecer sobre todas as questões relacionadas com os recursos hídricos submetidas pelo Ministro das Cidades, Ordenamento do Território e Ambiente[187].

Nos termos da Lei da Água, os Conselhos de Região Hidrográfica são os órgãos consultivos das ARH, e devem ter uma composição semelhante à do Conselho Nacional da Água, abrangendo ainda representantes dos munícipios interessados e representantes dos principais utilizadores. Alguns poderes dos Conselhos da Região Hidrográfica enunciados no artigo 12.º da Lei da Água indicam que estes organismos terão um peso maior na definição da política da água em cada região do que os seus antecessores, o que os poderá tornar igualmente mais activos. Com efeito, competir-lhes-á, entre outros poderes consultivos, dar parecer sobre o plano de actividades, o relatório e contas da ARH respectiva, assim como sobre o plano de investimentos públicos a realizar no âmbito das regiões hidrográficas[188]. Além disso, nos termos do artigo 7.º, n.º 6 do Decreto-Lei n.º 208/2007, de 29 de Maio, compete-lhes ainda receber reclamações ou queixas de pessoas singulares ou colectivas. Os restantes poderes, designadamente os relativos ao planeamento, aos objectivos de qualidade da água para a bacia hidrográfica, a medidas contra a poluição, bem como a propostas de interesse geral para a bacia são iguais aos que já eram atribuídos aos conselhos de bacia no regime anterior[189]. Tal como no regime jurídico anterior,

---

solicitação da maioria dos seus membros, nos termos do artigo 7.º, n.º 1. Segundo artigo 7.º, n.º 8, "as deliberações do CNA serão tomadas por consenso ou, sempre que o consenso não se revele possível, à pluralidade de votos, tendo o presidente voto de qualidade".

[184] Artigo 4.º, n.º 2, al. a) e b), e n.º 3 do Decreto-Lei n.º 166/97 (alterado).

[185] Artigo 4.º, n.º 2, al. e) e f), *idem*.

[186] Artigo 4.º, n.º 2, al. c), *idem*.

[187] Artigo 4.º, n.º 2, al. d), *idem*.

[188] Artigo 12.º, n.º 2, al. g), h) e i) da Lei da Água.

[189] Artigo 12.º, n.º 2, al. a), b), d) a f), *idem*.

68 Joana Mendes

têm poderes relativos à taxa de recursos hídricos, competindo-lhes dar parecer sobre a respectiva proposta[190].

A composição, forma e critérios de indicação, bem como o número de representantes de instituições e entidades que integram os conselhos da região hidrográfica são, nos termos do artigo 12.º, n.º 3 da Lei da Água, definidos nos estatutos de cada ARH[191]. Deste modo, estes factores, especialmente a composição (e, como tal, também os critérios de indicação) variam de região hidrográfica para região hidrográfica; em particular, os representantes dos utilizadores variam em função dos diferentes usos predominantes em cada região[192]. De referir que, por regra, os representantes dos utilizadores constituem mais de um terço da composição dos conselhos, o que lhes permite convocar reuniões extraordinárias[193].

Espera-se, assim, que os órgãos consultivos da água, designadamente os de nível regional, sejam mais activos na gestão da água do que foram até agora. Constituem, em particular, um veículo de efectiva participação no planeamento, que deve ser garantida nos termos do artigo 26.º, al. b) da Lei da Água e que é fortemente incentivada pela Directiva Quadro (artigo 14.º, n.º 1)[194].

---

[190] Artigo 12.º, n.º 2, al. c), *idem*. Nos termos do Decreto-Lei n.º 45/94, estranhamente, possuiam uma competência executiva e não consultiva nesta matéria – estabelecer a taxa de regularização (artigo 12.º, n.º 1, al. b) desse diploma). Porém, este poder nunca chegou a ser exercitado porque o regime económico e financeiro constante do então Decreto-Lei n.º 47/94 nunca chegou a ser aplicado, como se referirá adiante.

[191] Estes foram aprovados pela Portaria n.º 394/2008, de 5 de Junho (DR I Série, n.º 108).

[192] Por exemplo, o Conselho de Região Hidrográfica do Algarve inclui três representantes de associações do sector do turismo, enquanto que os Conselhos de Região Hidrográfica do Norte, Centro e Tejo incluem apenas um representante de actividades turísticas, e o Conselho de Região Hidrográfica do Alentejo não tem nenhum representante deste sector (artigos 10.º, n.º 1 dos anexos V, I, II, III e IV, al. af), af), ah), e ah), respectivamente, da Portaria n.º 394/2008). Da mesma forma, o Conselho de Região Hidrográfica do Algarve não inclui nenhum representante de produtores de energia hidroeléctrica, enquanto que a maioria dos Conselhos inclui dois representantes destes utilizadores (designadamente, os Conselhos de Região Hidrográfica do Norte – al. ah) do n.º 1 do artigo 10.º, anexo I; do Centro – al. aj) do n.º 1 do artigo 10.º, anexo II; e do Tejo – al. aj) do n.º 1 do artigo 10.º, anexo III).

[193] Artigos 11.º, n.º 7 e 13 dos vários anexos da Portaria n.º 394/2008, bem como artigo 25.º do CPA.

[194] Sobre a participação no planeamento e o seu significado no âmbito da Directiva, ver secção 3.3.

A gestão das bacias internacionais

O princípio da gestão integrada por bacia hidrográfica e os seus reflexos a nível da organização administrativa implica necessariamente prever soluções específicas para a gestão de bacias que ultrapassam as fronteiras políticas dos Estados. A Directiva Quadro da Água prevê a delimitação de regiões hidrográficas internacionais (nos termos do artigo 3.º, n.º 3, este processo poderá requerer a intervenção da Comissão Europeia a pedido dos Estados-membros interessados). Por um lado, cada Estado-membro é responsável pela aplicação das regras da Directiva "na parte de qualquer região hidrográfica situada no seu território" (artigo 3.º, n.º 3, segundo parágrafo);, por outro, a Directiva define regras de actuação para a gestão em comum das regiões internacionais, distinguindo para o efeito a gestão das regiões intracomunitárias e a gestão das regiões internacionais propriamente ditas, ou seja, aquelas que se estendem para lá do território da União Europeia. No primeiro caso – aquele que nos interessa directamente – os Estados envolvidos na gestão de uma região internacional devem *assegurar conjuntamente* que a aplicação das regras da Directiva será coordenada para a totalidade da região (tendo em vista a prossecução dos objectivos ambientais por ela fixados), "podendo para o efeito utilizar estruturas já existentes decorrentes de acordos internacionais" e recorrer ao apoio da Comissão para a definição de programas de medidas (artigo 3.º, n.º 4)[195]. No segundo caso, "o Estado-Membro ou os Estados-Membros envolvidos *esforçar-se-ão por estabelecer uma coordenação* adequada com os Estados terceiros em causa, a fim de alcançar os objectivos da presente directiva em toda a região hidrográfica", sendo que terão sempre de garantir a aplicação da Directiva no seu território (artigo 3.º, n.º 5)[196]. Regras semelhantes são definidas para a elaboração dos planos de gestão de bacia hidrográfica (artigo 13.º, n.os 2 e 3)[197].

No caso das bacias partilhadas por Portugal e Espanha, a colaboração entre os dois Estados exigida pela Directiva pode ser assegurada pela Comissão para Acompanhamento e Desenvolvimento da Convenção sobre Cooperação para a Protecção e o Aproveitamento Sustentável das Águas

---

[195] Sublinhado da autora.

[196] Idem.

[197] Sobre a importância dos planos no âmbito da Directiva, vide sub-secção 3.3.1, sob o título "As indicações da Directiva Quadro".

das Bacias Hidrográficas Luso-Espanholas, assinada em Albufeira em 30 de Novembro de 1998[198]. Aliás, as negociações que levaram à adopção dos dois intrumentos foram parcialmente contemporâneas e o enlace entre ambos é claro. Com efeito, as obrigações de cooperação entre as Partes abrangem a "coordenação [para cada bacia hidrográfica] dos planos de gestão e dos programas de medidas, gerais ou especiais, elaborados nos termos do direito comunitário" (artigo 10.º, n.º 2 e também artigo 10.º, n.º 1, al. e)), definindo-se, além disso, que as Partes deverão adoptar através desta coordenação, e quando necessário, "as acções adequadas a (...) alcançar o [bom estado das águas] ou, no caso das águas com regimes hidrológicos modificados pela actividade humana ou artificiais, um bom potencial ecológico" (artigo 13.º, n.º 2, al. a)), o que está em sintonia com os objectivos da Directiva Quadro[199]. Por outro lado, a obrigação de permuta de informação entre as partes é extremamente ampla, abrangendo, entre outros aspectos relevantes, informação sobre a gestão das águas das bacias internacionais bem como "informação sobre a legislação, as estruturas organizatórias e práticas administrativas" (artigo 5.º, n.º 1, al. b) e c)).

A Comissão é, no fundo, o órgão executivo da Convenção[200]. Tem

---

[198] A Convenção foi aprovada pela Resolução da Assembleia da República n.º 66/99 (DR I Série-A, n.º 191) e alterada pelo Protocolo de Revisão e Protocolo Adicional, aprovados pela Resolução da Assembleia da República n.º 62/2008 (DR I Série, n.º 222). Sobre a importância e significado desta Convenção, veja-se PAULO CANELAS DE CASTRO, *Nova era nas relações Luso-Espanholas na gestão das bacias partilhadas – em busca da sustentabilidade?* in J.J. GOMES CANOTILHO (coord.) *O regime jurídico internacional dos rios transfronteiriços*, *Revista do CEDOUA*, Coimbra, 2006, pp. 75-148, em particular, pp. 100-134. Sobre o sistema institucional da Convenção, ver *IDEM*, pp. 117-121. A estrutura, atribuições, competências, bem como o funcionamento da Comissão estão regulados nos artigos 22.º e 23.º da Convenção.

[199] Note-se o disposto no artigo 1.º, n.º 2 da Convenção, nos termos do qual as definições ou noções relevantes da Comvenção que constem do direito comunitário ou do direito internacional vigente entre as Partes devem entender-se em conformidade com estes. Pontes com o direito comunitário são ainda patentes nos artigos 6.º (informação ao público), 10.º, n.º 3 (maior nível de protecção), 13, n.º 2, al. b) (qualidade das águas classificadas), 10.º, n.º 3 (prazos para alcançar objectivos de qualidade), 14.º (prevenção e controlo da poluição no caso de impactes transfronteiriços), artigo 19.º (garantia do bom estado das águas em caso de secas e escassez), Anexo I, parágrafo 2, al. c) (permuta de informação relativa à identificação de zonas definidas no direito comunitário).

[200] Cf. Artigo 22.º. A Conferência de Partes é o seu órgão político, reunindo-se quando as Partes o decidam e para avaliar as decisões tomadas no seio da Comissão (cf. artigo 21.º).

Direito Administrativo da Água   71

por função exercer as competências previstas na Convenção e aquelas que lhe sejam conferidas pelas Partes com vista à prossecução dos objectivos da Convenção, podendo, além disso, propor às Partes medidas para o seu desenvolvimento (artigo 22.°, n.° 2 e 3). Além disso, é o órgão privilegiado de resolução das questões relativas à interpretação e aplicação deste instrumento (artigo 22.°, n.° 4). Como forma de garantir que a Comissão tem os meios necessários para desempenhar as funções que a Convenção lhe atribui, as Partes devem fornecer-lhe toda a informação necessária. Esta obrigação de informação abrange toda a informação relativa ao âmbito da Convenção que é definido de uma forma consideravelmente abrangente (artigo 7.°, n.° 1, al c))[201].

O âmbito da Convenção, em geral, e dos poderes da Comissão, em particular, são, assim, suficientemente amplos para poder acomodar a colaboração dos dois Estados-membros para efeitos da Directiva Quadro da Água.

3.3. PLANEAMENTO

3.3.1. A importância do planeamento hídrico, o planeamento no direito português e as indicações da Directiva

A relevância do planeamento hídrico

A intervenção dos poderes públicos em matéria de gestão da água intensificou-se com o crescer das precupações de protecção ambiental[202]. A pluralidade de interesses que convergem na gestão da água, públicos e privados, bem como a proliferação de organismos com atribuições que incidem nesta matéria, a necessidade de coordenar intervenções diversas, as exigências de compatibilização de usos respeitando a protecção am-

---

[201] Nos termos do artigo 3.°, n.° 2, "a Convenção aplica-se às actividades destinadas à promoção e protecção do bom estado das águas destas bacias hidrográficas e às actividades de aproveitamento dos recursos hídricos, em curso ou projectadas, em especial as que causem ou sejam susceptíveis de causar impactes transfronteiriços".

[202] Esta sub-secção corresponde, no essencial, ao estudo feito pela autora em 2002 (JOANA MENDES, *O governo da água...*, pp. 117-8). Optou-se pela reprodução das mesmas ideias nesta sede por serem relevantes como enquadramento para a análise que se segue.

biental da água, bem cuja unidade e escassez se reconhecem, fizeram com que a planificação hídrica adquirisse um papel central na administração pública da água. Foi assim no ordenamento espanhol, tendo a lei da água de 1985 erigido a planificação no instrumento principal de actuação das suas prescrições[203], o mesmo sucedeu com a lei francesa de 1992[204], e em Portugal com o Decreto-Lei n.º 45/94. O papel central do plano era já proclamado como princípio essencial na Carta Europeia da Água em 1968 e foi plenamente confirmado na Directiva Quadro da Água.

As razões de carácter geral que tornaram o plano um dos instrumentos típicos de actuação do Estado cruzaram-se com as necessidades específicas do sector da água. Nas palavras de um autor, "a unidade geográfica da bacia hidrográfica deu sentido à unidade da planificação"[205]. Assim, o planeamento hídrico constituiu, no fundo, um meio para superar uma "política de reacção" típica de um sistema que, na ausência de planos, era alicerçado unicamente em actos isolados constitutivos de direitos de aproveitamento sobre a água e que tinha como consequência a consideração isolada e casuística de cada pedido de concessão, outorgadas por vezes por diferentes entidades administrativas[206]. O planeamento hídrico surgiu, na maior parte das legislações que o adoptaram, com o objectivo de conseguir a melhor satisfação das necessidades hídricas e uma maior disponibilidade do recurso, bem como o equilíbrio do desenvolvimento regional, já que a água é um factor decisivo para o desenvolvimento e coesão económicas.

---

[203] Ver, por todos, GASPAR ARIÑO ORTIZ e MÓNICA SASTRE BECEIRO, *Leyes de Águas y Política Hidráulica en España. Los mercados regulados del agua*, Granada, Comares, 1999, pp. 117-122. A importância que a planificação tem na lei espanhola é vista de forma crítica por estes autores. Em sentido convergente, Fanlo Loras considera que o facto de a aplicação da lei depender totalmente da planificação é o calcanhar de Aquiles do sistema legal desenhado. É fácil perceber porquê: "a operatividade do dia a dia pode ficar bloqueada e as grandes declarações de princípio contidas na lei condenadas ao fracasso se não se realiza, com critérios realistas, a necessária planificação hidrológica das bacias" (ANTÓNIO FANLO LORAS, *Las confederaciones hidrográficas y otras administraciones hidráulicas*, Madrid, 1996, p. 254).

[204] Nesse sentido, vide FRANÇOISE BILLAUDOT, *La planification des ressources en eau*, in *Revue française de droit administratif*, Paris, 1993, pp. 1152-1165. A autora começa por afirmar: "Na vasta operação de renovação do direito da água, a planificação tem um papel essencial e surge verdadeiramente como um dos pontos fortes da reforma" (*IDEM*, p 1152).

[205] LUDWIG TECLAFF, *Legal and institutional responses to growing water demand (legislative study no. 14)*, Roma, FAO, 1977, p. 38.

[206] GASPAR ARIÑO ORTIZ e MÓNICA SASTRE BECEIRO, *Leyes de Águas...*, p. 54.

Direito Administrativo da Água

Todavia, foi a necessidade de protecção do seu valor ambiental que determinou o papel decisivo que algumas legislações lhe reconheceram, numa lógica de "planificar a limitação"[207].

Ao consenso generalizado em torno da necessidade de alguma forma de planificação da água não corresponde, porém, uma uniformidade de posições quanto ao relevo que deve assumir no ordenamento jurídico nem sobre os contornos que deve ter. Existe uma certa desconfiança quanto à sua importância, que se prende principalmente com a operatividade e eficácia dos planos hídricos[208]. No quadro do regime jurídico espanhol anterior à transposição da Directiva Quadro, há quem considere o planeamento "um verdadeiro mito jurídico e político"[209] e os planos como "mais uma ilusão tecnocrática que um instrumento efectivamente seguro"[210].

Três aspectos parecem ser de entendimento comum nos debates relativos ao relevo a atribuir ao planeamento hídrico. Em primeiro lugar, os planos, enquanto instrumentos de previsão e conformação do futuro, não podem naturalmente resolver todos os problemas relacionados com a administração da água, encontrando-se limitados à partida pela complexidade das questões em causa, bem como pelas dificuldades de carácter técnico de previsão das disponibilidades hídricas. Em segundo lugar, é essencial proceder à sua coordenação com o restante sistema de planeamento territorial, pois só assim se conseguirá um grau mínimo de certeza indispensável para que cumpram cabalmente a sua função. Em terceiro lugar, quanto maior for o destaque dado ao planeamento, maiores cuidados deverão contornar a sua elaboração, bem como as vicissitudes a que poderá estar sujeito durante o seu período de vigência, para que o processo de regulação não fique à partida inquinado. Por fim, é igualmente pacífico que o sucesso dos planos hídricos não depende apenas do seu regime legal; com efeito, "os planos são uma obra de grande envergadura técnica e económica, e a sua elaboração e execução requerem um grande esforço a todos os níveis: no plano político, administrativo, no campo da colaboração e participação dos cidadãos, etc."[211].

---

[207] FRANCISCO DELGADO PIQUERAS, *Derecho de aguas...*, p. 170.

[208] MARIA CARMEN ORTIZ DE TENA, *Planificación Hidrologica*, Madrid, Marcial Pons, 1994, p. 33-34.

[209] GASPAR ARIÑO ORTIZ e MÓNICA SASTRE BECEIRO, *Leyes de Águas...*, p. 117.

[210] EDUARDO GARCÍA DE ENTERRÍA, *Prologo* a SILVIA DEL SAZ, *Aguas subterraneas, aguas publicas (El nuevo Derecho de Aguas)*, Madrid, Marcial Pons, 1990, p. 6.

[211] MARIA CARMEN ORTIZ DE TENA, *Planificación...*, p. 34.

74 Joana Mendes

O planeamento hídrico no direito português

O planeamento hídrico tornou-se um dos vectores do ordenamento português com o Decreto-Lei n.º 45/94. É certo que o sistema de planeamento territorial previa já anteriormente planos que tinham como escopo específico a regulação dos usos da água em zonas específicas, designadamente os planos de ordenamento de albufeiras e os planos de ordenamento da oral costeira[212]. Tratava-se – e trata-se, na medida em que continuam a ser importantes instrumentos do sistema de planeamento nacional inseridos no actual sistema de gestão territorial – de planos de ordenamento especiais. Apesar do impacte dos planos de ordenamento territorial e dos planos urbanísticos em matéria de água, a gestão dos recursos hídricos não ocupava um papel especial no âmbito das preocupações gerais de ordenamento e urbanismo. Nesta medida, e na ausência de planos de bacia, a norma da Lei de Bases do Ambiente que determina que a bacia hidrográfica deve ser "a unidade de gestão dos recursos hídricos, a qual deverá ter em conta as suas implicações socio-económicas, culturais e internacionais" não teve, por algum tempo, nenhum efeito em termos de planeamento[213].

O Decreto-Lei n.º 45/94 introduziu o plano como instrumento orientador da administração da água. É de salientar que o preâmbulo deste diploma relaciona a necessidade de um "planeamento integrado por bacia" com a organização administrativa vigente na altura, "assente numa repartição administrativa do território". A ausência de um modelo institucional que respeitasse os limites das bacias hidrográficas tornou assim "imprescindível" os planos de bacia, como instrumentos que permitem coordenar as diferentes atribuições e competências dos poderes públicos[214]. O planeamento hídrico surgiu então como um momento essencial no processo de valorização, protecção e gestão equilibrada dos recursos hídricos nacionais, "assegurando a sua harmonização com o desenvolvimento regional e

---

[212] Então regulados, respectivamente, pelo Decreto Regulamentar n.º 2/88, de 20 de Janeiro (artigo 9.º; DR I Série, n.º 16) e pelo Decreto-Lei n.º 309/93, de 2 de Setembro (DR I Série, n.º 206).

[213] Artigo 12.º.

[214] Nesse sentido, JOSÉ BERMEJO VERA *et al.*, *Constitución y planificación hidrológica*, Civitas, Madrid, 1995, p. 68 ("a planificação hidrológica é, sem dúvida, a técnica mais eficaz para proteger os recursos hídricos já que permite coordenar os diferentes poderes e títulos de intervenção dos poderes públicos").

Direito Administrativo da Água

sectorial através da economia do seu emprego e racionalização dos seus usos" no quadro das bacias hidrográficas[215].

Nos termos desse diploma, eram três os níveis de planeamento hídrico, sendo a bacia o nível principal[216]. O Plano Nacional da Água destinava-se a conferir uma visão de conjunto do território nacional, efectuando a síntese e assegurando a articulação entre os planos de bacia.[217] Os planos de bacia hidrográfica, com base no dignóstico de cada região, deveriam definir objectivos ambientais, conter uma proposta de medidas e acções com vista à prossecução desses objectivos, bem como a programação física, financeira e institucional para a realização das medidas e acções previstas[218]. Finalmente, podiam existir, quando tal se justificasse por razões ambientais, planos para pequenos cursos de água[219]. Quer o Plano Nacional da Água, quer os planos de bacia foram aprovados em 2001 e 2002, com consideráveis atrasos relativamente aos prazos legais estabelecidos[220].

---

[215] Artigo 2.º, n.º 2 do Decreto-Lei n.º 45/94.

[216] Artigo 4.º, *idem*.

[217] Artigo 6.º, n.º 3, *idem*.

[218] Artigo 6.º, n.ºs 1 e 2, *idem*.

[219] Artigo 4.º, n.º 2, *idem*.

[220] Cf. Artigo 7.º, *idem*. O Plano Nacional da Água foi publicado seis anos mais tarde do que o previsto (Decreto-Lei n.º 112/2002, de 17 de Abril). Os planos das bacias internacionais (à excepção do plano da bacia do rio Lima) foram publicados em 2001: Decretos Regulamentares n.º 16/2001 (Guadiana) e n.º 17/2001 (Minho), ambos de 5 de Dezembro; Decreto Regulamentar n.º 18/2001, de 7 de Dezembro (Tejo); e Decreto Regulamentar n.º 19/2001, de 10 de Dezembro (Douro). Os restantes foram publicados em 2002: Decreto Regulamentar n.º 5/2002, de 8 de Fevereiro (Mira); Decreto Regulamentar n.º 6/2002, de 12 de Fevereiro (Sado); Decreto Regulamentar n.º 9/2002, de 1 de Março (Mondego); Decreto Regulamentar n.º 11/2002, de 8 de Março (Lima); Decreto Regulamentar n.º 12/2002, de 9 de Março (ribeiras do Algarve); Decreto Regulamentar n.º 15/2002, de 14 de Março (Vouga); Decreto Regulamentar n.º 17/2002, de 15 de Março (Cávado); Decreto Regulamentar n.º 18/2002, de 19 de Março (Leça); Decreto Regulamentar n.º 19/2002, de 20 de Março (Ave); Decreto Regulamentar n.º 23/2002, de 3 de Abril (Lis); Decreto Regulamentar n.º 26/2002, de 5 de Abril (Ribeiras do Oeste). A razão desta intensa actividade regulamentar resulta claramente da leitura dos preâmbulos dos referidos diplomas. A título de exemplo, lê-se no preâmbulo do Decreto Regulamentar n.º 19/2001, de 10 de Dezembro (PBH Douro): "Presentemente, *dadas algumas circunstâncias favoráveis, nomeadamente o 3.º Quadro Comunitário de Apoio (QCA III)*, este desafio constitui uma oportunidade única, que o País tem de saber aproveitar de forma eficiente e eficaz, *de modo a poder responder adequadamente a uma conjuntura particularmente rica e complexa de acontecimentos*, de entre os quais se destacam a entrada em vigor da nova Convenção sobre

76 Joana Mendes

Como se verá de seguida e sem prejuízo de outros desenvolvimentos, esta estrutura de planeamento é, no essencial, mantida pela Lei da Água. O sistema de planeamento, no entanto, sofreu consideráveis alterações, por força da Directiva Quadro da Água, quer directamente, devido às suas disposições em matéria de planeamento, quer indirectamente, dadas as escolhas do legislador português determinadas pelo quadro geral da Directiva e, em particular, pelos seus objectivos.

As indicações da Directiva Quadro

Os planos de gestão das bacias hidrográficas são o instrumento principal de actuação das disposições da Directiva. A Directiva identifica outro nível de planeamento possível – sub-bacia ou sector – mas a unidade de planeamento principal é, sem dúvida, a região hidrográfica. Os planos são, no fundo, uma síntese do conteúdo da Directiva aplicado à especificidade de cada região[221].

Neles convergem uma série de medidas que a Directiva impõe: a identificação das entidades competentes em matéria de gestão de recursos hídricos; a caracterização geográfica, hidro-geológica e sócio-económica das regiões hidrográficas, incluindo um estudo do impacto da actividade humana sobre o estado das águas em cada região; com base nesta caracterização, os Estados-membros deverão definir, para cada região, quais são os objectivos ambientais a alcançar, devendo para o efeito definir programas de medidas, que abrangem, entre outras, medidas necessárias para dar execução à legislação comunitária em matéria de águas, bem como medidas necessárias a executar o princípio da amortização dos custos da utilização da água e outras disposições da Directiva; a identificação das zonas

---

a Cooperação para a Protecção e o Aproveitamento Sustentável das Águas das Bacias Hidrográficas Luso-Espanholas, em Janeiro de 2000, a aprovação da Directiva Quadro da Água, em Dezembro de 2000, e a apresentação às autoridades portuguesas do projecto do Plano Hidrológico Nacional de Espanha, em Setembro de 2000." (sublinhado da autora).

[221] Artigos 13.º, n.ºs 1, 4 e 5. Note-se que, apesar de os planos serem designados "planos de gestão de *bacia* hidrográfica" a unidade de gestão a que se referem é a *região* hidrográfica (cf. artigo 13.º, n.º 1). Quanto ao planeamento das bacias partilhadas com outros Estados-membros ou bacias internacionais, ver n.ºs 2 e 3. Cf. o que foi referido na sub-secção 3.2.2 a propósito das bacias internacionais.

Direito Administrativo da Água

protegidas, que assim devam ser designadas ao abrigo de legislação comunitária; a elaboração de mapas e programas de monitorização, sendo que os planos devem incluir os resultados destes programas[222]. Todos estes elementos, entre outros, devem, nos termos da Directiva, ser especificados ou resumidos nos planos de gestão das bacias hidrográficas[223].

Deste modo, no âmbito da Directiva, o processo de planeamento é entendido como "um processso de recolha e análise de informações relativas à bacia hidrográfica, bem como um processo de avaliação das medidas necessárias para alcançar os objectivos da Directiva dentro dos prazos prescritos"[224]. Este processo é indissociável da implementação dos programas de medidas previamente definidos, sendo que a gestão da bacia hidrográfica propriamente dita corresponde ao conjunto destes dois processos[225].

A Directiva indica assim um modelo específico de planeamento: "os planos são documentos estratégicos e guias operacionais para a implementação de programas de medidas que devem servir de base a uma gestão integrada, tecnicamente, ambientalmente e economicamente adequada, assim como a uma gestão sustentável da água, no quadro de cada região hidrográfica por períodos de seis anos"[226].

Duas das funções principais dos planos de gestão de bacia hidrográfica, no quadro da Directiva, resultam do que foi até agora dito. Em primeiro lugar, os planos servem como mecanismo de documentação e inventariação da informação que, nos termos da Directiva, deve ser recolhida (sobre cada bacia nos termos da Directiva). Em segundo lugar, eles coordenam os programas de medidas definidos para cada região hidrográfica à luz da caracterização da região e tendo em conta o objectivo fundamental de alcançar um bom estado das águas nos termos do artigo 4.º da Directiva. As funções primariamente atribuídas aos planos são, no entanto, mais

---

[222] Respectivamente, artigo 3.º e Anexo I; Artigo 5.º e Anexos II e III; artigos 4.º, 11.º, 9.º e 7.º bem como Anexos V e VI; artigo 6.º e Anexo IV; artigo 8.º e Anexo V, todos da Directiva Quadro.

[223] Artigo 13.º, n.º 4 e Anexo VII da Directiva.

[224] Estratégia Comum de Implementação, "Guidance Document n.º 11 – Planning process", Working Group 2.9., 2003, p. 24.

[225] *Idem, ibidem.*

[226] Idem, p. 43. Note-se que ao abrigo do disposto no artigo 13.º, n.os 6 e 7 da Directiva, os primeiros planos de gestão elaborados nos termos da Directiva terão de ser publicados até 2009, terão de ser avaliados e actualizados o mais tardar até 2015 e, posteriormente, de seis em seis anos.

amplas do que resulta do que foi dito até agora. Assim, os planos são ainda os documentos que servem de base à consulta e participação do público, um aspecto fundamental do regime jurídico da Directiva[227]. Por fim, os planos constituem a base da informação que os Estados-membros deverão disponibilizar à Comissão, nos termos do artigo 15.° da Directiva[228]. Tendo em conta o que foi dito relativamente ao conteúdo dos planos, esta é, em princípio, uma forma eficaz de a Comissão controlar o cumprimento das disposições da Directiva por parte dos Estados-membros, possibilitando também o esclarecimento de Estados-membros directamente interessados, o que, ao mesmo tempo, expande as vias de controlo (já que, os Estados-membro podem iniciar acções de incumprimento, nos termos do artigo 227.° do Tratado da Comunidade Europeia).

Tomando em consideração esta concepção do planeamento, as indicações específicas da Directiva, bem as funções que os planos hídricos devem desempenhar, compete aos Estados-membros adaptar as disposições da Directiva ao contexto nacional e definir os aspectos procedimentais do processo de planeamento.

3.3.2. O regime jurídico da Lei da Água

A influência da Directiva Quadro

As disposições da Lei da Água não poderiam deixar de reflectir os pontos essenciais que foram delineados acima. Naturalmente, as obrigações definidas na Directiva relativamente ao planeamento tiveram de ser incorporados no direito português. A influência directa da Directiva em matéria de planeamento é evidente, entre outros aspectos, na norma que fixa o conteúdo dos planos de gestão de bacia hidrográfica, bem como nas normas relativas aos programas de medidas[229].

---

[227] Ver artigo 14.° da Directiva. Este aspecto será desenvolvido na sub-secção 3.3.3.

[228] Três destas funções são referidas no "Guidance Document n.° 11", *cit.*, p. 44.

[229] Cf. artigo 29.°, n.° 1 da Lei da Água e o Anexo VII da Directiva Quadro. À época da redacção deste capítulo (Maio 2009), estava ainda por publicar o diploma que, nos termos do n.° 2 do artigo 29.° deve definir o conteúdo dos planos de gestão de bacia. Os artigos 30.° e 32.° e seguintes da Lei da Água transpõem, concretizam e desenvolvem o disposto no artigo 11.° e no Anexo VI da Directiva.

Globalmente, o sistema de planeamento deverá reflectir, quer na sua concepção, quer – e é importante insistir neste ponto – na sua execução duas caracteríticas fundamentais que resultam da forma como o processo de planeamento foi concebido na Directiva. Por um lado, os planos são instrumentos estratégicos que assentam numa ampla base de informação que deve ser recolhida para cada região. Por outro lado, a processo de planeamento não se resume à fixação de medidas que devem ser aplicadas no âmbito de cada região ou de regras que devem guiar a utilização dos recursos hídricos em cada bacia: os planos são instrumentos dinâmicos que definem uma série de actividades – de recolha contínua de informação, de controlos relativos ao estado das águas, de adaptação das medidas fixadas em função dos resultados que vão sendo obtidos – que as entidades responsáveis pela sua execução devem desempenhar ao longo do período da sua vigência.

Pelo menos na forma como os planos de bacia tinham sido descritos no Decreto-Lei n.º 45/94, estes aspectos, considerados isoladamente, não eram completamente desconhecidos no ordenamento jurídico português. Porém, a base de informação em que assenta o processo de planeamento é muito mais exigente do que no quadro jurídico anterior (abrangendo, por exemplo, uma análise económica das regiões que não era prevista anteriormente)[230]; as medidas que, nos termos da lei anterior, deveriam ser adoptadas são claramente menos ambiciosas do que as que são exigidas pela Lei da Água, na sequência das determinações da Directiva[231]; e, por fim, a funcionalização de um conjunto de medidas à prossecução de objectivos ambientais é um elemento que, ainda que se pudesse considerar implícito no regime jurídico anterior, não dominava o processo de planeamento, para além de que os objectivos ambientais a alcançar – que anteriormente eram deixados à discricionaridade da entidade administrativa responsável pela elaboração do plano – são agora pré-fixados numa direc-

---

[230] Cf. artigo 6.º, n.º 2, al. a) do Decreto-Lei n.º 45/94 e artigo 29.º, n.º 1, al. g) da Lei da Água. Além disso, prevê-se explicitamente que as medidas programadas são "funcionalmente adaptadas às características da bacia, ao impacte da actividade humana no estado das águas superficiais e subterrâneas e que sejam justificadas pela análise económica das utilizações da água e pela análise custo-eficácia dos condicionamentos e restrições a impor a essas utilizações" (artigo 30.º, n.º 2 da Lei da Água).

[231] Cf. artigo 6.º, n.º 2, al. b) do Decreto-Lei n.º 45/94 e artigos 29.º, n.º 1, al. o) e 30.º da Lei da Água.

80 Joana Mendes

tiva (e na lei que a transpõe), pairando sobre os Estados a possibilidade de acções de incumprimento no caso em que não sejam adoptadas todas as medidas necessárias à sua consecução[232].

Alguns aspectos específicos do sistema de planeamento hídrico constante da Lei da Água serão abordadas de seguida.

A estrutura do planeamento e novos instrumentos

Apesar de a estrutura de planeamento, tal como configurada na Lei da Água, ser semelhante à que já era prevista no Decreto-Lei n.º 45/94, a Lei da Água introduziu algumas novidades nesta matéria. O legislador optou por criar um sistema de planeamento hídrico integrado, do qual fazem parte, para além dos planos de recursos hídricos propriamente ditos (Plano Nacional da Água, planos de gestão de bacia hidrográfica, planos específicos de gestão de água – adiante designados simplesmente planos hídricos), os planos especiais de ordenamento do território (de albufeiras de águas públicas, de orlas costeiras e de estuários, adiante globalmente designados por PEOT) e as medidas de protecção e valorização de recursos hídricos[233].

Comparando com o sistema anterior, a Lei da Água criou um leque mais abrangente de instrumentos de intervenção. É certo que a inserção dos planos especiais de ordenamento do território no sistema de planeamento hídrico é uma medida formal, já que a Lei da Água remete a regulação do todos os aspectos do seu regime jurídico para a Lei de Bases do Ordenamento do Território e do Urbanismo (LBOTU) e para o Regime

---

[232] Cf. artigo 6.º, n.º 1, al. b) do Decreto-Lei n.º 45/94 e artigo 30.º, n.º 1 da Lei da Água. O artigo 6.º do Decreto-Lei n.º 45/94 não refere explicitamente a ligação entre as medidas fixadas e o alcançar dos objectivos que devem ser determinados no plano. Pode entender-se que essas medidas não têm sentido se não funcionalizadas aos objectivos escolhidos. Esta ligação é, porém, explícita na Lei da Água (ver norma citada). Ver igualmente o disposto nos artigos 45.º e ss da Lei da Água, relativamente aos objectivos ambientais e, nomeadamente, o disposto no artigo 55.º, al. c) que, não implicando uma alteração do plano propriamente dito, requer a adopção de "medidas adicionais" ("segundo os procedimentos fixados em normativo próprio") para alcançar os objectivos ambientais quando se preveja a possibilidade de estes não serem alcançados dentro dos prazos fixados.

[233] Artigo 16.º da Lei da Água.

Jurídico dos Instrumentos de Gestão Territorial (RJIGT)[234]. Para além deste aspecto, porém, a Lei da Água criou um novo instrumento e duas categorias de instrumentos.

Os planos de ordenamento dos estuários são um novo tipo de planos especiais, que "visam a protecção das suas águas, leitos e margens e dos ecossistemas que as habitam, assim como a valorização social, económica e ambiental da orla terrestre envolvente"[235]; estes planos abragem as águas de transição, leitos e margens, bem como uma zona terrestre de protecção (orla estuarina)[236].

Os planos específicos de gestão de águas, tal como concebidos pela Lei da Água, são também uma novidade no nosso ordenamento jurídico: são planos de gestão mais pormenorizada, complementares dos planos de gestão de bacia hidrográfica, que podem ter âmbito territorial – tendo então por objecto uma sub-bacia ou uma área geográfica específica – ou âmbito sectorial – visando "um problema, tipo de água, aspecto específico ou sector de actividade económica com interacção significativa com as

---

[234] Artigo 19.º, n.º 2 da Lei da Água. Respectivamente, Lei n.º 48/98, de 11 de Agosto, que estabelece as bases da política de ordenamento do território e de urbanismo (DR I Série-A, n.º 184), alterada pela Lei n.º 54/2007, de 31 de Agosto (DR I Série, n.º 168); Decreto-Lei n.º 380/99, de 22 de Setembro, que estabelece o regime jurídico dos instrumentos de gestão territorial (DR I Série-A, n.º 222), alterado pela última vez pelo Decreto-Lei n.º 46/2009, de 20 de Fevereiro (DR I Série, n.º 36, onde foi republicado). Para além desta inserção formal, os artigos 20.º e 21.º, relativos aos planos de ordenamento de albufeiras de águas públicas e aos planos de ordenamento da orla costeira, contêm algumas disposições importantes relativamente ao regime jurídico destes instrumentos. Por exemplo, são definidas restrições importantes às possíveis utilizações das albufeiras (artigo 20.º, n.º 3) e determina-se que os planos de ordenamento de albufeiras de águas públicas podem ter por objecto lagoas ou lagos de águas públicas (artigo 20.º, n.º 4). Note-se a este propósito que, tal como previsto RJIGT, conforme a redacção que lhe foi dada pelo Decreto-Lei n.º 46/2009, foi adoptado um regime jurídico de protecção das albufeiras de águas públicas de serviço público e das lagoas ou lagos de águas públicas (Decreto-Lei n.º 107/2009, de 15 de Maio, DR I Série, n.º 94; vide igualmente artigo 104.º, n.º 9 do RJIGT e artigo 4.º do Decreto-Lei n.º 46/2009).

[235] Artigo 19.º, n.º 2, al. c) e artigo 22.º, n.º 1 da Lei da Água (a citação consta do último artigo). Isto implicou uma alteração ao RJIGT (artigo 98.º, n.º 3 da Lei da Água e artigo 2.º, n.º 2, al. c do RJIGT, com redação do Decreto-Lei n.º 316/2007, de 19 de Setembro) assim como da LBOTU (artigo 33.º, com a redacção da Lei n.º 54/2007, de 31 de Agosto). As especificidades do regime jurídico dos planos de ordenamento dos estuários estão reguladas no Decreto-Lei n.º 129/2008, de 21 de Julho (DR I Série, n.º 139).

[236] Artigo 3.º, n.os 1 a 3 do Decreto-Lei n.º 129/2008.

águas"[237]. Nos termos da Lei da Água, estes planos devem ter um conteúdo semelhante ao dos planos de bacia hidrográfica, com as necessárias adaptações e simplificações, e estabelecem o prazo da sua avaliação e actualização[238].

Por fim, as medidas de protecção e valorização são definidas como medidas "para sistemática protecção e valorização dos recursos hídricos, complementares das constantes nos planos de gestão de bacia hidrográfica"[239]. Aparentemente o artigo 32.º, sob a epígrafe "tipos de medidas", estabelece um elenco taxativo das medidas de protecção e valorização. Porém, esses tipos são identificados por referência aos objectivos dessas medidas (discriminados nos artigos seguintes), o que parece indiciar uma certa abertura do elenco definido. Tudo indica que estas medidas têm autonomia jurídica, ao contrário dos programas de medidas previstos no artigo 30.º. Com efeito, enquanto que estes programas devem ser adoptados nos planos de gestão de bacia, tendo em vista alcançar os objectivos ambientais que devem ser alcançados, e fazem parte integrante destes planos[240], enquanto que as medidas de protecção e valorização são concebidas como medidas complementares dos planos e o seu regime jurídico deverá ser objecto de legislação específica[241]. É certo que podem ser incluídas nos planos específicos, tal como os condicionamentos delas resultantes devem ser incluídos nos planos de bacia, ou, nalguns casos, nos planos especiais, e, em geral, nos instrumentos de gestão territorial (nos termos do artigo 19.º, n.º 1, que será analisado a seguir), mas isso não significa que sejam necessariamente parte integrante destes planos[242]. Aliás, dois outros aspectos

---

[237] Artigos 24.º, n.º 2, al. c) e 31.º, n.º 1 da Lei da Água. Estes planos serão designados adiante apenas como "planos específicos".

[238] Artigo 31.º, n.º 3 e 5, *idem*. Ao contrário dos planos de gestão de bacia, cujos prazos de avaliação e actualização estão determinados na Directiva Quadro e, assim, também na Lei da Água (ver nota 223 e artigo 29.º, n.º 3 da Lei da Água).

[239] Artigo 32.º da Lei da Água.

[240] Artigo 30.º, n.os 1, 6 e 7, *idem*, bem como artigo 45.º, n.os 1 e 2.

[241] Ainda não adoptada à época da redacção deste capítulo (Maio 2009). Cf. artigo 32.º, n.os 1 e 4, *idem*.

[242] Artigo 31.º, n.º 2. Porém, algumas operações só são permitidas quando previstas em planos específicos: extracção de inertes e desassoreamentos, por exemplo (artigo 33.º, n.º 2 e 3), sendo que a extracção de inertes só pode ocorrer se for considerada uma medida adequada de desassoreamento (artigos 33.º, n.º 4 e 60.º, n.º 3). Quanto à inserção das medidas nos planos de recursos hídricos em geral – e, portanto, também nos planos de bacia – ver Artigos 37.º, n.º 1; 38.º, n.º 2; 42.º, n.º 1; 43.º, n.º 5, *idem*.

Direito Administrativo da Água

constituem sinais claros da sua autonomia jurídica. Primeiro, as medidas de protecção e valorização são identificadas no artigo 16.º da Lei da Água como instrumentos de intervenção do sistema de planeamento hídrico, juntamente com os planos especiais e os planos de recursos hídricos. Segundo, a Lei da Água fixa regras específicas de relacionamento entre estas medidas, os instrumentos de gestão territorial e os restantes planos hídricos[243]. Apesar de não serem formalmente designadas como planos, o disposto nos artigos 32.º e ss. indicia que se trata, em todo ocaso de figuras jurídicas de natureza planificatória[244].

Este último argumentos relativo à autonomia jurídica destas medidas remete-nos para um importante tema do sistema de planeamento hídrico: a forma como se relacionam os diferentes instrumentos de intervenção em matéria de águas, de modo a garantir um sistema coerente, mas ao mesmo tempo dinâmico, de planeamento. Assim, nos termos da Lei da Água, os planos específicos de gestão devem ser conformes ao Plano Nacional da Água e aos planos de bacia[245]. Por outro lado, as medidas de protecção e valorização, na medida em que não sejam incluídas nos planos hídricos devem ser compatíveis com as orientações estabelecidas nestes planos (como foi dito, algumas destas medidas podem ser incluídas em planos específicos e em planos de bacia, caso em que esta disposição não tem sentido como norma de relacionamento entre instrumentos de intervenção diferentes)[246]. Isto significa que os planos hídricos prevalecem sobre aque-

---

[243] Artigo 17.º, n.º 2, *in fine*; 17.º, n.º 3; 19, n.º 1, e 32.º, n.º 3, *idem*.

[244] Como resulta do que já foi dito anteriormente, a Lei da Água distingue estas medidas dos planos. Veja-se o disposto no Artigo 16.º, al. a) e b), por um lado, e al. c), por outro. Além disso, os planos são abordados nas secções II e III do capítulo III da Lei da Água, relativas respectivamente ao ordenamento e ao planeamento (ver a este propósito o que foi dito na nota 245) e as medidas de protecção e valorização são objecto de uma secção própria (secção IV). Sobre a "planificação sem planos", ver FERNANDO ALVES CORREIA, *Manual de Direito do Urbanismo*, 4.ª ed, Almedina, Coimbra, 2008, p. 357. A natureza exacta deste tipo de instrumentos deverá ser clarificada no regime jurídico a criar nos termos do artigo 32.º, n.º 4 da Lei da Água.

[245] Artigo 31.º, n.º 4, *idem*.

[246] Artigo 17.º, n.º 3, *idem*. Esta norma refere "medidas *pontuais* de protecção e valorização" sublinhado da autora, o que pode ser interpretado como querendo significar aquelas que não estão incluídas em planos. Poder-se-ia entender que esta norma se refere à coerência interna dos planos – as medidas neles incluídas devem ser compatíveis com as suas orientações. Porém, esta interpretação não faz sentido tendo em conta a inserção sistemática da norma: o artigo 17.º lida com as relações entre diferentes tipos de instrumentos.

las medidas e que o Plano Nacional da Água e os planos de bacia são hierarquicamente superiores aos planos específicos[247]. Porém, a Lei da Água determina igualmente que as zonas abrangidas por medidas de protecção e valorização devem ser tidas em conta na elaboração e na revisão dos planos hídricos e dos PEOT[248]. Desta forma, ao mesmo tempo que as medidas de protecção e valorização devem ser compatíveis com os planos hídricos, as zonas por elas abrangidas podem condicionar a elaboração destes planos[249]. De facto, estas medidas poderão abranger regras específicas de utilização do domínio hídrico, definindo condicionamentos, por exemplo, no que respeita a limitações de construção em zonas inundáveis ou sujeitas a cheias[250].

O tema do relacionamento entre os planos não se esgota aqui. Com efeito, tendo em conta a integração territorial da água e a definição dos usos dos solos em planos urbanísticos, o relacionamento entre planos hídricos e planos urbanísticos é um tema incontornável do planeamento hídrico. Este tema será abordado de seguida.

---

[247] Tomando por correcta a terminologia utilizada pelo legislador, e seguindo a doutrina, a concordância entre as disposições dos planos específicos e os planos que lhes são hierarquicamente superiores é mais exigente do que a harmonia entre as medidas de protecção e valorização não inseridas em planos e os planos hídricos. Com efeito, segundo Alves Correia, "enquanto que a relação de conformidade exclui qualquer diferença entre os elementos de comparação – (...) os elementos a respeitar (...) e os elementos subordinados (...) –, a relação de compatibilidade exige somente que não haja contradição entre eles (FERNANDO ALVES CORREIA, *Manual...*, p. 506).

[248] Artigo 32.º, n.º 3. Esta norma menciona "instrumentos de planeamento e de ordenamento de recursos hídricos", aludindo à distinção que a Lei da Água faz entre ordenamento e planeamento. O sentido desta distinção não é claro: no quadro da Lei da Água instrumentos de ordenamento parecem ser os instrumentos de gestão territorial, em geral, e os PEOT, em particular (artigos 19.º, n.º 1 e 19.º, n.º 2 a 22.º) e os instrumentos de planeamento abrangem os planos hídricos propriamente ditos (artigos 24.º, n.º 2 e 28.º a 31.º). As regras de relacionamento entre as medidas de protecção e valorização e os intrumentos de gestão territorial em geral (artigo 19.º, n.º 1) serão analisadas a seguir, sob a epígrafe "planos hídricos e planos urbanísticos".

[249] Trata-se de um caso de aplicação do princípio da contra-corrente (ver a este propósito FERNANDO ALVES CORREIA, *Manual...*, pp. 499-500).

[250] Artigo 40.º, n.º 4 e artigo 43.º, n.º 5 da Lei da Água. Ver, para outros exemplos o disposto nos artigos 37.º, n.º 2, relativamente à utilização das áreas limítrofes ou contíguas a captações de água, 38.º, n.º 2, no que respeita às zonas de infiltração máxima e 39.º, n.º 2, relativo às zonas vulneráveis.

Planos hídricos e planos urbanísticos

As relações entre os planos hídricos e os planos urbanísticos eram reguladas de uma forma incipiente pelo Decreto-Lei n.º 45/94[251]. A revisão do sistema de planeamento operada pela Lei da Água foi acompanhada de normas que revelam uma preocupação maior com este aspecto do regime jurídico dos planos hídricos. Para além da necessidade de adaptar as regras relativas ao sistema de planeamento hídrico às que regem o sistema de gestão de instrumentos do território – que sofreu alterações consideráveis já depois da adopção do Decreto-Lei n.º 45/94 – é provável que outros dois factores tenham influenciado o legislador a adoptar novas regras nesta matéria: por um lado, o facto de os planos hídricos serem o instrumento principal de actuação dos objectivos da Directiva; por outro, as recomendações dos documentos de apoio em matéria de planeamento relativas às relações entre os planos[252].

Nos termos da LBOTU e do RJIGT, os planos hídricos – desde o Plano Nacional da Água até aos planos específicos – são planos sectoriais e, nessa qualidade, o relacionamento com os restantes planos de ordenamento do território é definido nos artigos 23.º e 25.º do RJIGT, tal como no artigo 10.º da LBOTU[253]. No entanto, a Lei da Água fixa regras específicas de relacionamento. Desta forma, nos termos do artigo 17.º, n.º 1 da Lei da Água, o Programa Nacional de Política e Ordenamento do Território (PNPOT) e o Plano Nacional da Água devem articular-se entre si, garantindo "um compromisso recíproco de integração e compatibilização das respectivas opções". Esta regra, que resultava já do artigo 23.º, n.º 1 do RJIGT, não é perfeitamente compatível com o disposto no artigo 23.º, n.º 4 do mesmo diploma, onde se define que a elaboração dos planos sectoriais é condicionada pelas orientações definidas no PNPOT. Aqui sugere-se uma relação de hierarquia, enquanto que ali se define uma relação pau-

---

[251] O artigo 13.º do Decreto-Lei n.º 45/94 determinava simplesmente que "as acções e medidas definidas nos planos de recursos hídricos devem ser previstas em todos os instrumentos de planeamento que definam ou determinem a ocupação física do solo, designadamente planos regionais e municipais do ordenamento do território".

[252] Ver nota 76.

[253] Quanto à sua classificação como planos sectoriais, ver artigo 9.º, n.º 3 da LBOTU e artigo 35.º, em particular al. a) do número 2 do RJIGT, nos termos dos quais são instrumentos de política sectorial "os planos (...) respeitantes aos diversos sectores da administração central, nomeadamente nos domínios (...) do ambiente".

tada pelo princípio da articulação. Porém, numa perspectiva de planeamento integrado, tem de facto sentido que o Plano Nacional da Água e o PNPOT procurem compatibilizar as respectivas opções, na medida em que cada um deverá ser tido em conta na elaboração do outro, sob pena de não serem devidamente consideradas as exigências de integração territorial inerentes à protecção da água. O disposto no artigo 1.º, n.º 5, al. a) da Lei n.º 58/2007, de 4 de Setembro (lei que aprovou o PNPOT), ao referir que a articulação do PNPOT com outros instrumentos estratégicos abrange o Plano Nacional da Água, aponta igualmente neste sentido[254].

Num outro nível de planeamento, o mesmo artigo 17.º, n.º 1 da Lei da Água determina que "os planos e programas sectoriais com impactes significativos sobre as águas devem integrar os objectivos e as medidas previstas nos instrumentos de planeamento das águas". Esta norma parece, assim, estabelecer uma ordem de prevalência entre planos sectoriais de diferente natureza, os planos hídricos prevalecendo sobre os restantes, podendo mesmo entender-se que a obrigação de integração referida implica uma relação de conformidade entre estes planos[255]. Note-se que o RJIGT dispõe que o Governo é responsável pela coordenação das políticas consagradas em diferentes planos sectoriais; além disso, os planos sectoriais que incidam sobre a mesma área territorial devem indicar expressamente as normas dos planos anteriores que revogam[256]. Aquele diploma não define, por isso, nenhuma ordem de prevalência entre diferentes tipos de planos sectoriais. Note-se, por norma constante do artigo 17.º, n.º 1 da Lei da Água reflecte as afirmações constantes do documento guia em matéria de planeamento, nos termos do qual a prossecução de objectivos de natureza económica e social deve assegurar e mesmo promover a protecção das águas e as entidades responsáveis pelo ordenamento do território e urba-

---

[254] Solução diferente parece ser defendida por Alves Correia. Referindo-se unicamente ao sistema de gestão territorial definido na LBOTU e no RJIGT, e apoiado em particular pelo disposto no artigo 4.º, n.º 2 da Lei n.º 58/2007, de 4 de Setembro (DR I Série, n.º 170), o autor considera que a regra segundo a qual o PNPOT e os planos sectoriais, entre outros, devem traduzir um compromisso recíproco de compatibilização (artigo 23.º, n.º 1 do RJIGT e artigo 4.º, n.º 1 da Lei n.º 58/2007) "não espelha correctamente as relações entre o PNPOT e os restantes instrumentos de gestão territorial", defendendo que o PNPOT prevalece hierarquicamente sobre estes (FERNANDO ALVES CORREIA, *Manual...*, p. 506-7).

[255] Ver nota 244.

[256] Artigo 21.º, n.º 2 e artigo 23.º, n.º 6 do RJIGT, respectivamente.

Direito Administrativo da Água

nismo devem ter em consideração os objectivos que a Directiva Quadro da Água define[257].

Uma terceira regra refere-se às relações entre os instrumentos de planeamento das águas (Plano Nacional da Água, planos de bacia e os planos específicos)[258] e as medidas de protecção e valorização, por um lado, e os instrumentos de gestão territorial, designadamente, PEOT e planos municipais de ordenamento do território (PMOT), por outro. Nos termos do artigo 17.°, n.° 2 da Lei da Água, estes últimos devem ser articulados e compatibilizados com os planos hídricos e com as medidas de protecção e valorização. A formulação é suficientemente abrangente para não contender com as regras gerais estabelecidas no RJIGT. Primeiro, em aplicação do disposto no artigo 21.°, n.° 1 do RJIGT, a actividade administrativa relativa à elaboração, à aprovação e à vida dos instrumentos de gestão territorial deve ponderar o disposto nos planos hídricos (obrigação esta que terá um sentido diferente no caso do Plano Nacional da Água e no caso dos restantes planos hídricos, tendo em conta a sua natureza estratégica, e assim, o diferente grau de concreteza das suas normas). Segundo, as obrigações de articular e compatibilizar planos são compatíveis com as regras de hierarquia mitigada que o RJIGT estabelece para o relacionamento entre os planos sectoriais e os PEOT, na medida em que se entenda que a articulação e compatibilização é o resultado da aplicação das referidas regras de hierarquia mitigada[259]. Ao abrigo do RJIGT, os planos sectoriais estabelecem os princípios e as regras que devem orientar as medidas definidas em futuros PEOT e definem as regras de adaptação dos PEOT existentes; por outro lado, os PEOT podem revogar ou alterar normas de planos sectoriais[260]. Em terceiro lugar, a regra constate do artigo 17.°, n.° 2 da Lei da Água é também compatível com as relações entre planos sectoriais e PMOT, tal como definidas no RJIGT. Nos termos deste último diploma, se os PMOT "devem acautelar" as soluções estabelecidas nos

---

[257] Ver nota 76.

[258] A norma refere "os instrumentos de planeamento das águas referidos nos artigos 23.° a 26.°", o que não é de todo claro, tendo em conta que as normas referidas regulam aspectos diferentes do planeamento (objectivos, princípios, participação) para além de referirem os tipos de planos. Literalmente esta referência abrange o Plano Nacional da Água, os planos de bacia e os planos espcíficos (ver artigo 24.°, n.° 2).

[259] Cf. FERNANDO ALVES CORREIA, *Manual...*, p. 506, a propósito da sua análise relativa às relações entre o PNPOT e outros instrumentos de gestão territorial.

[260] Artigos 23.°, n.° 2; 25.°, n.° 1 e 2, bem como 93.°, n.° 2, al. b) e 94.°, n.° 2 do RJIGT.

88 Joana Mendes

planos sectoriais e devem ser compatíveis com eles (artigo 10.º, n.º 3 da LBOTU), a ratificação dos planos directores municipais, bem como as deliberações municipais que aprovam os planos, devem indicar as normas dos instrumentos de gestão territorial preexistentes, entre os quais os planos sectoriais, que revogam ou alteram[261].

Finalmente, artigo 19.º, n.º 1 da Lei da Água estabelece que:

> "Os instrumentos de gestão territorial incluem as medidas adequadas à protecção e valorização dos recursos hídricos na área a que se aplicam de modo a assegurar a sua utilização sustentável, vinculando a Administração Pública e os particulares."[262]

De certa forma, esta norma vem confirmar e concretizar, no que diz respeito às águas, o disposto no artigo 12.º, n.º 1 do RJIGT, nos termos do qual os instrumentos de gestão territorial devem estabelecer "as medidas básicas e os limiares de utilização que garantem a renovação e a valorização do património natural". Interpretando as duas normas conjugadamente, em particular tendo em conta o disposto no n.º 3 do artigo 12.º, assim como a diferente natureza dos instrumentos de gestão territorial, deduz-se que esta norma tem um significado diferente para o PNPOT, para os planos regionais, planos intermunicipais e planos sectoriais, por um lado, e os PMOT e os PEOT, por outro. Os primeiros devem definir princípios e directrizes que garantam o efeito útil das medidas de protecção e valorização dos recursos hídricos. Os segundos devem integrar os condicionamentos resultantes destas medidas. Regressaremos a este ponto a seguir, quando se abordar a última parte da norma do artigo 19.º, n.º 1, que levanta igualmente importantes questões de interpretação. Para já, é importante salientar que a norma do artigo 19.º, n.º 1, tendo em vista a protecção e valorização das águas, pode significar um importante condicionamento, em particular dos PMOT e dos PEOT (pelas razões mencionadas), que vai além da obrigação de compatibilidade dos PMOT em relação aos planos sectoriais definida no artigo 10.º, n.º 3 da LBOTU[263].

---

[261] Artigos 24.º, n.º 3; 25.º, n.º 3; 79.º, n.º 2; 80.º; 93.º, n.º 2, al. b) e 94.º, n.º 2 do RJIGT.

[262] Nada parece indicar que "as medidas adequadas à protecção e valorização dos recursos hídricos" referidas nesta norma são uma realidade diferente das "medidas de protecção e valorização dos recursos hídricos" referidas como instrumentos de intervenção no artigo 16.º, al. c) e tipificadas nos artigos 32.º e ss da Lei da Água.

[263] Defendeu-se acima que as medidas de protecção e valorização são figuras de

Conclui-se que o legislador teve o cuidado de articular o regime jurídico dos planos hídricos e dos restantes instrumentos de intervenção com as normas de relacionamento entre planos que resultam da LBOTU e, em particular, do RJIGT. Porém, resulta também da análise anterior que o legislador, ao definir o regime jurídico de protecção das águas, teve igualmente a preocupação de assegurar que os objectivos de protecção das águas são tidos em conta pelos instrumentos de gestão territorial em geral, o que implica por vezes a predominância das opções estabelecidas em planos hídricos sobre o conteúdo de outros planos. Esta predominância reflecte-se, em particular, na regra de relacionamento entre planos hídricos e planos sectoriais de outra natureza, mas também no facto de as medidas de valorização e protecção deverem ser incluídas nos instrumentos de gestão territorial.

Um outro aspecto da força jurídica dos planos hídricos no quadro dos instrumentos de gestão territorial tem a ver com os efeitos vinculativos dos planos, aspecto que será tratado de seguida.

O efeito vinculativo dos planos hídricos e das medidas de protecção e valorização

Como foi referido, os planos hídricos são, para efeitos do sistema de gestão territorial, planos sectoriais. Assim, nos termos gerais, e de acordo com o artigo 17.º, n.º 2, os planos hídricos vinculam a Administração Pública, ou seja, vinculam as entidades administrativas que elaboram outros planos com a mesma incidência territorial bem como as que têm competência para autorizar a utilização do domínio hídrico. Deste modo, as decisões dos diferentes entes públicos têm de respeitar os planos hídricos. Isto significa, nomeadamente, que um acto administrativo contrário ao plano é um acto nulo por força do artigo 103.º do RJIGT, tal como são nulos os planos elaborados e aprovados em violação de planos hídricos com os quais devessem ser compatíveis ou conformes (por exemplo, PMOT), como determina o artigo 102.º, n.º 1 do RJIGT.

---

natureza planificatória. Na medida em que possam ser consideradas planos, elas deverão ser consideradas planos sectoriais (ver nota 241 quanto às dúvidas relativas à sua classificação).

Os planos são assim o fundamento das decisões administrativas relativas aos usos da água: proibições, autorizações, limitações de usos. Nesta medida, constituem um critério para o exercício de poderes discricionários por parte da Administração. A própria elaboração dos planos é condicionada pelos objectivos do planeamento fixados no artigo 24.°, n.° 1 (note-se que, entre outros aspectos, os planos hídricos devem "proporcionar critérios de afectação aos vários tipos de usos pretendidos, tendo em conta o valor económico de cada um deles"). Os planos hídricos constituem simultaneamente um instrumento de actuação da Administração e um instrumento fundamental para a definição dos direitos dos particulares, assegurando os seus direitos e condicionando-os.

Porém, como resulta do que foi dito até agora, os planos hídricos não vinculam os particulares. Nesta medida, um particular não pode invocar em juízo uma norma de um plano hídrico contra outro particular. Deve entender-se também que não o poderá fazer relativamente às entidades públicas, a não ser na medida em que estas pratiquem actos contrários ao disposto nos planos (mas será só por efeito desse acto que o particular poderá agir). Já os planos especiais têm esse efeito, por força dos artigos 11.°, n.° 2 da LBOTU e 3.°, n.° 2 do RJIGT.

Estas escolhas fundamentais relativas aos efeitos jurídicos dos planos estavam já pre-determinadas no regime jurídico do sistema de instrumentos de gestão territorial definido na LBOTU e no RJIGT e o legislador, ao adoptar a Lei da Água, não alterou este aspecto fundamental deste regime jurídico. No entanto, consciente da força jurídica que o efeito directo e vinculativo dos planos lhes confere, o legislador procurou contornar a sua falta no caso dos planos hídricos. Assim se explica o disposto no artigo 27.° da Lei da Água, nos termos do qual, caso a entidade responsável pela elaboração do plano entenda que a protecção e a boa gestão das águas implica a definição de condicionamentos ou restrições a algumas actividades dos administrados que sejam autorizadas por lei, as normas que definam esses condicionamentos e restrições serão fixadas em regulamento aprovado por portaria do Ministro do Ambiente, do Ordenamento do Território e do Desenvolvimento Regional. Dito de outra forma, os planos hídricos formalmente continuam a produzir efeitos vinculativos unicamente em relação à Administração Pública, nos termos gerais, mas abre-se assim a possibilidade de serem complementados por regulamentos vinculativos dos particulares. É claramente uma forma de reforçar a eficácia dos planos hídricos e não deixa de ser um reflexo do facto de que alcançar os objectivos ambientais é uma obrigação do Estado português perante a Comunidade Europeia e de que o seu cumprimento está sujeito a prazos estritos.

Uma outra norma interessante a este respeito é a constante do artigo 19.º, n.º 1, já referida: as medidas de protecção e valorização dos recursos hídricos devem ser incluídas nos instrumentos de gestão territorial e vinculam a Administração Pública *e os particulares*. Não pode naturalmente entender-se esta norma como significando que os instrumentos de gestão territorial são directamente vinculativos dos particulares – isso iria contra o sistema de gestão territorial delineado na LBOTU e desenvolvido no RJIGT. O que esta norma parece determinar é que as medidas de protecção e valorização dos recursos hídricos, instrumentos de intervenção e de gestão hídrica cujo regime jurídico deve ainda ser concretizado, são vinculativos dos particulares e, na medida em que devem ser incluídas nos instrumentos de gestão territorial, também estes serão em parte directamente vinculativos. No entanto, de qualquer forma, esta conclusão colide, nomeadamente, com o disposto no artigo 12.º, n.º 3, al. a) do RJIGT, nos termos do qual:

> "O Programa Nacional da Política de Ordenamento do Território, os planos regionais, os planos intermunicipais de ordenamento do território e os planos sectoriais relevantes definirão os princípios e directrizes que concretizam as orientações políticas relativas à protecção dos recursos e valores naturais".

Estes instrumentos de gestão territorial não foram obviamente concebidos como planos que possam conter normas vinculativas dos particulares. Desta forma, ou o artigo 19.º, n.º 1 deve ser objecto de uma interpretação restritiva, excluindo estes planos, ou o regime jurídico que deverá ser adoptado nos termos do artigo 32.º, n.º 4, deverá encontrar uma forma de contornar esta incompatibilidade, optando por exemplo, por uma solução semelhante à constante do artigo 27.º. Esta é aplicável unicamente aos "instrumentos de planeamento das águas", expressão que parece excluir as medidas de protecção e valorização (como foi dito, apesar de estas medidas terem natureza planificatória, o legislador parece ter querido distingui-las dos instrumentos de planeamento hídrico propriamente ditos[264]). No primeiro caso, o artigo 19.º, n.º 1 deve ser entendido como uma norma de

---

[264] Ver nota 241.

92 Joana Mendes

relacionamento entre instrumentos de intervenção no domínio hídrico e certos instrumentos de gestão territorial. Os planos municipais de ordenamento do território – que, nos termos do artigo 12.º, n.º 3, al. b) do RJIGT, devem estabelecer "os parâmetros de ocupação e de utilização do solo adequados à salvaguarda e valorização dos recursos e valores naturais" – e os planos especiais – que, nos termos do artigo 12.º, n.º 3, al. c) do RJIGT, devem definir "usos preferenciais, condicionados e interditos, determinados por critérios de conservação da natureza e da biodiversidade, por forma a compatibilizá-la com a fruição pelas populações devem incluir as medidas de protecção e valorização" – devem incluir as medidas de protecção e valorização. O facto de serem vinculativos dos particulares resulta então das normas gerais da LBTOU e do RJIGT e o disposto no artigo 19.º, n.º 1 apenas reitera esse efeito. No segundo caso, à primeira vista, uma solução semelhante à constante do artigo 27.º dificilmente se poderá considerar coerente com a natureza destes instrumentos de gestão territorial, tal como ela resulta da LBTOU e do RJIGT. Dito de outra forma, mesmo no caso de se considerar possível uma solução semelhante à do artigo 27.º, a intenção do legislador de reforçar a força jurídica dos planos hídricos não joga bem com o regime jurídico dos instrumentos de gestão territorial.

Por fim, como se viu, também os planos hídricos – em particular os planos específicos – podem incluir as medidas de protecção e valorização dos recursos hídricos[265]. Isto reforça os efeitos vinculativos destes planos, que devem ser actuados nos termos do artigo 27.º da Lei da Água.

Competências e procedimento de elaboração e aprovação dos planos hídricos e dos planos especiais

A Lei da Água contém apenas parcas referências nesta matéria, o que tem sentido tendo em conta que o procedimento para a elaboração e aprovação de planos sectoriais é regulado no RJIGT. A ausência de regras específicas não significa, por isso, que exista um vazio legal a este propósito, apesar de não existir uma regra de remissão explícita semelhante à constante do artigo 19.º, n.º 3 da Lei da Água para os planos especiais. Nos termos da Lei da Água, o Plano Nacional da Água é elaborado pelo

---

[265] Ver nota 239.

Direito Administrativo da Água

INAG e aprovado por decreto-lei, e os restantes planos hídricos são elaborados pela ARH territorialmente competente, sob a vigilância do INAG no que toca ao cumprimento dos respectivos prazos, competindo igualmente ao INAG a sua aprovação[266]. Como foi referido acima, as ARH podem delegar nas autarquias, no ICN ou em associações de utilizadores e concessionários os poderes de elaboração e execução dos planos específicos e dos programas de medidas que devem ser incluídos nos planos de bacia e nos planos específicos[267]. No exercício dos seus poderes de controlo sobre as ARH, o INAG pode substituir-se às ARH na própria elaboração dos planos hídricos[268].

Estas regras complementam o disposto no artigo 38.º, n.º 1 do RJIGT, devendo entender-se que o procedimento de elaboração segue o disposto nos artigos 39.º e 40.º do RJIGT, com as adaptações exigidas pelas normas da Lei da Água, em particular no que respeita à participação[269]. A Lei da Água nada especifica relativamente à forma de aprovação dos planos hídricos, pelo que se aplica a regra geral do artigo 41.º do RJIGT: são, assim, aprovados por resolução do Conselho de Ministros. Apenas se estabelece naquele diploma que os planos de bacia e os planos espcíficos devem ser publicados no Diário da República e disponibilizados no sítio electrónico da autoridade nacional da água[270].

No que toca aos planos especiais, a Lei da Água determina que compete ao INAG promover a sua elaboração, podendo fazê-lo directamente ou delegar esta competência nas ARH[271]. Note-se, porém, que o mesmo

---

[266] Artigos 8.º, n.º 2, al. a) e 28.º, n.º 3, no que respeita ao Plano Nacional da Água; artigos 9.º, n.º 6, al. a), 8.º, n.º 2, al. a) e 8.º, n.º 3, al. a), no que respeita aos planos de bacia e aos planos específicos.

[267] Artigo 9.º, n.º 7.

[268] Artigo 8.º, n.º 3, al. a). Note-se, além disso, que os planos de gestão de águas que constituam enquadramento para a futura aprovação de projectos sujeitos a procedimento de avaliação de impacte ambiental estão, nos termos do artigo 3.º, n.º 1, a) e 2 a 5 do Decreto-Lei n.º 232/2007, de 15 de Junho (DR I Série, n.º 114), sujeitos eles próprios a avaliação de implate ambiental.

[269] Ver sub-secção seguinte. Tendo em conta o disposto na Lei da Água, pode entender-se supérfluo, no confronto dos planos hídricos, o disposto no artigo 38.º, n.º 2 do RJIGT, nos termos do qual uma série de aspectos do regime jurídico dos planos – tais como a sua finalidade, âmbito territorial e prazo de elaboração – são determinados por despacho ministerial. Com efeito, estes aspectos são regulados na Lei da Água.

[270] Artigos 29.º, n.º 5 e 31.º, n.º 6.

[271] Artigos 8.º, n.º 2, al. b) e 8.º, n.º 3, al. f), assim como 9.º, n.º 6, al. f).

94 Joana Mendes

diploma determina que o regime jurídico de cada tipo de plano especial será regulado por legislação específica[272]. Ora, o diploma que define o regime jurídico dos planos de ordenamento dos estuários inverte esta regra de competência: atribui a competência de elaboração destes planos às ARH, definindo que esta pode ser "cometida ao INAG (...) por *despacho do ministro* competente em razão da matéria"[273]. Se, por um lado, seguindo a regra *lex posterior derogat legi priori*, bem como a regra *lex specialis derogat legi generali*, a competência é assim atribuída às ARH, por outro, esta competência pode ser-lhes retirada por despacho ao INAG.

Em tudo o que não for definido em legislação específica, o procedimento de elaboração e aprovação dos PEOT segue o que foi estabelecido nos artigos 46.º a 49.º do RJIGT.

3.3.3. Participação no planeamento

As normas da Directiva Quadro

A participação na execução da Directiva Quadro da Água é uma exigência da própria Directiva, nos termos do seu artigo 14.º. Tendo em conta a centralidade dos planos de bacia no regime jurídico da Directiva, participação na sua execução significa antes de mais participação nos procedimentos de elaboração, revisão e actualização dos planos de bacia. Claramente, a participação é considerada essencial na prossecução dos objectivos que este diploma fixa[274]. A análise que se segue debruçar-se-á sobre as normas constantes do artigo 14.º da Directiva e as suas implicações para o direito português[275].

A Directiva distingue dois níveis ou duas formas de participação, que diferem fundamentalmente quanto ao grau de intensidade, e às quais cor-

---

[272] Artigo 20.º, n.º 4; artigo 21.º, n.º 3 e artigo 22.º, n.º 2.

[273] Artigo 5.º, n.ºs 1 e 2 do Decreto-Lei n.º 129/2008, de 21 de Julho (DR, I Série, n.º 139).

[274] Parágrafos 14 e 46 do preâmbulo da Directiva.

[275] A participação no âmbito do procedimento de elaboração dos PEOT é regulada pelo disposto no artigo 48 .º do RJIGT. Esta norma distingue dois momentos fundamentais de participação: um período de participação prévia, que acontece na sequência da divulgação de avisos relativos ao despacho que determina a elaboração do plano (artigo 48.º, n.º 2) e o período de discussão pública propriamente dito (artigo 48.º, n.ºs 3 a 4 e 8).

repondem obrigações diferentes dos Estados-membros. Com efeito, por um lado, estes estão obrigados a assegurar a consulta pública de uma série de documentos preparativos da elaboração dos planos, incluindo, num fase tardia do procedimento, os respectivos projectos, de forma a garantir *ao público* (que inclui os utilizadores da água) a possibilidade de *apresentar observações*. Por outro lado, os Estados-membros devem *incentivar a participação activa* das *partes interessadas* na execução da Directiva e, em particular, nos procedimentos relativos aos planos de bacia[276]. A primeira é uma obrigação de resultado, a segunda uma obrigação de meios. As formas de participação exigidas – ou restrita a consulta pública ou requerendo um nível mais exigente de envolvimento no procedimento – variam assim em função de os potenciais participantes serem membros do público ou partes interessadas, ou seja, consoante a pessoa em causa possa ser de alguma forma afectada pelas escolhas dos planos ou não. Em qualquer dos casos, o acesso à informação tem de ser garantido pelas entidades competentes: estas têm de disponibilizar os documentos relativos às diferentes fases do procedimento de elaboração do plano, nos termos do primeiro parágrafo do n.° 1 do artigo 14.°, quer outros documentos e informação utilizada no desenvolvimento do projecto do plano, nos termos do segundo parágrafo do n.° 1 do artigo 14.°.

A distinção entre as duas formas de participação não é necessariamente evidente. No fundo, parece distinguir-se entre uma forma de participação passiva, por um lado, em que as entidades públicas estão obrigadas a disponibilizar informação bem como a garantir a possibilidade de o público em geral apresentar observações escritas, sem que isso implique necessariamente uma alteração do conteúdo do plano[277]. De qualquer forma, os resultados da consulta devem ser publicados no próprio plano, indicando, quando for esse o caso, as alterações do plano que resultaram da consulta; além disso, nos termos gerais, as escolhas do planos devem

---

[276] Artigo 14.°, n.° 1, segunda parte, e artigo 14.°, n.° 1, primeira parte, respectivamente.

[277] Segundo o documento guia, "consulta pública significa que o público pode reagir a planos e propostas desenvolvidas pela Administração" – Common Implementation Strategy for the Water Framework Directive (2000/60/CE), "Guidance Document n.° 8 – Public participation in relation to the Water Framework Directive", Working Group 2.9, 2003, p. 10.

ser motivadas[278]. Por outro lado, participação activa requer que a Administração Pública organize verdadeiros fóruns de discussão e pressupõe que estes debates possam ter como resultado a alteração do projecto inicial do plano, tendo em conta as possibilidades sugeridas pelos participantes[279].

A identificação de pessoas interessadas com um estatuto de participação reforçado pode ser fonte de dúvidas e incertezas. O documento guia relativo à participação indica que "partes interessadas" serão pessoas, grupos ou organizações portadores de um interesse potencialmente afectado pelo plano ou que possam influenciar o resultado do plano. Trata-se de uma definição tautológica, já que o envolvimento activo das partes interessadas se define pela capacidade de influenciar o procedimento através da participação[280]. Mais útil é a indicação de que a distinção entre uma e outra categoria é fluida, na medida em que "membros do público que ainda não estão cientes que serão afectados" pelo plano são também partes interessadas[281]. Admitindo que o envolvimento de todas as partes interessadas pode ser impossível na prática, o documento guia fornece alguns critérios que, por sua vez, dão indicações importantes quer relativamente aos propósitos da participação quer relativamente às pessoas que poderão ser consideradas partes interessadas. Recomenda-se às entidades públicas competentes que organizem um processo de participação no âmbito do qual se tenham em consideração os seguintes factores na escolha das pessoas interessadas: a relação da pessoa com os assuntos de gestão da água que estão em causa no planeamento; a escala e o contexto em que essa pessoa geralmente actua, bem como quem ela representa; a sua "categoria" (por exem-

---

[278] O procedimento de consulta exigido pela Directiva é um procedimento em que as partes interessadas apresentam observações escritas (artigo 14.º, n.º 2); ver a este propósito as "boas práticas" recomendadas pelo documento guia ("Guidance Document n.º 8, *cit.*, p. 37). Nos termos deste documento, a consulta que possibilita apresentação de observações escritas é o requisito mínimo para dar cumprimento à Directiva, enquanto que formas de consulta oral são consideradas "boa prática" (*idem*, *ibidem*). A necessidade de publicar os resultados da consulta é definida no Anexo VII, ponto 9, da Directiva. A motivação é sugerida como "boa prática" de consulta no documento guia ("Guidance Document n.º 8, *cit.*, p. 38).

[279] Participação activa é definida no documento guia de uma forma tautológica: "as partes interessadas participam activamente no processo, discutindo assuntos e contribuindo para a sua solução"; "a possibilidade de influenciar o procedimento é essencial à participação activa" ("Guidance Document n.º 8, *cit.*, p. 10).

[280] Ver nota anterior.

[281] "Guidance Document n.º 8", *cit.*, p. 11.

Direito Administrativo da Água

plo, utilizador ou perito); a sua capacidade de envolvimento; e, por fim, o contexto político, social e ambiental[282]. Estes critérios revelam que a participação é concebida como um instrumento ao serviço dos objectivos da própria Administração: trata-se de reunir as pessoas com capacidade (leia--se conhecimentos e meios) para contribuirem para uma boa solução dos problemas com que o plano tem de lidar, de as envolver directamente nas soluções adoptadas e, na medida do possível, procurar consensos que favoreçam uma boa execução do plano[283].

A Directiva disciplina pormenorizadamente os procedimentos de consulta, mas deixa em aberto a forma como os Estados deverão incentivar uma participação activa das partes interessadas[284]. No que diz respeito à consulta pública, os prazos são estritos e revelam que, no fundo, a Directiva preconiza uma participação quase contínua durante, pelo menos, metade da vida dos planos. Com efeito, nos termos do n.º 7 do artigo 13.º da Directiva, estes devem ter uma duração de seis anos. O artigo 14.º determina que os primeiros documentos relativos à elaboração ou revisão dos planos (calendário e programa de trabalhos, incluindo lista de medidas de consulta a tomar) devem ser disponibilizados ao público pelo menos três anos antes do início do período a que se refere o plano; no ano seguinte terá de ser submetido a consulta pública uma síntese intercalar das questões significativas relativas à gestão da água na bacia respectiva e um ano antes do início da vigência do plano devem ser submetidos a consulta os projectos do plano. Ainda nos termos do artigo 14.º, os Estados--membros devem garantir um período de pelo menos seis meses para apresentação de observações escritas.

Note-se que a Directiva preconiza formas de controlar o cumprimento destas disposições relativas à participação. Com efeito, os planos – que são necessariamente enviados à Comissão e aos Estados-membros interessados, como referido anteriormente – devem conter "um resumo das medidas de consulta e informação do público que tenham sido tomadas, [bem como] os resultados dessas medidas e as alterações ao plano daí

---

[282] *Idem*, p. 15.

[283] Isto mesmo é confirmado pelo disposto nas pp. 31-4 do documento citado.

[284] Para organizar a participação activa dos interessados, o documento guia relativo à participação recomenda a organização de reuniões bilaterais, bem como a criação de grupos de consulta: "Guidance Document n.º 8", *cit.*, p. 29-30, p. 31-4.

98 Joana Mendes

resultantes", e devem referir "os pontos de contacto e os procedimentos necessários para a obtenção da informação e dos documentos de apoio referidos no n.º 1 do artigo 14.º"[285].

Participação para além do artigo 14.º da Directiva

É importante referir que as obrigações comunitárias relativas à participação em instrumentos de gestão da água não se resume ao disposto no artigo 14.º da Directiva. Nos termos da Directiva 2001/42/EC (transposta para o direito português pelo Decreto-Lei n.º 232/2007, de 15 de Junho) também a elaboração de programas de medidas – caso sejam objecto de um procedimento enxertado no procedimento de elaboração do plano de que fazem parte –, de planos específicos de águas e de medidas de valorização e protecção podem estar sujeitos a procedimentos participativos, na medida em que constituam o enquadramento para a futura aprovação de projectos que devam ser submetidos a avaliação de impacte ambiental[286].

Assim, se a participação nos procedimentos de elaboração destes programas, planos e medidas é abrangida pelo disposto no artigo 84.º da Lei da Água (cuja primeira parte reproduz o primeiro parágrafo do artigo 14.º da Directiva Quadro) estes procedimentos podem estar sujeitos ao procedimento de avaliação dos efeitos de planos e programas no ambiente e ser, por isso, abrangidos pelo disposto no artigo 7.º, n.ᵒˢ 6 a 9 do Decreto-Lei n.º 232/2007, onde se definem as regras relativas à consulta pública neste âmbito. Por exemplo, um programa de medidas contra a poluição causada por motivos de origem agrícola que implique o enquadramento de projectos de reconversão de terras não cultivadas há mais de cinco anos para agricultura intensiva está sujeito a avaliação ambiental nos termos do Decreto-Lei n.º 232/2007[287].

---

[285] Anexo VII, pontos 9 e 11, da Directiva, bem como o seu artigo 15.º, n.º 1.

[286] Artigo 3.º, n.º 2, al. a) e n.ᵒˢ 3 a 7 da Directiva 2001/42/CE do Parlamento e do Conselho, de 27 de Junho de 2001, relativa à avaliação dos efeitos de determinados planos e programas no ambiente (JO L 197/30, 21.7.2001) e artigo 3.º, n.º 1, al. a) e c), bem como artigo 4.º n.º 1 do Decreto-Lei n.º 232/2007.

[287] Artigo 30.º, n.º 3, al. p) da Lei da Água; anexo II – tipo de projectos I b) do Decreto-Lei n.º 69/2000, de 3 de Maio, conforme alteração introduzida pelo Decreto-Lei n.º 197/2005, de 8 de Novembro (DR I Série-A, n.º 214); artigo 3.º, n.º 1, al. a) Decreto-

Direito Administrativo da Água

Participação e acesso à informação na Lei da Água

A participação na elaboração planos hídricos é, em geral prevista no nosso ordenamento, pelo artigo 6.º do RJIGT e pela Lei n.º 83/95, de 31 de Agosto. Por sua vez, o acesso a informação sobre o ambiente é previsto na Lei n.º 19/2006, de 12 de Junho. No entanto, as disposições da Directiva Quadro nesta matéria exigiram que a Lei da Água previsse uma regulação específica a este propósito.

Nos termos do artigo 26.º, o princípio de participação é um princípio de planeamento (tal como o era já no regime jurídico anterior[288]). Para além de participação intra-administrativa (prevista na al. a) do artigo 26.º), a participação no planeamento comporta a participação dos interessados na actividade administrativa, distinguindo-se participação procedimental – que tem lugar através do processo de discussão pública – da participação orgânica – que se refere à representação dos utilizadores em órgãos consultivos de gestão de águas. Tendo-se já analisado o modo como esta última modalidade de participação está configurada na Lei da Água[289], analisar-se-á de seguida o que este diploma define em termos de participação procedimental, na sequência do que determina a Directiva Quadro.

No que respeita à participação propriamente dita, excluindo para já as normas relativas ao acesso à informação (um aspecto sem dúvida essencial neste âmbito), o legislador português limitou-se a transpor o disposto no artigo 14.º da Directiva. Assim, existe apenas uma mera referência à participação activa, que, nos termos da Lei da Água não parece ser restrita aos interessados:

> "Compete ao Estado, através da autoridade nacional da água e das ARH, *promover a participação activa das pessoas singulares e colectivas na execução da presente lei*, especialmente na elaboração, revisão e actualização dos planos de gestão de bacia hidrográfica (...)"[290]

O conteúdo desta norma não é concretizado nas disposições seguintes, que se referem fundamentalmente ao procedimento de consulta pre-

---

-Lei n.º 232/2007. Note-se que não são abrangidos por este último diploma os projectos financiados por fundos estruturais (artigo 2.º, al. b), ii), última parte).

[288] Cf. artigo 2.º, n.º 3, al. d) do Decreto-Lei n.º 45/94.

[289] Vide sub-secção 3.2.2, na parte relativa aos órgãos consultivos.

[290] Sublinhado da autora.

visto no artigo 14.° da Directiva e à disponibilização de informação ao público. Assim, o artigo 85.°, n.° 2, bem como a última parte do n.° 4 do mesmo artigo, incorporam no ordenamento jurídico português as regras da Directiva relativamente ao procedimento de consulta no âmbito da elaboração, revisão e actualização dos planos, indicando qual a informação a disponibilizar, os prazos das diferentes fases de consulta, bem como os prazos mínimos de discussão pública. Trata-se de um procedimento escrito, não se fazendo qualquer referência à possibilidade de se proceder a outras formas de consulta complementares[291]. No entanto, de uma forma algo ambígua afirma-se que este procedimento – bem como o acesso à informação nos termos do n.° 3 do artigo 85.° (que reproduz o disposto no último parágrafo do n.° 1 do artigo 14.° da Directiva) "visa promover a participação activa das pessoas singulares ou colectivas na elaboração dos planos de gestão de bacia hidrográfica"[292]. A Lei da Água parece assim não fazer a distinção entre consulta e participação activa constante da Directiva Quadro: uma implica a outra. Nem distingue entre o público em geral e partes interessadas. É uma escolha talvez avisada, tendo em conta as dificuldades que estas distinções podem comportar (referidas anteriormente). Porém, esta opção só pode considerar-se conforme ao espírito da Directiva se se entender que a norma segundo a qual a consulta prevista no n.° 3 do artigo 85.° visa promover a participação activa implica que o disposto neste artigo representa apenas o grau mínimo de participação que deve ser complementado com outras formas que garantam um envolvimento mais intenso do que aquele que a mera consulta aí preconizada possibilita.

A importância do princípio da transparência em matéria de protecção e gestão da água é demonstrada pelo cuidado que o legislador teve em regular o acesso à informação que deve ser disponibilizada ao público. Com efeito, a Lei da Água regula extensivamente este aspecto essencial ao regime jurídico da participação. Além de remeter para as normas gerais em matéria de direito de informação procedimental e acesso à informação ambiental (artigo 88.°), a Lei da Água especifica o que se entende por informação sobre a água, ou melhor, as informações que devem ser disponibilizadas ao público independentemente de um procedimento de consulta no âmbito da elaboração dos planos de bacia (artigo 85.°, n.° 1), bem como aquelas cuja divulgação, nos termos da Directiva, serve de base a estes procedi-

---

[291] Vide, porém, supra nota 275.
[292] Artigo 85.°, n.° 4.

Direito Administrativo da Água · 101

mentos (artigo 85.º, n.º 2, al. a) a c)), tais como "outros elementos considerados relevantes para a discussão e participação do público pela autoridade nacional da água ou exigidos pela legislação aplicável (...)" (artigo 85.º, n.º 2, al. d)). O INAG é a entidade que deve assegurar o acesso à informação e documentação relativa à água, mediante pedido dos interessados, sendo que as entidades públicas e as entidades privadas que tenham responsabilidades pelo interesse público, sob controlo de uma entidade pública, devem encaminhar todas as informações sobre as águas em sua posse ao INAG, para efeitos de divulgação (artigos 85.º, n.º 3 e 86.º). Por fim, o INAG é ainda responsável pela criação de um sistema nacional de informação das águas, nos termos do artigo 87.º, n.os 1 e 2, bem como, nos termos da Directiva, pela comunicação à Comissão Europeia e a Estados membros interessados de informações relativas aos planos, dos relatórios intercalares de execução dos programas de medidas, a caracterização das bacias hidrográficas e os programas de monitorização (artigo 87.º, n.º 3).

Pode, assim, concluir-se que, se, por um lado em termos de participação, o legislador português se limitou quase exclusivamente à transposição das disposições da Directiva, com as especificidades que foram indicadas acima, por outro, desenvolveu consideravelmente as normas relativas ao acesso à informação ambiental relativa à água, em complemento das normas gerais nesta matéria.

3.4. Utilização dos recursos hídricos

3.4.1. Um regime jurídico condicionado pela protecção ambiental

A abrangência do controlo administrativo prévio da utilização do domínio público

Esta é talvez a matéria onde a influência da Directiva Quadro menos se faz sentir por efeito da transposição directa das suas normas, se bem que naturalmente o regime jurídico da utilização dos recursos hídricos, cujas regras fundamentais estão definidas na Lei da Água e são desenvolvidas pelo Decreto-Lei n.º 226-A/2007, de 31 de Maio[293], reflicta muitas das considerações que foram tecidas até agora. Designadamente, as reformas

---

[293] DR I Série, n.º 105.

102 Joana Mendes

introduzidas pelo legislador português nesta matéria têm em vista o contexto jurídico em que se desenvolve a actividade de licenciamento de recursos hídricos e, em particular, os objectivos ambientais que, por força da Directiva e salvo prorrogações ou derrogações, devem ser alcançados até 2015. Desta forma, e tendo em conta estes objectivos, os diferentes aspectos analisados nesta secção, em tudo o que têm de diferente são manifestações de predominância quer do interesse público de protecção ambiental quer da preocupação em criar um sistema de gestão da água que assegure uma sua utilização eficiente.

A esta luz, são consideráveis as inovações introduzidas em matéria de licenciamento de recursos hídricos. Desde logo, ao contrário do Decreto-Lei n.º 46/94, que definia taxativamente os usos sujeitos a título de utilização, a Lei da Água determina que estão sujeitas a título de utilização "as actividades que tenham um impacte significativo no estado das águas" (artigo 56.º)[294]. Da mesma forma, ao especificar os diferentes títulos de utilização para as diferentes actividades em causa, o legislador incluiu cláusulas gerais que asseguram a abrangência do regime jurídico da utilização dos recursos hídricos, sujeitando a licenciamento "outras actividades que possam pôr em causa o estado dos recursos hídricos..." ou "que alterem o estado das massas de água ou coloquem esse estado em perigo" (artigor 60.º, n.º 1, al. p) e 62.º, n.º 1, al. d)). Com o mesmo intuito de alargar o controlo sobre actividades potencialmente poluentes, previu-se que as utilizações comuns do domínio público hídrico – em regra não sujeitas a título de utilização – estão sujeitas aos condicionamentos legais e regulamentares (designadamente, os decorrentes dos planos) e podem mesmo ser sujeitas a autorização prévia caso se verifique que produzem "[alterações significativas] da qualidade e da quantidade da água" (artigo 58.º, *a contrario*). Com efeito, o conceito de utilização privativa abrange não apenas aquelas "em que alguém obtiver para si a reserva de um maior aproveitamento desses recursos do que a generalidade dos utentes" – conceito que estava implícito no regime jurídico anterior – mas também aquelas "que [implicarem] alteração no estado dos mesmos recursos ou [colocarem] esse estado em perigo" (artigo 59.º). Este é apenas um sinal da forma como a protecção do valor ambiental da água influencia este regime jurídico. Com efeito, as exigências de protecção ambiental informam todo o regime jurídico de utilização dos recursos hídricos.

---

[294] Cf. artigo 3.º, n.º 1 do Decreto-lei n.º 46/94.

A relação jurídica administrativa

A predominância das preocupações de protecção ambiental verifica-se, deste logo, na relação jurídica que o título de utilização estabelece entre o utilizador e a Administração, não só na sua constituição, mas também durante o período da vida dessa relação jurídica. Nomeadamente, a Administração tem poderes de controlo e de intervenção consideráveis no exercício dos direitos de utilização exclusiva que os títulos de utilização conferem ao respectivo titular. Por outro lado, razões de protecção ambiental podem determinar não só a revisão dos títulos, mas dão também origem a algumas das causas da sua extinção.

Se os títulos de utilização de uso privativo do domínio público hídrico conferem aos respectivos titulares um direito de utilização exclusiva das parcelas dominiais a que respeitam, "para os fins e com os limites consignados no respectivo título constitutivo" (artigo 3.° do Decreto-Lei n.° 226-A/2007)[295], nos termos da Lei da Água, a emissão destes títulos implica, ao mesmo tempo, um conjunto de obrigações quer para a Administração quer para o respectivo titular. Com efeito, segundo o seu artigo 63.°, os títulos de utilização deverão respeitar as normas legais e as normas constantes dos planos aplicáveis, assegurar a prevelência dos usos considerados prioritários, bem como assegurar o cumprimento de normas de qualidade e das normas de descarga e determinar que o utilizador se abstenha da prática de actos que provoquem impactes ambientais negativos. Deste modo, a relação jurídica constituída por força do título de utilização é, desde o início, pautada por exigências de protecção ambiental. Além disso, tendo em vista o cumprimento das normas de qualidade, a Administração pode obrigar o titular da licença ou da concessão a "instalar um sistema de autocontrolo e ou programas monitorização adequados às respectivas instalações" (artigo 5.°, n.° 1 do Decreto-Lei n.° 226-A/2007)[296]. A esta obrigação estão associados os deveres de envio de registos à autoridade competente,

---

[295] Este aspecto é retomado a seguir quando se tratar dos diferentes títulos de utilização.

[296] No regime do Decreto-Lei n.° 46/94, esta possibilidade estava prevista apenas para o tratamento de rejeição de águas residuais (artigo 40.°). No regime actual, nos termos da norma citada, a instalação de sistemas de autocontrolo e o estabelecimento de programas de monitorização pode ser determinada pela Administração nas licenças e concessões que titulam qualquer tipo de utilização.

104 Joana Mendes

bem como de manutenção de um registo actualizado dos valores apurados, sendo que "as características, os procedimentos e a periodicidade de envio de registos à autoridade competente" são definidos no respectivo título (artigo 5.º, n.os 2 a 4). Os encargos resultantes da instalação e funcionamento do sistema de autocontrolo e dos programas de monitorização são da responsabilidade do titular da licença ou concessão (artigo 5.º, n.º 3) e o incumprimento destas obrigações – quer de instalação do sistema de controlo quer da prestação das informações devidas – constitui uma contra-ordenação ambiental grave (artigo 81.º, n.º 2, al. f) e g) do Decreto-Lei n.º 226-A/2007).

As mesmas exigências de protecção ambiental permitem à Administração rever as condições dos títulos de utilização, entre outros casos, quando os dados de monitorização indicarem que não será possível alcançar os objectivos ambientais fixados, bem como quando tal seja necessário para adequar os títulos de utilização aos instrumentos de gestão territorial e aos planos de gestão de bacia aplicáveis (artigo 55.º da Lei da Água e artigo 28.º, n.º 1, al. c) e d) do Decreto-Lei n.º 226-A/2007)[297]. Além disso, respeitando os valores que são prosseguidos pela Lei da Água, determina-se que

> "a autoridade competente pode ainda modificar os títulos de utilização quando seja inequívoco que os respectivos fins podem ser prosseguidos com menores quantidades de água ou com técnicas mais eficazes de utilização e preservação do recurso e desde que a revisão não envolva uma excessiva onerosidade em relação ao benefício ambiental conseguido."[298]

O regime jurídico da utilização dos recursos hídricos constante do Decreto-Lei n.º 46/94 previa igualmente a possibilidade de revisão, numa formulação que, de acordo com uma interpretação favorável a razões de protecção ambiental, poderia abranger algumas das situações agora previstas[299]. A Lei da Água é, no entanto, mais clara e mais exigente relati-

---

[297] A possibilidade de revisão dos títulos de utilização está prevista na Lei da Água apenas no que respeita à licença, nos termos fixados na Lei da Água, e à concessão, nos termos a fixar no contrato de concessão (artigo 67.º, n.º 3 e artigo 68.º, n.º 7, respectivamente), mas o Decreto-Lei n.º 226-A/2007 estende esta possibilidade a todos os títulos de utilização (artigo 28.º).

[298] Artigo 28.º, n.º 2 do Decreto-Lei n.º 226-A/2007.

[299] "A entidade competente para atribuir o título de utilização pode proceder à revisão das condições fixadas nas licenças e concessões quando: a) se verifique alteração das

Direito Administrativo da Água

vamente à definição das situações em que essa revisão deverá ocorrer. Acentua-se assim o carácter precário dos títulos de utilização por força de razões de protecção ambiental.

Por fim, razões de protecção ambiental pautam igualmente as possíveis causas de extinção da relação jurídica administrativa. Esta pode dar-se por renúncia por parte do seu titular, por caducidade ou por revogação. No primeiro caso, a renúncia terá de ser aceite pela autoridade competente, nos termos do artigo 31.° do Decreto-Lei n.° 226-A/2007, sendo que a aceitação do pedido de renúncia depende da não verificação de um passivo ambiental em virtude da cessação e pode ser associada à obrigação de o titular da licença adoptar mecanismos de minimização e correcção de efeitos ambientais negativos[300]. No segundo caso, a caducidade pode ocorrer pelo decurso do prazo fixado, pela extinção da pessoa colectiva ou morte da pessoa singular titular da utilização e pela declaração de insolvência do titular (artigo 33.° do Decreto-Lei n.° 226-A/2007). É possível discernir razões de protecção ambiental no regime de caducidade apenas em relação à hipótese de morte de pessoa singular: a caducidade só ocorrerá se a administração hídrica concluir que não estão verificadas as condições para a transmissão do título. Ou seja, o legislador optou por uma solução que favorece a continuidade do aproveitamento dos recursos hídricos – a transmissão em detrimento da caducidade – mas esta solução, que à partida beneficia quer os particulares interessados quer o interesse público, está sujeita à verificação de que subsistem as condições necessárias à emissão do título e à constatação de que o novo titular oferece garantias de observância das condições do título (artigo 26.°, n.° 2 do Decreto-Lei n.° 226--A/2007). Se a preocupação de garantir a protecção ambiental dos recursos hídricos informa esta escolha legislativa, é certo que a opção pela con-

---

circunstâncias de facto existentes à data da sua outorga e determinantes desta; b) ocorram secas, catástrofes naturais ou outros casos de força maior" (artigo 12.°, n.° 2 do Decreto--Lei n.° 46/94).

[300] Artigo 31.°, n.° 5 do Decreto-Lei n.° 226-A/2007. Da combinação do disposto no n.° 2 e no n.° 5 deste artigo parece resultar que a demonstração de que a cessação não produzirá um passivo ambiental é uma *condição legal* da aceitação da renúncia. Segundo esta interpretação, a entidade competente está assim obrigada a garantir que esse passivo não se verifique, podendo definir condições nesse sentido, nos termos do n.° 5. Por outras palavras, a faculdade definida no n.° 5 depende da apreciação que a entidade competente fizer de cada caso, mas é sempre pautada pela obrigação de garantir que não se produzirá um passivo ambiental.

106   Joana Mendes

tinuidade do aproveitamento dos recursos hídricos é fundamentalmente dirigida a não causar obstáculos desnecessários ao desenvolvimento das actividades inerentes a esse aproveitamento, que foi, à partida, considerado conforme à protecção dos vários interesses públicos que convergem na utilização do domínio público hídrico.

São, em particular, as causas justificativas da revogação dos títulos que revelam a exigência da Lei da Água, quer relativamente ao cumprimento das regras de protecção ambiental, quer no que respeita à prossecução dos objectivos ambientais que pautam o actual regime jurídico[301]. Assim, entre outras causas de revogação do título de utilização definidas no n.º 4 do artigo 69.º da Lei da Água (bem como no n.º 1 do artigo 32.º do Decreto-Lei n.º 226-A/2007), o título pode ser revogado por razões decorrentes da necessidade de maior protecção dos recursos hídricos ou por alteração das circunstâncias existentes à data da sua emissão e determinantes desta (artigo 69.º, n.º 6 da Lei da Água) e quando se verificarem circunstâncias supervenientes à emissão do título conducentes à degradação das condições do meio hídrico, bem como no caso de ocorrerem alterações substanciais e permanentes na composição qualitativa e quantitativa dos efluentes brutos ou após tratamento (artigo 32.º, n.º 1, a) do Decreto-Lei n.º 226-A/2007). Nestes casos, em respeito do princípio da proporcionalidade, a revogação só é possível no caso em que a revisão do título pelas mesmas causas seja inviável. Outras causas de revogação igualmente relacionadas com exigências de protecção ambiental são a falta de instalação de um sistema de autocontrolo quando tal é exigido pelo título de utilização, bem como o não envio periódico dos respectivos dados (artigo 32.º, n.º 1, c) e d) do Decreto-Lei n.º 226-A/2007), o não pagamento durante 6 meses das taxas correspondentes ao título de utilização (artigo 69.º, 4, d) da Lei da Água e, artigo 32.º, n.º 1, e) do Decreto-Lei n.º 226-A/2007), assim como a falta de prestação ou manutenção de caução destinada a garantir o cumprimento das obrigações do título ou da apólice de seguro (artigo 32.º, n.º 1, b) do Decreto-Lei n.º 226-A/2007). Estas

---

[301] Algumas das causas de revogação que estavam previstas no artigo 12.º, n.º 1 do Decreto-Lei n.º 46/94 transitaram para o actual regime jurídico (cf. artigo 69.º, n.º 4, al. a) a c) da Lei da Água). Porém, em termos de protecção ambiental, as causas de revogação que estavam previstas no diploma anterior eram consideravelmente menos exigentes (cf. artigo 12.º, n.º 1 do do Decreto-Lei n.º 46/94, artigo 69.º, n.º 4 e 6 da Lei da Água e 32.º, n.º 1 do Decreto-Lei n.º 226-A/2007).

regras demonstram uma prevalência do interesse público de protecção ambiental sobre o interesse privado inerente à utilização da água, ainda que este seja igualmente protegido pelo título de utilização concedido pela Administração[302].

Na verdade, deve igualmente realçar-se que a protecção jurídica dos direitos do utilizador foi também uma preocupação do legislador, com o intuito último de criar um quadro de incentivo às actividades económicas relacionadas com a água[303]. Este cuidado é patente no disposto no artigo 6.º do Decreto-Lei n.º 226-A/2007, nos termos do qual o titular de uma licença ou concessão pode requerer à autoridade competente a adopção das medidas previstas para o caso de ocupações abusivas de parcelas do domínio público hídrico, prevendo-se a responsabilidade civil extracontratual do Estado, das entidades competentes, seus órgãos e agentes pelos danos que resultarem da falta, insuficiência ou inoportunidade das providências adoptadas para defesa dos direitos do utilizador.

A ordem de preferência de usos

A flexibilidade exigida por preocupações ambientais, bem como por outros valores que informam a Lei da Água, reflecte-se noutros aspectos do regime jurídico da utilização dos recursos hídricos, designadamente na ordem de preferência de usos (artigo 64.º da Lei da Água).

O espírito subjacente às novas regras é bastante diferente daquele inerente à norma do Decreto-Lei n.º 46/94 que as antecedeu. Enquanto que o Decreto-Lei n.º 46/94 determinava uma ordem de preferência de usos fixa e rígida – em caso de usos conflituosos era dada sempre prioridade ao consumo humano, seguido da agricultura, indústria, produção de energia, turismo e outros usos (artigo 18.º) – as novas normas caracterizam-se fundamentalmente pela sua flexibilidade. Com efeito, em primeiro lugar, a ordem de preferência de usos segue os critérios fixados nos planos, dando-se sempre prioridade à captação de água para abastecimento público. Em

---

[302] As regras relativas ao termo dos títulos de utilização estão previstas nos artigos 34.º a 36.º do Decreto-Lei n.º 226-A/2007, bem como no artigo 69.º, n.º 1, 2, 5 e 7 da Lei da Água.

[303] Ver o preâmbulo do diploma.

108 Joana Mendes

igualdade de condições, será preferido o uso que assegure a utilização economicamente mais equilibrada, racional e sustentável, sem prejuízo da protecção dos recursos hídricos. Por fim, a ordem de prioridade de usos pode ser alterada pela ARH, ouvido o Conselho de Região Hidrográfica, em caso de declaração de situação de escassez.

Nos termos do artigo 63.º, n.º 1, al. e) da Lei da Água, "a concessão de prevalência ao uso considerado prioritário nos termos da presente lei, no caso de conflito de usos" é uma condição da atribuição do título. Com efeito, a atribuição de um título de utilização de recursos hídricos depende da "inexistência de outros usos efectivos ou potenciais dos recursos hídricos, reconhecidos como prioritários e não compatíveis com o pedido" (artigo 10.º, al. a) do Decreto-Lei n.º 226-A/2007), bem como da "possibilidade de compatibilizar a utilização com direitos preexistentes". Esta disposição tem por fim evitar situações de conflito, mas naturalmente abrange apenas os novos pedidos de autorização. A possibilidade de usos conflituosos persiste, na medida em que poderá haver uma alteração das circunstâncias de facto que serviram de base à atribuição da licença.

3.4.2. Os diferentes títulos de utilização

Em termos de linhas estruturais do regime jurídico da utilização dos recursos hídricos, uma mudança fundamental consiste na introdução do regime de propriedade da água como um critério que, juntamente com o tipo de utilização da água em causa (captação para consumo público, rega, rejeição de águas residuais, etc), determina o título de utilização aplicável em cada caso: concessão, licença, autorização ou mera comunicação prévia. Cada tipo de título está sujeito a um regime jurídico diferente. Designadamente, são diferentes os respectivos procedimentos de atribuição, o conteúdo da relação jurídica estabelecida entre a Administração e o particular, os prazos máximos, bem como as contrapartidas financeiras a que o particular está obrigado. Estes aspectos serão analisados de seguida[304].

---

[304] À semelhança do regime jurídico anterior, para além das regras gerais mencionadas, o Decreto-Lei n.º 226-A/2007 contém uma parte específica que regula as condições a que estão sujeitos os diferentes tipos de utilizações (artigos 40.º a 78.º). Apenas os aspectos gerais do regime jurídico da utilização dos recursos hídricos serão aqui considerados.

Assim, a concessão é um título exigido exclusivamente para determinados tipos de utilização do domínio público hídrico (aqueles discriminados nos artigos 61.º da Lei da Água e 23.º do Decreto-Lei n.º 226-A/2007). A concessão pode ser atribuída através de três formas distintas: procedimento concursal pré-contratual, sempre que resultar de iniciativa pública, nos termos definidos no artigo 24.º, n.os 2, 4, 6 e 7[305]; por iniciativa particular, podendo neste caso abrir-se um procedimento consursal se, na sequência da afixação de editais, outros interessados apresentarem outro pedido com o mesmo propósito no prazo de 30 dias de acordo com o disposto no artigo 68.º, n.º 5 da Lei da Água, bem como nos artigos 24.º, n.º 5 e 21.º, n.os 4 a 7 do Decreto-Lei n.º 226-A/2007[306]; por atribuição directa, mediante decreto-lei, a entidades públicas empresariais e empresas públicas que explorem empreendimentos de fins múltiplos ou equipamentos equiparados, segundo o artigo 68.º, n.º 4 da Lei da Água e no artigo 24.º, n.º 1 do Decreto-Lei n.º 226-A/2007. Nos termos do artigo 68.º, n.º 2 da Lei da Água,

> "a concessão confere ao seu titular o direito de utilização exclusiva, para os fins e com os limites estabelecidos no respectivo contrato, dos bens objecto de concessão, o direito à utilização de terrenos privados de terceiros para realização de estudos, pesquisas e sondagens necessárias, mediante indemnização dos prejuízos causados, e ainda, no caso de ser declarada a utilidade pública do aproveitamento, o direito de requerer e beneficiar das servidões administrativas e expropriações necessárias, nos termos da legislação aplicável."

---

[305] De acordo com o disposto no n.º 3 do artigo 24.º, no caso de infra-estruturas hidráulicas públicas destinadas à produção de energia hidroeléctrica superior a 100 MW promovidas pelo Governo os termos do procedimento concursal são fixados, em cada caso, por resolução de Conselho de Ministros.

[306] Aplica-se, neste caso, o disposto nos artigos 11.º, 14.º e 15.º do Decreto-Lei n.º 226-A/2007, relativos à tramitação do pedido. O artigo 37.º, n.º 2 do Decreto-Lei n.º 226--A/2007 assegura a articulação entre este procedimento e o procedimento de avaliação de impacte ambiental nos casos em que este é exigido por lei. Em geral, "no caso de utilização sujeita a avaliação de impacte ambiental nos termos da legislação aplicável, o procedimento de atribuição de título de utilização só pode iniciar-se após a emissão de declaração de impacte ambiental favorável ou condicionalmente favorável ou de decisão de dispensa do procedimento de avaliação de impacte ambiental (artigo 37.º, n.º 1 do Decreto--Lei n.º 226-A/2007).

O contrato de concessão – que fixa necessariamente todos os direitos e obrigações das partes contratantes – não pode exceder a duração de 75 anos, sendo que o prazo é fixado "atendendo à natureza e à dimensão dos investimentos associados, bem como à sua relevância económica e ambiental" (artigo 25.°, n.° 2 do Decreto-Lei n.° 226-A/2007 e 68.°, n.° 6 da Lei da Água).

O segundo título de utilização possível – a licença – pode titular quer utilizações do domínio público quer utilizações de recursos hídricos privados (artigos 60.° e 62.°, n.° 2 da Lei da Água, bem como artigo 19.° do Decreto-Lei n.° 226-A/2007). Em regra, a licença é atribuída mediante pedido apresentado pelo particular, podendo seguir-se um procedimento concursal nos casos e nos termos definidos no artigo 21.° do Decreto-Lei n.° 226-A/2007[307]. A atribuição de licença pode também ser de iniciativa pública, caso em que se segue necessariamente um procedimento concursal (n.° 3 do artigo 21.° do Decreto-Lei n.° 226-A/2007). Nos termos do artigo 67.°, n.° 1 da Lei da Água,

> "a licença confere ao seu titular o direito a exercer as actividades nas condições estabelecidas por lei ou regulamento, para os fins, nos prazos e com os limites estabelecidos no respectivo título."

A diferente redacção do artigo 68.°, n.° 2 e do artigo 67.°, n.° 1 indicia um direito de utilização privativa menos denso para o titular da licença, quando comparado com o conteúdo do direito de utilização privativa conferido ao concessionário. O artigo 3.°, n.os 1 e 2 do Decreto-Lei n.° 226--A/2007 tende a equiparar a posição dos particulares num e noutro caso, esclarecendo que também o titular da licença tem um "direito de utilização exclusiva, para os fins e com os limites consignados no respectivo título constitutivo, das parcelas do domínio público hídrico" respectivas e definido que este direito abrange poderes de construção, transformação ou extracção, conforme os casos, se a utilização implicar a realização de obras ou alterações[308]. No entanto, a leitura combinada destas normas com o disposto no artigo 68.°, n.° 2 revela que o direito de utilização conferido ao concessionário inclui faculdades em princípio não abrangidas pelo direito de utilização do titular de uma licença. Outro aspecto em que é manifesta a maior "fragilidade" da posição jurídica conferida pela licença

---

[307] Ver igualmente o disposto no artigo 20.°. Ver nota anterior.

[308] Veja-se a este propósito o disposto no artigo 4.° do Decreto-Lei n.° 226-A/2007.

Direito Administrativo da Água

é o respectivo prazo: a licença é concedida pelo prazo máximo de 10 anos. O prazo concreto é definido tendo em conta o tipo de utilizações, protegendo-se os direitos do utilizador, na medida em que o período necessário para a amortização dos investimentos associados é necessariamente tido em conta na determinação do prazo (artigo 67.º, n.º 2 da Lei da Água).

Em terceiro lugar, a utilização de recursos hídricos particulares pode estar sujeita a um procedimento simplificado de autorização prévia (artigo 62.º, n.º 1 da Lei da Água e artigos 17.º e 18.º do Decreto-Lei n.º 226--A/2007). Este título não confere propriamente um direito de utilização, apenas reconhece a possibilidade de exercício de um direito, sendo justificado pela eventual necessidade de sujeitar esse exercício a condicionamentos impostos por razões de interesse público. Nos termos do artigo 62.º, n.º 3 da Lei da Água, a autorização pode ser mesmo dispensada pelo regulamento anexo ao plano de bacia ou ao PEOT, ou substituída por uma mera comunicação prévia. Esta substituição pode ocorrer em duas situações: caso esta possibilidade esteja prevista no regulamento anexo ao plano de bacia ou ao PEOT (artigo 16.º, n.º 1 do Decreto-Lei n.º 226-A/2007) e quando os meios de extracção não excedam os cinco cavalos (cv), desde que a esta captação não seja caracterizada pela autoridade competente para o licenciamento como "tendo um impacte significativo no estado das águas" (é o caso previsto no artigo 62.º, n.º 4 da Lei da Água).

Para além das diferenças de regime jurídico mencionadas, as contrapartidas financeiras a que o particular está sujeito diferem consoante o título jurídico. Desde logo, há diferenças nas componentes da taxa de recursos hídricos a cobrar em cada um dos casos, que se devem ao regime de propriedade subjacente aos títulos: no caso da autorização, a taxa é devida pelo impacte negativo da actividade autorizada nos recursos hídricos (artigo 66.º, n.º 2 da Lei da Água); no caso da licença que incida sobre bens do domínio público, e no caso da concessão, a taxa de recursos hídricos abrange a utilização privativa desse domínio (artigos 67.º, n.º 4, al. a), 68.º, n.º 8 e artigo 78.º da Lei da Água)[309]. Nestes últimos casos, os utilizadores estão ainda sujeitos ao pagamento de uma caução destinada a assegurar o cumprimento das suas obrigações, incluindo as obrigações de recuperação ambiental (artigos 67.º, n.º 4 e 68.º, n.º 8 da Lei da Água,

---

[309] Em geral sobre a taxa de recursos hídricos, ver secção 3.5 a seguir.

112 Joana Mendes

bem como artigos artigo 22.º, n.ᵒˢ 2 e 3 e 25.º, n.ᵒˢ 4 e 5 do Decreto-Lei n.º 226-A/2007).

Por fim, o conteúdo de cada tipo dos títulos de utilização foi fixado por portaria, sendo as diferenças mais evidentes entre a concessão, por um lado, e a licença e a autorização, por outro[310].

3.4.3. A transacção de títulos de água e a possibilidade de mercados de água

Uma das novidades do actual regime jurídico da utilização dos recursos hídricos prende-se com a possibilidade de transaccionar os títulos de utilização da água. O legislador previu duas possibilidades distintas[311]. Por um lado, o legislador prevê que o título de utilização possa ser transmitido como elemento de uma exploração agrícola ou de um estabelecimento comercial ou industrial em que se integra, reconhecendo assim o valor económico do bem água. Para esse efeito, a referida transacção terá de ser comunciada à autoridade competente para o licenciamento com a antecedência mínima de 30 dias; além disso, o alienante e o adquirente têm de comprovar que se mantêm os requisitos necessários à manutenção do título. Esta possibilidade e estas regras foram fixadas no artigo 72.º, n.º 1 da Lei da Água. Por outro lado, independentemente da transmissão de um estabelecimento agrícola, comercial e industrial que integra o título de utilização, este pode ser transmitido mediante mediante autorização da entidade competente para a emissão do título. Nos termos do artigo 72.º, n.º 3, se esta for concedida antecipadamente, a transmissão só é eficaz após notificação da entidade competente com a antecedência mínima de 30 dias.

O legislador não só prevê a possibilidade de transmissão como favorece o comércio de títulos de utilização de recursos hídricos. Com efeito, os títulos que baseam a captação de águas e rejeição de águas residuais (licença), bem como a captação de águas para abastecimento público, para rega de área superior a 50 ha, ou para captação de energia (concessão) podem ser transaccionados (ou podem ser cedidos temporariamente os res-

---

[310] Artigos 4.º, 5.º e 6.º da Portaria n.º 1450/2007, de 12 de Novembro (DR I Série, n.º 217).

[311] Para além da já referida transmissão por morte do titular (artigo 26.º, n.º 2 do Decreto-Lei n.º 226-A/2007).

Direito Administrativo da Água

pectivos direitos de utilização) sem que seja necessária uma autorização administrativa para o efeito. Têm, no entanto, de estar reunidas quatro condições cumulativas, definidas no artigo 27.°, n.° 1 do Decreto-Lei n.° 226-A/2007, que asseguram um mínimo de controlo público sobre estas operações: esta possibilidade deve estar prevista no respectivo plano de bacia; os títulos referem-se a utilizações dentro da mesma bacia; a operação não envolve títulos de utilização relativos a abastecimento público para utilizações de outro tipo; verificam-se os requisitos para atribuição do título. Este último é, nos termos do artigo 26.°, n.° 1 e 6 do Decreto-Lei n.° 226-A/2007, um requisito de validade da transmissão de títulos de utilização em quaisquer circunstâncias, já que dele depende o respeito pelas disposições legais e administrativas aplicáveis. Note-se que estas, nos casos em que são exigidas, a transmissão de títulos sem a respectiva comunicação ou autorização constituti uma contra-ordenação ambiental grave[312]. A preocupação de assegurar que a trasmissão não só não põe em causa a prossecução dos interesses públicos que a Lei da Água define, como pode servir para promover a realização desses interesses justifica a possibilidade de a entidade competente poder exercer direito de preferência na transmissão (artigo 27.°, n.° 4 e 5 do Decreto-Lei n.° 226-A/2007).

Estas possibilidades de transacção poderão mesmo originar a criação de mercados de água. Segundo o artigo 76.°, n.° 4, possíveis mercados terão de ser instituídos pelo Governo através de decreto-lei emanado do Ministério do Ambiente, do Ordenamento do Território e do Desenvolvimento Regional, que regulamentará o respectivo mercado, de modo a assegurar a transparência na formação dos preços. Publicidade e livre concorrência são assim valores fundamentais a garantir nestes casos (artigo 27.°, n.° 8 do Decreto-Lei n.° 226-A/2007). O mercado criado por esta via pode abranger a totalidade ou apenas parte de uma bacia. As transacções podem ser dispensadas de autorização prévia ou ser efectuadas mediante verificação prévia ou registo junto da entidade competente. Preconiza-se, assim, um modelo alternativo de gestão dos recursos hídricos, inovador no quadro jurídico nacional, que favorece a iniciativa económica na alocação dos recursos hídricos.

---

[312] Artigo 81.°, n.° 2, al. c) do Decreto-Lei n.° 226-A/2007.

3.4.4. O sistema de informação dos títulos de utilização

Entendendo-se que a inexistência de um inventário das utilizações licenciadas tem sido um obstáculo a uma boa administração da água, o legislador criou o Sistema Nacional de Informação dos Títulos de Utilização dos Recursos Hídricos, como forma de garantir o controlo das entidades públicas sobre a utilização dos recursos hídricos e, assim, contribuir para uma gestão racional e sustentável dos recursos hídricos[313]. Assim, nos termos do artigo 73.º da Lei da Água este sistema:

> "deve incluir o registo e caracterização sumária de todas as autorizações, licenças e concessões de utilização, qualquer que seja a entidade emissora, devendo conter os direitos e obrigações dos utilizadores e os critérios legais da emissão e fiscalização da utilização, em ordem a assegurar a coerência e transparência na aplicação do regime de utilização dos recursos hídricos."

Este sistema de informação é gerido pelo INAG, mas é naturalmente às entidades competentes para o licenciamento e fiscalização dos recursos hídricos que compete o registo e a caracterização dos títulos de utilização, devendo igualmente proceder à comunicação do registo (artigo 9.º, n.os 2, 3 e 6 do Decreto-Lei n.º 226-A/2007). O sistema de informação abrange não só as utilizações cobertas por títulos emitidos ao abrigo da legislação actual, mas também os títulos existentes à data da entrada em vigor do Decreto-Lei n.º 226-A/2007 que são obrigatoriamente sujeitos ao procedimento de transição definido no artigo 90.º desse diploma (artigo 9.º, n.os 4 e 5 do Decreto-Lei n.º 226-A/2007).

3.4.5. Fiscalização

Como foi referido anteriormente, a propósito da distribuição de competências entre os entes da administração da água[314], uma medida importante do actual regime jurídico foi a concentração de competências de fiscalização, antes dispersas por diferentes entidades, o que conduzia a conflitos positivos e negativos de competências. Determina-se agora que a

---

[313] Ver o preâmbulo do Decreto-Lei n.º 226-A/2007.
[314] Supra nota 125.

Direito Administrativo da Água

fiscalização está a cargo das ARH, enquanto que as acções de inspecção são da responsabilidade da Inspecção-Geral do Ambiente e do Ordenamento do Território (artigo 90.º, n.ºs 2 e 4 da Lei da Água)[315]. As restantes entidades públicas têm competências subsidiárias nesta matéria, competindo-lhes colaborar na acção fiscalizadora, prevenir infracções e participar as transgressões de que tenham conhecimento (artigos 90.º, n.º 3 e 94.º, n.º 2 da Lei da Água, bem como artigo 79.º, n.º 2 do Decreto-Lei n.º 226-A/2007), o que se justifica porque permite ampliar a eficácia da fiscalização. Esta clarificação de competências que é, certamente, de aplaudir[316].

Estão sujeitos a acções de fiscalização e inspecção não apenas os titulares de concessões, licenças ou autorizações ou, em geral, entidades com responsabilidades directas na gestão da água, mas "todas as entidades públicas e privadas, singulares ou colectivas, que exerçam actividades susceptíveis de causarem impacte negativo no estado das massas de água" (artigo 91.º da Lei da Água), o que se compreende dada a abrangência e os objectivos que pautam o regime jurídico estabelecido pela Lei da Água. As acções de fiscalização e de inspecção condicionam naturalmente o exercício de direitos bem como os deveres dos particulares (veja-se a este propósito o disposto no artigo 93.º da Lei da Água). Além disso, manifesta-se nesta matéria o princípio da cooperação entre entidades públicas e particulares: se não há dúvida de que a fiscalização é uma competência pública, os particulares sujeitos a acções de fiscalização e de inspecção têm o dever de informar imediatamente as entidades competentes "de quaisquer acidentes e factos que constituam causa de perigo para a saúde pública, para a segurança de pessoas e bens ou para a qualidade da água" (artigo 94.º, n.º 1 da Lei da Água).

Para efeitos de controlo sobre o cumprimento do regime jurídico da água, e em cumprimento dos princípios da prevenção e precaução que pautam esta matéria, o INAG e as ARH, bem como a Inspecção-Geral do Ambiente e do Ordenamento do Território devem elaborar planos de fis-

---

[315] A Lei da Água distingue fiscalização – que pressupõe quer acções sistemáticas a desenvolver no cumprimento dos seus deveres de vigilância, quer acções pontuais espoletadas por queixas ou denúncias – de inspecção – levada a cabo quer em execução de um plano de inspecção previamente adoptado, quer de forma casuística e aleatória, ou ainda na sequência de acidentes de poluição (artigo 90.º, n.º 1 da Lei da Água).

[316] Cf. artigo 85.º do Decreto-Lei n.º 46/94, nos termos do qual "as acções de fiscalização, para efeitos do presente diploma, competem ao INAG, às DRARN, às autoridades marítimas e às autarquias locais".

116 Joana Mendes

calização e de inspecção que definam, entre outros aspectos, os programas e procedimentos adoptados bem como as regras relativas à coordenação das diferentes entidades competentes em matéria de controlo (artigo 92.° da Lei da Água). O legislador favoreceu o princípio de transparência também em matéria de fiscalização: não só estes planos são públicos, devendo ser divuldagos na medida em que isso não prejudique a sua eficácia (artigo 92.°, n.° 2 da Lei da Água), como também as ARH devem manter um registo público das queixas e denúncias recebidas, indicando o tratamento de que foram objecto (artigo 90.°, n.° 5 da Lei da Água). Para além de assegurar a transparência da actividade fiscalizadora da Administração e de permitir, assim, o escrutínio público do que está ou não a ser feito, esta última forma de publicidade pode servir como desincentivo à infracção.

Um outro aspecto importante de desincentivo ao incumprimento, especificamente de desincentivo à utilização não titulada em infracção do disposto na lei e ao incumprimento das condições fixadas no título, é a medida prevista no artigo 80.°, n.° 1 do Decreto-Lei n.° 226-A/2007, nos termos do qual, nestes casos, os encargos decorrentes de acções de fiscalização ou de inspecção são suportados pelo infractor. Esta medida é compensada por um procedimento que oferece garantias de imparcialidade ao administrado: deve ser elaborado um relatório da acção de fiscalização ou de inspecção, o infractor deve ser notificado para proceder ao pagamento no prazo máximo de 15 dias – não é dito explicitamente, mas deve entender-se que do relatório é dado conhecimento ao infractor –, e, sobretudo, em caso de divergência, sobre a mesma amostra, entre os dados apresentados pelas entidades fiscalizadoras ou de inspecção e os dados apresentados pelo titular, deve ser realizada uma análise pelo Laboratório de Referência do Ambiente (artigo 80.°, n.os 2 e 4 do Decreto-Lei n.° 226-A/2007).

A regulamentação da actividade fiscalizadora vai assim muito além da mera previsão de coimas a aplicar na sequência de procedimentos de contra-ordenação. A actividade fiscalizadora é mais ampla, sendo aquele apenas um dos seus resultados possíveis[317]. Note-se que mesmo em matéria de contra-ordenações, a Lei da Água reforça nalguns aspectos o regime jurídico que resultaria da aplicação da respectiva lei quadro (Lei n.° 50/2006,

---

[317] Cf. artigos 86.° e ss do Decreto-Lei n.° 46/94. Ainda que se pudesse considerar que estava implícito neste diploma que as acções de fiscalização não se resumem à instauração de procedimentos de contra-ordenação, é claro, do contraste entre os dois diplomas, o cuidado que o legislador teve ao regular a matéria de fiscalização na actual Lei da Água.

de 29 de Agosto[318]). Assim, nos termos do n.º 4 do artigo 97.º da Lei da Água, "a coima deve, sempre que possível, exceder o benefício económico que o agente retirou da prática da infracção". Além disso, a coima devida por utilização não titulada deve ser sempre superior ao valor da taxa que deixou de ser paga, calculada com base na estimativa fixada pela ARH relativa à valorização dos bens dominiais de que beneficiaram os utilizadores em causa (artigo 97.º, n.º 4 da Lei da Água). Por outro lado, a ARH competente ou a Inspecção-Geral do Ambiente e do Ordenamento do Território podem aplicar uma sanção pecuniária compulsória pelo atraso no pagamento da coima, nos termos do artigo 85.º do Decreto-Lei n.º 226--A/2007.

De referir ainda que, para além da aplicação de coimas na sequência de um procedimento de contra-ordenação, e independetemente de uma conduta ilegal, eventuais danos causados ao ambiente implicam o pagamento das despesas inerentes às medidas necessárias à recomposição da situação que existiria caso a infracção não se tivesse verificado, nos termos do artigo 95.º, n.os 1 a 4 da Lei da Água, a responsabilidade civil por danos causados a terceiros nos termos gerais, bem como a apresentação por parte do infractor de um projecto de recuperação que assegure os cumprimento dos seus deveres jurídicos, que será objecto de um contrato de recuperação ambiental, nos termos do artigo 96.º, n.º 2 da Lei da Água, e acompanhado de um sistema de gestão ambiental, ao abrigo do artigo 96.º, n.º 3 da Lei da Água.

É evidente da análise precedente o cuidado que o legislador teve ao regulamentar a actividade de controlo do cumprimento das disposições legais e regulamentares que estabelecem o regime jurídico da água, uma matéria que é, sem dúvida, crucial para alcançar os objectivos que presidem a este regime jurídico.

3.5. REGIME ECONÓMICO E FINANCEIRO

O Decreto-Lei n.º 97/2008 é talvez o diploma mais polémico publicado na sequência da Lei da Água. De acordo com o previsto nos artigos 77.º e seguintes da Lei da Água, este diploma procura dar cumprimento à

---

[318] DR I Série, n.º 166.

obrigação de amortização dos custos dos serviços hídricos (entendidos como os serviços ambientais proporcionados pelos recursos hídricos), definida no artigo 9.º da Directiva Quadro e, assim, ao princípio do poluidor-pagador. O longo preâmbulo deste diploma – no qual o Governo, para além de se escudar em grande medida nas disposições da Directiva, invoca um "fundamento científico seguro" que baseará a nova política de preços[319] e esclarece que a nova taxa de recursos hídricos "não se dirige à generalidade dos pequenos utilizadores" – é um sinal do carácter controverso das medidas que ele preconiza. A taxa de recursos hídricos é, sem dúvida, o aspecto mais contestado deste regime económico-financeiro[320].

Como já foi referido anteriormente, as taxas não são instrumentos jurídicos estranhos ao direito da água português. O Decreto-Lei n.º 47/94 previa dois tipos: uma taxa de utilização (contraprestação devida pelo uso privativo dos bens do domínio público hídrico, "destinada à protecção e melhoria daquele domínio", nos termos dos artigos 2.º, n.º 1 e 3.º, n.º 2 daquele diploma) e uma taxa de regularização (contraprestação devida pelas melhorias produzidas por obras hidráulicas de regularização, realizadas total ou parcialmente pelo Estado, "destinada a compensar o seu investimento e os gastos de exploração e conservação de tais obras", devida pelos beneficiários das obras, segundo os artigos 2.º, n.º 2 e 17.º, n.º 1 do mesmo decreto-lei). Este diploma previa igualmente a celebração de contratos-programa para apoio técnico e financeiro destinados a promover a realização de obras hidráulicas de iniciativa privada (artigos 18.º e 19.º do Decreto-Lei n.º 47/94). Porém, o Decreto-Lei n.º 47/94 não chegou a ser regulamentado, não tendo sido aplicado na prática. Um acto

---

[319] O Governo apelida de "fundamento científico seguro" o facto de a amortização dos custos dos serviços hídricos se basear numa análise económica das utilizações da água e de ter em conta o contributo que os diferentes sectores de actividade devem dar para a recuperação dos custos referidos, baseado igualmente naquela análise. Ambos constituem, como se verá, obrigações da Directiva uqe decorrem do referido artigo 9.º.

[320] Ver "Câmaras municipais põem estado em tribunal", por Francisco Almeida Leite, no DN Online de 11 Abril 2009 (http://dn.sapo.pt/inicio/portugal/interior.aspx?content_id=1198980), referindo-se à recomendação da Associação Nacional de Municípios dirigida as autarquias no sentido de não pagarem a taxa de recursos hídricos cobrada pelas ARH. Uma consulta ao sítio da Confederação Portuguesa de Agricultores confirma que a resistência à taxa de recursos hídricos não provém apenas das autarquias e que a contestação a esta taxa precedeu a publicação do Decreto-Lei n.º 97/2008: http://www.cap.pt/index.php?option=com_content&task=view&id=172&Itemid=313 (estes sítios foram visitados pela última vez em 18 de Maio de 2009).

Direito Administrativo da Água

legislativo anterior – o Decreto-Lei n.° 48 483, de 11 de Julho de 1968 – fixava os emolumentos a cobrar pelos alvarás de licença e pela outorga de concessões, tal como as taxas a cobrar pela ocupação de terrenos do domínio público. Este diploma tinha sido regulamentado pela última vez em 2004 e apenas foi revogado pelo Decreto-Lei n.° 97/2008 (artigo 37.°).

As obrigações decorrentes da Directiva Quadro, impondo a utilização de instrumentos económicos como meio de alcançar os objectivos por ela fixados, exigiram uma alteração desta situação de inércia relativamente ao regime económico-financeiro dos recursos hídricos. Assim, nos termos do seu artigo 9.°, até 2010 os Estados terão de criar "políticas de estabelecimento de preços da água dêem incentivos adequados para que os consumidores utilizem eficazmente a água", bem como estabelecer um "contributo adequado" dos diversos sectores económicos para a recuperação dos custos dos serviços de abastecimento de água, podendo para o efeito "atender às consequências sociais, ambientais e económicas da amortização, bem como às condições geográficas e climatéricas da região ou regiões afectadas" (artigo 9.°, n.° 1, 2.° parágrafo). A Directiva define ainda que as acções e medidas adoptadas para dar cumprimento à amortização dos serviços dos recursos hídricos bem como os contributos fixados devem ser especificados nos planos de bacia (artigo 9.°, n.° 2). Admite-se, porém, alguma flexibilidade nesta matéria: para além da consideração das especificidades sociais, ambientais e económicas, as decisões dos Estados-membros de isentarem determinadas actividades das regras relativas à amortização dos custos dos serviços dos recursos hídricos não comportarão uma violação da Directiva, desde que sejam devidamente justificadas e não comprometam a realização dos seus objectivos (artigo 9.°, n.° 4). Por fim, a Directiva determina ainda que o estabelecimento dos preços da água e os contributos definidos devem ter por base a análise económica da região[321].

À luz das disposições da Directiva, o legislador português optou por redefinir o regime económico – financeiro dos recursos hídricos. No seguimento da Lei da Água, o Decreto-Lei n.° 97/2008 criou a taxa de

---

[321] Nos termos do anexo III da Directiva, os cálculos a realizar no âmbito desta análise económica devem ter em conta as previsões a longo prazo relativas à oferta e procura de água na região hidrográfica, e a própria análise económica deve ter em conta, quando necessário, as estimativas dos volumes, preços e custos associados à prestação dos serviços hídricos, e ainda as estimativas e previsões dos investimentos necessários, devendo ainda abranger a definição de medidas com melhor relação custo/eficácia na utilização da água a incluir nos programas de medidas.

120 Joana Mendes

recursos hídricos e definiu o regime jurídico das tarifas de serviços de águas, ocupando-se ainda das regras fundamentais relativas aos contratos-programa relativos à gestão de recursos hídricos. Estes são os três instrumentos que compõem o actual regime económico-financeiro (artigo 3.º do Decreto-Lei n.º 97/2008).

Para além da necessidade de dar cumprimento a obrigações comunitárias, internamente, a autonomia financeira das ARH e o facto de a taxa de recursos hídricos constituir uma fonte importante de receitas destes institutos (artigo 11.º, n.º 2, al. a) do Decreto-Lei n.º 208/2007) constitui um estímulo à efectiva implementação do regime jurídico agora criado.

3.5.1. Taxa de recursos hídricos

A taxa de recursos hídricos é configurada com um tributo ecológico, na medida em que, nos termos das normas que presidiram à sua criação, para além de uma função retributiva – "compensar o benefício que resulta da utilização privativa do domínio público hídrico, o custo ambiental inerente às actividades susceptíveis de causar um impacte significativo nos recursos hídricos, bem como os custos administrativos inerentes ao planeamento, gestão, fiscalização e garantia da quantidade e qualidade das águas" (artigo 3.º, n.º 2 do Decreto-Lei n.º 97/2008) – possui uma finalidade extrafiscal – criar incentivos para que os utilizadores utilizem eficazmente os recursos hídricos de forma a garantir a sua gestão sustentável (artigo 77.º, n.º 4 da Lei da Água e artigo 2.º, n.º 1 do Decreto-Lei n.º 97/2008). Visa, assim, "estimular uma mudança comportamental no sentido socialmente desejável", sendo um meio de o Estado desempenhar a sua tarefa fundamental de promoção do aproveitamento racional dos recursos naturais[322].

A taxa de recursos hídricos tem bases de incidência objectiva separadas: por um lado, a utilização privativa de bens do domínio público hídrico; por outro, as actividades susceptíveis de causarem um impacte negativo significativo no estado das águas. Nos termos do Decreto-Lei n.º

---

[322] CLÁUDIA SOARES, *O Imposto Ecológico – Contributo para o Estudo dos Instrumentos Económicos de Defesa do Ambiente*, Coimbra, Coimbra Editora, 2001, p. 286 e artigo 66.º, n.º 2, al. d) da CRP. Sobre as chamadas "taxas orientadoras", ver CASALTA NABAIS, *O dever fundamental de pagar impostos*, Almedina, Coimbra, 1998, p. 266-268.

Direito Administrativo da Água

97/2008, estas são a descarga de efluentes sobre os recursos hídricos que possa causar impactes significativos, a extracção de materiais inertes do domínio público do Estado, a ocupação do domínio público hídrico do Estado, e ainda "a utilização de águas, qualquer que seja a sua natureza ou regime legal, sujeitas a planeamento e gestão públicos" desde que cause o referido impacte negativo significativo (artigo 78.°, n.° 1 da Lei da Água e artigos 4.° do Decreto-Lei n.° 97/2008)[323]. Em cada caso, são fixadas as reduções (justificadas ou por razões ambientais – vide, por exemplo, o disposto no artigo 8.°, n.° 5, al. a) e b) do Decreto-Lei n.° 97/2008 – ou como incentivos a determindas actividades económicas – por exemplo, a produção de energia hidroeléctrica e termoeléctrica), bem como as isenções aplicáveis[324]. A taxa corresponderá à soma dos valores parcelares aplicáveis a cada uma destas bases tributáveis, pelo que o seu valor vai depender da verificação de cada uma destas situações relativamente a uma utilização específica (artigo 78.°, n.° 3, e artigo 6.°, n.os 1 e 2 do Decreto-Lei n.° 97/2008)[325]. Assim, por exemplo, o particular que pretenda instalar apoios de praia terá de pagar uma taxa de recursos hídricos pela ocupação de terrenos do domínio público hídrico do Estado (nos termos do artigo 4.°, al. d) e 10.° do Decreto-Lei n.° 97/2008), enquanto que um particular que se dedique à criação de culturas biogenéticas e necessite para o efeito de instalar no domínio público hídrico infra-estruturas associadas pagará uma taxa de recursos hídricos quer pela utilização privativa de águas do domínio público, quer pela ocupação de terrenos do domínio público hídrico do Estado (nos termos do artigo 4.°, al. a) e d), 7.° e 10.° do Decreto-Lei n.° 97/2008). A taxa

---

[323] A Lei da Água prevê uma terceira base de incidência objectiva: "a utilização de obras de regularização de águas superficiais e subterrâneas realizadas pelo Estado", que deveria ser progressivamente substituída por uma tarifa (Artigo 78.°, n.° 2). Porém, o Decreto-Lei n.° 97/2008 abandonou-a como base de incidência separada.

[324] Note-se, a propósito, a isenção técnica definida no Artigo 15.° do Decreto-Lei n.° 97/2008.

[325] Nos termos do Decreto-Lei n.° 97/2008, a utilização de águas do domínio público do Estado corresponde à componente A; a descarga de efluentes à componente E; a extracção de inertes do domínio público do Estado à componente I; a ocupação do domínio público do Estado à componente O; a utilização de águas sujeitas a planeamento e gestão públicas à componente U. Segundo o Artigo 34.°, n.° 1 do mesmo diploma, "as autarquias locais mantêm o poder de cobrar taxas próprias pela utilização do domínio público hídrico da sua titularidade, devendo essas taxas adoptar a mesma base de incidência que possui a taxa de recursos hídricos"; o dever de co-operação recíproca e a possibilidade de celebrar protocolos acautelam eventuais conflitos que possam surgir a este propósito com as ARH.

122 Joana Mendes

é cobrada às pessoas colectivas ou singulares que realizem as utilizações que constituem a base tributável, mas o legislador impõe que o sujeito passivo deve repercutir sobre o utilizador final o encargo económico que a taxa representa (artigo 5.º do Decreto-Lei n.º 97/2008).

Na medida em que a taxa de recursos hídricos é devida pela utilização privativa do domínio público e pelo custo ambiental inerente às actividades susceptíveis de causarem impactes negativos significativos, e na medida em que estes são mensuráveis e imputáveis a um utilizador, existe uma contraprestação específica "resultante de uma relação concreta (...) entre o contribuinte e um bem (...) público", sendo possível assegurar o princípio da equivalência entre o valor pago e o custo que os utilizadores provocam à comunidade ou na medida do benefício que esta lhes proporciona, nos termos do artigo 2.º, n.º 2 do Decreto-Lei n.º 97/2008[326]. Quer exista uma utilização do domínio público hídrico quer se trate de uma actividade que possa causar impactes significativos no estado quantitativo e qualitativo da água, o sujeito passivo aufere uma satisfação individualizável, "uma utilidade presumida que [o tem] por destinatário individualizado"[327]. No entanto, quer a redacção do artigo 3.º, n.º 2 do Decreto-Lei n.º 97/2008 – nos termos do qual a taxa de recursos hídricos visa também compensar "os custos administrativos inerentes ao planeamento, gestão, fiscalização e garantia da quantidade e qualidade das águas" –, quer o disposto nos artigo 4.º, al. e) e 11.º, n.º 1 do mesmo diploma – que define como base de incidência objectiva "a utilização de águas, qualquer que seja a sua natureza ou regime legal, *sujeitas a planeamento e gestão públicos*, susceptível de causar impacte significativo"[328] – podem colocar em dúvida a classificação deste tributo como uma taxa e sugerir que estamos perante uma contribuição especial de carácter unilateral.

Com efeito, uma das funções da taxa de recursos hídricos consiste na compensação pelos custos decorrentes da actividade administrativa necessária à protecção da água e pode interpretar-se a componente U da base tributável como referindo-se aos custos de planeamento e gestão públicos mencionados, podendo duvidar-se que os custos administrativos mencio-

---

[326] ANTÓNIO DE SOUSA FRANCO, *Finanças públicas e direito financeiro*, 4.ª ed., Vol 1, Coimbra, Almedina, 1993, pp. 63-64. CLÁUDIA SOARES, *O Imposto Ecológico...*, p. 323-4.

[327] ANTÓNIO DE SOUSA FRANCO, *Finanças públicas...*, p. 69.

[328] Sublinhado da autora.

Direito Administrativo da Água

nados possam ser divisíveis e imputáveis aos sujeitos passivos da taxa de recursos hídricos[329]. A taxa de recursos hídricos, na parte referente à componente U, seria devida pelos serviços de planeamento e de gestão de que o utilizador beneficia e que constituem externalidades positivas resultantes da actividade de protecção da água. O disposto no artigo 18.º, n.º 3 do Decreto-Lei n.º 97/2008 parece reforçar esta interpretação ao determinar que, sempre que as ARH deleguem em entidades públicas ou privadas os poderes de licenciamento e fiscalização da utilização dos recursos hídricos, a receita resultante da aplicação a terceiros da componente U da taxa de recursos hídricos cabe às entidade delegatárias.

Neste caso, tratar-se-ia de uma contribuição financeira a favor de entidades públicas (o *tertium genus* das figuras jurídica tributárias mencionadas no artigo 165.º, al. i) da CRP) que teria como fundamento "um benefício individualizado reflexamente resultante da actuação de um sujeito público", "que não é directamente orientada para produzi-lo", sendo que "a situação individual é ocasional e indirecta – não é intencional e directamente conexa com os fins da actividade estadual que lhe dá origem"[330]. Seria difícil caracterizar este tributo como bilateral, já que "as satisfações divisíveis que [os contribuintes] auferem não são individualizáveis com referência à actuação dum serviço ou ao comportamento de um sujeito"[331]. Tendo em conta que o regime jurídico geral destas contribuições não foi ainda adoptado e que a doutrina e a jurisprudência, nos casos em que não se possa atestar a bilateralidade do tributo, tendem a equiparálas a impostos, esta interpretação teria, naturalmente, consequências relativamente à constitutionalidade orgânica da taxa de recursos hídricos, na medida em que esta foi criada por decreto-lei do Governo não autorizado[332].

---

[329] Note-se que, de qualquer modo, não é necessário que os custos imputáveis ao particular sejam exactamente determinados. Vide CASALTA NABAIS, *O dever fundamental* ..., p. 264. Este autor considera que "não se podem limitar os custos directamente imputáveis ao indivíduo, devendo este suportar, para além desses, também a parte dos custos comuns decorrentes do funcionamento do aparelho administrativo, parte esta que, não raro, ultrapassa mesmo aqueles".

[330] ANTÓNIO DE SOUSA FRANCO, *Finanças públicas...*, pp. 61-62. Vide, ainda, CASALTA NABAIS, *Direito fiscal* 4ª ed., Almedina, Coimbra, 2008, p. 27-28.

[331] ANTÓNIO DE SOUSA FRANCO, *Finanças públicas...*, p. 63.

[332] Cf. Artigo 165, al. i) da CRP. Sobre a dividão dicotómica dos tributos e a reconduzão das contribuições especiais ao regime jurídico dos impostos, vide CASALTA NABAIS, *Direito..., p. 24-26.* Gomes Canotilho e Vital Moreira consideram que, apesar de a reserva

Salvo melhor opinião, outra interpretação é possível e defensável à luz do regime jurídico da Lei da Água, salvaguardando a bondade constitucional da taxa de recursos hídricos. A base de incidência objectiva identificada na alínea e) do artigo 4.º do Decreto-Lei n.º 97/2008 é uma actividade (a utilização de águas) susceptível de causar impacte ambiental significativo. A taxa, considerada isoladamente nesta componente, é a prestação devida pelos custos que o utilizador provoca à comunidade ao desenvolver uma actividade potencialmente poluente[333]. Assim, enquanto que a componente A da taxa se refere à utilização do domínio público hídrico, a componente U da taxa refere-se aos custos ambientais decorrentes da utilização da água, podendo aplicar-se por isso a utilizações de águas particulares. Note-se que o disposto no artigo 66.º, n.º 2 da Lei da Água confirma esta interpretação ao referir que a obtenção da autorização implica o pagamento da taxa de recursos hídricos devida "pelo impacte negativo da actividade autorizada nos recursos hídricos". Deste modo, por exemplo, a utilização de águas subterrâneas que se encontram em terrenos particulares, recorrendo a furos privados, está sujeita a pagamento de taxa se causar um impacte negativo significativo no estado de qualidade e quantidade da água, excepto nos casos em que se possa aplicar a isenção prevista na al. a) do n.º 4 do artigo 11.º do Decreto-Lei n.º 97/2008[334]. Em ambos os casos, o valor da taxa é calculado em função do volume de água captado, desviado ou utilizado. Enquanto que, no caso da componente A, esta medida reflecte o facto gerador da taxa, no caso da componente U, para assegurar o princípio da equivalência, terá de se demonstrar que o custo ambiental pode ser medido com base no volume de água captado,

---

de lei se restringir ao regime geral destas contribuições financeiras, a sua criação concreta pressupõe a definição desse regime geral, pelo que, na ausência deste, a constitucionalidade daquelas que forem criadas por decreto-lei não autorizado ou por regulamento suscita "sérias dúvidas" (J.J. GOMES CANOTILHO E VITAL MOREIRA, *Constituição...*, p. 1096). Opinião contrária é defendida por Cardoso da Costa (vide JOSÉ MANUEL CARDOSO DA COSTA, *Sobre o princípio da legalidade das "taxas" (e das "demais contribuições financeiras")*, in *Estudos em homenagem ao Professor Doutor Marcello Caetano no centenário do seu nascimento, Vol. I*, Coimbra Editora, Coimbra, pp. 789-807, at p. 807).

[333] A taxa pode ser fundamentada pelo princípio da compensação de custos de actividades públicas provocadas pelos particulares ou que lhes podem ser imputáveis CASALTA NABAIS, *O dever fundamental...*, p. 262.

[334] Nestes casos, está igualmente sujeita a licenciamento (Artigo 56.º da Lei da Água).

Direito Administrativo da Água

desviado ou utilizado. Nesta interpretação, o facto de as normas da alínea e) do artigo 4.º e do artigo 11.º se referirem águas "sujeitas a planeamento e gestão públicos" apenas sublinharia o facto de mesmo as águas particulares implicarem uma actividade administrativa em vista da protecção ambiental da água. Com efeito, todas as águas, qualquer que seja a sua natureza ou o seu regime legal estão sujeitas a planeamento e gestão públicas. No entanto, não é este o facto gerador da tributação. O disposto no n.º 3 do artigo 18.º não prejudica esta interpretação, na medida em que se trata apenas de uma norma que consigna as receitas provenientes da cobrança da taxa. Naturalmente, para que esta interpretação seja válida, é ainda necessário que exista uma equivalência entre o valor da taxa e o custo ambiental.

As taxa de recursos hídricos, assim definida, tem as funções retributivas especificadas no artigo 3.º, n.º 2 do Decreto-Lei n.º 97/2008, para além da finalidade extrafiscal já referida. Com efeito, esta norma não define as bases de incidência objectiva, que permitem aferir o carácter bilateral da taxa, apenas refere as suas funções retributivas.

Note-se, por fim, que a finalidade extrafiscal da taxa é confirmada pelo disposto no n.º 3 do artigo 80.º da Lei da Água. Segundo esta norma, podem ser isentas da taxa de recursos hídricos, por decreto-lei, as utilizações que sejam "insusceptíveis de causar impacte adverso significativo no estado das águas e dos ecossistemas associados, nem de agravar situações de escassez". Esta norma parece aplicar-se independentemente da base tributável ser a utilização do domínio público ou o impacte ambiental negativo da utilização em causa. A finalidade de conformação de comportamentos no sentido de promover um aproveitamento racional da água é ainda reforçada pelo disposto no artigo 36.º do Decreto-Lei n.º 97/2008, que prevê a possibilidade de reduzir a título definitivo em 50% as componentes A, E e U a cobrar a utilizadores industriais que façam captações de água acima de um certo colume (2 000 000 m³) e que comprovem ter realizado uma redução significativa na utilização de recursos hídricos (no caso das componentes A e U) e na rejeição de efluentes (no caso da componente E) ao longo dos cinco anos anteriores à data da entrada em vigor deste diploma ou que possuam um plano de investimentos que assegure essa redução nos cinco anos seguintes.

De referir, por fim, que as receitas provenientes do pagamento das taxas são consignadas ao financiamento de actividades relacionadas com a melhoria da eficiência do uso da água e com a protecção e melhoria da

126 Joana Mendes

sua qualidade, tal como à cobertura de outros custos incorridos na gestão dos recursos hídricos (artigos 79.°, n.° 1 da Lei da Água e 18.°, n.° 2 do Decreto-Lei n.° 97/2008). Prevê-se ainda a criação de um fundo de protecção dos recursos hídricos, financiado com o produto da cobrança da taxa (artigos 18.°, n.° 1, al. a) e 19.° do Decreto-Lei n.° 97/2008.

3.5.2. Tarifas de serviços públicos

As tarifas de serviços públicos previstas no artigo 82.° da Lei da Água e nos artigos 20.° e ss. do Decreto-Lei n.° 97/2008 destinam-se a assegurar a recuperação dos custos associados ao funcionamento dos serviços públicos de águas, nomeadamente aqueles resultantes de investimentos e despesas com a manutenção, reparação e renovação de bens e equipamentos, do pagamento de encargos obrigatórios (tais como a taxa de recursos hídricos) e de medidas destinadas a assegurar a provisão eficiente destes serviços (artigo 82.°, n.° 1 da Lei da Água)[335]. Trata-se igualmente de uma taxa, na medida em que é uma quantia coactivamente paga pela utilização de um serviço[336], que possui igualmente uma finalidade extrafiscal, dado estar sujeita ao disposto no artigo 77.°, n.° 4 da Lei da Água, nos termos do qual:

> "As políticas de preços da água devem constituir incentivos adequados para que os utilizadores utilize eficientemente os recursos hídricos, devendo atender-se às consequências sociais, ambientais e económicas da recuperação dos custos, bem como às condições geográficas e climatéricas da região ou regiões afectadas."

---

[335] No caso das empresas concessionárias, o regime de tarifas visa ainda assegurar "o equilíbrio económico-financeiro da concessão e uma adequada remuneração dos capitais próprios da concessionária", assim como "o cumprimento dos critérios definidos nas bases legais aplicáveis e das orientações definidas pelas entidades reguladoras" (Artigo 82.°, n.° 3 da Lei da Água).

[336] Nesse sentido, Acórdão da 2.ª Secção do Tribunal Constitucional n.° 1141/96, de 6 de Novembro de 1996, Processo n.° 521/96, disponível em http://w3.tribunalconstitucional.pt/acordaos/acordaos96/1101-1200/114196.htm). Aí pode ser-se que "a tarifa é (...) uma quantia coactivamente paga pela utilização de um serviço – [no caso] o serviço de recolha e destino do lixo –, que é um bem semipúblico, que a Câmara Municipal de Paredes, através do respectivo Serviço de Limpeza, põe à disposição dos munícipes que o pretendam utilizar. Trata-se, assim, de uma taxa". Vide CASALTA NABAIS, *Direito...*, p. 30-31.

Direito Administrativo da Água

Esta mesma finalidade é confirmada pelo facto de incentivo a uma utilização eficiente dos recursos hídricos ser um dos critérios de fixação de tarifas definidos pelo Decreto-Lei n.º 97/2008 (artigo 22.º, n.º 2, al. f)). O regime jurídico destas tarifas deverá ainda ser objecto de diploma legal específico.

3.5.3. Contratos-programa

Trata-se de uma figura jurídica diferente das analisadas até agora, já que os contratos-programa não constituem tributos coactivos, sendo antes instrumentos contratuais celebrados entre a administração central e entidades públicas ou privadas. Na sequência do que já determinava o Decreto-Lei n.º 47/94, estes contratos têm por objecto o apoio técnico ou financeiro à realização de investimentos e visam a promoção da utilização sustentável dos recursos hídricos, devendo ainda contribuir para a concretização dos objectivos fixados nos instrumentos de planeamento (artigos 24.º a 26.º e 27.º, n.º 1, do Decreto-Lei n.º 97/2008).

A possibilidade de celebração de contratos-programa nos termos previstos no Decreto-Lei n.º 97/2008, quando envolva entidades privadas, configura mais uma via para assegurar a colaboração entre a administração e os particulares em matéria de gestão de recursos hídricos. Note-se ainda que, segundo o artigo 28.º do Decreto-Lei n.º 97/2008 a celebração dos contratos-programa deve privilegiar "as soluções colectivas promovidas pelas associações de utilizadores", para além das utilizações hierarquizadas nos termos da lei, dos planos e do regime jurídico da utilização dos recursos hídricos.

4. CONCLUSÕES

É chegado o momento de resumir os traços caracterizadores do actual direito administrativo da água, por referência à análise precedente. Desde logo, todo o regime jurídico é enquadrado pelo conceito de região hidrográfica, reflectindo assim a interdependência física entre as diferentes massas de água, e baseia-se em opções fundamentais que, em último termo, se reconduzem ao conceito de gestão integrada (os exemplos mais evidentes

128 Joana Mendes

são talvez a análise das regiões hidrográficas que precede e determina todo o processo de planeamento e os princípios básicos da organização administrativa, na medida em que reflectem a integração territorial da água) e que acolhem igualmente o conceito de abordagem combinada (este deve ser respeitado quer nos procedimentos relativos à elaboração, revisão e actualização dos planos de gestão de bacia hidrográfica quer nos controlos a que estão sujeitas as utilizações tituladas[337]). Como se viu, estes conceitos resultam de uma concepção específica da água, entendida primordialmente como bem ambiental carecido de protecção, que informa o direito comunitário, em particular a Directiva Quadro da Água, fruto da evolução normativa delineada na segunda parte deste capítulo. Porém, quer o conceito de região hidrográfica – ou de bacia hidrográfica – quer a noção de gestão integrada, pelo menos na sua vertente de integração territorial e de integração entre os diferentes tipos de usos de que a água é objecto, encontram raízes mais ou menos profundas no direito da água português. Recorde-se o que foi dito relativamente às origens e evolução da actual organização administrativa, bem como as considerações tecidas a propósito do planeamento, nomeadamente a ideia inerente ao Decreto-Lei n.º 45/94 de que o plano é tão mais importante num quadro em que a estrutura institucional da água não respeita as suas fronteiras ecológicas.

Esta dupla ancoragem, no direito comunitário mais recente e na tradição do direito português, indicia que muito provavelmente os conceitos de região hidrográfica e de gestão integrada manter-se-ão como traços caracterizadores do direito da água, resistindo verosimilmente a mudanças de política legislativa que possam ocorrer nesta área nos próximos anos. O conceito de abordagem combinada, por outro lado, de origem comunitária, está solidamente alicerçado no direito comunitário do ambiente e prevê-se igualmente que continuará a ser determinante na disciplina jurídica da água.

O mesmo se poderá dizer relativamente aos reflexos dos dois primeiros conceitos na forma como foi concebida a organização administrativa portuguesa e na relevância atribuída ao planeamento. O paradigma de protecção da água vigente requer a existência de uma estrutura institucional que assegure a integração territorial da água; além disso, tendo em conta quer o disposto na Directiva Quadro quer a evolução da organização admi-

---

[337] Veja-se o disposto no artigo 53.º da Lei da Água.

nistrativa portuguesa, é pouco provável que o modelo desconcentrado agora acolhido na Lei da Água seja radicalmente alterado. Ao mesmo tempo, num contexto em que o desempenho da administração hídrica portuguesa é avaliado e controlado pelas instituições comunitárias, o INAG é o elo privilegiado de ligação entre ambas, o que implica que mantenha poderes importantes sobre a actuação das entidades desconcentradas a nível regional. O traço talvez mais inovador ao nível da organização administrativa – a flexibilidade na distribuição das competências de gestão em matéria de água – deverá ser testado à medida que esta lei é posta em prática. Na medida em que reflecte o facto de a gestão da água dever envolver diferentes entidades cujas competências confluem nesta matéria, assegurando nomeadamente a coordenação entre diferentes entidades administrativas bem como o desempenho eficiente dos poderes de gestão, (que podem, assim, ser transferidos para as entidades mais próximas dos problemas a resolver ou para as entidades que revelem uma melhor capacidade de gestão), é sinal de um quadro jurídico marcado pela necessidade de alcançar objectivos de protecção ambiental, traço este que cunha a actual fase do direito da água.

Num contexto em que a administração da água é dominada por preocupações ambientais, o planeamento hídrico assume uma importância fundamental, sendo os planos instrumentos cruciais para coordenar a acção das diferentes entidades públicas e privadas, em matérias de elevada complexidade técnica, no seio da bacia hidrográfica e, assim, assegurar uma gestão integrada. Isso mesmo tinha sido reconhecido nalguns ordenamentos europeus antes de 2000 (entre os quais o português) e foi consagrado na Directiva Quadro. A importância dada ao planeamento hídrico é, por isso, uma característica do sistema jurídico da água que se prevê igualmente estável. Sendo que a configuração do planeamento hídrico como eixo de protecção ambiental não é completamente aproblemática, não há dúvida de que a Directiva reforçou a relevância dos planos hídricos ao transformá-los no instrumento privilegiado de actuação dos seus objectivos (como se viu, os planos correspondem à síntese do conteúdo da Directiva aplicável à região hidrográfica) e em instrumentos fundamentais para assegurar quer a participação do público e dos interessados, quer a comunicação entre as entidades nacionais e as instituições comunitárias e, assim, assegurar também o controlo relativo ao cumprimento da Directiva. Além disso, a Directiva estabelece um primeiro ciclo de planeamento que terá uma duração de quase 25 anos, pelo que é de prever que a actual configuração do sistema de planeamento se manterá nos seus aspectos essenciais.

Um outro aspecto em que o direito administrativo português se cruza com a influência do direito comunitário para formar traços característicos do direito da água é o envolvimento dos particulares na actividade de gestão da água, designadamente através da participação procedimental. Como vimos, não só o actual regime acolhe uma ampla participação na elaboração, revisão e actualização dos planos hídricos, na sequência do que determina o direito comunitário, como também, na senda do que já era definido em diplomas anteriores, se prevê que os utilizadores e outra os particulares, assim como as diversas entidades públicas de alguma forma envolvidas na gestão da água, acompanhem a actividade das ARH no seio dos conselhos consultivos estabelecidos em cada bacia hidrográfica e, em geral, a actividade do Governo nesta matéria, através do Conselho Nacional da Água. Além disso, num outro plano, procura-se um envolvimento mais activo dos utilizadores na gestão da água, favorecendo, nomeadamente, a constituição de associações de utilizadores.

O facto de a protecção da água ser concebida como uma tarefa partilhada entre entidades públicas e entidades privadas, manifestado, sobretudo, no papel que é atribuído às associações de utilizadores (que podem, no entanto, ser constituídas como pessoas colectivas públicas) é um traço característico do actual regime que era já promovido nos diplomas fundadores da organização administrativa hídrica de finais do século XIX (o Decreto n.º 8 de 1 de Dezembro de 1892 e o Decreto de 19 de Dezembro de 1892) e que o legislador procurou retomar na reforma tentada de 1970. A Directiva nada dispõe a este propósito, mas menciona no preâmbulo que o seu êxito depende da estreita cooperação a diferentes níveis territoriais, bem como da participação do público, incluindo os utilizadores (parágrafo 14 do preâmbulo), o que indicia que, para além da participação propriamente dita, favorece igualmente modelos de cooperação que abranjam entidades privadas, à semelhança do que é definido na Lei da Água.

Em geral, a análise precedente demonstrou que o direito da água não pode ser adequadamente entendido sem ter em consideração o direito comunitário nesta matéria. O condicionamento do direito comunitário foi consideravelmente reforçado na sequência da Directiva Quadro da Água, não só pelas características próprias deste instrumento – que definiu o quadro da política legislativa da água a ser seguido pelas instituições comunitárias e pelos legisladores nacionais nas próximas duas décadas – como

Direito Administrativo da Água

também devido à Estratégia Comum de Implementação, no âmbito da qual se procede à concretização das regras, muitas vezes abertas, da Directiva.

Nalguns casos, para além de influenciar directamente a configuração de regimes jurídicos, a transposição da Directiva veio corrigir a inércia da Administração Pública portuguesa – isso aconteceu no caso da utilização de instrumentos de natureza económica e financeira como forma de asse-gurar um uso racional e sustentado da água – ou espoletar a adopção de regras que assegurem uma correcta gestão da água e, assim, eliminem pos-síveis obstáculos a uma correcta aplicação da Lei da Água. De formas diferentes, isso verificou-se com a adopção do novo regime jurídico do domínio público e com a adopção do regime jurídico da utilização do domínio hídrico, abrangendo as regras de fiscalização. No primeiro caso, fundamentalmente através da codificação das regras vigentes, procurou-se clarificar as questões de propriedade que, em caso de dúvida, poderiam dificultar a correcta aplicação do sistema de gestão da água. No segundo caso, a adopção da Directiva representou uma oportunidade de reforma e de criação de um regime jurídico claramente pautado por preocupações de protecção ambiental; recorde-se que o novo regime jurídico nesta matéria não só apertou as malhas de controlo prévio, estendendo-a a quaisquer actividades que tenham impactos significativos no estado das águas, como regulou as relações jurídicas estabelecidas entre a administração hídrica e os titulares dos actos autorizativos à luz das necessidades de protecção ambiental. Nesta medida, assinala o facto de que o direito da água enquanto direito de protecção do valor ambiental, social e económico da água atingiu a sua maturidade.

BIBLIOGRAFIA

Nacional

INÊS FOLHADELA REBELO DE ALBUQUERQUE, *O direito público das águas no ordenamento jurídico português: uma abordagem do ambiente e os decretos-leis n.º 45/94, 46/94, 47/94, 70/90 e 74/90*, Dissertação de mestrado em Ciências Jurídico-Políticas Faculdade de Direito da Universidade de Coimbra, 1994.

JOSÉ ROBIN DE ANDRADE, *Um novo regime da titularidade de águas públicas*, in *Revista Jurídica do Urbanismo e do Ambiente*, 2005, pp. 109-26.

PAULO CANELAS DE CASTRO, *Novos rumos do direito comunitário da água: a caminho de uma revolução (tranquila)?* in *Revista do CEDOUA*, 1998, pp. 11-36.

PAULO CANELAS DE CASTRO, *Nova era nas relações Luso-Espanholas na gestão das bacias partilhadas – em busca da sustentabilidade?* in J.J. GOMES CANOTILHO (coord.) *O regime jurídico internacional dos rios transfronteiriços*, *Revista do CEDOUA*, Coimbra, 2006.

FERNANDO ALVES CORREIA, *Manual de Direito do Urbanismo*, 4.ª ed, Almedina, Coimbra, 2008.

FRANCISCO NUNES CORREIA, *Políticas da água e do ambiente na construção europeia* in VIRIATO SOROMENHO MARQUES (coord.) *O desafio da água no século XXI entre o conflito e a cooperação*, Editorial Notícias, Lisboa, 2003, pp. 121-71.

LUÍS VEIGA DA CUNHA et al., *A gestão da água. Princípios fundamentais e sua aplicação em Portugal*, Fundação Calouste Gulbenkian, Lisboa, 1980.

JOÃO PEDRO FERNANDES, *Domínio público*, in *Dicionário Jurídico da Administração Pública,* Vol. 5, Narciso Correia, Lisboa, 1991.

JOANA MENDES, *O governo da água. Gestão integrada por bacia hidrográfica e administração hídrica*, Dissertação de Mestrado em Ciências Jurídico-Políticas, Faculdade de Direito da Universidade de Coimbra, 2003.

PEDRO SERRA, *Política da água em Portugal: as tarefas da sustentabilidade*, in VIRIATO SOROMENHO MARQUES (coord.) *O desafio da água no século XXI entre o conflito e a cooperação*, Editorial Notícias, Lisboa, 2003, pp. 85-119

PEDRO SERRA E CARLA MENDONÇA, *A Directiva-Quadro e a reforma das instituições da gestão da água* (texto policopiado, sem data).

Estrangeira

GASPAR ARIÑO ORTIZ e MÓNICA SASTRE BECEIRO, *Leyes de Águas y Política Hidráulica en España. Los mercados regulados del agua*, Granada, Comares, 1999.

RICCARDO BAJNO *et al.*, *Acque pubbliche interne ed usi: disciplina amministrativa e tutela penale*, in *Rivista trimestrale di diritto pubblico*, Milano, 1973.

JOSÉ BERMEJO VERA *et al.*, *Constitución y planificación hidrológica*, Civitas, Madrid, 1995.

FRANÇOISE BILLAUDOT, *La planification des ressources en eau*, in *Revue française de droit administratif*, Paris, 1993.

PAULO CANELAS DE CASTRO, *European Community Walter policy* in Joseph W. Dellafenna e Joyeta Gupta (coord.), *The evolution of the law and politics Walter*, Spinger, Dordrecht, 2009, pp. 227-244.

FRANCISCO DELGADO PIQUERAS, *Derecho de aguas y medio ambiente. El paradigma de la protección de los humedales*, Editorial Tecnos, Madrid, 1992.

PETER CHAVE, *The EU Water Framework Directive. An introduction*, IWA Publishing, London, 2001.

ANTONIO FANLO LORAS, *Las confederaciones hidrográficas y otras administraciones hidráulicas*, Madrid, 1996.

EDUARDO GARCÍA DE ENTERRÍA, *Prologo* a SILVIA DEL SAZ, *Aguas subterraneas, aguas publicas (El nuevo Derecho de Aguas)*, Madrid, Marcial Pons, 1990

INGMAR VON HOMEYER, *The evolution of EU environmental governance*, in JOANNE SCOTT (coord.), *Environmental protection. European law and governance*, Oxford University Press, Oxford, 2009, pp. 1-26.

MARIA LEE, *Law and governance of water protection policy*, in JOANNE SCOTT (coord.), *Environmental protection. European law and governance*, Oxford University Press, Oxford, 2009, pp. 27-55.

NICOLA LUGARESI, *Le acque pubbliche. Profili dominicali, di tutela e di gestione*, Giuffrè, Milano, 1995.

CLAUDIA OLAZÁBAL, *Community legislation on water protection. An assessment of its evolution and possible future*, in MARCO ONIDA (coord.), *Europe and the environment. Legal essays in Honour of Ludwig Krämer*, Europa Law Publishing, Groningen, 2004, pp. 157-172.

MARIA CARMEN ORTIZ DE TENA, *Planificación Hidrologica*, Madrid, Marcial Pons, 1994.

LUDWIG TECLAFF, *Legal and institutional responses to growing water demand (legislative study no. 14)*, Roma, FAO, 1977.

DIREITO DO NOTARIADO

José Alberto Vieira

PARTE I
Notariado e sistemas jurídicos nacionais. O notariado latino

1. O NOTARIADO NOS SISTEMAS JURÍDICOS DA FAMÍLIA ROMANO-GERMÂNICA E DE COMMON LAW

Na Europa confluem duas tradições distintas[1], a do notariado latino, comum a países como a Alemanha (em parte), Itália, França ou Espanha, e a de Common Law, na qual a profissão do notário é desconhecida, sendo os actos que nos países de notariado latino cabem aos notários cometidos aos advogados (solicitors).

No entanto, mesmo nos países de notariado latino podem ocorrer algumas diferenças quanto ao modo como a profissão de notário é exercida.

Na Alemanha, que partilha em grande parte a tradição do notariado latino, coexistem segundo a lei três formas de notariado[2]: o notário que exerce a função em exclusividade (hauptberufliches Notariat), o advogado notário (Answaltnotariat) e o notário oficial (Beamtennotariat).

Em Portugal, até ao advento do novo Estatuto do Notariado (DL n.º 27/2004, de 4 de Fevereiro), o notariado português oferecia especificidades dentro da matriz do notariado latino, porquanto os notários se integravam na administração pública portuguesa enquanto funcionários públicos.

O modelo português mudou, entretanto, com o Estatuto do Notariado, que apagou traços de idiossincrasia lusa e deixou a profissão do

---

[1] Cf. Dário Moura Vicente, Direito Comparado, Volume I, Coimbra, 2008, pág. 228 e seg.

[2] Cf., por exemplo, Jost Schützeberg, Der Notar in Europa, pág. 1 e segs.

notariado com as notas comuns do notariado latino, sem prejuízo das situações de transição para os notários que optaram por permanecer com o vínculo à função pública.

2. O NOTARIADO LATINO

O notariado latino caracteriza-se pela existência de um profissional com competência específica para criação de documentos que satisfazem a forma legal do acto jurídico e para o seu arquivo legal.

Esse profissional apresenta duas facetas[3]:

– A de oficial público;
– A de profissional liberal.

Enquanto oficial público, o notário é o depositário da fé pública, imprimindo autenticidade aos actos jurídicos em que intervém, o que se projecta depois ao nível da força probatória dos documentos que corporizam esses actos (força probatória plena).

Como profissional liberal, o notário exerce a sua profissão de modo autónomo e independente do Estado e de quaisquer outras entidades; simultaneamente, suporta integralmente os custos da sua actividade.

Algumas notas adicionais podem envolver o reconhecimento da função notarial como representando uma atribuição pública, no sentido de delegada pelo Estado ao notário. A submissão deste ao controlo estadual, que se nota quer na decisão sobre o acesso à profissão quer, sobretudo, pela persistência do controlo do poder disciplinar sobre os notários, que em Portugal é parcialmente repartido com a Ordem dos Notários[4]. E ainda a função de um consultor jurídico das partes submetido a um princípio de imparcialidade[5].

---

[3] Cf. Pedro Gonçalves, Entidades Privadas Com Poderes Públicos, O Exercício de Poderes Públicos por Entidades Privadas com Funções Administrativas, Reimpressão da edição de 2005, Coimbra, 2008, pág. 585 e segs. e ainda a Resolução sobre a situação e organização do notariado nos doze Estados-membros da Comunidade, emitida pelo Parlamento Europeu, JOCE N.° C 44/36, de 14.02.94.

[4] Sobre isto, cf. infra no texto.

[5] Veja-se neste contexto a Resolução sobre a situação e organização do notariado nos doze Estados-membros da Comunidade, cit., no ponto 3.

3. O NOTARIADO PORTUGUÊS ANTES E DEPOIS DO ESTATUTO DO NOTARIADO

O notariado português funcionou até ao advento do novo Estatuto do Notariado (DL n.° 26/2004, de 4 de Fevereiro) numa variante própria do modelo do notariado latino.

Isto porquanto a função notarial era desempenhada por um funcionário público e não por um profissional liberal, conforme sucede nos países europeus onde o modelo do notariado latino foi adoptado.

A liberalização recente do notariado português, operada com o Estatuto do Notariado, tirou-nos da idiossincrasia e determinou a integração do notariado português no modelo puro do notário latino.

Deste modo, o notário português ostenta simultaneamente a feição de um oficial público, na medida em que recebe uma atribuição do Estado, que controla o seu exercício, e de um profissional liberal.

4. O DIREITO NOTARIAL. UMA PARTE DO DIREITO ADMINIS-TRATIVO OU UM RAMO AUTÓNOMO DO DIREITO?

I. Podemos perguntar se o Direito Notarial constitui uma parte integrante do Direito Administrativo ou se o mesmo pode ser considerado, ao menos no quadro legislativo actual, um ramo de Direito autónomo.

É conhecida a dinâmica de privatização durante as duas últimas décadas do Direito Administrativo[6]. Nalgumas atribuições públicas de cariz administrativo optou-se por um modelo de gestão privada por entidades de Direito privado, igualmente sujeitas a este Direito[7].

Num contexto como este fará realmente sentido considerar o Direito Notarial uma vertente do Direito Administrativo, um Direito material administrativo?

---

[6] Paulo Otero, Legalidade E Administração Pública, O sentido da vinculação administrativa à juridicidade, Coimbra, 2003, pág. 304 e segs., Maria João Estorninho, A Fuga Para O Direito Privado, Coimbra, 1996, pág. 91 e segs. e 139 e segs., Pedro Gonçalves, Entidades Privadas Com Poderes Públicos, O Exercício de Poderes Públicos por Entidades Privadas com Funções Administrativas, cit., pág. 550 e segs.

[7] Paulo Otero, Legalidade E Administração Pública, cit., pág. 310 e segs., Pedro Gonçalves, Entidades Privadas Com Poderes Públicos, O Exercício de Poderes Públicos por Entidades Privadas com Funções Administrativas, cit., pág. 550 e segs.

138　José Alberto Vieira

Para que esta asserção fosse verdadeira teria de se demonstrar que a função notarial é administrativa. Ora, isto não decorre decerto do mero facto da atribuição de fé pública á actividade do notário resultar de uma delegação do Estado a este. A delegação pública, só por si, não pode conferir a quem a exerce a qualidade de membro da administração pública[8] nem transformar a regulação normativa dessa actividade em Direito Administrativo.

Por outro lado, a atribuição pública não tem fatalmente natureza administrativa, como se tudo o que não coubesse nas funções política, legislativa ou judicial do Estado tivesse que ser integrado inelutavelmente no campo administrativo[9].

Por nós, recusamos a ver na função notarial uma função administrativa[10] e duvidamos que a circunstância da atribuição de fé pública ter origem numa delegação do Estado possa fundar a caracterização desta como função pública, ainda que autónoma[11].

II. Um ramo de Direito adquire autonomia de outro no qual eventualmente se haja integrado quando, para além de ter um objecto próprio, tem princípios jurídicos específicos para a regulação desse objecto.

Se o Direito do Notariado tem por objecto a regulação da actividade notarial pelo notário, ele oferece igualmente um conjunto de princípios jurídicos que norteiam essa actividade, nomeadamente[12]:

– O princípio da legalidade;
– O princípio da autonomia;
– O princípio da imparcialidade;
– O princípio da exclusividade;

---

[8] Como é claro hoje em face da natureza liberal da actividade do notário introduzida pelo Estatuto do Notariado.

[9] Para a discussão deste ponto, cf. Pedro Gonçalves, Entidades Privadas Com Poderes Públicos, O Exercício de Poderes Públicos por Entidades Privadas com Funções Administrativas, cit., pág. 585 e segs.

[10] Neste ponto, no mesmo sentido, Pedro Gonçalves, Entidades Privadas Com Poderes Públicos, O Exercício de Poderes Públicos por Entidades Privadas com Funções Administrativas, cit., pág. 586.

[11] Como defende Pedro Gonçalves, Entidades Privadas Com Poderes Públicos, O Exercício de Poderes Públicos por Entidades Privadas com Funções Administrativas, cit., pág. 586.

[12] Sobre os princípios jurídicos da actividade notarial, cf. infra no texto.

Direito do Notariado   139

– O princípio da livre escolha;
– O princípio da responsabilidade.

Conquanto o primeiro destes princípios caracterize também, e naturalmente, o Direito Administrativo[13], os outros são a ele mais ou menos estranhos. A autonomia do notário retira-lhe o espectro da dependência funcional do Estado, a imparcialidade coloca-o ao largo da prossecução directa de quaisquer fins públicos, portanto, como agente neutral num terreno em que a administração pública pode ser parte.

Como já por alguma vezes se tem salientado, os princípios inerentes ao sistema de Direito Notarial trazem a este alguma semelhança com a função jurisdicional. Os princípios da autonomia e da imparcialidade não são princípios do Direito Administrativo, mas constituem decerto princípios norteadores do estatuto dos magistrados judiciais. Daí a semelhança.

Tudo isto depõe a favor da autonomia do Direito Notarial como ramo do Direito e do seu afastamento do Direito Administrativo. Enquanto o notariado se manteve no âmbito da administração pública a afirmação da autonomia do Direito Notarial defronte do Direito Administrativo permaneceu obscurecida pela integração orgânica no funcionalismo público. Mas há dados novos com a privatização do notariado e a adesão ao modelo puro do notariado latino.

O reconhecimento de princípios próprios do Direito Notarial e a liberalização da profissão de notário, com o Estatuto do Notariado, conferem àquele a cidadania de ramo autónomo de Direito. Se um ramo de Direito público, se um ramo de Direito privado, veremos no número seguinte.

5. DIREITO DO NOTARIADO: DIREITO PÚBLICO OU DIREITO PRIVADO?

I. Não encontramos na doutrina, portuguesa ou estrangeira, pronunciamentos acerca da natureza pública ou privada do Direito Notarial.

---

[13] Para além de Paulo Otero, Legalidade E Administração Pública, O sentido da vinculação administrativa à juridicidade, cit, cf. igualmente Sérvulo Correia, Legalidade E Autonomia Contratual Nos Contratos Administrativos, Coimbra, 2003.

O tema é de facto difícil. Numa análise muito interessante, PAULO OTERO[14] afirma: "A privatização do Direito regulador da actividade administrativa desenvolvida por entidades públicas conduz (...) ao surgimento de uma normatividade que, expressando uma administrativização do Direito Privado ou uma privatização do Direito Administrativo, se encontra impregnada de preocupações de interesse geral e de respeito pelos direitos dos particulares, *consubstanciando uma osmose geradora de um Direito híbrido, a meio caminho entre o Direito Privado e o Direito Administrativo*".

A asserção deste ilustre jurista não pode ser, pura e simplesmente, transposta para o Direito do Notariado, dado que, como dissemos no número anterior, ele não constitui um corpo regulador de uma actividade administrativa, não obstante a delegação da fé pública ao notário.

Em todo o caso, a negação da natureza administrativa do Direito do Notariado não implica logicamente a rejeição do carácter público deste ramo do Direito. Trata-se efectivamente de coisas diferentes.

Os dados normativos relevantes para exame apontam para conclusões contraditórias. Por um lado, a atribuição do notário é indiscutivelmente pública. A fé pública representa uma delegação do Estado, não nasce originariamente na profissão de notário, como uma prerrogativa própria, uma espécie de ADN profissional.

O poder disciplinar[15] que o Estado mantém sobre o exercício da função notarial, ainda que repartido, em medida desigual, com a Ordem dos Notários, contribui igualmente para reforçar a dimensão pública do Direito do Notariado. O recurso da decisão disciplinar tomada pelo Ministro da Justiça é apreciado e decidido nos tribunais administrativos.

Há ainda uma regra de competência funcional. O notário encontra-se submetido à delimitação legal da sua competência, tanto material (os actos notariais que o notário pode praticar) como territorial.

Por último, o notário não pode escolher aqueles a quem presta o seu serviço, estando obrigado a prestá-lo a quem o solicitar, excepto havendo fundamento legal de recusa.

Do lado da feição privada encontram-se provavelmente mais argumentos. Desde logo, os princípios da autonomia e da imparcialidade que

---

[14] Legalidade E Administração Pública, O sentido da vinculação administrativa à juridicidade, cit., pág. 311.

[15] Sobre este, cf. infra no texto.

estruturam a actividade do notário, a ausência de um verdadeiro *ius impe-rii*[16] e a sujeição do controlo da legalidade dos actos notariais aos tribunais comuns, e não aos tribunais administrativos, para além de um poder disciplinar exercido, em parte, pelos notários, através da sua Ordem.

II. Vejamos agora o que resulta da aplicação dos critérios tradicionais de separação entre Direito público e Direito privado[17].

Pelo critério dos sujeitos, o Direito do Notariado seria privado. O notário é hoje um profissional liberal, não se confundindo com o Estado ou quaisquer outras entidades públicas, proclamando a lei expressamente essa independência.

Utilizando critérios materiais de classificação entre o Direito público e o Direito privado, podemos chegar a resultados diferentes consoante o critério escolhido e o modo do entender. Se apelarmos para o critério do interesse, parece que o Direito do Notariado prossegue primariamente um interesse público, o ligado à fé pública. Entender, porém, o que seja o interesse público pressupõe uma dogmática específica que não está ainda elaborada. Isto mesmo sem avançar a objecção tradicional de que o Direito privado também pode prosseguir interesses públicos.

Se avançarmos por um critério de competência e autoridade e o contrapusermos à liberdade e igualdade que pautam o Direito privado[18] teremos igualmente dificuldades. O notário age segundo regras de competência, mas não tem qualquer autoridade sobre quem solicita os seus serviços, só podendo recusar a prática de actos notariais solicitados pelos interessados quando a lei lhe faculte fundamento para tanto. De todo o modo, o notário nunca pode impor o acto notarial. A iniciativa para a sua prática é sempre das partes.

Vistas as coisas pelo prisma da liberdade e igualdade que caracterizam o direito privado, o notário não tem a primeira, mas também não se encontra em posição de supremacia sobre as partes que requerem a sua

---

[16] Aparentemente em sentido contrário, cf. Pedro Gonçalves, Entidades Privadas Com Poderes Públicos, O Exercício de Poderes Públicos por Entidades Privadas com Funções Administrativas, cit., pág. 585.

[17] Sobre esta matéria em particular, Menezes Cordeiro, Tratado De Direito Civil Português, I, Parte Geral, Tomo I, 3.ª ed., Coimbra, 2005, pág. 31 e segs., Maria João Estorninho, A Fuga Para O Direito Privado, cit., pág. 91 e segs.

[18] Menezes Cordeiro, Tratado De Direito Civil Português, I, Parte Geral, Tomo I, cit., pág. 43.

intervenção. E isso explica que o recurso das suas decisões deva ser interposto nos tribunais comuns e não nos tribunais administrativos.

Os critérios tradicionais de distinção entre o Direito público e o Direito privado apontam para uma natureza híbrida, uma mescla dos dois mundos. Mas não há terceiros géneros, o Direito do Notariado ou é público ou é privado.

Se bem atentarmos, os actos notariais praticados no exercício da função notarial, na sua grande maioria, destinam-se a fazer cumprir exigências legais de forma ou formalidades de actos jurídicos regidos integralmente pelo Direito privado. As noções civis de documento e as suas classificações são absorvidas pelo Direito do Notariado, numa correlação natural de normas que estão ligadas no seu sentido e aplicação.

Dito desta forma: os actos notariais realizam em regra o sistema de Direito privado. O Direito público recorre a actos de outra índole e cuja forma ou formalidades não são obtidas com recurso ao notário.

Desta forma, em muito larga medida, a prática notarial respeita ao Direito privado no seu conjunto, muito particularmente, ao Direito Civil e Comercial. E por essa razão, o recurso do acto notarial é da competência dos tribunais comuns, que aplicam, fundamentalmente, Direito privado.

Sem desconhecer que a função notarial deriva de uma atribuição pública e que o Estado controla o cumprimento dos deveres funcionais do notário, exercendo sobre ele – em parte – o poder disciplinar, a aplicação praticamente exclusiva do Direito do Notariado ao sistema de Direito Privado faz dele um ramo do Direito Privado.

PARTE II
O notário: entre o oficial público e o profissional liberal

6. O NOTÁRIO E O EXERCÍCIO DA FUNÇÃO NOTARIAL POR TERCEIROS

I. O notário é um profissional cuja actividade consiste na prática de actos notariais e no aconselhamento jurídico imparcial das partes para a celebração dos mesmos.

O notário é um jurista, entendendo-se por isso o licenciado em Direito (art. 25.º, alínea b) do EN). O mestrado ou o doutoramento em Direito não é suficiente para o efeito. Pretende-se com isso assegurar que este profissional tenha formação jurídica de base e não uma mera pós-graduação em Direito[19].

Além da licenciatura em Direito, o notário deve ter frequentado um estágio profissional formativo para o exercício da profissão e obtido aprovação em concurso (art. 25.º, alíneas c) e d) do EN).

O exercício do notariado é um exercício singular e individual. Por cada cartório notarial só pode haver um notário. A organização da actividade em sociedades profissionais de notários, a exemplo do que se passa com a advocacia, está por enquanto legalmente excluída.

II. O art. 2.º, n.º 2 do Código do Notariado determina que os adjuntos e oficiais do notário somente podem praticar os actos da função notarial relativamente aos quais haja norma legal atributiva de competência.

---

[19] Naturalmente, nada impede que o notário possua outras licenciaturas, mas a licenciatura em Direito constitui a condição essencial sem a qual o acesso à profissão está vedado.

144   José Alberto Vieira

Esta norma deve ser hoje interpretada de modo actualizado em função da privatização do notariado e devidamente articulada com o disposto no art. 8.° do Estatuto do Notariado[20].

Organizado na base de uma estrutura privada, o notariado deixou de ter ajudantes ou oficiais. No seu lugar, surgiram colaboradores do notário, trabalhadores com contrato de trabalho ou mesmo com outro estatuto contratual.

Por outro lado, a competência para a prática de actos notariais pertence exclusivamente ao notário (art. 8.°, n.° 1 do EN). Este, por sua vez, pode autorizar os seus trabalhadores a praticar os acto notariais não abrangidos pela proibição constante do art. 8.°, n.° 2 do Estatuto do Notariado. Tal autorização é puramente discricionária e em caso algum imposta legalmente ao notário. Qualquer que seja o mérito dos seus colaboradores próximos, apenas o notário decide se, quando e qual a extensão dos actos a praticar directamente por algum ou alguns deles.

Esta autorização encontra-se sujeita a forma escrita e apenas pode ter lugar mediante declaração expressa do notário (art. 8.°, n.° 3 do EN), ficando vedada, pois, a outorga de autorização pelo sentido correspondente a outro acto (declaração tácita).

À autorização deve ser dada publicidade através da afixação do texto escrito em local visível e acessível ao público.

Problema diverso é o de saber se qualquer colaborador do notário pode receber autorização para praticar actos notariais. Vejamos.

Em primeiro lugar, somente alguém que trabalhe no cartório notarial pode beneficiar da autorização. Fora de questão está a possibilidade de um acto notarial poder ser realizado sem conexão ao notário e ao local onde este exerce a actividade respectiva. Qualquer outra interpretação esbarra com a fé pública notarial, que subjaz ao exercício profissional, e não pode ser aceite.

Em segundo lugar, nem todos os colaboradores do notário estão aptos a receber a autorização para a realização de actos da função notarial. Estes têm um alcance jurídico que deve ser esclarecido aos interessados. O art.

---

[20] Estamos convencidos que o art. 8.°, n.° 1 do Estatuto do Notariado não operou uma verdadeira revogação (tácita) do art. 2.°, n.° 2 do Código do Notariado, pela simples razão que este último preceito enuncia uma regra de tal modo genérica que o seu sentido não foi posto em causa pelo primeiro. Onde não haja norma legal a atribuir competência aos colaboradores do notário, a competência legal cabe somente a este último.

8.º, n.º 1 do Estatuto do Notariado faz eco desta ideia, mencionando "trabalhadores com formação adequada". O que só pode significar que nem todos os colaboradores do notário poderão receber autorização para a realização de actos ou categorias de actos notariais.

Isto não equivale, porém, a dizer que por formação adequada se entende somente a formação – leia-se licenciatura – em Direito. Actos como o reconhecimento presencial de assinaturas, o averbamento ou o registo, não reclamam uma tal formação. No entanto, outros actos mais complexos, por exemplo, as escrituras de justificação notarial poderão exigi-la. Para os notários fica o ónus de dotarem os seus quadros de pessoal com pessoas com formação jurídica de base e o dever de não autorizarem a prática de actos da sua competência a colaboradores que não estejam preparados técnica e profissionalmente para ela.

7. O NOTÁRIO COMO OFICIAL PÚBLICO. SIGNIFICADO

I. O art. 1.º, n.º 2 do Estatuto do Notariado estabelece que o notário é um oficial público que confere autenticidade aos documentos e procede ao seu arquivamento.

Depois da entrada em vigor deste Estatuto, porém, isto já não pode mais significar que o notário é um funcionário público, um órgão do Estado ou tão-pouco que exerce um cargo público. Tal não seria compatível com a caracterização do mesmo como profissional liberal. Mas não podemos cair no extremo oposto de afirmar o carácter privado da função notarial, sublinhando, nomeadamente, essa feição liberal do exercício da profissão que surge vincada expressamente no art. 1.º, n.º 2 do Estatuto do Notariado. A isso se opõe expressamente o art. 1.º, n.º 3 do Código do Notariado.

Na verdade, arriscamos a dizer que a função notarial tem predominantemente natureza pública. A fé pública notarial que o notário imprime à sua actividade decorre de uma delegação do Estado, permitindo-lhe exercer, assim, de modo privado, uma função que pertence àquele.

Isto explica que, apesar da privatização da profissão notarial, os notários não estejam apenas submetidos ao controlo disciplinar da sua Ordem própria, a Ordem dos Notários, mas permaneçam debaixo da alçada do Ministério da Justiça quanto ao exercício deste poder (art. 3.º do EN), o que seria injustificável numa profissão puramente liberal, como a de médico ou advogado.

Ser um oficial público acarreta para o notário a incumbência de prosseguir uma atribuição pública, que poderia ser levada a cabo pelo Estado directamente, como o foi durante os longos anos do notariado público, mas que surge agora desempenhada por um profissional independente.

Exercício privado de uma função pública, do Estado, eis o que se pretende esclarecer dispondo que o notário é um oficial público, quando simultaneamente se preceitua ser ele também um profissional liberal.

II. O carácter público da função notarial, que o modo privado de exercício não afasta, trás para o notário a sujeição a princípios não aplicáveis a outras profissões liberais.

O princípio mais característico é justamente o princípio da imparcialidade (art. 13.° do EN)[21]. A sua inserção no contexto do notariado já levou mesmo a que o notário fosse comparado com o juiz na tarefa de realização do Direito[22]. Outro princípio do notariado, o da independência (art. 12.° do EN)[23], parece reforçar esta analogia. Numa posição de imparcialidade e de independência, o notário constitui uma parte integrante do sistema de realização da justiça[24]. Ele deve agir segundo o Direito, estando acima dos fins particulares prosseguidos pelas partes.

Efectuando o confronto com outros profissionais liberais actuando na área de realização do Direito, nomeadamente, com os advogados, nota-se uma diferença de fundo nos princípios da profissão. O advogado, embora a lei proclame a sua independência (art. 84.° da Lei n.° 15/2005, de 26 de Janeiro)[25], deve agir em consonância total com o interesse particular do seu cliente (art. 92.°, n.° 2 da Lei n.° 15/2005). Está sujeito, por conseguinte a um dever de parcialidade e não de imparcialidade.

O advogado aconselha o seu cliente procurando implementar os esquemas jurídicos que sirvam os interesses particulares do mesmo. O notário, diferentemente, realiza o Direito em obediência ao princípio da legalidade[26] e deve recusar a celebração de actos jurídicos nulos.

---

[21] Sobre este princípio, cf. infra no texto.

[22] SCHÜTZEBERG, Der Notar in Europa, cit., pág. 60.

[23] Sobre este princípio, cf. infra no texto.

[24] Cf. também SCHÜTZEBERG, Der Notar in Europa, cit., pág. 59 e segs.

[25] A independência que a lei tem em vista é relativa a ordens ou instruções de quem quer que seja e não de falta de vinculação a interesses determinados.

[26] Cf. infra no texto.

Direito do Notariado

Enquanto o advogado actua no âmbito de um contrato de prestação de serviços que celebra com os seus clientes, concretamente, um contrato de mandato, o notário não celebra qualquer contrato com as partes. Os deveres funcionais que regulam a sua actividade têm fonte legal. SCHÜT-ZEBERG[27] menciona a existência de uma relação de natureza jurídico--pública entre o notário e os seus clientes, que justificaria inclusivamente a retribuição pré-fixada dos notários, em contraposição com os honorários livremente negociados dos advogados.

Supomos, todavia, que a circunstância da função notarial decorrer de uma atribuição pública do Estado ao notário não transforma a relação entre este e as partes numa relação de Direito público. São aspectos diferentes, que importa não confundir.

III. Enquanto oficial público dotado de fé pública, o notário está autorizado a usar um símbolo que o atesta. Esse símbolo é o selo branco, em forma circular e com a representação do escudo da república (art. 21.º, n.º 1 do EN).

O uso do selo branco, que indica o notário e o cartório respectivo, não aparece como formalidade legal de nenhum acto notarial. O que atesta o seu carácter facultativo. Representa, em todo o caso, uma prerrogativa do notário e uma marca da fé pública ligada ao exercício profissional do notário.

IV. Dotada de fé pública, a actividade notarial empresta aos documentos autênticos e autenticados em que o notário intervém, nos termos da sua competência, força probatória plena[28] e ainda a força de título executivo aos documentos nos quais conste uma dívida pecuniária determinada.

V. A natureza pública da atribuição notarial, que faz do notário um oficial público, não o torna, porém, e no nosso modo de ver, uma parte da administração pública. A isso se opõe a dimensão liberal da profissão que o novo Estatuto do Notariado preceitua sem equívocos.

---

[27] Der Notar in Europa, cit., pág. 61.
[28] Cf. infra no texto.

8. O NOTÁRIO COMO PROFISSIONAL LIBERAL

O desenho da função notarial em Portugal tem carácter híbrido. Por um lado, oficial público, por outro, profissional liberal.

Como dissemos no ponto anterior, a função notarial tem cariz público, deriva de uma delegação do Estado ao notário para que este imprima autenticidade aos documentos em que intervém e os mantenha em arquivo. No entanto, o notário deixou de estar vinculado ao Estado como funcionário público, assumindo sozinho o risco financeiro da profissão. A atribuição é pública, mas a actividade surge agora suportada inteiramente por ele. As despesas do cartório, incluindo as dos seus colaboradores, são da responsabilidade do notário e de mais ninguém.

Podemos dizer, deste modo, que o notariado constitui uma actividade pública, no sentido da atribuição pertencer ao Estado, sendo, contudo, exercida de modo privado.

A privatização do notariado, com o reconhecimento do estatuto de profissional liberal, fez-se fundamentalmente por via dos custos. O controlo do Ministério da Justiça, que detém poder disciplinar sobre o notário, embora em concurso com a Ordem dos Notários, atribui à profissão uma coloração de dependência funcional do Estado que não se encontra nas outras profissões liberais. A fixação de uma competência territorial para o exercício da profissão não quadra igualmente na lógica destas últimas.

Nestes termos, julgamos que a proclamada liberalização do notariado se encontra distante do carácter genuíno de liberdade das outras profissões liberais. Sem sofismas, o art. 1.°, n.° 3 do Estatuto do Notariado proclama a incindibilidade da natureza pública e privada da função notarial. E podemos perguntar legitimamente, se pode haver profissão liberal para o exercício de uma função pública em que o Estado mantém uma fiscalização directa por um membro do Governo.

PARTE III
Instrumentalidade e fé pública notarial

9. A DUPLA VERTENTE DA FUNÇÃO NOTARIAL

Olhando para o âmbito da função notarial, tal como decorre da lei (art. 1.º, n.º 1 do CN e art. 1.º do EN), constatamos que o papel profissional do notário se projecta a dois níveis:

– A forma do acto jurídico;
– A fé pública.

O art. 1.º do Código do Notariado confirma esta perspectiva, dispondo que "a função notarial destina-se a dar forma legal e conferir fé pública aos actos jurídicos extrajudiciais".

Podemos dizer, deste modo, que a função notarial tem uma dupla faceta, a instrumental relativamente à titulação de actos jurídicos, e a de autenticidade, assegurando a proveniência do documento.

A instrumentalidade da função notarial

I. A intervenção do notário processa-se na titulação de actos jurídicos, em dois aspectos. Até agora, o principal destes residia na forma do acto jurídico que a ela se encontrava legalmente sujeito.

A "desformalização" levada a cabo recentemente pelo DL n.º 116/2008 atingiu fortemente a função notarial nesse ponto, retirando a exigência de escritura pública à quase totalidade dos negócios jurídicos submetidos a ela até ao advento da entrada em vigor daquele diploma, e, com isso, diminuindo a sua importância.

O segundo aspecto reside no cumprimento de formalidades legais, de que depende igualmente a validade ou, nalguns casos, a eficácia do acto jurídico.

150   José Alberto Vieira

Portanto, a função notarial é instrumental porquanto o notário intervém na celebração do acto jurídico conferindo-lhe a veste formal que a lei exige ou os interessados requerem.

II. A instrumentalidade da função notarial significa igualmente que o notário intervém na celebração do acto jurídico, no cumprimento da forma legal ou de formalidade do mesmo, mas não é nunca parte dele.

O notário actua, pois, na realização de actos jurídicos por solicitação dos interessados, sem nunca se tornar parte daqueles. O seu papel é unicamente o de titular através da forma um dado acto jurídico cuja celebração lhe foi requerida pelos interessados.

10. A FÉ PÚBLICA NOTARIAL

I. Em Portugal, a natureza híbrida do notariado não apagou a sua vertente de serviço público. O art. 1.º, n.º 2 do Estatuto do Notariado proclama solenemente que o notário é um oficial público[29] que confere autenticidade aos documentos.

Na autenticidade emprestada aos documentos por força da intervenção do notário reside justamente a fé pública notarial. Por isso, o documento lavrado pelo notário no âmbito da sua competência tem o valor de documento autêntico (art. 363.º, n.º 2 do Código Civil). E mesmo o documento particular apenas confirmado perante o notário vale como documento autenticado (art. 363.º, n.º 3 do Código Civil).

Qualquer documento cuja assinatura esteja reconhecida por notário ou que receba o selo notarial se presume autêntico ou autenticado, consoante os casos, e a presunção legal só pode ser elidida mediante prova em contrário (cf. o art. 370.º, n.º 1 e n.º 2).

Naturalmente, a autenticidade pode ser infirmada quando o documento provém de falso oficial público (art. 370.º, n.º 2 do Código Civil). Isso em nada infirma a associação da fé pública à intervenção do notário.

II. Para além de força probatória plena, o documento notarial, quando comprova uma obrigação pecuniária determinada, constitui igualmente título executivo legal, dispensando, pois, o credor do périplo da acção declarativa.

---

[29] Oficial público, não funcionário público.

11. INTERVENÇÃO NOTARIAL, LEGALIDADE E VALIDADE DO ACTO JURÍDICO

I. A actuação do notário, no limite da sua competência, confere fé pública ao documento sobre o qual intervém, fazendo presumir a autenticidade do mesmo. Mas é só isto que significa estar o documento dotado de fé pública.

No tocante à legalidade do acto jurídico celebrado mediante a intervenção notarial, a intervenção do notário nada acrescenta, não existindo, nomeadamente, qualquer presunção de legalidade do acto jurídico associada a ela.

É verdade que o notário deve controlar a legalidade do acto jurídico a celebrar com a sua intervenção[30]. Porém, nada garante que o consiga fazer sempre com sucesso, independentemente da diligência que ponha no cumprimento desse dever funcional.

Por conseguinte, a fé pública incutida pelo notário ao documento celebrado através do seu serviço não vai além da autenticidade do mesmo, não se devendo confundir, no entanto, esta autenticidade com a legalidade do acto jurídico celebrado ou mesmo do próprio acto notarial. São aspectos diferentes, que não podem ser confundidos.

Assim, e a título de exemplo, se o notário não se certifica antes de titular a escritura de compra e venda que o imposto de transmissão foi pago, o título contratual não deixa de existir e estar dotado de fé pública, apesar da violação de dever legal pelo notário (art. 23.º, n.º 1 alínea e) do EN).

II. De modo idêntico se passam as coisas quanto à validade do acto jurídico celebrado pelo notário[31].

Apesar de celebrado com intervenção notarial, o acto jurídico pode estar inquinado na sua validade pela ocorrência de um vício (simulação, erro, usura, fraude à lei, etc.). E isto mesmo que o vício haja sido detectado pelo notário e feita menção no instrumento notarial[32].

---

[30] Cf. infra, no capítulo seguinte, o que dizemos sobre o princípio da legalidade.

[31] Não confundir validade do acto jurídico com validade do acto notarial. Porquanto se trata de dois actos distintos, com autoria e pressupostos de validade independentes, a análise jurídica de um não vale automaticamente para o outro. Sobre isto, porém, cf. infra no texto.

[32] Assim, a anulabilidade do acto jurídico não fundamenta o dever de recusa da práti-

A fé pública que deriva do título escrito lavrado com a intervenção do notário não assegura a validade do acto jurídico celebrado, que fica sujeito aos requisitos gerais de eficácia consagrados pelo Direito.

Portanto, um documento realizado pelo notário pode ser autêntico, mas incorporar um acto jurídico inválido, com os efeitos jurídicos desencadeados pela espécie de invalidade (nulidade, anulabilidade, invalidade mista) que estiver em causa.

---

tica do acto notarial pelo notário (art. 174.º, n.º 1 do CN e art. 11.º, n.º 3 do EN). Em todo o caso, este deve fazer constar a menção de que alertou as partes para o vício do acto jurídico e suas consequências. Sobre isto, cf. infra no texto.

PARTE IV
Princípios do Direito notarial

12. O PRINCÍPIO DA LEGALIDADE

I. O Código do Notariado não faz menção ao princípio da legalidade, ao contrário, aliás, do Código do Registo Predial, que o refere expressamente para o Conservador (art. 68.°). Essa lacuna foi suprimida, no entanto, pelo Estatuto do Notariado (art. 11.° do EN).

O notário deve exercer a sua actividade com respeito pelo princípio da legalidade. Mas de que legalidade se trata, puramente de controlo da forma do acto ou também de conteúdo? Respondendo, a legalidade em causa não é puramente formal, mas substancial. O art. 11.° do EN dispõe expressamente neste sentido.

O notário tem, pois, de examinar o modelo de acto ou negócio a celebrar e as cláusulas pretendidas pelas partes, para compreender se:

– A lei proíbe o acto;
– O acto, permitido embora genericamente pela lei, visa, no caso, defraudá-la (fraude à lei);
– O acto é válido e eficaz.

O escopo principal do princípio da legalidade no tocante à actividade notarial consiste em prevenir a titulação dos actos contrários ao Direito. A sujeição ao princípio da legalidade impõe ao notário o dever de recusar a titulação de actos ou negócios jurídicos proibidos pelo ordenamento ou praticados em fraude à lei. E isto envolve igualmente o negócio indirecto fraudulento.

O problema da análise do controlo da eficácia e, sobretudo, da validade apresenta-se mais complexo e impõe considerações adicionais.

II. O cumprimento do princípio da legalidade obriga o notário a apreciar todos os requisitos de validade do acto ou negócio jurídico em causa.

O art. 11.º do EN menciona particularmente a legitimidade das partes e a "regularidade formal e substancial" dos documentos, o que exprime novamente a preocupação com aquela.

Importa dizer, no entanto, que a aferição da validade do acto a titular ultrapassa em muito a análise da legitimidade das partes e dos documentos por estas apresentados e envolve:

– Os requisitos gerais de validade do acto a praticar (a);
– Os requisitos específicos de validade desse acto (b).

A) Requisitos gerais de validade do acto

Em primeiro lugar, tratando-se de um acto jurídico, o notário deve atentar no preenchimento dos seguintes requisitos de validade:

– Forma legal do acto, incluindo as formalidades previstas;
– Capacidade das partes;
– Legitimidade;
– Objecto negocial (art. 280.º do Código Civil);
– Fim do negócio (art. 281.º do Código Civil);
– Vícios da vontade e da declaração;
– Respeito das regras imperativas aplicáveis (art. 294.º do Código Civil).

Alguns destes requisitos são complexos e desdobram-se em vários outros aspectos específicos de validade. Assim, o objecto negocial, entendido num sentido lato, que inclui quer o bem negociado quer o conteúdo do negócio (as suas cláusulas), abrange, segundo o art. 280.º do Código Civil:

– A possibilidade, física e legal;
– A determinabilidade;
– A licitude.

Por sua vez, o negócio jurídico tem de ser controlado relativamente a possíveis vícios quer da vontade negocial quer da declaração. Num quadro breve e não exaustivo:

– Falta de comportamento declarativo segundo o Direito;

Direito do Notariado

– Falta de consciência da declaração (art. 246.° do Código Civil);
– Declarações não sérias (art. 245.° do Código Civil);
– Coacção física (art. 246.° do Código Civil).
– Vícios da vontade:
– Erro vício, simples (sobre a pessoa e objecto do negócio, sobre os motivos e sobre a base do negócio – artigos 251.° e 252.° do Código Civil) e qualificado por dolo (artigos 253.° e 254.° do Código Civil);
– Coacção psicológica (artigos 255.° e 256.° do Código Civil);
– Incapacidade acidental (art. 257.° do Código Civil);
– Usura (art. 282.° a 284.° do Código Civil).
– Vícios da declaração:
– Erro obstáculo (artigos 247.° a 250.° do Código Civil);
– Simulação (artigos 240.° a 243.° do Código Civil);
– Dupla reserva mental (art. 244.°, n.° 2 do Código Civil).

B) Requisitos específicos de validade

Para além dos requisitos gerais do acto, a lei pode estabelecer requisitos adicionais de validade para uma dada categoria de actos ou para uma modalidade de acto em particular. Estes requisitos constam normalmente do regime jurídico da categoria ou do acto em causa.

Assim, e como exemplo, a constituição da propriedade horizontal requer a divisão do edifício em fracções autónomas independentes entre si e com saída própria para parte comum ou via pública (art. 1415.° do Código Civil). O que deve ser certificado pelo notário, dado que a falta de cumprimento destes requisitos importa a nulidade do título constitutivo da propriedade horizontal (art. 1416.°, n.° 1 do Código Civil).

Portanto, o notário está obrigado a examinar os requisitos de validade específicos para o acto a praticar no cumprimento do princípio da legalidade que rege o exercício da sua função.

III. O exame de validade do acto a que o notário se encontra obrigado destina-se a aferir a possibilidade da sua intervenção na celebração respectiva segundo o princípio da legalidade. Existe, em todo o caso, uma diferença de comportamento que a lei impõe ao notário em função da espécie de invalidade que esteja em causa.

O notário não deve recusar a titulação de actos meramente anuláveis (art. 174.º, n.º 1 do CN e art. 11.º, n.º 3 do EN). A razão para esta solução é simples: se o notário pudesse obstar à prática do acto estaria substituir-se ao juízo daquele a quem a lei comete o direito à anulação, ou seja, do titular do direito respectivo (art. 287.º, n.º 1 do Código Civil). Assim, apenas este pode decidir se celebra ou não o acto. Ao notário cabe unicamente o dever de alertar o titular do direito de anulação da existência do vício que gera a anulabilidade do acto a praticar e de fazer constar do documento a advertência feita (art. 11.º, n.º 3 do EN).

De modo oposto, se o vício do acto gera a nulidade do mesmo, o notário tem o dever de recusar a sua celebração aos interessados (art. 173.º, n.º 1 alínea a) do CN e art. 11.º, n.º 2 alínea a) do EN). A lógica para esta diversidade de tratamento de actos inválidos está nisto: a anulabilidade protege uma das partes do negócio jurídico, enquanto a nulidade é de ordem pública, tendo em vista a tutela de interesses ou valores superiores às partes. Diversamente da mera anulabilidade, o acto nulo não pode em regra convalidar-se, não produzindo os seus efeitos desde o início. Encerra, por isso, uma valoração mais intensamente negativa da ordem jurídica.

No tocante às invalidades mistas, a solução deve ser a mesma consoante esteja em causa uma anulabilidade ou uma nulidade atípica.

Chegados a este ponto, impõe-se uma advertência. O controlo da validade do acto pelo notário, em particular da nulidade, não pode ser feito de modo análogo ao que tem lugar num processo judicial e aquele não deve ter a pretensão de desempenhar o papel de julgador. Essa não é a sua função.

Muitas vezes, o notário não estará em condições de formular um juízo definitivo acerca da validade do acto, embora possa formular a sua convicção num sentido ou noutro. A recusa de celebração do acto pretendido pelas partes só deverá ter lugar quando, atendendo ao Direito aplicável, tenha a certeza da nulidade ou, ao menos, conhecimento de indícios que indiquem uma probabilidade muito forte de ser esse o caso. Se tal não suceder, o notário deverá celebrar o acto, deixando aos interessados a iniciativa de recurso aos tribunais para declaração da nulidade.

IV. O acto ineficaz recebe o mesmo tratamento jurídico do acto anulável (art. 11.º, n.º 3 do EN). O notário não pode deixar de praticar o acto requerido pelos interessados, mas deve comunicar a eles a sua ineficácia e fazê-lo consignar no instrumento.

13. O PRINCÍPIO DA AUTONOMIA

O Estatuto do Notariado (art. 12.°) denomina este princípio de autonomia, fugindo ao uso do termo independência que apesar de tudo aparece usado na redacção do preceito. Tudo indica que o legislador haja receado uma interpretação lata que aproximasse a função notarial da função judicial, e os notários dos juízes, quando é certo que se manteve o controlo governamental sobre os notários.

Como profissional liberal, o notário exerce a sua função sem tutelar a prossecução de fins ou interesses de qualquer natureza, públicos ou privados, sem esquecer o seu papel de oficial público.

O princípio da autonomia assume uma especial importância face ao Estado, sobretudo, como forma de clarificação da separação integral do exercício da função notarial face a ele. Não obstante advir de uma delegação do Estado, o notário exerce a sua função apenas debaixo do princípio da legalidade.

A autonomia do notário coloca como barómetro único da sua actividade o respeito pelo Direito, seja qual for o sujeito do acto a praticar e com completa independência face a ordens, directrizes ou outros ditames semelhantes da parte do Estado ou de qualquer outro ente público.

14. O PRINCÍPIO DA IMPARCIALIDADE

I. O notário participa na realização do Direito sem ligação de nenhuma espécie aos interesses particulares das partes que lhe requerem a titulação de actos jurídicos. O exercício da função notarial, decorrente de uma delegação do Estado, faz do notário um oficial público[33].

Como oficial público, o notário deve manter-se equidistante das partes, aconselhando-as somente na medida em que isso não signifique atribuir vantagem a uma parte sobre a outra.

Este princípio (art. 13.° do EN) tem, assim, por primeira vertente acentuar a distância do notário relativamente a quaisquer das partes do acto quando haja a intervenção de várias pessoas.

A circunstância do notário intervir no acto a solicitação de uma das partes ou de ter até uma relação estável com uma delas (bancos, segura-

---

[33] Sobre isto, cf. supra no texto.

doras, etc.) não faz dele um mediador do interesse particular dessa pessoa, nomeadamente, no aconselhamento jurídico para a sua prática.

Desta forma, o notário tem o dever de elucidar os interessados da mesma maneira, fornecendo-lhe informação igual e prestando-lhe iguais esclarecimentos, não tomando em momento nenhum o partido por qualquer deles.

Em circunstância alguma o notário deverá responder a uma consulta jurídica de uma das partes ou elucidar qualquer delas de modo a tirar vantagem sobre a outra. Essa é uma função do advogado, não do notário.

Isto não surge contraditado pelo art. 1.º, n.º 2 do Código do Notariado. O sentido decorrente deste preceito prende-se unicamente com o apoio na redacção a dar ao acto na forma legal[34], que deve servir todos os interessados nele e não algum em particular. Com efeito, pela sua experiência e pela repetição constante da maioria dos actos com a sua intervenção, o notário estará normalmente em melhor posição para indicar aos interessados uma redacção (minuta) para o acto que pretendam. É esse o sentido do preceito citado, que não belisca minimamente a proibição da assessoria a qualquer das partes.

II. O princípio da imparcialidade tem uma segunda vertente, a qual se liga à proibição da utilização da função notarial em benefício do notário ou de quem tem com ele uma relação de parentesco e de afinidade[35] e que se traduz em impedimentos ao exercício dessa função (art. 13.º, n.º 2 do EN). Esses impedimentos estendem-se aos trabalhadores do notário (art. 14.º do EN).

Voltaremos adiante a esta matéria.

15. O PRINCÍPIO DA EXCLUSIVIDADE

Uma característica do sistema normativo português actual é a de que atribui a outras entidades competência para a prática de actos notariais no âmbito do exercício de uma profissão, sem deixar aos notários a possibilidade de exercerem simultaneamente outra actividade profissional.

---

[34] Muitas vezes através de minutas.

[35] A que acresce aquele que tem com ele uma relação de união de facto há mais de dois anos.

Assim, os advogados podem reconhecer assinaturas ou autenticar documentos particulares de compra e venda de imóveis, mas os notários não podem praticar a consultadoria jurídica ou realizar outros actos da advocacia.

O princípio da exclusividade (art. 15.º do EN) determina a proibição para os notários de exercerem cumulativamente qualquer outra profissão. Residualmente, os notários podem exercer uma actividade docente (remunerada) ou de formação, intervir em discussões públicas, palestras, conferências, seminários, etc., bem como envolver-se na escrita, qualquer que seja o domínio da mesma, profissional ou outro, recebendo os ganhos a título de direito de autor.

16. PRINCÍPIO DA LIVRE ESCOLHA

Os notários têm uma competência territorial (art. 4.º, n.º 3 do CN e art. 7.º, n.º 1 do EN). No entanto, a competência territorial é exercida em concorrência com outros notários, contrariamente ao que sucede com os conservadores do registo predial.

O princípio da livre escolha significa que o interessado pode recorrer a qualquer cartório notarial do país, ainda que o acto diga respeito a pessoas com domicílio ou sede fora do concelho da área de competência do notário ou a bens situados fora daquele.

Portanto, enquanto o notário só pode praticar os actos da função notarial na área do concelho em que se situa o seu cartório notarial, os interessados são livres de escolher o notário onde querem que o acto seja praticado, seja qual for o local do seu domicílio (pessoas singulares) ou sede (pessoas colectivas) e o local da situação dos bens a que se refere o acto.

17. O PRINCÍPIO DA RESPONSABILIDADE DO NOTÁRIO

I. A lei portuguesa não autonomiza um princípio de responsabilidade do notário pelo exercício da actividade notarial. O art. 184.º do CN menciona, no entanto, a responsabilidade do funcionário notarial pelos danos decorrentes de sanação ou revalidação de actos notariais.

Este preceito parece abranger todos os que exercem em concreto uma função notarial e não apenas o notário e limita o âmbito da imputação dos danos à sanação e revalidação de actos notariais.

O art. 10.º do EN alude à responsabilidade do notário, mas o texto deste diploma não lhe faz qualquer referência.

Seja como for, numa lógica de notariado privado, em que o notário é um profissional liberal, não se suscita qualquer dúvida de que existe um princípio de responsabilidade do notário pelo exercício da função notarial, como acontece para os advogados e solicitadores, por exemplo.

Essa responsabilidade não se limita ao campo disciplinar, por violação de dever a que o notário esteja sujeito (artigos 60.º e seguintes do EN). A responsabilidade pode ser igualmente civil e penal, consoante a natureza do ilícito praticado.

II. Se um princípio de responsabilidade do notário não se põe em questão, pode discutir-se a natureza da imputação de danos a título de responsabilidade civil; responsabilidade civil contratual ou extracontratual?

Poderíamos apelar para o lugar paralelo dos advogados e afirmar, de acordo com a jurisprudência largamente dominante para estes profissionais, que a responsabilidade dos notários é contratual, pela prestação de serviços à parte ou partes do acto celebrado com a sua intervenção. O notário presta um serviço aos seus clientes, sendo remunerado pelo mesmo, tudo em termos análogos ao de outros prestadores de serviços. Basta atentar na noção legal de prestação de serviços (art. 1154.º do Código Civil).

O carácter liberal do exercício da profissão de notário dá outro argumento no sentido desta teoria. Como prestador de serviços, o notário entra numa relação contratual com os seus clientes. A violação dos deveres emergentes dessa relação importaria a responsabilidade civil respectiva, a contratual.

Existem, no entanto, outros elementos a ponderar. O notário é simultaneamente um oficial público (art. 1.º, n.º 2 do EN) ao qual a lei associa a fé pública no exercício da função notarial.

A função notarial é desempenhada pelo notário por solicitação dos interessados e para a prática de actos elencados legalmente (competência material). O notário não tem liberdade para escolher os seus clientes (liberdade de negociação), devendo atender todos os que solicitem a sua intervenção (art. 23.º, n.º 1 alínea c) do EN).

Por outro lado, o conteúdo da relação do notário com os seus clientes não é o definido pelas partes (liberdade de estipulação), resultando dos princípios e deveres a que se encontra submetida a actividade do notário.

Por tudo isto, afirmamos que a relação existente entre o notário e os seus clientes não tem natureza negocial, mas sim legal. Quanto a ela, o notário encontra-se numa posição semelhante ao conservador do registo predial, civil ou comercial, com a diferença de não ser um funcionário público e sim um profissional liberal.

Em atenção ao exposto, a responsabilidade civil do notário pela violação dos princípios ou deveres da função notarial tem natureza extracontratual.

III. Qual é o regime aplicável a esta responsabilidade civil extracontratual? O geral, do Código Civil, ou o especial, do Estado e entidades públicas pelo exercício da função administrativa?

A privatização da função notarial retirou os notários do seio da administração pública. Eles são profissionais liberais, pessoas singulares de Direito privado, que comunicam a fé pública com a sua intervenção em documentos. Não exercem, contudo, uma função administrativa do Estado, nem lhes é conferido qualquer poder público no desempenho da actividade notarial.

Poder-se-ia objectar a isto, sustentando que a natureza híbrida da função notarial (art. 1.º, n.º 3 do EN) não retira o carácter de oficial público ao notário, o que a lei parece confirmar (art. 1.º, n.º 2 do EN). O argumento tira, porém, peso à qualificação do notário como profissional liberal e ao afastamento do mesmo do quadro da função pública, onde se situava antes da privatização operada em 2004 pelo DL n.º 26/2004. O notariado não pertence mais à actividade administrativa do Estado.

Fica, assim, afastada a aplicação do regime especial da responsabilidade extracontratual do Estado e pessoas colectivas públicas, cujos requisitos de aplicação não se verificam quantos aos notários privados.

De resto, a exigência legal de seguro obrigatório de responsabilidade civil para os notários (art. 23.º, n.º alínea m) do EN) reforça a nossa interpretação.

PARTE V
A função notarial

18. CARACTERIZAÇÃO DA FUNÇÃO NOTARIAL

I. A função notarial consiste na prática de actos notariais[36]. Ela é desempenhada pelo notário (art. 2.º, n.º 1 do CN) e apenas a título excepcional por outras pessoas (art. 3.º do CN). Mesmo os auxiliares do notário só podem praticar os actos notariais que a lei não proíba[37] e com autorização expressa daquele, afixada no cartório notarial em local acessível ao público (art. 8.º, n.º 3 do EN).

Dentro dos actos notariais, os historicamente mais importantes são os que consistem na outorga de forma legal ao negócio jurídico. O cumprimento do requisito legal de forma do negócio jurídico constituía, de resto, até ao advento do DL n.º 116/2008 o núcleo central da função notarial. E assim o continua a proclamar o art. 1.º do CN.

Há que reconhecer, todavia, que com a propalada desformalização dos negócios jurídicos operada com o DL n.º 116/2008 a intervenção notarial de dar forma a estes actos se perdeu. A escritura pública cedeu o passo ao documento particular autenticado, conferindo-se competência a uma série de outras entidades, advogados, solicitadores e Câmaras de Comércio e Indústria, para autenticarem documentos particulares.

Mesmo quando o negócio jurídico deixa de estar sujeito a escritura pública e outros profissionais ganham competência legal para a prática de actos até agora reservados legalmente ao notário, como a autenticação de documentos particulares, a função notarial continua adstrita ao notário. Por isso, é, quanto a nós, completamente equívoca a designação de actos notariais levados a cabo por outros profissionais, que vem proliferando.

---

[36] Sobre estes, cf. infra no texto.
[37] Proibições legais encontram-se no art. 8.º, n.º 2 do EN.

164 José Alberto Vieira

E isto por uma única razão. Nenhum outro profissional empresta a fé pública ao documento sobre o qual intervém de algum modo. Com efeito, num momento em que o abaixamento da exigência da forma negocial e a concessão de competência para a autenticação de outros profissionais trás outros profissionais a concorrer com o notário na celebração de negócios jurídicos e em outros actos, a atribuição da fé pública continua a ser um privilégio da função notarial.

A função notarial, embora levada a cabo por um profissional liberal, tem uma vertente pública relacionada com a autenticidade do documento ou do acto praticado pelo notário. A privatização do notariado não a apagou. Pelo contrário, ela mantém-se na íntegra. Aos documentos elaborados pelo notário o Estado reconhece fé pública (art. 1.º, n.º 1 do EN e art. 1.º, n.º 1 do CN).

Em atenção ao exposto, podemos definir a função notarial como a prática de actos notariais aos quais o Estado reconhece autenticidade (fé pública) por efeito da intervenção do notário.

II. O aconselhamento ou assessoria jurídica às partes foi introduzido no art. 1.º, n.º 2 do CN pelo DL n.º 207/95, que aprovou o Código do Notariado em vigor. Estamos defronte de uma inovação, a qual, contudo, não é estranha ao modelo latino do notariado, antes pelo contrário.

A actividade nuclear do notário não reside, porém, no aconselhamento jurídico geral, num pronunciamento sobre um problema ou um dado conjunto de factos com vista à sua resolução, mas apenas na arquitectura jurídica do acto a celebrar com a sua intervenção. E este é um dado fundamental da compreensão do art. 1.º, n.º 2 do CN.

A assessoria a prestar pelo notário às partes dirige-se ao acto a outorgar com a intervenção notarial. Do que se trata realmente, é de determinar que acto deve ser praticado em função das finalidades jurídicas das partes e, sobretudo, de definir os termos do seu conteúdo, portanto, da sua redacção ou clausulado.

O notário pode sugerir às partes, a consulta destas, o tipo ou tipos negociais que se ajustam ao desiderato jurídico a prosseguir por elas ou, em situações mais complexas, o esquema negocial a implementar, ou definir simplesmente o conteúdo do acto.

Fora de questão encontra-se a consulta jurídica dissociada de um acto compreendido na função notarial ou em que as partes revelem a intenção de não reclamar a intervenção do notário na celebração do acto.

Essa é uma competência exclusiva dos advogados na nossa ordem jurídica.

III. Um problema que o exercício da função notarial coloca liga-se ao uso de minutas fornecidas pelos interessados.

O notário tem o dever funcional de redigir os instrumentos públicos que lavra (art. 4.º, n.º 1 do CN). Esse dever não se estende naturalmente aos documentos particulares ou com simples reconhecimento de letra e assinatura.

O dever em causa tem, no entanto, de ser correctamente entendido. O notário está obrigado a providenciar a redacção do instrumento público no pressuposto que as partes não sabem ou não querem fazê-lo. Mas isso pode não suceder, o que acontece muitas vezes, sobretudo, quando os interessados têm a assessoria de advogados.

Quando os interessados pretendam dar a sua própria redacção ao acto notarial, o notário deve assentir nisso. O acto pertence às partes, é delas e não do notário. Isso envolve evidentemente o uso de minuta previamente elaborada pelos interessados (art. 43.º, n.º 1 do CN).

Em todo o caso, e dado o princípio da legalidade[38] a que se encontra sujeita a actividade notarial, o notário deve fazer o exame prévio do acto a praticar e do seu conteúdo de acordo com a minuta apresentada pelos interessados.

Se esta revelar um negócio jurídico nulo, qualquer que seja o fundamento (violação de norma legal imperativa, simulação, impossibilidade legal, etc.), o notário deve recusar a celebração do mesmo (art. 11.º, n.º 2 alínea a) do EN). Se a nulidade decorre simplesmente de alguma ou algumas das cláusulas constantes da minuta, o negócio pode ser outorgado se forem suprimidas ou modificadas na sua redacção para afastar a incidência do vício.

Já quanto a meras anulabilidades ou causas de ineficácia em sentido restrito suscitadas pelo exame da minuta, o notário não se encontra em posição de obstar à celebração do acto, devendo unicamente advertir as partes para a sua existência (art. 11.º, n.º 3 do EN).

O art. 43.º, n.º 3 do CN oferece algumas dificuldades ao que dissemos, sugerindo que o notário pode impor às partes a sua redacção do ins-

---

[38] Sobre este, cf. supra no texto.

166 José Alberto Vieira

trumento se a "redacção da minuta for imperfeita". Este preceito não pode ser tomado ao pé da letra. Levado o sentido literal até ao fim, pareceria que o notário estaria em condições de impor o acto aos interessados de acordo com a sua redacção e contra a minuta apresentada.

Ora, não é isto que sucede. Conforme sublinhámos anteriormente, o acto a outorgar pelo notário tem a sua intervenção ao nível da forma, mas pertence às partes e visa a produção de efeitos jurídicos quanto a elas. Ele exprime, pois, o exercício da autonomia privada dos interessados, que o ordenamento jurídico tutela, ao qual o notário é estranho. E isto não pode ser subvertido somente porque o acto surge exteriorizado com a intervenção do notário.

Havendo divergências entre o notário e os interessados na redacção da minuta, mas não se registando quaisquer nulidades, o notário não deve obstar à celebração do instrumento público se os interessados insistirem no uso da minuta, sem prejuízo de lhes poder fazer uma advertência oral sobre a redacção que lhe parece melhor para a produção dos efeitos jurídicos pretendidos por elas ou consigná-la mesmo por escrito no próprio instrumento. O art. 11.º, n.º 3 do EN confere a base positiva para este procedimento.

19. A FÉ PÚBLICA

I. Com a sua intervenção, o notário empresta autenticidade aos documentos exarados. Nisto consiste a fé pública notarial.

Justamente porque são providos de fé pública, os documentos emitidos pelo notário no exercício da sua competência constituem documentos autênticos (art. 363.º, n.º 2 e art. 369.º, n.º 1 do Código Civil). Como tal, eles atestam com força probatória plena os factos titulados (art. 371.º, n.º 1 do Código Civil), que só podem ser postos em causa mediante prova de falsidade (art. 372.º, n.º 1 do Código Civil).

Os documentos particulares confirmados perante o notário (art. 363.º, n.º 3 do Código Civil e art. 35.º, n.º 3 do CN) fazem igualmente fé pública do seu teor, revestindo-se igualmente de força probatória plena, embora não possam substituir a forma pública quando exigida (art. 377.º do Código Civil).

Quando efectua o reconhecimento da letra e assinatura ou só desta, o notário faz fé pública do objecto desse reconhecimento, tendo-se a letra e assinatura ou a assinatura por verdadeiras se não for provada a falsidade (art. 375.°, n.° 1 e n.° 2 do Código Civil). Paralelamente, o documento cuja autoria haja sido reconhecida pela intervenção do notário ganha força probatória plena (art. 376.°, n.° 1 do Código Civil), o que se fundamenta na fé pública transmitida por essa intervenção.

II. A fé pública é simbolizada pelo uso de selo branco com o escudo da República portuguesa, uso esse que constitui um direito do notário, nos termos do art. 21.° do EN.

O selo branco evidencia para o exterior que o notário exerce uma função de carácter público e acentua o valor de fé pública da sua intervenção.

III. A intervenção notarial atesta a veracidade do documento, da letra ou da assinatura, conforme os casos, mas não a validade e eficácia do acto em causa.

Esse constitui o limite da fé pública notarial. Ela tem por fundamento atribuir autenticidade ao documento, nos termos da intervenção notarial, sem assegurar a quem quer que seja a conformidade do acto em face dos requisitos legais de validade ou de eficácia do mesmo.

O controlo de legalidade imposto ao notário (princípio da legalidade)[39] reforça decerto a fé pública relacionada com a intervenção notarial. Porém, o notário não é o último decisor em matéria de validade ou de eficácia do acto praticado com a sua intervenção, pelo que a esta não se pode ligar uma certeza sobre essa validade ou eficácia. O que se pode esperar dela somente é a autenticidade do acto praticado pelo notário, nos limites da sua intervenção.

Deste modo, ninguém pode responsabilizar o notário por ter confiado naquilo que o negócio jurídico atestava se este vier mais tarde a ser judicialmente declarado nulo ou anulado.

Podemos dizer, assim, que a fé pública induzida pela actuação do notário se reduz à autenticidade do objecto da sua intervenção. Se o notário exara o documento ou o autentica, a lei presume a sua veracidade enquanto não for demonstrada a falsidade, o mesmo sucedendo com o reconhecimento de letra e assinatura.

---

[39] Cf. supra no texto no Capítulo atinente aos princípios da actividade notarial.

168 José Alberto Vieira

No entanto, em tudo o que extravasa a forma do documento cessa a fé pública. A autenticidade não equivale juridicamente à validade ou eficácia do acto defronte do ordenamento jurídico.

20. REQUISITOS DE ACESSO E DE EXERCÍCIO DA FUNÇÃO NOTARIAL

I. O primeiro requisito da função notarial prende-se com a habilitação profissional do notário. O notário deve ser um jurista, conforme decorre do art. 1.º do EN. Isto quer dizer, que deve possuir uma licenciatura em Direito (art. 25.º, alínea b) do EN), independentemente de outros graus académicos que tenha obtido.

Além da habilitação mínima de acesso à profissão, só pode ser notário o licenciado em Direito que, não estando inibido para o exercício de funções públicas ou notariais (art. 25.º, alínea a) do EN), houver frequentado estágio notarial (art. 25.º, alínea c) do EN) e tiver recebido aprovação em concurso realizado pelo Conselho do Notariado (art. 25.º, alínea d) do EN).

Os actos praticados por aquele que se intitula notário sem o ser são nulos e não produzem qualquer efeito. O que significa, ficar comprometida a forma legal do acto praticado e a fé pública a ele relativa. Note-se, porém, que a nulidade do acto notarial não equivale necessariamente à invalidade do acto praticado com recurso à intervenção notarial[40].

II. O notário não tem liberdade para escolher o território – um município – onde exerce a função notarial. O local de exercício da função notarial encontra-se previamente escolhido por decisão administrativa. A licença para o exercício da profissão atribuída ao notário respeita sempre a um território, que coincide com um município (art. 35.º, n.º 3 do EN).

---

[40] Se o acto estiver sujeito a escritura pública, por exemplo, a constituição de uma associação de Direito Civil, a nulidade por vício de forma surge inelutável (art. 220.º do Código Civil). Se a forma com intervenção notarial é meramente voluntária e o acto está sujeito a liberdade de forma, a nulidade do acto notarial não afecta a validade do negócio jurídico. Assim, se as partes declaram por escritura pública comprar e vender uma jóia a um pretenso notário, a escritura não vale, mas o contrato de compra e venda é juridicamente eficaz (válido).

Direito do Notariado

O notário também não possui liberdade para escolher o modo como exerce a função notarial no território a que se reporta a sua licença. Essa actividade deve ser levada a cabo numa instalação própria designada cartório notarial (art. 5.º, n.º 1 do EN). Fora de questão está, assim, o exercício conjunto com advogados, no escritório destes[41], ou com outros notários.

O local de exercício da actividade dentro do município pode ser, no entanto, livremente escolhido pelo notário. Todavia, as instalações concretas do cartório notarial estão sujeitas a exigências de espaço mínimo, funcionalidade e dignidade. Isso mesmo vem sugerido pelo art. 5.º, n.º 2 do EN. Trata-se ainda de uma afloração da dimensão pública da actividade notarial.

21. DEVERES GERAIS DOS NOTÁRIOS

I. O exercício da função notarial acarreta para os notários um conjunto de deveres. Estes deveres têm fonte legal e não contratual. A prestação de serviços em regime liberal não apagou a vertente pública da actividade notarial, continuando o notário a ser descrito como oficial público (art. 1.º, n.º 2 do EN), o que fundamenta a imposição de deveres legais.

Uma enunciação dos deveres dos notários encontra-se no art. 23.º do Estatuto do Notariado. A enumeração não é taxativa e não pretende esgotar o círculo de deveres do notário. Outros deveres podem ser retirados quer do Estatuto do Notariado quer do Código do Notariado e ainda de outros diplomas[42].

Dentro do complexo de deveres a que o notário se submete na sua actividade, destacamos os deveres[43] de:

– Controlar a legalidade do acto que receba a sua intervenção;
– Celebrar os instrumentos públicos e os actos que lhe forem solicitados de acordo com a vontade das partes;
– Esclarecer as partes do sentido e alcance dos actos praticados;

---

[41] Ou de quaisquer outros profissionais liberais.

[42] Assim, por exemplo, o art. 9.º, n.º 1 do Código do Registo Predial determina uma proibição geral que os factos relativos a imóveis não sejam titulados sem a prévia inscrição registal em nome daquele que dispõe do direito, o que se aplica naturalmente também aos notários.

[43] Outros deveres podem ser confrontados no art. 23.º do EN.

170   José Alberto Vieira

– Respeitar o sigilo profissional dos actos a ele legalmente sujeitos;
– Não solicitar nem angariar clientes;
– Prestar os seus serviços a quem os solicite;
– Controlar o cumprimento das obrigações tributárias e da segurança social e comunicar a realização de actos dos quais resultem obrigações fiscais;
– Dirigir o cartório;
– Contratar seguro de responsabilidade civil profissional.

II. O dever de controlar a legalidade do acto representa possivelmente a parte de maior responsabilidade da actividade do notário. A actividade deste profissional está sujeita, como se sabe, a um princípio da legalidade. Remetemos aqui para o que já dissemos anteriormente sobre este ponto[44].

III. O dever de celebrar os instrumentos públicos e os actos que lhe forem solicitados de acordo com a vontade das partes tem consagração legal no art. 4.º, n.º 1 do CN e do EN.

Este dever exprime duas vertentes distintas: uma que diz respeito à forma do acto a praticar e outra que se relaciona com o conteúdo do mesmo.

A intervenção notarial está ligada à forma do acto, desde logo, à forma do negócio jurídico. Se esta deve ser realizada por instrumento público, sob pena de nulidade (art. 220.º do Código Civil), só o notário pode celebrar o negócio jurídico.

A recente reforma efectuada pelo DL n.º 116/2008, de 4 de Julho, abrandou a exigência de forma quanto à quase totalidade dos negócios jurídicos que exigiam escritura pública e que agora podem ser validamente celebrados com documento particular autenticado por uma série de outros profissionais.

Seja como for, as partes podem ter interesse em outorgar o acto com a intervenção do notário, por exemplo, por escritura pública, mesmo que a lei não o requeira para satisfação da forma legal. A forma voluntária é expressamente admitida pela lei portuguesa (art. 222.º do Código Civil) e o notário não se pode opor à sua adopção pelas partes se elas o requererem.

---

[44] Cf. supra a propósito do princípio da legalidade.

Este dever dirige-se, em primeira linha, à satisfação da vontade das partes na celebração do acto através da forma por si pretendida. Mas não se fica por aí. Na realidade, e esse parece ser o aspecto que ressalta com maior evidência do art. 4.º, n.º 1 do CN e do EN, o notário deve conformar o conteúdo do acto ao sentido pretendido pelas partes, de acordo com as finalidades prosseguidas por estas. Se o que se pretende é a constituição de um usufruto, o notário não deve aconselhar um arrendamento e vice-versa.

Este dever mostra que o papel do notário é fundamentalmente instrumental. A ele não cabe decidir quer da forma do acto quer do conteúdo do mesmo. Na margem de autonomia que o Direito concede e no respeito pela legalidade vigente, essa decisão pertence aos interessados no acto.

IV. O dever de esclarecer as partes do sentido e alcance dos actos praticados não pode ser confundido com a possibilidade de prestação de assessoria às partes que o Código do Notariado hoje permite (art. 1.º, n.º 2).

Os interessados no acto não são, em regra, formados em Direito, nem aparecem sempre auxiliados por advogado. A compreensão jurídica do acto mostra-se, assim, fundamental para que as partes se determinem à sua celebração com a consciência da projecção jurídica do mesmo.

Ao notário pertence, pois, a elucidação do valor jurídico e dos efeitos que o Direito associa ao acto. Este dever não supõe a iniciativa dos interessados no esclarecimento pelo notário, suscitando a iniciativa deste perante a complexidade do acto, a sua importância, nomeadamente, em atenção ao valor patrimonial em jogo, ou do grau cultural das pessoas envolvidas na sua prática.

V. O sigilo profissional previsto no artigo 23.º, n.º 1 alínea d) do EN e no artigo 32.º do CN deve ser convenientemente entendido. Um dos actos notariais a praticar pelo notário consiste justamente na emissão de certidões sobre os instrumentos e documentos arquivados no cartório notarial (art. 164.º, n.º 1 do CN). E, em alguns casos, é ainda possível a realização de fotocópias (art. 32.º, n.º 4 do CN).

Na verdade, o sigilo profissional parece abranger unicamente os factos e elementos que o notário conheça por virtude do exercício da sua função, nomeadamente, pela prática de assessoria a pedido dos interessados ou de acto notarial, mas que não devam ficar em arquivo no cartório notarial. Os elementos em arquivo podem ser objecto de certidão ou cópia e, por isso, o sigilo profissional não incide sobre eles.

VI. O notário não pode angariar clientes nem desenvolver qualquer actividade para os captar, por si ou interposta pessoa (art. 23.°, n.° 1 alínea l) do EN). Isto pode parecer contraditório com a componente liberal da função notarial. Existem, todavia, duas razões que ajudam a explicar a opção do legislador.

A primeira reside no princípio da livre escolha dos interessados (art. 16.° do EN)[45]. A actividade de angariação pode diminuir a espontaneidade da escolha do notário.

A segunda razão encontra-se na dimensão pública que a lei imprime ainda à função notarial. Esta não se compadece com a procura de clientes para um serviço público.

VII. A componente pública da função notarial faz-se sentir igualmente na relação do notário com os interessados que procuram os seus serviços. Se um advogado ou solicitador mantém a liberdade de aceitar ou rejeitar clientes, o notário não a tem.

A lógica de serviço público que se liga ao exercício da função notarial determina que o notário tenha de prestar os seus serviços a quem os solicite, sem poder recusar essa prestação fora dos casos previstos na lei (art. 23.°, n.° 1 alínea c) do EN).

VIII. O notário desempenha um papel na prevenção da fuga fiscal e à segurança social, estando obrigado a deter a prática do acto, não o celebrando ou recusando a sua intervenção, enquanto não se mostrarem cumpridas pelos interessados as obrigações fiscais em causa (art. 23.°, n.° 1 alínea e) do EN).

IX. O notário tem o dever de dirigir o cartório notarial (art. 23.°, n.° 1 alínea i) do EN). O escopo normativo é o de assegurar a prestação do serviço público correspondente à função notarial com uma organização capaz de assegurar a prática dos actos respectivos. E isto vai da contratação de pessoal, à marcação dos actos e ao atendimento do público.

---

[45] Sobre este, cf. supra no texto.

Direito do Notariado

X. O dever de contratar um seguro de responsabilidade civil profissional (art. 23.º, n.º 1 alínea m) do EN) representa uma novidade absoluta no Direito português e decorre da privatização da actividade notarial e da sua consequente desintegração da função administrativa do Estado.

Com tal dever, o Estado assegura que o princípio da responsabilidade[46] não esbarra na insuficiência patrimonial do notário e a indemnização do lesado possa, em última análise, ser obtida da seguradora (até ao limite do capital seguro).

XI. A natureza legal dos deveres do notário determina a modalidade de imputação de danos a atender em caso de violação. Essa imputação é extracontratual e segue o regime jurídico respectivo[47].

22. FISCALIZAÇÃO DO NOTÁRIO

A fiscalização da função notarial está a cargo do Ministro da Justiça (art. 57.º do EN), que a exerce através de inspecções e que tem competência para instaurar procedimentos disciplinares ao notário (art. 57.º, n.º 2 alínea f) do EN).

A fiscalização pelo Ministro da Justiça visa naturalmente controlar a conformidade do exercício da função notarial com os deveres impostos por lei ao notário e tem estes como limite.

Esta fiscalização pública da função notarial mostra bem que a dimensão liberal, e por isso privada, do notariado está subordinada a objectivos públicos e que o Estado, retirando o notariado da função pública, não se demitiu do seu controlo.

O poder de fiscalização do notariado que está nas mãos do Ministro da Justiça ganha uma dimensão extra com o poder disciplinar que também acumula nas suas mãos, como veremos no número seguinte.

23. DISCIPLINA

I. Numa profissão genuinamente liberal seria de esperar encontrar o poder disciplinar no seio da ordem profissional dos notários. Assim, acon-

---

[46] Cf. supra no texto.
[47] Cf. igualmente o que dissemos a propósito do princípio da responsabilidade.

174 José Alberto Vieira

tece com a Ordem dos Advogados, que neste ponto constitui realmente o paradigma.

Tal não sucede, porém, com o notariado português. Este está sujeito à situação peculiar de ter duas entidades a exercer o poder disciplinar: o Ministério da Justiça e a Ordem dos Notários (art. 62.°, n.° 1 do EN). E aqui deparamos novamente com uma decorrência da natureza mista do notário português, nem oficial público nem puro profissional liberal, mas com algo das duas realidades.

A peculiaridade torna-se ainda mais marcante pelo facto de qualquer uma das entidades mencionadas poder propor processos disciplinares ao notário e ainda pelo processo disciplinar poder ser julgado por órgãos distintos.

Assim, caso a iniciativa do processo disciplinar seja do Ministro da Justiça, a competência para o processo disciplinar é do Conselho do Notariado; caso venha a pertencer à Ordem dos Notários, cabe ao órgão que tenha a competência disciplinar segundo os seus estatutos (art. 62.°, n.° 2 do EN).

Qualquer destas entidades pode iniciar o processo disciplinar e, do mesmo modo, a queixa relativa a infracção disciplinar do notário pode dar entrada em qualquer delas, ficando dependente unicamente da escolha do queixoso (art. 63.°, n.° 1 do EN).

Se tanto o Ministro da Justiça como a Ordem dos Notários[48] podem desencadear o processo disciplinar, o mesmo não se pode dizer quanto à sua conclusão. Na verdade, a lei portuguesa não reconhece idêntica competência ao Conselho do Notariado e à Ordem dos Notários em matéria de aplicação de sanções.

Nomeadamente, as penas mais graves de suspensão por período superior a 6 meses ou de interdição definitiva para o exercício da função notarial só podem ser decretadas pelo Conselho do Notariado e não pelo órgão competente da Ordem dos Notários. Constata-se, desta forma, uma clivagem entre o poder disciplinar do Ministério da Justiça e da Ordem dos Notários, com a prevalência do primeiro.

Uma das consequências desta clivagem é que um processo disciplinar iniciado na Ordem dos Notários que mereça segundo o órgão competente desta uma das sanções previstas no art. 68.°, n.° 1 alíneas d) e e) do

---

[48] Mais exactamente o órgão com o poder disciplinar segundo os seus estatutos.

EN deve ser remetido ao Conselho do Notariado, para que este decida sobre a aplicação ou não de tal sanção. Nestes casos, a última palavra no processo disciplinar pertence ao órgão do Ministério da Justiça.

II. Qual pode ser o fundamento do processo disciplinar? À primeira vista, dir-se-ia poder ser qualquer violação de um dever funcional do notário, onde quer que ele esteja consagrado, no Estatuto do Notariado, no Código do Notariado ou noutro diploma que reja a actividade notarial.

A redacção do art. 61.º do EN deixa, no entanto, algumas dúvidas uma vez que define infracção disciplinar como "o facto, ainda que meramente culposo, praticado pelo notário com violação de algum dos deveres inerentes ao exercício da fé pública notarial".

Nem todos os deveres funcionais do notário consubstanciam a fé pública notarial e, a menos que queiramos confundir as coisas, devemos manter separados uns e outros. Os deveres indicados no art. 23.º, n.º 1 alíneas f), g), h), j), do EN, pelo menos estes, não corporizam qualquer fé pública notarial, que exprime a ideia de autenticidade dos actos praticados pelo notário (art. 1.º, n.º 1 do EN) e não de cumprimento de qualquer dever, seja ele qual for.

Quer isto dizer, que a violação pelo notário de dever funcional, que não possa ser qualificado como integrando a fé pública notarial, não é susceptível de fundamentar uma infracção disciplinar dando azo à abertura de processo disciplinar?

Ponderando outros preceitos, em particular, o art. 68.º, n.º 1 alínea c) do EN, verificamos que o significado de infracção disciplinar é, afinal, mais amplo do que aquilo que o art. 61.º do mesmo diploma sugere e integra, na realidade, a violação de qualquer dever funcional ou profissional do notário e não apenas os relativos ao exercício da fé pública notarial.

Restringindo adequadamente o teor literal do art. 61.º do EN, diremos existir infracção disciplinar sempre que o notário deixe de cumprir um dever funcional, seja ele qual for.

A lei portuguesa distinguindo embora a infracção negligente e a infracção dolosa, não limita a qualificação da infracção ao comportamento doloso, bastando-se com a mera negligência ("ainda que meramente culposo" – art. 61.º do EN).

Portanto, a violação negligente de dever funcional determina a existência de uma infracção disciplinar passível do procedimento respectivo.

PARTE VI
O acto notarial em geral

24. NOÇÃO DE ACTO NOTARIAL

I. O acto notarial consiste na intervenção realizada por um notário no exercício da função notarial. Em regra, essa intervenção processa-se ao nível da forma escrita do negócio jurídico ou das formalidades legais deste; existem, todavia, alguns actos, por exemplo, o depósito de documentos ou a certificação, que não implicam a criação ou autenticação de um novo documento escrito.

Os actos notariais são lavrados nos livros previstos legalmente para o efeito (art. 7.º e art. 36.º do CN) e devem ser redigidos em língua portuguesa (art. 42.º do CN). As partes podem providenciar a minuta do acto[49].

II. Pode perguntar-se, se são típicos os actos notariais, isto é, se o notário pode apenas praticar os que constam do catálogo legal ou se há, ao invés, uma atipicidade legal de actos notariais?

O Código do Notariado contém um Capítulo, o Capítulo II (artigos 80.º a 172.º), no qual consta uma série de actos notariais, em concreto:

- Escrituras públicas;
- Instrumentos públicos, de entre os quais se regulam, a aprovação de testamentos cerrados, o depósito de testamentos, a abertura de testamentos cerrados e de testamentos internacionais, as procurações, substabelecimentos e consentimentos conjugais, e protestos;
- Os averbamentos;
- Registos;
- Abertura de sinal;
- Autenticação de documentos particulares;

---

[49] Sobre esta, cf. supra no texto.

178 José Alberto Vieira

– Reconhecimentos;
– Certificados, certidões e documentos análogos.

Os artigos 4.º, n.º 2 do Código do Notariado e 4.º, n.º 2 do Estatuto do Notariado, fixando a competência notarial do notário, apresentam no proémio um advérbio ("designadamente") que parece apontar no sentido da não exaustividade da lista de actos a praticar por aquele.

O argumento não é, contudo, definitivo, pois pode sempre dizer-se que os preceitos ressalvam a atribuição de competência ao notário em qualquer outra sede legislativa. Em todo o caso, sempre debaixo de específica previsão legal.

Duvidamos que esta posição seja sustentável. Basta ver que quanto ao acto de escritura pública a lei comete ao notário a realização desta nos casos em que ela constitui a forma legal do negócio jurídico a praticar. Mas, e se as partes escolhem celebrar o negócio jurídico por escritura pública quando a lei não a requer (forma voluntária)? Não deve igualmente o notário celebrá-la?

Na verdade, este exemplo elucida que o notário pode intervir ao nível da forma do negócio jurídico sem que a lei imponha a sua intervenção. Quer dizer, sem que a validade formal do acto dependa da intervenção notarial ou daquela intervenção notarial em concreto. Basta que os interessados o desejem e não exista um obstáculo legal que a isso se oponha (princípio da legalidade).

Portanto, a nossa opinião é a de que não existe um princípio de tipicidade de actos notariais e que o notário pode estender a sua intervenção à forma de actos relativamente aos quais a lei não preveja especificamente a sua realização. Isto levanta, no entanto, o problema da competência, que passaremos a abordar de seguida.

25. ACTO NOTARIAL E ACTO JURÍDICO. DISTINÇÃO NECESSÁRIA

O acto notarial é o acto praticado pelo notário no exercício da função notarial. Este acto tem requisitos de validade e de eficácia que lhe são próprios e não devem ser confundidos com os do acto jurídico subjacente à intervenção notarial.

Na verdade, importa distinguir entre o acto notarial propriamente dito e o acto jurídico celebrado pelo notário ou com a sua intervenção. O acto notarial pertence ao notário, é praticado no exercício da função notarial e nos limites da competência deste profissional. Ele obedece a requisitos de eficácia, em particular de validade, que são específicos dele. Ao invés, o acto jurídico subjacente ao acto notarial pertence às partes e produz os efeitos jurídicos determinados pelo Direito quanto a estas.

O acto notarial projecta-se ao nível da forma escrita do acto jurídico celebrado pelas partes. Através dele é emprestada a forma legal ao acto jurídico subjacente ou cumprida alguma formalidade, que em todo o caso respeita igualmente à forma.

É inegável, por isso, que a eficácia jurídica do acto notarial se repercute directamente na eficácia do acto jurídico subjacente. Assim, se, por exemplo, um negócio jurídico estiver sujeito a escritura pública e esta for nula, por vício do acto notarial[50], faltará ao negócio jurídico a forma legal, ou seja, será nulo[51].

A nulidade da forma do acto notarial "contamina" deste modo a forma legal do acto jurídico[52]. Mas não apaga a circunstância de estarmos defronte de dois actos distintos, cuja análise se deve manter separada, porque separado é o respectivo regime jurídico.

26. A COMPETÊNCIA DO NOTÁRIO

I. A competência do notário analisa-se quanto ao espaço em que o notário pode exercer a sua actividade profissional e quanto à matéria sobre a qual pode intervir. Assim, distingue-se a competência:

– Territorial;
– Material.

II. A competência territorial do notário decorre do disposto nos artigos 4.º, n.º 3 do Código do Notariado, 4.º, n.º 3 e 7.º do Estatuto do Notariado. Nos termos destes preceitos, a competência territorial do notário exerce-se apenas no Conselho da área do cartório notarial.

---

[50] E não do negócio jurídico, note-se.

[51] Só não será assim, se a forma de escritura pública for voluntária e o negócio jurídico for abrangido pela regra de liberdade de forma (art. 219.º do Código Civil).

[52] Quando o acto jurídico esteja sujeito a forma legal.

180 José Alberto Vieira

Estando embora confinado à prática de actos notariais na área do concelho onde esteja autorizado a exercer a profissão, o notário não está limitado pelo lugar da residência dos interessados ou da situação geográfica dos bens.

Com efeito, o notário pode atender pessoas residentes ou com sede em qualquer parte do país ou fora dele, assim como pode praticar actos relativos a bens situados noutros conselhos (art. 7.º, n.º 2 do Estatuto do Notariado e art. 4.º, n.º 3 do Código do Notariado). Tudo depende, pois, da iniciativa dos interessados que demandem o cartório notarial.

III. A competência material do notário respeita aos actos que pode praticar no exercício da função notarial.

Já tivemos oportunidade de esclarecer que o notário não se encontra atido à prática dos actos indicados na lei, nomeadamente, no Capítulo II do Código do Notariado, e que não vale neste âmbito um princípio de tipicidade dos actos notariais.

O notário confere fé pública aos actos por si praticados (art. 1.º do Código do Notariado). Ora, as partes podem ter interesses legítimos a assegurar com a intervenção notarial, em particular, o conferir de autenticidade e de força probatória plena aos seus negócios jurídicos.

Nenhuma razão existe para impedir a intervenção notarial na forma de um negócio jurídico se não existir proibição legal para a mesma. E a legalidade da intervenção, não a tipicidade dos actos notariais, é a única razão que deve fundamentar a recusa do notário em praticar o acto.

A recusa do notário em praticar um acto não tipificado na lei, contando que não exista um fundamento legal que justifique essa recusa[53], sujeita-o a responsabilidade civil pelos danos que a mesma possa ter causado aos interessados.

27. IMPEDIMENTOS DO NOTÁRIO

I. Diferente da competência é o impedimento. A competência define que actos o notário pode praticar no exercício da função notarial (competência material) e onde os pode praticar (competência territorial); o impe-

---

[53] Que não é, insiste-se, a tipicidade dos actos notariais.

Direito do Notariado

dimento traduz uma proibição de prática de um acto notarial concreto que o notário tem competência para celebrar.

O escopo da regra que estabelece o impedimento é o de evitar que o notário tire vantagem do exercício da fé pública para seu próprio benefício ou dos seus familiares. O impedimento é injuntivo: o notário está submetido a uma proibição legal de celebração do acto notarial.

A violação desta proibição desencadeia responsabilidade disciplinar, por infracção a um dever profissional. Se com isto houver igualmente danos em terceiros, pode haver lugar a imputação dos mesmos a título de responsabilidade civil extracontratual.

II. O impedimento atinge os actos em que participem as pessoas aludidas no art. 5.º, n.º 1 e n.º 2 do Código do Notariado.

O impedimento envolve também os trabalhadores do cartório notarial. O art. 6.º do Código do Notariado fala nos adjuntos e oficiais, mas supomos que a referência deve ser actualizada à luz do art. 8.º do Estatuto do Notariado, abrangendo todos os trabalhadores e não apenas uma categoria específica, que, aliás, já não existe nesses termos desde a privatização do notariado.

III. Não abrangidos pelos impedimentos encontram-se os actos de reconhecimento de letra e assinatura, contando que não sejam efectuados em contratos (art. 6.º, n.º 2 do Código do Notariado).

28. REQUISITOS GERAIS DO INSTRUMENTO NOTARIAL

Salvo os casos excepcionais previstos no art. 3.º do Código do Notariado, o acto notarial é realizado por um notário que haja recebido licença de instalação de cartório notarial. Esse acto encontra-se sujeito a determinados requisitos legais. Estes requisitos podem ser:

– Gerais;
– Especiais.

São requisitos gerais aqueles que devem ser cumpridos relativamente a todos os actos notariais, típicos ou atípicos; são especiais, os que respeitam somente a uma categoria de actos notariais ou a alguma modalidade de acto notarial em particular.

182 José Alberto Vieira

II. Os requisitos gerais do acto notarial constam do art. 46.º do Código do notariado. São relativos:

– À identificação do notário ou funcionário que intervém no acto (a);
– Às partes (b):
– Aos intervenientes (c);
– Aos documentos (d);
– À forma e formalidades do acto notarial (e).

A) Requisitos ligados ao funcionário que pratica o acto

O acto notarial é celebrado pelo notário ou, excepcionalmente, por um funcionário do cartório notarial que haja recebido autorização expressa do primeiro (art. 8.º, n.º 1 e n.º 3 do Estatuto do Notariado).

O notário ou o funcionário que praticar o acto deve proceder à sua identificação, indicando o seu nome, e o cartório notarial respectivo.

Havendo substituição do notário nos termos legais, deverá a mesma ser mencionada no acto, bem como a razão para ela (art. 46.º, n.º 2 do Código do Notariado).

B) Requisitos ligados às partes

Os requisitos ligados às partes prendem-se também exclusivamente com a identificação das pessoas singulares ou colectivas que celebram o acto notarial (art. 46.º, n.º 1 alínea c) do Código do Notariado).

Para as pessoas singulares outorgantes no acto, o notário deve mencionar o nome completo, o estado civil, a naturalidade e a residência habitual.

No tocante às pessoas colectivas, devem ser indicados no acto notarial a denominação, a sede e o número da pessoa colectiva, incluindo o número fiscal.

C) Requisitos ligados aos intervenientes

Intervenientes ou intervenientes acidentais, para usar a terminologia da lei, são as pessoas que intervêm no acto notarial sem serem partes do mesmo. São intervenientes as testemunhas, os peritos, os tradutores, os abonadores e os leitores (cf. os artigos 65.º a 69.º do CN).

Todos os intervenientes têm de ficar identificados no acto notarial. Essa identificação inclui o nome completo, o estado civil e o local de residência (art. 46.º, n.º 1 alínea h) do CN). A forma de verificação da identidade das testemunhas e dos abonadores também tem de constar do acto (art. 46.º, n.º 1 alínea d) do CN).

Caso haja juramento ou compromisso de honra de algum dos intervenientes no acto notarial, este deve conter a referência ao mesmo (art. 46.º, n.º 1 alínea i) do CN).

D) Requisitos ligados aos documentos apresentados no acto notarial

A lei notarial distingue os seguintes documentos apresentados no acto notarial:

– Procuração ou documentos de justificação da qualidade de procurador ou de representante de uma das partes;
– Documentos que ficam arquivados no cartório notarial;
– Documentos que são apenas exibidos ao notário para a celebração do acto notarial.

Aos primeiros faz referência o art. 46.º, n.º 1 alínea e) do Código do Notariado. São documentos que permitem ao notário comprovar a existência de poderes de representação no caso de existir procuração, ou se a pessoa singular que se apresenta para outorgar no acto tem a qualidade de membro do órgão ou de representante que se arroga.

Os documentos que devem ficar arquivados no cartório notarial são os apresentados para integrar ou instruir os actos notariais. De fora ficam unicamente os documentos que apenas devam ser exibidos ou que a lei determine o não arquivamento (art. 27.º do CN).

Todos os documentos que ficam arquivados no cartório notarial devem receber uma menção no acto notarial (art. 46.º, n.º 1 alínea f) do CN).

Por último, os documentos meramente exibidos que devam ser restituídos às partes têm igualmente de ser mencionados no acto notarial (art. 46.º, n.º 1 alínea g) do CN).

184 José Alberto Vieira

F) Requisitos relativos à forma e formalidades do acto notarial

A intervenção do notário no exercício da função notarial tem lugar ao nível da forma de um acto jurídico, o qual é, na maioria das vezes um negócio jurídico (testamento, contrato de compra e venda, etc.). Mas o acto notarial tem a sua própria forma[54] e, nalgumas vezes (quase sempre), também formalidades.

Assim, os actos notariais são sempre escritos, com dizeres por extenso (art. 40.º, n.º 1 do CN). E o escrito do acto notarial é sempre em língua portuguesa (art. 42.º, n.º 1do CN). O acto notarial é assinado no final ... pelas partes, por todos os intervenientes e pelo notário (art. 46.º, n.º 1 alínea n) do CN) e rubricado nas outras folhas (art. 52.º do CN).

O acto notarial deve ser lido e explicado aos intervenientes, a não ser que estes prescindam da leitura (art. 50.º, n.º 1 e n.º 2 do CN). A leitura, explicação, outorga e assinatura do acto devem ser realizadas de forma continuada (art. 53.º do CN). A menção da leitura ou dispensa desta deve figurar mencionada no acto, assim como a explicação do seu conteúdo (art. 46.º, n.º 1 alínea l) do CN).

Como formalidades adicionais, temos as declarações constantes dos artigos 65.º e 66.º do CN (art. 46.º, n.º 1 alínea j) do CN).

29. REQUISITOS ESPECIAIS

I. Os requisitos especiais são aqueles que a lei dispõe para uma dada categoria de actos notariais ou para um acto notarial em particular.

Fundamentalmente, estes requisitos especiais estão predispostos para actos notariais que envolvam:

– Factos sujeitos a registo;
– Factos constitutivos ou modificativos da propriedade horizontal.

II. O instrumento notarial pelo qual se constituam, modifiquem, transmitam ou extingam direitos reais sobre prédios deve conter a menção do número da descrição predial, da inscrição registal a favor de quem dis-

---

[54] Para a distinção entre a forma do acto notarial e a forma do negócio jurídico (ou do facto jurídico titulado com intervenção notarial), cf. infra no texto.

Direito do Notariado

põe do direito real e do número da matriz predial urbana (artigos 54.°, n.° 1 e n.° 2 e 57.°, n.° 1 do CN).

Naturalmente, se o prédio não estiver descrito e para os actos que a lei permita a titulação de facto jurídico sem que haja descrição do prédio (justificação notarial de usucapião ou de acessão), não pode ser feita menção nem à descrição predial nem à inscrição do facto a favor do outorgante. Nesse caso, do acto notarial deve constar a declaração de que o prédio não se encontra descrito (art. 54.°, n.° 1 do CN no fim).

Nos actos relativos a prédios omissos na matriz predial urbana deve ser feita a menção de que a inscrição foi requerida na repartição de finanças (art. 57.°, n.° 1 e n.° 3 do CN).

Por último, todo o acto notarial que deva ser levado ao registo predial deve indicar o valor do prédio de acordo com o documento legal que o comprove ou declaração das partes, se for o caso (art. 63.°, n.° 1 do CN).

III. A constituição da propriedade horizontal só pode ser celebrada pelo notário se os interessados juntarem o documento camarário de verificação de cumprimento dos requisitos legais respectivos (art. 59.° do CN).

Tratando-se de alteração à propriedade horizontal, o notário só pode lavrar o instrumento mediante a comprovação camarária de satisfação com os requisitos legais da propriedade horizontal (art. 60.°, n.° 1 do CN).

Por sua vez, transmissão ou oneração de direitos reais sobre as fracções autónomas de edifício constituído em propriedade horizontal só pode ser realizado pelo notário se o facto constitutivo da propriedade horizontal houver sido registado (art. 62.°, n.° 1 do CN).

30. INTERVENIENTES NOS ACTOS NOTARIAIS

I. Os intervenientes em acto notarial podem ser as testemunhas, os peritos, os tradutores, os abonadores e os leitores (cf. os artigos 65.° a 69.° do CN).

As testemunhas são requeridas em determinados actos notariais, em particular, nas escrituras de justificação notarial. A lei chama-as aí declarantes (art. 96.° do CN), mas trata-se de verdadeiras testemunhas do acto notarial. Não há nenhuma diferença material entre estas e as testemunhas ditas instrumentárias (art. 67.°, n.° 1 do CN). No entanto, as últimas podem ser dispensadas pelo notário, que deve fazer menção no acto da sua dispensa (art. 67.º, n.º 2 do CN), o que não pode acontecer com as outras, que asseguram a validade do acto notarial[55]. As testemunhas instrumentárias apenas são requeridas para participar nos actos notariais indicados taxativamente no art. 67.º, n.º 1 do Código do Notariado.

Os peritos referenciados nas leis notariais são os peritos médicos e a sua intervenção visa atestar a sanidade mental do autor da declaração prestada no acto notarial. Isso decorre com clareza do art. 67.º, n.º 4 do Código do Notariado. A intervenção de peritos médicos, em número de dois por cada acto notarial (art. 11.º, n.º 2 alínea b) do EN), processa-se a pedido:

– Do autor da declaração;
– Do notário.

Em qualquer dos casos, o objectivo é sempre o de atestar ao notário a condição de sanidade mental do declarante, sem a qual aquele deve recusar a prática do acto[56] (art. 11.º, n.º 2 alínea b) do EN).

O tradutor (intérprete) tem a função de transmitir ao outorgante o conteúdo do facto jurídico celebrado com intervenção notarial para a sua língua ou para outra que seja por ele compreendida, devendo ainda transmitir a declaração negocial daquele ao notário, realizando quanto a este último aspecto o papel de um núncio (art. 65.º, n.º 1 do CN).

Pressuposto da participação de tradutor no acto notarial é o desconhecimento ou insuficiente domínio da língua portuguesa na qual o negócio jurídico é celebrado. Um estrangeiro que conheça e domine a língua portuguesa não carece de assistência de tradutor, podendo, porém, sempre requerê-la.

Se o notário estiver em condições de transmitir o conteúdo do negócio jurídico ao outorgante estrangeiro, na língua deste ou noutra por ele compreendida, pode dispensar o tradutor (art. 65.º, n.º 3 do CN). Entendemos, todavia, que o outorgante pode sempre exigir a presença de tradutor, mesmo que o notário alegue estar em condições de comunicar adequadamente a ele o conteúdo do mesmo. Afinal de contas, essa é uma

---

[55] Sobre o ponto cf. infra no texto.

[56] O atestado de sanidade mental emitido pelo perito médico no acto notarial não assegura, de modo algum a validade do negócio jurídico celebrado, nem tão-pouco inverte o ónus da prova. O seu alcance reside somente na exoneração da responsabilidade do notário pela outorga de instrumento com declarante que não possa apreender os efeitos do acto em virtude de doença mental que impeça o seu entendimento normal.

Direito do Notariado

forma de garantir que tanto o significado e alcance do acto como a declaração do outorgante chegam à sua compreensão. Deste modo, assegura-se um dos escopos da intervenção notarial, que é igualmente o do esclarecimento das partes (art. 4.°, n.° 1 do CN e art. 4.°, n.° 1 do EN).

Nenhum interveniente pode participar no acto notarial em mais do que uma qualidade (art. 68.°, n.° 2 do CN, excepto as testemunhas instrumentárias, que podem servir igualmente como abonadores (art. 48.°, n.° 4 do CN).

II. A credibilidade para a intervenção no acto notarial é controlada pelo notário (art. 68.°, n.° 3 do CN), que pode recusar o interveniente com fundamento em falta dela (art. 68.°, n.° 4 do CN).

Ao notário incumbe igualmente aferir da existência das incapacidades ou inabilidades para o acto descritas no art. 68.°, n.° 1 do Código do Notariado. Se encontrar alguma no interveniente, deve impedi-lo de participar no acto notarial.

III. Intérpretes, peritos e leitores prestam juramento de honra perante o notário, devendo ficar o mesmo mencionado no acto notarial (art. 46.°, n.° 1 alínea i) do CN).

31. NULIDADE DO ACTO NOTARIAL

I. A análise de validade do acto notarial deve manter-se independente da análise correlativa da validade do acto jurídico subjacente[57], em regra, um negócio jurídico celebrado com a intervenção notarial. Como já esclarecemos anteriormente, são actos distintos, que pertencem a pessoas diferentes, um ao notário, o outro às partes, e estão sujeitos a diferentes regimes jurídicos, sem prejuízo da nulidade do acto notarial se poder repercutir na validade do negócio jurídico, por vício de forma[58-59].

---

[57] Sobre o ponto, cf. supra no texto.

[58] Cf. supra no texto.

[59] Em contrapartida, a validade do acto notarial não sofre a repercussão dos vícios do acto jurídico, o que se compreende atendendo ao facto de se tratar de actos diferentes, cada um com o seu regime jurídico próprio relativamente aos requisitos de validade.

Nesta ordem de ideias, a validade do acto notarial deve buscar-se no cumprimento pelo notário dos requisitos de forma e das formalidades que a lei notarial estabelece para ele.

II. O Direito notarial não conhece a anulabilidade do acto notarial. Quando este não cumpre os requisitos de forma, a consequência é a nulidade (artigos 70.º e 71.º do CN).

De todo o modo, a lei admite que alguns dos vícios que geram a nulidade do acto notarial possam ser sanados e com isso haver convalidação, um trecho de atipicidade face ao regime geral da nulidade negocial previsto no Direito privado, que não permite a convalidação de negócio jurídico nulo, mas tão-somente anulável.

Podemos, assim, distinguir entre:

– Actos notariais nulos cujo vício pode ser sanado (convalidação);
– Actos notariais nulos cuja sanação opera mediante revalidação do acto (convalidação);
– Actos notariais nulos insusceptíveis de convalidação.

A nulidade pode afectar todo o acto notarial ou apenas uma parte dele. A regra é a nulidade total; o vício afecta todo o acto e não apenas uma parte delimitada do mesmo. Contudo, no art. 72.º do Código do Notariado a lei notarial dispõe que nos actos que envolvam a disposição de direitos a favor do próprio notário, do seu cônjuge, de parente ou afim em linha recta ou em 2.º grau da linha colateral, assim como a favor de intervenientes acidentais, a nulidade fica confinada à parte do acto com o benefício destas pessoas.

Este preceito deve ser correctamente entendido. Se há uma doação ao notário ou um testamento em que ele figure como único beneficiário, todo o acto notarial resulta afectado pela nulidade. Somente quando haja vários beneficiários do acto de disposição e algum ou alguns deles não sejam os referidos no art. 72.º do Código do Notariado pode o acto notarial ser parcialmente nulo.

III. A nulidade do acto notarial ocorre por vício de forma[60]. Esta é

---

[60] Isto é ainda assim, segundo julgamos, quando exista falta de competência ou impedimento do notário. Na verdade, do que se trata sempre é do documento notarial produzido pelo notário. Se esse documento não pode valer, afecta a forma legal do acto jurídico subjacente.

Direito do Notariado

uma decorrência da natureza da intervenção notarial. O acto notarial reporta-se à forma do acto jurídico subjacente[61].

Os vícios capazes de gerar a nulidade do acto notarial são:

– A incompetência do notário ou do funcionário que o celebrou;
– A existência de impedimentos;
– A incapacidade ou inabilidade de intervenientes;
– A violação de requisitos legais.

A falta de competência material ou territorial para o acto notarial ou a existência de um impedimento relativamente ao notário ou funcionário que o celebra determina a sua nulidade (art. 71.º, n.º 1 do CN), o mesmo sucedendo no caso de incapacidade ou inabilidade de algum dos intervenientes (art. 71.º, n.º 2).

O acto notarial é ainda nulo por haverem sido preteridos os requisitos indicados no art. 70.º, n.º 1 do Código do Notariado.

Conforme podemos perceber, o incumprimento pelo notário de vários dos requisitos constantes dos artigos 46.º e seguintes do Código do Notariado não gera nulidade do acto notarial. Podemos assumir, em todo o caso, que o notário deverá poder suprir alguma deficiência de que o acto padeça, por exemplo, a falta de nome próprio ou apelido dos outorgantes[62]. E isso mesmo a título oficioso e sem necessidade de formalidades particulares.

Quer isto significar, no entanto, que existe uma tipicidade taxativa de causas de nulidade do acto notarial?

A nossa opinião é negativa. Casos de assinatura falsa, de troca de identidades ou de identidades falsas não podem deixar de ter como consequência a nulidade do acto notarial. Deste modo, afirmamos não haver uma tipicidade taxativa de causas de nulidade.

---

[61] Incluindo neste âmbito as formalidades, que também respeitam à forma. Cf. supra no texto.

[62] Lembramos que segundo o art. 46.º, n.º 1 alínea c), do instrumento notarial deve constar o nome completo dos outorgantes.

32. EFEITOS DA NULIDADE DO ACTO NOTARIAL

Existem dois tipos de efeitos jurídicos que decorrem da nulidade do acto notarial:

– Os efeitos relativos ao próprio acto notarial;
– Os efeitos relativos ao acto jurídico subjacente no qual se processou a intervenção notarial.

A lei notarial não contém nenhum regime jurídico para a nulidade do acto notarial. Por outro lado, o regime jurídico da nulidade no Direito português, o contido no Código Civil, respeita à nulidade de negócios jurídicos. Ora, o acto notarial não constitui um negócio jurídico, tão-pouco um acto jurídico no sentido do art. 295.º do Código Civil.

Isto não significa, porém, que não se possa fazer uma integração analógica a partir do regime da nulidade constante do Código Civil. Pelo menos, haverá aspectos deste regime de aplicação incontroversa, como sejam, nomeadamente, que qualquer interessado pode suscitar a nulidade do acto notarial, a todo o tempo, e que o acto notarial nulo não produz os seus efeitos típicos, quer dizer, aqueles efeitos que a intervenção notarial visa assegurar normativamente.

O acto notarial nulo é, assim, um acto juridicamente ineficaz (em sentido amplo[63]). Sem prejuízo das hipóteses legais de sanação do vício ou de revalidação, para algumas nulidades notariais, o acto notarial nulo não satisfaz o requisito de forma (incluindo as formalidades) do acto jurídico subjacente.

Deste modo, quando o acto jurídico subjacente esteja submetido a uma regra de forma (forma legal), a nulidade do acto notarial repercute-se na validade daquele, tornando-o igualmente nulo (art. 220.º do Código Civil). Por conseguinte, a nulidade do negócio jurídico, por vício de forma, pode advir a montante da nulidade do acto notarial destinado a conferir-lhe a forma legal.

33. SANAÇÃO DA NULIDADE DE ACTO NOTARIAL

I. Em alguns casos, e verificados certos pressupostos, o vício do acto notarial nulo pode vir a ser sanado, convalidando-se o mesmo, ou seja,

---

[63] Para a compreensão do conceito de ineficácia, cf. MENEZES CORDEIRO, Tratado De Direito Civil.

conferindo-lhe validade *a posteriori*. Um aspecto típico do regime jurídico da anulabilidade que o legislador transportou para o Direito notarial.

A sanação do vício pode dar-se relativamente:

– A todos os vícios descritos no art. 70.º, n.º 1 do Código do Notariado;
– Ao acto notarial ferido de incompetência territorial;
– Ao acto notarial celebrado com incapacidade ou inabilidade legal de interveniente.

II. Nos casos contemplados no art. 70.º, n.º 1 do Código do Notariado, com excepção da alínea c), a sanação do acto notarial nulo carece de uma formalidade posterior destinada a suprir a falta de cumprimento do requisito legal que vicia o acto. Essa formalidade consiste:

– Num averbamento feito pelo notário, nos casos previstos no art. 70.º, n.º 2 alínea a) do Código do Notariado;
– Numa declaração em documento autêntico, nos casos previstos no art. 70.º, n.º 2 alíneas b) a e) do Código do Notariado.

O averbamento[64] pelo notário tem lugar quando falte no acto notarial a indicação do dia, mês, ano e lugar de celebração, se pelo texto do instrumento ou pelos elementos existentes no cartório notarial for possível suprir a falta (art. 132.º, n.º 7 do CN).

O averbamento pode ser feito oficiosamente, por iniciativa do notário, quando detecte a falha (art. 132.º, n.º 7 do CN). Mas pode igualmente ter lugar por requerimento de qualquer interessado, nomeadamente, das partes. Nenhuma razão plausível se opõe a esta hipótese e não faria qualquer sentido recusá-la, obrigando à repetição do acto, com desperdício de tempo e recursos.

No caso de incumprimento dos requisitos do acto notarial mencionados nas alíneas b), d), e) e f) do n.º 1 do art. 70.º do Código do Notariado, a elaboração de documento autêntico pelo notário deve conter uma declaração da pessoa relativamente à qual ocorreu a falta de cumprimento da formalidade suprindo a falta desta. A iniciativa da sanação pode ser do

---

[64] Os termos de feitura do averbamento constam do art. 133.º do Código do Notariado.

notário ou de qualquer interessado, contando que a formalidade legal com esse efeito seja cumprida, nos termos legais.

III. A sanação dos vícios do acto notarial processa-se de forma diversa em caso de incompetência territorial, por incapacidade ou inabilidade de interveniente e no caso do art. 70.°, n.° 1 alínea c) do Código do Notariado.

Nestes três grupos de casos, a lei concede ao notário competência para decidir sobre a sanação, da seguinte forma:

– Havendo incompetência territorial, a lei notarial somente admite a sanação do vício se houver uma justificação de ausência emitida pelo notário territorialmente competente e as partes declararem, por escrito, a urgência na celebração do acto (art. 71.°, n.° 3 alínea a) do CN). A decisão, em todo o caso, pertence ao notário que celebrou o acto notarial viciado de incompetência relativa;

– Se as partes declararem em documento autêntico que as palavras inutilizadas não poderiam alterar os elementos essenciais ou o conteúdo do acto jurídico celebrado (art. 71.°, n.° 3 alínea a) do CN);

– Quando o vício do acto afectar disser respeito a um dos intervenientes e possa ser suprido pela intervenção de um outro (art. 71.°, n.° 3 alínea a) do CN).

A competência para a sanação do vício e consequente convalidação do acto notarial pertence ao notário que o celebrou, mas a iniciativa para o efeito pode pertencer tanto a ele como a qualquer interessado.

IV. A incompetência material do notário para o acto não pode ser sanada nem objecto de revalidação. Trata-se, pois, de uma nulidade insusceptível de sanação. O acto notarial nulo por incompetência material do notário não produz nenhum dos seus efeitos legais.

34. REVALIDAÇÃO DO ACTO NOTARIAL. OS ACTOS NOTARIAIS QUE PODEM SER OBJECTO DE REVALIDAÇÃO

A revalidação do acto notarial constitui uma decisão do notário nos termos de um processo especial destinado a assegurar a convalidação de acto notarial nulo por sanação dos vícios nele existentes.

São susceptíveis de revalidação os actos notariais nulos cujo vício consista:

– Em incompetência territorial não sanável nos termos do art. 71.º, n.º 3 alínea a) do Código do Notariado;
– Na falta de cumprimento de qualquer dos requisitos legais aludidos no art. 70.º, n.º 1 alíneas b) a f) do Código do Notariado, contando que eles não possam ser sanados nos termos do art. 70.º, n.º 2 e do art. 71.º, n.º 3 do Código do Notariado.

A decisão de convalidação pertence ao notário que outorgou o acto notarial nulo. Se for positiva, o acto notarial adquire eficácia jurídica desde a data da sua celebração. Uma vez que se trata de verdadeira convalidação, a eficácia do acto notarial retroage à data de celebração do acto notarial, produzindo efeitos desde essa data.

A convalidação do acto notarial nulo, por força da decisão de revalidação vai-se projectar naturalmente na validade do acto jurídico subjacente quando esta dependia do cumprimento da forma legal decorrente da intervenção notarial. A sanação do vício de forma do acto notarial induz a convalidação do acto jurídico nulo por falta de forma legal.

35. O PROCESSO DE REVALIDAÇÃO

I. A revalidação de acto notarial nulo cuja convalidação seja legalmente possível[65] tem lugar num processo especializado de natureza jurisdicional, em que o notário decide em primeira instância, podendo haver recurso para os tribunais cíveis, nomeadamente, para o tribunal de 1.ª instância e até ao Tribunal da Relação (art. 78.º, n.º 1 e n.º 3 do CN).

A revalidação só surge como legalmente possível relativamente a vícios do acto notarial que sejam sanáveis, mas que, no entanto, não puderam ser sanados em concreto. A única excepção a isto é a falta de indicação do lugar ou data de celebração do acto, vício que pode ser sanado, mas que não constitui fundamento de revalidação segundo o disposto no art. 73.º do Código do Notariado.

---

[65] E nem todos os casos de nulidade do acto notarial admitem sanação do vício por revalidação, como, por exemplo, o acto celebrado com falta de competência material.

Num processo jurisdicionalizado, a iniciativa do mesmo pertence aos interessados (art. 73.° e art. 74.° do CN). Note-se, não apenas às partes, mas a qualquer interessado. O âmbito da legitimidade é, assim, maior.

Todo aquele cuja esfera jurídica possa ser afectada pela decisão de revalidação, pela alteração de uma situação jurídica na sua titularidade, tem legitimidade para interpor o pedido respectivo.

O pedido de revalidação é dirigido ao notário autor do acto notarial nulo (art. 74.° do CN). E isto ainda que se trate de um acto viciado por incompetência territorial.

II. O pedido do processo de revalidação perante o notário é a revalidação do acto notarial nulo (art. 73.° do CN). A causa de pedir é este acto e o fundamento do pedido a eliminação do vício ou vícios do acto nulo.

A sanação do vício do acto nulo – o fundamento do pedido de sanação – pressupõe a demonstração de que o vício do acto se encontra eliminado. Por isso, o requerente tem de produzir a prova necessária a demonstrar que os vícios causadores da nulidade do acto notarial foram afastados. O ónus da prova da sanação do vício cabe, pois, ao autor do pedido de revalidação segundo as regras gerais de distribuição da prova.

Em todo o caso, algumas observações adicionais podem ser feitas ainda.

A revalidação do acto notarial não tem como finalidade principal a discussão sobre a existência da própria nulidade do acto notarial. Naturalmente, ela pode advir a título incidental. Ninguém o pode impedir; se um dos interessados notificados para se pronunciar sobre o pedido de revalidação afirma que o acto notarial é válido, o notário não poderá deixar de se pronunciar sobre a sua validade, embora aquele pedido se dirija à revalidação e não à apreciação da validade do acto.

De qualquer modo, do que se trata na revalidação é de reconstituir a parte do acto em que ocorre a falta exterior de verificação dos requisitos legais e aferir se, apesar de tudo, os mesmos foram cumpridos ou se ainda o podem ser. Caso, por exemplo, falte a assinatura do notário no acto e este esteve presente, fazendo cumprir os restantes requisitos formais, o processo de revalidação tem por escopo a prova que a lei (concretamente o art. 46.°, n.° 1 alínea do Código do Notariado) foi cumprida e o acto notarial está em condições produzir efeitos como acto válido.

Reconstituir o acto – ou a parte dele afectada pelo vício – e comprovar a sua conformidade aos requisitos legais, apesar de falhas na forma (a

Direito do Notariado

falta de assinatura, a não referência a formalidades, etc.), eis o quadro onde se move o processo de revalidação.

III. A lei notarial detalha os moldes em que o pedido deve ser apresentado ao notário competente. O requerimento, feito por escrito, deve conter (art. 75.º, n.º 1 do CN):

– A identificação do autor ou autores;
– A indicação do acto notarial nulo a revalidar;
– O fundamento ou fundamentos da revalidação.

Com o pedido, o interessado deve juntar a prova, que inclui todos os meios de prova geralmente admitidos em Direito, sem excepção. A isto não se opõe o disposto no art. 73.º, n.º 2 do Código do Notariado, apesar de no regime apenas aparecerem mencionadas as provas documental e testemunhal.

Se o pedido estiver em condições de ser recebido, o notário deve proceder à notificação dos interessados (art. 76.º, n.º 1 do CN). Se o pedido, ao invés, se revelar inepto, estiver incompleto ou com ele não haver sido junta prova, o notário deve convidar o autor a aperfeiçoar ou completar o mesmo.

Quais são os interessados que o notário deve notificar de acordo com o art. 76.º, n.º 1 do Código do Notariado? Devem ser notificados apenas os outorgantes? No caso de o autor do pedido ser um dos outorgantes, o notário deve notificar unicamente o outro ou outros?

A nossa ideia é a de fazer coincidir a legitimidade para o pedido com o círculo de pessoas que devem ser notificadas pelo notário. Assim, todo aquele cuja esfera jurídica possa ser afectada pela decisão de revalidação, pela alteração de uma situação jurídica na sua titularidade, deve ser notificado para se pronunciar sobre a revalidação do acto notarial.

Os interessados podem deduzir oposição à revalidação do acto notarial nulo ou estarem todos de acordo com ela. A lei concede-lhes um prazo de 10 dias para virem esclarecer a sua posição junto do notário e oferecerem a sua prova.

IV. A decisão do notário baseia-se sempre na demonstração de que os vícios que tornam nulo o acto notarial não se verificaram, os requisitos legais do acto foram cumpridos[66] ou a sua omissão pode ainda ser suprida

---

[66] Esta asserção deve ser convenientemente entendida. Se a assinatura de um perito

no próprio processo de revalidação; tudo em conformidade com o preceituado no art. 73.º do Código do Notariado.

Na sua decisão, o notário não está vinculado pela unanimidade de vistas dos interessados. Se todos estes se pronunciam a favor da revalidação, mas não provam o fundamento respectivo, ela deve ser recusada. Apenas a verificação dos fundamentos legais da revalidação permitirá ao notário decidir favoravelmente sobre a revalidação do acto notarial nulo.

V. Qualquer que seja a decisão do notário, ela é sempre susceptível de recurso para o tribunal de 1.ª instância competente, que será o tribunal cível (art. 78.º, n.º 1 do CN). O prazo para este recurso é de 10 dias, contados da notificação da decisão recorrida (art. 77.º, n.º 1 do CN). A decisão do tribunal cível de 1.ª instância pode ser, por sua vez, objecto de recurso para o Tribunal da Relação competente, mas somente se não coincidir com a decisão notarial recorrida (art. 78.º, n.º 3 do CN). Se houver coincidência, a lei não admite um segundo recurso para a Relação.

O recurso é processado segundo o regime do agravo e tem efeito suspensivo (art. 78.º, n.º 3 do CN).

VI. A decisão final do processo de revalidação, caso seja no sentido favorável a esta, deve ser averbada no acto revalidado. O Código do Notariado apenas dispõe esta solução para a hipótese da decisão do notário não sofrer recurso de interessado (art. 77.º, n.º 2 do CN). A verdade, porém, é que a mesma solução se aplica na hipótese da revalidação advir da decisão de recurso, em 1.ª ou 2.ª instância. Não existe qualquer argumento em sentido contrário e mal se compreenderia que não fosse assim.

---

médico ou do próprio notário falta, sempre se poderá dizer que os requisitos legais do acto não foram cumpridos. O que interessa, porém, é aferir se, embora faltem as assinaturas, as pessoas assistiram ao acto e desempenharam o seu papel, apenas não assinando o mesmo. Esta omissão, que torna o acto notarial nulo, não compromete definitivamente o valor do acto, caso se prove que o notário ou o perito médico estiveram presentes nele e apenas não o assinaram, servindo justamente o processo de revalidação para suprir essa falha.

PARTE VII
Os actos notariais em especial

SECÇÃO I
As escrituras

36. OBSERVAÇÕES GERAIS

No Capítulo II do Título II do Código do Notariado encontram-se os actos notariais em especial.

Conforme tivemos oportunidade de explicar em momento anterior, a lista destes actos não tem carácter taxativo, não limitando a lei a competência material do notário à sua prática.

Na verdade, na medida em que qualquer acto jurídico tem uma forma e pode haver formalidades a cumprir, o notário pode ser chamado, por iniciativa das partes, a participar na sua celebração, intervindo no exercício da função notarial e emprestando fé pública ao acto.

A circunstância do acto não estar sujeito a forma legal conferida por instrumento notarial não constitui nenhum óbice a isso. São as partes, juízes dos seus interesses, que decidem o modo de titular o acto jurídico que celebram. Ao notário cabe responder à solicitação das partes, contando que a legalidade não seja ofendida, e não o é simplesmente pela falta de previsão legal da sua intervenção.

37. AS ESCRITURAS EM GERAL

I. A escritura pública foi durante as últimas décadas do Direito português a forma mais solene do negócio jurídico e aquela a que se encontravam submetidos alguns dos mais importantes contratos, especialmente, os que respeitavam a coisas imóveis e a sociedades comerciais.

198 José Alberto Vieira

A pomposamente denominada desformalização levada a cabo pelo DL n.º 116/2008 veio afastar a regra da escritura pública como forma legal de quase todos os negócios jurídicos que até aí se encontravam sujeitos a ela, substituindo-a pelo documento particular autenticado. Na nova redacção do art. 80.º do Código do Notariado, subsistem com a forma legal de escritura pública:

– As habilitações de herdeiros (art. 80.º, n.º 1 alínea d) do CN);
– A constituição de associações e de fundações, os seus estatutos, suas alterações e revogações (art. 80.º, n.º 1 alínea g) do CN).

Em todo o caso, a substituição pelo documento particular autenticado não importou a eliminação total deste importante instrumento público. Além dos negócios jurídicos que, residualmente, continuam a ter por forma legal a escritura pública, esta mantém-se como alternativa ao dispor dos interessados que pretendam exteriorizar as suas declarações negociais através dela.

II. As escrituras públicas são lavradas em livro de notas (art. 36.º, n.º 1 do CN) e no livro de notas para escrituras diversas (art. 12.º do CN).

38. AS ESCRITURAS ESPECIAIS

Dentro figura geral da escritura pública, que a lei enuncia em abstracto como forma legal de determinadas categorias de negócios jurídicos, existem escrituras públicas sujeitas a regime especial, as quais têm em vista não tanto dotar um negócio de forma específica, mas sim providenciar um documento que ateste um facto, que depois se liga a determinados efeitos jurídicos.

Assim, por exemplo, a justificação notarial da usucapião permite ao justificante efectuar o registo predial da sua aquisição, como a habilitação de herdeiros possibilita ao herdeiro beneficiário o recebimento de uma prestação da seguradora em caso de morte da pessoa segura.

A lei portuguesa prevê três modalidades de escrituras especiais:

– Habilitações notariais;
– Justificações notariais:
– Extinção da responsabilidade de dívidas por emissão de títulos.

Direito do Notariado

Cada uma destas modalidades de escrituras encontra-se submetida a um regime jurídico específico, o qual é realmente um regime jurídico especial no confronto com as escrituras gerais previstas genericamente como forma de determinados negócios jurídicos.

Passamos de seguida à análise de cada uma delas.

39. AS ESCRITURAS DE HABILITAÇÃO NOTARIAL

I. A habilitação visa comprovar a qualidade de sucessor de alguém que faleceu. Ela pode ser judicial ou notarial. A habilitação notarial mais corrente é a habilitação de herdeiros, mas a lei prevê igualmente a habilitação de legatários (art. 88.° do CN). Seja como for, a habilitação notarial tem o mesmo valor legal que a habilitação judicial (art. 86.°, n.° 1 do CN), o que permite dispensar o recurso aos tribunais.

A escritura de habilitação notarial, comprovando a qualidade de herdeiro, confere legitimidade ao(s) habilitado(s) para praticar uma série de actos relativos aos bens da herança. A lei notarial elenca os que respeitam ao registo, predial, comercial e automóvel (art. 86.°, n.° 1 do CN). No entanto, o alcance é mais vasto e pode ir tanto à liquidação do imposto sucessório como ao recebimento de prestações de que o *de cuius* fosse credor.

A habilitação notarial deve indicar que:

– Os habilitados são sucessores do falecido;
– E que não existem outros que com eles concorram no mesmo grau sucessório.

Em primeiro lugar, os habilitandos são os que gozam de prioridade na hierarquia de pessoas sucessíveis, só esses podendo outorgar na escritura de habilitação.

Em segundo lugar, apenas as pessoas que estejam no mesmo grau de prioridade podem outorgar na escritura. Se os filhos são os herdeiros, os netos ficam de fora da habilitação[67], por exemplo.

---

[67] A não ser quando sejam representantes de filho falecido antes da morte do *de cuius*.

Em terceiro lugar, todas as pessoas que estejam no grau prioritário de sucessão devem constar da escritura de habilitação notarial.

Isto explica-se facilmente. A escritura de habilitação atesta os herdeiros do falecido e, por isso, dela devem constar unicamente os que o são – não os que o poderiam ter sido – e todos eles, de modo a que qualquer pessoa ou entidade que careça de aferir a qualidade de herdeiro possa, a partir da habilitação, tomar conhecimento dessa informação.

II. Na escritura de habilitação notarial os declarantes podem ser:
– Três testemunhas da qualidade de sucessores dos habilitados (art. 83.º, n.º 1 do CN);
– O cabeça-de-casal da herança (art. 83.º, n.º 2 do CN).

Ao contrário do que sucede com a justificação notarial, em que o declarante é o que justifica o facto jurídico, na habilitação de herdeiros os declarantes são as testemunhas da qualidade de sucessores – herdeiros ou legatários – dos habilitados, reunindo, assim, simultaneamente ambas as qualidades: outorgantes do acto e testemunhas (não instrumentárias).

Além das menções[68] gerais, a escritura de habilitação deve ainda indicar:

– O nome completo, o estado civil, a naturalidade e o último lugar de residência do falecido;
– Os mesmos elementos relativamente aos habilitados;
– A indicação de menoridade do habilitado, se for o caso;
– A advertência prevista no art. 97.º do Código do Notariado, na hipótese da escritura ser outorgada pelo cabeça-de-casal.

IV. A lei dispõe ainda que os parentes sucessíveis dos habilitandos, os respectivos cônjuges e, bem assim, os que não podem ser testemunhas instrumentárias não podem ser outorgantes na escritura de habilitação (art. 84.º do CN).

---

[68] Cf. o art. 68.º do Código do Notariado, n.º 1.

40. AS ESCRITURAS DE JUSTIFICAÇÃO NOTARIAL

I. As escrituras públicas de justificação notarial têm como escopo principal providenciar ao adquirente de um direito real sobre um imóvel um documento escrito para ele poder proceder ao registo predial, que se faz somente na dependência de título escrito (art. 43.º, n.º 1 do Código do Registo Predial). Como, na ausência de título escrito, a lei registal predial não consente o acto de registo, o interessado tem de o providenciar.

Isto pode ser feito de duas maneiras: pelo recurso ao tribunal, a fim de se obter a declaração da existência do direito, ou pela via da justificação, notarial ou registal. Como a primeira envolve um dispêndio de dinheiro e, sobretudo, de tempo, está bem de ver que a justificação se afigura como o meio mais expedito de providenciar forma escrita a um facto aquisitivo de direito cuja eficácia jurídica não depende dela.

Dentro das duas formas de justificação, a que nos cabe estudar nesta sede é a justificação notarial, a qual é outorgada por escritura pública.

Como facto jurídico mais relevante titulado pela escritura pública de justificação temos a usucapião. Mas não há qualquer razão para não estender este meio de titulação a outros factos aquisitivos de direitos reais sobre coisas imóveis como, em particular, a acessão imobiliária.

Importa esclarecer também, que a justificação notarial não se encontra apenas normativamente predisposta para casos em que o facto aquisitivo do direito não está sujeito a forma legal. Com efeito, pode muito bem acontecer que o título de aquisição do direito foi perdido, por furto, roubo, destruição, etc. O comprador e o vendedor perderam a escritura de compra e venda e não localizam o cartório notarial onde a mesma foi feita para extrair certidão ou os herdeiros do proprietário falecido não localizam a decisão judicial onde consta o reconhecimento do direito.

Em casos como este, a justificação notarial reduz o facto aquisitivo a documento autêntico, substituindo a primitiva forma do acto jurídico para efeitos do registo predial.

Como escopo secundário, a justificação notarial liga-se ao registo comercial. Trata-se nestes casos de providenciar um título de aquisição de participação social em sociedade comerciais ou civis sob forma comercial (art. 94.º, n.º 1 do CN) ou de dissolução de sociedade, nos termos do art. 141.º, n.º 2 do Código Comercial (art. 94.º, n.º 2 do CN).

II. A justificação notarial consiste na declaração de ocorrência de um acto jurídico de aquisição de um direito para o qual a lei não exige forma especial.

A justificação notarial não deve confundir-se, em todo o caso, com o próprio acto jurídico aquisitivo do direito. O que está em causa na justificação é somente a declaração de aquisição de um direito nos termos de um dado acto jurídico, o qual deve ser invocado e sumariamente demonstrado, como se verá mais adiante.

Com efeito, a justificação notarial não constitui qualquer facto aquisitivo do direito justificado, mas apenas uma representação escrita desse facto, um documento notarial que atesta, mas não prova definitivamente, a aquisição do direito.

Na realidade, quando outorgada, a justificação notarial não tem outro efeito senão o de fazer presumir a titularidade do direito para efeito de registo predial ou comercial. Contudo, aquele que na escritura pública de justificação declara ter adquirido um direito por meio de um dado facto (usucapião, acessão ou outro) não se torna titular desse direito se o facto não for juridicamente eficaz (válido).

Assim, aquele contra o qual funciona a escritura de justificação não está impedido de impugnar judicialmente o acto jurídico titulado por meio dela. E isto é assim, ainda que, com base no título obtido através da justificação, haja sido feito o registo (predial ou comercial).

De resto, e no que toca particularmente ao registo predial, a inscrição registal faz apenas presumir *iuris tantum* a titularidade do direito (art. 7.º do Código do Registo Predial). Esta, no entanto, pode ser judicialmente posta em causa, demonstrando-se que a titularidade do direito não pertence a quem beneficia da inscrição registal, mas a outra pessoa.

Portanto, na justificação notarial declara-se em documento autêntico a ocorrência de um facto aquisitivo de um direito para efeitos de registo predial ou comercial, conforme os casos. Essa declaração não constitui o próprio facto aquisitivo, apenas o atesta documentalmente. Qualquer interessado pode impugnar o facto justificado na escritura pública, que, assim, só faz presumir a titularidade do direito para efeitos registais.

III. Quem pode requerer a justificação do facto aquisitivo do direito?

Desde logo, aquele que se arroga a titularidade dele tem naturalmente legitimidade para requerer a justificação notarial do facto pelo qual supostamente adquiriu.

Direito do Notariado

A lei portuguesa, porém, não limita a legitimidade para requer a justificação ao pretenso titular do direito. A seu lado, estão os interessados nessa justificação (art. 92.º, n.º 2 do CN). A lei exemplifica com os credores do titular do direito justificado. Além destes, podem requerer a justificação todos aqueles cuja esfera jurídica possa ser afectada pelo facto jurídico justificado.

IV. O regime da justificação para fins de registo predial distingue três hipóteses:

– Justificação para estabelecimento do trato sucessivo;
– Justificação para reatamento do trato sucessivo;
– Justificação para estabelecimento de novo trato sucessivo.

À primeira hipótese alude o art. 89.º do Código do Notariado. A situação a que corresponde é a de omissão do prédio no registo predial, ou seja, envolve os casos em que o prédio não foi ainda descrito na conservatória do registo predial e não existe naturalmente inscrição a favor de alguém.

Uma vez que o adquirente do direito real não possui título de aquisição do direito, a justificação notarial confere-o.

O outorgante da escritura de justificação deve declarar no instrumento o direito real que se arroga sobre a coisa e indicar o facto aquisitivo do mesmo. O art. 89.º, n.º 1 do Código do Notariado, no fim, dispõe ainda que devem ser referidas no instrumento as razões que impedem de comprovar o facto aquisitivo "pelos meios normais".

Esta última menção, todavia, deve ser feita apenas quando o facto aquisitivo estava sujeito a forma legal escrita e o documento não pode ser agora utilizado para efeitos do registo predial, por qualquer razão. Ao invés, ela não faz qualquer sentido para a usucapião e para a acessão imobiliária, as quais constituem factos aquisitivos não negociais de direitos reais sobre imóveis, que não estão legalmente submetidos à forma escrita, ou seja, a uma exteriorização documental.

Em factos jurídicos complexos de produção sucessiva, como são, por exemplo, a usucapião e a acessão imobiliária, o declarante deve indicar as circunstâncias que conduzem à aquisição do direito. Assim, na justificação da usucapião o declarante tem de descrever como adquiriu a posse (entrega de outrem, apossamento, etc.), em que momento e quais os caracteres da sua posse[69], pois tal é decisivo não só para se aferir o tempo de

---

[69] O art. 89.º, n.º 2 d Código do Notariado induz a impressão errónea de que só

posse necessário para poder usucapir, mas também da própria possibilidade legal da usucapião[70].

Quando a posse se funda num título (contrato de compra e venda, doação, permuta, etc.), este deve ser mencionado.

A segunda hipótese de justificação notarial que corresponde ao art. 90.º do Código do Notariado prende-se com o grupo de casos em que o prédio está descrito na conservatória do registo predial e existe inscrição a favor de alguém, mas não existe título de aquisição que permita o registo do actual titular. Por exemplo, o titular inscrito vendeu a terceiro e perdeuse a escritura, faltando o título escrito material que permite ao comprador proceder ao registo da sua aquisição[71].

Nestes casos, o trato sucessivo registal mantém-se e há apenas que reconstituir a cadeia de transmissões, desde o titular inscrito até ao actual, providenciando os títulos que faltam até ao titular presente. Pode, de resto, ser apenas um, como decorre do exemplo apresentado.

A terceira hipótese, a que alude o art. 91.º do Código do Notariado, que se encontra em relação com o art. 116.º, n.º 3 do Código do Registo Predial, é de abertura de um novo trato sucessivo.

Ao contrário da hipótese contemplada no artigo 90.º do Código do Notariado, a justificação para estabelecimento de um novo trato sucessivo assenta na verificação de um facto aquisitivo originário de um direito real sobre prédio já descrito e com inscrição registal a favor de alguém que perdeu a propriedade a favor de um terceiro e não transmitiu voluntariamente a este o direito.

O caso paradigmático reside na usucapião. A usucapião consiste num facto aquisitivo originário do direito real de gozo sobre coisa imóvel[72]. Por isso, o usucapiente da propriedade do prédio, ou quem dele vier a adquirir

---

quando a posse é não titulada se deve fundamentar o início da posse e os caracteres desta. Na verdade, seja a posse titulada ou não titulada, o modo de aquisição da posse, o tempo de posse e os caracteres da posse, nomeadamente, se a mesma é pública e pacífica, têm de ser mencionados na escritura.

[70] Só a posse pública e pacífica é boa para usucapião. Uma posse oculta ou mantida com violência não permite usucapir o direito a que a posse se refere.

[71] Outro exemplo é dado pela usucapião nos termos de direito real menor. Neste caso, o proprietário inscrito não transmitiu nenhum direito nem o onerou, mas não se torna necessário fundar um novo trato sucessivo, porque a propriedade se mantém no titular inscrito.

[72] Cf. José Alberto Vieira, Direitos Reais, cit., pág. 424 e segs.

Direito do Notariado

o direito, não recebe o seu direito por transmissão do titular inscrito ou de quem este haja transmitido o mesmo. A necessidade de um novo trato sucessivo decorre da falta de participação do titular inscrito no facto aquisitivo do direito de quem pretende proceder ao registo.

V. A lei notarial portuguesa admite a justificação simultânea com a escritura de um acto de disposição do direito justificado (art. 93.° do CN).

O preceito refere somente os actos de alienação, mas nada justifica uma tal restrição. Os actos de oneração, que sendo de disposição não constituem qualquer alienação, estão igualmente abrangidos. Assim, se o justificante hipoteca o direito cuja aquisição justificou em simultâneo ou se constitui um usufruto, superfície ou servidão nenhum problema se coloca.

Não faria sentido ser de outra maneira. A lei que permite o mais, permite o menos. Autorizada a justificação simultânea para a alienação do direito justificado, deve considerar-se admitida igualmente a sua oneração, não obstante a limitação literal do art. 93.° do Código do Notariado, que nesta parte tem de ser interpretado extensivamente.

VI. A justificação notarial requer que o interessado promova a descrição na matriz predial urbana, se o prédio não constar já dela (art. 92.°, n.° 1 do CN). A definição jurídica da titularidade da propriedade sobre o prédio não tem precedência sobre o seu tratamento fiscal.

Esclarece-se ainda que a inscrição matricial pode ser feita por qualquer interessado (art. 92.°, n.° 2 do CN). Viabiliza-se, deste modo, a justificação pelos interessados relativamente aos prédios que não constam da matriz, evitando-se que a inércia do titular do direito a comprometa.

VII. A justificação para efeitos de registo comercial supõe a aquisição de participação social (quotas, acções) ou de outro direito sobre o capital social sem título escrito ou a sua perda. A lei notarial (art. 94.°, n.° 1 do CN) fala em propriedade e em usufruto a propósito do direito em causa. A terminologia, embora corrente e com assento legal, é profundamente infeliz. Os direitos reais somente podem ter por objecto coisas corpóreas[73] e não outros bens.

A analogia com os direitos reais trás para esta sede o reatamento do trato sucessivo e a instituição de novo trato sucessivo. Neste último caso,

---

[73] Cf. JOSÉ ALBERTO VIEIRA, Direitos Reais, cit., pág. 77 e segs.

206 José Alberto Vieira

parece que o que está em causa é a aquisição originária de direito de participação social, nomeadamente, por usucapião. O art. 94.º, n.º 3 do Código do Notariado, mandando aplicar o disposto no art. 89.º, n.º 2, confirma esta perspectiva.

A usucapião, conforme se encontra regulada no Direito português, fruto de uma longa evolução histórica, não contempla a aquisição de outros direitos que não sejam direitos reais de gozo[74]. Um direito de participação social não pode ser adquirido por usucapião. E não se vislumbra qualquer outro facto aquisitivo originário nesta sede.

Tudo isto nos leva a negar que a justificação notarial possa ser usada para fundar um novo trato sucessivo de participações sociais no registo comercial.

VIII. A escritura de justificação notarial obedece a um formalismo que a torna mais complexa do que a maioria dos outros actos notariais.

Para começar, a outorga desta escritura exige a presença de três testemunhas, às quais a lei chama de declarantes (art. 96.º do CN). A terminologia não se afigura feliz. O declarante é a pessoa que procede à justificação do direito pela indicação do facto aquisitivo respectivo e não a que atesta no acto a veracidade da declaração do justificante.

As testemunhas da escritura de justificação afiançam com o seu conhecimento pessoal que o facto ocorreu nos termos declarados pelo justificante. O seu papel é assegurar a veracidade da declaração de justificação.

Para dissuadir a justificação de factos que realmente não ocorreram ou não ocorreram nos termos declarados, a lei estende a aplicação do crime de falsas declarações às testemunhas que dolosamente não atestem factos verdadeiros com prejuízo para outrem (art. 97.º do CN).

IX. Quando a escritura de justificação notarial visa estabelecer um novo trato sucessivo ou reatar um trato sucessivo existente, a sua outorga tem de ser precedida de uma notificação prévia ao titular inscrito no registo predial (art. 99.º, n.º 1 do CN). Essa notificação deve ser feita de acordo com o regime geral do Código do Processo Civil para as notificações de actos processuais (art. 99.º, n.º 5 do CN).

---

[74] Cf. JOSÉ ALBERTO VIEIRA, Direitos Reais, cit., pág. 407.

Direito do Notariado

A notificação tem por finalidade dar a conhecer ao titular a realização da escritura de justificação e dar-lhe oportunidade de impugnar judicialmente o facto justificado, caso aquela venha mesma a ser outorgada. Embora a lei notarial disponha expressamente que a notificação não admite oposição (art. 99.º, n.º 8 do CN), nenhum obstáculo se divisa para a possibilidade de o notificado tentar contrariar a prática do acto notarial, induzindo no notário a convicção de que o facto a justificar não teve lugar[75]. Para o efeito, pode, por exemplo, juntar documentos com o propósito de convencer o notário.

A admissibilidade disto liga-se ao controlo de legalidade que o notário deve fazer do acto a realizar e embora não haja um processo regulado, com tramitação própria, por força da impossibilidade legal de oposição, uma conduta informal destinada a prevenir a prática do acto notarial parece dever ser admitida, sem com isso se pôr em causa o preceituado no art. 99.º, n.º 8 do Código do Notariado.

A notificação do titular inscrito no registo predial tem de ser requerida pelo justificante e acompanhada dos documentos necessários para a escritura, que são os mencionados no art. 98.º, n.º 1 do Código do Notariado. O requerimento é apresentado por escrito ou oralmente no cartório notarial, sendo no último caso reduzido a auto (art. 98.º, n.º 2 do CN).

X. A outorga da escritura de justificação passa não apenas por um controlo de legalidade da parte do notário, mas igualmente por um controlo de veracidade do acto jurídico a titular, nomeadamente, se ele se verificou ou não como o justificante pretende declarar na escritura.

A titulação escrita de um facto jurídico para permitir o registo apresenta-se susceptível de causar um dano ao verdadeiro titular do direito real ou da participação social[76] e não pode ser encarada de ânimo leve. Se qualquer um, só porque arranjou três testemunhas dispostas a corroborar na presença do notário a sua versão de um facto jurídico, pudesse declarar o que quisesse a segurança jurídica das pessoas poderia ser gravemente afectada e ameaçar igualmente a paz social.

Se o notário tiver razões para suspeitar da falta de veracidade da declaração do justificante deve recusar outorgar a escritura. Qualquer elemento de prova serve para alicerçar a convicção do notário, factos do

---

[75] Ou não da forma que o justificante pretende declarar.

[76] E a terceiros, por exemplo, os seus herdeiros ou credores.

208   José Alberto Vieira

conhecimento pessoal do notário, falta de credibilidade das testemunhas ou, inclusive, elementos veiculados por qualquer interessado na não justificação, contando decerto com aquele que se arroga a titularidade do direito.

A lei notarial regula o problema da recusa do notário na outorga da justificação requerida. Fá-lo, porém, através da previsão da recusa da notificação prévia e não da recusa, pura e simples, da justificação (art. 99.º, n.º 9 do CN). O resultado final não é inteiramente coincidente. O notário deve recusar a notificação prévia ao titular inscrito sempre que tenha fundamento para duvidar da autenticidade da aquisição do direito pelo requerente.

E se não há lugar a notificação prévia por o prédio estar omisso no registo predial e se tratar, pois, de justificação para estabelecimento de trato sucessivo?

A única solução plausível reside em admitir na mesma que o notário possa recusar, não já a notificação prévia, à qual não há lugar nos casos de prédio omisso no registo, mas simplesmente a justificação notarial.

É verdade que o art. 173.º, n.º 1 do Código do Notariado não prevê a possibilidade de recusa do notário nestes casos. Todavia, o argumento não pode ser considerado decisivo. Para isso teria de se provar primeiro o carácter taxativo da previsão legal e não cremos que tal esforço possa ser bem sucedido.

Portanto, e em suma, se o notário tiver dúvidas fundadas sobre a declaração do justificante deve abster-se de praticar o acto notarial requerido. Ao requerente caberá recorrer para o tribunal da Comarca competente ou apresentar recurso hierárquico, nos termos gerais (art. 175.º do CN).

XI. A decisão do notário em recusar a escritura de justificação notarial deve ser fundamentada, ou seja, ele deve expor as razões, de facto ou de direito, que o levaram a não celebrar o acto requerido. Lembramos que o notário está investido no dever de celebrar os actos que lhe forem solicitados, excepto havendo fundamento legal de recusa (art. 23.º, n.º 1 alínea c) do EN).

A falta de fundamentação da decisão de recusa em outorgar a justificação requerida, na medida em que revele a preterição de dever de celebração do acto, expõe o notário à imputação de danos a título de responsabilidade civil extracontratual[77].

---

[77] Sobre o princípio da responsabilidade civil na actividade do notário, cf. o que dissemos atrás no texto.

Do mesmo modo, a recusa injustificada de outorga da escritura de justificação notarial tem o mesmo resultado: a responsabilidade civil do notário. O princípio da responsabilidade recebe aplicação sempre que o notário violar ilícita e culposamente os seus deveres funcionais.

XII. A justificação notarial conferindo ao justificante um título para registo pode fazer perigar a posição do titular do direito ou de quem se considere como tal. Por exemplo, com a justificação da usucapião o declarante está em condições de registar a aquisição do direito, promovendo o registo a seu favor, com o estabelecimento de trato sucessivo ou de um novo trato sucessivo. E, com isso, beneficiar da presunção de titularidade do direito associada à inscrição registal (art. 7.º do Código do Registo Predial).

Defronte deste cenário, a lei notarial atribui a qualquer interessado o direito a impugnar judicialmente o facto jurídico justificado (art. 101.º, n.º 1 do CN). Note-se, qualquer interessado e não simplesmente o titular inscrito no registo ou aquele que, não havendo registo, se arrogue a titularidade do direito emergente do facto justificado.

Assim, um titular de direito real menor ou um credor poderá impugnar a justificação notarial a fim de obter uma decisão judicial que infirme o facto jurídico justificado, quanto à sua verificação, pura e simples, ou apenas relativamente ao modo como foi justificado.

Com a impugnação, o autor deve requerer ao tribunal que notifique o notário da interposição da acção (art. 101.º, n.º 1). Esta notificação, quando tem lugar antes da outorga da escritura de justificação, não suspende a realização do acto notarial. Se o notário entende não haver razões para recusar a celebração do acto deve consumá-lo. No entanto, se a impugnação for procedente levanta-se o problema de saber se o notário pode ser civilmente responsabilizado pelo autor da acção pelos eventuais danos que o acto notarial lhe haja causado.

Se os elementos de prova disponibilizados ao notário antes da realização da escritura permitiam a ele conhecer a falta de veracidade da declaração de justificação e só por negligência sua não a reconheceu (cognoscibilidade), há responsabilidade civil, por violação do princípio da legalidade (art. 11.º do EN). O cumprimento deste princípio constitui um dever funcional do notário e a violação respectiva induz a responsabilidade civil, contando que os pressupostos gerais desta (art. 483.º, n.º 1 do Código Civil) estejam presentes.

210 José Alberto Vieira

Para além de poder impedir ainda a justificação notarial – caso seja comunicada antes da celebração do acto e o notário ficar convencido das razões do impugnante e decidir recusar a escritura –, a impugnação tem um efeito jurídico bem definido: ela impede que sejam extraídas certidões da escritura antes do averbamento da decisão judicial com trânsito em julgado (art. 101.º, n.º 4 do CN). Sem a certidão da escritura, o autor da justificação não consegue registar o facto justificado, ou seja, não consegue alterar a situação registal a seu favor.

41. EXTINÇÃO DA RESPONSABILIDADE DE DÍVIDAS POR EMISSÃO DE TÍTULOS

O registo comercial de cancelamento da emissão de dívida por sociedades que hajam promovido a emissão de títulos contendo obrigações de pagamento pode ser obtido com a escritura de extinção de responsabilidade, nos termos do art. 102.º do Código do Notariado.

A legitimidade para a outorga da escritura é conferida aos interessados, conceito que abrange, desde logo, a própria sociedade emitente, mas também os seus credores, e não somente os credores dos próprios títulos.

Para o efeito, os interessados que pretendem a outorga da escritura devem providenciar os documentos comprovativos do pagamento integral da dívida, incluindo os lançamentos na escrituração da sociedade.

Nada impede que a escritura se destine a comprovar a exoneração meramente parcelar da dívida, com vista ao cancelamento parcial do registo. O art. 102.º, n.º 2 abre literalmente essa possibilidade e não encontramos nenhum argumento que se oponha a ela.

SECÇÃO II
Os instrumentos avulsos

42. INSTRUMENTOS PÚBLICOS AVULSOS. OBSERVAÇÕES GERAIS

Ao contrário das escrituras públicas, os instrumentos públicos não constituem a forma legal do acto jurídico submetido ao notário, mas uma mera formalidade ligada à intervenção notarial. Isto não é infirmado pelo facto de no caso das procurações, substabelecimentos e prestação de con-

Direito do Notariado

sentimento conjugal os actos possam ser declarados por instrumento público (art. 116.°, n.° 1 do CN). A forma legal do acto é escrita e o instrumento público representa apenas uma formalidade legal[78].

Os instrumentos públicos não se confundem, por isso, com as escrituras públicas. Estamos perante actos avulsos que não são exarados em livro próprio do notário, o livro de notas, mas meramente registados em livro específico, o livro de registo de instrumentos avulsos (art. 7.°, n.° 1 alínea f) do CN).

Em regra, o instrumento avulso vem a ser criado em exemplar único (art. 103.°, n.° 1 do CN), não ficando arquivado no cartório notarial.

O instrumento avulso outorgado pelo notário deve ser entregue aos outorgantes ou aos interessados, o mesmo sucedendo com os documentos usados para a sua celebração (art. 105 do CN).

Excepção a isto, são os instrumentos de abertura de testamentos cerrados e testamentos internacionais, os de actas de reuniões sociais, os de procuração concedida em favor do procurador ou de terceiro e os instrumentos de ratificação de actos notariais, que ficam sempre arquivados.

Os primeiros (os instrumentos de abertura de testamentos cerrados e testamentos internacionais) são lavrados em dois exemplares, o original fica arquivado e o outro é entregue ao outorgante ou interessado. Dos restantes é emitida certidão a partir do original arquivado.

43. APROVAÇÃO DE TESTAMENTOS CERRADOS

I. O testamento cerrado é, a par com o testamento público, uma das formas comuns do testamento segundo a nossa lei civil (art. 2204.° do Código Civil). Ele é escrito e assinado ou só assinado pelo testador, estando, portanto, sujeito à forma legal escrita.

A aprovação notarial do testamento, em instrumento público avulso, representa uma formalidade legal do testamento cerrado, conforme dispõe o art. 2206.°, n.° 4 do Código Civil. Para isso, o testador deve submeter previamente ao notário o testamento cerrado, a fim do último poder elaborar o instrumento de aprovação.

---

[78] O que não significa que a preterição da formalidade legal, se necessária, não conduza à nulidade do acto jurídico, por vício de forma. Em todo o caso, a forma do acto jurídico e as suas formalidades não podem ser confundidas.

212   José Alberto Vieira

A lei portuguesa é expressa ao dispor que o testamento cerrado padece de nulidade caso não seja objecto de aprovação por instrumento notarial (art. 2206.°, n.° 5 do Código Civil). Como temos dito, a preterição da formalidade legal (não da forma) está sujeita à consequência legal da falta de forma.

Uma vez aprovado o testamento através do instrumento público, aquele negócio jurídico tem a data da aprovação notarial e não a data do escrito assinado. O instrumento notarial completa a formação do negócio jurídico testamento, que é ineficaz juridicamente até lá.

II. O instrumento de aprovação contém as seguintes declarações do testador (art. 108.°, n.° 1 do CN):

- Que o texto aprovado constitui um testamento e representa a vontade de dispor dos seus bens após a morte;
- Que o testamento foi escrito e assinado por si, simplesmente assinado, ou escrito e assinado por outrem a seu rogo;
- Que não há emendas, rasuras ou entrelinhas ou, casos existam, que foram devidamente ressalvadas;
- Que quem assinou o testamento rubricou todas as folhas;
- Que, não obstante não haver assinado o testamento, se for esse o caso, conhece o conteúdo do testamento por o ter lido ou ouvido a sua leitura[79].

As folhas do testamento devem ser ainda rubricadas pelo notário. O instrumento de aprovação do testamento é entregue com este ao testador. A pedido deste, pode ser cosido e lacrado (art. 108.°, n.° 5 do CN).

44. DEPÓSITO DE TESTAMENTOS

A lei civil prevê a possibilidade do testamento cerrado ficar depositado em cartório notarial (art. 2209.°, n.° 1 do Código Civil). É em vista dela que o Código do Notariado regula o depósito de testamento cerrado.

---

[79] A lei notarial não contempla esta hipótese, mas ela pode acontecer quando o testamento foi escrito a rogo. Nesse caso, o testador deve declarar que lhe foi dado a conhecer o conteúdo do testamento através de leitura do mesmo. De resto, o testador pode sempre solicitar ao notário a leitura do testamento (art. 107.°, n.° 1 do CN), com ou sem a presença de outras pessoas.

Direito do Notariado

O notário lavra instrumento de depósito do testamento[80] e arquiva o mesmo. O testamento depositado no cartório pode ser retirado a todo o tempo pelo testador ou por procurador com poderes especiais (art. 110.º, n.º 2).

45. ABERTURA DE TESTAMENTOS CERRADOS E TESTAMEN-TOS INTERNACIONAIS

Morto o testador, procede-se à abertura do testamento cerrado. Estando este arquivado num determinado cartório notarial, nele tem lugar obrigatoriamente a abertura do testamento (art. 111.º, n.º 2 do CN). Se não houver depósito em cartório notarial, qualquer notário tem competência para a realizar (art. 111.º, n.º 1 do CN).

A abertura de testamento cerrado é lavrada por instrumento avulso, que tem um formalismo próprio. Antes do mais, ela deve ser precedida da apresentação ou obtenção da certidão de óbito. Mesmo no caso em que o notário teve conhecimento da morte do testador autor de testamento cerrado depositado no cartório notarial, a abertura depende da obtenção prévia dessa certidão (art. 115.º, n.º 1 do CN).

Quando houver declaração judicial de morte presumida ou de ausência definitiva, por ausência do testador, a decisão judicial substitui a certidão de óbito e torna possível a abertura do testamento cerrado sem o comprovativo legal da morte do autor do testador (art. 112.º do CN).

Com a abertura são removidas as resistências materiais do invólucro que contém o testamento e verificado o seu estado, o que é depois lavrado no instrumento (art. 113.º, n.º 1 alíneas a) e b) do CN). De seguida, faz-se a leitura do testamento na presença dos interessados e testemunhas (art. 113.º, n.º 1 alínea c) do CN).

Uma vez mais, a legitimidade para requerer o acto notarial é dos interessados e não, no caso, apenas de herdeiros ou de legatários. Assim, credores e devedores à herança poderão igualmente requerer a abertura de testamento cerrado, bem como o cônjuge e outros parentes e sucessíveis.

A abertura de testamento cerrado é um dos actos notariais para os quais a lei prevê a presença de testemunhas instrumentárias[81] (art. 67.º,

---

[80] Que deve ser cosido e lacrado, caso não o esteja já (art. 109.º, n.º 2 do CN).

[81] Em número de duas (art. 67.º, n.º 3 do Código do Notariado).

214 José Alberto Vieira

n.º 1 alínea a) do CN), que só podem ser dispensadas nos casos excepcionais previstos no art. 67.º, n.º 2 do Código do Notariado.

Uma vez aberto, o testamento é rubricado por todos os intervenientes e pelo notário e arquivado no cartório notarial (art. 113.º, n.º 2 do CN), não sendo devolvido ao apresentante.

O instrumento notarial de abertura de testamento cerrado é escrito e contém a menção ao cumprimento das formalidades legais, bem como a indicação da data do decesso do testador ou da decisão judicial que declara a ausência do mesmo e determina a abertura do testamento.

A abertura de testamento internacional encontra-se submetida ao mesmo regime jurídico do testamento cerrado, não havendo especialidade a notar.

46. PROCURAÇÕES, SUBSTABELECIMENTOS E PRESTAÇÃO DE CONSENTIMENTO CONJUGAL

I. De acordo com o disposto no art. 262.º, n.º 2 do Código Civil, as procurações estão sujeitas à forma legal do negócio jurídico a celebrar pelo procurador[82]. Dito por outras palavras, e sempre segundo o citado art. 262.º, n.º 2, a forma da procuração é a forma do negócio jurídico para a qual outorga poderes de representação.

O art. 116.º, n.º 1 do Código do Notariado, na redacção dada pelo DL n.º 250/96, de 24 de Dezembro, veio derrogar o preceituado no Código Civil, baixando a exigência formal. Assim, a procuração para constituição de associação, que tem a forma legal de escritura pública, estaria à partida sujeita a escritura pública, por ser essa a forma legal para o contrato. No entanto, segundo o art. 116.º, n.º 1 do Código do Notariado bastará o instrumento público avulso – que não é uma escritura pública –, o documento escrito e assinado pelo declarante com reconhecimento presencial ou documento particular autenticado.

Apenas para as procurações emitidas também no interesse do representado ou de terceiro a lei notarial exige sempre o instrumento público

---

[82] Se a procuração confere poderes de representação para mais do que um negócio jurídico, a sua forma deve ser a do negócio jurídico mais solene exigido pela lei, pois só dessa forma se assegura a validade formal da procuração para o exercício de todos os poderes de representação que o declarante pretende conceder ao procurador.

Direito do Notariado

avulso. Quer dizer, quanto a estas não é possível o documento particular, com reconhecimento ou com autenticação notarial.

Naturalmente, nada impede que, se o declarante assim o quiser, seja lavrada escritura pública de outorga de poderes de representação. O excesso de forma legal é sempre admitido e não deve ser vedado ao interessado.

A forma do substabelecimento é a forma legal da procuração. No entanto, esclareça-se que se o declarante optou por uma forma superior à exigida pela lei, o substabelecimento não tem de ser outorgado da mesma maneira, bastando qualquer dos instrumentos mencionados no art. 116.º, n.º 1 do Código do Notariado.

II. O consentimento conjugal fica sujeito quanto à forma às regras de outorga da procuração (art. 117.º do CN).

47. PROTESTOS

I. O protesto consiste na declaração de falta de aceite ou de pagamento de um título de crédito. A lei notarial regula-o especialmente tendo em vista o regime jurídico das letras, mas este regime jurídico aplica-se a todos os títulos de crédito em que a lei admita o protesto (art. 130.º do CN).

A recusa de aceite ou de pagamento de uma letra tem de ser comprovada por um acto formal segundo o art. 44.º, n.º 1 da Lei Uniforme de Letras e Livranças[83]. Esse acto condiciona o exercício da acção cambiária e, por isso, o credor tem de o praticar. O acto formal extrajudicial de protesto realiza-se em cartório notarial através de instrumento avulso.

A letra[84] só poderá ser apresentada a protesto caso satisfaça os requisitos legais do título (cf. o art. 1.º e 2.º da Lei Uniforme de Letras e Livranças). Se houver sido emitida em língua estrangeira deverá vir acompanhada de tradução, a não ser que o notário domine a língua. Se tal não acontecer, e o apresentante não juntar tradução, o protesto deve ser recusado pelo notário (art. 119.º, n.º 1 do CN).

---

[83] Sem prejuízo de poder não haver lugar a protesto nos termos do art. 46.º da Lei Uniforme.

[84] Ou qualquer outro título de crédito.

216 José Alberto Vieira

Tem competência para o protesto o notário cujo cartório notarial se situe na área onde deva ter lugar o aceite ou o pagamento. Na falta desta indicação, a competência notarial para o protesto é definida pelo domicílio de quem devia aceitar ou pagar o título de crédito (art. 120.º, n.º 1 do CN). Se qualquer deles faltar, o protesto deve ser feito onde se encontre no momento do aceite ou do pagamento (art. 120.º, n.º 2 do CN).

II. Entregue a letra para protesto, segue-se o envio pelo notário dos avisos a quem devia aceitar ou pagar a letra. A lei chama-lhe notificações (art. 125.º do CN) e é o notário que procede a elas.

Depois do envio dos avisos, das duas uma: ou o apresentante retira o protesto ou não o faz. Caso retire o protesto, o instrumento respectivo não chega a ser lavrado.

O instrumento de protesto só vem a ser lavrado se após a notificação feita pelo notário a quem devia aceitar ou pagar a letra o apresentante não retire o protesto. Neste caso, o notário lavrará um protesto individual para cada um dos obrigados cambiários ao aceite ou pagamento da letra.

Do instrumento devem constar as menções referidas no art. 127.º, n.º 1 do Código do Notariado. Esse instrumento é entregue ao apresentante. No entanto, todas as pessoas que declararam algo no acto de protesto, nomeadamente, quem se recusou a aceitar ou a pagar e alegou razões, escritas ou orais, para o fazer, pode requerer ao notário pública-forma do instrumento (art. 127.º, n.º 3 do CN).

48. AVERBAMENTOS

Os averbamentos constituem declarações complementares de factos titulados em acto notarial anterior. O seu propósito geral consiste em actualizar este acto que sofreu a incidência de algum evento superveniente. Neste contexto, o art. 133.º, n.º 1 do Código do Notariado preceitua que o averbamento consiste numa anotação sucinta do último acto ao primeiro.

O averbamento pode ser feito oficiosamente, a iniciativa do notário, quando a lei imponha o dever de efectuar o averbamento, ou a requerimento de qualquer interessado. De um modo geral, pode dizer-se que todos os actos sujeitos a averbamento devem ser averbados pelo notário logo que tenha conhecimento do facto a averbar e tenha na sua posse os

Direito do Notariado

elementos necessários para o efeito[85]. Se assim acontecer, o notário tem o prazo de três dias para lavrar o averbamento (art. 137.º do CN).

O interessado pode requerer o averbamento a todo o tempo, contando que ele ainda não haja sido feito.

49. REGISTOS

Os registos são anotações escritas da celebração de actos notariais, as quais são lançadas no livro próprio, aquele que for determinado legalmente para o efeito dentro dos vários livros de registos de actos que a lei exige (cf. o art. 7.º, alíneas d) a g) e arts. 15.º a 17.º do CN).

Pode dizer-se, com generalidade, que todos os actos notariais estão sujeitos a registo no livro a eles dedicado. Trata-se, no fundo, de controlar que actos notariais foram praticados, em que número, a data e a ordem da sua celebração.

Os registos são lançados diariamente (art. 144.º do CN).

50. AUTENTICAÇÃO DE DOCUMENTOS PARTICULARES

A autenticação de documentos particulares ganhou recentemente uma importância acrescida pelo facto de grande parte dos negócios jurídicos que até aqui eram celebrados por escritura pública terem deixado de o ser, havendo a sua forma legal sido substituída pelo documento particular autenticado.

Simplesmente, a competência legal para a autenticação de documentos particulares deixou de ser um exclusivo dos notários[86], ligada à fé pública notarial, para passar a ser campo de actuação de outros profissionais e entidades, em particular, advogados, solicitadores e câmaras de comércio e indústria.

A autenticação de documento particular consiste na confirmação da declaração negocial nele exteriorizada perante o notário. O declarante aduz

---

[85] Assim, e por exemplo, o averbamento da morte do testador depende de certidão de óbito (art. 135, n.º 2 do CN).

[86] Conforme dispõe o art. 363.º, n.º 3 do Código Civil, que nesta parte deve-se considerar derrogado.

218   José Alberto Vieira

defronte do notário que a declaração é sua, envolvendo o conteúdo (cláusulas) do negócio e a sua autoria, através da assinatura, pessoal ou a rogo.

A autenticação de documento particular faz-se mediante termo lavrado pelo notário. Esse termo, por sua vez, deve conter:

- Todas as menções gerais do acto notarial, em concreto, as mencionadas no art. 46.º, n.º 1 do Código do Notariado;
- A declaração de que as partes conhecem o teor do documento, porque o leram ou o mesmo lhes foi lido, e que corresponde à sua declaração (art. 151.º, n.º 1 alínea a) do CN);
- A ressalva de emendas, entrelinhas, rasuras, traços ou outras deficiências formais que não hajam sido ressalvadas pelos declarantes (art. 151.º, n.º 1 alínea a) do CN);
- Nome completo, naturalidade estado civil, residência do rogado, se assinatura foi feita a rogo e a confirmação do rogo pelo rogante (art. 152.º do CN).

51. RECONHECIMENTOS

I. O notário atesta a letra ou assinatura num documento ou qualquer outra circunstância a ele ligada relativamente à qual a lei não exclua o reconhecimento. Está em causa, sobretudo, a confirmação da autoria, da letra e assinatura ou só da assinatura de alguém.

O reconhecimento, ligado à fé pública notarial, indica que quem figura como subscritor da declaração negocial escrita ou a letra e assinatura da mesma pertence à pessoa a quem se liga o reconhecimento.

Desta forma, irradia-se para a comunidade jurídica, seja qual for o efeito pretendido, que a letra e assinatura ou só esta última respeitam à pessoa que fez o reconhecimento.

II. Os reconhecimentos podem ser simples ou especiais (art. 153.º, n.º 1 do CN). São simples os reconhecimentos de letra e assinatura ou só assinatura (art. 153.º, n.º 2 do CN). Os reconhecimentos simples são sempre presenciais (art. 153.º, n.º 4 do CN). O declarante que escreve e assina ou só assina deve estar presente no momento da elaboração do instrumento de reconhecimento.

O reconhecimento especial refere-se a alguma circunstância atinente ao declarante e que seja conhecida do notário, nomeadamente, através de documentos. Está nessa situação o reconhecimento da qualidade de gerente ou de administrador de uma sociedade, por exemplo, que pode ser atestado a partir de certidão do registo comercial ou de outro documento societário (a acta de assembleia geral, por exemplo).

Os reconhecimentos especiais, diferentemente dos reconhecimentos simples, podem ser presenciais ou por semelhança (art. 153.º, n.º 4 do CN). Constitui reconhecimento por semelhança o reconhecimento especial da qualidade do signatário do documento que é feito a partir do confronto com a assinatura constante de um documento de identificação, bilhete de identidade, passaporte ou outro que contenha assinatura.

III. O acto notarial de reconhecimento obedece aos seguintes requisitos legais (art. 155.º do CN):

– Cumprimento do disposto no art. 46.º, n.º 1 alínea a) do Código do Notariado;
– Assinatura do notário.

Para os reconhecimentos simples, o instrumento deve mencionar o nome completo do signatário do documento particular e a forma como foi identificado, indicando o número, data e entidade emitente do cartão de identificação (art. 155.º, n.º 2 do CN).

Os reconhecimentos especiais são feitos com cumprimento dos requisitos gerais e indicados para os reconhecimentos, acrescendo a menção dos documentos exibidos ou aos quais seja feita referência no termo do reconhecimento (art. 155.º, n.º 3 do CN).

52. CERTIFICAÇÕES, CERTIDÕES E DOCUMENTOS ANÁLOGOS

I. O certificado consiste numa declaração emitida pelo notário atestando um determinado facto a pedido do requerente.

Para que possa emitir o certificado, o notário tem de se assegurar que o facto a certificar é verdadeiro e pode ser atestado nos termos requeridos. Por isso, o notário deve mencionar no instrumento o modo como tomou conhecimento do mesmo (art. 163.º, no fim, do CN).

A lei portuguesa tipifica alguns certificados, mas não limita a emissão deles às figuras tipificadas. Pelo contrário, o art. 163.º do Código do

220 José Alberto Vieira

Notariado permite afirmar que todo o facto que possa ser demonstrado de modo simples e expedito ao notário pode ser objecto de certificação, se nisso houver interesse do requerente.

Dentro dos certificados típicos, a lei notarial distingue:

– Certificados de vida e de identidade;
– Certificados de desempenho de cargos;
– Certificados relativos à transferência de sede de sociedades anónimas europeias, incluindo os certificados especiais previstos no art. 162-B do Código do Notariado.

O certificado de vida e de identidade (art. 161.º do CN) produz-se na base na presença da pessoa em causa defronte do notário e da respectiva identificação, que deve ser verificada.

O certificado de desempenho de cargos (art. 162.º do CN) comprova o exercício de cargo público ou a qualidade de titular de um órgão de pessoa colectiva, incluindo sociedades (gerência ou administração), podendo ser emitido a partir do conhecimento pessoal do notário ou, mais frequentemente, de prova documental que prove o facto.

O certificado relativo a sociedades anónimas (art. 162.º – A do CN) visa comprovar o cumprimento dos actos e das formalidades legais prévios de transferência de sede de sociedade de sociedade anónima europeia, de acordo com o previsto no art. 8.º, n.º 8 e 25.º, n.º 2 do Regulamento n.º 2157/2001. Neste caso, deve ser feita a prova perante o notário que esses actos e formalidades foram cumpridos.

II. A certidão atesta o conteúdo de acto notarial praticado no cartório, abrangendo escrituras, instrumentos, registos ou documentos arquivados. Ela pode ser integral ou parcial consoante a extensão do que atesta, todo o acto notarial ou parte dele (art. 165.º, n.º 3 do CN).

Em princípio, qualquer pessoa pode requerer a emissão de uma certidão de acto notarial ou documento arquivado no cartório notarial. Pretende-se, desta forma, facultar o conhecimento público de actos aos interessados, de modo a que estes ajam segundo os seus interesses, por exemplo, exercendo situações jurídicas ou impugnando esses actos em tribunal.

A lei notarial limita, porém, a legitimidade para requerer a emissão de certidões no caso de testamento, estando vivo o testador, conferindo-a

Direito do Notariado

somente a este ou ao seu procurador, e de abertura de sinal, que cabe às pessoas a que respeitam, sem prejuízo de requisição por autoridades judiciais e policiais (art. 164.º, n.º 1 do CN).

As certidões podem ser de teor ou narrativas. Parece que a distinção entre ambas reside, em primeiro lugar, no seu objecto. As certidões de teor são tiradas relativamente a instrumentos e documentos arquivados no cartório (art. 165.º, n.º 1 do CN) enquanto as certidões de narrativa referem-se a registos e comunicações destinadas a publicação (art. 165.º, n.º 2 do CN). Em segundo lugar, a certidão de teor é literal, devendo reproduzir exactamente o acto notarial objecto dela (art. 165.º, n.º 1 do CN), bastando-se a certidão narrativa com a reprodução por extracto do conteúdo dos actos (art. 165.º, n.º 2 do CN).

A certidão de teor, devendo ser literal, é extraída por reprodução fotográfica do original arquivado, ou seja, por mera fotocópia (art. 166.º, n.º 1 do CN). Apenas no caso de não ser possível a reprodução fotográfica a certidão terá de ser obtida a partir de qualquer forma de reprodução do instrumento ou documento, escrita ou manuscrita.

Quando o acto notarial a certificar esteja simplesmente manuscrito e se destine a utilização em país estrangeiro ou a leitura dele não permita revelar o seu sentido a lei determina que a certidão deva ser sempre manuscrita (art. 166.º, n.º 2 do CN).

As certidões são emitidas com cumprimentos dos requisitos cumulativos previstos no art. 167.º do Código do Notariado. A esses requisitos acrescem para as certidões de teor integral os requisitos dispostos no art. 168.º e no art. 170.º do Código do Notariado e para as certidões de teor parcial os do art. 169.º do mesmo Código.

III. A pública-forma é uma cópia de teor, total ou parcial, extraída pelo notário a partir de um documento a ele apresentado para o efeito que não consta do seu arquivo no cartório (art. 386.º, n.º 1 do Código Civil e art. 171.º, n.º 1 do CN).

A pública-forma tem o valor probatório do original do documento, se não for requerida a exibição do original (art. 386.º, n.º 1 do Código Civil)[87]. Daí o interesse prático de que se reveste, ao permitir substituir o

---

[87] Se o for, a pública-forma perde o seu valor probatório caso não seja apresentada conjuntamente com o documento original e este prevalece sobre ela em todo o caso se houver alguma desconformidade (art. 386.º, n.º 2 do Código Civil).

222   José Alberto Vieira

documento original. Seja como for, ela deve sempre conter a menção de conformidade ao original (art. 171.º, n.º 2 do CN).

53. TRADUÇÕES

O instrumento de tradução compreende a declaração que o texto foi traduzido em conformidade com o original e qual a língua deste. A tradução compreende aqui a transformação da escrita de documento estrangeiro para a língua portuguesa e a retroversão do português para uma língua estrangeira (art. 172.º, n.º 1 alíneas a) e b) do CN).

A tradução pode ser feita, desde logo, por um tradutor ajuramentado cuja tradução é certificada pelo notário na própria folha da tradução ou em folha anexa (art. 172.º, n.º 2 do CN).

Para além da intervenção de tradutor, a tradução pode ser assegurada pelo notário ou pelo consulado do país em Portugal (art. 44.º, n.º 3 do CN).

PARTE VIII
A recusa da prática de actos notariais pelo notário e o recurso da decisão do notário

SECÇÃO I
A recusa de práticas de actos notariais

54. RECUSA DA PRÁTICA DE ACTO NOTARIAL E O PRINCÍPIO DA LEGALIDADE

O princípio da legalidade[88] impõe ao notário que não outorgue actos notariais contrários ao Direito (art. 11.º do EN). Estamos perante um dever funcional, cuja violação pode implicar responsabilidade civil[89] e implica decerto responsabilidade disciplinar do notário.

O art. 173.º do Código do Notariado tipifica casos em que existe um dever funcional de recusa. A tipicidade é não taxativa, porquanto a defesa da legalidade não se confina ao grupo de casos indicados no preceito. Um acto praticado em violação da lei que não sofra um desvalor traduzido em invalidade ou ineficácia deve ser igualmente recusado pelo notário.

Um exemplo disto, encontramos com a ponderação do disposto no art. 9.º, n.º 1 do Código do Registo Predial. O preceito determina que quem titula factos com eficácia real sobre prédios, tipicamente o notário[90], não o pode fazer sem que o disponente tenha registo a seu favor. Se o notário o fizer, porém, o acto jurídico não será nulo por causa da violação do art. 9.º, n.º 1, havendo apenas responsabilidade disciplinar do notário.

---

[88] Sobre o princípio da legalidade, cf. supra no texto.

[89] Sobre o princípio da responsabilidade na actividade notarial, cf. supra no texto.

[90] Mas não só. O juiz também o faz, por exemplo, em execução específica de contrato promessa.

55. RECUSA DE PRÁTICA DE ACTOS JURÍDICOS NULOS

O art. 173.º, n.º 1 alínea a) do Código do Notariado e o art. 11.º, n.º 1 alínea a) do Estatuto do Notariado determinam que o notário deve recusar a prática de actos jurídicos nulos.

A recusa da prática de actos nulos explica-se basicamente pela conjugação com o princípio de legalidade. Estando o notário investido no dever de respeitar a legalidade deve obstar à prática de actos que a violem. Os actos nulos são apenas uma categoria desses actos.

Em todo o caso, alguma prudência é requerida. A recusa da prática de um acto notarial pode revestir-se de particular gravidade para as partes e causar-lhes um prejuízo irreparável. Por isso, as consequências da decisão de recusa de celebração do acto notarial têm de ser bem medidas.

De resto, o notário não desempenha a função de juiz e não tem de indagar sobre a nulidade do acto jurídico em mais do que suscita a aparência dos elementos que tem em seu poder.

A afirmação da nulidade do acto jurídico, e, por conseguinte, a recusa de outorga do acto notarial, não deve ser feita com base numa particular teoria jurídica em detrimento de outras. Admitimos, que a jurisprudência constante e maioritária dos tribunais superiores confira a força suficiente que a lei fundamenta, mas uma simples corrente jurisprudencial, e até doutrinal, ou a opinião pessoal do notário, sobre o problema jurídico da validade de dado acto jurídico nas circunstâncias particulares em que as partes o pretendem celebrar não pode ter força suficiente para fundar a recusa de celebração do acto em causa pelo notário.

Deste modo, afirmamos que o notário não deve deixar de praticar o acto notarial fora de um cenário de absoluta consistência quanto à nulidade do acto jurídico a celebrar. Havendo meras dúvidas sobre a nulidade, o notário deve outorgar o acto pretendido pelas partes e deixar para o livre jogo destas a discussão judicial sobre o problema. Será, em última análise, o tribunal a decidir acerca da validade do acto jurídico titulado com a intervenção notarial.

56. OUTROS FUNDAMENTOS DE RECUSA DE OUTORGA DE ACTOS NOTARIAIS ALÉM DA NULIDADE

Tanto o Código do Notariado (art. 173.º, n.º 1) como o Estatuto do

Direito do Notariado

Notariado prevêem outros fundamentos de recusa, para além da nulidade do acto jurídico a praticar pelo notário. Entre eles, contam-se:

– A falta de competência legal para outorgar o acto;
– A existência de um impedimento pessoal do notário;
– As dúvidas acerca da sanidade mental da parte outorgante;
– A falta de pagamento dos preparos para o acto.

Pensamos que nenhum destes fundamentos de recusa apresenta particulares dificuldades, pelo que nos limitamos a remeter para o que dissemos sobre a competência e os impedimentos legais do notário[91].

57. OUTORGA PELO NOTÁRIO DE ACTOS JURÍDICOS ANULÁVEIS E INEFICAZES EM SENTIDO RESTRITO

Enquanto a nulidade do acto jurídico a celebrar gera um dever funcional de recusa da celebração do acto notarial, o mesmo não sucede com a simples anulabilidade. A razão para esta diferença de tratamento das duas hipóteses não se afigura difícil de compreender. O regime civil da anulabilidade coloca no titular do direito à anulação a liberdade de decidir se pretende fazer declará-la ou não (art. 287.º, n.º 1 do Código Civil). Se ao notário fosse permitido recusar negócio jurídico invocando a sua anulabilidade ele estaria na realidade a substituir-se ao titular do direito de anulação, arredando o titular do direito do respectivo exercício.

Assim, se um menor surge a dispor de um imóvel em seu nome, o notário não pode senão acatar a vontade das partes, salvaguardando a sua posição fazendo a menção no acto de que advertiu as partes do vício do negócio jurídico gerador da anulabilidade (art. 174.º, n.º 2 do CN).

A ineficácia aludida no art. 174.º do Código do Notariado é a ineficácia em sentido restrito, ou seja, a preterição de uma condição legal de produção dos efeitos do negócio e não de uma condição de validade deste. Assim, por exemplo, se alguém invocando a qualidade de gestor de negócios, sem ter poderes de representação, pretende celebrar um contrato de venda da propriedade de imóvel, o notário não tem como fundamentar a

---

[91] Cf. supra no texto.

recusa, uma vez que segundo a lei portuguesa o contrato será simplesmente ineficaz enquanto não for ratificado pelo dono do negócio representado (art. 471.º do Código Civil).

SECÇÃO II
Do recurso da recusa de actos pelo notário

58. GENERALIDADES

Os actos de recusa dos notários são recorríveis. Em todo o caso, a lei enuncia duas espécies de recurso:

– O recurso administrativo;
– O recurso judicial.

Nesta sede, nota-se bem as confluências contraditórias do actual regime português do notariado. Por um lado, da recusa de prática do acto notarial o interessado com legitimidade pode reclamar para a Direcção-Geral dos Registos e Notariado. Trata-se de um recurso hierárquico de natureza administrativa, como veremos de seguida.

Por outro, se preferir, o interessado pode apresentar recurso judicial da recusa do notário. O tribunal competente, contudo, não é o tribunal administrativo, como à primeira vista se poderia esperar, mas sim o tribunal judicial.

Esta contradição aparente reflecte bem as orientações cruzadas em matéria de Direito Notarial, entre a prestação de um serviço em que a fé pública surge envolvida e o exercício de uma actividade liberal de cariz privado. A atribuição de competência aos tribunais judiciais mostra hoje com clareza que o enfoque regulador da actividade notarial é privatista.

59. LEGITIMIDADE PARA RECORRER

A lei notarial não atribui a ninguém em particular o direito a recorrer da recusa da prática de acto notarial pelo notário. O regime jurídico constante dos artigos 175.º e seguintes do Código do Notariado ora menciona os interessados ora alude às partes (art. 182.º).

Pensamos, porém, não haver razões para dúvidas interpretativas. Têm direito a recorrer do acto de recusa todos aqueles que solicitaram a outorga do mesmo ao notário. Se, por exemplo, se trata da aprovação de testamento cerrado, que foi recusada, a legitimidade para recorrer pertence ao testador; já se o acto recusado foi a escritura de uma doação de imóvel, qualquer das partes do contrato a celebrar tem legitimidade para recorrer.

A legitimidade para recorrer da decisão do notário em recusar realizar o acto é aferida do mesmo modo qualquer que seja a natureza do recurso, administrativo gracioso ou judicial. Quem tem legitimidade para um recurso tem para o outro, sem distinção.

60. O RECURSO HIERÁRQUICO

O interessado a quem a prática do acto notarial foi recusada pelo notário pode apresentar recurso hierárquico da recusa.

O recurso é dirigido ao Director-Geral dos Registos e Notariado e tramitado segundo a lei orgânica deste serviço (art. 175.°do CN). O regime jurídico deste recurso, ao qual a lei chama de reclamação, consta do art. 69.° do DL n.° 519-F2/79, de 29 de Dezembro.

O art. 69.° citado prevê a possibilidade de o interessado lançar mão dos dois meios de defesa, o gracioso e o judicial. No entanto, a defesa graciosa deve preceder a contenciosa (n.° 2).

Se o recurso contencioso for interposto ao mesmo tempo do que o recurso hierárquico ou aquele intentado de qualquer modo antes da decisão administrativa considera-se prejudicado o mesmo a favor do recurso judicial, prosseguindo apenas este último (art. 69.°, n.° 5 do DL n.° 519--F2/79).

O recurso hierárquico pode ser intentado num prazo de sessenta dias contados da notificação da exposição dos motivos da recusa de prática do acto (art. 69.°, n.° 3 do DL n.° 519-F2/79).

Da decisão do Director-Geral dos Registos e Notariado não cabe ulterior recurso administrativo, ficando, porém, salvaguardado o recurso contencioso da decisão de recusa do notário para o tribunal judicial competente caso seja mantida a recusa (art. 69.°, n.° 4 do DL n.° 519-F2/79). Este recurso deve ser interposto no prazo de oito dias (art. 69.°, n.° 3 do DL n.° 519-F2/79).

61. O RECURSO JUDICIAL

I. Da decisão de recusa do notário na prática de acto notarial há sempre recurso judicial. O tribunal competente para este recurso é o tribunal judicial da comarca do cartório notarial (art. 175.° do CN).

O tribunal judicial continua a ser o tribunal competente mesmo na hipótese de ter havido previamente recurso gracioso para o Director-Geral dos Registos e Notariado. Todavia, o objecto do recurso não será a decisão deste em manter a decisão do notário, mas sim esta última, o que não deixa de oferecer alguma peculiaridade (art. 69.°, n.° 4 do DL n.° 519-F2/79). De todo o modo, o tribunal judicial não avalia a decisão administrativa do órgão da administração pública e sim o acto de recusa do profissional liberal (o notário).

II. O recurso judicial deve ser apresentado no prazo de quinze dias da comunicação contendo a fundamentação notarial da recusa, aquela a que alude o art. 176.° do Código do Notariado.

No recurso, o recorrente pede a condenação judicial do notário na prática do acto recusado, invocando as razões de Direito que a fundamentam.

O recurso é dirigido ao juiz de Direito do tribunal judicial, mas dá entrada no cartório notarial, onde é autuado.

Recebido o recurso no cartório, o notário tem um prazo de dois dias para declarar se mantém a decisão de recusa de celebrar o acto notarial ou se repara a mesma, predispondo-se para a respectiva realização (art. 178.°, n.° 1 do CN).

Sendo mantida a decisão pelo notário, o processo, contendo a petição inicial, a decisão notarial recorrida e os documentos que recorrente e notário hajam juntado, é remetido para o tribunal de comarca.

A decisão judicial é precedida de vista ao Ministério Público, que emite o seu parecer sobre a resolução do litígio (art. 179.° do CN). Nenhuma outra diligência de prova vem prevista antes da decisão judicial. Nada impede, no entanto, que o juiz ouça as partes e ordene novas diligências de prova se considerar que o processo não contém todos os elementos necessários à boa decisão do recurso.

O Código do Notariado estabelece um prazo de oito dias para a decisão final (art. 179.°).

III. Da sentença de primeira instância cabe recurso somente para o Tribunal da Relação, mas não para o Supremo Tribunal de Justiça (art. 180.º, n.º 2 do CN). Têm legitimidade para o apresentar o requerente do acto que ficou vencido na 1.ª instância, bem como o notário e o Ministério Público (art. 180.º, n.º 1 do CN).

O recurso para a Relação segue o regime do recurso de agravo (art. 180.º, n.º 1 do CN).

IV. Se a decisão judicial der provimento ao pedido, o notário é condenado a realizar o acto recusado. A lei notarial não especifica um prazo para cumprimento do acto notarial, determinando apenas que deve ser outorgado assim que o interessado que venceu o recurso o solicitar (art. 182.º do CN).

PARTE VIII
Acesso e cessação da actividade do notário

SECÇÃO I
O acesso ao notariado

62. A QUALIFICAÇÃO PARA O ACESSO AO NOTARIADO

I. Tivemos anteriormente a oportunidade de referir que o acesso ao notariado se encontra legalmente circunscrito a juristas de formação, ou seja, a licenciados em Direito (art. 25.º, alínea b) do EN).

Com isto exclui-se que elementos com graus superiores ao de licenciado, mas sem a licenciatura em Direito, possam aceder a esta profissão. Como profissão estritamente jurídica, a profissão de notário supõe uma formação de base em Direito que só um curso especializado nesta área científica pode dar.

A licenciatura em Direito tem de ser obtida em termos reconhecidos pelo Estado português.

II. Além da licenciatura em Direito, constituem requisitos legais de acesso ao notariado:

- Não estar o candidato inibido de exercer funções públicas ou interdito para o desempenho da função notarial (art. 25.º, alínea a) do EN);
- Que o candidato frequente um estágio profissional (art. 25.º, alínea c) do EN);
- Obter o candidato aprovação em concurso realizado pela autoridade competente (art. 25.º, alínea c) do EN).

Vejamos agora mais detalhadamente os dois últimos requisitos.

63. O ESTÁGIO PROFISSIONAL DO CANDIDATO A NOTÁRIO

I. A realização do estágio para o acesso ao notariado depende exclusivamente da iniciativa do interessado que reúna os dois primeiros requisitos do art. 25.º do Estatuto do Notariado, o mesmo é dizer, o interessado não se encontra restringido por nada mais que não seja a habilitação legal para ser notário.

Para o efeito, o art. 26.º do Estatuto do Notariado preceitua que o interessado deve fazer um requerimento à Ordem dos Notários, que deve indicar um notário para orientar o estágio. O princípio é o de que o interessado pode escolher o notário que lhe convier para a respectiva orientação.

Se o notário escolhido não aceitar o estágio ou o interessado não indicar um notário para a realização do estágio, a Ordem dos Notários deve providenciar a nomeação.

A selecção de estagiários, a elaboração do programa de estágio e a organização deste regem-se, para além das normas contidas no Estatuto do Notariado, por regulamento aprovado pela Ordem dos Notários (art. 30.º do EN).

II. O estágio notarial tem a duração regra de 18 meses, mas há prazos especiais para detentores de determinadas qualificações académicas ou curriculares, neste último caso relativamente ao exercício de profissões jurídicas (art. 27.º, n.º 2 do EN).

No final do estágio, o notário orientador avalia o estagiário elaborando um relatório de avaliação (art. 29.º do EN). A informação final do estágio dada pelo notário é crucial para a candidatura posterior ao concurso para notário. Somente os estagiários com informação positiva poderão concorrer para notário (art. 31.º, n.º 2 do EN).

Os estagiários não podem praticar actos notariais na primeira parte do seu estágio. Em concreto, nos primeiros seis meses no regime regra de duração do estágio (18 meses), sendo esse prazo reduzido a três meses nos casos previstos no art. 27.º, n.º 2 e n.º 3 do Estatuto do Notariado.

Passado esse período, o estagiário é equiparado a qualquer outro trabalhador do cartório e pode praticar os actos autorizados expressamente e por escrito pelo notário, estando excluídos os constantes do art. 8.º, n.º 2 do Estatuto (art. 28.º, n.º 2 do EN). A menção à qualidade de estagiário bem como à autorização devem constar do acto praticado pelo estagiário.

Direito do Notariado

64. O CONCURSO PARA O ACESSO

O candidato a notário só pode obter o título de notário se houver sido seleccionado em concurso público aberto para o efeito, com prestação de provas escritas e orais perante um júri nomeado para esse fim (art. 31.º e 32.º do EN).

Só podem concorrer candidatos que hajam frequentado previamente um estágio notarial com informação positiva dada pelo notário orientador (art. 32.º, n.º 2 e art. 29.º do CN).

Os concursos para o acesso ao notariado são abertos pelo Ministério da Justiça e regulados nos termos do aviso de abertura respectivo, sem prejuízo do disposto no art. 33.º do Estatuto do Notariado e do Regulamento De Atribuição do Título de Notário, que analisaremos no ponto seguinte.

65. ATRIBUIÇÃO DO TÍTULO DE NOTÁRIO

O título de notário é atribuído a todo aquele que fique aprovado em concurso, independentemente da obtenção ou não de licença para abertura de cartório notarial, que é coisa distinta.

O concurso para a atribuição do título de notário vem hoje regulado na Portaria n.º 398/2004, de 21 de Abril, embora este diploma disponha no seu art. 1.º definir o procedimento respectivo apenas para o período transitório contemplado no art. 106.º, n.º 1 do Estatuto do Notariado, ou seja dois anos, e este período já haja decorrido[92].

Segundo o art. 2.º da Portaria n.º 398/2004, a atribuição do título de notário pressuporia um trajecto dividido por três fases:

– Formação;
– Concurso;
– Estágio.

---

[92] O que realmente deixa dúvidas sobre a sua vigência na actualidade. Aparentemente, o decurso do prazo transitório previsto no Estatuto do Notariado provocaria a caducidade do regulamento. E a nossa opinião é de que caducou. O que é facto, porém, é que têm sido abertos concursos para a atribuição do título de notário em data posterior à caducidade do diploma.

A formação tem lugar em cursos especializados, organizados pelas Faculdades de Direito do país em coordenação com o Ministério da Justiça (art. 3.º. n.º 1)[93]. Estes cursos, com um programa definido previamente (anexo II da Portaria n.º 398/2004), não têm carácter eliminatório e, ao mesmo tempo, a sua frequência não constitui condição de aprovação no concurso.

O concurso representa a fase decisiva da atribuição do título de notário. Ele compõe-se de duas provas, uma escrita e uma entrevista. A primeira prova (a escrita) é classificada de 0 a 20 valores e elimina os candidatos com nota inferior a 12 valores. A segunda, baseando-se numa exposição de um tema do programa aprovado, é igualmente classificada na mesma escala.

O art. 8.º estabelece os critérios de graduação dos candidatos e oferece problemas de compatibilidade com o disposto no Estatuto do Notariado, concretamente, com o preceituado no art. 33.º, n.º 2. Com efeito, neste último preceito manda-se graduar os candidatos de acordo não apenas com a classificação obtida nas provas do concurso, mas também com a ponderação da classificação dos títulos académicos[94].

No entanto, a graduação dos candidatos segundo o art. 8.º limita-se a ponderar as provas, escrita e entrevista, dos candidatos, cuja classificação final é apenas a média aritmética decorrente da soma daquelas (art. 8.º, n.º 1 da Portaria n.º 398/2004).

Isto coloca um problema de legalidade do art. 8.º, n.º 1 citado, que nesta parte colide directamente com norma jurídica de fonte hierárquica superior, justamente o art. 33.º, n.º 2 do Estatuto do Notariado. A graduação dos candidatos não pode atender somente a resultado das provas do concurso; deve ponderar igualmente o currículo académico dos candidatos, nomeadamente, a média da licenciatura, o grau académico e a classificação deste. Nesta ordem de ideias, a regra contida no art. 8.º, n.º 1 padece do vício de ilegalidade.

A desconformidade entre o regulamento de atribuição do título de notário e o Estatuto do Notariado não se fica por aqui. Na verdade, no

---

[93] Na Faculdade de Direito de Lisboa, e sob a minha coordenação, realizaram-se até agora 9 cursos de formação para o acesso ao notariado.

[94] Sendo certo que os graus académicos devem ser ponderados em conjunto. Um grau académico superior confere ao candidato prevalência em igualdade de classificações nas provas do concurso.

Direito do Notariado

regime da Portaria n.º 398/2004 o estágio representa a terceira fase da atribuição do título de notário. Porém, no regime jurídico do Estatuto do Notariado o estágio é prévio ao concurso e somente o estagiário com aprovação nesse estágio pode concorrer a notário. Confrontem-se os artigos 31.º, n.º 2 do Estatuto do Notariado e o art. 9.º, n.º 1 da Portaria n.º 398/2004. A oposição das duas normas surge evidente.

Ora, como a norma constante de lei formal, no caso Decreto-lei, prevalece sobre a norma constante de portaria, temos de concluir que o estágio notarial posterior ao concurso é ilegal.

A admitir-se que a Portaria n.º 398/2004 esteja em vigor[95], a atribuição do título de notário só pode ser feita nas seguintes duas fases e por esta ordem:

– Estágio;
– Concurso.

Enquanto a formação é claramente supletiva, podendo faltar sem excluir o candidato do acesso (art. 3.º, n.º 4 da Portaria n.º 398/2004), nem o estágio nem o concurso podem faltar.

Que o estágio deva ser frequentado pelo candidato antes do concurso de acesso e não depois deste, conforme aparece no regime jurídico da Portaria n.º 398/2004, decorre com toda a clareza do disposto no art. 31.º, n.º 2 do Estatuto do Notariado. Pelos vistos, o legislador da Portaria n.º 398/2004 ignorou o Estatuto do Notariado neste ponto, criando esta situação.

A contradição entre os dois regimes estende-se depois à duração do estágio. No regime jurídico do Estatuto do Notariado, a duração do estágio é, em regra, de 18 meses, podendo durar menos nos casos tipificados no art. 27.º, n.º 2 e n.º 3. No entanto, no regime da Portaria n.º 398/2004 prevê-se uma duração de apenas 3 meses para o estágio (art. 9.º, n.º 5).

Se partirmos do cenário de vigência da Portaria n.º 398/2004, esta revela a existência de contradição entre várias normas jurídicas, conforme especificámos, levando a aplicar a doutrina geral sobre a hierarquia das fontes de Direito. Norma jurídica contida em fonte de grau superior prevalece sobre a norma jurídica de fonte inferior, conduzindo à ilegalidade da segunda.

---

[95] E na nossa opinião não está, por haver caducado.

236 José Alberto Vieira

Tudo isto impõe uma interpretação cuidada das fontes no que toca à atribuição do título de notário, a qual, repete-se, resulta de um estágio preliminar e de um concurso subsequente, tudo nos termos do Estatuto do Notariado.

66. CONCURSO DE LICENCIAMENTO

O concurso para a atribuição do título de notário não é o único a que os candidatos a exercer a profissão se sujeitam. Valha a verdade dizer, que este título sem cartório notarial de nada vale, uma vez que apenas com a obtenção da licença para explorar um pode o notário iniciar o seu desempenho profissional.

Deste modo, aquele que obteve o título de notário tem ainda de concorrer à atribuição de uma licença para a instalação de cartório notarial (art. 34.º, n.º 1 do EN).

O concurso para a instalação de cartório notarial é aberto pelo Ministério de Justiça e a ele podem concorrer todos os notários, integrem ou não a bolsa de notários[96-97] (art. 35.º, n.º 1 do EN).

A selecção dos candidatos para as vagas existentes assenta nos critérios divulgados no aviso de abertura do concurso. A lei portuguesa é omissa relativamente a critérios normativos de atribuição de licenças de instalação de cartório notarial, com excepção da referência à concessão de bonificações aos notários que constem da bolsa de notários e hajam realizado substituições (art. 35.º, n.º 4 do EN). Tudo fica, pois, nas mãos do Ministério da Justiça.

Cada notário só pode obter uma licença para instalação de cartório notarial (art. 35.º, n.º 2 do EN). A sua actividade profissional atém-se assim à circunscrição territorial do Concelho para o qual haja obtido a licença.

---

[96] Sobre esta, cf. o ponto seguinte.

[97] Nada na lei exclui os notários com título atribuído de concorrerem a uma licença de instalação de cartório notarial. O art. 34.º, n.º 4 do Estatuto do Notariado limita-se apenas a conceder aos notários que integrem a bolsa de notários uma bonificação pelas substituições que efectuarem – se for o caso – e respectiva duração, sem com isso se restringir o concurso àqueles notários. De resto, a bolsa de notários tem por escopo exclusivo assegurar a substituição de notários, nos termos da lei, e não seleccionar dentro dos que obtiveram o título de notário os que podem aspirar a conseguir uma licença de instalação de cartório notarial.

Direito do Notariado 237

67. BOLSA DE NOTÁRIOS

A bolsa de notários funciona no âmbito da Ordem dos Notários. Compõe-se de notários que não obtiveram licença para instalação de cartório notarial e a ela se candidataram, tendo sido admitidos pela Ordem dos Notários.

O Estatuto do Notariado comete à Ordem dos Notários a fixação do número e a determinação dos critérios de selecção dos notários que venham integrar a bolsa dos notários (art. 36.°, n.° 2).

O escopo da bolsa dos notários é providenciar um número de notários disponíveis para assegurar a substituição de outros com cartórios instalados que estejam transitoriamente impedidos por qualquer razão ou hajam cessado as suas funções (art. 9.°, n.° 5 do EN e art. 9.° do EON).

A integração na bolsa de notários não condiciona de modo algum os notários que a ela não pertençam relativamente a futuros concursos para atribuição de licenças de instalação de cartório. Mas os que a ela pertençam e ganhem experiência com substituições podem ver a mesma creditada para efeitos de graduação no concurso respectivo (art. 34.°, n.° 4 do EN).

68. A TOMADA DE POSSE DO NOTÁRIO

I. Depois de adquirido o título de notário e obtida a licença de instalação de cartório notarial em concurso, o notário tem de tomar posse.

A tomada de posse condiciona a actividade profissional do notário. Sem ela não pode ser exercida a função notarial. Por isso, a tomada de posse é o primeiro acto oficial do notário enquanto tal.

E de tal forma a tomada de posse fica ligada ao exercício da função notarial que o notário que não cumpra essa formalidade, ainda que haja obtido a licença de instalação, vem a perder esta última (art. 40.°, n.° 1 do EN).

II. A tomada de posse do notário tem um significado simbólico que ultrapassa o mero início da actividade notarial.

Com efeito, na tomada de posse, o Estado, pelas mãos do Ministro da Justiça, entrega ao notário os símbolos da fé pública notarial que faz daquele um oficial público: o selo branco e o seu correspondente digital (art. 38.°, n.° 2 do EN). É o momento em que o notário se torna verdadeiramente um oficial público na prossecução de uma atribuição pública.

238 José Alberto Vieira

III. Tomam posse não apenas os notários que obtiveram uma licença de instalação de cartório notarial como os notários que passam a integrar a bolsa de notários na Ordem (art. 39.º do EN).

A explicação para isto reside simplesmente no facto de os notários compreendidos na bolsa dos notários poderem ter de substituir a qualquer momento um notário instalado, nomeadamente, nas hipóteses previstas no art. 9.º do Estatuto do Notariado.

Em todo o caso, existe uma diferença entre a tomada de posse dos notários incluídos na bolsa dos notários e os que conseguiram a licença de instalação. Os primeiros não recebem os símbolos da fé pública notarial. O que se compreende, dado que não exercem a profissão em cartório próprio, mas apenas em substituição de notário já instalado.

IV. Para a instalação do cartório notarial, o notário tem um prazo de noventa dias contado da data em que obteve a licença de instalação de cartório notarial. A tomada de posse deverá ter lugar nos quinze dias seguintes à instalação (art. 37.º, n.º 1 e n.º 3 do EN).

SECÇÃO II
A cessação da actividade do notário

69. FACTOS QUE CAUSAM A CESSAÇÃO DA ACTIVIDADE DO NOTÁRIO

I. O art. 41.º do Estatuto do notariado contempla cinco factos que determinam a cessação da actividade do notário:

– A exoneração;
– O limite de idade;
– A incapacidade do notário;
– A morte;
– A interdição definitiva de exercício da actividade.

Dentro do elenco legal, existem factos que produzem automaticamente a sua eficácia e outros que têm a natureza de factos complexos de produção sucessiva, havendo neste caso vários factos singulares que devem ser praticados com vista à cessação final da actividade profissional

Direito do Notariado

pelo notário. Á primeira categoria pertencem o limite de idade e a morte; os outros cabem na segunda.

Vejamos agora cada um deles.

II. A exoneração decorre de pedido feito voluntariamente pelo notário no sentido de cessar o exercício da função notarial. A terminologia ainda se encontra presa ao carácter público do notariado e à circunstância de operar por despacho do Ministro da Justiça (art. 42.° do EN).

Conquanto se tornar eficaz apenas com este despacho, a exoneração traduz o exercício da liberdade de permanecer ou não na profissão que a lei reconhece ao notário. Ninguém está obrigado a levar a cabo uma actividade profissional contra sua vontade e o notário não constitui decerto uma excepção.

Seja como for, a exoneração deve ser requerida pelo notário ao Ministro da Justiça com a antecedência de pelo menos sessenta dias da data em que aquele pretende a produção dos seus efeitos. Se o fizer com menor antecedência terá de aguardar o despacho de exoneração até poder largar o exercício da função notarial, sob pena de responsabilidade civil.

III. O limite legal para o exercício da função notarial não levanta qualquer dificuldade. A lei coloca-o aos setenta anos (art. 43 do EN).

Quando esta idade é atingida, o notário deixa de poder exercer a função notarial, deixando vaga a licença de instalação do cartório notarial que lhe pertencia.

IV. A cessação da função notarial pela incapacidade do notário vem prevista no art. 44.° do Estatuto do Notariado. Fazemos notar que esta incapacidade não tem nada a ver com a incapacidade de exercício por interdição ou inabilitação prevista na lei civil, embora a interdição ou inabilitação do notário por anomalia psíquica constitua fundamento de declaração de incapacidade segundo o art. 44.°, n.° 1 do Estatuto do Notariado.

O contrário, no entanto, não se afigura verdadeiro. Basta atentar que o fundamento da incapacidade do notário pode ser puramente físico, por exemplo, por doença ou acidente.

A incapacidade para o exercício da profissão de notário deve ser comprovada medicamente, através de junta médica. O Estatuto do Notariado admite, no entanto, que o Conselho do Notariado avance na declaração da incapacidade do notário antes mesmo da junta médica se pronunciar (art. 44.°, n.° 2). No preceito aduz-se "sempre que a situação o justifique", o que implica uma avaliação da situação de facto que revele estar comprometido o exercício da profissão nos moldes exigidos pela fé pública da função notarial.

A decisão do Conselho notarial tem carácter provisório. Ela só se torna definida com o pronunciamento da junta médica e é igualmente reversível. Se esta junta se pronunciar no sentido da capacidade do notário[98] a decisão do Conselho do Notariado ficará sem efeito. A competência deste órgão (art. 53.º, alínea h) do EN) para fazer cessar a actividade do notário por incapacidade está dependente de perícia médica, não consistindo num poder discricionário do mesmo.

A declaração de incapacidade determina a perda da licença de instalação do cartório notarial, o que equivale à cessação da actividade. Mas o notário não perde o seu título e, se a situação de incapacidade for reversível e mostrar-se ultrapassada, pode voltar a concorrer a uma licença de instalação de cartório notarial (art. 45.º do EN).

V. A morte enquanto facto extintivo da profissão notarial não deixa qualquer dúvida. O título notarial não subsiste para além do decesso. Com a morte advém igualmente a perda da licença de instalação do cartório notarial, que em caso algum passa aos herdeiros, mesmo que haja um notário sem cartório entre eles.

VI. O último facto gerador da cessação da actividade do notário reside na interdição para o exercício da actividade (art. 46.º do EN).

A interdição pode resultar de um processo de natureza criminal ou de um simples processo disciplinar (art. 67.º, alínea e) do EN). Neste último caso, a sanção tem como fundamento a violação ilícita e culposa de deveres funcionais.

70. EFEITOS DA CESSAÇÃO DA ACTIVIDADE DO NOTÁRIO

I. A cessação da actividade do notário determina os seguintes efeitos:

– A perda da licença de instalação do cartório notarial;
– O encerramento do cartório notarial;

---

[98] Ressalvamos aqui a existência de eventuais recursos da mesma, entendendo como tal a decisão final do processo.

Direito do Notariado

– A substituição do notário;
– A realização de concurso para atribuição de nova licença.

Analisamos cada um destes efeitos de seguida.

II. A perda da licença notarial constitui o efeito principal da cessação da actividade do notário. Apesar do título deste não ser afectado por esse facto, a licença extingue-se por efeito do mesmo. Isto mesmo se retira sem dificuldade do preceituado no art. 50.º do Estatuto do Notariado.

III. O encerramento do cartório notarial é outro dos efeitos da cessação da actividade do notário. A situação surge contemplada no art. 47.º do Estatuto do Notariado.

Se o notário cessante não faleceu, a ele cabe o dever de encerrar o cartório notarial e de informar o Ministério da Justiça e a Ordem dos Notários desse encerramento. Caso a cessação da actividade decorra da morte do notário os deveres de encerramento e de comunicação do encerramento incumbem ao trabalhador referido nos termos dos números um e dois do art. 47.º do Estatuto do Notariado.

O encerramento do cartório pode ser, no entanto, e na maioria das vezes será, meramente temporário, até um notário substituto[99] vir a ser designado pela Ordem dos Notários (art. 48.º do EN).

A hipótese de tal não vir a suceder prende-se com a reorganização do mapa notarial do país. Nessa hipótese, o arquivo notarial composto por todos os livros e documentos existentes no cartório encerrado serão transferidos para outros cartórios notariais, de acordo com a determinação a tomar pelo Conselho do Notariado (art. 51.º do EN).

IV. Enquanto a nova licença para exploração do cartório notarial não é atribuída por concurso, a Ordem dos Notários deve providenciar pela substituição do notário que cessou funções (art. 48.º do EN).

Esse notário sairá da bolsa de notários existente no âmbito da Ordem dos Notários e exercerá funções até à atribuição da nova licença para o cartório.

---

[99] Seleccionado da bolsa de notários. Sobre esta, cf. supra no texto.

V. O art. 50.º do Estatuto do Notariado dispõe que a cessação da actividade do notário implica a abertura de um concurso para atribuição licença de instalação do cartório notarial. É uma consequência directa da cessação da actividade pelo notário implicar a perda da sua licença.

Ainda assim, ressalva-se a possibilidade de uma reorganização do mapa notarial pelo Ministério da Justiça prever a extinção do cartório notarial, caso em que naturalmente o concurso ficará prejudicado.

PARTE IX
O conselho do notariado

71. A CRIAÇÃO DO CONSELHO DO NOTARIADO

O Conselho do Notariado constitui uma novidade da lei portuguesa, pois nunca antes se previu nada de semelhante. A sua traça é híbrida, um pouco como a profissão do notário é hoje em dia, entre o oficial público e o profissional liberal, a atribuição pública e o regime privado de exercício.

A hibridez da função notarial em Portugal mescla um controlo misto da profissão, entre um Estado que não pretende perder o controlo do seu exercício e os notários como corpo profissional, materializado na Ordem respectiva.

A composição do Conselho do Notariado reflecte este difícil equilíbrio. Nele se integram cinco pessoas, duas por inerência, o Bastonário da Ordem dos Notários e o Director-Geral dos Registos e Notariado, duas por nomeação, uma designada pelo Ministro da Justiça e outra pela Ordem dos Notários, e a última cooptada pelas restantes (art. 52.º, n.º 2 do EN).

Ainda assim, o Conselho funciona no âmbito do Ministério da Justiça e o Presidente do Conselho do Notariado resulta de uma escolha discricionária do Ministro da Justiça (art. 52.º, n.º 3 do EN), o que mostra bem que a função notarial permanece sobre a tutela do Estado[100] e o Conselho do Notariado funciona à sombra deste.

72. A COMPETÊNCIA DO CONSELHO DO NOTARIADO

A competência do Conselho do Notariado vem prevista no art. 53.º do Estatuto do Notariado. O preceito configura um tipo aberto, prevendo que outros actos possam ser igualmente da competência do Conselho do

---

[100] Sobre o ponto, cf. o capítulo seguinte.

Notariado, não apenas por força da lei, o que seria óbvio, mas igualmente por delegação do Ministro da Justiça.

As principais competências do Conselho do Notariado são:

– Realizar os concursos para a atribuição do título de notário e para atribuição de licença de instalação de cartório notarial (art. 53.°, alíneas a) e b) do EN);
– Exercer a acção disciplinar sobre os notários (art. 53.°, alínea e) do EN);
– Emitir parecer sobre as iniciativas legislativas do governo em matéria notarial (art. 53.°, alínea f) do EN);
– Determinar a cessação da actividade do notário e a sua readmissão, nos termos da lei (art. 53.°, alínea h) do EN);
– Acompanhar a transformação do notariado público para o novo regime estatutário do notariado privado (art. 53.°, alínea g) do EN).

Competências menores envolvem a decisão sobre qual o notário que deve receber a documentação e os livros do cartório notarial cuja licença se extinguiu ou a publicação da comunicação relativa a estes (art. 53.°, alíneas c) e d) do EN).

73. FUNCIONAMENTO DO CONSELHO DO NOTARIADO

O funcionamento ordinário do Conselho do Notariado envolve uma reunião duas vezes por mês. Reuniões extraordinárias poderão ter lugar a pedido do Presidente do Conselho ou da maioria dos seus membros (art. 54.° do EN).

PARTE X
Fiscalização e disciplina da actividade notarial

SECÇÃO I
Fiscalização da actividade notarial

74. A ORIGEM DO PODER DE FISCALIZAÇÃO DO ESTADO SOBRE OS NOTÁRIOS

I. A função notarial imprime fé pública aos documentos autênticos e autenticados. A esta fé pública liga-se uma particular força probatória (força probatória plena) e uma presunção de veracidade dos factos atestados por esses documentos. Não surpreende, pois, que o Estado tenha mantido consigo o exercício dessa função, como atribuição própria, através de um funcionário público (o notário).

A privatização do notariado, a exemplo do que sucede predominantemente nos países de notariado latino, mexeu naturalmente com este estado de coisas. Quando o notariado era público a fiscalização do Estado não existia; ninguém se fiscaliza a si próprio.

O poder de fiscalização do Estado sobre os notários suscita-se na passagem do notariado público para o notariado privado, na medida em que a fé pública irradiada da actuação notarial continua a ser atributo daquele.

A fiscalização do Estado sobre o exercício da função notarial acentua o lado de oficial público do notário e olvida a sua feição liberal, a qual não se compadece com um controlo estadual.

Mantendo consigo a fiscalização da actividade notarial, o Estado reserva para si a dimensão mais importante da tutela pública: o poder disciplinar. E com ele a submissão da profissão, que de liberal tem fundamentalmente a suportação dos custos da actividade.

O poder de fiscalização do Estado está no âmbito de competência do Ministério da Justiça, sendo actuado pelo Ministro respectivo (art. 57.º, n.º 1 do EN), nos termos que veremos de seguida.

246 José Alberto Vieira

II. Do que ficou dito no ponto anterior, poder-se-ia objectar que o poder de fiscalização do Estado recai somente no exercício da função notarial e não no que demais resta.

Tratar-se-ia, porém, de um puro eufemismo, com sabor retórico. A parte da actividade do notário não controlada pelo Estado respeita às despesas, a instalação do cartório notarial, a contratação de pessoas, com os respectivos encargos, e as demais despesas de funcionamento.Tudo o restante permanece debaixo do seu poder de fiscalização.

75. A COMPETÊNCIA NO ÂMBITO DA FISCALIZAÇÃO DOS NOTÁRIOS

O poder de fiscalização do Estado sobre os notários tem duas vertentes fundamentais, embora uma delas seja depois autonomizada para efeitos de tratamento jurídico:

– As inspecções aos notários;
– A disciplina.

A lei atribui ao Ministro de Justiça a competência para levar a cabo inspecções aos notários. Esta vertente do poder de fiscalização desdobra-se em dois aspectos distintos: na elaboração de uma regulação normativa das inspecções, que tomará a forma de regulamento (art. 57.º, n.º 2 alínea a) do EN), e na realização das inspecções aos cartórios notariais (art. 57.º, n.º 2 alínea b) do EN).

76. AS INSPECÇÕES AOS NOTÁRIOS. TERMOS EM QUE PODEM SER FEITAS

O art. 58.º do Estatuto do Notariado estabelece que a iniciativa das inspecções pode ser do Ministério da Justiça ou do próprio notário, se nisso tiver interesse legítimo. Qualquer pessoa pode, por outro lado, desencadear a acção do Ministério da Justiça dirigindo reclamações relativas a um dado comportamento do notário[101].

---

[101] O que pode envolver toda a actividade de um cartório notarial, incluindo os colaboradores do notário, e não apenas do notário em concreto.

Direito do Notariado

As inspecções, naquilo que não esteja previsto no regulamento (se existir), podem ser executadas discricionariamente por iniciativa do Ministério da Justiça. Este Ministério designa os inspectores e distribui entre eles os processos de inspecção (art. 57.º, n.º 2 alínea c) do EN).

A actividade de inspecção pode levar a cabo a indagação de tudo o que respeita ao exercício da função notarial propriamente dita, os livros do notário, os documentos, o arquivo, a cobrança de impostos devidos, etc.

Mas está excluída a inspecção sobre os contratos de trabalho dos colaboradores do notário[102], os contratos de prestação de serviços com fornecedores, o contrato de arrendamento e todos os demais aspectos compreendidos na vertente liberal do notariado, pois estão fora da função notarial como atribuição delegada do Estado.

Excluída da competência dos inspectores está a apreciação da legalidade dos actos notariais. Aqueles podem decerto recolher factos e material do cartório notarial inspeccionado, os quais podem indiciar a violação de deveres funcionais pelo notário. Não lhes cabe, no entanto, proceder a um juízo de legalidade sobre os actos notariais.

SECÇÃO II
O poder disciplinar sobre os notários

77. A TUTELA DISCIPLINAR DO ESTADO SOBRE OS NOTÁRIOS

Numa profissão genuinamente liberal o poder disciplinar reside na corporação dos profissionais enquanto tal. E aqui encontra-se provavelmente o aspecto mais relevante da independência profissional associada a uma profissão liberal.

É verdade, que a Ordem dos Notários tem competência legal para exercer o poder disciplinar. Contudo, e em primeiro lugar, não é a única entidade que o detém legalmente, não o exercendo em exclusivo. Em segundo lugar, as sanções mais graves, as previstas no art. 67.º, alíneas d) e e) do Estatuto do Notariado, não cabem na competência da Ordem dos Notários, pertencendo exclusivamente ao Ministro da Justiça (art. 68.º, n.º 2 do EN).

---

[102] Estes podem ser objecto da acção da Inspecção-Geral do Trabalho, como qualquer outro empregador.

248 José Alberto Vieira

Reservando para si a competência disciplinar e o exclusivo de aplicação das sanções mais graves que podem decorrer para o notário da prática de uma infracção, o Estado manteve a tutela da actividade notarial, continuando a controlar o exercício profissional dos notários.

78. UM PODER DISCIPLINAR PARCIALMENTE CONCORRENTE

I. Na actual situação normativa, o poder disciplinar sobre os notários está na competência da Ordem dos Notários e do Ministro da Justiça (art. 60.º do EN).

Qualquer uma destas entidades tem competência para abrir o processo disciplinar e conduzir a sua instrução. Em todo o caso, importa aduzir algumas notas adicionais relacionadas com o exercício do poder disciplinar.

A primeira nota tem a ver com a condução do procedimento disciplinar. Conforme dissemos, qualquer uma das duas entidades referidas, o Ministro da Justiça ou a Ordem dos Notários, pode instaurar o procedimento disciplinar. Ainda assim, mesmo que seja a Ordem dos Notários a instaurar o procedimento disciplinar ao notário, ela tem de escolher o instrutor do processo do quadro do Ministério da Justiça (art. 76.º, do EN). O que, convenhamos, lhe retira uma boa parte da soberania na condução do processo disciplinar, evidenciando simultaneamente a persistência de um espírito tutelar do Estado sobre os Notários e a limitação da independência destes como profissionais liberais.

A segunda nota prende-se com a conclusão do processo disciplinar. Não tendo competência legal para aplicar as duas sanções mais severas previstas no Estatuto do Notariado, a saber, a suspensão do exercício da profissão por mais de seis meses e até um ano (art. 67.º, alínea d) do EN) e a interdição definitiva da actividade (art. 67.º, alínea e) do EN), a Ordem dos Notário tem de enviar para o Ministério da Justiça os processos disciplinares por si instaurados e conduzidos no seu âmbito sempre que a aplicação dessas penas estiver em causa (art. 89.º, n.º 2 do EN). E isto tendo em conta que é o instrutor do processo – pertencente ao quadro do Ministério da Justiça – que propõe a pena no seu relatório final (cf. o art. 89.º, n.º 1 do EN).

II. A bipolarização do poder disciplinar não apaga a vertente fundamental do mesmo: a subtracção ao controlo judicial. Este é um ponto fundamental da independência das profissões liberais face ao Estado.

No notariado, essa independência surge largamente enfraquecida pela manutenção no Estado da competência disciplinar. Ainda assim, há um laivo característico de profissão liberal que permanece, por fraco que seja.

79. OS ÓRGÃOS DO PODER DISCIPLINAR

I. Dentro do Ministério da Justiça e da Ordem dos Notários existem corpos especializados com competência específica para o exercício do poder disciplinar sobre os notários.

Esses órgãos são:

– O Conselho do Notariado, no âmbito do Ministério da Justiça;
– O Conselho Fiscalizador, Disciplinar e Deontológico no âmbito da Ordem dos Notários.

Olhamos de seguida para cada um deles.

II. Do Conselho do Notariado já nos ocupámos anteriormente[103]. Neste contexto, basta-nos lembrar que a acção disciplinar deste Conselho vem prevista no art. 53.º, alínea f) do Estatuto do Notariado.

III. O Conselho Fiscalizador, Disciplinar e Deontológico foi criado com o diploma legislativo que instituiu a Ordem dos Notários, o DL n.º 27/2004, de 4 de Fevereiro.

Sobre este Conselho recai a incumbência de exercer "o poder disciplinar sobre os membros da Ordem dos Notários, instaurando e instruindo os procedimentos disciplinares e aplicando ou propondo à direcção as sanções disciplinares adequadas".

Como se viu nos dois números anteriores, o impacto da competência deste órgão na disciplina dos notários é bem menor do que aparenta e do que sucede com outras ordens de profissionais liberais. O processo disciplinar, mesmo quando da iniciativa do Conselho Fiscalizador, Disciplinar e Deontológico, é instruído obrigatoriamente por um funcionário do Ministério da Justiça e nem todas as sanções disciplinares podem ser apli-

---

[103] Cf. supra no texto.

250 José Alberto Vieira

cadas por ele, em concreto, não o podem as mais severas estabelecidas pelo Estatuto do Notariado.

Deste modo, a disposição pomposa da responsabilidade disciplinar dos notários perante a sua Ordem, que surge feita no art. 41.º, n.º 1 do Estatuto da Ordem dos Notários, tem de ser interpretado em conjugação com a competência bipolar do poder disciplinar que a nossa lei consagra actualmente. Na verdade, os notários são responsáveis disciplinarmente perante a Ordem e o Estado e não apenas defronte da primeira.

IV. A concorrência destes dois Conselhos na disciplina dos notários não evidencia apenas a por nós propalada natureza híbrida deste corpo de profissionais, mas também a desconfiança no seu auto-governo. Por isso, o poder disciplinar acaba por ser partilhado com o Estado e debaixo sempre de uma estrita vigilância deste[104], o que lhe transmite uma inequívoca aura de poder subordinado.

80. O PODER DISCIPLINAR E A FUNÇÃO NOTARIAL

I. O poder disciplinar sobre os notários não abrange todos os actos praticados por estes profissionais, mas somente aqueles que estiverem ligados ao exercício da função notarial, em concreto e mais precisamente, ao cumprimento dos deveres funcionais.

Para se compreender isto, temos de começar por delimitar o conceito legal de infracção disciplinar. Este vem previsto no art. 61.º do Estatuto do Notariado, que dispõe considerar-se "infracção disciplinar o facto, ainda que meramente culposo, praticado pelo notário com violação de algum dos deveres inerentes ao exercício da fé pública notarial (...)".

Como se pode atentar, o tipo de ilícito (objectivo) em que consiste a infracção disciplinar do notário está confinado, em primeiro lugar, à violação de deveres funcionais. Contudo, o preceito não se fica por aqui.

Com efeito, os deveres funcionais cuja violação importa uma infracção disciplinar são aqueles que se ligam à fé pública notarial. Ou seja, nem toda a violação de dever funcional acarreta uma infracção disciplinar.

Dentro do círculo de deveres funcionais constitui infracção disciplinar do notário a violação dos seguintes deveres[105]:

---

[104] Afinal o instrutor dos processos disciplinares é seu funcionário.
[105] Sobre a enunciação dos deveres do notário, cf. supra no texto.

Direito do Notariado

– Controlar a legalidade do acto que receba a sua intervenção;
– Celebrar os instrumentos públicos e os actos que lhe forem solicitados de acordo com a vontade das partes;
– Esclarecer as partes do sentido e alcance dos actos praticados;
– Respeitar o sigilo profissional dos actos a ele legalmente sujeitos;
– Não solicitar nem angariar clientes;
– Prestar os seus serviços a quem os solicite;
– Controlar o cumprimento das obrigações tributárias e da segurança social e comunicar a realização de actos dos quais resultem obrigações fiscais;
– Contratar e manter seguro de responsabilidade civil.

Os deveres acima enunciados são aqueles que ligam o notário à fé pública. Isto quer dizer, em primeiro lugar, que nem todos os deveres do notário se devem entender por compreendidos na fé pública. Apenas os deveres que envolvem a dimensão do notário como oficial público podem estar em causa.

Por outro lado, e em segundo lugar, a violação de outros deveres profissionais pode gerar a aplicação de sanções de outro tipo, por exemplo, a responsabilidade civil, mas não envolve uma infracção disciplinar.

Se o notário não cumpre um contrato de trabalho com um funcionário do cartório, não lhe pagando, ou não cumpre o contrato de arrendamento com o senhorio, por exemplo, não viola nenhum dever funcional relativo à fé pública, embora a lei lhe imponha genericamente que cumpra esses deveres (cf. o art.23.º, n.º 1 alíneas h) e i) do EN).

O sistema legal apresenta coerência neste ponto. O poder disciplinar só pode ser exercido quando a dimensão pública da actividade notarial for posta em risco pela conduta do notário. Por isso, surge na lei a ligação à fé pública. Quando não for o caso, não faz qualquer sentido aplicar uma sanção disciplinar ao notário, sempre sem prejuízo de haver sanções de outra ordem ou outros efeitos jurídicos.

O tipo de ilícito da infracção disciplinar requer ulteriormente um elemento subjectivo (ilícito subjectivo): a culpa. O art. 61.º do Estatuto do Notariado faz-lhe uma menção expressa ("ainda que meramente culposo"). O significado do preceito é que a infracção disciplinar não tem de resultar da intenção do notário de deixar de cumprir o seu dever funcional (dolo), podendo resultar da mera incúria ou desleixo no respectivo cumprimento (negligência).

Sem o elemento subjectivo da culpa, não há infracção disciplinar e consequentemente responsabilidade disciplinar do notário. A responsabilidade disciplinar do notário não tem carácter objectivo.

II. A infracção disciplinar envolve a possibilidade legal de abertura de processo disciplinar e sujeita o notário à aplicação de uma das sanções previstas no catálogo legal (art. 57.º do EN).

BIBLIOGRAFIA

ABREU, José Carlos/Rocha, Castro Gouveia – Código Do Notariado, Anotado e Comentado, Coimbra, 2003.

ANDRADE, Manuel Domingues De – Teoria Geral Da Relação Jurídica, Vol. I, Coimbra, 1997.

ARAÚJO, Borges A. M. – Prática Notarial, 4.ª ed., Coimbra, 2003.

ASCENSÃO, José De Oliveira – Direito Civil – Teoria Geral, Vol. III, Coimbra, 2002.

BUCO, Maria Isabel Rito – Notariado, Coimbra, 1995.

COLAÇO, Fernando Jorge – "The notarial institution", RFDUL, 1998, pág. 229.

CORDEIRO, António Menezes Cordeiro – Tratado De Direito Civil Português, Vol. I, Tomo I, 3.ª ed., Coimbra, 2005.

CORREIA, José Manuel Sérvulo – Legalidade E Autonomia Contratual Nos Contratos Administrativos, Coimbra, 2003.

DIOGO, Luís Da Costa – Ver Januário, Rui.

ESTORNINHO, Maria João – A Fuga Para O Direito Privado, Coimbra, 1996.

FERNANDES, Luís Carvalho – Teoria Geral Do Direito Civil, Vol. II, 4.ª ed., Lisboa, 2007.

FERREIRINHA, Fernando Neto/Silva, Zulmira Neto da – Manual De Direito Notarial – Teoria E Prática.

GONÇALVES, Pedro – Entidades privadas Com Poderes Públicos, Coimbra, 2008

GONZÁLEZ, José Alberto/Lopes, Barata J. – Código do Notariado Anotado, Lisboa, 2007.

GONZÁLEZ, José Alberto/Januário, Rui – Direito E Prática Notarial, Lisboa, 2008.

GOUVEIA, José Carlos – Manual Teórico E Prático do Notariado, 4.ª ed., Coimbra, 2004.

JANUÁRIO, Rui/Diogo, Luís Da Costa – Direito Dos Contratos E Institutos do Direito Privado, Lisboa, 2007.
  – Ver GONZÁLEZ, José Alberto.

KOTZ, Heinz.

LOPES, Barata J. – Direito Dos Registos E Do Notariado, 4.ª ed., Coimbra, 2007
  – Ver GONZÁLEZ, José Alberto.

MATOS, Albino de Almeida – A liberalização Do Notariado, Coimbra, 1998.

– Temas de Direito Notarial, Doutrina, Jurisprudência, Prática, Coimbra, 1992.

MENDES, João de Castro – Teoria Geral Do Direito Civil, Lisboa, 1980.

PINTO, Carlos Alberto da Mota Pinto – Teoria Geral Do Direito Civil, 4.ª ed., Coimbra, 2005.

RAMALHO, Edmundo Edilberto – Manual De Actos Notariais, Lisboa, 2008.

RODRIGUES, Pedro Nunes – Direito Notarial E Direito Registal, Coimbra, 2005.

SCHÜTZEBERG, Jost – Der Notar in Europa, Köln, 2005.

SILVA, Zulmira Neto da – Ver Ferreirinha.

TELLES, Inocêncio Galvão – "Algumas considerações sobre a reforma do notariado", O Direito, 2004, pág. 599.

VALLES, Edgar – Actos Notariais do Advogado, Coimbra, 2008.

VASCONCELOS, Pedro Pais de – Teoria Geral Do Direito Civil, 5.ª ed. Coimbra, 2008.

VICENTE, Dário Moura – Direito Comparado, Introdução E Parte Geral, Volume I, Coimbra, 2008.

VIEIRA, José Alberto – Direitos Reais, Coimbra, 2008.

ZWEIGERT, Konrad/Kotz, Heinz – Einführung in die Rechtsvergleichung auf dem Gebiete des Privatrechts, 3. Auflage, 1996.

DIREITO ADMINISTRATIVO DA CULTURA

JOSÉ LUÍS BONIFÁCIO RAMOS

1. INTRODUÇÃO

1.1. CONSIDERAÇÕES GERAIS

Se a Cultura acompanha o Homem, uma vez que ele é um ser cultural, a Cultura assume uma inegável dimensão social ao ser entendida como um conjunto de representações e de práticas sociais, cujo alcance deve ser compreendido a partir do estudo de uma comunidade, de uma determinada sociedade. Nesta perspectiva, a actividade cultural não se resume à acção de um indivíduo ou de um conjunto de indivíduos, mas resulta da actuação, do apoio, do suporte de pessoas colectivas, de instituições de natureza privada ou pública. Ora, apesar das actuações de instituições de natureza pública não deverem restringir as actuações culturais de natureza privada, cabe-lhe um papel extremamente relevante que não pode nem deve ser escamoteado.

Bem sabendo que as relações entre a Cultura e os poderes públicos nunca foi linear nem isenta de tensões ou de conflitos, podemos afirmar que, depois da época onde o alheamento ou o dirigismo público imperou, com negativas consequências para o devir cultural, a última metade do século XX demostrou, com o alicerçar do Estado constitucional cultural, como era possível prosseguir políticas públicas sem limitar, de modo intolerável, a criação e a actividade cultural de natureza privada. Como se sabe, isso sucedeu tanto a nível das artes do espectáculo, das artes plásticas e fotografia, como em sede das próprias instituições museológicas ou da protecção e preservação do património cultural.

Ao se entender o novo papel do Estado ou de outras entidades públicas no apoio e promoção da Cultura, que deve ser polarizadora do princípio da dignidade da pessoa humana e, por isso, da liberdade da Cultura,

256 José Luís Bonifácio Ramos

como vector importante daquele princípio, verificamos que a intervenção do Estado e de outras entidades representa um imperativo irrenunciável, uma vez que protagoniza uma importante missão de serviço público, num domínio essencial para a comunidade. Daí que aquela intervenção, que tem assumido um papel muito relevante, deva ser estudada, como um ramo que busca autonomia crescente – o Direito Administrativo da Cultura – e que denota, de modo transversal, os múltiplos desafios e as complexas solicitações da sociedade contemporânea.

1.2. O Direito administrativo da cultura

Reconhecendo um inegável desenvolvimento do próprio Direito da Cultura, embora aceitando ser discutível perspectivar o Direito da Cultura como ramo autónomo de Direito, consideramos que não compete ao Direito Administrativo da Cultura aprofundar a noção jurídica de Cultura ou do Direito da Cultura, nem sequer a dicotomia entre o património cultural material e o património cultural imaterial, as interrogações sobre a preservação ou o restauro do património, a fixação do catálogo de actividades ou de actuações de âmbito cultural ou assumir uma qualquer posição sobre o novo contexto tecnológico cultural.

Tendo em conta tais parâmetros, entendemos que o Direito Administrativo da Cultura não pode perder importância, nem actualidade. Se não pode nem deve dar resposta às questões que interseccionam, de modo transversal, o Direito à Cultura, assume um importante papel de sujeito interventivo e actuante num sector que se encontra em contínuo crescimento e em permanente mutação. Se não almeja promover uma visão abrangente ou unificadora do fenómeno cultural, o Direito Administrativo da Cultura, ao representar, nas expressivas palavras de Häberle, o vínculo pelo qual o Estado, de um lado, e o mundo do pensamento, de outro, se encontram ligados, a propósito da criação artística[1], pode desempenhar um importante papel na autocompreensão da missão do Estado[2] e no todo coerente que é a própria Cultura[3].

---

[1] Cf. Peter Häberle, *Verfassungslehre als Kulturwissenschaft*, 2.ª ed., Berlim, 1996, p. 24.

[2] Neste sentido, cf. Martin Wyss, *Kultur als eine Dimension der Völkerrechtsordnung*, Zurique, 1993, pp. 29 e segs.

[3] Expressão de Bronislaw Malinowski que entende a Cultura como o todo integral

Direito Administrativo da Cultura

O aprofundamento daquele vínculo não só permite compreender a Cultura e a actividade cultural polarizada pelo Estado, como revela o âmago da função administrativa, a administração pública material[4], através da exposição das necessidades colectivas a satisfazer pela função administrativa, objecto de prévia fixação legislativa. Compreende-se que o presente estudo deva ter em atenção a evolução do respectivo regime jurídico, que não possa olvidar as transformações que ocorreram no desempenho da função administrativa, designadamente o fim do monopólio de exercício de função e a posterior divisão do poder administrativo entre diferentes entidades públicas[5]. Por isso, ao constatar o ocaso do monopólio estadual, cumpre ter presente a evolução do Direito Administrativo, que a justifica e que a condiciona. Depois de um período, que se situa no século XIX, em que o Direito Administrativo registou enorme expansão, motivado pelo apogeu da construção monista, que almejava transformar os institutos privatistas em institutos públicos[6], constatou-se um vincado refluxo causado, em grande parte, pelo decisivo fracasso do monismo[7]. Tal refluxo motivou posições doutrinárias que procuraram demonstrar como era mais adequado admitir o modelo dualista do que continuar a insistir num modelo que procurava importar institutos que, por vezes, não se adaptavam às singularidades do Direito Administrativo[8].

---

e coerente que compõe os instrumentos e os bens de consumo, as castas constitutivas dos vários agrupamentos sociais, as ideias, as artes, as crenças e os costumes. Sob tal perspectiva, a Cultura como um todo coerente encontra-se ligada, radicalmente, à base biológica do ser humano e aos problemas que este encontra na sua relação com o ambiente, pelo que a resolução das suas necessidades pode ser desempenhada por uma mediação cultural. Cf. *The Scientific Theory of Culture*, Londres, 1922, pp. 43 e segs.

[4] Adoptamos a equiparação entre a função administrativa e a administração pública em sentido material. A tal propósito, cf. MARCELO REBELO DE SOUSA, *Lições de Direito Administrativo*, Vol. I, Lisboa, 1999, p. 12.

[5] Sobre este aspecto, PAULO OTERO reconhece que, ao existir uma multiplicidade de estruturas de decisão administrativa, não existe uma única Administração Pública mas várias Administrações Públicas. Cf. *Poder de Substituição em Direito Administrativo: Enquadramento Dogmático-Constitucional*, Vol. I, Lisboa, 1995, pp. 529 e segs.

[6] OTTO MAYER tem sido apontado como um dos defensores do modelo monista. Cf. a tal propósito, *Deutsches Verwaltungsrecht*, Vol. II, Leipzig, 1896, pp. 17 e segs.

[7] Sobre as tentativas hegemónicas do modelo monista de Direito Administrativo e do seu correspondente fracasso, cf. FRANZ MERLI, *Öffentliches Nutzungsrechte und Gemeingebrauch*. Viena, Nova Iorque, 1992, pp. 19 e segs.

[8] No que respeita a este aspecto, refira-se a crítica de FRIDOLIN EISELE quando afirma que o Direito Administrativo procura, com o modelo monista, apropriar-se de institutos pri-

258 José Luís Bonifácio Ramos

A partir daí, muito se tem evoluído. De tal modo que o reiterado e crescente recurso ao Direito Privado, que procura caracterizar etapas evolutivas, posteriores, se tenha caracterizado como a fuga da Administração Pública para o Direito Privado[9]. Tal orientação, que permite aceitar a importância relativa de institutos de Direito Privado, motiva o reequacionamento do papel do Estado e a necessidade de reduzir a despesa pública e acentua uma dinâmica reformadora da Administração Pública. Aliás, esta dinâmica provoca reflexos no domínio do Direito da Cultura, sobretudo no Direito Administrativo da Cultura. Tanto mais que se chegou a defender que a Cultura desempenhava a função de núcleo fundamental de unidade política[10], fazendo coincidir a Cultura, a Nação e o Estado, ou, dito de outro modo, que o Estado devia promover a Cultura, como verdadeiro Estado de Cultura[11]. Ora, por causa do declínio daquelas teorias, tendo em conta o emergir do Estado constitucional e democrático[12], que justificou o pluralismo cultural e que implicou que o Estado tivesse de repensar o seu papel interventor, de modo a que a sua actividade estivesse balizada por aquilo que se tem designado por auto-compreensão cultural[13],

---

vatistas, em vez de criar novos e originais institutos jurídicos de natureza pública. *Über des Rechtsverhältniss der res publicae in publico usu nach römischen Recht*, Basel, 1873, pp. 24 e segs.

[9] Segundo PAULO OTERO, procura-se evitar a sujeição da Administração Pública às vinculações apertadas de Direito Administrativo, sem que haja renúncia à prossecução do interesse público. Procura-se realizar despesas sem o controlo financeiro do tribunal de Contas ou a rigidez da legislação sobre despesas públicas, bem como recrutar e seleccionar pessoal sem os limites das regras de contratação pública. Cf. *Legalidade e Administração Pública: O Sentido da Vinculação Administrativa à Juridicidade*, Coimbra, 2003, pp. 282 e segs.

[10] Trata-se da perspectiva de ERNEST GELLNER quando defende que o nacionalismo cultural constitui o fundamento das Nações e dos próprios Estados. Cf. *Nationalismus und Moderne*, Berlim, 1991, pp. 87 e segs.

[11] As ideias próprias do Estado de Cultura que permitia que o Estado determinasse o que se devia entender por Cultura actuando de modo dirigista e sem isenção num domínio que se quer plural e aberto à diversidade, têm sido afastadas pelas modernas ideias que subjazem ao Estado constitucional democrático. Nesta perspectiva, MARTIN WYSS sublinha que a protecção do direito das minorias solidifica o pluralismo cultural, implodindo a ideia de um Estado monocultural representante da Cultura dominante. Cf. *Kultur...*op. cit., pp. 32-3.

[12] Cf. PETER HÄBERLE, *Verfassungslehre...*op. cit., pp. 35 e segs.

[13] Esta expressão, usada por MARTIN WYSS, representa os novos desígnios e os limites da actividade do Estado, após a erosão do Estado nação e o assumir do pluralismo cul-

constatou-se um acréscimo da pulsão reformadora da Administração Pública, no sentido de o Estado deixar de assumir a centralidade que até aí tinha procurado desempenhar. De qualquer modo, embora se constatasse tal intenção, isso não significou que, especialmente, no domínio das políticas culturais, o Estado deixasse de protagonizar uma missão primordial em diversos sectores tão emblemáticos como a protecção do património cultural[14], as bibliotecas[15], os arquivos[16] ou os incentivos mecenáticos ou fiscais[17].

Por isso, embora se aprecie o aspecto evolutivo das políticas culturais públicas, com mais pormenor, seguidamente, sublinha-se, desde já, que tal orientação conheceu avanços e recuos, modulados por distintas determinações políticas ou por circunstanciais constrangimentos orçamentais. Ela fez-se sentir, com particular ênfase, no sector empresarial do Estado, se bem que se encontrem reflexos sequenciais em todo o sector público. Depois do conceito restritivo de empresa pública, consagrado na legislação de 1976[18], após as empresas públicas passarem a ocupar uma posição residual[19], no conjunto do sector empresarial do Estado, o regime jurídico

---

tural e da identidade cultural. Naquela medida, o Estado deve preservar a sua actividade para aspectos que careçam, no âmbito cultural, de justificação política. Cf. *Kultur...*op. cit., p. 35. Ainda sobre a evolução das funções do Estado a propósito do Direito da Cultura, cf. ADORACIÓN VICTORIA, "Evolución Cultural de las Funciones y los Órganos del Estado" in *Derecho Constitucional y Cultura: Estudios en Homenaje a Peter Häberle,* Madrid, 2004, pp. 413 e segs.

[14] Sobre a especial necessidade de intervenção pública em sede de protecção do património cultural, cf. FRANK FECHNER, "Prinzipien des Kulturgüterschutzes: Eine Einführung" in *Prinzipien des Kulturgüterschutzes,* Berlim, 1996, pp. 37-8; RAIMUND KÖRNER, *Denkmalschutz und Eigentumsschutz,* Berlim, 1992, pp. 111 e segs; JOSÉ LUÍS ÁLVAREZ, "El Patrimonio Artístico" in *Estudios Jurídicos sobre el Patrimonio Cultural de España,* Madrid, 2004, pp. 111 e segs; De modo dissemelhante, quanto à importância da protecção internacional de bens culturais, cf. ERIK JAYME, *Kunstwerk und Nation: Zuordnungsprobleme im internationalen Kulturgüterschutz,* Heidelberg, 1991, pp. 9 e segs.

[15] Cf. JEAN-MARIE PONTIER, JEAN-CLAUDE RICCI, JACQUES BOURDON, *Droit de la Culture,* 2.ª ed., Paris, 1996, pp. 245 e segs.

[16] Cf. SABINE BOOS, *Kulturgut als Gegenstand des grenzüberschreitenden Leihverkehrs,* Berlim, 2006, pp. 216 e segs.

[17] Cf. RUDOLF KLEEBERG, WOLFGANG EBERL, *Kulturgüter in Privatbesitz: Handbuch für das Denkmal und Steuerrecht,* Heidelber, 1990, pp. 215 e segs; JOSÉ MENÉNDEZ, *Beneficios e Incentivos Fiscales del Patrimonio Cultural,* Madrid, 2004, pp. 57 e segs.

[18] Cf. o Decreto-Lei n.º 260/76 de 8 de Abril.

[19] Designação de PAZ FERREIRA, quando perspectiva o regime jurídico vigente em 1976 e a sua evolução posterior. Cf. "Aspectos Gerais do Novo Regime do Sector Empre-

260 José Luís Bonifácio Ramos

ulterior[20] aproximou a empresa pública das normas comunitárias e do Direito interno de outros países europeus. Assim, enquanto anteriormente só eram empresas públicas as entidades de capital totalmente público com ligação orgânica ao Estado, excluindo-se as sociedades de capital parcial ou totalmente público, o novo regime assenta no pressuposto de que a empresa pública é uma empresa controlada pelo Estado, criada sob iniciativa pública, independentemente da estrutura e da forma institucional. Ora, este alargamento do sector empresarial do Estado[21], com correlativa redefinição da empresa pública, traduz-se na maior aplicabilidade de normas de Direito privado. Efectivamente, a orientação daquele diploma é a de consagrar o Direito privado como o Direito aplicável, por excelência, a toda a actividade empresarial, seja ela actividade pública ou privada.

Além do sector empresarial do Estado, encontramos modificações importantes no próprio sector público administrativo, designadamente nos institutos públicos com directa influência nas reformas dos organismos e das estruturas da Cultura. Tendo em conta que o novo regime impõe limites à criação de institutos públicos[22], dada a anterior ausência de critério que justifique formas diferenciadas de organização, e uma vez que clarifica o regime do poder de superintendência e de tutela, compreende-se que os seus reflexos no domínio da Cultura não deixem de se evidenciar. Aliás, como veremos nos capítulos subsequentes, é a partir daí, que a figura do instituto público é menos utilizada, tendo em conta o seu âmbito restritivo e a correlativa necessidade de determinadas entidades poderem responder a outros tipos de solicitações e de compromissos impostos pela aludida especificidade da programação artística e cultural.

Porém, como se disse anteriomente, a sociedade actual não pode enjeitar, a intervenção do Estado no sector da Cultura. Se a actividade cul-

---

sarial do Estado" in *Estudos sobre o Novo Regime do Sector Empresarial do Estado*, Coimbra, 2000, p. 12. Aliás, aquela designação enquadra-se na linha da orientação restritiva apresentada no estudo sobre a empresa pública que decorre daquele regime legal. Cf. COUTINHO DE ABREU, *Definição de Empresa Pública*, Coimbra, 1990, pp. 98 e segs.

[20] Cf. o Decreto-Lei n.º 558/99 de 17 de Dezembro.

[21] Como refere PAZ FERREIRA, o conceito de empresa pública resultante do novo regime é muito vasto e afigura-se susceptível de englobar diferentes modalidades de empresas. Naquela perspectiva, distingue: as entidades públicas empresariais; as empresas encarregadas da gestão de serviços de interesse económico geral; as empresas que exercem poderes de autoridade; as empresas encarregadas da exploração de um serviço público. Cf. "Aspectos..." in op. cit., pp. 16 e segs.

[22] Cf. os artigos 4.º e seguintes da Lei n.º 3/2004 de 15 de Janeiro.

tural é consequência da capacidade criativa dos indivíduos, de uma comunidade, a compreensão do novo papel do Estado não lhe diminui responsabilidades, uma vez que deve promover a liberdade de criação cultural, que não deve entender a Cultura como um acessório, mas como algo imprescindível para o livre desenvolvimento da pessoa humana. Por outro lado, embora não ignoremos o debate, que está na ordem do dia, sobre a superação do âmbito estadual com a construção de uma Constituição europeia, tendo em conta os designados postulados de uma Cultura Jurídica Europeia[23], também é verdade que as políticas culturais públicas não têm necessariamente que antagonizar tal Cultura Jurídica.

2. EVOLUÇÃO DO REGIME JURÍDICO

2.1. RAZÃO DE ORDEM

Como se compreende, as diferentes perspectivas do Direito da Cultura, na asserção do Direito Administrativo da Cultura, apresenta importantes reflexos no regime jurídico vigente. Por isso, de modo a melhor compreendermos o quadro legislativo actual, impõe-se proceder a um breve estudo da evolução do Direito da Cultura português, desde aquilo que designamos por esparsas manifestações de índole cultural, à estruturação pública das iniciativas culturais, até à constituição do Ministério da Cultura ou às recentes reformas legislativas que procuraram aplicar o PRACE no Direito da Cultura.

---

[23] A ideia de uma Cultura Jurídica Europeia, recusando o alicerçar dos fundamentos de um Estado Europeu, tem vindo a ser defendida, de modo consistente, por PETER HABËRLE. Cf. "Vom Kulturstaat zum Kulturverfassunsrecht" in *Kulturstaatlichkeit und Kulturverfassungsrecht*, Vol. I, Berlim, 1982, pp. 20 e segs; "National-verfassungsstaatlicher und universaler Kulturgüterschutz: ein Textstufervergleich" in *Prinzipien des Kulturgüterschutzes*, Berlim, 1996, pp. 91 e segs; "La Cultura Giuridica Europea" in *La Costituzione Europea: Tra Cultura e Mercato*, Roma, 1997, pp. 15 e segs; "El Jurista Europeo" in *Derecho Constitucional y Cultura: Estudios en Homenaje a Peter Häberle*, Madrid, 2004, pp. 749 e segs.

2.2. MANIFESTAÇÕES ESPARSAS DE ÍNDOLE CULTURAL

Embora não encontremos, em tempos recuados, uma ideia sistematizada de regulação dos bens culturais, temos de convir que determinadas manifestações de natureza cultural constituíram preocupação do Rei, bem como existe registada, episódicas prescrições legais com aplicabilidade no domínio da Cultura. Quanto às prescrições legais basta pensar no regime de regalia do tesouro ou no do Direito de naufrágio para compreender as consequências de tais regimes jurídicos para a evolução da protecção do património cultural[24] e, em última *ratio*, para o próprio Direito da Cultura. Quanto às manifestações culturais, cumpre mencionar, além da promoção das artes[25], as preocupações dos monarcas no sentido de promover e de apoiar as reflexões prospectivas da Cultura e as reformas subsequentes de modo a adoptar os novos ideiais de índole cultural. A tal propósito, saliente-se a figura do humanista André de Resende, que não só recebeu importante protecção da Coroa, designadamente do Cardeal D. Henrique, como se interessou, sobremaneira, por aspectos ligados à Cultura, ao património cultural e ao património arqueológico. Naquela perspectiva, Resende sublinhou, na sua lição de sapiência, proferida em 28 de Junho de 1551, perante o Colégio das Artes, em Coimbra, quando reflectia sobre a Cultura portuguesa, o apoio do Rei na atribuição de bolsas de estudo procurando enaltecer e fidelizar a política cultural de D. João III[26], de modo

---

[24] Tanto num caso como noutro, encontramos prescrições legais no sentido de preservar aquele património, ou seja os bens culturais terrestres e os bens culturais subaquáticos. Cf. JOSÉ LUÍS RAMOS BONIFÁCIO, *O Achamentos de Bens Culturais Subaquáticos*, Lisboa, 2008, pp. 116 e segs.

[25] É consabido o apoio especial de alguns monarcas portugueses às manifestações de índole cultural. Lembremos, a esse propósito, as preclaras palavras de ALMEIDA GARRETT, quando afirma o seguinte: "(...) *O theatro português nasceu no palacio dos nossos Reis. O mesmo genio poderoso que mandava descobrir a India, e que alterava o modo de existir do universo, mandou também abrir a scena moderna da Europa. O Senhor Rei D. Manuel tanto achou em Portugal os animos e corações de Vasco da Gama e de Pedro Nunes, como os talentos d' estes e de Gil Vicente* (...)" Cf. *Relatório sobre a Fundação de um Teatro Nacional*, Lisboa, 1836.

[26] Trata-se da opinião de MANUEL CADAFAZ DE MATOS, no estudo intitulado "André de Resende (c. 1500-1573), o homem e a obra: um contributo para a sistematização dos seus trabalhos impressos até 1551" in *Algumas Obras de André de Resende(1531-1551)*, Vol. I, Lisboa, 2000, p. 94.

Direito Administrativo da Cultura 263

a evitar que Portugal se corrompesse por outras doutrinas culturais que ele, André de Resende, apelidava de exóticas[27].

Mais tarde, um outro intelectual, D. Francisco Xavier de Meneses, conde da Ericeira, teria influenciado D. João V, no sentido de o Rei assumir o papel protector das Letras e das Artes. Ora, a criação da Academia Real de História, desde o seu acto fundador, em 1720, assumia o propósito de exercer uma relevante missão de natureza cultural[28], concretizando, depois, o encargo de zelar pela conservação de monumentos nacionais e de objectos culturais móveis[29], sob pena de os infractores, ainda que actuassem com negligência, poderem incorrer em pesadas sanções[30]. Por outro lado, deve destacar-se o emergir da actividade mecenática, cujo promotor era, naquela época, quase sempre o próprio monarca. Aliás, mesmo quando o destinatário de uma obra, literária ou científica, era um nobre, um Grande, o intuito de tal dedicatória era que ele servisse de intermediá-

---

[27] *"(…) Procurantam in his Regnis sacrosantae Religionis sinceriorem puritatem et datam graviter operam ne impune perversis dogmatibus exotisque doctrinis polluatur (…)"* Cf. ANDRÉ DE RESENDE, in *Oratio habita Conimbricae in Gymnasio Regio*, Coimbra, 1551.

[28] *"(…) se leia na mesma academia, e se registe nos seus livros e nas mais partes em que for necessário, para que conste que a minha real intenção é concorrer para o aumento de uma academia de que espero resulte uma história tão útil, conservando-se as acções tão dignas de memória, que nestes reinos se têm obrado (…)"*. Cf. o Decreto de 8 de Dezembro de 1720.

[29] *(…) Hei por bem que, daqui em diante nenhuma pessoa de qualquer estado, qualidade e condição que seja, desfaça ou destrua em todo ou em parte, qualquer edifício que mostre ser daqueles, ainda que em parte esteja arruinado e da mesma sorte as estátuas, mármores e cipós em que estiverem esculpidas algumas figuras ou tiverem letreiros Fenícios, Gregos, Romanos, Góticos e Arábicos: ou lâminas ou chapas de qualquer metal que contiverem os ditos letreiros ou caracteres, como outrossim medalhas ou moedas que mostrarem ser daquele tempo, nem dos inferiores até ao reinado do Senhor Rei D. Sebastião; nem encubram ou ocultem algumas das sobreditas coisas; e encarrego às Câmaras das Cidades e Vilas deste Reino tenham muito particular cuidado em conservar e cuidar todas as antiguidades sobreditas, e de semelhante qualidade, que houver ao presente, ou ao diante se descobrirem nos limites do seu distrito (…)* Cf. Alvará de 20 de Agosto de 1721.

[30] *"(…) as pessoas de qualidade que contravierem esta minha disposição, desfazendo os edifícios daqueles séculos, estátuas, mármores e cipós; ou fundindo lâminas, chapas, medalhas e moedas sobreditas; ou também deteriorando-as em forma que não se possam conhecer as figuras e caracteres; ou finalmente encobrindo-as ou ocultando-as, além de incorreremno meu desagrado, experimentarão também a demonstração que o que o caso pedir e merecer a sua desatenção, negligência ou malícia; e as pessoas de inferior condição incorrerão nas penas impostas pela Ordenação (…)"*. Cf. Alvará de 1721.

264 José Luís Bonifácio Ramos

rio, junto do Rei, de modo a obter importantes benesses e regalias para autor da referida obra[31].

No reinado de D. Maria II, podemos destacar o papel de Almeida Garrett quando, depois de ter sido encarregado de propor um plano para a fundação e organização de um teatro nacional, apresentou, em 1836, um relatório[32], onde se recomendava não só instituir um Teatro Nacional como, ainda, aprovar uma Inspecção Geral do Teatro e dos Espectáculos Nacionais.

2.3. A ESTRUTURAÇÃO PÚBLICA DAS INICIATIVAS CULTURAIS

Na segunda metade do século XIX, encontramos maior estruturação da política cultural. Isso pode demonstrar-se designadamente no plano institucional com a criação, em 1852[33], do Ministério das Obras Públicas, Comércio e Indústria que assumia, a partir daí, a responsabilidade de conservação, manutenção e restauro de monumentos históricos, sob acompanhamento da Direcção de Obras Públicas, cuja terceira secção intervinha, ao abrigo das respectivas competências, nos monumentos históricos e nos edifícios públicos. Aliás, a conservação e o restauro de monumentos ganhou tal relevo que um Decreto, publicado no ano seguinte[34], reservava, de modo autonomo, em epígrafe própria, dotações significativas para alguns dos mais importantes monumentos históricos daquele tempo, *v.g.* o Arco da Praça do Comércio e o Mosteiro da Batalha, sem prejuízo de se incluirem outras dotações, em rubrica de cariz genérico, destinadas a obras

---

[31] "(…) *empregou a sua actividade em benefício da Sabedoria, intrepoz a sua valia, e respeito, insinuou na graça dos grandes e poderosos, introduzio no gabinete dos Ministros, e finalmente inculcou com efficacia à mesma Magestade do nosso Rey, todos os que erão amantes, e professores de estudos, para que esta inculca, e recomendação accendesse em huns a louvavel curiosidade das artes, e produzisse em outros o nobre desejo das letras, prezando-se de ser douto, como de fazer scientes por meyo da sua industria; e porque era ambicioso para ser prodigo, querendo para si as pensões do trabalho, e para os mais os premios de fadiga* (…)". Cf. "O Elogio do Padre Manoel Caetano de Souza feito pelo senhor Marquês de Valença na Academia Real" in *Colecçam de Documentos da Academia*, ano de 1734, pp. 9-10.

[32] Cf. O Relatório de 12 de Novembro de 1836.

[33] Cf. o Decreto de 30 de Agosto e o Regulamento de 30 de Setembro de 1852.

[34] Cf. o Decreto de 26 de Agosto de 1853.

Direito Administrativo da Cultura

e a reparações de paços reais, de monumentos, de igrejas e de paços episcopais.

Sintomaticamente, em 1890, considerando que se deveria dar à Cultura um maior destaque, atendendendo ao atraso do País face aos demais povos europeus, e no pressuposto de que "as bellas artes são o ornamento da cultura intellectual e o seu estudo e a difusao do gosto que ellas trazem" não se afiguram indiferentes ao progresso, instituiu-se o Ministério da Instrução Pública e das Bellas Artes[35]. Tal reforma teve, no entanto, curtíssima duração. Logo em 1892, dois anos volvidos, sob invocação de premente necessidade de reduzir a despesa pública, foram-se diminuindo as dotações do Ministério das Bellas Artes, designadamente as correspondentes à remuneração do lugar de comissário geral do método de leitura pela Cartilha de João de Deus ou ao subsídio anual atribuído ao Teatro Nacional de São Carlos[36]. Posteriormente, determinou-se a extinção do próprio Ministério da Instrução Pública e das Bellas Artes com correspondente transferência dos respectivos serviços para a tutela do Ministério do Reino.

Todavia, as competências relativas à recuperação e manutenção do património permaneceram no âmbito de atribuições do Ministério das Obras Públicas, Comércio e Indústria. Daí que a Direcção de Serviços de Obras Públicas tivesse aprovado o Regulamento da Comissão de Monumentos Nacionais[37], onde se encontravam aspectos de particular relevância para o estudo da evolução do Direito Administrativo da Cultura. Assim, daquele diploma ressalta uma noção abrangente de *monumentos nacionaes* susceptível de incluir diversos bens, *v.g.,* edifícios, construções, ruínas e objectos artísticos, industriais e arqueológicos que importem à História da Nação, que testemunhem e comemorem factos notáveis da História ou que sejam megalíticos e que representem vestígios de povos e de civilizações anteriores à formação da própria nacionalidade[38]. Aquela Comissão tinha por incumbência estudar, classificar e inventariar os monumentos, bem como propor providências necessárias à sua guarda, conservação, reparação e exposição pública[39]. Porém, a defesa do patri-

---

[35] Cf. o Decreto de 5 de Abril de 1890.
[36] Cf. o Decreto de 3 de Março de 1892.
[37] Cf. o Decreto de 27 de Fevereiro de 1894.
[38] Cf. o artigo 1.º.
[39] Cf. o artigo 2.º do Regulamento.

266 José Luís Bonifácio Ramos

mónio cultural não assumia, naquela época, uma visão estruturada nem coerente. Não só as medidas protectoras eram pontuais e avulsas como havia, ao mesmo tempo, determinações legais que representavam verdadeiros atentados à integridade do próprio património cultural. Assim, indica-se, a título de exemplo, a entrega, à respectiva câmara municipal, das muralhas que circundam a vila de Chaves, com expressa permissão de o município as poder demolir[40], ou a autorização, contra pagamento de uma determinada quantia pecuniária, de exportação de objectos artísticos, históricos ou arqueológicos[41].

Mais tarde, em 1901, não só se procurou reorganizar a estrutura administrativa de conservação e restauro de monumentos[42], como se promoveu o ensino da música e das artes dramáticas[43] com a criação do Conservatório Real de Lisboa[44], que instituiu o Conselho de Arte Musical e o Conselho de Arte Dramática, de modo a poder dar parecer sobre matérias da sua área de atribuição[45].

Logo após a implantação da República, foi aprovado um regime de protecção de bens culturais móveis[46], de modo a atribuir ao Estado o poder de autorizar a alienação de obra de arte ou de objecto arqueológico, a realizar por câmaras municipais, juntas, institutos públicos de ensino ou de beneficiência, corporações legais de qualquer natureza, associações particulares directa ou indirectamente subvencionadas pelo Estado, bem como um direito de preferência, quando julgue conveniente adquirir o bem, de modo a que este pudesse integrar a colecção de determinado museu público[47].

---

[40] Cf. a Carta de Lei de 23 de Junho de 1879.

[41] Cf. a Carta de Lei de 7 de Agosto de 1890.

[42] Cf. o Decreto de 24 de Outubro de 1901 que aprova a organização das corporações consultivas da Secretaria de estado dos Negócios das Obras Públicas, Comércio e Indústria e o Decreto de 30 de Dezembro, do mesmo ano, que aprova as bases para a classificação de imóveis que devem ser considerados monumentos nacionais.

[43] Cf. Cf. o Decreto de 24 de Outubro de 1901.

[44] O preâmbulo do diploma refere que "(…) *um país musical é um país convenientemente preparado para aceitar todas as lições do progresso, para saber sentir e saber vibrar; um país cujo theatro represente a sua verdadeira missão, e seja o livro dos que não teem livros, como o exigia um bello espírito, recebe por este intermedio parte da sua educação moral e civica. Dos conservatórios, organizados sob um alto pensamento artístico, devem naturalmente sair os elementos que produzam o resultado que se deseja (…)*".

[45] Cf. artigos 3.º e seguintes do Decreto de 24 de Outubro de 1901

[46] Cf. o Decreto de 19 de Novembro de 1910.

[47] Cf. os artigos 2.º e 3.º do Decreto.

Direito Administrativo da Cultura 267

No que respeita à alienação de bens culturais móveis na titularidade privada, a transmissão não se encontra sujeita a qualquer tipo de autorização administrativa, excepto se implicar a saída do país[48].

Quanto à protecção de bens culturais imóveis, a reforma fez-se no ano seguinte[49], juntamente com a reorganização das Escolas de Bellas Artes de Lisboa e do Porto[50]. Ora, na sequência daquelas reformas, foi reorganizada a estrutura orgânica relativa aos bens artísticos e arqueológicos, com a inerente criação de conselhos de arte, de conselhos de arqueologia, de comissões de monumentos e de museus, de modo a implementar uma estrutura descentralizada, que pudesse proteger, de modo adequado, o património cultural[51], por meio da inventariação e do arrolamento de obras de arte e de objectos arqueológicos[52]. Além disso, a competência para a classificação de bens imóveis como monumentos nacionais foi retirada do Ministério das Obras Públicas Comércio e Indústria, entretanto designado Ministério do Fomento, e atribuída ao Ministério do Interior[53]. Só que, dois anos depois, a competência acabou por ser entregue ao Ministério da Instrução Pública, quando se destacaram os serviços de educação do Ministério do Interior, de modo a integrá-los no Ministério da Instrução Pública[54]. Porém, se a classificação de monumentos nacionais foi objecto das alterações supra-mencionadas, a competência para conservação e restauro continuava confiada ao Ministério do Fomento, posteriormente designado por Ministério do Comércio e das Comunicações[55].

---

[48] A exportação de bens culturais deve ser autorizada pelo Ministério do Interior, sob pena de tais bens virem a ser adquiridos pelo Estado, de modo a integrarem colecções dos museus públicos, e de os responsáveis serem punidos com multas pesadas. Cf. artigos 4.º, 5.º e 8.º do Decreto.

[49] Cf. o Decreto n.º 1 de 26 de Maio de 1911.

[50] Cf. o Decreto n.º 2 de 26 de Maio de 1911

[51] Os Decretos n.º 1 e n.º 2 de 26 de Maio de 1911 aprovam, na sequência do Decreto de 19 de Novembro de 1910, a completa reorganização dos serviços artísticos e archeológicos e das escolas de bellas artes.

[52] Nos termos do artigo 54.º do Decreto n.º 1 de 1911, o arrolamento e a inventariação das obras de arte e dos objectos arqueológicos devia ser feito por comissões especiais, composta por cinco vogais efectivos do conselho de arte ou de arqueologia, três artistas, dois escritores de arte e um arqueólogo.

[53] Cf. o artigo 2.º e artigo 60.º do Decreto n.º 1.

[54] Cf. a Lei n.º 12 de 7 de Julho de 1913.

[55] Cf. o Decreto n.º 7036 de 7 de Outubro de 1920.

268   José Luís Bonifácio Ramos

Quanto ao sector do livro, a Biblioteca do Estado, embora fundada em finais do século XVIII, com o nome de Real Biblioteca Pública da Corte[56], havia sido amplamente redimensionada, no primeiro quartel do século XX, sob designação de Biblioteca Nacional, com uma estruturação administrativa adequada ao cumprimento da promoção do livro e da leitura. Efectivamente, tal regime, aprovado em 1919[57]. permitiu fixar um conjunto de regras no que respeita ao estatuto do pessoal, à constituição de receitas, à aquisição de obras, à selagem, catalogação e registo de livros, à leitura pública e às condições de acesso e de empréstimo de livros.

Aquando do estertor da primeira República, a competência acima referida, de conservação e de restauro de monumentos, foi confiada ao Ministério da Instrução Pública[58]. Três anos depois, foi criado, no Ministério do Comércio e Comunicações, a Direcção-Geral dos Edifícios e Monumentos Nacionais, a cargo da qual foram cometidas as obras de conservação e restauro nos edifícios e monumentos nacionais, extinguindo-se, em consequência, a Repartição dos Monumentos Nacionais, integrada no Ministério da Instrução Pública[59].

Quanto ao património cultural subaquático, refira-se a aprovação, em 1941, do novo Regulamento das Alfândegas[60], que procurava continuar a regular, especificamente, a aquisição da propriedade dos bens subaquáticos. Naqueles termos, o sujeito que encontrasse bens subaquáticos, o achador, adquria uma parte deles que correspondia, de um modo geral, à terça parte do seu valor[61]. Aquele Regulamento procurava distinguir o achamento do salvamento marítimo, permitindo que os salvados pudessem ser adquiridos por outrem, no âmbito de um leilão a realizar após o decurso do prazo de reclamação de bens[62].

No que respeita ao cinema, sublinha-se a aprovação da primeira Lei do Cinema, em 1948[63], que assumia o propósito de proteger, coordenar e

---

[56] Cf. O Alvará Régio de 29 de Fevereiro de 1796.

[57] Trata-se do Decreto com força de Lei n.º 5618 de 10 de Maio de 1919 e do Decreto n.º 5974 de 26 de Julho de 1919.

[58] Cf. o Decreto n.º 11 445 de 13 de Fevereiro de 1926.

[59] Cf. o Decreto com força de Lei n.º 16791 de 25 de Abril de 1929.

[60] Cf. o Decreto n.º 31730 de 15 de Dezembro de 1941 que aprova o Regulamento das Alfândegas.

[61] Cf. os artigos 687.º e seguintes.

[62] Os §§ 7 e 8 do artigo 687.º.

[63] Cf. a Lei n.º 2027 de 18 de Fevereiro de 1948.

estimular a produção cinematográfica nacional. Com tal propósito, criaram-se alguns organismos, como o Fundo do Cinema Nacional e o Conselho do Cinema, com atribuições em sede de aprovação e financiamento de projectos cinematográficos que pudessem vir a ser considerados como filmes portugueses[64]. Por isso, eram submetidos à apreciação daquele Conselho, os filmes que haviam beneficiado de financiamento do Fundo do Cinema. Por seu turno, o Fundo, que possuía receitas de várias proveniências[65], devia aplicar os recursos sob a forma de subsídios, de caucionamento de empréstimos, de prémios destinados a distinguir filmes de especial mérito artístico e técnico, ou de pagamento de gratificações dos membros do Conselho e da Inspecção dos Espectáculos[66]. Além disso, a exibição cinematográfica encontrava-se sujeita a um determinado regime de contingentação, pelo que os cinemas eram obrigados a exibir filmes portugueses de longa metragem, na proporção mínima de uma semana de cinema nacional, por cada cinco semanas de cinema estrangeiro, independentemente do número de espectáculos semanais a realizar[67].

2.4. A AUTONOMIZAÇÃO DA POLÍTICA CULTURAL

A autonomização de uma política sectorial de âmbito cultural começou realmente a ser alicerçada em finais dos anos sessenta do século passado. Efectivamente, a criação, em 1968, junto da Presidência do Conselho de Ministros, da Secretaria de Estado de Informação e Turismo[68], com competências nas áreas de informação, turismo, radiodifusão sonora e

---

[64] Os critérios para determinar se determinada obra cinematográfica é filme português são muitíssimo rígidos, obedecendo a três condições cumulativas. Assim, o filme deve ser: falado em língua portuguesa; produzido em estúdios e laboratórios pertencentes ao Estado ou a empresas portuguesas instaladas em território português; representativo do espírito português. Cf. o artigo 11.º.

[65] Nos termos do artigo 6.º, constituem receita do Fundo do Cinema, v.g. as dotações especiais do Estado, os donativos e legados particulares, as subvenções, subsídios e créditos concedidos por entidades oficiais, o produto da aplicação de multas ou da cobrança de taxas relativas à emissão de licenças de exibição de filmes destinados a exibição de natureza comercial.

[66] Cf. o artigo 7.º.

[67] Cf. o artigo 17.

[68] Cf. o Decreto-Lei n.º 48619 de 10 de Outubro.

270 José Luís Bonifácio Ramos

visual, teatro, cinema, demais espectáculos e outras formas de cultura popular[69], marcou, em nossa opinião, uma nova fase do Direito Admnistrativo da Cultura português. Efectivamente, da estrutura orgânica daquela Secretaria de Estado, além da criação de uma Comissão de Exame e de Classificação de Espectáculos, ressalta a autonomização de uma Direcção Geral da Cultura Popular e Espectáculos, que, por sua vez, compreende, no respectivo âmbito orgânico, uma Repartição de Artes Plásticas, uma Repartição de Teatro, Cinema e Etnografia, uma Repartição de Expediente e uma Repartição de Contencioso[70]. Além disso, aquele diploma determinava que o Museu de Arte Popular dependia do Director Geral da Cultura Popular e Espectáculos, junto do qual funcionava o Conselho de Teatro, o Conselho de Cinema, o Conselho Administrativo do Fundo de Teatro e o Conselho Administrativo do Fundo de Cinema.

Com a reforma do Ministério da Educação Nacional, ocorrida em 1971[71], foi decidido que as atribuições do Ministério abarcavam, além do Ensino, da Juventude e Desportos, a Ciência e a Cultura. Em conformidade com tal reforma, refira-se que, no sector da Ciência e da Cultura, sobressaía o Instituto de Alta Cultura e a Direcção Geral de Assuntos Culturais. Por isso, enquanto o Instituto pretendia promover o ensino e a difusão da língua e da cultura portuguesas nas Universidades e em instituições congéneres estrangeiras, a Direcção Geral procurava proteger as letras e as artes, fomentando a coordenação e a fiscalização das associações científicas e culturais, o registo da propriedade literária e artística, a organização do cadastro dos bens móveis e imóveis inventariados ou classificados pelo seu valor histórico, artístico, arqueológico, bibliográfico e documental, etnográfico ou paisagístico, bem como a defesa e valorização de todos os bens culturais[72]. Ainda acresce às competências daquela Direcção-Geral, a superintendência dos teatros, museus, bibliotecas e arquivos pertencentes ao Estado, autarquias, organismos paraestatais ou entidades subsidiadas pelo Estado e que dependam do Ministério da Educação.

Após o 25 de Abril de 1974, foi entendido que a complexidade dos problemas educacionais implicavam que o Ministério da Educação se consagrasse exclusivamente nas questões do ensino. Além disso, a Cultura

---

[69] Cf. o Decreto-Lei n.º 48686 de 15 de Novembro.
[70] Cf. a secção IX do diploma, os artigos 27.º e seguintes.
[71] Cf. o Decreto-Lei n.º 408/71 de 27 de Setembro.
[72] Cf. o artigo 10.º.

Direito Administrativo da Cultura 271

assumia um vínculo indissociável com a Comunicação, dado esta identificar-se com a actualidade e, assim, promover as múltiplas actividades culturais que emergiam, sob o novo regime político. Daí que os orgãos responsáveis por questões culturais se integrassem no Ministério da Comunicação Social[73] que abrangia, a par da Secretaria de Estado da Informação, a Secretaria de Estado da Cultura. Esta última compreendia, entre outras, a Comissão Interministerial da Cultura, a Comissão de Classificação Etária dos Espectáculos, a Direcção-Geral de Acção Cultural, a Direcção-Geral de Espectáculos e a Direcção Geral do Património Cultural.

Posteriormente, o Programa do I Governo Constitucional defendeu a autonomização da Secretaria de Estado da Cultura, colocada na directa dependência do Primeiro Ministro, a funcionar na Presidência do Conselho de Ministros[74]. Por isso, o preâmbulo do diploma que aprovou a estruturação orgânica daquela Secretaria de Estado, referia que tal alteração era motivada pela necessidade de a libertar "de situações ambíguas que a comprometiam"[75]. Tal reforma afigura-se particularmente inovadora no que respeita à estrutura da própria Secretaria de Estado da Cultura pois que, além da Direcção Geral do Património Cultural, da Direcção Geral da Acção Cultural, e da Direcção Geral dos Espectáculos, já existentes no anterior Ministério da Comunicação Social, instituíam-se outros serviços e organismos de grande relevo, designadamente a Direcção de Serviços de Direito de Autor, as Delegações Regionais, o Centro de Coordenação e Planeamento Cultural e o Conselho de Cultura[76]. No âmbito do Centro de Coordenação, funcionavam o Gabinete de Coordenação Interdepartamental da Cultura, o Gabinete Coordenador de Actividades Culturais Internas, o Gabinete Coordenador de Actividades Culturais Externas, o Gabinete de Relações Culturais Internacionais[77]. Por seu turno, o Conselho de Cultura era inte-

---

[73] Cf. o Decreto-Lei n.° 409/75 de 2 de Agosto.

[74] Com tal autonomização da Secretaria de Estado, o texto do Programa do I Governo refere que a Cultura "disporá de instrumentos necessários para promover e coordenar, a nível nacional e internacional, as acções dos organismos até hoje dispersos por outros departamentos de Estado e instituições particulares, bem como para apoiar ou articular, sem quaisquer propósitos centralizadores ou dirigistas, os projectos e planos apresentados por tais organismos".

[75] Cf. o Decreto-Lei n.° 340/77 de 19 de Agosto

[76] Cf. o artigo 3.° e seguintes.

[77] Cf. o artigo 7.°.

grado pelos Directores Gerais e Directores de Gabinetes, por membros das associações representativas e por elementos de reconhecido mérito.

Porém, o modelo da Secretaria de Estado da Cultura, colocada junto da Presidência do Conselho de Ministros e, por isso, autonomizada dos Ministérios sectoriais, foi alterado, embora o tivesse sido por um período muito curto. Efectivamente, a criação do Ministério da Cultura e da Ciência, em 1979, assentou numa concepção de Cultura que interseccionava a política de desenvolvimento cultural e a política científica, indicando-se, como objectivos do novel Ministério, o apoio à liberdade de criação intelectual, artística e científica, a preservação, a defesa e a valorização do património cultural português, a promoção da Cultura, incentivando e assegurando o acesso de todos os cidadãos à fruição e criação cultural, o incentivo da investigação científica e tecnológica, a cooperação e o intercâmbio, nos domínios da Cultura e da Ciência, com outros povos e organizações internacionais[78]. Quanto à estrutura, o Ministério dispunha de uma Secretaria de Estado da Ciência e de uma Secretaria de Estado da Cultura. Esta última Secretaria de Estado apresentava inovações significativas, ao compreender diferentes serviços e organismos. Assim, além do Conselho de Cultura, a Direcção Geral de Património Cultural, o Gabinete de Relações Culturais Internacionais, a Direcção Geral de Espectáculos, cabe sublinhar o Conselho Nacional do Património Cultural, o Instituto Português de Cinema e o Instituto Português do Livro[79].

Todavia, logo ano seguinte, a Secretaria de Estado da Cultura voltou a estar directamente dependente da Presidência do Conselho de Ministros, como sucedera anteriormente, no período compreendido entre os anos de 1977 e de 1979. Tal medida teve por pressuposto a constatação de que a a integração das competências das políticas culturais nos diversos Ministérios sectoriais, assentara em conjunturas ideológicas dominantes, sem directa correspondência com as necessidades do País, nem sequer com a enunciação de soluções práticas dotadas de um mínimo de razoabilidade[80]. Este novo regime não se resumia, porém, à autonomização da Secretaria de Estado da Cultura, pois determinava que o Instituto Português do Património passasse a englobar a Direcção Geral do Património Cultural, que

---

[78] Cf. o Decreto-Lei n.º 398-C/79 de 21 de Dezembro.

[79] Cf. o artigo 9.º e seguintes.

[80] Cf. o Decreto-Lei n.º 59/80 de 5 de Abril.

o Teatro Nacional de São Carlos e o Teatro Nacional de D. Maria II possuíam autonomia administrativa, bem como se instituía o Instituto Português do Livro e a Cinemateca Portuguesa[81].

2.5. O MINISTÉRIO DA CULTURA

Da estrutura orgânica do VIII Governo Constitucional, já sobressaía a criação de um Ministério da Cultura e da Coordenação Científica, cujo Ministro era coadjuvado por um Secretário de Estado da Cultura[82]. Tal estrutura orgânica representava uma importantíssima inovação, dado que não só elevava a Cultura à categoria de Ministério, como separava a Cultura da Educação, assumindo o sector da Cultura o papel primordial no Ministério, por contraste com o outro sector, o da Coordenação Científica. Basta atentar aliás na criação, no Ministério, de uma Secretaria de Estado da Cultura, por contraste com a àrea da Ciência, onde não existia algo de equivalente, uma outra Secretaria de Estado.

Subsequentemente, com a Lei Orgânica do IX Governo Constitucional, o Ministério da Cultura ainda mais se destacou, com a separação das atribuições governamentais relativas à ciência e à tecnologia das relativas à Cultura, assumindo a àrea cultural a categoria de Ministério, sem qualquer outro sector ou valência agregados[83]. Além disso, o Ministério da Cultura abarcava mais competências e atribuições, designadamente com a superintendência do Instituto Português de Cinema e do Museu da República e da Resistência, do que anteriormente.

Porém, no X Governo, registou-se um certo retrocesso, porque a respectiva Lei Orgânica agregou, de novo, a Educação e a Cultura num único Ministério – o Ministério da Educação e Cultura – com diversas secretarias de Estado da área da Educação e uma secretaria da área da Cultura – a Secretaria de Estado da Cultura[84]. Apesar disso, decorria do respectivo Programa de Governo determinados aspectos relevantes para a consolidação do sector cultural. Assim, a necessidade de promoção do diálogo com as associações representativas dos intelectuais e artistas portugueses, a ins-

---

[81] Cf. o artigo 3.º e seguintes.
[82] Cf. o Decreto-Lei n.º 290/81 de 14 de Outubro.
[83] Cf. o Decreto-Lei n.º 344-A/83 de 25 de Julho.
[84] Cf. o Decreto-Lei n.º 497/85 de 17 de Dezembro.

274 José Luís Bonifácio Ramos

tituição de prémios e bolsas nos diversos domínios da criação artística, a valorização do pluralismo das fontes e estruturas de promoção do patrocínio empresarial, através de medidas jurídicas e fiscais. Este objectivo prendia-se com a promoção do mecenato cultural, cujo regime jurídico[85] introduzia uma modificação no relacionamento do Estado com a Cultura, ao procurar conter a intervenção publica numa área de afirmação de liberdade, a da criação cultural. Com a Lei Orgânica do XI Governo Constitucional, extinguiu-se o Ministério da Educação e Cultura e colocou-se, de novo, a Secretaria de Estado da Cultura no âmbito da Presidência do Conselho de Ministros[86]. Tal situação foi mantida, no essencial, na Lei Orgânica do XII Governo, que acrescentou, à Secretaria de Estado, uma Subsecretaria de Estado da Cultura[87].

De qualquer modo, após as diversas vicissitudes, que sucintamente se descreveram, a nível da orgânica ministerial, cumpre reconhecer que o regime jurídico que regulava a correspondente estrutura administrativa da Cultura ainda estava assente no supra-referido Decreto-lei n.° 59/80. Por isso, tornou-se imperioso aprovar um outro regime jurídico, que contemplasse as sucessivas reformas institucionais e que, doze anos volvidos, pudesse incluir as novas orientações de índole cultural que procuravam fazer o seu caminho. Assim, numa mesma data, em 1 de Junho de 1992, foram aprovados diversos diplomas legais, com intrínseca relação entre si, que procuravam dar resposta a diversas questões e solicitações que estavam na ordem do dia. Deste modo, o Decreto Lei n.° 106-A/92 determinou a extinção dos seguintes Serviços Dependentes da Presidência do Conselho de Ministros: Direcção de Serviços Centrais, Gabinete de Planeamento, Gabinete de Organização e de Pessoal, Instituto Português do Património Cultural, Instituto Português do Livro e da Leitura, Direcção-Geral da Acção Cultural, Direcção-Geral dos Espectáculos e do Direito de Autor, Cinemateca Portuguesa, Comissão de Classificação de Espectáculos, Biblioteca Nacional, Instituto Português de Arquivos. Aquele diploma ainda prescrevia que os concursos de pessoal, bem como os contratos administrativos de provimento e a termo certo, relativos a serviços extintos, cujas atribuições e competências passassem para os novos serviços, mantinham plena validade e eficácia. O mesmo não sucedia, porém, com

---

[85] Cf. a Lei do Mecenato Cultural, o Decreto-Lei n.° 258/86.
[86] Cf. o decreto-Lei n.° 329/87 de 23 de Dezembro.
[87] Cf. o Decreto-Lei n.° 451/91 de 4 de Dezembro.

Direito Administrativo da Cultura

as requisições e destacamentos de pessoal, à excepção das comissões de serviço em cargos dirigentes. O Decreto-Lei n.° 106-H/92, do mesmo dia 1 de Junho, revogou, de modo expresso, o Decreto-lei n.° 59/80 e instituiu uma outra estrutura orgânica, constituída por Serviços Dependentes (a Direcção-Geral dos Serviços de Gestão e de Organização, as Delegações Regionais de Cultura, a Direcção-Geral dos Espectáculos e das Artes, o Gabinete de Relações Culturais Internacionais, o Fundo de Fomento Cultural) e por Serviços Tutelados (Instituto Português do Património Arquitectónico e Arqueológico, o Instituto Português do Cinema, o Instituto da Biblioteca Nacional e do Livro, a Cinemateca Portuguesa/Museu do Cinema, o Teatro Nacional de São Carlos, o Teatro Nacional de D. Maria II, os Arquivos Nacionais/Torre do Tombo, o Instituto Português dos Museus).

Em 1995, a Lei Orgânica de um Governo Constitucional, o XIII, autonomizou, pela segunda vez, o Ministério da Cultura[88]. Apesar de tal estrutura não ser inovadora, em si mesma, a autonomização assentava em diferentes linhas programáticas, orientadas para um papel mais intervencionista do Estado do que nos programas anteriores de Governo, procurando promover uma reforma profunda do regime jurídico das instituições culturais. Tal reforma implicava, nos termos do respectivo Programa de Governo, a exigência de uma desconcentração institucional num conjunto de organismos flexíveis, dotados de autonomia, por forma a garantir uma maior eficácia das intervenções, a prioridade na especialização profissional para o exercício de funções de chefia nas instituições culturais e o reforço da transparência e rigor na relação do Estado com os parceiros na intervenção cultural. Tais organismos, que correspondiam a uma parte muito significativa das áreas de actuação do Ministério, ao beneficiarem de maior flexibilidade, permitiriam dar resposta mais eficaz às solicitações decorrentes das suas atribuições.

Sublinhe-se que a criação do Ministério da Cultura implicava que ficassem na dependência do Ministério diversos serviços e organismos que, anteriormente, estavam dependentes da Presidência do Conselho de Ministros, *vg*. a Cinemateca Portuguesa/Museu do Cinema, os Arquivos Nacionais/Torre do Tombo, o Fundo de Fomento Cultural, o Instituto Português da Arte Cinematográfica e Audiovisual, o Instituto Português de Museus, o Instituto das Artes Cénicas, a Companhia Nacional de Bailado, o Instituto da Biblioteca Nacional e do Livro. Além disso, e na sequência

---

[88] Cf. o Decreto-Lei n.° 296-A/95 de 17 de Novembro.

276 José Luís Bonifácio Ramos

daquela Lei Orgânica, a nova estrutura do Ministério da Cultura procurava distinguir serviços dependentes, orgãos de apoio e pessoas colectivas de direito público[89]. Ora, tanto a nível de serviços dependentes como das pessoas colectivas de direito público, encontramos diversas e significativas inovações. Assim, a nível de serviços dependentes, instituía-se a Secretaria Geral, a Inspecção Geral de Actividades Culturais, o Gabinete de Relações Internacionais e o Gabinete de Direito de Autor. A nível das pessoas colectivas de direito público, o Instituto Português do Património Arquitectónico, o Instituto Português de Arqueologia, o Instituto de Arte Contemporânea, o Centro Português de Fotografia, a Biblioteca Nacional, o Instituto Português do Livro e das Bibliotecas, o Instituto dos Arquivos Nacionais/Torre do Tombo, o Instituto Português das Artes do Espectáculo, os Teatros Nacionais, a Orquestra Nacional do Porto. Correlativamente, no que respeitava às extinções de organismos e de serviços, deve salientar-se a Direcção-Geral dos Serviços de Gestão e Organização, a Direcção Geral de Espectáculos, o Instituto de Artes Cénicas e Instituto da Biblioteca Nacional e do Livro.

Aquela reforma afigura-se tão significativa e relevante que justificou o facto de a estrutura administrativa do Ministério da Cultura e dos organismos, serviços, institutos e demais estruturas que dele dependiam se ter mantido quase inalterada, num período compreendido entre os anos de 1996 e 2005. Efectivamente, os sucessivos Governos mantiveram, no essencial, tal estrutura administrativa. Anotaríamos, apenas, algumas vicissitudes que marcaram aquele período temporal. Por um lado, o Ministério da Cultura assumiu competências sobre a área da Comunicação Social, durante um curto período temporal. Esta situação cessou, no entanto, com o XV Governo Constitucional, cuja Lei Orgânica determinou que as atribuições e competências no domínio da comunicação social transitassem para a Presidência do Conselho de Ministros[90]. Por outro lado, a Lei Orgânica do XVI Governo previa não apenas uma Secretaria de Estado, como até aí tinha sucedido, mas duas Secretarias de Estado, a Secretaria de Estado dos Bens Culturais e a Secretaria das Artes e Espectáculos[91].

---

[89] Cf. o Decreto-Lei n.º 42/96 de 7 de Maio.
[90] Cf. o Decreto-Lei n.º 120/2002 de 3 de Maio.
[91] Cf. o Decreto-Lei n.º 215-A/2004 de 3 de Setembro.

Direito Administrativo da Cultura

2.6. A REESTRUTURAÇÃO DA ADMINISTRAÇÃO

Com o PRACE, Programa de Reestruturação da Administração Central do Estado, o Governo pretendeu promover em 2005, uma ampla reforma da Administração Pública, procurando modernizá-la, com o objectivo de melhorar a qualidade e a eficiência dos serviços públicos, por meio da simplificação de procedimentos e da racionalização de afectação de recursos[92]. Tal objectivo associava-se à imperiosa necessidade de reduzir o volume da despesa pública, para o qual contribuía a sobredimensionada Administração Pública. Por isso, o PRACE baseava-se nos princípios da desconcentração, da descentralização, da simplificação, da racionalização, da reengenharia de procedimentos administrativos, da diminuição das estruturas administrativas, conjugados com a melhoria da qualidade de serviços prestados. Assim, o PRACE determida a obediência a três fases distintas: a fase de enquadramento estratégico, a fase de avaliação e de redefinição organizacional de estruturas e de recursos da Administração e a fase de execução. Como tal, enquanto na fase de enquadramento estratégico se estabeleciam orientações gerais para a reestruturação de cada Ministério, na fase de avaliação e de redefinição organizacional de estruturas e de recursos, deviam ser propostas metodologias a que se subordinem o levantamento e a avaliação da situação organizacional dos recursos afectos a cada Ministério.

Todavia, antes de passar à fase de execução propriamente dita, com a elaboração e aprovação dos diplomas que procederam à reestruturação de cada Ministério e à reafectação de recursos, o Governo entendeu aprovar as orientações gerais e especiais para a reestruturação dos Ministérios[93]. Quanto às orientações gerais, havia que reorganizar os serviços centrais, os serviços desconcentrados de nível regional, sub-regional e local e descentralizar funções. Sobre a reorganização dos serviços centrais, formularam-se directrizes para o exercício de apoio à governação, para o exercício de gestão de recursos de natureza consultiva e coordenação interministerial e operacional. Assim, no que respeita ao exercício de apoio à governação consagravam-se os seguintes serviços: um serviço de planeamento, de estratégia, de avaliação e de relações internacionais; um serviço de inspecção e de auditoria e um serviço de controlo financeiro.

---

[92] Cf. a Resolução do Conselho de Ministros n.º 124/2005 de 4 de Agosto.

[93] Cf. a Resolução do Conselho de Ministros n.º 39/2006 de 21 de Abril

278 José Luís Bonifácio Ramos

Para o exercício de funções de gestão de recursos, indicou-se, no essencial, a existência de uma secretaria geral com a missão de assegurar o apoio técnico e administrativo. Para a reorganização de orgãos de natureza consultiva ou de coordenação interministerial, promovia-se a concentração de orgãos de natureza consultiva ou de coordenação interministerial, evitando a pulverização, a colocação dos orgãos junto de serviços e organismos do ministério que tivessem competências relativamente às quais as funções de consulta ou de coordenação eram necessárias.

Tendo em conta as orientações das Resoluções do Conselho de Ministros supra-citadas, havia que, necessariamente, proceder a alterações no Ministério da Cultura. Em conformidade, criaram-se diversos serviços, organismos e estruturas que, por vezes, aglutinavam serviços e estruturas anteriormente existentes ou determinavam a extinção de diversos outros. Assim, foram criados os seguintes: o Conselho Nacional de Cultura, que integra as atribuições do próprio Conselho Nacional de Cultura, do Conselho Superior de Bibliotecas, do Conselho Superior de Arquivos, do Conselho Nacional do Direito de Autor e do Conselho de Museus; o Gabinete de Planeamento, Estratégia, Avaliação e Relações Internacionais, que integra o Gabinete de Relações Culturais Internacionais e o Gabinete do Direito de Autor; o Instituto dos Museus e da Conservação, que integra as atribuições do Instituto Português da Conservação e Restauro; o Instituto de Gestão do Património Arquitectónico e Arqueológico que engloba as atribuições do Instituto do Património Arquitectónico, do Instituto Português de Arqueologia e as relativas à salvaguarda do património classificado da Direcção Geral dos Edifícios e Monumentos Nacionais; os Arquivos Nacionais, que integra as atribuições do Instituto dos Arquivos Nacionais/ Torre do Tombo e de parte do Centro Português de Fotografia; a Direcção Regional de Cultura de Lisboa e Vale do Tejo.

O sector público administrativo do Estado também sofreu alterações. Extinguiram-se institutos públicos, com o correlativo aumento da administração directa do Estado, através da criação de Direcções Gerais com as atribuições dos Institutos extintos. Isso sucedeu nos seguintes casos: a extinção do Instituto dos Arquivos Nacionais/Torre do Tombo e consequente integração dos Arquivos Nacionais na administração directa do Estado; a extinção do Instituto das Artes e a criação da Direcção Geral do Apoio às Artes, que passou a ter as atribuições daquele Instituto e parte das atribuições do Centro Português de Fotografia, no que respeitou ao apoio e à difusão da fotografia; a extinção do Instituto Português do Livro e das

Bibliotecas e a consequente criação da Direcção Geral do Livro e da Leitura; a extinção da Biblioteca Nacional e a criação Biblioteca Nacional de Portugal, também integrada na administração directa do Estado. Por outro lado, constituiram-se entes empresariais, em substituição de entidades que saíam do sector empresarial do Estado. Assim, o Teatro Nacional de São Carlos e a Companhia Nacional de Bailado integrar a entidade pública empresarial designada por Opart-Organismo de Produção Artística EPE; o Teatro de D. Maria II, a Sociedade Anónima Teatro Nacional de D. Maria II, SA e o Teatro Nacional de São João.

As aglutinações e as alterações referidas promoveram a extinção dos seguintes serviços e organismos da Cultura: Conselho Superior de Bibliotecas; Conselho Superior de Arquivos; Conselho Nacional do Direito de Autor; Conselho de Museus; Gabinete de Relações Culturais Internacionais; Gabinete do Direito de Autor; Instituto Português de Museus; Instituto Português de Conservação e Restauro; Instituto Português do Património Arquitectónico; Instituto Português de Arqueologia; Instituto dos Arquivos Nacionais/Torre do Tombo e o Centro Português de Fotografia.

Com a aplicação do PRACE, subsistem as seguintes estruturas culturais: a Inspecção Geral das Actividades Culturais; a Secretaria Geral; o Instituto do Cinema, Audiovisual e Multimédia; a Cinemateca Portuguesa/Museu do Cinema e as Direcções Regionais da Cultura do Norte, do Centro, do Alentejo e do Algarve.

Por isso, com a definição das orientações gerais e especiais para a reestruturação dos ministérios, impunha-se aprovar uma outra Lei Orgânica que plasmasse aquelas orientações. Com tal propósito, a Lei Orgânica do Ministério da Cultura[94], incide, fundamentalmente, sobre a missão, atribuições e estrutura orgânica do Ministério. Enquanto se entende por missão a definição e execução de uma política global e coordenada na área da Cultura e domínios com ela relacionados, estipula-se como atribuições: a salvaguarda e promoção do património cultural, bibliográfico e documental; a valorização dos espaços museológicos, das áreas do cinema, do audiovisual e das imagens em movimento; a promoção da leitura, das actividades culturais não-profissionais, da internacionalização da cultura portuguesa; a consolidação dos apoios públicos à criação, produção, difusão das artes e formação de novos públicos; qualificação das redes de equipa-

---

[94] Cf. o Decreto-Lei n.º 215/2006 de 27 de Outubro.

280   José Luís Bonifácio Ramos

mentos culturais, promovendo a correcção de assimetrias regionais; afirmação de uma ética de preservação e de normas e metodologia de conservação e de restauro dos bens patrimoniais de relevante interesse histórico, técnico, artístico, etnográfico ou antropológico.

Quanto à estrutura orgânica, o diploma distingue a administração directa do Estado, a administração indirecta do Estado e o sector empresarial do Estado. Acrescenta as Academias e o Conselho Nacional de Cultura, que não integra em nenhuma das divisões anteriores. Quanto à administração directa do Estado, assinala os Serviços Centrais (o Gabinete de Planeamento, Estratégia, Avaliação e Relações Internacionais, a Inspecção de Actividades Culturais, a Secretaria Geral, a Biblioteca Nacional de Portugal, a Direcção Geral das Artes,a Direcção Geral do Livro e das Bibliotecas e a Direcção Geral de Arquivos), os Serviços Periféricos (a Direcção Regional de Cultura do Norte, a Direcção Regional de Cultura do Centro, a Direcção Regional de Cultura do Vale do Tejo, a Direcção Regional de Cultura do Alentejo e a Direcção Regional de Cultura do Algarve).

No que respeita à administração indirecta do Estado, encontram-se, sob superintendência e tutela do Ministro, a Cinemateca Portuguesa/Museu do Cinema, o Instituto do Cinema e do Audiovisual, o Instituto de Gestão do Património Arquitectónico e Arqueológico e o Instituto dos Museus e da Conservação. Além do órgão consultivo, o Conselho Nacional da Cultura, funcionam ainda, no âmbito do Ministério, as seguintes outras estruturas: a Academia Internacional de Cultura Portuguesa, a Academia Nacional de Belas Artes e a Academia Portuguesa de História.

Sobre o sector empresarial do Estado, com atribuições na àrea da Cultura, nomeadamente a OPART-Organismo de Produção Artística, EPE, constituída pelo Teatro Nacional de São Carlos e pela Companhia Nacional de Bailado, o Teatro Nacional de D. Maria II, SA, o Teatro Nacional de São João, a Lei Orgânica refere que as respectivas orientações cabem ao Ministro da Cultura, sem prejuízo dos poderes conferidos, por lei, ao Conselho de Ministros e ao membro responsável pela àrea das Finanças. Relativamente às Fundações, determinesse que o Estado pode instituir Fundações que prossigam fins culturais, exercendo a respectiva tutela, legitimando as fundações existentes, tanto as que já se incluíam no âmbito do Ministério da Cultura, como a Fundação Ricardo do Espírito Santo Silva, que se encontrava no âmbito do Ministério das Finanças.

Direito Administrativo da Cultura 281

3. O MINISTÉRIO: OS SERVIÇOS AUXILIARES DO GABINETE MINISTERIAL

3.1. A SECRETARIA GERAL

A Secretaria Geral tem sido caracterizada como o organismo de suporte. não apenas do Gabinete do Ministro e dos Secretários de Estado da Cultura mas, de igual modo, dos organismos dependentes do Ministro da Cultura. Deste modo, o diploma que instituiu a Secretaria Geral do Ministério[95] já determinava, entre as atribuições e competências daquele organismo, a prestação de apoio técnico e administrativo aos gabinetes dos membros do Governo da àrea da Cultura, bem como aos serviços, comissões e grupos de trabalho, a elaboração de estudos e a propositura de medidas relativas ao funcionamento do Ministério no que respeita a estruturas e métodos de trabalho a adoptar. Logo depois, tornou-se necessário reforçar as competências, tendo em conta a extensão e a complexidade de funções que se entendia cometer à Secretaria-Geral, pelo que, dois anos volvidos[96], se procurou reforçar a gestão dos recursos humanos, a gestão financeira, patrimonial, adimistrativa e, por outro lado, individualizar os serviços vocacionados para os recursos humanos e os serviços orientados para a gestão financeira e patrimonial.

Na sequência do PRACE e da subsequente Lei Orgânica do Ministério da Cultura, o elenco de atribuições e competências da Secretaria Geral registou alguma ampliação. Assim, destacam-se, como inovações, a incumbência de elaborar o orçamento de funcionamento, de acompanhar a execução dos orçamentos de funcionamento e de investimento do Ministério, de estudar, programar e coordenar a aplicação de medidas tendentes a promover a inovação, a modernização e a política de qualidade, assegurar o normal funcionamento do Ministério em áreas que não sejam da competência de outros serviços, assegurar as funções de unidade ministerial de compras, promover boas práticas de gestão de documentos, de serviços e de organismos, procedendo à recolha, tratamento, conservação e comunicação de arquivos sem uso corrente. Tal ampliação de competências encontra-se pormenorizada num diploma legal[97] que assume o propósito

---

[95] Cf. o Decreto-Lei n.º 59/97 de 19 de Março.
[96] Cf. o Decreto-Lei n.º 210/99 de 11 de Junho.
[97] Cf. o Decreto-Lei n.º 89/2007 de 29 de Março.

282 José Luís Bonifácio Ramos

de concretizar a reestruturação da Secretaria-Geral, a nível de gestão de recursos humanos, organização e qualidade, no domínio da gestão administrativa, financeira, patrimonial e orçamental, em sede de apoio técnico e de contencioso, no domínio da documentação e arquivo, no domínio dos sistemas de informação. Por sua vez, a estrutura nuclear dos serviços e as competências das unidades orgânicas da Secretaria-Geral são desenvolvidas por Portaria[98], depois de aquele Decreto-Lei ter fixado o tipo de organização interna da própria Secretaria-Geral.

3.2. A INSPECÇÃO GERAL

Embora a actividade inspectiva possua raízes mais antigas, em 1995, alargaram-se, em sede de actividade teatral, as atribuições de fiscalização e controlo a outras áreas de actividade cultural. Assim, o estatuto do pessoal da inspecção da Direcção Geral de Espectáculos[99] assentava no pressuposto de que a sua actividade não se restringia ao mero exercício inspectivo teatral, mas à exigência de adequar a inspecção às solicitações decorrentes da recente entrada em vigor do Código do Direito de Autor e dos Direitos Conexos e do regime relativo à fiscalização da edição de audiogramas e de videogramas. Em conformidade, o pessoal com funções inspectivas passou a denominar-se inspector de espectáculos e direitos de autor, compreendendo, no âmbito da respectiva actividade, a realização de acções de coordenação com as autoridades policiais e administrativas a quem a lei atribuía competência fiscalizadora na área de espectáculos e direitos de autor ou a coordenação das peritagens necessárias no âmbito das infracções ao Código do Direito de Autor e dos Direitos Conexos.

Com a aprovação da lei orgânica do XIII Governo Constitucional, foi manifestada a intenção de alargar, ainda mais, as atribuições de fiscalização e de controlo da actividade inspectiva a toda a actividade cultural. Daí que se tenha criado a Inspecção de Actividades Culturais, a IGAC, serviço dotado de autonomia administrativa, a funcionar na dependência do Ministro da Cultura, com o objectivo de assegurar o exercício de tutela fiscalizadora sobre os espectáculos de natureza artística, os direitos de autor e os direitos conexos e a inspecção superior e de auditoria junto dos

---

[98] Cf. a Portaria n.º 368/2007 de 30 de Março.
[99] Cf. o Decreto-Lei n.º 222/95 de 8 de Setembro.

Direito Administrativo da Cultura

orgãos, serviços e demais instituições dependentes ou tuteladas pelo Ministério da Cultura[100]. Da análise das respectivas atribuições, ressalta a concretização do exercício da função fiscalizadora, quando se comina à IGAC a realização de acções de verificação e de inspecção, o cumprimento das normas reguladoras do funcionamento dos serviços e organismos do Ministério da Cultura, a execução de inquéritos, sindicâncias e peritagens, a instauração de processos de averiguações e disciplinares, o levantamento de autos de notícia, a adopção de medidas cautelares e de polícia necessárias a coadjuvar as autoridades judiciárias relativamente a crimes contra os direitos de autor e direitos conexos.

As directivas do PRACE determinavam, nesta sede, que a Comissão de Classificação de Espectáculos devia integrar a estrutura da IGAC. Em conformidade, o subsequente Decreto-Regulamentar[101] prescreveu que a IGAC sucedia nas competências da Comissão Classificação de Espectáculos[102], ampliando, assim, as competências da IGAC. Por outro lado, uma das vertentes do PRACE consistiu no reforço das funções de apoio à governação, identificando a necessidade de aprovar um regime jurídico comum a toda a actividade inspectiva. Tal regime comum[103], que se aplica, necessariamente, à Inspecção-Geral de Actividades Culturais[104], determina que os serviços da administração directa, indirecta e autónoma do Estado, bem como as pessoas singulares e colectivas de direito público e privado, objecto de actividade inspectiva estão vinculados aos deveres de informação e cooperação[105]. Além disso, prescreve o procedimento inspectivo, bem como as garantias do exercício da actividade de inspecção[106], enquanto um outro diploma, referido anteriormente[107], comina à IGAC a avaliação e o controlo dos serviços e organismos do Ministério, a inspecção superior e auditoria, o controlo técnico sobre todos os serviços e orga-

---

[100] Cf. o Decreto-Lei n.º 80/97 de 8 de Abril.

[101] Cf. o Decreto-Regulamentar n.º 81/2007 de 30 de Julho.

[102] O regime jurídico da Comissão de Classificação de Espectáculos resultava da vigência do Decreto-Lei n.º 108-B/92 de 1 de Junho e do Decreto-Regulamentar n.º 11/82 de 5 de Março.

[103] Cf. o Decreto-Lei n.º 276/2007 de 31 de Julho.

[104] Cf. o artigo 3.º.

[105] Cf. o artigo 4.º.

[106] Cf. os artigos 8.º e seguintes.

[107] Cf. o Decreto-Regulamentar n.º 81/2007.

284   José Luís Bonifácio Ramos

nismos do Ministério, tutelados pelo membro do Governo responsável pela área da Cultura e assegurar as relações com os orgãos de controlo estratégico e as inspecções sectoriais[108].

3.3. O GABINETE DE PLANEAMENTO E RELAÇÕES INTERNACIONAIS

Embora se saiba que a coordenação da actividade internacional do Estado cabe ao Ministério dos Negócios Estrangeiros, a actividade cultural, a nível ministerial, pressupõe uma participação frequente na negociação e aplicação de acordos e convenções internacionais. Por isso, aquando da reestruturação da Secretaria de Estado da Cultura, ocorrida nos anos oitenta[109], foi criado um Gabinete de Relações Culturais Internacionais, GRCI, com atribuições e competências na área de estudo, de coordenação e participação na execução de projectos e programas de acção cultural no estrangeiro[110].

Apesar de tal regime jurídico ter sido completado por diversos outros diplomas legais[111], o Decreto-lei n.º 58/97 de 19 de Março procurou dar um novo enquadramento jurídico ao Gabinete. Além de o ter designado por Gabinete de Relações Internacionais, GRI, o organismo passou a acompanhar os assuntos comunitários, no aspecto legislativo e contencioso, a assessorar o Ministro na preparação de missões ao estrangeiro, na recepção de individualidades estrangeiras em território nacional, na recolha, tratamento e difusão da informação relativa a acções com o estrangeiro levada a cabo por organismos ou serviços dependentes do Ministério da Cultura, bem como a emitir parecer sobre tais acções, se solicitado, ou quando as mesmas acções sejam efectivadas por serviços sem competência específica para tal.

Posteriormente, devido à extinção da Comissão dos Descobrimentos, a denominação foi alterada para Gabinete de Relações Culturais Internacionais, GRCI, tendo sido acrescentadas, no rol das suas competências, a

---

[108] Cf. o artigo 2.º.

[109] Cf. o Decreto-Lei n.º 59/80 de 3 de Abril.

[110] O Decreto-Regulamentar n.º 59/81 de 22 de Dezembro concretiza as prescrições do Decreto-Lei n.º 59/80 de 3 de Abril, ao determinar as competências, os orgãos, os serviços e o quadro de pessoal.

[111] Cf. o Decreto-Regulamentar n.º 13/83 de 22 de Fevereiro e o Decreto-Lei n.º 106-H/92 de 1 de Junho.

recolha, a sistematização e a organização de uma base de dados com a documentação relacionada com as actividades da extinta Comissão dos Descobrimentos, a CNCDP[112].

Sucede que as orientações do PRACE implicaram a extinção do GRCI e do Gabinete do Direito de Autor e a subsequente criação de um Gabinete de Planeamento, Estratégia, Avaliação e Relações Internacionais, o GPEARI, que passou integrar as atribuições e competências dos organismos extintos. Nestes termos, compete ao GPEARI, além de coordenar os projectos e serviços dos organismos do Ministério relativos à internacionalização da Cultura, de coordenar a actividade ministerial no âmbito das relações bilaterais europeias e multilaterais, de prestar apoio técnico à adopção de medidas legislativas no domínio do direito de autor, assegurando a sua representação nas organizações internacionais, de propor a celebração de contratos programa ou outros mecanismos de gestão dos fundos comunitários, de participar na definição das condições de acesso, elegibilidade, critérios de selecção e de monotorização dos resultados das medidas de Programas Operacionais de Iniciativa Comunitária[113], o exercício de importantes funções na área do controlo financeiro e da gestão do Ministério. Nesta área de controlo financeiro e de gestão, acrescentada na sequência das orientações do PRACE, de modo a prefigurar o Gabinete como serviço central de apoio à governação, cumpre destacar as seguintes competências: ao apoio à definição das principais opções em matéria orçamental, a contribuição para a elaboração de documentos estratégicos, designadamente o Orçamento de Estado, elaborar e apoiar a criação de instrumentos de planeamento de programação financeira e de avaliação das políticas e programas do Ministério, garantir a produção de informação estatística adequada, nas áreas de intervenção do Ministério, acompanhar o desenvolvimento da concretização dos objectivos pelos diversos serviços, de modo a permitir uma permanente monotorização da sua actividade e desempenho, apoiar a definição de indicadores e de métricas de desempenho por parte dos serviços e organismos, bem como promover a padronização de conceitos em uso no Ministério, promover a identificação de desvios e desenvolver estratégias de gestão de

---

[112] Cf. o Decreto-Lei n.º 255/2002 de 22 de Novembro.

[113] Trata-se do Decreto-Regulamentar n.º 33/2007 de 29 de Março que é desenvolvido, posteriormente, pela Portaria n.º 367/2007 de 30 de Março que fixa o número de unidades orgânicas flexíveis.

286   José Luís Bonifácio Ramos

desvios no âmbito do planeamento, elaborar guiões sobre o processo de planeamento, programação financeira e reporte[114].

Todavia, a necessidade de consolidar as finanças públicas não se limitou ao reforço das competências dos gabinetes de planeamento, exigiu a criação da figura do controlador financeiro de cada área ministerial[115], de modo a acompanhar a gestão financeira e orçamental, identificar e comunicar as tendências de risco para os objectivos de consolidação das finanças públicas, identificar as medidas com impacto financeiro relevante, apoiar o Ministro na execução do programa, no quadro orçamental em vigor, em conformidade com as metas e objectivos definidos no Programa de Estabilidade e Crescimento[116].

4. AS ÁREAS CULTURAIS

4.1. RAZÃO DE ORDEM

Uma das alternativas expositivas a adoptar seria a de acompanhar a estrutura consagrada na lei, distinguindo entre administração directa e indirecta do Estado e, dentro da primeira, os serviços centrais e inspectivos, enquanto que, dentro da segunda, se distinguiriam outros organismos culturais. Todavia, apesar de ser a solução adoptada pela lei, consideramos que faz mais sentido destacar as diversas áreas culturais temáticas de intervenção administrativa, independentemente do sector onde se inserem. Assim, autonomizamos as seguintes áreas culturais: o Teatro, o Bailado e a Música, as Artes, o Cinema, os Arquivos, o Património, os Museus e, finalmente, o Livro e a Biblioteca.

Daremos especial atenção às recentes alterações legislativas motivadas pelas directrizes do PRACE, embora tenhamos que indicar reformas anteriores, quando, em diversos casos, as soluções legais adoptadas só se compreendem com a exposição das linhas gerais dos regimes jurídicos que as precederam e que, de algum modo, as justificaram. Isso sucede aliás, como veremos de seguida, na grande maioria das áreas culturais supramencionadas, sobretudo naquelas em que a origem da actividade artística mereceu regulamentação.

---

[114] Cf. o n.º 3 do artigo 2.º do Decreto-Regulamentar n.º 33/2007.
[115] Cf. o Decreto-Lei n.º 33/2006 de 17 de Fevereiro.
[116] Cf. o n.º 1 do artigo 2.º.

Direito Administrativo da Cultura

4.2. O TEATRO, O BAILADO E A MÚSICA

4.2.1. Aspectos gerais

Escolhemos, primeiramente, a área do Teatro, do Bailado e da Música pois trata-se de uma área paradigmática do Direito Administrativo da Cultura, já que alguns dos seus organismos culturais constituíram pólos de sucessivas e até, por vezes, contraditórias reformas legislativas, de algum modo representando o ensaio de experiências ou de modelos orgânicos que se pretendia alargar, em caso de sucesso, para outras instituições culturais.

Estudaremos o conjunto de teatros, commumente designados por Teatros Nacionais, ou seja, o Teatro Nacional de São Carlos, o Teatro Nacional de D. Maria II e o Teatro de São João. Ora, como o Teatro Nacional de São Carlos integra, no seu âmbito, uma Orquestra Sinfónica, entendeu-se ser importante, a nível estrutural, constituir, no Porto, uma estrutura musical de idêntico jaez, a Orquestra Nacional do Porto, que destacaremos na parte dedicada à música, embora, como se percebe, existam instuições, *v.g.* o Teatro de São Carlos, que assumem funções concomitantes de natureza teatral e musical. Aliás, cumpre sublinhar que substitui muitas instituições congéneres europeias que agregam o teatro, a música e a dança e que, no caso português, isso sucedeu, de modo semelhante, durante longo tempo. Aliás, só por causa de sucessivas autonomizações das instituições ligadas à dança, face às instituições vocacionadas para a música e para o teatro, é que se deve estudar, de modo separado, o organismo da dança, denominado por Companhia Nacional de Bailado.

4.2.2. O Teatro Nacional de São Carlos

O Teatro Nacional de São Carlos, edificado em 1793, passou, ao longo dos tempos, por diversas vicissitudes. Por nossa parte, entendemos sublinhar aquelas que ocorreram desde a sua constituição em empresa pública. Tal constituição, motivada com o propósito de aproximar o seu regime jurídico da autonomia de instituições congéneres europeias, permitia uma maior flexibilidade na sua gestão. Por isso, decidiu-se transformar o teatro numa empresa pública, ou seja, no Teatro Nacional de São Carlos EP[117]. Assim,

---

[117] Cf. o Decreto-Lei n.º 259/80 de 5 de Agosto.

o Teatro deixava de constituir um serviço da Secretaria de Estado da Cultura e o membro do Governo responsável passava a exercer, basicamente, poderes de tutela, pelo que, além da aprovação dos planos de actividade plurianuais e financeiros, dos orçamentos anuais de exploração e de investimento, aprovava ainda os relatórios e documentos de prestação de contas, a fixação das remunerações dos membros dos orgãos do Teatro e autorizava a realização de empréstimos, incluindo a fixação das condições remuneratórias e a prestação de eventuais garantias. A estrutura orgânica do Teatro Nacional de São Carlos E.P era composta, designadamente, por um Director Geral e por um Conselho de Gerência, acompanhados de uma Comissão de Fiscalização, que asseguravam, em conjunto, a efectiva gestão do Teatro e a administração do respectivo património. Naqueles termos, enquanto o Director Geral, a quem competia a orientação artística do Teatro, presidia ao Conselho de Gerência e distribuía, pelos restantes membros do Conselho, os poderes correspondentes aos diversos pelouros, o Conselho de Gerência definia a organização, elaborava os regulamentos internos, os planos financeiros e orçamentais, celebrava os contratos-programa, contratava o pessoal, decidia sobre a oneração e alienação de património móvel ou imóvel, representava a empresa tendo incluir em juízo como fora dele.

Porém, a aplicação do estatuto de Teatro Nacional justificou, logo no ano seguinte, alterações legislativas[118], de modo a reduzir a concentração de poderes do Director-Geral, que acumulava com as funções de Director Artístico e de Presidente do Conselho de Gerência. Assim, concedeu-se ao Conselho de Gerência a incumbência de manter actualizadas as políticas, os objectivos gerais do Teatro, bem como o controlo permanente da execução de tais políticas, e transferiu-se, do âmbito de competências do Presidente para as do Conselho, a elaboração de programas de actividades anuais e plurianuais. Tais alterações fundavam-se na ideia de que era difícil de conciliar, de modo adequado, as tarefas de gestão da empresa pública e os encargos da direcção artística que continuava a ser exercida pelo Director-Geral.

Todavia, aquando de uma avaliação do modelo de empresa pública adoptado, constatou-se que não só não atingiu os objectivos anteriormente enunciados, como favoreceu uma sucessiva acumulação de prejuízos, exigindo uma elevada contribuição do Estado[119], de modo a custear os encar-

---

[118] Cf. o Decreto-Lei n.º 123/81 de 25 de Maio.

[119] Teria recebido, por meio de subsídios e de dotações de capital, a quantia de 12 milhões de contos.

gos do Teatro de São Carlos EP. Em conformidade, por se entender que os critérios de gestão que decorriam da aplicação daquele modelo não se revelavam adequados, decidiu-se extinguir a empresa pública[120], com dissolução imediata dos seus orgãos sociais, a cessação de vínculos laborais, decidindo-se ainda suspender a assunção de novos encargos, exceptuados os estritamente necessários às operações correspondentes à sua liquidação. Com tal propósito, nomeou-se um administrador liquidatário, com competências para assegurar a administração corrente, elaborar o inventário dos bens da empresa, notificar os credores, graduar os créditos verificados ou reconhecidos, elaborar o mapa de créditos reclamados e, subsequentemente, pagar, de acordo com a graduação aprovada.

A falência do modelo de empresa pública justificou a adopção de um modelo bem distinto daquele, quase antagónico, o modelo fundacional. De acordo com este modelo, instuituiu-se a Fundação São Carlos, uma instituição de direito privado e de utilidade pública, por se entender que a fundação podia trazer vantagens às específicas finalidades de promoção e de desenvolvimento da música clássica e do teatro lírico[121]. Além do novo regime jurídico aprovar os Estatutos da Fundação, determinava a constituição do direito de usufruto, por 30 anos, sobre o imóvel do Teatro e sobre o respectivo recheio, designadamente os bens móveis de valor cultural, equipamento técnico, o arquivo, os cenários, as maquetas e o guarda--roupa[122]. A tal património fundacional, acresce a contribuição do Estado, no valor de 700.000 contos anuais[123], a contribuição de fundadores, o produto da alienação de bens e direitos na titularidade da Fundação, as receitas provenientes de actividades e da gestão patrimonial, além dos eventuais donativos, subsídios ou contributos de qualquer outra natureza. Quanto à sua organização e funcionamento, destaca-se, além do Conselho Fiscal e do Conselho de Administração, o Conselho de Fundadores e a Comissão Executiva. Naqueles termos, enquanto o Conselho de Fundadores, constituído por entidades reconhecidas pela natureza e montante de contribuição para os fins da Fundação, dá parecer sobre as políticas de investimento e de funcionamento, o orçamento, o plano anual, as propostas de alteração de estatutos ou outra matéria solicitada pelo Conselho de

---

[120] Cf. o Decreto-Lei n.º 195-A/92 de 8 de Setembro.
[121] Cf. o Decreto-Lei n.º 75/93 de 10 de Março.
[122] Cf. o artigo 4.º dos Estatutos da Fundação de São Carlos.
[123] Cf. a alínea d) do n.º 1 do artigo 4.º dos Estatutos.

290 José Luís Bonifácio Ramos

Administração; o Conselho Executivo propõe as políticas gerais de investimento e funcionamento, organiza e dirige os serviços e actividades, contrai empréstimos e concede garantias, desde que estas não afectem bens imóveis, contrata e dirige o pessoal, analisa e aprova os diversos projectos e actividades da Fundação.

Contudo, se o modelo atinente à empresa pública merecera críticas, tendo em conta a sua exploração permanentemente deficitária, o modelo fundacional revelou uma clara inadequação, perante as finalidades que lhe haviam sido cometidas, uma vez que a Fundação São Carlos nunca dispôs de capital próprio, cujo rendimento pudesse assegurar uma parcela representativa dos custos de exploração e permitisse alargar as próprias fontes de financiamento privado. Por isso, carecia de sentido continuar a assumir uma fundação de direito privado em que a principal fonte de financiamento continuava a ter origem pública, através da contribuição anual do Estado. A acrescer a tais razões, havia que reconhecer que o modelo fundacional comportava desvantagens sérias, ao retirar ao poder público importantes mecanismos de tutela para a articulação do Teatro com outros organismos públicos de produção artística.

Por isso, após as eleições legislativas de 1995, foi decidido que o Teatro Nacional de São Carlos, TNSC, devia assumir a natureza de organismo de Direito público, ao qual devia ser cometida uma missão de serviço público cultural no domínio da ópera e de outros ramos de actividade lírica e músico-teatral[124]. Nestes termos, de modo a afastar qualquer tendência de natureza privatista, o TNSC assumia-se como instrumento privilegiado na prossecução dos objectivos de desenvolvimento artístico e cultural que constituíam responsabilidade inalienável do Estado, em articulação com os demais organismos públicos de produção artística, no sector das artes do espectáculo e com a rede pública de formação especializada, determinando-se que o TNSC sucede à Fundação de São Carlos na universalidade de direitos e obrigações pertencentes àquela entidade, sem necessidade de outras formalidades, à excepção dos registos competentes[125]. Contudo, tal regime jurídico, ao instituir o TNSC como pessoa colectiva de direito público, não enjeitava um esforço de angariação de financiamentos complementares, no seio da própria sociedade civil ou em

---

[124] Cf. o Decreto-Lei n.º 88/98 de 3 de Abril.
[125] Cf. o artigo 37.º.

Direito Administrativo da Cultura

articulação com entidades promotoras de natureza privada. Além disso, a pessoa colectiva pública TNSC obteve autonomia administrativa e financeira sujeita a superintendência e tutela do Ministério da Cultura[126], que compreendia o poder de aprovar os padrões gerais de gestão, os regulamentos internos, as propostas de contratação de colaboradores técnicos e artísticos que envolviam encargo financeiro permanente, e, ainda, o de dar orientações sobre as actividades do Teatro, de modo a que se coadunassem com a política cultural do Governo[127]. Por outro lado, a gestão financeira devia respeitar os princípios da legalidade e do interesse público, de modo a adoptar uma gestão estratégica global participada por objectivos e a adequar os modelos e as soluções orgânicas e operacionais à especificidade do funcionamento de um projecto de produção artística, praticando uma gestão financeira integrada com o orçamento a apresentar tradução financeira no respectivo plano de actividades[128].

Quanto à estrutura do Teatro, teríamos dois níveis: o orgânico e o funcional. A nível funcional, destacava-se a Orquestra Sinfónica Portuguesa, o Coro do TNSC, as unidades de apoio técnico e artístico e as unidades de apoio técnico administrativo. Na estrutura orgânica, distinguia-se a Direcção, o Director Artístico, a Comissão de Fiscalização e o Conselho Consultivo. Se à Direcção competia definir a estrutura, a orientação geral, a gestão e organização interna do Teatro, dirigir os serviços e as respectivas actividades, elaborar os planos e relatórios de actividades, celebrar com terceiros contratos de prestação de serviços com vista ao adequado desempenho das suas funções; ao Director Artístico competia conceber e gerir o projecto artístico, organizar e dirigir, ouvidos os maestros titulares, o processo de selecção e de contratação dos instrumentistas da Orquestra Sinfónica Portuguesa e dos coralistas do Coro do TNSC, além de exercer outras competências delegadas pela Direcção. No que respeitava ao Conselho Consultivo, competia-lhe avaliar o impacto do Teatro junto do público, formular recomendações que pudessem auxiliar o projecto artístico, tanto no plano da programação como no da viabilização financeira[129]. À Comissão de Fiscalização cabia acompanhar e controlar a gestão financeira, emitir pareceres sobre o orçamento, relatório e a conta do Teatro, e

---

[126] Cf. os artigos 1.º e 24.º e seguintes.
[127] Cf. os artigos 1.º e 8.º.
[128] Cf. os artigos 24.º e seguintes.
[129] Cf. os artigos 9.º e seguintes.

292 José Luís Bonifácio Ramos

pronunciar-se, no âmbito das respectivas atribuições, sobre outros assuntos submetidos pela Direcção.

Três anos volvidos, o Ministro Saasportes entendeu ser necessário proceder a alterações na estrutura directiva do Teatro, de modo a que o Director Artístico pudesse integrar a respectiva Direcção, criando, para além disso, o cargo de Director do Teatro[130]. Em síntese, o Director, nomeado pelo Primeiro-Ministro, sob proposta do Ministro da Cultura, coincidia na pessoa do próprio Director Artístico, uma personalidade com experiência no domínio da programação e direcção artística das actividades lírica e sinfónica, pelo que, além de ter de presidir ao Conselho Directivo, devia possuir outras competências muito relevantes. Efectivamente, o Director não só definia a estrutura e a organização interna do TNSC, as funções dos departamentos e os regulamentos indicados ao seu funcionamento, como as sujeitava à aprovação do Ministro da Cultura, sem qualquer interferência do Conselho Directivo[131]. Além disso, enquanto Director Artístico concebia e geria o projecto artístico, organizava e dirigia, ouvidos os maestros titulares, os processos de selecção dos instrumentistas da orquestra e dos coralistas, determinando a composição dos júris de selecção e a natureza dos requisitos de admissão[132]. De sublinhar que os vogais do Conselho Directivo, presidido por aquele Director, eram nomeados pelo Ministro da Cultura, sob proposta do próprio Director[133]. Ao Conselho Directivo cabia, nomeadamente, a competência de assegurar a política de gestão interna, a elaboração dos planos anuais e plurianuais, o relatório de actividades e a conta de gerência, a administração financeira, a cobrança e arrecadação das receitas, a verificação da conformidade legal e regularidade financeira das despesas, a celebração de contratos-programa, protocolos de colaboração ou apoio e contratos de prestação de serviços com outras instituições no âmbito das suas actividades e prossecução dos seus objectivos[134].

Aliás, a concentração de competências na pessoa do Director era tal que a vinculação do Teatro exigia, necessariamente, a que assinatura[135]. A acrescer a isso, deve sublinhar-se que as condições de exercício de fun-

---

[130] Cf. o Decreto-Lei n.º 104/2001 de 29 de Março.
[131] Cf. o artigo 10.º.
[132] Cf. o n.º 2 do artigo 10.º.
[133] Cf. o n.º 1 do artigo 11.º.
[134] Cf. o n.º 3 do artigo 11.
[135] Cf. o artigo 12.º

ções, incluindo as respectivas remunerações, constaram de um contrato, celebrado com o Estado, para o efeito representado pelo Ministro da Cultura, depois de a respectiva minuta ter sido aprovada pelo Ministro das Finanças. Tal regime de excepção, designadamente a nível das remunerações, muito superiores às de outros Directores Gerais ou Presidentes de entidades públicas da àrea da Cultura, permitiu convidar o italiano Paolo Pinamonti, que veio a exercer o cargo durante vários anos.

Porém, após a aprovação do PRACE e da entrada em vigor da nova Lei Orgânica, ficou claro que a estrutura do TNSC não podia subsistir, de modo inalterado, tanto mais que a perda da autonomia financeira dos institutos públicos de produção artística tinha tornado mais difícil a gestão de entidades artísticas, que necessitavam, dada a sua especial actividade, de possuir mecanismos flexíveis, que lhe permitissem estabelecer estratégias de médio e longo prazo. Daí que se entendesse mais adequado colocar o TNSC no sector empresarial do Estado, pois a dinâmica da produção artística não se compadecia com a administração indirecta do Estado nem com os mecanismos extremamente restritivos de controlo administrativo e financeiro que passou a reger os institutos públicos.

A alteração legislativa que corporizou as orientações do PRACE e as determinações da Lei Orgânica apresentou uma inovação muito significativa, ao reunir o TNSC e a CNB, Companhia Nacional de Bailado, numa única entidade pública empresarial, a OPART, EPE[136]. A criação de tal entidade gerou intensa polémica, motivando, inclusivamente, a demissão do Director, Paolo Pinamonti, que chegou a declarar que a fusão do TNSC com a CNB lesava os interesses de ambas as instituições bem como os do público, movendo-se em direcção oposta ao que acontecia noutros países europeus[137]. Embora se reconhecesse haver teatros que, para além de uma orquestra, de um coro, possuíam uma companhia de bailado, sublinhava-se o facto de tais instituições disporem de um financiamento público avultado e, ainda, a ideia de que a autonomização do bailado e da ópera consistia na via mais adequada, como sucedia nos grandes teatros europeus, objecto de reformas recentes e de reestruturações orgânicas[138].

---

[136] Cf. o Decreto-Lei n.º 160/2007 de 27 de Abril.
[137] Cf. a entrevista ao jornal O Expresso de 17 de Março de 2007
[138] Ibidem.

294 José Luís Bonifácio Ramos

Todavia, a OPART, EPE não significa, propriamente, uma fusão entre a CNB e o TNSC, dado que mantém a autonomia e a identidade artística de ambas as instituições, reconhecendo o propósito daquelas instituições desempenharem uma missão de serviço público, numa área onde existe larga zona de actividade comum. Assim, no sentido de sublinhar tal zona de intersecção, indicam-se aspectos relevantes que justificam a respectiva articulação. São eles a orquestra, o coro, a cenografia, a técnica de cena, a música vocal ou instrumental, a dança ou a correpetição ao piano. Acrescenta-se que o movimento de inovação nas áreas da música e do teatro aponta para a transdisciplinaridade, agregando diversos contributos artísticos, que se situam numa disciplina em que se combinam as valências do teatro e da dança, pelo que não podia ser indiferente, numa época de contenção de recursos financeiros, a possibilidade de articular os recursos humanos e materiais disponíveis, aumentando a respectiva eficiência de utilização.

Quanto à preservação da autonomia e da identidade artística do TNSC, sublinha-se que o Teatro continua a funcionar autonomamente, com a sua própria direcção artística, submetida, no entanto, a uma mesma administração e fiscal único, ou seja, os orgãos sociais da OPART, EPE. Aqueles orgãos sociais têm as competências fixadas no Decreto-Lei supracitado e nos Estatutos da EPE, publicados em anexo àquele diploma legal. Nestes termos, o Conselho de Administração, composto por um presidente e por dois vogais, nomeados por resolução do Conselho de Ministros, sob proposta dos membros do Governo responsáveis pelas áreas da Cultura e das Finanças, tem por competências, designadamente, a elaboração dos planos de actividades, anuais e plurianuais, os respectivos orçamentos e os documentos de prestação de contas; a definição de linhas de orientação e as políticas de recursos humanos da OPART; a designação do pessoal para cargos de direcção e chefia; aprovação do regulamento disciplinar do pessoal, as condições de prestação e disciplina no trabalho; a decisão sobre a admissão e gestão do pessoal, devendo ser ouvido o director artístico sempre que estiver em causa a área de produção artística; providenciar no sentido de conservar o património afecto ao desenvolvimento da actividade e autorizar as despesas correspondentes, previstas no respectivo plano de investimentos.

Embora o Director Artístico do TNSC não integre o Conselho de Administração da OPART, participa, bem como o Director Artístico da CNB, nas reuniões relativas a matérias das suas competências, sem direito

Direito Administrativo da Cultura 295

de voto. Tais matérias são decididas aquando da presença da maioria dos membros do orgão, que não se podem abster, nem votar por procuração, exercendo o Presidente o voto de qualidade, se necessário. Acresce que o Presidente pode ser substituído nas ausências e impedimentos pelo vogal por si designado, assumindo este as competências de representação e de relacionamento com os orgãos de tutela, de coordenação das actividades e de direcção das reuniões, garantindo a correcta execução das deliberações do Conselho, a submissão a aprovação ou autorização dos membros do Governo dos actos que deles careçam, sem prejuízo das demais competências que lhe sejam delegadas. No que respeita ao Director Artístico, responsável pela elaboração e programação do TNSC, nomeado por Despacho conjunto dos membros do governo responsáveis pela área das finanças e da cultura, deve superintender no funcionamento das unidades artísticas e técnico-artísticas, elaborar e propor ao Conselho de Administração os respectivos planos de produção e de programação artística, os critérios e os métodos de selecção e de contratação dos responsáveis das respectivas unidades artísticas, além de supervisionar as estratégias de promoção e de comunicação.

Quanto à gestão financeira e patrimonial, cumpre recordar que à OPART, e por maioria de razão ao TNSC, se aplica o diploma relativo ao sector empresarial do Estado, na parte relativa às entidades públicas empresariais[139]. Deste modo, a OPART possui autonomia financeira e patrimonial mas encontra-se sujeita aos poderes de superintendência e de tutela dos membros do Governo responsáveis pelas áreas das Finanças e da Cultura. Como a tutela abrange os planos estratégicos e de actividade, os orçamentos e contas, compreende-se que o Conselho de Administração esteja obrigado a enviar àqueles membros do Governo o relatório de gestão e as contas do exercício; a certificação legal de contas e o relatório do revisor oficial de contas; os elementos adequados à compreensão integral da situação económica e financeira da empresa e da eficiência da gestão. Além destas cominações legais, que se encontram no âmbito dos deveres de informação, cumpre sublinhar as competências do fiscal único, também ele nomeado por Despacho conjunto dos membros do Governo responsáveis pela área da cultura e das finanças, escolhido de entre revisores oficiais de contas ou sociedades de revisores oficiais de contas, no que respeita ao controlo da regularidade e da boa gestão finceira e patrimonial da OPART.

---

[139] Cf. os artigos 23.º e seguintes do Decreto-Lei n.º 558/99 de 17 de Dezembro.

4.2.3. A Companhia Nacional de Bailado

A Companhia Nacional de Bailado, CNB, foi criada em 1977, sob a égide da Direcção Geral de Cultura Popular e Espectáculos[140], que instituíra um Fundo do Teatro, destinado a garantir os meios financeiros necessários ao fomento da actividade teatral, como expressão artística e instrumento de Cultura. Posteriormente, a CNB veio a funcionar junto da Direcção Geral dos Espectáculos e do Direito de Autor[141].

Assim, procurando acabar com uma certa indefinição do estatuto jurídico da CNB, determinou-se, em 1982[142], que a Companhia Nacional de Bailado era uma pessoa colectiva de direito público, dotada de autonomia administrativa e financeira, prosseguindo fins de índole cultural, sujeita ao regime de instalação, gerida por uma Comissão Instaladora, com mandato de um ano que se estenderia até à entrada em vigor da respectiva Lei Orgânica. Tal Comissão, constituída pelo Director Geral dos Espectáculos e do Direito de Autor, que presidia, por um Vice-Presidente e por um vogal, nomeados por Despacho ministerial, pelo Director Artístico da CNB e por um representante da Direcção Geral de Contabilidade Pública, devia propor um projecto de estrutura orgânica, tendo em conta a especificidade da Companhia e a necessidade de alargar as respectivas fontes de financiamento. Durante o período de instalação, asseguraria a gestão e atribuições da Companhia; elaboraria o respectivo plano de actividades; apresentaria, no Tribunal de Contas, a conta de gerência e o plano anual; aprovaria os contratos de pessoal e escolheria, sob proposta do Director Artístico, os coreógrafos, os figurinistas e os artistas para cada produção[143]. A Comissão seria coadjuvada por um Conselho Consultivo, constituído pelo presidente daquele organismo e por quatro vogais, nomeados por despacho conjunto dos responsáveis da Cultura e das Finanças, a quem competeria dar parecer sobre o programa, plano de actividades e quaisquer outros assuntos que lhe sejam submetidos pela Comissão Instaladora. O património da CNB seria constituído pelos bens colocados à disposição da Companhia pela Direcção-Geral dos Espectáculos e do Direito de Autor e os encargos do período de instalação suportados pela conta da

---

[140] Cf. as Bases VI e seguintes da Lei n.º 8/71 de 9 de Dezembro.

[141] Cf. o Decreto-Regulamentar n.º 32/80 de 29 de Julho.

[142] Cf. o Decreto-Lei n.º 460/82 de 26 de Novembro.

[143] Cf. o artigo 5.º.

dotação inscrita no orçamento do Ministério da Cultura e, ainda, por receitas oriundas de subsídios, de comparticipações, de liberalidades, e donativos, de heranças, e legados, produto da venda dos bilhetes e outras publicações, rendimentos provenientes da exploração de serviços próprios e, ainda, outras receitas não proibidas por lei[144].

Embora o período de instalação tivesse sido limitado a um ano, houve necessidade de prorrogar o prazo, regularizando actos de gestão praticados pela Comissão Instaladora, até ao dia subsequente à entrada em vigor de um novo regime jurídico, que só aconteceu em 1985[145]. Tal regime enquadrava-se naquilo que havia sido prescrito, em momento anterior, no estatuto do Teatro Nacional de São Carlos, determinando a integração da CNB no TNSC[146]. A medida assentava, fundamentalmente, em dois pressupostos diferentes. Por um lado, havia que dotar a CNB de uma gestão flexível que permitisse dar resposta a problemas específicos da respectiva actividade, com antecipação, a prazo de dois anos, da programação de temporadas artísticas, algo incompatível face às regras rígidas de funcionamento dos serviços públicos, mas perfeitamente admissível no âmbito de uma entidade de natureza empresarial. Por outro lado, havia que conter as despesas públicas, recomendando-se que o Estado agregasse os serviços de ópera e de bailado, à semelhança da experiência de outros países europeus, evitando a concorrência e acautelando os prejuízos da concomitância de espectáculos.

Porém, a integração da CNB no TNSC procurou salvaguardar a autonomia artística da Companhia, com a preservação das suas próprias finalidades, sem prejuízo de participação nos espectáculos de ópera do TNSC de necessária[147]. Todavia, se a temporada de ópera do TNSC contaria com a participação da CNB, ela não podia prejudicar a actvidade específica da Companhia, cuja autonomia artística continuava a ser assumida por um Director Artístico, nomeado pelo Ministro da Cultura, com a missão de orientar, em exclusivo, a CNB, sem prejuízo da direcção dos espectáculos de ópera, onde a Companhia se viesse a integrar[148]. Quanto ao pessoal, transitam para o TNSC, independentemente de outras formalidades, os tra-

---

[144] Cf. o artigo 8.º.
[145] Cf. o artigo 14.º do Decreto-Lei n.º 271/85 de 16 de Julho.
[146] Cf. o Decreto-Lei n.º 179/85 de 23 de Maio.
[147] Cf. o artigo 2.º do Decreto-Lei.
[148] Cf. o artigo 4.º do Decreto-Lei n.º 271/85.

balhadores que constituem o quadro artístico e técnico da CNB, bem como o pessoal administrativo contratado a prazo que, à data de entrada em vigor do diploma, tenha prestado à CNB mais de três anos de serviço ininterrupto, à excepção da encarregada dos serviços administrativos[149]. De modo semelhante, também se transfere para o TNSC, pela simples entrada em vigor do diploma citado, a universalidade de direitos e obrigações da própria CNB[150].

Todavia, a falência do modelo de empresa pública do Teatro de São Carlos acarreta consequências para o figurino institucional da CNB. Efectivamente, o Decreto-Lei que extingue a empresa pública, encarregada de gerir o TNSC, não apenas determina, concomitantemente, a autonomização da CNB, que assume plena autonomia e personalidade jurídica[151], mas, além disso, repristina o Decreto-Lei n.º 460/82, que vigora, a partir daquela data, com algumas adaptações, designadamente: a CNB fica sujeita ao regime de instalação, a presidência da comissão instaladora cabe ao Director-Geral dos Espectáculos e das Artes, extingue-se o Conselho Consultivo, os trabalhadores da CNB mantém o estatuto da empresa pública do TNSC[152].

Porém, como havia sido constituída, por escritura notarial, lavrada em 22 de Novembro de 1993, uma associação de Direito privado, denominada Instituto Português do Bailado e da Dança, IPDB, cujos associados eram o Estado, representado pela Secretaria de Estado da Cultura, a Fundação das Descobertas e a sociedade proprietária do Teatro de São João no Porto, e os fins estatutários procuravam promover o desenvolvimento do bailado e da dança, nas suas vertentes clássica e contemporânea, bem como manter uma companhia nacional de bailado, gerou-se uma situação particularmente delicada, no que respeitava ao estatuto jurídico da própria CNB. Embora o legislador não tivesse revogado o Decreto-Lei, antes repristinado, a CNB, pessoa de Direito público, passou a ser integrada, em termos fácticos, no IPDB. Esta "integração" de uma entidade pública numa instituição de Direito privado, impedia que o financiamento

---

[149] Esta funcionária transita para o quadro do Instituto Português do Património Cultural, nos termos dos arigos 6.º, 7.º e 8.º.

[150] Cf. os artigos 10.º e 11.º.

[151] Cf. o artigo 2.º e o n.º 1 do artigo 11.º do Decreto-Lei n.º 195-A/92 de 8 de Setembro.

[152] Cf. o n.º 2 do artigo 11.º do Decreto-Lei n.º 195-A/92.

da CNB subsistisse na modalidade de inscrição de dotações do Orçamento de Estado e que passasse a efectuar-se por meio de subsídios, atribuídos ao próprio IPDB, pelo Fundo de Fomento Cultural. Por isso, estatuto *sui generis* da CNB foi acompanhado por um constante subfinanciamento, por sucessivas oscilações da direcção artística e, ainda, por uma ausência de estrutura interna, no que respeitava aos planos artístico, técnico e artístico.

Aquele *status quo* motivou a aprovação de um novo regime jurídico que declarou a CNB pessoa colectiva de direito público, com autonomia administrativa e financeira, sujeita a tutela e a superintendência do Ministério da Cultura[153]. O novo regime decorreria, além do Decreto-Lei de 1997 citado, de regulamentos internos a aprovar no futuro, ou, de modo subsidiário, do ordenamento jurídico das empresas públicas. Porém, de modo, a evitar situações dúbias, determinou-se, desde logo, que a Companhia sucederia ao IPBD e o património afecto àquele Instituto seria integrado na CNB[154]. Quanto à autonomia, a lei esclarecia que abrangeria os domínios da programação artística e da escolha de intérpretes e de criadores. No que respeita ao exercício dos poderes de tutela do Ministério da Cultura, salientam-se as instruções de inserção de actividades da CNB na política cultural do Governo, a homologação dos padrões de gestão, a aprovação dos regulamentos internos e das propostas de contratação de colaboradores técnicos e artísticos que envolvam a assunção de encargos permanentes[155]. Cabe ainda sublinhar que a Direcção, o Director Artístico, a Comissão de Fiscalização e o Conselho Consultivo constituem o respectivo elenco orgânico. Se a Direcção é composta por um Director e por um Subdirector, nomeados por despacho do Primeiro-Ministro, sob proposta do Ministro da Cultura, para um mandato de três anos, o cargo de Director Artístico pode ser exercido, em regime de acumulação, com o de Director da CNB[156].

Na sequência do PRACE e da Lei Orgânica do Ministério, o citado Decreto-Lei n.º 160/2007, que institui a OPART, EPE, aprovando, em anexo, os respectivos estatutos, determina que a OPART sucede na universalidade de direitos e obrigações da Companhia Nacional de Bailado. No entanto, como se disse antes, a propósito do Teatro São Carlos, se não

---

[153] Cf. o Decreto-Lei n.º 245/97 de 18 de Setembro.
[154] Cf. o artigo 34.º do Decreto-Lei.
[155] Cf. o artigo 7.º do Decreto-Lei.
[156] Cf. os artigos 8.º e seguintes.

300 José Luís Bonifácio Ramos

existe fusão entre a CNB e o TNSC, assume-se o propósito de tais instituições desempenharem, de modo autónomo, mas articulado, entre si, a comum missão de serviço público. Deste modo, observa-se, nas cominações atribuídas à CNB, a necessidade de uma tal articulação. Isso verifica-se na programação de espectáculos no campo da música e da dança, que contribuam para ampliar e aprofundar a relação com a comunidade, a formação de novos públicos ou a celebração de protocolos de cooperação no âmbito da produção e da programação com outros organismos de produção artística[157].

4.2.4. A Orquestra Nacional do Porto

Atendendo à importante tradição musical do Porto; ao facto do Teatro de S. Carlos integrar, no seu seio, uma Orquestra Sinfónica, sem que algo de equivalente sucedesse no Porto, a segunda cidade do País, a nível das instituições culturais de natureza pública; atendendo à extinção de duas orquestras sinfónicas, a da RDP e a da Régie Cooperativa Sinfonia; ao facto de a Orquestra Clássica do Porto nunca haver adoptado personalidade jurídica, entendeu-se por inadiável a constituição de uma orquestra sinfónica, com sede no Porto. Assim, criou-se a Orquestra Nacional do Porto, ONP, uma pessoa colectiva de Direito público com autonomia administrativa e financeira, sujeita a tutela e superindência, como as demais instituições públicas de natureza cultural, que assumia responsabilidades relativamente aos instrumentistas contratados pela ex-Direcção Geral dos Espectáculos para a Orquestra Clássica do Porto e à Régie Cooperativa Sinfonia[158].

Quanto à estrutura organizativa, cumpre destarar a Direcção, um Maestro Titular, um Conselho Artístico, um Conselho Geral e uma Comissão de Fiscalização[159]. A Direcção era composta por um Director e um Subdirector, nomeados por despacho do Primeiro Ministro, sob proposta do Ministro da Cultura, enquanto o Conselho Artístico, imtegrado pelo Director, pelo Maestro Titular e por três personalidades de prestígio do meio musical, nomeados por despacho do Ministro da Cultura[160]. O Con-

---

[157] Cf. o n.º 4 do artigo 2.º dos Estatutos da OPART, EPE.
[158] Cf. o Decreto-Lei n.º 243/97 de 18 de Setembro.
[159] Cf. o artigo 8.º.
[160] Cf. os artigos 9.º e 13.º.

Direito Administrativo da Cultura 301

selho Geral tinha representantes de diversas entidades (Teatro Nacional de S. João, Teatro Rivoli, Universidade do Porto, Universidade Católica, Escola Superior de Música do Porto, Fundação de Serralves), designados ou substituídos, livremente, por tais entidades[161].

Na sequência do PRACE, embora as resoluções que o consubstanciam não refiram a ONP, a subsequente Lei Orgânica do Ministério da Cultura determina, a extinção[162], sem transferência de atribuições, da Orquestra Nacional do Porto. Aliás, já antes tinha sido assinado um contrato-programa, entre o Ministério da Cultura e a Fundação da Casa da Música, no sentido de integrar a ONP na Casa da Música[163].

4.2.5. O Teatro Nacional D. Maria II

Assumindo a estrita necessidade de reabrir o Teatro Nacional de D. Maria II, depois do incêndio que o devastou, quase por completo, e das imprescindíveis obras de recuperação, recorreu-se a um regime jurídico de instalação, a vigorar durante um período de dois anos, renovável, no sentido de não retardar, a actividade daquela instituição[164]. Com tal propósito, o Teatro era dotado de personalidade jurídica e de autonomia administrativa, tendo por missão a defesa e difusão da cultura teatral portuguesa, a apresentação de obras teatrais portuguesas, de ciclos de representações que melhor documentassem períodos determinados do teatro português, sobretudo entre a segunda metade do século XVI e a actualidade, ou as obras dramatúrgicas mais relevantes do património teatral universal, de tradição clássica ou de orientação moderna[165].

Durante o período de instalação, o Teatro foi gerido por uma Direcção, composta por três membros, nomeada por despacho do secretário de Estado da Cultura. Assim, enquanto o Presidente da Direcção representava o Teatro, convocava reuniões e presidia ao Conselho Administrativo, a

---

[161] Cf. o artigo 14.º.

[162] Cf. o n.º 2 do artigo 26.º do Decreto-Lei n.º 215/2006 de 27 de Outubro.

[163] Nos termos do contrato-programa, assinado em 4 de Fevereiro de 2006, a Fundação da Casa da Música obriga-se a manter uma orquestra sinfónica de nível internacional, procedendo à contratação dos músicos da ONP, e o Ministério da Cultura obriga-se a disponibilizar uma comparticipação financeira até ao ano de 2010.

[164] Cf. o Decreto-Lei n.º 507/77 de 14 de Dezembro.

[165] Cf. o artigo 2.º.

302 José Luís Bonifácio Ramos

Direcção superintendia na gestão e funcionamento, assegurando a reabertura do Teatro, elaborando o plano de actividades e o orçamento, o parecer sobre as contas de gerência, a promoção do cadastro dos bens, os estudos com vista à elaboração de uma nova lei orgânica. O Conselho Administrativo, constituído pelo presidente da Direcção, um representante da Direcção de Contabilidade Pública e um vogal da Secretaria de Estado, exercia a gestão administrativa, financeira e patrimonial do Teatro[166]. Durante o período de instalação, o pessoal artístico e técnico especializado era admitido em regime de contrato de trabalho a prazo, mediante Despacho do Secretário de Estado da Cultura[167].

Só na década de oitenta se fixou, em diploma legal, a estrutura orgânica e se caracterizou o Teatro como pessoa colectiva de Direito público, dotada de autonomia administrativa, de modo a prosseguir uma função de natureza cultural[168]. Assim, de modo a exercer as respectivas atribuições e competências, o Teatro dispunha de um Director, de um Conselho Administrativo e de uma Comissão Consultiva[169]. Daí ressaltava o predomínio do Director, a quem cabia, além da representação do Teatro, elaborar os planos de actividade, fixar a programação, superintender nos serviços (artísticos, técnicos, administrativos, financeiros, gabinete de informação, de relações públicas e biblioteca), presidir ao Conselho Administrativo e à Comissão Consultiva. Por contraste, ao Conselho Administrativo cometiase, basicamente, a elaboração do projecto de orçamento e a administração de dotações inscritas, com correlativa autorização de realização de despesas.

Depois do Estado adquirir, em 1992, o Teatro de S. João do Porto, foi considerado necessário reenquadrar o teatro nacional, através da racionalização das estruturas teatrais públicas existentes. Naquela perspectiva, criou-se um instituto público, o Instituto das Artes Cénicas (IAC)[170], ao qual competia gerir, em articulação, o Teatro de D. Maria II e o Teatro de S. João, extinguindo-se, em conformidade, a pessoa colectiva de Direito público, designada Teatro Nacional de D. Maria II. (TNDMII). Nestes termos, o IAC sucedia na universalidade dos direitos e obrigações do TNDM,

---

[166] Cf. os artigos 4.º e seguintes.
[167] Cf. o artigo 11.º.
[168] Cf. o Decreto-Lei n.º 209/81 de 13 de Julho.
[169] Cf. os artigos 3.º e seguintes.
[170] Cf. o Decreto-Lei n.º 7/94 de 12 de Janeiro.

pelo que o IAC, com sede no Porto e delegação em Lisboa[171], procurava assegurar a coordenação dos recursos humanos e materiais dos dois teatros, devendo criar uma companhia de teatro própria, a Companhia de Teatro Nacional, que podia actuar, indiferenciadamente, nos dois teatros, sem prejuízo do intercâmbio com instituições congéneres, nacionais ou estrangeiras.

A estrutura orgânica do IAC era composta por uma Direcção, um Conselho Administrativo e um Conselho de Leitura[172]. Da Direcção faziam parte, um Presidente e dois Vice-Presidentes, nomeados pelo Primeiro--Ministro, de entre personalidades de reconhecido mérito, do Conselho Administrativo, os membros da Direcção, o Chefe da Repartição de Administração Geral e um vogal designado pelo membro do Governo responsável pela área da Cultura[173]. Aquele membro do Governo designa, ainda, o Conselho de Leitura, composto por um presidente e dois vogais, de natureza fundamentalmente consultiva[174]. A nível de Serviços, o IAC dispunha de uma Repartição de Administração Geral, de uma Divisão de Informação e de Apoio Técnico e de uma Biblioteca, a Biblioteca do Teatro[175]. À Repartição de Administração Geral competia, *v.g.*, elaborar a proposta de orçamento, estabelecer um sistema de contabilidade analítica, cobrar e arrecadar receitas, organizar os processos de aquisição de equipamento e de material, proceder à inventariação dos bens do Instituto, promover o apoio do Conselho de Leitura[176]. Quanto à Divisão de Informação e Apoio Técnico, além de assegurar as acções de divulgação pública das actividades do IAC ou o desenvolvimento de projectos de colaboração e de intercâmbio com entidades nacionais e estrangeiras, cabia-lhe propor as medidas de política de incentivos às artes cénicas[177].

Contudo, a avaliação do modelo do IAC mereceu resultados extremamente negativos, porque não conseguiu alcançar a anunciada optimização de recursos bem como a gestão integrada de sectores com características funcionais e objectivos próprios e distintos entre si (o TNDMII, o

---

[171] Cf. o artigo 3.°.
[172] Cf. o artigo 5.°.
[173] Cf. o artigo 6.°.
[174] Cf. o artigo 13.°.
[175] Cf. o artigo 17.°.
[176] Cf. o artigo 19.°.
[177] Cf. o artigo 18.°.

Teatro de S. João, a gestão dos apoios do Estado à actividade teatral de iniciativa não governamental). Por isso, ainda antes de ser aprovado um novo regime jurídico aplicável aos teatros nacionais, já a Lei Orgânica do Ministério da Cultura, de 1996, se encarregara de declarar extinto o IAC[178]. No anos seguinte, prescreveu-se o restabelecimento do TNDMII, como pessoa colectiva de Direito público, dotado de autonomia administrativa, financeira e patrimonial, sujeita a tutela e superintendência do Ministro da Cultura[179], pelo que o Teatro assumia as responsabilidades contratuais do IAC, no que respeitava ao pessoal, em regime de contrato individual de trabalho por tempo indeterminado, e ao património afectado à actividade teatral. Embora se pretendesse salvaguardar a autonomia artística do Teatro, designadamente nos domínios da programação artística e na escolha de criadores, actores e técnicos, determinava-se que os poderes de tutela do Ministro permitiam dar instruções quanto à inserção da actividade do Teatro na política cultural do Governo, à sua articulação com as restantes instituições da rede de produção artística do Estado e, ainda, a homologação dos padrões de gestão, a aprovação dos regulamentos internos e a contratação de pessoal que envolva a assunção de encargos permanentes.

A Direcção, a Comissão de Fiscalização e o Conselho Consultivo constituíam o elenco organizativo do TNDMII[180]. A Direcção era composta por um Director, que exercia, por inerência, as funções de Director Artístico, e, ainda, por dois Subdirectores, nomeados por despacho do Primeiro Ministro, sob proposta do Ministro da Cultura. Além de caber, ao Director-Artístico, a definição da estratégia global do Teatro, no plano artístico e institucional, a concepção e execução do projecto artístico teatral, ele podia inscrever, na programação anual do Teatro, até ao limite de três encenações de espectáculos teatrais ou teatro-musicais, de média ou grande dimensão, de duração não inferior a duas horas[181]. Por isso, o Director Artístico assumia a dupla função de Director e de encenador residente, constituindo o elemento identificador do projecto artístico-teatral, já que a actividade de encenação deve ser exercida em regime de exclusividade, à excepção de projectos especiais sujeitos a autorização do Ministro da Cultura. A estrutura interna do Teatro era completada pelas cinco uni-

---

[178] Cf. o artigo 4.º do Decreto-Lei n.º 42/96 de 7 de Maio.
[179] Cf. o Decreto-Lei n.º 244/97 de 18 de Setembro.
[180] Cf. o artigo 9.º.
[181] Cf. o artigo 12.º.

dades orgânicas permanentes (a companhia residente, as unidades técnico-teatrais, as unidades de frente de casa, as unidades de apoio técnico administrativo e as unidades de espaços e edifício), mas podia ser alterada, a todo o tempo, por meio de Portaria do Ministério da Cultura que devia mencionar as competências de outras unidades orgânicas, a criar, e as articulações hierárquicas, funcionais e de coordenação que abrangessem o pessoal do TNDM[182]. No que respeitava à gestão patrimonial e financeira do Teatro, devia referir-se, designadamente, como instrumentos de gestão, os orçamentos decorrentes do Orçamento de Estado, os orçamentos privativos, os planos de desenvolvimento plurianual, os relatórios de actividade e os relatórios financeiros[183]. A tal propósito, de sublinhar que os planos e orçamentos eram aprovados pelo Ministro da Cultura, enquanto os relatórios financeiros, igualmente aprovados pelo Ministro, se destinavam a uma prestação de contas, junto do Ministério das Finanças e do Tribunal de Contas.

Subsequentemente, ao colocar-se a questão da empresarialização do Teatro, assumiu-se a necessidade de o adaptar a modelos de gestão mais eficazes, tendo como pressuposto a especificidade do organismo de produção artística, de modo a ultrapassar as limitações atinentes à figura do instituto público, que caracterizava a natureza jurídica do TNDMII. Aprovou-se, assim, um novo regime jurídico, que transformar o Teatro numa sociedade anónima de capitais públicos, o TNDMII-Teatro Nacional de D. Maria II, SA[184].

Deve sublinhar-se, a tal propósito, que a solução aprovada mereceu aturada avaliação prévia, tendo em conta o confronto de várias soluções em presença, como decorre, aliás, dos trabalhos preparatórios. Uma das hipóteses consideradas foi a de articular o conceito de instituto público com o conceito, de natureza jurídico-financeira, de serviços e fundos autónomos, ou seja, a possibilidade de criar um instituto público com uma maior autonomia do que a existente, naquela altura. A ideia assentava na estrita necessidade de reduzir o peso da intervenção do Estado, apresentando-se como argumento o facto de tal metodologia ter sido adoptada noutros sectores de actividade, a propósito da criação de novos institutos públicos, aos quais se aplicava, de modo subsidiário, a legislação do sec-

---

[182] Cf. os artigos 18.º e seguintes.
[183] Cf. o artigo 24.º.
[184] Cf. o Decreto-Lei n.º 65/2004 de 23 de Março.

306 José Luís Bonifácio Ramos

tor empresarial do Estado. A tal propósito, foram estudados, como regimes jurídicos paradigmáticos, o do Instituto de Gestão Informática e Financeira da Saúde[185] e o do Instituto de Formação Turística[186]. Efectivamente, os estatutos do primeiro determinavam a aplicação subsidiária do regime do sector empresarial do Estado, designadamente das entidades públicas empresariais, no que respeitava à gestão financeira e patrimonial[187]. De igual modo, os estatutos do segundo prescreviam a aplicação subsidiária do regime das entidades públicas empresariais[188]. Todavia, a adoptar-se o modelo do instituto público ou de um serviço dependente teria que estar resolvida a questão da afectação de receitas, tendo em conta a suspensão recente do regime de autonomia administrativa e financeira dos intitutos. Por isso, aquelas normas eram dificilmente compatíveis com a gestão diária de um estabelecimento teatral/cultural, nomeadamente no que respeita à necessidade de contratação, tendo em conta específicas características artísticas sujeita a longas planificações temporais e a apertados critérios de agenda e de programação.

Aliás, enquanto se assistia a uma rigidificação da figura do instituto público, registava-se uma abertura às virtualidades da empresarialização, em virtude da aplicação do Decreto-Lei n.º 558/99, que, ao procurar reestruturar o sector empresarial do Estado, pretende simplificar o estatuto legal de entidades que exercem uma iniciativa económica pública, sublinhando, em particular, a existência de estrutura societária e de tutela[189]. De acordo com os trabalhos preparatórios, o Ministério das Finanças não se opunha à empresarialização do TNDMII, sob a forma de sociedade anónima, mas procurava obter um estudo de viabilidade económica e financeira que apresentasse projecções de evolução, de curto e de médio prazo, em termos patrimoniais, económicos e financeiros, de modo a explicitar o esforço financeiro a suportar pelo Estado. Todavia, dos elementos disponibilizados pelo Ministério da Cultura, extraía-se a conclusão de que as receitas próprias do Teatro apenas cobriam cerca de 3,3% das despesas previstas e que os fundos provenientes do mecenato suportavam cerca de 9,1%, pelo que o remanescente acabaria por vir a ser suportado pelo Orça-

---

[185] Cf. o Decreto-Lei n.º 194/2001 de 26 de Junho.
[186] Cf. o Decreto-Lei n.º 277/2001 de 19 de Outubro.
[187] Cf. o artigo 23.º dos Estatutos, publicados em anexo ao Decreto-Lei n.º 194/2001.
[188] Cf. o artigo 35.º dos Estatutos, publicados em anexo ao Decreto-Lei n.º 277/2001.
[189] Cf. os artigos 27.º e 29.º.

mento de Estado, através de indemnizações compensatórias. Uma decisão deste jaez poderia provocar uma subsequente proliferação de entidades empresariais, de pequena dimensão, de prestação de serviço público financiadas pelo Orçamento de Estado. Daí que a informação da Direcção Geral do Tesouro tivesse sido claramente negativa. Não só sublinhava a reiterada ausência de uma conta de exploração previsional ou de um balanço inicial da sociedade a constituir, como destacava a séria possibilidade de haver não só um significativo acréscimo de custos para o Estado, no caso de se adoptar o modelo empresarial, como as futuras transferências do Orçamento de Estado apresentavam a susceptividade de ser superiores a 50% do capital social inicial da empresa.

Apesar destas informações negativas, o Conselho de Ministros, reunido a 23 de Dezembro de 2003, aprovou o Decreto-Lei que pretendia transformar o TNDM II, na sociedade anónima de capitais públicos TNDM, Teatro Nacional de D. Maria II. O diploma, que só viria a ser publicado em Março de 2004[190], apresentava, aspectos extremamente significativos. Além do TNDM, SA se reger pelo Decreto-Lei supra-citado, pelos Estatutos publicados em anexo, por outros regulamentos e pelo regime jurídico do sector empresarial do Estado; além de se determinar, em sede de tutela, que estava sujeito aos poderes de superintendência e tutela dos Ministros das Finanças e da Cultura; estipulava-se, ainda, a obrigatoriedade de o TNDM SA. assegurar a prestação de um serviço público, no domínio da actividade teatral e a necessidade de a actividade ser desenvolvida de acordo com o contrato de concessão assinado com o Estado, sem prejuízo de celebrar outros contratos com entidades públicas ou privadas, de modo a obter financiamentos adicionais. Por outro lado, o capital inicial da TNDM, S.A., integralmente subscrito pelo Estado, no valor de 5 157 000 Euros, encontrava-se parcialmente realizado, à data de entrada em vigor do diploma, na quantia total de 3 807 000 Euros, ficando a parte do capital restante diferida para o final do primeiro trimestre de 2005[191].

Embora o Decreto Lei, que transformou o Teatro numa sociedade anónima, tivesse entrado em vigor, isso não significava que as reservas apontadas pelo Ministério das Finanças pudessem considerar-se ultrapassadas. De todas elas, as que assumiam maior relevo eram as que respeitavam à realização do capital social da sociedade anónima e às bases do con-

---

[190] Cf. o Decreto-Lei n.º 65/2004 de 23 de Março.
[191] Cf. o artigo 6.º.

308 José Luís Bonifácio Ramos

trato de concessão. Quanto à realização do capital, havia um problema adicional, uma vez que a quantia relativa à realização do capital inicial da sociedade anónima não tinha sido prevista aquando da elaboração do Orçamento de Estado para 2004 e a hipótese aventada de proceder à realização do capital social, com verbas inscritas no orçamento do Ministério da Cultura, apresentava especial dificuldade face às regras da contabilidade pública aplicáveis. No que respeitava às bases do contrato de concessão, estavam por definir os direitos e obrigações do concedente e do concessionário, quer a nível operacional, quer a nível financeiro, bem como o apuramento da extensão do conceito de serviço público na área da cultura. Por tudo isso, se compreendia que, embora tivesse sido publicado, em Março de 2004, e apesar do diploma determinar que o contrato de concessão deveria ser assinado no prazo de sessenta dias a contar da data de entrada em vigor, só, em Janeiro de 2005, foi efectivamente subscrito, entre o Estado Português e o TNDM SA, o contrato de concessão de serviço público. Aquele contrato, além de definir as condições gerais de prestação de serviço público e o âmbito do serviço público, determinava, como relevante obrigação do concedente, a realização do pagamento da indemnização compensatória, cujo cálculo devia assentar na estimativa de receitas relevantes e dos custos relacionados com a prestação do serviço público em cada ano. Embora a estimativa, para os anos subsequentes, devesse assentar numa série de documentação, designadamente no plano de desenvolvimento plurianual previsional, no orçamento plurianual, no pedido de atribuição de indemnizações compensatórias e no parecer do oficial de contas, ficou determinado, desde logo, que a indemnização compensatória para o ano de 2005 era de 5.175.000 Euros.

Contudo, tendo em conta as dificuldades e resistências que a solução societária havia enfrentado, considerando as orientações do PRACE, não constituiu surpresa que o preâmbulo da Lei Orgânica do Ministério viesse declarar que todos os organismos nacionais de produção artística passariam a entidades públicas empresariais e que, logo no ano seguinte, tivesse sido aprovado um diploma, que não só revogava a sociedade anónima de capitais públicos, como adoptava a modelo de entidade pública empresarial[192]. No intuito de justificar tal substituição, referia-se que a entidade pública empresarial se afigurava mais adequada ao serviço público de cul-

---

[192] Cf. o Decreto-Lei n.º 158/2007 de 27 de Abril.

Direito Administrativo da Cultura

tura, dado que não tinha por objectivo o lucro mas, apenas, a preservação e a difusão da herança cultural com especial relevo para a dramarturgia portuguesa e o desenvolvimento da cultura teatral. Todavia, o Teatro continua sujeito aos poderes de superintendência e tutela dos membros do Governo responsáveis pela área das finanças e da cultura[193]. De sublinhar, a propósito do financiamento do teatro, que este regime jurídico determinava que o capital estatutário inicial fosse de um milhão de euros, integralmente realizado pelo Estado[194], que podia ser aumentado ou reduzido, por despacho conjunto dos membros do Governo com poderes de tutela.

No que respeita à estrutura organizativa, são órgãos do TNDM II, EPE, um Conselho de Administração, nomeado pelo Conselho de Ministros, composto pelo presidente, dois vogais e um fiscal único[195]. Quanto ao Director Artístico, que pode pertencer ao Conselho de Administração, exercendo o mandato em regime de exclusividade, será nomeado por despacho conjunto dos ministros com poderes de tutela, nos casos em que não integrar aquele Conselho. De sublinhar que, no modelo anterior, a orgânica era composta pela Assembleia Geral da sociedade, a par do Conselho de Administração e do fiscal único, e que era àquela Assembleia que competia eleger e destituir os outros orgãos da sociedade. Por outro lado, enquanto na estrutura societária o Estado e outras pessoas colectivas pública eram titulares de, pelo menos, 51% do capital social da TNDM SA, na entidade pública empresarial o Estado era titular de todo o capital inicial, embora se estipulasse que o respectivo capital estatutário podia ser aumentado ou reduzido por despacho conjunto dos membros do governo com competência na matéria.

4.2.6. O Teatro Nacional de São João

Embora o Estado tivesse comprado, em 1992, o Teatro de S. João, situado na cidade do Porto, só a criação do IAC, em 1994, lhe deu um enquadramento jurídico, ao configurá-lo como Teatro Nacional, cuja gestão, assegurada pela Direccção do IAC, tinha como propósito a articulação dos recursos de dois teatros nacionais, o Teatro Nacional de D. Maria II e o Teatro Nacional de São João, o denominado TNSJ. Porém, o IAC teve

---

[193] Cf. o artigo 3.º.

310 José Luís Bonifácio Ramos

uma duração efémera, pois foi extinto, como se disse antes, em 1996[196]. No entanto, só no ano seguinte, foi aprovado um novo regime jurídico que atribuía personalidade jurídica ao TNSJ, enquanto pessoa colectiva de Direito público, dotada de autonomia administrativa, financeira e patrimonial, subordinada à tutela e superintendência do Ministério da Cultura, de modo a recuperar, no plano institucional, a dimensão nacional do Teatro no Porto, valorizando a tradição do edifício e promovendo uma programação que articulasse a utilização dos espaços cénicos próprios e o recurso a espaços alternativos exigidos pela diversidade das práticas teatrais contemporâneas[197].

De sublinhar que a estrutura orgânica do TNSJ apresentava grande similitude com a do Teatro de D. Maria II[198]. Assim, aquela estrutura do TNSJ era composta por uma Direcção, um Conselho Consultivo e uma Comissão de Fiscalização, assumindo o Director, cumulativamente, funções de Director Artístico[199]. Também cabia ao Director a definição da estratégia global do Teatro, no plano artístico e institucional, a concepção e execução do projecto artístico e a possibilidade de poder inscrever, na programação anual, encenações de espectáculos teatrais ou teatro-musicais, de média ou grande dimensão[200], assumindo a dupla função de director e de encenador residente, em regime de exclusividade, à excepção de projectos de encenação de carácter especial autorizados pelo Ministro da Cultura[201]. A estrutura interna do Teatro era completada por cinco unidades orgânicas permanentes e, como no seu elenco, não existia uma companhia residente, existia um Centro de Dramarturgias Contemporâneas[202].

O TNSJ assumiu ainda maior preponderância com a integração, na respectiva estrutura, do Auditório Nacional de Carlos Alberto[203]. Tal

---

[194] Cf. o artigo 9.° do Decreto-Lei e o artigo 4.° dos Estatutos.

[195] Cf. o artigo 6.°.

[196] Cf. o artigo 4.° do Decreto-Lei n.° 42/96.

[197] Cf. o Decreto-Lei n.° 242/97 de 18 de Setembro.

[198] Efectivamente, o Decreto-Lei n.° 244/97, publicado na mesma data do Decreto-Lei n.° 242/97, supra-referido, apresenta grandes semelhanças com o diploma legal aplicável ao Teatro de S. João.

[199] Cf. os artigos 9.° e seguintes.

[200] Cf. os n.° 1 e n.° 2 do artigo 12.°.

[201] Cf. o n.° 3 do artigo 12.°.

[202] Cf. o artigo 18.°.

[203] Cf. o Decreto-Lei n.° 21/2003 de 3 de Fevereiro.

Auditório, que, até então se encontrava dependente do Instituto Português das Artes do Espectáculo, IPAE, enquanto unidade de extensão artística, passou a fazer parte do projecto artístico do TNSJ, inserindo-se na sua programação, de acordo com as orientações do Director Artístico, e o TNSJ recebia as dotações orçamentais que estavam afectadas ao IPAE para aquele efeito[204].

Cabe referir que o TNSJ foi poupado à estranha experiência da criação de uma sociedade anónima de capitais públicos, como sucedeu no caso do TNDMII. Assim, da prefiguração de um Teatro Nacional como instituto público passou-se, no caso do São João, directamente, para o regime de entidade pública empresarial, nos termos das orientações do PRACE e da Lei Orgânica do Ministério da Cultura. Deste modo, revogou-se o anterior Decreto-Lei n.º 242/97, com consequente transformação do Teatro Nacional de S. João numa entidade pública empresarial, denominada TNSJ EPE[205]. Deve sublinhar-se que, também aqui, encontramos similitudes com o regime jurídico do TNDMII, EPE, publicado na mesma data[206]. Tais similitudes ressaltam, sobremaneira, em sede dos poderes de superintendência e de tutela, de financiamento do teatro, do capital estatutário inicial subscrito pelo Estado bem como da respectiva estrutura organizativa. Além disso, e na linha que tinha sido assumida, anteriormente, com a afectação do Auditório Nacional de Carlos Alberto, afectou-se, parcialmente, o edifício do Convento São Bento da Vitória, ao TNSJ, cujos exactos termos se remetiam para posterior Despacho conjunto dos membros do Governo responsáveis pelas àreas das Finanças e da Cultura[207].

4.3. As artes

4.3.1. Razão de ordem

Tem sido prefigurada a expressão Arte ou Artes como a àrea cultural onde se convocam plúrimas intervenções artísticas que incluem o teatro, a música, a dança, mas também a pintura, a escultura, a arte contemporânea,

---

[204] Cf. o artigo 1.º.
[205] Cf. o Decreto-Lei n.º 159/2007 de 27 de Abril.
[206] Cf. o Decreto-Lei n.º 158/2007.
[207] Cf. o n.º 4 do artigo 4.º do Decreto-Lei n.º 159/2007.

312 José Luís Bonifácio Ramos

o vídeo, a fotografia, sem descurar a intersecçao de algumas delas, naquilo que se tem designado por projectos transdisciplinares. Todavia, o que distingue esta secção, designada Artes, da anterior, no que respeita ao Teatro, Música e Dança, tem a vêr com o facto de aqui não se estudar uma entidade pública, um Teatro Nacional ou uma Orquestra Nacional a desempenhar uma missão de interesse público, financiada pelo Estado, mas outras entidades, de natureza privada, financiadas ou subsidiadas pelo próprio Estado, em sinal de reconhecimento do relevante papel que desempenham ao promoverem actividades performativas no âmbito da música, da dança, do teatro, mas, de igual modo, no domínio das artes plásticas, da fotografia ou da arte contemporânea.

O financiamento, o apoio e o acompanhamento de tais entidades pelo Estado exigiu a criação de estruturas administrativas que procuraram desempenhar, tanto quanto lhes era possível, a missão que lhe havia sido confiada. Tais estruturas administrativas tiveram por objecto a promoção e o apoio da arte contemporânea, a fotografia, as artes do espectáculo e ainda dos direitos de autor e dos direitos conexos. Ora, se analisarmos a respectiva produção legislativa, ressalta a profusão de medidas orgânicas e uma escassez de medidas reguladoras e incentivadoras das próprias Artes.

4.3.2. A Arte Contemporânea

De modo a actuar no universo da arte contemporânea, tendo em conta as especificidades da criação artística, entendeu-se constituir um organismo público, o Instituto de Arte Contemporânea, IAC, instituto dotado de autonomia administrativa, sujeito a superintendência do Ministério da Cultura[208], com o objectivo de apoiar os criadores e os produtores, no pressuposto de que a estes pertence a iniciativa artística, cabendo ao Estado garantir a política nacional de apoio à criação artística, proporcionando ao público a fruição e a compreensão dos fenómenos artísticos contemporâneos. Assim, cabia ao IAC o apoio à criação, aos criadores, à produção de eventos de arte contemporânea, à sua difusão no País e no estrangeiro e, sobretudo, a implementação de uma política integrada no sector da arte contemporânea[209].

---

[208] Cf. o Decreto-Lei n.º 103/97 de 28 de Abril.
[209] Cf. o artigo 2.º.

Quanto à estrutura orgânica e aos respectivos serviços, cumpre notar a existência de um Director, um Sub-Director, um Conselho Administrativo, um Conselho Consultivo, uma Comissão de Aquisição de Obras de Arte e um Departamento de Artes Visuais[210]. Competia ao Director coordenar os serviços e orientar as actividades e projectos do IAC; ao Subdirector, poderes de coadjuvação; ao Conselho Administrativo a gestão financeira e patrimonial; ao Conselho Consultivo, poderes de aconselhamento do Director; à Comissão de Aquisição de Obras de Arte emitir parecer sobre as linhas programáticas orientadoras da colecção, definir estratégias visando a optimização dos acervos existentes e a sua visibilidade pública, e, finalmente, ao Departamento de Artes Visuais propor a aquisição de obras de Arte Contemporânea, a fim de constituir uma colecção nacional representativa das linguagens actuais[211].

Todavia, a autonomização do IAC esteve, desde sempre, envolta em polémica, uma vez que era considerada, por alguns sectores, desnecessária, despesista, parcial e não isenta, pelo que uma das primeiras medidas promovidas pelo XV Governo Constitucional foi a de decidir extinguir o IAC, com correlativa integração das respectivas competências, atribuições e serviços no Instituto de Artes do Espectáculo, no IPAE[212].

4.3.3. A Fotografia

Aquando da autonomização institucional da Arte Contemporânea, surgiu, de igual modo, a autonomização orgânica da Fotografia, com a concomitante criação do Centro Português de Fotografia, CPF, pessoa colectiva de Direito público, dotada de autonomia administrativa e património próprio, sujeita a tutela ministerial[213]. A fundamentação da autonomização institucional da Fotografia assentava na dupla constatação de que a actuação do Estado nunca tivera uma política integrada que contribuisse para a promoção de uma cultura fotográfica nacional e de que a Fotografia assumia, na contemporaneidade, uma importância única, como forma de criação plástica de intervenção na realidade, de instrumento científico

---

[210] Cf. os artigos 4.º.

[211] Cf. os artigos 5.º e seguintes.

[212] Cf. o Decreto-Lei n.º 16-A/2002 de 31 de Maio.

[213] Cf. o Decreto-Lei n.º 160/97 de 25 de Junho.

314 José Luís Bonifácio Ramos

e de testemunho de eventos e de representações, que lhe conferiam um lugar único de documento social e cultural. Cabe referir, no entanto, que antes havia uma política pública, dispersa e pontual, que culminara na constituição do Arquivo Nacional de Fotografia, inserido no âmbito do Instituto Português de Museus[214], embora sem previsão legal ou enquadramento orçamental.

Tendo em conta a concomitância da criação do IAC e do CPF, não era de estranhar que a estutura orgânica e departamental do CPF fosse muito semelhante à do IAC. Apenas se indica, como diferença, de que no CPF não existia um Departamento de Artes Visuais, mas um Departamento de Apoio à Criação e à Difusão. Aliás, a similitude temporal e funcional do CPF com o IAC é tal que se determina, no ano de 1997, ano da criação do CPF, que os encargos financeiros, que resultam do funcionamento do CPF, sejam suportados por verbas do Orçamento de Estado atribuídas ao IAC, além de verbas adicionais provenientes do Fundo de Fomento Cultural[215].

4.3.4. As Artes do Espectáculo

Tendo em conta a autonomização do Instituto da Arte Contemporânea, IAC, e do Centro Português de Fotografia, CPF, foi necessário reestruturar o organismo de onde, de alguma sorte, as atribuições que correspondiam àqueles institutos, ainda que de modo difuso, provinham. Assim, no ano de 1997, ano da institucionalização do IAC e do CPF, ainda existia a Direcção-Geral dos Espectáculos e das Artes, a DGEAT[216], que tinha por competências, nomeadamente, a definição de orientações que garantissem a execução de políticas públicas de apoio à música, à dança, às artes cénicas mas, de igual modo, às artes plásticas. Além disso, era competência da DGEAT a atribuição de bolsas como meio de concretização da política de apoio, de incentivo a criadores e a outros artistas[217]. Por isso, foi necessário criar uma outra estrutura orgânica das artes do espectáculo que, por um lado, tivesse em conta a autonomia da Arte Contemporânea e da Fotografia e, por outro, a necessidade de melhor estruturar a intervenção e

---

[214] Cf. o artigo 16.º do Decreto-Lei n.º 278/91 de 9 de Agosto.
[215] Cf. o artigo 26.º.
[216] Cf. o Decreto-Lei n.º 106-B/92 de 1 de Junho.
[217] Cf. o artigo 2.º.

Direito Administrativo da Cultura

o apoio do Estado no domínio das artes do espectáculo, em especial nas áreas da dança, da música, do teatro e dos projectos transdisciplinares. Assim se explica a criação, em 1998, do Instituto Português das Artes do Espectáculo, IPAE, uma pessoa colectiva de Direito público, dotada de autonomia administrativa[218], de cujas atribuições se destaca, o fomento das actividades de iniciativa não governamental nos domínios da música, da dança, do teatro e de outras formas de criação nas artes do espectáculo, a gestão da participação do Estado em iniciativas conjuntas com autarquias e outras entidades públicas e privadas, o apoio à construção e recuperação de equipamento técnico de recintos culturais vocacionados para a realização de espectáculos.

Além da estrutura orgânica, composta por um Director e um Conselho Administrativo[219], na estrutura funcional existia, além dos previsíveis Departamentos de Dança, Música e Teatro, o importante Departamento de Descentralização e de Difusão ao qual competia apoiar a criação de uma rede nacional de salas de espectáculo, uma rede de estruturas de produção e acolhimento de criadores e intérpretes, de circuitos permanentes de difusão das diferentes formas de expressão das artes do espectáculo[220]. Neste propósito, cabia-lhe o apoio a programas de difusão e de itinerância que lhe fossem propostos por entidades públicas ou privadas, bem como coordenar a participação do IPAE nos centros regionais das artes do espectáculo, mediante acordos de colaboração[221]. Logo, a abordagem do Departamento de Difusão convocava diversos eixos analíticos, entre os quais se destacavam as orientações de natureza pública e implicava dois níveis administrativos do Estado, o central e o local, com importante relação com entidades privadas, procurando dinamizar o mercado e qualificar os agentes culturais nele intervenientes.

Porém, se nos termos do diploma supra-citado, tinham sido integrados no IPAE, como unidades de extensão artística, o Auditório Nacional de Carlos Alberto e a Casa das Artes do Porto[222], o regime jurídico aplicável dificultava o recrutamento de pessoal com o tipo de qualificação profissional adequado para desempenhar as funções necessárias ao fun-

---

[218] Cf. o Decreto-Lei n.º 149/98 de 25 de Maio.
[219] Cf. o artigo 2.º.
[220] Cf. os artigos 6.º e seguintes.
[221] Cf. o artigo 13.º.
[222] Cf. o artigo 31.º.

316 José Luís Bonifácio Ramos

cionamento das unidades de extensão artística. Daí que tenha sido necessário fazer aprovar outro diploma legal[223], de modo a permitir o recrutamento de pessoal, mediante a celebração de contratos em regime de contrato individual de trabalho, nos termos de um Despacho do Ministro da Cultura.

Mais tarde, no sentido de inverter a tendência de pormenorizar as atribuições e as competências de diversos organismos com responsabilidade nesta área, foi criado o Instituto das Artes, o IA, instituto com autonomia administrativa e património próprio, que pretendia estabelecer condições para uma eficaz e eficiente actuação, em domínios onde pudesse estimular a criação artística e a oferta cultural qualificada[224]. Assim, além de ter por missão estruturar a intervenção pública, tanto no âmbito das artes do espectáculo como da arte contemporânea, o IA anunciou como objectivo proritário, a valorização do princípio da transversalidade entre as diferentes áreas[225]. O diploma estipulava ainda que os apoios do IA devem assentar na fixação de rigorosos critérios, subordinados à previsão de resultados avaliáveis, revestindo a modalidade de apoio técnico, programático, logistico, de equipamento ou financeiro[226]. Se, no essencial, a estrutura orgânica se manteve, a estrutura funcional não apresentou a anterior divisão disciplinar, preferindo adoptar os seguintes serviços ou departamentos: o apoio à criação e difusão, a descentralização e formação de públicos, a gestão e apoio técnico[227]. De sublinhar, a propósito das respectivas competências, que se incentivara uma estreita articulação entre os Ministérios da Educação e da Ciência e do Ensino Superior, bem como entre as autarquias e demais entidades interessadas, no sentido de fomentar a criação, a promoção de eventos descentralizadores, a qualificação e a captação de novos públicos.

Tendo em conta as orientações do PRACE e, sobretudo, as prescrições da posterior Lei Orgânica, o organismo foi objecto de profunda reestruturação com inerente revogação do regime jurídico, a extinção do próprio Instituto da Artes e a integração de parte das suas competências na Direcção-Geral das Artes, DGARTES, que se inseria na administração

---

[223] Cf. o Decreto-Lei n.º 109/99 de 31 de Março.
[224] Cf. o Decreto-Lei n.º 181/2003 de 16 de Agosto.
[225] Cf. a alínea g do artigo 4.º e o n.º 4 do artigo 5.º.
[226] Cf. o artigo 7.º
[227] Cf. os artigos 13.º e seguintes.

Direito Administrativo da Cultura

directa do Estado[228]. Além disso, acolheu as competências relativas ao apoio e difusão da fotografia que pertenciam ao CPF, as competências da área de multimédia, que provinham do ICAM, e adaptou o organismo ao novo regime jurídico de apoio às artes[229]. Assim, a DGARTES, dirigida por um Director-Geral, coadjuvado por um Subdirector-Geral, passou a exercrer as suas competências através de um modelo estrutural misto, de estrutura matricial, nas áreas relativas a concursos, comunicação, promoção, formação de públicos e internacionalização, de estrutura hierarquizada, nas restantes àreas de actividade[230]. Ressalta da análise da sua estrutura e atribuições a referência às artes no seu todo, sem a departamentalização, por áreas ou sectores, *v.g.* o teatro, a dança, a música, a arte contemporânea, como sucedia anteriormente. Cumpre ainda referir que o diploma atribuiu à DGARTES capacidade editorial própria bem como permissão para promover a produção de réplicas e de outro material de apoio a criadores e agentes culturais, podendo proceder à venda ou dispor do seu produto, sem prejuízo dos respectivos direitos autorais ou editoriais[231].

4.3.5. Os Direitos de Autor

Quanto à matéria dos Direitos de Autor, desde pelo menos a década de oitenta do século passado, a estrutura com a competência dos espectáculos tratou, de igual modo, das questões autorais. Assim, a Direcção Geral dos Espectáculos e do Direito de Autor, DGEDA, além de promover o cumprimento da legislação sobre espectáculos e divertimentos públicos, assegurava também os serviços de registo de obras intelectuais e dos organismos que, em Portugal, representavam os interesses dos autores[232].

Depois, por causa da revisão da legislação sobre processos de registo e de controlo da actividade de exploração de espectáculos e, sobretudo, por causa da aprovação do Código de Direitos de Autor e Direitos Conexos, criou-se uma nova estrutura, a Direcção-Geral dos Espectáculos e das

---

[228] Cf. o Decreto-Lei n.º 91/2007 de 29 de Março.

[229] Cf. o Decreto-Lei n.º 225/2006 de 13 de Novembro.

[230] Cf. os artigos 4.º e 5.º do Decreto-Lei n.º 91/2007 de 29 de Março.

[231] Cf. o artigo 2.º.

[232] Cf. o Decreto-Lei n.º 59/80 de 3 de Abril e o Decreto-Regulamentar n.º 32/80 de 29 de Julho.

Artes, DGEAT[233], que sucedeu a duas direcções-gerais, à Direcção Geral de Acção Cultural, DGAC, e à supra-referida Direcção Geral dos Espectáculos e do Direito de Autor, DGEDA. Aquela estrutura, a DGEAT, possuía além de um Director, da Comissão de Classificação de Espectáculos e do Conselho Administrativo, um Conselho Nacional do Direito de Autor[234]. Tal Conselho Nacional, composto, designadamente, por uma série de personalidades reconhecidas na área dos direitos de autor ou por representantes de associações profissionais de livreiros, de editores de videogramas, de fonogramas ou de profissionais de informática, tinha por competência a análise, a actuação e o cumprimento da legislação sobre direitos de autor e direitos conexos, dar parecer sobre as acções de vigilância e de fiscalização na área da defesa dos direitos de autor e direitos conexos, emitir pareceres sobre eventuais litígios ou outras questões relacionadas com a matéria dos direitos de autor e direitos conexos[235].

Posteriormente, atendendo ao desenvolvimento das tecnologias de informação e à correlativa necessidade de atribuir particular atenção às alterações registadas no ordenamento jurídico dos direitos de autor e direitos conexos, bem como à tentativa de harmonizar a legislações dos respectivos Estados membros, decidiu-se autonomizar, em 1997, a estrutura administrativa com competência na matéria. Assim, evoluiu-se de um simples departamento, integrado numa Direcção-Geral, para um autónomo Serviço de Apoio Técnico ao próprio Ministro da Cultura, Gabinete de Direito de Autor, GDA[236]. Tal gabinete ou serviço, onde se mantinha o Conselho Nacional do Direito de Autor, assumia por competências, além das atinentes àquele Conselho Nacional, o apoio técnico à adopção de medidas legislativas no domínio do direito de autor, a elaboração de estudos e de pareceres jurídicos, a coordenação e participação em reuniões internacionais, em articulação com o Ministério dos Negócios Estrangeiros, no quadro da representatividade institucional vigente[237]. O GDA, dirigido por um Director, equiparado a Director de Serviços, recebia apoio técnico e administrativo, tanto da Secretaria Geral do Ministério, como da Inspecção Geral de Actividades Culturais, consoante a matéria em apreço,

---

[233] Cf. o Decreto-Lei n.° 106-B/92 de 1 de Junho.
[234] Cf. o artigo 3.°.
[235] Cf. o artigo 10.°.
[236] Cf. o Decreto-Lei n.° 57/97 de 18 de Março.
[237] Cf. o artigo 2.°.

Direito Administrativo da Cultura 319

e as dotações atribuídas pelo orçamento de Estado suportavam os seus encargos financeiros[238].

Após a constituição do Serviço de Apoio Técnico, denominado GDA, haviam sido reformuladas as actividades inspectivas culturais, de modo a que, do estrito âmbito dos espectáculos, se pudesse alargar, com o novo regime da IGAC[239], as actividades inspectivas a outras áreas da Cultura. Ora, desde a reforma mencionada, subsistiu, no seio da IGAC, uma Divisão de Inspecção de Espectáculos e de Direito de Autor[240], que assumiu as competências de verificação do cumprimento da legislação de direitos de autor e conexos, em especial, no que respeitava ao combate à fraude em matéria fonográfica e videográfica, procedendo ao controlo de materiais fabricados, à fiscalização das entidades que procediam ao fabrico, à coordenação com as polícias e demais entidades fiscalizadoras, à elaboração de estudos e relatórios sobre a inspecção e controlo de actividades relacionadas com os direitos de autor e direitos conexos.

Portanto, após as determinações do PRACE, não pode constituir surpresa a extinção daquele Gabinete ou Serviço de Apoio Técnico, o GDA. O que se afigura mais surpreendente é que tal extinção tenha comportado a atribuição das suas competências ao Gabinete de Relações Internacionais, agora designado Gabinete de Planeamento, Estratégia, Avaliação e Relações Internacionais, GPEARI, não à Inspecção Geral das Actividades Culturais, IGAC, como pareceria mais natural suceder. Tanto mais que a IGAC continuava a manter diversas competências, em sede de direitos de autor e direitos conexos, designadamente a superintendência nas actividades económicas relacionadas com a propriedade intelectual. Além disso, o GPEARI assumia apenas, em sede de direitos de autor, competências na adopção de medidas legislativas e na representação internacional, perdendo-se, assim, o exercício de diversas atribuições que tinham sido cometidas ao Ministério da Cultura, numa área de extrema relevância para a protecção dos direitos culturais.

---

[238] Cf. os artigos 3.º, 4.º e 5.º.
[239] Cf. o Decreto-Lei n.º 80/97 de 8 de Abril.
[240] Cf. o artigo 10.º.

320 José Luís Bonifácio Ramos

4.4. CINEMA

4.4.1. Razão de ordem

Como se compreende, tendo em conta a evolução tecnológica, a actividade administrativa ligada ao Cinema não podia ser das mais antigas, por comparação com outros sectores culturais, onde as políticas públicas se fizeram sentir. Realmente, só encontramos em 1948, um regime jurídico que pretendia regular a actividade cinematográfica. Além disso, a estrutura organizativa pública ainda demorou mais tempo a formar. Isso só sucedeu, nos anos setenta, com a criação, em momentos sucessivos, de duas estruturas – o Instituto do Cinema e a Cinemateca Portuguesa – que, apesar de sucessivas reformas, subsistiram, no essencial, até aos dias de hoje.

4.4.2. O Instituto do Cinema

Apesar do regime jurídico atinente ao Instituto Português do Cinema ter sido inicialmente aprovado em 1971[241], não se pode afirmar que o regime tenha ficado completo antes de 1973, aquando da publicação do decreto-lei que tinha antes sido anunciado. Efectivamente, os diplomas que promulgaram as bases relativas à protecção do cinema e da actividade teatral[242] tinham estabelecido que a sua entrada em vigor dependeria dos diplomas com força de lei e dos regulamentos necessários à execução das directizes estabelecidas. Aquelas leis dispuseram ainda que, com os regulamentos, seria publicado o diploma regulador da cobrança do adicional sobre o preço dos bilhetes para assistência a espectáculos teatrais e cinematográficos. Previram ainda que, simultaneamente, entrassem em vigor as normas para alteração da estrutura da Direcção Geral da Cultura Popular e Espectáculos, com o desdobramento de funções resultante da criação do Instituto Português do Cinema, IPC, designadamente no que respeitava aos recursos financeiros e ao respectivo quadro de pessoal. Porém, isso só aconteceu com a entrada em vigor do Decreto-Lei n.º 184/73[243], que enu-

---

[241] Cf. a Lei n.º 7/71 de 7 de Dezembro que promulgou as bases relativas à protecção do cinema.

[242] Cf. a Lei n.º 8/71 de 9 de Dezembro.

[243] Cf. o Decreto-Lei n.º 184/73 de 25 de Abril.

Direito Administrativo da Cultura 321

mera as receitas do Instituto do Cinema, designadamente a percentagem do adicional sobre os bilhetes de espectáculos cinematográficos, as taxas previstas nas bases da Lei n.º 7/71, as dotações especiais atribuídas pelo Estado, os juros dos fundos capitalizados e dos empréstimos concedidos[244]. Naqueles termos, a taxa do adicional para os espectáculos cinematográficos era de 15%[245], além da fixação de taxas de distribuição[246] e de exibição[247]. Além disso, o quadro do pessoal dirigente, técnico, administrativo e auxiliar do IPC foi fixado, pela primeira vez, por aquele diploma legal[248].

Após a restruturação da Secretaria de Estado da Cultura, ocorrida em 1980[249], que incluía o IPC no elenco de orgãos e serviços da respectiva estrutura orgânica[250], atribuindo-lhe novas competências, *v.g.* o apoio e estímulo à criação, produção e difusão cinematográfica[251], considerou-se necessário proceder a uma redefinição da estrutura do IPC. Tal redefinição assentou em dois pressupostos distintos. Por um lado, na necessidade de aprovar uma nova Lei do Cinema e, por outro, na constatação de que a estrutura do IPC era demasiado rígida, necessitando de maior autonomia que lhe permitisse responder às múltiplas solicitações com que era, sistematicamente, confrontado[252]. No entanto, o IPC continuava a ser um instituto público, dotado de personalidade jurídica e autonomia administrativa e financeira, cabendo-lhe fomentar a cultura e a criação cinematográfica, o apoio da produção, distribuição e exibição de cinema profissional, experimental e amador, o estímulo à investigação e à formação profissional[253]. Quanto à autonomia financeira, o IPC podia, mediante autorização ministerial, vir a contrair empréstimos para o exercício das

---

[244] Cf. o artigo 5.º.

[245] Cf. o artigo 32.º

[246] A taxa de distribuição constituía receita do Instituto Português do Cinema, cujo quantitativo variava em conformidade com a categoria do filme, longa ou curta metragem. Cf.os artigos 53.º e 54.º.

[247] A taxa de exibição era de 2% sobre o preço de projecção do filme. Cf. o artigo 59.º.

[248] Cf. os artigos 1.º e seguintes, bem como o quadro publicado, em anexo, ao mesmo diploma, o Decreto-Lei n.º 184/73 de 25 de Abril.

[249] Cf. o Decreto-Lei n.º 59/80 de 3 de Abril.

[250] Cf. a alínea g, do n.º 1, do artigo 3.º.

[251] Cf. o artigo 10.º.

[252] Cf. o preâmbulo do Decreto-Lei n.º 391/82 de 17 de Setembro.

[253] Cf. os artigos 1.º, 2.º, 3.º e 4.º.

suas funções[254]. Em sede da organização interna, saliente-se a criação de um Conselho Administrativo, com competências no acompanhamento da execução financeira, na realização de despesas, na elaboração do orçamento, na apreciação da conta de gerência, a par de uma Direcção, que apreciando o orçamento, assegurava a gestão e autoriza as respectivas despesas, e de um Conselho Consultivo, que dava parecer sobre a distribuição percentual de receitas para assistência financeira aos diferentes ramos de actividade cinematográfica[255].

Posteriormente, assumindo a necessidade de fundir o Instituto Português do Cinema com o Secretariado Nacional para o Audiovisual, uma estrutura de projecto, criou-se o Instituto Português da Arte Cinematográfica e Audiovisual, o IPACA[256], um instituto público, dotado de personalidade jurídica, autonomia administrativa e financeira, cujo objecto era o de estudar, executar e fiscalizar a regulamentação cinematográfica e audiovisual, bem como promover a actividade cinematográfica e apoio da produção audiovisual[257].

Pela Resolução do Conselho de Ministros n.º 86/97 de 2 de Junho, foi criada uma Comissão Interministerial com o objectivo de apresentar um conjunto de propostas de actuação nas áreas do Cinema, do Audiovisual e do Multimédia. Após a apresentação do relatório final daquela Comissão, o Governo instituiu, na directa dependência do Conselho de Ministros, o Conselho Superior do Cinema, do Audiovisual e do Multimédia[258]. Porém, tanto o supra-citado relatório, como o próprio Conselho Superior apontavam para a necessidade de conferir maior importância ao sector do multimédia. Por isso, decidiu-se extinguir o IPACA, por não compreender o sector multimédia, e, em vez dele, instituir o ICAM, o Instituto do Cinema, Audiovisual e Multimédia[259], que abrangia, assim, todas as áreas tendo, nomeadamente, competência para coordenar a execução da política para as respectivas actividades cinematográfica, do audiovisual e do multimédia, de modo a estimular a articulação sectorial, desenvolvendo

---

[254] Cf. os artigos 27.º, 28.º e 29.

[255] Cf. os artigos 5.º a 18.º.

[256] Cf. o Decreto-Lei n.º 25/94 de 1 de Fevereiro.

[257] Cf. os artigos 1.º e 3.º.

[258] Cf. o Decreto-Lei n.º 393/98 de 4 de Dezembro.

[259] Cf. o Decreto-Lei n.º 408/98 de 21 de Dezembro.

Direito Administrativo da Cultura

o mercado de obras cinematográficas, audiovisuais e multimédia[260] Da organização interna do ICAM ressalta, além dos orgãos administrativos e fiscalizadores, a Direcção, o Conselho Consultivo e a Comissão de Fiscalização, os Serviços Operativos, designadamente aqueles que repercutiam a trilogia que enformava o Instituto, ou seja o Departamento do Cinema, do Audiovisual e do Multimédia[261].

Porém, além do entusiamo com o sector do multimédia ter sofrido assinalável esmorecimento, reconheceu-se que o sector era transversal a diversas áreas de actividade, que desaconselhava a manutenção do multimédia num instituto vocacionado para o cinema e o audiovisual, fazendo mais sentido colocar o multimédia no âmbito da competências do organismo responsável pelas artes. Assim, a supra-mencionada Direcção Geral das Artes, DGARTES, sucedeu nas atribuições do ICAM, no que respeitava ao sector do multimédia[262]. Por outro lado, assumindo a separação do Cinema e do Audiovisual do Multimédia, constituiu-se o Instituto do Cinema e do Audiovisual, ICA IP[263], cuja estrutura interna, além de justificar necessárias alterações por causa da saída do multimédia, procurou adequar-se à reforma do quadro legislativo e regulamentar da acção do Estado, no que respeitava ao fomento e desenvolvimento das actividades cinematográficas e audiovisuais, de acordo com a Lei da Arte Cinematográfica e do Audiovisual[264], e com o diploma regulamentar que definia as medidas relativas ao fomento, desenvolvimento e protecção das artes cinematográficas e audiovisuais[265].

4.4.3. A Cinemateca

A Cinemateca Portuguesa foi criada no decurso de uma reestruturação da Secretaria de Estado da Cultura efectuada em 1980, destacando-se, assim, do Instituto Português do Cinema[266]. Daí que o Decreto-Lei que

---

[260] Cf. o artigo 2.º.

[261] Cf. o artigo 22.º.

[262] Cf. o artigo 10.º do Decreto-Lei n.º 225/2006 de 13 de Novembro.

[263] Cf. o Decreto-Lei n.º 95/2007 de 29 de Março e a Portaria n.º 375/2007 de 30 de Março que aprova os estatutos do ICA IP.

[264] Cf. a Lei n.º 42/2004 de 18 de Agosto.

[265] Cf. o Decreto-Lei n.º 227/2006 de 15 de Novembro.

[266] Cf. o Decreto-Lei n.º 59/80 de 3 de Abril.

324 José Luís Bonifácio Ramos

consagrava tal reestruturação, estabelecesse as competências próprias da Cinemateca Portuguesa[267], remetendo a estrutura e atribuições dos respectivos orgãos e serviços para outro diploma[268] que, no caso, entrou em vigor no mesmo ano[269].

Posteriormente, porque houve a necessidade de preservar o Arquivo Nacional das Imagens em Movimento, o ANIM, vocacionado para a salvaguarda do património fílmico português ou do património fílmico existente em Portugal, bem como o património cinemático de idêntica origem ou localização, entendeu-se criar uma "Torre do Tombo" de imagens em movimento, para preservação do imaginário específico do século XX. Por isso, tendo em conta a necessidade de transformar a Cinemateca num verdadeiro Museu do Cinema, revogou-se o regime anterior ao criar-se um instituto público, dotado de autonomia administrativa e financeira, a Cinemateca Portuguesa-Museu do Cinema[270]. Ora, compulsando as respectivas atribuições e competências, constatamos que lhe cabia, coleccionar, preservar, restaurar e catalogar as obras cinematográficas e quaisquer outras imagens em movimento, inventariar as obras cinematográficas de produção nacional, propor a definição das medidas legais necessárias à salvaguarda das obras inventariadas ou das obras a inventariar[271]. No que respeitava à estrutura directiva, encontramos uma Direcção e uma Comissão Fiscalizadora[272], na estrutura funcional, como serviços operativos, o Departamento de Arquivo Nacional das Imagens em Movimento e o Departamento de Exposição Permanente, como serviços de apoio, o Gabinete de Relações Públicas, o Serviço Administrativo e Financeiro e o Centro de Documentação e Informação[273].

Devido à reestruturação organizacional do Ministério da Cultura ocorrida em 1996, entendeu-se fazer aprovar, à semelhança do que sucedeu noutros institutos tutelados pelo Ministério, um novo diploma legal[274], que mencionava, no respectivo preâmbulo, que a Cinemateca se encontrava numa situação de imprecisão estatutária. O diploma introduziu pou-

---

[267] Cf. o artigo 17.º.
[268] Cf. o artigo 20.º.
[269] Cf a Portaria n.º 778/80 de 30 de Setembro.
[270] Cf. o Decreto-Lei n.º 106-D/92 de 1 de Junho.
[271] Cf. os artigos 4.º e 5.º.
[272] Cf. o artigo 6.º.
[273] Cf. os artigos 16.º e seguintes.
[274] Cf. o Decreto-Lei n.º 165/97 de 28 de Junho.

quíssimas alterações relevante para a matéria que nos ocupa, pois, no essencial, manteve o quadro de atribuições e competências, a estrutura directiva e funcional e o elenco de receitas admissíveis.

Posteriormente, no quadro das orientações do PRACE, seria de supôr que a Cinemateca viesse a ser extinta com as correspondentes atribuições a repartir entre os Arquivos Nacionais e o Instituto de Cinema. Todavia, surpreendentemente, não foi essa a decisão tomada, permanecendo a Cinemateca Portuguesa-Museu do Cinema na lista dos organismos a manter, no Ministério da Cultura[275]. Assim, naquela sequência, foi aprovado um novo regime jurídico da Cinemateca-Museu do Cinema[276] que introduziu alterações significativas no respectivo quadro normativo, designadamente, a protecção e preservação do património relacionado com as imagens em movimento, não apenas com o cinema, mas com todo e qualquer documento audiovisual, incluindo suportes videográficos e digitais, ou a atribuição de poderes de autoridade, em sede do regime de protecção e valorização do património cultural, no que respeita ao património fílmico e audiovisual[277]. Além disso, enquanto a estrutura directiva e o estatuto do pessoal dirigente foi aprovado por Decreto-Lei, o diploma citado, a estrutura organizativa, os respectivos departamentos e divisões, foram integrados nos Estatutos da Cinemateca, aprovados por Portaria[278].

4.5. OS ARQUIVOS

Com a criação do Instituto Português de Arquivos, IPA, passou a existir um organismo especializado destinado a preservar, a seleccionar, a classificar e a valorizar o património arquivístico nacional[279]. Nestes termos, eram atribuições do IPA a superintendência dos arquivos dependentes do Ministério da Cultura, designadamente os arquivos anteriormente dependentes do Instituto Português do Património Cultural, e, de um modo

---

[275] Cf. o n.º 25, alínea c) da Resolução n.º 39/2006.

[276] Cf. o Decreto-Lei n.º 94/2007 de 29 de Março e a Portaria n.º 374/2007 de 30 de Março.

[277] Cf. o artigo 3.º do Decreto-Lei n.º 94/2007.

[278] Cf. os artigos 1.º e seguintes dos Estatutos, publicados em anexo à Portaria n.º 374/2007 de 30 de Março.

[279] Cf. o Decreto-Lei n.º 152/88 de 29 de Abril.

326 José Luís Bonifácio Ramos

geral, dos outros arquivos do Estado, autarquias locais, empresas públicas e os conjuntos documentais classificados que integrem, por isso, o património arquivístico nacional[280]. Quanto ao elenco de orgãos e de serviços, indicam-se o Presidente, o Conselho Administrativo, o Conselho Consultivo, a Direcção de Serviços de Arquivística, a Direcção de Serviços de Apoio Técnico, a Divisão de Informática e a Repartição Administrativa[281]. Com a instalação do Arquivo Nacional da Torre do Tombo num moderno edifício, tendo em conta a necessidade de implantar uma rede nacional de arquivos, entendeu~se fundir as competências do Instituto de Arquivos no Arquivo Nacional da Torre do Tombo, AN/TT, aí integrando, de igual modo, o Arquivo Distrital de Lisboa e o Arquivo Histórico do Ministério das Finanças[282]. Ora. porque se considerou ter sido prejudicial não ter inserido o Arquivo Nacional da Torre do Tombo na dependência do Instituto Português de Arquivos, substituiu-se os Arquivos Nacionais/ /Torre do Tombo pelo Instituto dos Arquivos Nacionais/Torre do Tombo[283], IAN/TT, racionalizando o respectivo funcionamento e criando novos serviços. Posteriormente, foi aprovado um novo diploma legal respeitante ao IAN/TT[284], que prescreveu, como atribuições d Instituto a conservação, a organização, a ampliação e divulgação de documentos histórico-culturais, a promoção da política arquivística nacional, o acolhimento de espólios documentais, a aquisição de documentos e obras sobre Portugal ou que interessem à Cultura portuguesa[285]. Além disso, criaram-se novos serviços, de entre os quais se destacou a Divisão de Arquivos, e extinguiram-se bibliotecas que funcionavam junto a arquivos distritais[286]. Depois, entendeu-se reforçar as competências do Conselho Superior de Arquivos, órgão consultivo vocacionado para definir as orientações gerais de coordenação dos serviços arquivísticos nacionais[287].

---

[280] Cf. o artigo 2.º.

[281] Cf. o artigo 3.º.

[282] Cf o Decreto-Lei n.º 106-G/92 de 1 de Junho.

[283] Cf. os artigos 4.º e 25.º da Lei Orgânica do Ministério da Cultura, Decreto-Lei n.º 42/96 de 7 de Maio.

[284] Cf. o Decreto-Lei n.º 60/97 de 20 de Março.

[285] Cf. os artigos 2.º e 3.º.

[286] Cf. os artigos 31.º e 32.º.

[287] Cf. o Decreto-Lei n.º 372/98 de 23 de Novembro.

Direito Administrativo da Cultura

Na sequência do PRACE e da Lei Orgânica, decidiu-se extinguir, além do CPF, o próprio IAN/TT, criando-se, como serviço central da administração directa do Estado, a Direcção Geral de Arquivos, a DGARQ[288], que englobava as competências e atribuições daqueles organismos, à excepção das atribuições relativas ao apoio e à difusão da Fotografia que transitaram, como se referiu, para a Direcção Geral de Apoio às Artes, a DGARTES. Em conformidade, fixou-se, num primeiro momento, a natureza, a missão e as atribuições da DGARQ, bem como a estrutura orgânica[289], enquanto, num segundo momento, se definiram a estrutura nuclear dos serviços e as competências das respectivas unidades orgânicas[290].

4.6. O LIVRO E A BIBLIOTECA

4.6.1. Razão de ordem

Se há sector em que a actividade administrativa de natureza cultural mais cedo se autonomizou, foi, concerteza, o sector do Livro e da Biblioteca. Efectivamente, a Biblioteca Nacional acabou por ser uma das instituições culturais mais antigas do País, como se viu na parte dedicada à evolução histórica, assumindo quase sempre uma missão dinamizadora de um importante sector da política cultural.

Por vezes, se a Biblioteca comportava, tanto a promoção do livro e da leitura, como a protecção e a conservação da documentação e bibliografia à sua guarda, noutros momentos, decidia-se autonomizar a política do livro, instituindo um organismo próprio, o Instituto do Livro e da Leitura. Ora, embora tenham sido estas as vicissitudes orgânicas e estruturais que marcaram este sector da Cultura, cumpre não olvidar outras importantes reformas do sector, como seja, o regime do preço do livro, a lei da cópia privada ou o programa de leitura pública.

---

[288] Cf. a alínea g) do artigo 4.º e o artigo 17.º do Decreto-Lei n.º 215/2006.
[289] Cf. o Decreto-Lei n.º 93/2007 de 29 de Março
[290] Cf. a Portaria n.º 372/2007 de 30 de Março.

4.6.2. A Biblioteca

Sem recuarmos às origens da biblioteca, diremos que após a vigência da Comissão de Gestão e de Reestruturação da Biblioteca Nacional, BN, instituída em 1978, na sequência de diversas determinações legais[291], procurou-se fixar determinadas prescrições normativas que permitissem à BN assegurar o tratamento e a conservação do património bibliográfico e documental que se encontrava à guarda da instituição[292]. Em conformidade, reconhecia-se à BN, personalidade jurídica, autonomia administrativa, financeira, científica e técnica, sem prejuízo de orientações, de natureza genérica, da respectiva tutela[293].

Subsequentemente, foi decidido fundir a BN com o Instituto Português do Livro e da Leitura, IPLB, que havia sido fundado em 1987, de modo a criar, em 1992, uma outra pessoa colectiva, o Instituto da Biblioteca Nacional e do Livro, IBL[294], que subsistiu até 1996. O propósito daquele instituto era o de potenciar a convergência e a complementaridade, em termos de atribuições, de objectivos e, correlativamente, a nível de encargos de funcionamento, pelo que, nos termos das respectivas atribuições, devia assegurar, o tratamento e conservação do património documental português; definir, coordenar e executar uma política integrada do livro não escolar e da leitura pública[295]. Para cumprir tais missões, além da estrutura directiva, destaca-se o elenco de serviços do IBL, onde era patente a complementaridade funcional, destacando-se, por isso, a Direcção de Coordenação, a Biblioteconómica, a Direcção de Base Nacional de Dados Bibliográficos (PORBASE), a Direcção do Livro, a Direcção de Leitura Pública, a Direcção de Administração Geral, a Divisão de Investigação ou de Actividades Culturais[296]. A par dos dispositivos institucionais, a política nacional do livro abria-se aos apoios e, sobretudo, promovia a instalação de uma rede nacional de bibliotecas municipais[297].

Todavia, a experiência de agregação das atribuições e competências entre a anterior Biblioteca Nacional e o Instituto Português do Livro e da

---

[291] Cf., designadamente o Decreto-Lei n.° 159/78 de 4 de Julho.

[292] Cf. o Decreto-Lei n.° 332/80 de 28 de Agosto.

[293] Cf. os artigos 1.° e 2.° do Decreto-Lei n.° 332/80 de 29 de Agosto.

[294] Cf. Cf. o Decreto-Lei n.° 106-E/92 de 1 de Junho.

[295] Cf. o artigo 2.°.

[296] Cf. os artigos 8.° e seguintes.

[297] Cf. o Programa do XI Governo Constitucional.

Leitura durou pouco tempo. Efectivamente, uma Lei Orgânica posterior do Ministério extinguiu o Instituto da Biblioteca Nacional e do Livro[298] e criou, na tutela do Ministério da Cultura, duas pessoas colectivas de Direito público, a Biblioteca Nacional e o Instituto Português do Livro e das Bibliotecas[299]. Subsequentemente, outro diploma confirmou a BN como pessoa colectiva de Direito público, dotada de autonomia administrativa, técnica e científica[300], prescrevendo-lhe importantes atribuições, designadamente as seguintes: promover o cumprimento da lei de depósito legal; receber, adquirir, tratar e conservar a documentação considerada de interesse para a língua, a cultura e o conhecimento científico do País; funcionar como agência bibliográfica nacional; coordenar, manter e actualizar o catálogo colectivo nacional (PORBASE); definir estratégias de preservação e conservação do acervo à sua guarda, sem descurar a transferência de suportes e a sua difusão; exercer, em representação do Estado, o direito de preferência, na alienação de bens bibliográficos de inegável valor cultural[301]. Porém, a estrita necessidade de a Biblioteca se adequar aos desígnios da sociedade de informação, enfatizada no preâmbulo daquele diploma legal, não encontrava correspondência nem nas atribuições legais, nem na estrutura orgânica da BN.

Decorrida uma década, na sequência das determinações do PRACE e da nova Lei Orgânica, decidiu-se não só que a BN deixava de assumir a natureza de instituto público, integrando a administração directa do Estado, como também usaria uma nova designação, a Biblioteca Nacional de Portugal, BNP, e, ainda, que tal Biblioteca sucederia nas atribuições do IPPAR, no que respeitava ao acervo bibliográfico, depositado na Biblioteca da Ajuda[302]. Assim, a BNP, como serviço da administração directa do Estado, possuía, somente, autonomia administrativa, era dirigida por um Director-Geral, coadjuvado por um Subdirector-Geral, e obedecia ao modelo de organização interna de estrutura hierarquizada[303]. Depois de se definirem as atribuições e o tipo de organização interna da BNP, outro diploma legal[304] determinou a estrutura nuclear dos serviços e competências das

---

[298] Cf. o artigo 4.º do Decreto-Lei n.º 42/96 de 7 de Maio.

[299] Cf. os artigos 2.º, 23.º e 24.º.

[300] Cf. o artigo 1.º do Decreto-Lei n.º 89/97 de 19 de Abril.

[301] Cf. o artigo 2.º.

[302] Cf. os artigos 1.º e 10.º do Decreto-Lei n.º 90/2007 de 29 de Março.

[303] Cf. os artigos 3.º, 4.º e 5.º.

[304] Cf. a Portaria n.º 369/2007 de 30 de Março.

330 José Luís Bonifácio Ramos

respectivas unidades orgânicas nucleares, a Direcção de Serviços Bibliográficos Nacionais, a Direcção de Serviços de Colecções e Acesso, a Direcção de Serviços de Sistemas de Informação.

4.6.3. O Livro

O Instituto do Livro, então com a designação de Instituto Português do Livro, IPL, foi criado em 1980[305], com o objectivo de promover a defesa e expansão do livro escrito em português. Sete anos volvidos, assumindo a necessidade de considerar um conjunto de actividades convergentes e complementares, como a criação intelectual, a distribuição e venda do livro, e, sobretudo, a necessidade de promover uma política integrada do livro não escolar e da leitura pública, instituiu-se um novo organismo, o Instituto Português do Livro e da Leitura, IPLL, organismo dotado de autonomia administrativa e de personalidade jurídica[306]. No elenco dos respectivos orgãos e serviços (Presidente, Conselho Consultivo, Comissão Técnica, Conselho Administrativo, Direcção de Serviços de Projecto, Divisão de Apoio à Criação e Edição, a Direcção de Difusão), destacava-se a Divisão de Serviços de Leitura Pública, cujas competências abrangiam a execução de medidas de política de leitura pública, o planeamento de medidas de intervenção para apoio a bibliotecas a nível local ou regional, a promoção de programas de formação do pessoal das bibliotecas integradas na rede de leitura pública[307].

Como se viu atrás, a propósito da Biblioteca Nacional, foi decidido fundir a própria BN com o Instituto Português do Livro e da Leitura, de modo a criar uma outra pessoa colectiva, o Instituto da Biblioteca Nacional e do Livro, IBL[308], como o propósito potenciar a convergência e a complementaridade daqueles dois organismos, em sede das respectivas atribuições e objectivos. Todavia, cinco anos volvidos, verificou-se um movimento de sentido inverso, da consequente autonomização, a par da BN, do Instituto do Livro, então designado Instituto Português do Livro e

---

[305] Cf. a alínea h) do artigo 3.º e o artigo 11.º do Decreto-Lei n.º 59/80 de 3 de Abril e o Decreto-Regulamentar n.º 17/80 de 23 de Maio.

[306] Cf. o Decreto-Lei n.º 71/87 de 11 de Fevereiro.

[307] Cf. o artigo 17.º.

[308] Cf. o Decreto-Lei n.º 106-E/92 de 1 de Junho.

das Bibliotecas, IPLB[309]. Tal autonomização buscava fundamento, além da separação da BN, na constatação de que a anterior fusão tinha subvalorizado as medidas de actuação no sector do livro, na necessidade de assegurar uma política integrada em todos os domínios do circuito do livro, de modo a estimular a criação, literária e a intervir na edição, comercialização e promoção do livro e da leitura. Naquela conformidade, destacaram-se, como atribuições mais importantes do IPLB, além do desenvolvimento de uma política do livro; o planeamento e instalação de uma rede de bibliotecas públicas, enquanto locais interactivos de informação, de modo a assegurar a efectiva igualdade de oportunidades; e o apoio à criação de bibliotecas públicas a nível local e a nível regional bem como das existentes, de modo a torná-las acessíveis às tecnologias de informação e de comunicação[310].

Na sequência das determinações do PRACE e da Lei Orgânica, o sector do livro passou a integrar a administração directa do Estado, assumindo a natureza de serviço central administrativo, designado Direcção Geral do Livro e da Leitura, DGLB[311]. Todavia, a DGLB prosseguiu, de um modo geral, as atribuições anteriormente conferidas ao IPLB, no que respeitava à promoção de uma política nacional de bibliotecas públicas. Cumpre referir ainda que a DGLB sucede não apenas nas atribuições do IPLB mas também nas atribuições do IAN/TT, no que respeita à Biblioteca Pública de Évora[312]. Além disso, ao integrar a administração directa do Estado, a DGLB obedece ao modelo de estrutura hierarquizada, sendo dirigida por um Director, coadjuvado por um Subdirector. À semelhança de outros organismos culturais, designadamente da BNP, também aqui um outro diploma legal[313] determina o elenco das respectivas unidades orgânicas nucleares, a Direcção de Serviços do Livro e a Direcção de Serviços das Bibliotecas[314].

---

[309] Cf. o Decreto-Lei n.º 90/97 de 18 de Abril.
[310] Cf. o artigo 2.º.
[311] Cf. o Decreto-Lei n.º 92/2007 de 29 de Março.
[312] Cf. o artigo 10.º.
[313] Cf. a Portaria n.º 371/2007 de 30 de Março.
[314] Cf. o artigo 1.º.

332 José Luís Bonifácio Ramos

4.7. O PATRIMÓNIO

4.7.1. Razão de ordem

O património como pilar essencial da memória colectiva, da história e da identidade nacional tem assumido uma linha de primazia em diversas políticas de índole cultural. Porém, se existe sector onde são visíveis as diferentes orientações em sede de política cultural, ele tem sido, inegavelmente, o do património. Assim, enquanto os programas de Governo apoiado pelo Partido Social Democrata acentuaram a necessidade de salvaguarda do património cultural como valor cultural cimeiro da identidade nacional, procurando implementar a inventariação e a divulgação do património, a visibilidade daquele sector diminuiu nos Programas de Governo apoiados pelo Partido Socialista, promovendo-se, de outra sorte, reformulações de índole institucional. Tais reformulações nem se afiguraram sempre, aliás, de cariz uniforme ou coerente. Efectivamente, se num determinado momento histórico se autonomizou o organismo responsável pela arqueologia do sector do patrimonio edificado, noutro momento. foi um Governo, de idêntica orientação política, que decidiu suprimir tal autonomização institucional.

4.7.2. O Património Cultural

Com a reestruturação, em 1980, da Secretaria de Estado da Cultura e dos organismos dela dependentes, o Instituto Português do Património Cultural, o IPPC, passou a gozar de autonomia administrativa e financeira[315]. Além disso, compulsando as respectivas atribuições e competências, destacavam-se, de entre elas, as seguintes: planear e promover o cadastro, inventariação, classificação, recuperação, conservação, protecção e salvaguarda dos bens móveis e imóveis que, pelo seu valor histórico, artístico, arqueológico, bibliográfico e documental, etnográfico ou paisagístico, constituam elementos do património cultural; definir as directrizes para defesa, conservação e enriquecimento do património histórico, arqueológico e paisagístico, bibliográfico e documental; assegurar, em colaboração

---

[315] Cf. a alínea f) do artigo 3.º e o artigo 9.º do Decreto-Lei n.º 59/80 de 3 de Abril e o artigo 1.º do Decreto Regulamentar n.º 34/80 de 2 de Agosto.

com a Direcção Geral dos Edifícios e Monumentos Nacionais, DGEMN, a coordenação da acção estadual em matéria de obras de restauro e recuperação do património cultural imóvel e elaborar programas e projectos estabelecendo prioridades de intervenção[316]. Cumpre referir, a propósito da DGEMN, que o diploma que fixava as atribuições daquela Direcção Geral, dependente do Ministério da Habitação e Obras Públicas, estipulava que cabia à DGEMN intervir em imóveis classificados, em estreita colaboração com o IPPC, sem prejuízo de outros tipos de colaboração, quando suscitada por outro instituto público, na área das respectivas competências[317].

No que respeita à estrutura orgânica do IPPC, destacava-se o Conselho Nacional do Património Cultural, o Presidente, o Vice-Presidente, o Conselho Geral, o Conselho Administrativo, o Conselho Consultivo[318]. Quanto ao elenco de serviços dependentes, o Departamento de Arqueologia, o Departamento de Artes Plásticas, o Departamento de Defesa, Conservação e Restauro do Património Cultural, o Departamento de Bibliotecas, Arquivos e Documentação, o Departamento de Etnologia, Departamento de Inventário Geral do Património Cultural, o Departamento dos Museus, Palácios e Fundações, o Departamento de Musicologia e o Departamento do Património Arquitectónico[319].

Subsequentemente, procederam-se a significativas alterações no modelo centralizador de que a orgânica do IPPC era paradigma. Assim, num primeiro momento, autonomizou-se o sector do Livro e da Leitura, com a consequente criação do Instituto do Português do Livro e da Leitura; depois, o dos Arquivos, ao se instituir o Instituto dos Arquivos. Por isso, foi necessário reformular, em conformidade, as atribuições e competências e, sobretudo, a estrutura orgânica do IPPC[320]. Aliás, para além das correspondentes restrições sectoriais, cabe referir algumas inovações, nomeadamente a referência ao património imaterial e a inserção de medidas coactivas relativas a obras e trabalhos, licenciados ou efectuados em desconformidade com a legislação aplicável ao património cultural. Procedeu-se ainda à reestruturação de determinados departamentos, *v.g.* o

---

[316] Cf. o artigo 2.º do Decreto Regulamentar n.º 34/80 de 2 de Agosto.

[317] Cf. o artigo 2.º do Decreto-Lei n.º 204/80 de 28 de Junho.

[318] Cf. o n.º 1 do artigo 5.º.

[319] Cf. o n.º2 do artigo 5.º.

[320] Cf. o Decreto-Lei n.º 216/90 de 3 de Junho.

Departamento de Museus, Património Móvel e Imaterial. Concretizou-se ainda o propósito anunciado no diploma de introduzir uma descentralização flexível nos serviços, de modo a facilitar a articulação com outros departamentos da Administração Central, como o ambiente e o ordenamento do território[321]. Cumpre sublinhar, no entanto, que, apesar da modificação do modelo concentrado, com a autonomização dos institutos supra-referidos, ainda se enquadra no âmbito do quadro legal de despesas do IPPC a execução de obras a realizar nas instalações dos serviços próprios ou dependentes do Instituto Português de Arquivos[322]. Algo de semelhante sucedia com as Academias de Ciências, de História, de Belas Artes e Internacional de Cultura Portuguesa, que, apesar de se afirmarem como instituições autónomas, regendo-se por regulamentos próprios, o IPPC devia prestar-lhes o necessário apoio técnico e administrativo[323].

Posteriormente, o modelo concentrado do IPPC sofreu um rude e definitivo embate com a autonomização, em 1991, do organismo respeitante aos museus, o Instituto Português de Museus, IPM[324], e a correlativa extinção de serviços no IPPC[325]. Por isso, a autonomização do sector dos museus teve como consequência a aprovação de um diploma legal que fizesse corresponder o acervo de competências e de atribuições do IPPC àquela autonomização, bem como às anteriores que ainda não tinham obtido correspôndência no regime jurídico vigente. Assim, de modo a adequar tal correspondência, instituiu-se um organismo, com outra designação, o Instituto Português do Património Arquitectónico, IPPAR[326], pessoa colectiva de Direito público, com autonomia administrativa, cujas atribuições e competências se limitavam aos bens que integram o património cultural arquitectónico e o património arqueológico[327]. Tais atribuições e competências, nomeadamente, o inventário, a classificação e a desclassificação de bens culturais imóveis ou de bens culturais móveis arqueológicos, e a salvaguarda e valorização dos bens classificados, dos sítios e estações arqueológicas, deviam ser desenvolvidas pelos órgãos e serviços do

---

[321] Cf. os artigos 2.º e 4.º.

[322] Cf. o artigo 29.º.

[323] Cf. o artigo 26.º.

[324] Cf. o Decreto-Lei n.º 278/91 de 9 de Agosto.

[325] Nos termos do artigo 17.º do Decreto-Lei n.º 278/91, são extintos o Departamento de Museus, Património Móvel e Imaterial e as divisões que o compõem do IPPC.

[326] Cf. o Decreto-Lei n.º 106-F/92 de 1 de Junho.

[327] Cf. o n.º 1 do artigo 2.º

Direito Administrativo da Cultura

IPPAR, em cuja estrutura se destacava, além da Direcção, do Conselho Administrativo e do Conselho Consultivo, o Departamento de Projectos e Obras, o Departamento de Arqueologia, o Departamento de Divulgação e de Valorização, a Galeria de Pintura do Rei D. Luís e as Direcções Regionais do Porto, Coimbra, Lisboa, Évora e Faro[328].

No que respeitava à autonomia financeira, ela foi conferida ao IPPAR de modo a gerir os projectos do PIDDAC, co-financiados pelo orçamento da União Europeia, correspondendo tais verbas a dois terços das despesas totais[329]. Por outro lado, tendo em conta a competência partilhada do IPPAR e da DGEMN, compreende-se que aquela Direcção Geral, estivesse dispensada de obter o parecer prévio do IPPAR relativamente a trabalhos de construção, demolição, conservação, remodelação, restauro, reutilização, criação ou transformação de zonas verdes que entendesse realizar em imóveis classificados[330]. Aliás, além da competência própria da DGEMN, no domínio da salvaguarda e valorização do património arquitectónico, cabia-lhe colaborar com o IPPAR, se este o solicitasse, na execução de obras de valorização, recuperação ou conservação dos imóveis afectos àquele Instituto.

Subsequentemente, porque havia que clarificar, perante a autonomização do Instituto dos Museus, a quem cabia a competência sobre o património cultural móvel, sobre o património cultural imobilizado, *v.g.* painéis de azulejos e outros revestimentos azulejares, os vitrais, as pinturas murais, os altares, ou sobre o património cultural móvel integrado num conjunto arquitectónico, como cadeirais ou instrumentos musicais; e, por outro lado, porque havia que dotar o IPPAR de estruturas vocacionadas para a recuperação dao património cultural; criou-se, no seio do Instituto, a Divisão de Defesa, Conservação e Restauro, extinguindo-se, correlativamente, a Divisão de Pintura Mural e a Divisão de Vitrais, que existiam no seio do Instituto José de Figueiredo[331]. Por outro lado, com a publicação do regime jurídico relativo ao património cultural subaquático[332], passou a competir ao IPPAR[333] o apoio administrativo da Comissão de Património Cultural Subaquático, apesar de não possuir, qualquer estrutura orgâ-

---

[328] Cf. os artigos 5.º e seguintes.
[329] Cf. o artigo 27.º.
[330] Cf. o artigo 28.º
[331] Cf. o Decreto-Lei n.º 316/94 de 24 de Dezembro.
[332] Cf. o Decreto-Lei n.º 289/93 de 21 de Agosto.
[333] Cf. o n.º 5 do artigo 12.º do Decreto-Lei n.º 316/94.

336 José Luís Bonifácio Ramos

nica especializada que pudesse dar resposta às solicitações de natureza técnica e científica que a arqueologia subaquática exigia, o Decreto-Lei, supra-citado, cria, ainda, uma Divisão de Arqueologia Subaquática, a funcionar no âmbito do Instituto.

Mais tarde, porque as questões da arqueologia, tanto subaquática como terrestre, ganharam especial relevo, procedeu-se à autonomização do organismo responsável pela política arqueológica com a criação do Instituto Português de Arqueologia, o IPA, foi necessário restringir, uma vez mais, as competências e atribuições do IPPAR. Assim, de um modelo concentrado, onde cabia um vastíssimo acervo de competências sobre diversas áreas da Cultura, desde o livro, à biblioteca, ao arquivo, ao museu e aos bens arqueológicos, evoluiu-se para um modelo restritivo, exclusivamente limitado ao património arquitectónico. Por isso, por se considerar necessário adequar, uma vez mais, as atribuições e competências daquele instituto, aprovou-se um outro regime jurídico que orientava a missão do IPPAR para a salvaguarda e valorização de bens materiais imóveis que integrassem o património arquitectónico português[334]. Contudo, porque nem sempre se afigurava fácil separar as atribuições e competências entre o património arquitectónico e o património arqueológico, foi decidido que o IPPAR manteria as competências administrativas relativas à classificação, desclassificação, estabelecimento de áreas de protecção e respectiva salvaguarda de imóveis arqueológicos, em colaboração estreita com o próprio IPA. Por outro lado, perante o acréscimo de solicitações no domínio da inventariação e de tratamento do património edificado e do vastíssimo espólio documental que possuía, foi necessário dotar a DGEMN de outros meios, de acordo com o Decreto-Regulamentar n.º 24/99 de 27 de Outubro.

Todavia, as orientações do PRACE, ao procurar ganhos de eficiência através da simplificação e modernização administrativa, determinaram não só a fusão do IPPAR e do IPA, mas também a incorporação, no novo instituto, o IGESPAR, de parte das atribuições da DGEMN, também ela extinta[335]. Assim, o modelo restritivo evoluiu para algo bem distinto dele, permitindo a reunião das competências sobre o património cultural imóvel num único Instituto, em detrimento da anterior repartição de competências por dois ministérios, o da Cultura e o das Obras Públicas. Daí que tenha

---

[334] Cf. o Decreto-Lei n.º 120/97 de 16 de Maio.
[335] Cf. a alínea iv) da secção b) do ponto 25 da Resolução do Conselho de Ministros n.º 39/2006 de 21 de Abril.

Direito Administrativo da Cultura

sido necessário aprovar outro diploma legal[336] que contemplasse as determinações do PRACE e da própria Lei Orgânica do Ministério da Cultura. Tal diploma determinava que o IGESPAR era um instituto público dotado de autonomia administrativa e de património próprio que prosseguia as atribuições do Ministério da Cultura, no âmbito do património cultural arquitectónico e arqueológico[337]. Por isso, assumindo a fusão e a incorporação, anteriormente mencionadas, compreendia-se que se encontrassem, entre as atribuições do IGESPAR, as cominações que a seguir se sublinham: a propositura de classificação e inventariação de bens de interesse nacional e de interesse público de relevância arquitectónica e arqueológica; a elaboração de planos, programas e projectos para a execução de obras e intervenções de conservação, recuperação, restauro, reabilitação e valorização de imóveis classificados ou em vias de classificação[338].

No que respeitava à estrutura interna, o IGESPAR, dirigido por um Director, coadjuvado por dois Subdirectores, e a respectiva organização interna era constituída por Serviços Centrais (o Departamento de Salvaguarda, o Departamento de Inventário, Estudos e Divulgação, o Departamento de Projectos e Obras, o Departamento Jurídico de Contencioso e o Departamento de Gestão) e Serviços Dependentes (Convento de Cristo, Mosteiro de Alcobaça, Mosteiro dos Jerónimos e Torre de Belém, Mosteiro da Batalha, Panteão Nacional, Parque Arqueológico do Vale do Côa)[339]. A tal propósito, cumpria sublinhar que os Serviços Dependentes, serviços desconcentrados da administração central, dotados de autonomia administrativa, deviam recolher, investigar, valorizar e colocar à fruição pública bens culturais que assumiam relevância particular para a afirmação da identidade colectiva. Por isso, de modo a efectivar tais propósitos, obrigava-se a cumprir o plano e orçamento aprovados pelo IGESPAR, a apresentar o respectivo relatório de actividades, a organizar a conta de gerência e a propor a celebração de protocolos com outras entidades, nacionais ou estrangeiras, desde que os respectivos custos fossem integralmente suportados por tais Serviços[340].

---

[336] Cf. o Decreto-Lei n.º 96/2007 de 29 de Março.

[337] Cf. o artigo 1.º.

[338] Cf. o artigo 3.º.

[339] Cf. O artigo 1.º dos Estatutos do IGESPAR, publicados em anexo à Portaria n.º 376/2007 de 30 de Março.

[340] Cf. o artigo 6.º do Decreto-Lei n.º 96/2007 de 29 de Março.

4.7.3. O Património Arqueológico

Assumindo a crescente importância da Arqueologia, como ramo científico, constatando a necessidade de o poder público salvaguardar, de modo mais adequado, o património arqueológico e a actividade de pesquisa e de exploração arqueológica, tendo em conta a especial importância da abertura, em 1996, do Parque Arqueológico do Vale do Côa, bem como a apresentação do Relatório Técnico e Científico sobre o Valor Cultural e Patrimonial das Gravuras do Vale do Côa[341], entendeu-se que um enquadramento da política de prevenção, de salvamento, de investigação e de apoio à gestão do património arqueológico, móvel e imóvel, impunha a criação de um organismo especialmente vocacionado para promover tal política de interesse público.

Assim, criou-se o Instituto Português de Arqueologia[342] que pretendia suceder ao IPPAR no quadro das competências e atribuições relativas à arqueologia e ao património arqueológico[343]. Nesta medida, incumbia ao IPA assegurar o desenvolvimento das medidas de política arqueológica e o cumprimento das obrigações do Estado no domínio da arqueologia, no território nacional e nos espaços marítimos, promover a institucionalização da arqueologia através de uma política de contratualização com outras pessoas colectivas públicas e privadas[344]. Do elenco de competências, ressaltava a autorização, a fiscalização técnica, o acompanhamento e suspensão de trabalhos arqueológicos; a instrução de processos de contraordenação previstos na lei; a avaliação de bens arqueológicos, achados ou recolhidos, sempre que a lei o determine; promoção de uma rede nacional de depósito de espólios de trabalhos arqueológicos[345]. Além das competências próprias do Director, do Conselho Administrativo e do Conselho Consultivo, registe-se, como serviços do IPA, a Divisão de Inventário, o Centro Nacional de Arqueologia Náutica e Subaquática, o Centro de Arte Rupestre e o Parque Arqueológico do Vale do Coa[346]. Ora, a autonomiza-

---

[341] O Relatório, elaborado nos termos da Resolução do Conselho de Ministros n.º 4/96 de 17 de Janeiro, foi apresentado, publicamente, em Setembro de 1996, e publicado em Março de 1997.

[342] Cf. o Decreto-Lei n.º 117/97 de 14 de Maio.

[343] Cf. o artigo 26.º.

[344] Cf. o artigo 2.º.

[345] Cf. o artigo 3.º.

[346] Cf. os artigos 5 .º e seguintes.

Direito Administrativo da Cultura

ção daqueles serviços revelava directa implicação em reformulações legislativas, tendo em conta o propósito de proteger sectores da arqueologia que apresentavam especial vulnerabilidade.

Tal era o caso da arqueologia subaquática, pelo que o regime jurídico respectivo, datado daquele mesmo ano[347], não só mencionava a recente criação do IPA, como lhe cometia diversas atribuições e competências, *v.g.* a emissão de licenças para trabalhos arqueológicos subaquáticos, a emissão de auto de achado fortuito, a avaliação do valor do achado subaquático, a instrução dos processos de contra-ordenações[348]. Algo de semelhante sucedeu com o Regulamento de Trabalhos Arqueológicos ma propósito da realização de trabalhos arqueológicos de emergência, à segurança e fiscalização, à suspensão e cancelamento de autorizações de escavação, à publicação de resultados, ao depósito do espólio arqueológico[349].

Todavia, o PRACE e a Lei Orgânica vieram determinar a extinção do IPA[350], tendo o IGESPAR assumido as respectivas competências e atribuições[351]. Além disso, os Departamentos do IGESPAR apresentaram, de entre as respectivas competências, determinações no sentido de abarcar a protecção do património arqueológico[352].

4.8. OS MUSEUS E O RESTAURO

4.8.1. Razão de ordem

Constituindo os museus os operadores por excelência da conservação e exposição de bens culturais, com base em narrativas do presente, para a modelação de um determinado passado e para a evocação de uma Memória, a institucionalização de organismos que coordenam tais operadores

---

[347] Cf. o Decreto-Lei n.º 164/97 de 27 de Junho.

[348] Cf. os artigos 14.º, 15.º e 16.º.

[349] O Regulamento de Trabalhos Arqueológicos foi aprovado pelo Decreto-Lei n.º 270/99 de 15 de Julho.

[350] Cf. a alínea g do parágrafo 25 da Resolução n.º 39/2006 e o artigo 26.º do Decreto-Lei n.º 201/2006 de 27 de Outubro.,

[351] Cf. os artigos 1.º e 3.º do Decreto-Lei n.º 96/2007 de 29 de Março.

[352] Cf. o artigo 2.º dos Estatutos do IGESPAR, publicados em anexo à Portaria n.º 376/2007 de 30 de Março.

340 José Luís Bonifácio Ramos

deve significar a materialização dessa vontade. Se a modernidade e, depois, a contemporaneidade trouxeram sensíveis modificações na perspectiva em que se entende o espaço museológico, se a política cultural sofreu naturais modificações, cumpre sublinhar que as respectivas reformulações orgânicas de entidades responsáveis nem sempre reflectiram tais directrizes, procurando, antes, fazer face a constrangimentos de natureza orçamental e estritamente financeira.

Além de subsistirem zonas de justaposição de competências entre o Instituto dos Museus e o IPPAR, no que respeitava à realização de obras de recuperação, cumpre referir o sector do restauro, que mereceu sucessivas e contraditórias orientações, desde a respectiva autonomização num instituto público próprio até à integração daquele sector no organismo responsável pela museologia.

4.8.2. O Instituto dos Museus

Partindo do pressuposto de que os museus constituem uma realidade distinta do património arquitectónico e arqueológico, decidiu-se criar o Instituto Português de Museus, IPM, dotado de autonomia administrativa, com o objectivo de coordenar e executar uma política museológica integrada[353]. Tal criação implicou a extinção do Departamento de Museus, do Património Móvel e Imaterial e das respectivas divisões, bem como a Divisão de Fotografia, que pertenciam ao Instituto Português do Património Cultural, e, além disso, a transferência do pessoal do quadro dos serviços centrais do antigo IPPC para o IPM. Acresce que o Instituto José de Figueiredo e a Escola de Conservação e Restauro passaram a depender do Instituto Português de Museus[354].

De entre as atribuições e competências do IPM, cumpre destacar a superintendência e coordenação dos museus do Estado; a fiscalização do cumprimento das normas que asseguram, relativamente a bens de inegável valor cultural, a respectiva conservação, segurança e restauro; exercício, em nome do Estado, do direito de preferência na alienação de bens móveis de inegável valor cultural; assegurar o registo e dar parecer sobre a exportação temporária ou definitiva de obras de arte de autores nacionais e pro-

---

[353] Cf. o Decreto-Lei n.º 278/91 de 9 de Agosto.
[354] Cf. o artigo 15.º.

mover a inventariação de bens museológicos. No que respeitava à competência funcional do IPM, cabia à Direcção, um Director e um Subdirector, a exercer funções em regime de delegação ou de subdelegação, integrar o Conselho Administrativo e o Conselho Consultivo de Museus, superintender nos serviços do instituto e orientar a respectiva actividade, autorizar a realização de despesas e o seu pagamento, submeter a despacho da tutela os assuntos que excedessem a sua competência.

Apesar de aquele diploma ser recente, a mudança operada no Governo em 1995, implicou a aprovação de novos diplomas legais aplicáveis a todos as entidades directa ou indirectamente dependentes ou tuteladas pelo Ministério da Cultura. Neste caso, havia que reconhecer, no entanto, que o novo regime jurídico do IPM[355] manteve, no essencial, a estrutura orgânica vigente. Além disso, incluía, na estrutura, outros serviços dependentes, designadamente a Casa-Museu Manuel Mendes, a Casa-Museu Fernando de Castro e a Casa-Museu Almeida Moreira[356]; fazia expressa referência à futura criação da Rede Portuguesa de Museus, constituída pelos museus dependentes do IPM ou pertencentes ao Estado, a autarquias ou a outras pessoas colectivas públicas ou privadas[357]; e criou o Museu de Arte Popular que integrava as colecções do núcleo de arte popular do Museu Nacional de Etnologia[358].

A posterior desanexação do Instituto José de Figueiredo do elenco de serviços dependentes do IPM, com subsequente constituição do Instituto Português da Conservação e Restauro, o IPCR, implicou a aprovação, no curtíssimo período de dois anos, de um novo diploma legal[359], que não só determinava que o IPCR sucedia ao Instituto José de Figueiredo, como prescrevia a transferência do Museu Nacional da Ciência e da Técnica para o Ministério da Ciência e da Tecnologia[360].

Também nesta área, a aprovação do PRACE trouxe consequências ao nível da estrutura do organismo que tutelava os museus públicos, com a determinação de ulterior criação do Instituto dos Museus e da Conservação, que integrava as atribuições do Instituto Português de Museus e do

---

[355] Cf. o Decreto-Lei n.º 161/97 de 26 de Junho.
[356] Cf. o artigo 5.º.
[357] Cf. o artigo 4.º.
[358] Cf. o artigo 28.º.
[359] Cf. o Decreto-Lei n.º 389/99 de 13 de Outubro.
[360] Cf. o artigo 30.º.

Instituto de Conservação e Restauro. Em sequência, instituiu-se o Instituto dos Museus e da Conservação[361], IMC IP, integrado na administração indirecta do Estado, dotado de autonomia administrativa, de património próprio, sucedendo nas atribuições do IPM, do IPCR, e, ainda, na Estrutura de Missão da Rede Portuguesa de Museus[362]. Além disso, registou-se a transferência para o IMC dos Palácios Nacionais, serviços então dependentes do IPPAR (o Palácio Nacional da Ajuda, o Palácio Nacional de Mafra, o Palácio Nacional de Queluz, o Palácio Nacional da Pena, o Palácio Nacional de Sintra, o Paço dos Duques)[363] porque se pretendia concentrar numa única instituição, as estruturas museológicas afectas ao Ministério da Cultura. Subsequentemente, a Portaria n.º 377/2007 de 30 de Março aprovou os Estatutos do Instituto dos Museus e da Conservação, determinando que a estrutura dos serviços centrais era constituída por Departamentos, Divisões (Departamento de Museus, Departamento de Património Móvel, Departamento de Património Imaterial, Departamento de Conservação e Restauro, Laboratório de Conservação e Restauro José de Figueiredo, Divisão de Documentação e Divulgação, Divisão de Documentação Fotográfica) e por Serviços Dependentes (Museu Nacional de Arte Antiga, Museu de Aveiro, Museu do Chiado, Museu de Etnografia do Porto, Museu de Évora, Museu Grão Vasco, Museu de Lamego, Museu Monográfico e Ruínas Romanas de Conimbriga, Museu Nacional de Arqueologia, Museu Nacional do Azulejo, Museu Nacional dos Coches e o anexo de Vila Viçosa, Museu Nacional de Etnologia, Museu Nacional Machado de Castro, Museu Nacional Soares dos Reis, que tem como anexo a Casa-Museu Fernando de Castro, Museu Nacional do Teatro, Museu Nacional do Traje e da Moda, Palácio Nacional da Ajuda, Palácio Nacional de Mafra, Palácio Nacional da Pena, Palácio Nacional de Queluz, Palácio Nacional de Sintra, Casa-Museu Dr. Anastácio Gonçalves, Museu Abade de Baçal, Museu de Alberto Sampaio, Museu dos Biscainhos, Museu da Cerâmica, Museu D. Diogo de Sousa, Museu Dr. Joaquim Manso, Museu Francisco Tavares Proença Júnior, Museu da Guarda, Museu José Malhoa, Museu da Música, Museu da Terra de Miranda, Paço dos Duques).

---

[361] Cf. o Decreto-Lei n.º 97/2007 de 28 de Março.

[362] Cf. o n.º 1 do artigo 18.º.

[363] Cf. o n.º 2 do artigo 18.º.

4.8.3. O Restauro

Se a actividade de restauro, exercida por um organismo público, teve origem em 1980, quando o Estado decidiu assumir uma política de conservação e restauro, através da reestruturação do Instituto José de Figueiredo, que nascera de iniciativa particular, tornando-o dependente da Secretaria de Estado da Cultura, como organismo do Instituto do Património Cultural[364], cumpre reconhecer que só ocorreu uma verdadeira autonomização da actividade pública de conservação e restauro com a criação do Instituto Português de Conservação e Restauro, IPCR[365]. Todavia, havia sido a integração do Instituto José de Figueiredo no IPM, segundo o artigo 15.º do Decreto-Lei n.º 278/91 de 9 de Agosto, com a inerente saída do IPPC, que conferira outra importância e visibilidade à área do restauro.

A criação do IPCR foi motivada pela necessidade de dotar o organismo, que se dedicava à conservação e ao restauro de bens culturais, de novos e mais sofisticados meios técnicos e materiais, de modo a que pudesse dispensar um regular apoio científico e técnico a entidades públicas e privadas dedicadas à prática e ao ensino da conservação e restauro. Além disso, ao IPCR incumbia assegurar as responsabilidades do Estado no domínio da conservação e restauro dos bens culturais de eminente valor histórico, artístico, técnico e científico. Assim, constituíam atribuições do IPCR, designadamente, o estudo e positura de normas e de orientações técnicas a que deviam obedecer a conservação e o restauro do património cultural; a execução de trabalhos de conservação e restauro de bens culturais de reconhecido valor histórico, artístico, técnico, científico, que pudessem constituir referência da actividade de salvaguarda e conservação do património cultural; certificar a qualificação de entidades públicas ou privadas, colectivas ou individuais, que exercessem actividades de conservação e de restauro do património cultural móvel e integrado; promover a realização de estudos técnicos de peritagem e efectuar diagnósticos do estado de conservação do património cultural, sempre que requisitado ou por sua iniciativa, em casos de especial relevância que o justificassem. Acrescia a tais atribuições a especial incumbência de dever existir uma articulação técnica com os restantes serviços e institutos pertencentes ou

---

[364] Cf. o artigo 1.º do Decreto-Lei n.º 383/80 de 19 de Setembro.
[365] Cf. o Decreto-Lei n.º 242/99 de 29 de Agosto.

344 José Luís Bonifácio Ramos

tutelados pelo Ministério da Cultura, com competência orgânica na salvaguarda, conservação e restauro do património cultural. A tal propósito, o Decreto-Lei referia, com especial ênfase[366], a necessidade de haver um acordo, de periodicidade anual, assumido entre as direcções do IPCR e do IPM, no sentido de intervir na conservação e no restauro das colecções dos museus tutelados pelo IPM. Perante tais atribuições, compreende-se que na estrutura orgânica se encontre, além da Direcção e do Conselho Administrativo, um Conselho Científico, com competências para se pronunciar sobre estudos, projectos e acções no âmbito da salvaguarda, conservação e restauro do património cultural a serem desenvolvidos em articulação com o IPCR e que, além disso, existam diversos departamentos de natureza especializada, caso do Departamento de Estudos de Materiais, o Departamento de Conservação, a Divisão de Documentação e Divulgação e a Divisão de Fotografia e de Radiografia.

Todavia, também nesta área as orientações do PRACE pretendiam agregar os sectores da museologia e do restauro, com a criação do Instituto dos Museus e da Conservação, IMC IP, que procurava as atribuições dos dois anteriores institutos, que se extinguiam, designadamente o Instituto Português da Conservação e Restauro, além do póprio IPM. Nesta medida, constituíam atribuições do IMC, em articulação com outros serviços e organismos do Ministério, as intervenções de conservação e restauro em bens culturais móveis e integrados[367]. Além disso, deve salientar-se, na estrutura daquele novel instituto, a existência do Departamento de Conservação e de Restauro, bem como do Laboratório de Conservação e Restauro José de Figueiredo[368].

5. AS ACADEMIAS E AS FUNDAÇÕES

5.1. RAZÃO DE ORDEM

Entendemos reunir, num mesmo capítulo, as Academias e as Fundações, uma vez que encontramos um certo paralelismo, pois que, tanto num

---

[366] Cf. o artigo 24.º.

[367] Cf. o n.º 4 do artigo 3.º do Decreto-Lei n.º 97/2007.

[368] Cf. os artigos 1.º, 5.º e 6.º dos Estatutos do IMC IP, publicados em anexo à Portaria n.º 377/2007 de 30 de Março.

Direito Administrativo da Cultura

caso como no outro, as leis orgânicas do Ministério da Cultura eram muito parcas na regulamentação de tais entidades, remetendo o regime jurídico para a competente sede estatutária.

De qualquer modo, as leis orgânicas incluiram as academias no elenco das pessoas colectivas de Direito público, sujeitas a tutela do Ministério da Cultura, Por outro lado, apesar de as referências às fundações ainda serem menos evidentes, a lei orgânica vigente determina que o Ministério da Cultura exerce tutela sobre as fundações. Portanto, apesar da natureza jurídica ser diferente, a competente tutela ministerial atribui unidade a estas entidades. Daí a razão de as tratarmos, conjuntamente. Referiremos, por um lado, a Academia Portuguesa de História, a Academia Nacional de Belas Artes e a Academia Internacional de Cultura Portuguesa. Por outro, a Fundação de Serralves, a Fundação Arpad Szenes-Vieira da Silva, a Fundação Centro Cultural de Belém e a Fundação da Casa da Música, por causa de serem as entidades de acrescida importância na categoria das fundações tuteladas pelo Estado, bem sabendo, porém, que existem outras fundações de natureza jurídica semelhante.

5.2. As ACADEMIAS

As Academias da área da Cultura, buscam as suas origens, como muitas outras, nos alvores do iluminismo, quando o poder real decidiu instituir academias, reconhecendo a sua autonomia na busca do conhecimento e na afirmação do criticismo. Além disso, a Academia, como instituição moderna, tinha por fundamento princípios básicos da designada *República das Letras*, onde a fidelidade à verdade e a igualdade e reciprocidade entre os seus membros eram apanágio. Daí que as respectivas regras jurídicas proviessem de regulamentos internos e estatutos, vincando a autonomia face ao poder real, que, no entanto, as financiava e as protegia.

No caso português, isso foi paradigmático já que os Estatutos da Academia Real de História, que regulavam a eleição do Director, dos Censores e da Junta dos Censores, suas atribuições, funções do Livro de Registos, número de académicos e seus deveres, Conferências Públicas e Selo da Academia, foram aprovados pela instituição e, posteriormente, confirmados pelo Rei[369]. Além disso, os estatutos determinavam o encargo

---

[369] "*...entregou o Secretario de Estado ao da Academia um Decreto, por que sua*

346 José Luís Bonifácio Ramos

cometido aos académicos no sentido de escreverem a história eclesiástica, militar e civil do Reino, gozando de isenção de licenças e de censura, à excepção daquela que era exercida pelos seus censores privativos[370].

Como não pretendemos promover um estudo da evolução das diversas instituições culturais, designadamente das academias, indicaremos, apenas, determinados aspectos que consideramos decisivos para compreender tais instituições. Neste ?????, diremos que se a generalidade das Academias teve origem no século XVIII[371], a Academia Internacional da Cultura Portuguesa foi fundada, somente, em 1965[372]. Por outro lado, aquando da aprovação do novo regime do Instituto Português do Património Cultural, determinou-se que a Academia das Ciências de Lisboa, a Academia Portuguesa de História, a Academia Nacional de Belas Artes e a Academia Internacional de Cultura Portuguesa constituíam instituições tuteladas pelo membro responsável pela área da Cultura, competindo ao IPPC, o apoio de natureza técnica e administrativa[373]. Mais tarde, a Lei Orgânica do XII Governo Constitucional atribuiu a tutela da Academia das Ciências de Lisboa ao Ministério do Planeamento e da Administração do Território[374].

Magestade confirmava os Estatutos que já na Conferencia antecedente a Academia tinha approvado…" in Collecçam dos Documentos, Estatutos e Memorias da Academia Real de História Portugueza, Vol. de 1721, Lisboa, p. 6.

[370] *"… propuz esta duvida na Academia aos Senhores Censores, e da minha proposta, e de algumas duvidas mais, que moverão outros Académicos, resultou formar-se o Systema da Historia…".* Cf. LEAL, Manuel da Silva, *Memorias para a Historia Ecclesiastica do Bispado da Guarda*, Lisboa, 1729, p. 7.

[371] A Academia de História, sob a designação de *Academia Real da História Portugueza*, em 1720, a Academia das Ciências, sob a designação de *Academia Real das Sciencias de Lisboa*, em 1779, a Academia de Belas Artes, sob a designação de *Academia das Bellas Artes* em 1836, mas cujas origens remontam à Academia do Nú de Cirilio Volkmar Machado de 1780.

[372] Cf. o Decreto n.º 46180 de 6 de Fevereiro de 1965 que criou, por iniciativa dos Ministérios dos Negócios Estrangeiros e da Educação Nacional, a Academia Internacional da Cultura Portuguesa. De acordo com os respectivos estatutos e regulamento interno, a Academia havia sido incumbida de fomentar esforços tendentes à investigação, inventário e sistematização das tradições e dos padrões culturais portugueses no estrangeiro e à identificação e estudo das comunidades filiadas na cultura portuguesa radicadas fora de Portugal.

[373] Cf. o Decreto-Lei n.º 216/90 de 3 de Julho.

[374] Cf. o Decreto-Lei n.º 451/91 de 4 de Dezembro.

Recentemente, não só a anterior Lei Orgânica do Ministério da Cultura, determinava que as Academias eram estruturas tuteladas ministerialmente[375], como a Lei Orgânica vigente manteve idêntica orientação, prescrevendo que as competências do Governo responsável pela área da Cultura relativas à Academia Internacional de Cultura Portuguesa, à Academia Nacional de Belas Artes e à Academia Portuguesa de História, eram exercidas, de acordo com os respectivos estatutos[376].

5.3. AS FUNDAÇÕES

Quanto às fundações, o Estado tem sido instituidor, desde há muito, de fundações que, de algum modo, assumem natureza cultural. Todavia, tencionamos aludir a fundações onde o Estado, por intermédio do Ministério da Cultura tenha sido seu instituidor ou financiador, exercendo, assim, a respectiva tutela.

Em primeiro lugar, cabe mencionar a Fundação de Serralves, instituída em 1989[377], que teve por modelo a experiência consolidada dos centros de arte contemporânea europeus e a necessidade de promover o exercício de uma actividade cultural interdisciplinar. Assim, no propósito de promover actividades no domínio de todas as artes, assumindo o património da Quinta de Serralves, que representou a entrada patrimonial do Estado, a Fundação assumiu o propósito de criar um museu de arte moderna, de modo a albergar obras do acervo de arte moderna do património do Estado e obras de outras entidades cedidas em depósito[378]. Como orgãos da Fundação, destacavam-se o Conselho de Administração, composto por nove membros, um dos quais nomeado pelo Estado e o Conselho de Fundadores, cujos membros deviam integrar, maioritariamente, o Conselho de Administração[379]. Além disso, havia normas no sentido de se promover a renovação regular dos membros do Conselho de Administração, através de um sistema de rotatividade, que, no entanto, sofreram alteração em 2003[380].

---

[375] Cf. o n.º 3 do artigo 2.º e o artigo 30.º do Decreto-Lei n.º 42/96 de 7 de Maio.

[376] Cf. o artigo 24.º do Decreto-Lei n.º 215/2006 de 27 de Outubro.

[377] Cf. o Decreto-Lei n.º 240-A/89 de 27 de Julho, que instituiu a Fundação de Serralves e que aprovou os respectivos estatutos, publicados, em anexo ao diploma.

[378] Cf. os artigos 4.º e 5.º dos Estatutos.

[379] Cf. o artigo 10.º dos Estatutos.

[380] Cf. o Decreto-Lei n.º 129/2003 de 27 de Junho, que aprovou alterações aos Esta-

348 José Luís Bonifácio Ramos

Acentou-se, assim, a necessidade de estabilidade institucional, ao permitir que os membros do Conselho de Administração pudessem exercer, pelo menos, dois mandatos, bem como ao seu Presidente, a possibilidade de exercer dois mandatos consecutivos, independentemente do tempo por que tivesse exercido funções de vogal ou de Vice-Presidente[381].

Em segundo lugar, a Fundação Arpad Szenes-Vieira da Silva, instituída em 1990[382], no propósito de prestar tributo a Arpad Szènes e a Vieira da Silva, duas importantes figuras cuja actividade teve ligações significativas ao ambiente cultural português do século XX, foi decidido criar um museu, onde, para além de uma actividade regular de exibição da obra dos dois artistas, funcionasse um centro de estudos consagrado à divulgação e investigação da respectiva obra. A sede da Fundação e o museu funcionariam no edifício da antiga Fábrica de Tecidos de Seda, propriedade da Camara Municipal de Lisboa, que constituiria a participação municipal no património da nova entidade, ao passo que o Estado assegurava, anualmente, um subsídio destinado a despesas ordinárias de manutenção e de conservação do museu e do centro de documentação, enquanto as Fundações Caloute Gulbenkian, Luso-Americana e Cidade de Lisboa, contribuiam com participações financeiras[383]. Quanto à estrutura orgânica, destacava-se um Conselho de Administração, que podia ter uma Comissão Executiva, e um Conselho de Patronos, constituído por pessoas ou instituições, a quem o Conselho de Administração, por deliberação devidamente fundamentada, entendesse atribuir tal qualidade, tendo em conta a importância das liberalidades feitas à Fundação, os serviços a ela prestados ou a relevância da respectiva actuação[384].

Em terceiro lugar, a Fundação Centro Cultural de Belém, instituída em 1991[385], com o objectivo de promover a Cultura no domínio das artes, em geral, procurando gerir e rentabilizar o Centro Cultural de Belém, um equipamento cultural potenciador de criação artística e de acontecimentos

---

tutos da Fundação de Serralves, aprovados pelo Decreto-Lei n.º 240-A/89 de 27 de Julho, entretanto alterado pelos Decretos-Leis n.º 256/94 de 22 de Outubro e n.º 163/2001 de 22 de Maio.

[381] Cf. o artigo 11.º e seguintes dos Estatutos revistos.

[382] Cf. o Decreto-Lei n.º 149/90 de 10 de Maio, que instituiu a Fundação Arpad Szènes-Vieira da Silva e que aprovou os respectivos estatutos, publicados, em anexo ao diploma

[383] Cf. o artigo 5.º do Decreto-Lei e o artigo 3.º dos Estatutos.

[384] Cf. o artigo 11.º dos Estatutos.

Direito Administrativo da Cultura

sócio-culturais de repercussão nacional e internacional. Assim, a entrada do Estado para o património inicial da Fundação era constituído pela cedência, em direito de superfície perpétuo e gratuito, dos terrenos afectos à construção dos módulos n.º 4 e n.º 5 do Centro Cultural de Belém, bem como dos módulos n.º 1, 2 e 3 e terrenos que constituíam as suas partes integrantes. De sublinhar que a entrada do Estado não podia ser alienada nem dada em garantia, integrando um regime especial de afectação de património[386]. Na sua estrutura orgânica havia um Presidente, um Conselho Directivo, um Conselho de Administração e um Conselho de Mecenas[387]. Porém, a alteração estatutária, já referida, suprimiu o Conselho de Mecenas, quando se reconheceu não haver co-responsabilização das empresas fundadoras na vida do Centro, harmonizando-se, assim, a correspondente responsabilidade financiadora do Estado[388].

Em quarto lugar, a Fundação Casa da Música, instituída em 2006[389], com o objectivo de valorizar o edifício da Casa da Música, promovendo a apresentação pública de diferentes tipos de música, bem como a formação artística, o ensaio e aperfeiçoamento de orquestras e de outros agrupamentos residentes e itinerantes, de modo a funcionar como atracção e território de músicos, alunos, investigadores e criadores. Neste caso, além do Estado, através do Ministério da Cultura, se ter comprometido a assegurar uma contribuição financeira para despesas de funcionamento da Fundação, no montante anual de 10 000 000 Euros, entregou, através do Ministério das Finanças, a título de entrada inicial, a quantia de 900 000 Euros,

---

[385] Em 1991, foi instituída como Fundação das Descobertas e em 1999, passou a designar-se por Fundação Centro Cultural de Belém, de modo a eliminar um factor de perturbação na identificação do Centro e a clarificar que nunca teve nenhum papel particular a desempenhar na valorização das descobertas quinhentistas. Cf. o Decreto-Lei n.º 361/91 de 3 de Outubro, que instituiu a Fundação das Descobertas, com a aprovação dos estatutos, publicados em anexo, e o Decreto-Lei n.º 391/99 de 30 de Setembro que muda a denominação para Fundação Centro Cultural de Belém e aprova diversas alterações estatutárias.

[386] Cf. o artigo 8.º dos Estatutos.

[387] Cf. o artigo 12.º dos Estatutos.

[388] Cf. o preâmbulo do Decreto-Lei n.º 391/99 e o artigo 11.º dos Estatutos revistos.

[389] Cf. o Decreto-Lei n.º 18/2006 de 28 de Janeiro, que instituiu a Fundação Casa da Música e que aprovou os respectivos estatutos, publicados, em anexo ao diploma. De referir que tinha sido constituída, anteriormente, a sociedade Porto 2001 SA, sociedade anónima de capitais exclusivamente públicos, nos termos do Decreto-Lei n.º 418-B/98 de 31 de Dezembro, e que a sociedade anónima passou a denominar-se Casa da Música/ /Porto 2001, SA, após a entrada em vigor do Decreto-Lei n.º 147/2002 de 21 de Maio.

350 José Luís Bonifácio Ramos

além de contribuição financeira específica para integração na Fundação da Orquestra Nacional do Porto, em moldes a estabelecer em contrato-programa a celebrar entre o Ministério da Cultura e a Fundação Casa da Música[390]. Quanto à estrutura orgânica, de sublinhar a ausência de um Presidente, a consagração de um Conselho de Fundadores, de mandato vitalício, cujo presidente é designado pelo Estado, além de um Conselho de Administração, composto por sete membros, dos quais dois são designados pelo próprio Estado[391].

Em quinto lugar, assumindo que as mencionadas quatro fundações são as mais importantes, devemos mencionar, a título exemplificativo, ainda outras do mesmo jaez, designadamente a Fundação Ricardo Espírito Santo[392], a Fundação Museu do Douro[393] ou a Fundação Martins Sarmento[394].

6. O FINANCIAMENTO

6.1. RAZÃO DE ORDEM

O objecto desta secção não é a de avaliar a globalidade do financiamento público na Cultura, nem sequer o de aquilatar a despesa da Administração Central por correspondência ao Produto Interno, que tem oscilado, aliás entre 0,5% e 1% do PIB[395]. Trata-se, em vez disso, de estudar, muito sucintamente, os organismos que promovem tal financiamento público. Ou seja, o Fundo de Fomento Cultural, o Programa Operacional

---

[390] Cf. o artigo 3.º do Decreto-Lei n.º 18/2006.

[391] Cf. os artigos 6.º e seguintes dos Estatutos.

[392] Cf. o Decreto-Lei n.º 39190 de 27 de Abril de 1953, que instituiu a Fundação Ricardo do Espírito Santo Silva e que aprovou os respectivos Estatutos, publicados em anexo.

[393] Cf. o Decreto-Lei n.º 70/2006 de 23 de Março, que instituiu a Fundação do Museu do Douro, aprovando os respectivos Estatutos, publicados em anexo.

[394] Cf. o Decreto-Lei n.º 24/2008 de 8 de Fevereiro, que instituiu a Fundação Martins Sarmento, aprovando os respectivos Estatutos, publicados em anexo.

[395] Segundo os dados estatísticos disponíveis, o ano de 1991 correspondeu ao exercício orçamental em que a despesa pública se aproximou de 1% do PIB. No entanto, naquele ano, deve sublinhar-se que tal extraordinário volume de despesa estava relacionada com a construção do Centro Cultural de Belém.

Direito Administrativo da Cultura 351

de Cultura e, ainda, institutos ou outros organismos culturais que atribuem financiamento público a diversas actividades culturais, designadamente ao cinema, às artes do espectáculo, ao sector do livro, aos arquivos, à qualificação de museus.

6.2. O FUNDO DE FOMENTO CULTURAL

O Fundo de Fomento Cultural foi instituído, a propósito da reestruturação da Direcção Geral dos Assuntos Culturais[396], quando tal Direcção Geral era um serviço central do Ministério da Educação. Assim, o Fundo de Fomento Cultural gozava de autonomia administrativa e financeira, competindo-lhe apoiar actividades culturais dos diversos serviços da Direcção Geral dos Assuntos Culturais, cumprindo o esquema de prioridades definido pela hierarquia administrativa. No que respeita às receitas do Fundo, cumpre sublinhar as seguintes: as receitas das visitas aos museus e outros organismos dependentes do Ministério da Educação Nacional e sob a superintendência da Direcção-Geral dos Assuntos Culturais; as receitas dos trabalhos de conservação e de beneficiação efectuados pelo Instituto de José de Figueiredo, pelo Laboratório de Conservação do Museu Monográfico de Conimbriga e por outros serviços do Ministério de Educação Nacional com objectivos afins; as receitas da edição ou reedição de obras de arte, gravuras, documentos históricos ou livros raros existentes em museus, bibliotecas ou arquivos dependentes do Ministério da Educação; a receita da venda dos livros da "Colecção Educativa" do Ministério; sem prejuízo de outras receitas, a título de subsídio ou de comparticipação, oriundas de outras entidades públicas ou de outras receitas não proibidas por lei[397].

Com a lei orgânica do Ministério da Cultura e da Ciência de 1979, determinava-se que o Fundo de Fomento Cultural ficaria na directa dependência do Secretário de Estado da Cultura[398], devendo as suas normas de

---

[396] Cf. os artigos 10.º e seguintes do Decreto-Lei n.º 582/73 de 5 de Novembro e o Regulamento do Fundo de Fomento Cultural, aprovado pela Portaria n.º 332/74 de 8 de Maio.

[397] Cf. o artigo 13.º do Decreto-Lei n.º 582/73.

[398] Cf. a alínea n) do n.º 1 do artigo 9.º do Decreto-Lei n.º 398-C/79 de 21 de Dezembro.

352 José Luís Bonifácio Ramos

funcionamento vir a ser definidas por Portaria[399]. Em conformidade, decidiu-se rever o regime jurídico do Fundo, de modo a permitir que o organismo prestasse apoio financeiro às múltiplas actividades de promoção e difusão da Secretaria de Estado da Cultura[400], além de subvencionar as acções de conservação do património cultural, as actividades de divulgação de realizações culturais e artísticas, conceder subsídios a artistas ou autores carecidos economicamente que pela sua obra revelassem, mérito cultural[401]. Acrescente-se que a subsequente aprovação do Regulamento do Conselho Administrativo do Fundo de Fomento Cultural[402] determinou a exigência de os financiamentos terem por base planos de acção, com objectivos e limites temporais de concretização, além da elaboração posterior de relatórios, no prazo máximo de três meses, após a sua efectuada conclusão[403].

Tal regime permitiu, por isso, uma ampliação das fontes de financiamento do Fundo. Não só constituíam receitas, as dotações inscritas no orçamento da Secretaria de Estado da Cultura, os saldos de gerência, os rendimentos de edição ou reedição de obras, os rendimentos cobrados por serviços prestados, como a movimentação das receitas isenta de imposto de selo e de prémio de transferência[404], os juros dos fundos capitalizados e dos empréstimos concedidos[405] e a percentagem da exploração dos jogos sociais[406]. Aliás, a acrescer a estas fontes legais de financiamento, havia a destacar o protocolo celebrado entre o Ministério da Cultura e a Taba-

---

[399] Cf. o artigo 22.º.

[400] Cf. o Decreto-Lei n.º 102/80 de 9 de Maio.

[401] O Decreto-Lei n.º 415/82 de 7 de Outubro define o regime jurídico de concessão de subsídios a artistas ou autores carenciados.

[402] O Regulamento do Conselho Administrativo do Fundo de Fomento Cultural foi aprovado pelo Despacho n.º 133/80 de 9 de Maio do Secretário de Estado da Cultura, publicado na II Série do Diário da República de 22 de Maio de 1980.

[403] Cf. os parágrafos n.º 5.10. e n.º 5.11. do Regulamento do Conselho Administrativo do Fundo de Fomento Cultural.

[404] Cf. o n.º 2 do artigo 7.º do Decreto-Lei n.º 102/80.

[405] Esta fonte de financiamento foi introduzida pelo Decreto-Lei n.º 114/87 de 13 de Março, que deu nova redacção ao artigo 7.º do Decreto-Lei n.º 102/80.

[406] Antes, o n.º 4 do artigo 16.º do Decreto Lei n.º 387/86 determinava a afectação de 4,5% das receitas do totoloto ao Fundo de Fomento Cultural. Depois, o artigo 3.º do Decreto-Lei n.º 56/2006 de 15 de Março determina a afectação ao Fundo de 2,2% do valor dos resultados líquidos de exploração dos jogos sociais, designadamente da Lotaria Nacional, do Totobola, do Totoloto e do Euromilhões.

Direito Administrativo da Cultura 353

queira SA, que constituíra importante fonte de financiamento do Fundo de Fomento Cultural[407].

Perante as sucessivas reestruturações da Secretaria Geral, verificaram-se alterações susceptíveis de afectar o funcionamento do Fundo. Nessa medida, nos termos da reestruturação, aprovada em 1997[408], foi criado um Serviço de Apoio ao Fundo de Fomento Cultural, no âmbito da Secretaria Geral, com competência para colaborar na preparação do plano de actividades e elaboração de projectos de orçamento do Fundo, no relatório e a conta anual de gerência, no processamento de abonos e outras despesas resultantes da execução daquele orçamento, assegurar o pagamento das despesas, preparar e informar os processos a submeter à consideração superior. Também uma outra reestruturação, aprovada em 1999[409], devia ser mencionada, pois reforçou as competências da maioria dos serviços, procurando abranger as competências da Direcção de Serviços de Apoio ao Fundo de Fomento Cultural, que passou a apoiar tecnicamente o Conselho Administrativo do Fundo, por meio da elaboração de estudos e projectos de regulamentos específicos, a emissão de pareceres e a instrução de processos que lhe fossem entregues.

Na sequência do PRACE, os diplomas legais que respeitam à Secretaria Geral continuaram a fazer referência ao Fundo de Fomento Cultural. Assim, o Decreto-Lei n.º 89/2007 determinou, de entre as atribuições da Secretaria Geral, o apoio à gestão administrativa e financeira do Fundo e a Portaria n.º 368/2007 de 30 de Março cometia à Direcção dos Serviços de Gestão o encargo de assegurar o apoio da gestão administrativa e financeira do Fundo de Fomento Cultural.

6.3. O PROGRAMA OPERACIONAL DA CULTURA

O Programa Operacional da Cultura, POC, constituiu um conjunto de instrumentos financeiros, que integraram o terceiro quadro comunitário de apoio, o QCA III, e que visava comparticipar, através de verbas do

---

[407] O Protocolo foi celebrado em 17 de Dezembro de 1998, produzindo efeitos entre 1 de Janeiro de 1999 e 31 de Dezembro de 2001. O montante global inscrito naquele Protocolo era de mil e quinhentos milhões de escudos (7.481.969 Euros), a liquidar em duas prestações, de igual montante, contra a entrega de um documento de quitação.

[408] Cf. o Decreto-Lei n.º 59/97 de 19 de Março.

[409] Cf. o Decreto-Lei n.º 210/99 de 11 de Junho.

FEDER, projectos na área da Cultura. Assim, enquanto a missão do Fundo de Fomento era a de conceder apoios a entidades que promovessen projectos culturais, o POC destinava-se ao financiamento de acções, designadamente projectos ou apoio a infraestruturas.

O conjunto de instrumentos financeiros, agrupados num programa de cariz autónomo vocacionado para a Cultura, o POC, representou um importante avanço relativamente aos anteriores programas já que, pela primeira vez, se reconheciam as especificidades do sector da Cultura, por contraste com os outros programas onde os projectos de incidência cultural eram inseridos no âmbito da Economia, sem perspectiva de natureza específica no que respeitava às necessidades e às carências de natureza cultural. Tal mudança de paradigma inseria-se numa orientação que procurava conferir importância crescente e específica à Cultura, como área susceptível de dinamizar a actividade e a identidade de um país e, sobretudo, como valência estatégica de uma moderna União Europeia.

De modo a dar suporte à actividade resultante da aplicação do QCA III, cumpre sublinhar a estrutura administrativa, responsável pela gestão, acompanhamento, avaliação e controlo da execução, definida de acordo com três distintos níveis de execução, desde o da execução global até ao nível de execução individual, especializando-se em razão das funções que exercia. Tal estrutura comportava diversos orgãos de coordenação e de gestão, orgãos de acompanhamento e orgãos de controlo[410]. Tal estrutura orgânica, distinta do anterior QCA II, procurou reforçar a necessidade e a urgência em identificar e nomear as equipas de gestão bem como em identificar e nomear os dirigentes responsáveis dos serviços regionais dos ministérios a quem cabiam as funções de gestão de fundos comunitários. Por isso, a Resolução do Conselho de Ministros n.º 27/2000, quando nomeou as estruturas de gestão do QCA III, num total de dezoito intervenções operacionais, designando o Gestor da Intervenção Operacional da Cultura, estipulava a possibilidade de existirem dois chefes de projecto, um para a àrea de gestão de programas e projectos, outro para a àrea de gestão e programação financeira, a nomear por Despacho do Ministro da Cultura. Subsequentemente, o competente Despacho ministerial determinava que faziam parte da unidade de gestão da Intervenção Operacional da Cultura um gestor que presidia, um representante do Instituto de Patrimó-

---

[410] Cf. o Decreto-Lei n.º 54-A/2000 de 7 de Abril.

Direito Administrativo da Cultura

nio Arquitectónico, do Instituto de Museus, do Instituto de Arqueologia e do Instituto Português das Artes do Espectáculo e um representante da entidade nacional responsável pelo FEDER, na qualidade de observador[411]. Nos termos do mesmo Despacho competia à unidade de gestão, *v. g.* a elaboração do regulamento interno; apoiar o gestor na concretização de objectivos definidos na Intervenção Operacional da Cultura; dar parecer sobre o projecto de relatório de execução elaborado pelo gestor; acompanhar e dar parecer sobre o sistema de controlo e de avaliação[412]. Deve referir-se que, ao lado da unidade de gestão, funcionava uma estrutura de projecto de apoio técnico da Intervenção Operacional da Cultura. À estrutura, que funcionava junto do Gestor, constituída por dezasseis membros, dos quais dez são técnicos superiores e quatro técnicos profissionais, competia, naturalmente, prestar apoio à realização e acompanhamento das acções de divulgação; organizar os processos relativos a cada projecto de acordo com as normas usuais da Intervenção Operacional; instruir e apreciar as candidaturas; efectuar visitas de acompanhamento e controlo dos projectos financiados e elaborar os respectivos relatórios; formular pareceres técnicos sobre a viabilidade dos projectos; preparar os pedidos de pagamento da contribuição comunitária; efectuar o processamento de pagamento aos beneficiários.

Como a Intervenção Operacional da Cultura envolvia um determinado montante de financiamento[413], compreendia-se a necessidade de serem definidas prioridades e objectivos. Por isso, a estratégia subjacente às actuações fixadas no Programa Operacional da Cultura, ao assentar em objectivos no sentido de um reforço da Cultura, como factor de desenvolvimento e de emprego, e de promoção de um maior equilíbrio espacial no acesso à Cultura, enunciava como eixos estratégicos a valorização do património cultural e a promoção do acesso a bens culturais. Aliás, quanto à valorização do património, existiam duas medidas operacionais, a recuperação e animação de sítios históricos e a dinamização de museus nacionais, que incidiam primordialmente na valorização do património cultural móvel e imóvel. Quanto ao acesso a bens culturais, três medidas operacionais – a criação de uma rede de recintos culturais, a utilização de novas

---

[411] Cf. o Despacho n.º 12 323/2000 de 12 de Abril.

[412] Cf. o artigo 4.º do Despacho.

[413] No momento da publicação da Resolução supra-referida, a quantia disponibilizada ascendia a 4.641 milhões de euros.

356 José Luís Bonifácio Ramos

tecnologias de informação e a assistência técnica – pretendiam promover o acesso a meios, equipamentos culturais e possibilitar o acesso a vasta informação de conteúdos culturais através do uso de novas tecnologias.

Nos termos das disposições sobre fundos estruturais[414], competia à autoridade de gestão e ao Comité de Acompanhamento assegurar o acompanhamento do programa operacional, por meio de indicadores físicos e financeiros definidos no Programa e no Complemento de Programação. Além disso, competia à autoridade de gestão a recolha de dados financeiros e estatísticos sobre a execução, para a avaliação do próprio programa. Ora, um dos aspectos que mostrava a importância deste programa, no conjunto dos financiamentos do sector cultural, era, justamente, a constatação de um contínuo e crescente aumento da respectiva taxa de execução[415].

Deve acrescentar-se que as entidades executoras de projectos aprovados pelo POC eram, além dos diversos organismos do Ministério da Cultura, as autarquias locais, outras entidades públicas e privadas, bem assim como parcerias entre entidades públicas e entidades privadas[416]. Convém sublinhar a preponderância das entidades públicas no Programa, com especial destaque para os organismos do Ministério da Cultura, que representavam cerca de metade do número de projectos aprovados e absorviam uma porção idêntica dos fundos comprometidos. No que respeitava ao património, as entidades públicas representavam, em conjunto, aproximadamente 80% dos projectos aprovados, as entidades privadas não ultrapassavam, em contrapartida, cerca de 20% e as parcerias representavam uma expressão muitíssimo residual.

Porém, o regime que fixou as regras do QREN e dos Programas Operacionais para o período de 2007-2013[417], estabeleceu o regime de transição entre o QCAIII e o QREN[418]. Nesses termos, definia-se a extinção das

---

[414] Cf. n.º 1 do artigo 36.º do Regulamento CE n.º 1260/1999 do Conselho de 21 de Junho.

[415] A taxa de execução do POC passou de 10,46% em 2002, 23,74 % em 2003, 40,922% em 2004 para 68,98% em 2006.

[416] As parcerias só foram admitidas em 2005, como resultante da alteração resultante no complemento de programação, que passou a aceitar a candidatura de entidades em parceria, no âmbito da acção 3 da medida 1.1 (Valorização e Animação do Património) e da acção 3, da medida 2.1 (Descentralização das Artes e Programação em Rede).

[417] Cf. o Decreto-Lei n.º 312/2007 de 17 de Setembro, na redacção que lhe foi dada pelo Decreto-Lei n.º 74/2008 de 22 de Abril.

[418] O regime de transição foi regulado pelo artigo 68.º do Decreto-Lei n.º 312/2007,

autoridades de gestão dos Programas Operacionais e regionais do continente do QCAIII e as estruturas sectoriais do Fundo de Coesão II, de modo que as atribuições, direitos e obrigações das autoridades de gestão daqueles Programas, designadamente do Programa Operacional da Cultura, fossem assumidas pela Autoridade de Gestão do Programa Operacional Temático de Valorização do Território[419]. Assim, passou a caber àquela Autoridade as responsabilidades inerentes ao Programa Operacional da Cultura, de acordo com o Despacho Conjunto do Ministro das Obras Públicas, Transportes e Comunicações, ministro coordenador da Comissão Ministerial de Coordenação do POVT, e do Ministro da Cultura[420]. Por isso, nos termos deste Despacho Conjunto, a autoridade de gestão do POC foi extinta, em 31 de Maio de 2008, cessando, na mesma data, a nomeação da respectiva gestora, pelo que a autoridade de gestão do POVT assumiu as atribuições, direitos e obrigações da autoridade de gestão do POC, a partir de 1 de Junho de 2008[421]. Nesta perspectiva, o Despacho, ao determinar a assunção de atribuições, direitos e obrigações, prescreve regras de particular relevo, designadamente sobre a transição do pessoal, sobre os projectos aprovados, o ponto de situação da execução de planos anuais de controlo, as listas de processos que constituem o arquivo do POC e os processos que transitavam para a autoridade de gestão do POVT[422].

6.4. APOIOS AO CINEMA

A existência de outros apoios, de índole estritamente sectorial, condicionou a própria orientação do POC. Foi por isso, aliás que as verbas do POC não financiaram o cinema, pois que o sector recebia já uma comparticipação significativa, oriunda da cobrança de uma taxa de 4% sobre o preço de projecção do filme, a designada taxa de exibição[423].

---

pela Resolução do Conselho de Ministros n.º 162/2007, publicada em 12 de Outubro, que criou a estrutura de missão para o Programa Operacional Temático de Valorização do Território e a Resolução do Conselho de Ministros n.º 25/2008, publicada em 13 de Fevereiro, que definiu a constituição da estrutura.

[419] Cf. o n.º 5, alínea c) do artigo 68.º.

[420] Cf. o Despacho Conjunto n.º 15372/2008 de 9 de Maio.

[421] Cf. §§ 1.º e 2.º do Despacho Conjunto.

[422] Cf. as alíneas a) a p) do § 2.º do Despacho.

[423] Tendo em conta a abolição do adicional sobre o preço dos bilhetes de espectá-

358 José Luís Bonifácio Ramos

Efectivamente, se existe sector onde a complexidade de apoios deve ser assinalada, tem sido exactamente, o sector do cinema e do audiovisual. Embora o diploma que determinava, como tarefa do Estado, o apoio e o incentivo à produção cinematográfica[424], distinguisse três sistemas de apoio financeiro, o apoio financeiro automático, que atendia aos rendimentos obtidos com a exploração da obra anterior do mesmo produtor; o apoio financeiro directo, que completava os contributos financeiros directamente obtidos pelo produtor para a montagem financeira do projecto; e o apoio financeiro selectivo, que verificava o conteúdo da produção, as suas propostas estéticas, técnicas e artísticas, constata-se, todavia, uma outra multitude de apoios financeiros.

Encontramos, portanto, não três mas, pelo menos, nove diferentes regimes de apoio do Estado, plasmados em diferente regulamentação. Realmente, existem ou existiram os seguintes apoios, que se indicam por ordem cronológica da sua aprovação. Em primeiro lugar, o regulamento de apoio financeiro automático à produção cinematográfica de longa metragem[425], que atendia aos rendimentos obtidos com a exploração de obras anteriores, do mesmo produtor, que podia acumular com qualquer outro apoio concedido à mesma produção cinematográfica[426]. Em segundo lugar, o regulamento de apoio financeiro selectivo à produção de filmes de longa metragem[427], constante do orçamento apresentado pelos candidatos, não podendo exceder, por produção, um limite, tendo em conta o custo

---

culos, estabelecido na base XLIV da Lei n.º 7/71 de 7 de Dezembro, e na base XXXIII da Lei n.º 8/71 de 9 de Dezembro, cobrado nos termos do Decreto-Lei n.º 184/73 de 25 de Abril, com as alterações que lhe foram introduzidas pelo Decreto-Lei n.º 196-A/89 de 21 de Junho, o artigo 2.º do Decreto-Lei n.º 143/90 de 5 de Maio fixou em 4% o valor da taxa de exibição.

[424] Trata-se do Decreto-Lei n.º 350/93 de 7 de Outubro que procurava introduzir critérios objectivos de apreciação de obras cinematográficas, de modo a justificar a atribuição de apoios financeiros do Estado.

[425] Aprovado pela Portaria n.º 45-D/95 de 19 de Janeiro com as alterações introduzidas pelas Portarias n.º 157/97 de 5 de Março, n.º 1042-A/98 de 21 de Dezembro, n.º 935/99 de 20 de Outubro, n.º 254/2000 de 11 de Maio, n.º 888/2001 de 27 de Julho, n.º 310/2002 de 21 de Março, n.º 1001/2003 de 16 de Setembro e n.º 572/2004 de 26 de Maio.

[426] Cf. os artigos 1.º e 2.º do Regulamento de Apoio Financeiro Automático à Produção Cinematográfica, aprovado pela Portaria n.º 45-D/95 de 19 de Janeiro.

[427] Aprovado pela Portaria n.º 86/96 de 18 de Março e, posteriormente, alterado pela Portaria n.º 255/2001 de 24 de Março.

Direito Administrativo da Cultura

total, a fixar por Despacho ministerial. Em terceiro lugar, o regulamento de apoio financeiro directo à produção cinematográfica[428], a atribuir mediante concurso, que assumia complementaridade de outros financiamentos, garantidos e comprovados, e que se encontrava submetido à condição da existência de uma determinada percentagem de financiamento exterior. Em quarto lugar, o regulamento de apoio financeiro às co-produções cinematográficas[429], aplicável às obras cinematográficas realizadas em regime de co-produção internacional, com o objectivo de completar, até ao limite de 20% do custo total do projecto, os contributos de outras entidades financiadoras. Em quinto lugar, o regulamento de apoio financeiro selectivo à produção de longas metragens de ficção que constituiram as primeiras obras cinematográficas do respectivo realizador, naquela modalidade[430]. Em sexto lugar, o regulamento de apoio financeiro à produção cinematográfica de curtas metragens de ficção[431], em qualquer suporte, cujos limites de apoio a conceder a cada produção, tanto em valor absoluto como em percentagem do respectivo custo total, deviam ser fixados em Despacho ministerial. Em sétimo, o regulamento de apoio financeiro selectivo à pesquisa, desenvolvimento e produção cinematográfica de documentários de criação[432], entendidos como filmes que possuiam uma análise original de qualquer aspecto da realidade e não apresentassem uma perspectiva predominantemente noticiosa, didáctica ou publicitária, nem se destinassem a servir de complemento a um trabalho em que a imagem não constituía o seu elemento essencial. Em oitavo lugar, o regulamento de apoio financeiro selectivo ao desenvolvimento de projectos de animação[433], distinguindo a produção de curtas-metragens de animação, que beneficiava, por cada minuto de duração, de um apoio igual a 80% do custo de

---

[428] Aprovado pela Portaria n.º 482/2001 de 10 de Maio, que revogou a Portaria n.º 314/96 de 29 de Julho.

[429] Aprovado pela Portaria n.º 315/96 de 29 de Julho.

[430] Aprovado pela Portaria n.º 481/2001 de 10 de Maio, que revogara a anterior Portaria n.º 317/96 de 29 de Julho.

[431] Aprovado pela Portaria n.º 1168/2001 de 4 de Outubro, que revogou a Portaria n.º 316/96 de 29 de Julho.

[432] Aprovado pela Portaria n.º 496/96 de 18 de Setembro, alterado pelas Portarias n.º 1166/2001, n.º 1167/2001 de 4 de Outubro, n.º 878/2003 de 20 de Agosto.

[433] Aprovado pela Portaria n.º 497/96 de 19 de Setembro, alterado pelas Portarias n.º 278/2000 de 22 de Maio, n.º 1165/2001 de 4 de Outubro e n.º 730-A/2004 de 24 de Junho.

360 José Luís Bonifácio Ramos

referência, fixado por Despacho do Ministro da Cultura. Finalmente, o regime de apoio financeiro à exibição cinematográfica em salas de exibição regular de filmes[434] que se destinava a comparticipar novos recintos de exibição ou a remodelação de recintos existentes.

Entretanto, assumindo a necessidade de aprovar outros apoios, designadamente o regime do multimédia, uma nova realidade cultural com pontos de contacto no cinema e no audiovisual, reconheceu-se que o quadro normativo estabelecido não dava resposta adequada às necessidades do sector. Por isso, o Decreto-Lei n.° 15/99 de 15 de Janeiro, ao revogar o diploma de 1993, introduz, apenas, o regime atinente ao multimédia, subsistindo uma regulamentação muito semelhante à anterior, mantendo, inclusivamente, em vigor as portarias que aprovaram os regulamentos supra-citados[435]. Tendo em conta tal semelhança, compreende-se que os sucessivos registos legais viessem a referir aquele diploma de 1993, revogado em 1999, como se ainda estivesse em vigor[436]. Por outro lado, compreende-se que tivesse sido aprovado o regulamento de apoio financeiro ao desenvolvimento de projectos multimédia e produção de obras multimédia, que representou, ao fim e ao resto, o décimo regime de apoio financeiro do Estado[437]. No mesmo ano, foi ainda aprovado o regulamento de apoio financeiro selectivo à escrita de argumentos cinematográficos para

---

[434] Aprovado pela Portaria n.° 515/96 de 26 de Setembro, alterada pelas Portarias n.° 565/97 de 26 de Julho, n.° 1061/98 de 28 de Dezembro, n.° 1057/99 de 3 Dezembro, n.° 1200/2000 de 20 de Dezembro, n.° 1452-A/2001 de 27 de Dezembro.

[435] Cf. o artigo 71.° do Decreto-Lei n.° 15/99.

[436] Isso foi o que sucedeu, designadamente, com a Portaria n.° 278/2000 de 22 de Maio que aprovou alterações ao regulamento de apoio financeiro selectivo ao desenvolvimento de projectos de animação.

[437] Trata-se da Portaria n.° 279/2000 de 22 de Maio que aprova o regulamento de apoio financeiro ao desenvolvimento de projectos multimédia e de produção de obras multimédia. Nestes termos, entende-se por obra multimédia qualquer colectânea de obras, dados ou outros materiais ou elementos independentes, como textos, sons, imagens, números ou factos, dispostos de modo sistemático ou metódico e susceptíveis de acesso individual por meios electrónicos, de acordo com a descrição da Directiva n.° 96/9/CE do Parlamento Europeu e do Conselho de 11 de Março de 1996. Nos termos do regulamento, apoio ao desenvolvimento de projectos multimédia consiste num tipo de apoio que se destina à escrita de guiões, design gráfico, e estrutura de obra de conteúdos culturais para edição em suporte óptico, digital, magnético ou para distribuição em redes digitais de comunicação ou de difusão e apoio à produção de obras multimedia de conteúdos culturais para edição em suporte digital, óptico ou magnético, bem como para distribuição em redes digitais de comunicação ou em articulação das diferentes formas de edição.

longas metragens de ficção[438] que constituiu o décimo primeiro regime especial. De modo a contemplar o audiovisual, aprovou-se um décimo segundo, o regulamento de apoio financeiro à produção audiovisual[439]. A seguir, o décimo terceiro, o regulamento de apoio financeiro selectivo à produção cinematográfica de curtas metragens de ficção infantis e juvenis[440]. Finalmente, o décimo quarto, o regulamento de apoio financeiro selectivo à co-produção cinematográfica de filmes de longa metragem de ficção com países de língua portuguesa[441].

Embora a legislação de 1993 determinasse que o apoio financeiro do Estado devia revestir formas mais adequadas para o prosseguimento das finalidades que presidiam à sua atribuição, entendia-se que o apoio devia ser concedido, preferencialmente, na modalidade de empréstimo, a liquidar a partir das receitas obtidas com a exploração da obra cinematográfica[442]. Por seu turno, o regime aprovado em 1999 determinava que os apoios assumiam a natureza de subsídios, empréstimos, garantias de crédito, investimentos e bolsas, conforme considerado conveniente para a promoção da actividade cinematográfica[443]. Curiosamente, a esmagadora maioria de apoios, atribuídos nos termos da legislação complementar referida, adoptou a forma de subsídio a fundo perdido[444] ou de apoio financeiro não reembolsável[445].

Em 2003, entendeu-se ser maior conveniência reunir num único diploma os regimes de apoio financeiro à actividade cinematográfica que

---

[438] Aprovado pela Portaria n.º 280/2000 de 22 de Maio.

[439] Aprovado pela Portaria n.º 1265/2001 de 2 de Novembro que revogou a anterior Portaria n.º 525/2000 de 27 de Julho.

[440] Aprovado pela Portaria n.º 1047/2000 de 27 de Outubro.

[441] Aprovado pelo Decreto-Regulamentar n.º 3/2001 de 5 de Fevereiro.

[442] Cf. o n.º 3 do artigo 6.º do Decreto-Lei n.º 350/93.

[443] Cf. o n.º 4 do artigo 13.º do Decreto-Lei n.º 15/99.

[444] Isso sucede, designadamente, com o regulamento de apoio financeiro automático à produção cinematográfica, aprovado pela Portaria n.º 45-D/95, com o regulamento de apoio financeiro selectivo à produção de filmes de longa metragem, aprovado pela Portaria n.º 86/96, com o regulamento de apoio financeiro directo à produção cinematográfica, aprovado pela Portaria n.º 314/96, com o regulamento de apoio financeiro às co-produções cinematográficas, aprovado pela Portaria n.º 315/96.

[445] São os termos consagrados no regulamento de apoio financeiro selectivo ao desenvolvimento de projectos de animação, aprovado pela Portaria n.º 278/2000, ou no regulamento de apoio financeiro selectivo à escrita de argumentos cinematográficos para longas metragens de ficção, aprovado pela Portaria n.º 280/2000.

362 José Luís Bonifácio Ramos

se encontravam dispersos. Pretendia-se unificar, portanto, os sistemas de apoio selectivo e de apoio directo, bem como os dos filmes de longa, de curta metragem e de primeiras obras de ficção, através da aprovação do regulamento de apoio financeiro à produção cinematográfica de filmes de longa metragem de ficção e de curta metragem de ficção[446], que incluiu o apoio às duas primeiras obras de longa metragem de um determinado realizador[447]. Naqueles termos, o preceito relativo ao concurso público esclarecia que, no âmbito do sistema de apoio financeiro selectivo, se devia incluir a longa metragem de ficção, de curta metragem de ficção ou de primeiras obras de longa metragem de ficção[448]. Por outro lado, restringiu-se aos produtores cinematográficos a possibilidade de se candidatarem aos apoios financeiros e introduziram-se modificações nos critérios de selecção aplicáveis aos concursos. Porém, logo naquele ano, foram introduzidas alterações no diploma[449], permitindo aos realizadores a candidatura aos apoios financeiros, tendo sido necessário estipular, para esse efeito, diferentes factores de ponderação para distinguir as candidaturas apresentadas por produtores das apresentadas por realizadores[450]. Aceita-se ainda, a propósito das alterações dos projectos, a mudança de realizador ou de produtor, desde que o cessionário assuma os compromissos inerentes à atribuição do apoio financeiro[451].

A nova lei do cinema procurou redefinir os princípios de acção do Estado, num quadro de fomento e de desenvolvimento das actividades cinematográficas[452]. Nesse quadro foram criados os seguintes programas de apoio à produção cinematográfica e audiovisual: o programa destinado à escrita de argumento para longas metragens de ficção, ao desenvolvimento de projectos de séries e filmes de animação e ao desenvolvimento

---

[446] Aprovado pela Portaria n.º 317/2003 de 17 de Abril que revogou as Portarias n.º 255/2001 de 24 de Março, n.º 481/2001 de 10 de Maio, n.º 482/2001 de 10 de Maio, n.º 1168/2001 de 4 de Outubro.

[447] Mencionamos as duas primeiras obras pois que o n.º 2 do artigo 1.º do supra-citado regulamento contém uma disposição deveras singular quando determina englobar na noção de primeira obra tanto a primeira como a segunda longa metragem de um mesmo realizador.

[448] Cf. O n.º 2 do artigo 6.º do Regulamento.

[449] Cf. a Portaria n.º 653/2003 de 29 de Julho.

[450] Cf. O artigo 13.º do Regulamento

[451] Cf. O n.º 2 do artigo 17.º.

[452] Cf. a Lei n.º 42/2004 de 18 de Agosto

de documentários; o programa destinado à produção de longas metragens de ficção, primeiras obras de longa metragem de ficção, curtas metragens de ficção, séries de animação e documentários; o programa complementar destinado a apoiar financeiramente a produção de longas metragens de ficção de realizadores que apresentem *curricula* relevantes para a promoção e valorização da cultura e da língua portuguesa; o programa de apoio financeiro a planos de produção plurianuais de produtores cinematográficos e de produtores independentes de televisão que desenvolvam, de forma permanente, estratégias de produção de médio e longo prazo; o programa automático que atendia aos resultados de bilheteira durante o período de exibição em sala e à receita de exploração comercial de obra anterior do mesmo produtor; o programa destinado a co-produções de longa metragem de ficção, de filmes e séries de animação e de documentário de participação minoritária portuguesa; o programa destinado a co-produções de longa metragem de ficção, de filmes e de séries de animação e de documentário[453]. Os programas, que podiam ter a natureza de empréstimo ou de apoio financeiro não reembolsável[454], eram financiados por receitas diversas, designadamente a cobrança de uma contribuição equivalente a 5% das receitas relativas à prestação de serviços de operadores e distribuidores de televisão com serviços de acesso condicionado ou de contratos de investimento plurianuais. Tais receitas, consignadas a um fundo de investimento, o Fundo de Investimento para o Cinema e Audiovisual, um verdadeiro património autónomo sem personalidade jurídica[455], tinham por objectivo desempenhar uma função complementar relativamente a outras fontes de financiamento e de apoio à produção cinematográfica e audiovisual[456].

O Fundo de Investimento, ao prosseguir diversos objectivos, designadamente o de contribuir para o fomento do sector audiovisual, nas suas vertentes cinematográfica, televisiva e multiplataforma, de modo a gerar um aumento da produção e da co-produção nacional ou o de promover maior aproximação entre o público e a criação cinematográfica nacional, recebia uma participação pública limitada a 40% do total das unidades de participação existentes[457]. Por outro lado, os investimentos do Fundo, que

---

[453] Cf. o artigo 8.º da Lei n.º 42/2004.

[454] Cf. o n.º 1 do artigo 9.º da Lei n.º 42/2004.

[455] Cf. o artigo 28.º da Lei n.º 42/2004 e os artigos 63.º e seguintes do Decreto-Lei n.º 227/2006 de 15 de Novembro.

[456] Cf. o artigo 67.º do Decreto-Lei n.º 227/2006.

[457] Cf. o artigo 68.º do Decreto-Lei n.º 227/2006.

364 José Luís Bonifácio Ramos

podiam assumir a modalidade de investimentos directos ou, nos casos da participação em sociedades, agrupamentos complementares de empresas ou fundos que promovessem ou investissem em produções cinematográficas, audiovisuais ou multiplataforma, a modalidade de investimentos indirectos, estavam condicionados a um conjunto de orientações gerais que limitavam e condicionavam a política de investimento do Fundo. A repartição de investimentos deve dirigir-se ao apoio de obras cinematográficas, numa proporção que varia entre 50% a 55% para as obras cinematográficas, do que 80% a 90% daquele valor se encaminharia, para obras de ficção e 10% a 20% para obras de animação e entre 45% a 50% para obras de televisão ou de multiplataforma, de que 10% a 15% daquele valor seria, para obras de animação, 10% a 15% para documentários, 60% a 70% para séries de ficção, 10% a 15% para telefilmes[458]. Acrescente-se que nenhuma empresa deve receber mais do que um terço dos investimentos indirectos anuais, salvo se a assembleia do Fundo, por maioria de dois terços da totalidade dos votos dos seus participantes, aprovar um aumento até 50%. Nenhuma empresa ou empresas que se encontrem em relação de domínio ou de grupo, podem beneficiar de mais de um investimento indirecto em simultâneo, nenhum projecto em qualquer categoria poderá beneficiar de mais de 10% das verbas anuais do Fundo, nenhuma empresa ou conjunto de empresas, que entre si se encontrem em relação de domínio poderá beneficiar de verbas superiores a 20% dos investimentos do Fundo, num determinado ano, ou superiores a 15 % desses investimentos em dois anos consecutivos. Acresce que as empresas beneficiárias dos apoios do Fundo têm de ser produtores independentes[459], pequenas ou médias empresas[460], que se encontrem inscritas no Registo de Empresas Cinematográficas e Audiovisuais e regularizado as suas contribuições de natureza fiscal e para

---

[458] Cf. o artigo 20.ª do Regulamento de Gestão do Fundo de Investimento para o Cinema e Audiovisual, aprovado pela Portaria n.° 277/2007 de 14 de Março.

[459] Produtor independente é toda a pessoa colectiva com sede ou estabelecimento estável em território nacional, cuja actividade principal consiste na produção de obras cinematográficas ou de audiovisual, cujo capital social não seja detido, directa ou indirectamente, em mais de 25% por um operador de televisão ou em mais de 50%, no caso de vários operadores de televisão, e que o limite anual de 90% de vendas para o mesmo operador de televisão, no caso de produção de obras, não seja ultrapassado. Cf. o artigo 2.° do Decreto-Lei n.° 227/2006.

[460] Nos termos da Recomendação da Comissão Europeia n.° 2003/361/CE de 6 de Maio.

Direito Administrativo da Cultura

a segurança social. Por outro lado, os apoios do Fundo não podem ser dirigidos, de um modo geral, para obras de conteúdo essencialmente publicitário, pornográfico, que veiculem mensagens de abuso de liberdade de imprensa, propaganda de índole política, racista, xenófoba, que incite à violência ou à intolerância ou religiosa, bem como noticiários, reportagens, manifestações desportivas, concursos e séries televisivas. Além disso, cumpre sublinhar que não só o desembolso efectivo das garantias monetárias deve ter lugar de forma faseada, como se determina a recuperação dos financiamentos concedidos pelo Fundo através de participação nas receitas de exploração das obras, em sentido proporcional ao investimento, bem como por meio da valorização de activos ligados a investimentos indirectos[461].

6.5. O apoio às artes do espectáculo

No que respeita às Artes do Espectáculo foram publicados vários regulamentos de apoio financeiro à actividade teatral, à criação e produção coreográfica e à criação e produção de música de carácter profissional e de iniciativa não governamental.

Quanto ao apoio ao teatro e à dança, sublinha-se, como marco estruturante, a criação da figura das companhias convencionadas, entidades que, há, pelo menos quinze anos, desenvolviam actividade regular e sistemática, sem lapsos de continuidade, com reconhecida valia cultural e artística e que contribuíram, cada uma a seu modo, para satisfação e alargamento de públicos. Sublinhe-se que este regime inovador, que reconhecia um estatuto especial àquelas companhias[462] e que coincidia com a criação e instalação do IPAE, procurava regular não apenas os apoios dirigidos às companhias convencionadas, mas, de igual modo, os apoios das companhias seleccionadas por concurso, os projectos pontuais e os espectáculos de marionetas. Por isso, aquele regime jurídico permitia a celebração de protocolos entre as companhias convencionadas e o IPAE, válidos por três

---

[461] Cf. os artigos 23.º e 24.º do Regulamento de Gestão do Fundo.

[462] Nos termos dos artigos 3.º e seguintes do Regulamento, aprovado pelo Despacho Normativo n.º 43/96 de 23 de Outubro, seria companhia convencionada toda a que desenvolvesse, desde 1981, uma actividade regular e sistemática de importante valor cultural e artístico, contribuindo para o alargamento de públicos e para a sobrevivência do teatro português.

366 José Luís Bonifácio Ramos

anos, sujeitos a uma avaliação anual, que podia implicar a denúncia unilateral em caso de desvio de objectivos ou de incumprimento de obrigações acordadas entre as partes[463]. As outras companhias, as não convencionadas, podiam ser apoiadas mediante a celebração de protocolo, de periodicidade bianual ou anual, depois de seleccionadas por um júri, em concurso público, subordinado a critérios e factores de valorização[464]. Além destes apoios, de cariz duradouro, eram abertos, ainda ao abrigo do mesmo regime jurídico, dois concursos anuais para projectos pontuais de criação e um concurso especial destinado a grupos ou a marionetistas isolados[465].

Sobre os apoios à música, deve referir-se que, em 1997, foi aprovado um primeiro regulamento relativo a apoios à actividade musical de carácter profissional e de iniciativa não governamental[466] que distinguia, também, as estruturas convencionadas[467], além de apoiar festivais de música e ciclos de concertos[468], bem como projectos, não seleccionáveis por concurso público[469]. Além disso, cumpre mencionar o regime de apoio às bandas de música, filarmónicas, escolas de música, tunas, fanfarras, ranchos folclóricos e outras agremiações culturais, que se dedicavam à actividade musical, constituídas em pessoas colectivas de Direito privado sem fins lucrativos[470], bem como normas relativas à concessão do financiamento à criação, desenvolvimento e manutenção de orquestras regionais[471].

---

[463] Cf. Os artigos 4.º e seguintes do Regulamento.

[464] Cf. os artigos 13.º e 15.º do Regulamento.

[465] Cf. Os artigos 20.º e seguintes do Regulamento, alterado pelos Despachos Normativos n.º 49/97 de 19 de Agosto, n.º 63/98 de 5 de Agosto.

[466] Cf. o Despacho Normativo n.º 10/97 de 6 de Fevereiro, publicado em 27 de Fevereiro, que aprova o Regulamento de Apoios à Actividade Musical de Carácter Profissional e de Iniciativa não Governamental

[467] Neste caso, seria estrutura musical convencionada, a entidade cultural que desempenhasse uma actividade regular e sistemática, de reconhecida valia cultural e artística ou cujo carácter específico de actividades concorresse para ser considerada como parceiro estratégico no desenvolvimento da música em Portugal , nos termos do artigo 4.º do Regulamento.

[468] Cf. os artigos 11.º e seguintes do Regulamento.

[469] Atribui-se financiamento a iniciativas, no domínio da música, que, pelas suas características específicas, não se enquadrem no universo dos projectos a seleccionar em concurso público. Assim, nos termos do n.º 2 do artigo 21.º, indicam-se, no elenco de tais iniciativas, os estudos e investigação, a formação e os concursos.

[470] Cf. a Lei n.º 123/99 de 17 de Abril e o respectiva regulamentação, o Decreto-Lei n.º 128/2001 de 17 de Abril.

[471] Cf. o Despacho Normativo n.º 11/2000 de 11 de Fevereiro.

Tendo em conta a necessidade de uma articulação, especialmente no domínio da difusão, com as autarquias, bem como o imperativo de promover a transparência, a ponderação e o rigor na atribuição de financiamentos, foi aprovado, em 2000, um novo regulamento de apoio às artes do espectáculo de carácter profissioonal e de iniciativa não governamental[472], que revogou o anterior e que, por sua vez, foi sendo objecto de alterações[473]. Por outro lado, tendo em conta a autonomização do Centro Português de Fotografia, houve necessidade de clarificar o acesso de entidades privadas ou de pessoas singulares aos apoios no sector da fotografia. Por isso, foi aprovado o Regulamento de Apoio à Produção Fotográfica[474] e o Regulamento de Apoio aos Arquivos de Fotografia[475].

Protagonizando as linhas de orientação política do XV Governo Constitucional, bem como a criação do Instituto das Artes, que aglutinou a intervenção do Estado no âmbito da arte contemporânea e das artes do espectáculo, foi aprovado um novo regime jurídico de apoio financeiro[476], distinguindo os programas de apoio sustentado, destinados a incentivar as actividades assentes em planos plurianuais numa estratégia de médio e longo prazos, no âmbito das artes do espectáculo, ou da gestão e programação de salas e de recintos culturais, os programas de apoio a projectos pontuais de duração não superior a um ano, destinados a incentivar o desenvolvimento de novos valores, incluindo as actividades transdisciplinares e pluridisciplinares[477]. Como este regime estabelecia que os projec-

---

[472] O Despacho Normativo n.º 23/2000 de 5 de Abril, publicado a 3 de Maio, aprova o regulamento suprira referido.

[473] O Despacho Normativo n.º 21-A/2001 de 11 de Maio, ao revogar o Despacho Normativo de 2000, institui um novo regulamento de apoio às actividades teatrais. Por seu turno, a Portaria n.º 1056/2002 de 20 de Agosto aprova o regulamento de apoio às actividades teatrais de carácter profissional e de iniciativa não governamental para o ano de 2003.

[474] Cf. o Despacho Normativo n.º 27/2001 de 31 de Maio, que aprova o Regulamento de Apoio à Produção Fotográfica Contemporânea.

[475] Cf. o Despacho Normativo n.º 25/2001 de 30 de Maio, que aprova o Regulamento de Apoio aos Arquivos e Património de Fotografia.

[476] Cf. o Decreto-Lei n.º 272/2003 de 29 de Outubro.

[477] Cf. o artigo 3.º do Decreto-Lei n.º 272/2003, a Portaria n.º 1316/2003 de 27 de Novembro que aprova o regulamento do apoio sustentado às artes do espectáculo de carácter profississional e a Portaria n.º 1332/2003 de 28 de Novembro que aprova o regulamento do apoio a projectos pontuais no âmbito das actividades transdiciplinares e pluridisciplinares de carácter profissional.

368 José Luís Bonifácio Ramos

tos pontuais, no âmbito das actividades musicais de carácter profissional, estavam sujeitos a um processo de selecção, as regras aplicáveis ao processo de selecção e ao funcionamento dos júris de concursos vieram a ser aprovados por Portaria do Ministro da Cultura[478].

Posteriormente, porque se entendeu que o regulamento aplicável às artes do espectáculo se afigurava redutor, uma vez que não abrangia todas as disciplinas artísticas, designadamente as artes visuais, porque se reconheceu que o estímulo à criação contemporânea devia favorecer a transversalidade das artes, decidiu-se revogar os preceitos que regulamentavam o Decreto-Lei n.º 272/2003[479], com consequente aprovação de um novo modelo, consagrado no regulamento de apoio a projectos pontuais de carácter profissional no domínio das artes do espectáculo e da transdisciplinaridade e pluridisciplinaridade[480]. Entretanto, o regulamento vigorou apenas durante um ano, acabando por ser revogado pelo regulamento de apoio a projectos pontuais de carácter profissional, no domínio das artes do espectáculo e das artes visuais[481].

De outro modo, reavaliando a criação, a produção e a difusão das artes, no seu conjunto, procurando colmatar fragilidades apontadas pelos agentes culturais, a nível da edição, formação artística, internacionalização e reequipamento, aprovou-se um outro regime de apoios financeiros dirigido às actividades de criação ou de programação nas áreas da arquitectura e do design, das artes digitais, das artes plásticas, da dança, da fotografia, da música, do teatro e das áreas transdisciplinares[482]. Nos termos deste regime, foram aprovados três modalidades de apoio financeiro, o apoio directo que contempla o apoio quadrienal a entidades de criação; o apoio quadrienal a festivais e mostras; os apoios bienais, os apoios a projectos pontuais; os apoios à internacionalização; os apoios complementares nas áreas de edição, formação artística; o apoio indirecto que inclui o acordo tripartido entre o Ministério da Cultura, autarquia e entidade de criação ou

---

[478] Cf. a Portaria n.º 1329/2003 de 28 de Novembro, que aprova o Regulamento de Apoio a Projectos Pontuais no âmbito das Actividades Musicais de Carácter Profissional.

[479] Trata-se dos regulamentos aprovados pelas Portarias n.º 1329/2003, n.º 1330/2003, n.º 1331/2003 e n.º 1332/2003.

[480] Aprovado pela Portaria n.º 1508/2004 de 30 de Dezembro.

[481] Aprovado pela Portaria n.º 1328/2005 de 28 de Dezembro.

[482] Cf. o Decreto-lei n.º 225/2006 de 13 de Novembro e a Portaria n.º 1321/2006 de 23 de Novembro que aprova, em anexo, o Regulamento de Apoio às Artes, com a consequente revogação da Portaria n.º 1328/2005 de 28 de Dezembro.

Direito Administrativo da Cultura   369

entidade de programação, o protocolo entre o Ministério da Cultura as e autarquias para apoio à programação, o programa Território Artes[483] e o apoio em articulação com outras políticas sectoriais, a ser objecto de regulamentação aprovada por Portaria Conjunta dos Ministros da Cultura e da respectiva área sectorial[484]. Subsequentemente, procedeu-se a uma alteração do regime[485], no sentido de operacionalizar medidas que concorressem para a promoção da actividade dos agentes culturais, a distribuição equilibrada da actividade artística pelas diferentes regiões e o acesso à fruição por parte de diversos públicos. Assim, de modo a assegurar critérios de avaliação mais rigorosos bem como promover maior equidade no acesso aos apoios e na apreciação de candidaturas, aprovou-se uma outro regime regulamentar das modalidades de apoio às artes[486].

6.6. OUTROS APOIOS

Além de apoios sectoriais no domínio do cinema e das artes do espectáculo, existiram outros regimes de apoio sectorial, a acrescer aos que eram obtidos junto do Fundo de Fomento Cultural ou do Programa Operacional da Cultura. Não pretendendo exibir exaustividade, indicaremos, apenas, os apoios que entendemos significativos.

Um dos casos foi emblemáticos, decorrente do sistema de apoio à qualificação de museus, a conceder pelo Instituto de Museus, foi representado pela estrutura de projecto denominada Rede Portuguesa de Museus, RPM, um apoio a museus não dependentes da administração central[487]. Tal apoio era composto por quatro programas principais, que integrava, ainda, diversos outros subprogramas[488], de modo a promover e a estimu-

---

[483] Cf. o Regulamento do Programa Território Artes, aprovado pela Portaria n.º 105--A/2007 de 22 de Janeiro.

[484] Cf. os arigos 4.º e seguintes do Decreto-Lei n.º 225/2006.

[485] Cf. o Decreto-Lei n.º 196/2008 de 6 de Outubro.

[486] Cf. a Portaria n.º 12004-A/2008 de 17 de Outubro, que aprova o Regulamento das Modalidades de Apoio Directo às Artes.

[487] Cf. o Despacho Normativo n.º 28/2001 de 7 de Junho, que aprova o Regulamento de Apoio à Qualificação de Museus.

[488] Os programas eram, nos termos do artigo 2.º do Regulamento, o Programa de Apoio à Programação Museológica; o Programa de Apoio à Investigação e ao Estudo das Colecções; o Programa de Apoio à Conservação Preventiva, que integra os subprogramas

370 José Luís Bonifácio Ramos

lar a adopção de padrões de qualidade, a incentivar o desenvolvimento de uma melhor gestão dos museus, a qualificação e rentabilização de recursos logísticos, técnicos e financeiros[489].

Um outro, apoiado de modo especial, é o sector do livro, através da aprovação de medidas de natureza económica e financeira[490], da atribuição de bolsas de criação literária[491], de apoio financeiro à edição de obras de literatura e cultura africanas[492], de apoio à edição de ensaio[493], à edição de obras de novos autores portugueses[494], à edição de obras de dramarturgia portuguesa contemporânea[495] ou à edição de revistas culturais[496].

Menciona-se, ainda, o Programa de Apoio à Rede de Arquivos Municipais que representou a especial incumbência do IAN/TT em apoiar as autarquias no planeamento e construção da rede de arquivos municipais[497]. Aquele Programa, cujos objectivos eram a qualificação dos arquivos, a salvaguarda e promoção do acesso ao património arquivístico, que vigorou entre 1998 e 2003[498], subordinava-se ao regime de celebração de

---

de apoio à aquisição de equipamentos para a conservação preventiva, de apoio à aquisição de equipamentos para reservas e de apoio à aquisição de serviços especializados; o Programa de Apoio a Acções de Comunicação, que integra o subprograma de apoio a acções de acolhimento e de comunicação e de apoio a projectos educativos.

[489] Cf. o artigo 3.º do Regulamento.

[490] Cf. a Resolução do Conselho de Ministros n.º 133/96 de 27 de Agosto, que aprova o Programa de Apoio ao Sector do Livro.

[491] Cf. a Portaria n.º 381/2005 de 1 de Abril, que aprova o Regulamento para Atribuição de Bolsas de Criação Literária, revogando, em consequência, a Portaria n.º 517/96 de 26 de Setembro com a redacção que lhe foi conferida pela Portaria n.º 933/98 de 28 de Outubro.

[492] Cf. o Despacho Normativo n.º 47-B/2002 de 16 de Outubro, que aprova o Regulamento de Apoio Financeiro à Edição de Obras de Literatura e Cultura Africanas.

[493] Cf. o Despacho Normativo n.º 7/2008 de 12 de Fevereiro, que aprovou o Regulamento do Programa de Apoio à Edição de Ensaio, revogando o Despacho Normativo n.º 47-A/2002 de 16 de Outubro, que aprovara o Regulamento do Apoio Financeiro à Edição de Ensaio.

[494] Cf. o Despacho Normativo n.º 9/2003 de 26 de Fevereiro, que aprova o Regulamento do Apoio Financeiro à Edição de Obras de Novos Autores Portugueses.

[495] Cf. o Despacho Normativo n.º 8/2003 de 26 de Fevereiro, que aprovou o Regulamento do Apoio Financeiro à Edição de Obras de Dramarturgia Portuguesa Contemporânea.

[496] Cf. o Despacho Normativo n.º 8/2008 de 12 de Fevereiro, que aprovou o Regulamento do Programa de Apoio a Revistas Culturais.

[497] Cf. o n.º 1 do artigo 3.º do Decreto-Lei n.º 60/97 de 20 de Março.

[498] Naquele período, entre 1998 e 2003, foram aprovadas as candidaturas de 114 municípios.

contratos-programa de natureza sectorial e plurisectorial, no quadro do sistema de incentivos orientadores de investimentos públicos de âmbito municipal e supramunicipal, no âmbito dos objectivos de política de desenvolvimento local, regional e sectorial[499].

7. CONCLUSÕES

Recordando o pressuposto de onde partimos, assumindo uma perspectiva ampla do Direito Administrativo da Cultura português, estamos cientes de que o presente estudo não esgota o objecto proposto. Sobretudo, se entendermos tal estudo fundado numa exigência de acompanhamento das mutações civilizacionais dos nossos dias, procurando aquilatar o lugar da Cultura e o lugar do Estado numa sociedade em desenvolvimento.

Pretendemos, por isso, dar destaque à origem e evolução daquele Direito da Cultura e, sobretudo, aos sectores onde tem havido sucessivas e, por vezes, contraditórias alterações, a nível estrutural e funcional, sem que as alterações almejem prosseguir uma política cultural eficaz e transparente mas representem, por vezes, oscilações circuntânciais assentes em razões de índole político-partidária ou até de protagonismo pessoal.

Além destes aspectos, cumpre sublinhar muitos outros integráveis, também eles, no domínio do Direito da Cultura, como é o caso da lei de bases da política e do regime de protecção e valorização do património cultural, da exportação e da restituição de bens culturais móveis, da protecção do património imaterial, da criação e gestão dos parques arqueológicos, da lei do património cultural subaquático, dos benefícios fiscais e estatuto do mecenato, do regime jurídico de reabilitação urbana de zonas históricas, etc.

De qualquer modo, confrontados com o debate que promove a transversalidade entre os organismos da Cultura, de modo as responder às apetências dos cidadãos, tendo em conta a propositura da reconfiguração do Ministério da Cultura e dos organisnos dele dependentes, entendemos necessário e urgente proceder ao estudo daquilo que significa, em nosso entender, o *status quo* da Cultura, na perspectiva estrutural e funcional supra-mencionada, de modo a que isso possibilite aquilatar da bondade de reformas futuras.

---

[499] Cf. o Decreto-Lei n.° 384/87 de 24 de Dezembro.

BIBLIOGRAFIA

ABREU, COUTINHO DE – *Definição de Empresa Pública*, Coimbra, 1990.

ÁLVAREZ, JOSÉ LUIS – "El Patrimonio Artístico" in *Estudios Jurídicos sobre el Patrimonio Cultural de España*, Madrid, 2004, pp. 111-126.

BOOS, SABINE – *Kulturgut als Gegenstand des grenzüberschreitenden Leihverkehrs*, Berlim, 2006.

EISELE, FRIDOLIN – *Über des Rechtsverhältniss der res publicae in publico usu nach römischen Recht*, Basel.

FECHNER, FRANK – "Prinzipien des Kulturgüterschutzes: Eine Einführung" in *Prinzipien des Kulturgüterschutzes*, Berlim, 1996, pp.11-46.

FERREIRA, PAZ – "Aspectos Gerais do Novo Regime do Sector Empresarial do Estado" in *Estudos sobre o Novo Regime do Sector Empresarial do Estado*, Coimbra, 2000, pp. 9-24.

GARRETT, ALMEIDA – *Relatório sobre a Fundação de um Teatro Nacional*, Lisboa, 1836.

GELLNER, ERNEST – *Nationalismus und Moderne*, Berlim, 1991.

HÄBERLE, PETER – "Vom Kulturstaat zum Kulturverfassunsrecht" in *Kulturstaatlichkeit und Kulturverfassungsrecht*, Vol. I, Berlim, 1982, pp. 20-36.

– *Verfassungslehre als Kulturwissenschaft,* 2.ª ed., Berlim, 1996.

– "National-verfassungsstaatlicher und universaler Kulturgüterschutz: ein Textstufervergleich" in *Prinzipien des Kulturgüterschutzes*, Berlim, 1996, pp. 91-112.

– "La Cultura Giuridica Europea" in *La Costituzione Europea: Tra Cultura e Mercato*, Roma, 1997, pp. 15-39.

– "El Jurista Europeo" in *Derecho Constitucional y Cultura: Estudios en Homenaje a Peter Häberle*, Madrid, 2004, pp. 749-766.

JAYME, ERIK – *Kunstwerk und Nation: Zuordnungsprobleme im internationalen Kulturgüterschutz*, Heidelberg, 1991.

KLEEBERG, RUDOLF, WOLFGANG EBERL – *Kulturgüter in Privatbesitz: Handbuch für das Denkmal und Steuerrecht*, Heidelber, 1990.

KÖRNER, RAIMUND – *Denkmalschutz und Eigentumsschutz*, Berlim, 1992.

MALINOWSKI, BRONISLAW – *The Scientific Theory of Culture*, Londres, 1922.

374 José Luís Bonifácio Ramos

MATOS, MANUEL CADAFAZ DE – "André de Resende (c. 1500-1573), o homem e a obra: um contributo para a sistematização dos seus trabalhos impressos até 1551" in *Algumas Obras de André de Resende(1531-1551)*, Vol. I, Lisboa, 2000, 74-105.

MAYER, OTTO – *Deutsches Verwaltungsrecht*, Vol. II, Leipzig, 1896.

MERLI, FRANZ – *Öffentliches Nutzungsrechte und Gemeingebrauch*. Viena, Nova Iorque, 1992.

OTERO, PAULO – *Poder de Substituição em Direito Administrativo: Enquadramento Dogmático-Constitucional*, Vol. I, Lisboa, 1995.

– *Legalidade e Administração Pública: O Sentido da Vinculação Administrativa à Juridicidade*, Coimbra, 2003.

PONTIER, JEAN-MARIE, CLAUDE RICCI, JACQUES BOURDON – *Droit de la Culture*, 2.ª ed., Paris, 1996.

RAMOS, J.L. BONIFÁCIO – *O Achamentos de Bens Culturais Subaquáticos,* Lisboa, 2008.

RESENDE, ANDRÉ DE – *Oratio habita Conimbricae in Gymnasio Regio*, Coimbra, 1551.

SOUSA, MARCELO REBELO DE – *Lições de Direito Administrativo*, Vol. I, Lisboa, 1999.

VICTORIA, ADORACIÓN – "Evolución Cultural de las Funciones y los Órganos del Estado" in *Derecho Constitucional y Cultura: Estudios en Homenaje a Peter Häberle,* Madrid, 2004, pp. 413-426.

WYSS, MARTIN – *Kultur als eine Dimension der Völkerrechtsordnung*, Zurique, 1993.

Cf. LEAL, Manuel da Silva, *Memorias para a Historia Ecclesiastica do Bispado da Guarda*, Lisboa, 1729, p. 7.

DIREITO ADMINISTRATIVO DOS SEGUROS

MARIA JOSÉ RANGEL DE MESQUITA

1. A ACTIVIDADE SEGURADORA E O DIREITO ADMINISTRATIVO DOS SEGUROS EM PORTUGAL: BREVE EVOLUÇÃO HISTÓRICA

O desenvolvimento do seguro e da legislação em matéria de seguros em Portugal encontra-se relacionado com o desenvolvimento do comércio marítimo, o qual impulsionou a evolução do seguro marítimo a partir de finais do século XIII. As etapas fundamentais do desenvolvimento do seguro e do direito dos seguros foram, sucessivamente, a criação da Sociedade de Mercadores Portugueses (1293) e da Companhia das Naus (1367). Diversas leis em matéria de seguros foram aprovadas no século seguinte, tendo Pedro de Santarém, em 1552, sido autor do primeiro tratado de seguros. A legislação relevante subsequente em matéria de contrato de seguro surge no século XIX, com a aprovação dos Códigos Comerciais de 1833 e de 1888. A legislação mais relevante relativa à indústria seguradora surge no início do século XX com a aprovação do Decreto de 21 de Outubro de 1907 que, entre outros aspectos, visava o controlo da actividade seguradora e das empresas de seguros através do Conselho de Seguros. Posteriormente, entre 1929 e 1965, foram aprovados vários actos legislativos em matéria de seguros. Após revolução de 1974 verificou-se a nacionalização das empresas de seguros e a supervisão da actividade seguradora foi cometida a diversas entidades públicas como a Inspecção-Geral de Seguros e o Instituto Nacional de Seguros substituído, no início da década de oitenta, pelo Instituto de Seguros de Portugal (ISP). Entretanto as empresas de seguros foram objecto de privatização e passaram a integrar de novo o sector privado – mantendo-se no entanto a supervisão pública do sector[1].

---

[1] Sobre a evolução histórica dos seguros veja-se, por todos, J. C. MOITINHO DE-

2. AS FONTES DE DIREITO

As fontes jurídicas relevantes em matéria de actividade seguradora e respectiva regulamentação podem encontrar-se quer na ordem jurídica interna, quer nas ordens jurídicas internacional e da União Europeia (UE).

2.1. AS FONTES JURÍDICO-INTERNACIONAIS

Em matéria de seguros e de actividade seguradora as fontes jurídico-internacionais apresentam uma relevância predominantemente indirecta. As categorias de fontes jurídico-internacionais relevantes são no essencial: i) os tratados internacionais celebrados pelo Estado Português de participação em organizações internacionais cujo conteúdo tem incidência em matéria de seguros e de actividade seguradora; ii) os actos de direito derivado aprovados por órgãos de organizações internacionais de que Portugal é membro cujo conteúdo tem também incidência em matéria de seguros; iii) as convenções internacionais celebradas entre Estados no quadro de organizações internacionais, de que Portugal é membro, com incidência em matéria de seguros; iv) as convenções internacionais celebradas entre sujeitos de direito não estaduais, com ou sem natureza pública, com idêntica incidência no domínio dos seguros e da actividade seguradora.

Na primeira categoria enquadra-se a título principal o Tratado instituivo da Comunidade Europeia (Tratado CE), mas também o Tratado instituivo da Organização das Nações Unidas (ONU) enquanto texto habilitante da actuação de órgãos cujos actos de direito derivado têm incidência em matéria de um dado ramo dos seguros.

Na segunda categoria enquadra-se a título principal o direito derivado aprovado pelos órgãos competentes da Comunidade Europeia – de índole obrigatória e não obrigatória, incluindo a jurisprudência dos tribunais comunitários – e, ainda, o direito derivado aprovado no quadro da ONU – em concreto resoluções aprovadas pelo sub-comité dos transportes terrestres e, posteriormente, pelo grupo de trabalho dos transportes terrestres da Comissão Económica para a Europa da ONU[2].

ALMEIDA, *O Contrato de Seguro no Direito Português e Comparado,* Lisboa, Sá da Costa, 1971, pp. 5-10, e PEDRO ROMANO MARTINEZ, *Direito dos Seguros,* Cascais, Principia, 2006, pp. 27-31.

[2] É o caso das chamadas «Recomendações de Genebra» que constituem a base jurí-

Na terceira categoria enquadram-se as convenções celebradas entre Estados membros da Comunidade Europeia para a prossecussão dos objectivos previstos do Tratado CE, em particular em matéria de reconhecimento e execução recíprocos das decisões judiciais e arbitrais[34] ou de direito internacional privado, em particular sobre a lei aplicável às obrigações contratuais (Roma I)[5] – não obstante a sua perda de relevância progressiva devida à adopção de actos de direito comunitário derivado obrigatórios (regulamentos) sobre tais matérias[6].

Por último, na quarta categoria referida incluem-se em particular, no domínio do seguro automóvel, as convenções internacionais celebradas entre Fundos de Garantia ou organismos de indemnização dos Estados membros da União Europeia ou as convenções internacionais subscritas

dico-internacional do Sistema de Certificado Internacional de Seguro Automóvel (Carta Verde): Recomendação N.° 5 adoptada em 25 de Janeiro de 1949 pelo Sub-Comité dos Transportes Terrestres, Resolução N.° 43 adoptada em 5 de Junho de 1952 pelo Sub-Comité dos Transportes Terrestres da Comissão Económica para a Europa da ONU e, posteriormente, do Anexo 2 da resolução de conjunto sobre a facilitação dos transportes rodoviários adoptada na 74.ª sessão (especial) do Grupo de trabalho dos transportes terrestres de 25-29 de Junho de 1984. Sobre a génese e evolução do Sistema de Carta Verde v. ADRIANO GARÇÃO SOARES, JOSÉ MAIA DOS SANTOS e MARIA JOSÉ RANGEL DE MESQUITA, *Seguro Obrigatório de Responsabilidade Civil Automóvel. Direito Nacional. Direito da União Europeia. O Sistema de Carta Verde*, 3.ª ed., Coimbra, Almedina, 2006, pp. 727-750.

[3] Cf. art. 293.°, 4.° travessão, do Tratado CE.

[4] Vide a Convenção de Bruxelas de 27 de Setembro de 1968 relativa à competência judiciária e à execução de decisões em matéria civil e comercial e a Convenção de Lugano de 16 de Setembro de 1988 relativa à competência judiciária e à execução de decisões em matéria civil e comercial – esta última celebrada entre os Estados membros da CE e os Estados da EFTA. Posteriormente o Regulamento (CE) n.° 44/2001/CE do Conselho, de 22 de Dezembro de 2000, relativo à competência judiciária, ao reconhecimento e à execução de decisões em matéria civil e comercial (Bruxelas I), que entrou em vigor em 1 de Março de 2002, substituiu entre os Estados membros a referida Convenção de Bruxelas (cf. art. 68.°) – vide a respectiva secção 3 em matéria de seguros.

[5] Vide a Convenção de Roma de 19 de Junho de 1980 sobre a lei aplicável às obrigações contratuais.

[6] É o caso do Regulamento (CE) n.° 593/2008 do Parlamento Europeu (PE) e do Conselho de 17 de Junho de 2008 sobre a lei aplicável às obrigações contratuais (Roma I) que se aplicará a partir de 17/12/2009 – com excepção do art. 26.° que se aplicará a partir de 17/6/2009. Vide em especial o art. 7.° do Regulamento que versa sobre a lei aplicável ao contrato de seguro. É de referir também o Regulamento (CE) n.° 864/2007 do PE e do Conselho de 11 de Julho de 2007 em matéria de lei aplicável às obrigações não contratuais (Roma II) aplicável a partir de 11/1/2009 – com excepção do seu art. 29.° que é aplicável desde 11/7/2008.

378 Maria José Rangel de Mesquita

pelos serviços nacionais de seguros – quer no quadro da Ordem jurídica comunitária e do mercado interno, quer no quadro do Sistema de Certificado Internacional de Seguro Automóvel, que funciona sob a égide da Comissão Económica para Europa da ONU[7].

As fontes jurídico-internacionais relevantes em matéria de direito dos seguros não se reconduzem, pois, a fontes jurídico-comunitárias, e a sua relevância na ordem jurídica interna deve ser, em última análise, enquadrada de acordo com as regras constitucionais vigentes que versam sobre as relações internacionais e o Direito internacional[8].

2.2. AS FONTES JURÍDICO-COMUNITÁRIAS

As fontes jurídico-comunitárias, não obstante a sua origem internacional, merecem uma referência específica em virtude da particular relevância que assumem no ordenamento jurídico interno e, assim, na conformação da ordem jurídica nacional em matéria de regulação da actividade seguradora e dos seguros em geral.

Ao nível da ordem jurídica da União Europeia, e para além das disposições de Direito originário relevantes contidas no Tratado da Comunidade Europeia[9], a principal fonte de direito em matéria de actividade seguradora, respectivo exercício e regulação, encontra-se em actos de Direito comunitário derivado, quer de natureza vinculativa, quer de índole não obrigatória – em especial actos vinculativos de harmonização (directivas) aprovados no âmbito da concretização do mercado interno[10]. Não obs-

---

[7] É o caso do Acordo entre Serviços Nacionais de Seguros dos Estados membros do Espaço Económico Europeu (EEE) e outros Estados associados de 30 de Maio de 2000 (depois publicado em anexo à Decisão da Comissão de 28 de Julho de 2003 (2003/564/CE)) e do Regulamento Geral do Conselho dos Serviços Nacionais de Seguros de 30 de Maio de 2002, aprovado pela Assembleia Geral do Conselho de Gabinetes, entidade gestora do Sistema de Certificado Internacional de Seguro Automóvel, também conhecido por Sistema de Carta Verde – e de igual modo publicado em anexo à referida Decisão da Comissão 2003/564/CE (v. MARIA JOSÉ RANGEL DE MESQUITA, *O Regulamento Geral e a protecção das vítimas da circulação comunitária e internacional de veículos automóveis*, in *Cadernos de Direito Privado*, N.° 6 (2004), p. 16 e ss.

[8] Cf. arts. 7.° e 8.° da Constituição da República Portuguesa (CRP).

[9] Salientem-se em especial as disposições relativas à liberdade de estabelecimento e à livre prestação de serviços – art. 43.° e ss. e art. 49.° e ss.

[10] Veja-se, sobre o direito europeu dos seguros, por todos, ANGELO JANUZZI, *L'assicurazione nel mercato único europeo*, Milano, Giuffrè, 1989; GUY LEVIE, *Droit Européen*

Direito Administrativo dos Seguros 379

tante, o regulamento tem assumido uma relevância progressiva em matéria de realização do mercado único dos seguros e, ainda, em matéria de direito internacional privado e de competência judiciária e de execução de decisões jurisdicionais – alguns substituindo, entre os Estados membros, diversas convenções internacionais anteriores.

O Direito Comunitário dos seguros vigente[11] pode reconduzir-se a três áreas fundamentais: em primeiro lugar, os actos destinados à coordenação das disposições legislativas, regulamentares e administrativas respeitantes ao acesso e ao exercício da actividade de seguro directo, «Não Vida» e «Vida»[12], e à supressão das restrições à liberdade de estabelecimento e à livre prestação de serviços (LPS) em matéria de seguro directo, de resseguro e retrocessão[13] e, ainda, de mediação de seguros[14]; em

---

des Assurances, Bruxelles, Bruylant, 1992, JEAN BIGOT et al., *Traité de Droit des Assurances, Tome I, Entreprises et Organismes d'Assurance,* 2.ª ed., Paris, LGDJ, 1996, p. 585 e ss., YVONNE LAMBERT-FAIVRE, *Droit des Assurances,* 12.ª ed., Paris, Dalloz, 2005, p. 83 e ss., PILAR BLANCO-MORALES LIMONES e JORDI CARBONELL PUIG, *La Actividad Aseguradora en el Espacio Economico Europeo,* Madrid, Colex, 2002, e, na doutrina portuguesa, ANTÓNIO MENEZES CORDEIRO, *Manual de Direito Comercial,* 2.ª ed., Coimbra, Almedina, 2009, p. 736 e ss., JOSÉ CARAMELO GOMES, *Direito Comunitário dos Seguros,* Lusíada, n.os 1 e 2, 1999, p. 545 e ss. e JOSÉ VASQUES, *Direito dos Seguros,* Coimbra, Coimbra Editora, 2005, pp. 29-60.

[11] O Direito comunitário vigente em matéria de actividade seguradora pode ser consultado no sítio na internet da União Europeia (http://europa.eu) – v. Eur-Lex, Repertório da legislação comunitária vigente, 06.20.20.10 (Direito de estabelecimento e livre prestação de serviços/Aplicação sectorial/Actividades de serviços/Seguros). O número de actos e Direito Comunitário vigente em matéria de seguros ascende a trinta e oito.

[12] Respectivamente Directivas 73/239/CEE do Conselho, de 24/7/1973, 88/357/CEE do Conselho, de 22/6/1988 e 92/49/CEE do Conselho, de 18/6/1992, relativas à coordenação das disposições legislativas, regulamentares e administrativas respeitantes ao acesso à actividade de seguro Não Vida e ao seu exercício (com as alterações introduzidas pelas Directivas 95/26/CE, do PE e do Conselho, de 29/6/1995, 2000/64/CE, do PE e do Conselho, de 7/11/2000, 2002/87/CE, do PE e do Conselho de 16/12/2002, 2005/1/CE, do PE e do Conselho de 9/3/2005, 2005/68/CE, do PE e do Conselho de 16/11/2005, e 2007/44/CE, do PE e do Conselho de 5/9/2007) e Directiva 2002/83/CE, do PE e do Conselho, de 5/11/2002, relativa aos seguros de Vida (com as alterações introduzidas pelas Directivas 2004/66/CE, do Conselho, de 26/4/2004, 2005/1/CE, do PE e do Conselho de 9/3/2005, 2005/68/CE, do PE e do Conselho de 16/11/2005, 2006/101/CE, do PE e do Conselho, de 20/11/2006, 2007/44/CE, do PE e do Conselho de 5/9/2007, e 2008/19/CE do PE e do Conselho de 11/3/2008.

[13] Directiva 64/225/CEE, do Conselho, de 25/2/1964, relativa à supressão das restrições à liberdade de estabelecimento e à livre prestação de serviços, em matéria de seguro

380   Maria José Rangel de Mesquita

segundo lugar os actos de direito derivado que visam a aproximação das legislações dos Estados membros respeitantes a ramos específicos dos seguros «Não Vida» – é o caso do seguro obrigatório de responsabilidade civil automóvel[15], do seguro de protecção jurídica[16] ou da assistência[17];

---

e retrocessão e Directiva 2005/68/CE do PE e do Conselho de 16/11/2005, relativa ao resseguro e que altera as Directivas 73/239/CEE e 92/49/CEE do Conselho, assim como as Directivas 98/78/CE e 2002/83/CE.

[14] Directiva 2002/92/CE, do PE e do Conselho, de 9/1/2002, relativa à mediação de seguros.

[15] Directivas 72/166/CEE do Conselho, de 24/4/1972, relativa à aproximação das legislações dos Estados membros respeitantes ao seguro de responsabilidade civil que resulta da circulação de veículos automóveis e à fiscalização do cumprimento da obrigação de segurar esta responsabilidade, Segunda Directiva 84/5/CEE do Conselho, de 30/12/1983, relativa à aproximação das legislações dos Estados membros respeitantes ao seguro de responsabilidade civil que resulta da circulação de veículos automóveis, Terceira Directiva 90/232/CEE do Conselho, de 14/5/1990, relativa à aproximação das legislações dos Estados membros respeitantes ao seguro de responsabilidade civil que resulta da circulação de veículos automóveis, Directiva 90/618/CEE do Conselho, de 8/11/1990 que altera, em especial no que respeita ao seguro de responsabilidade civil automóvel, a Directiva 73/239/CEE e a Directiva 88/357/CEE, relativas à coordenação das disposições legislativas, regulamentares e administrativas respeitantes ao seguro directo não vida, Directiva 2000/26/CE do PE e do Conselho, de 16/5/2000, relativa à aproximação das legislações dos Estados membros respeitantes ao seguro de responsabilidade civil que resulta da circulação de veículos automóveis e que altera as Directivas 73/239/CEE e 88/357/CEE do Conselho (Quarta Directiva automóvel), Directiva 2005/14/CE do PE e do Conselho de 11/5/2005, que altera as Directivas 72/166/CEE, 84/5/CEE, 88/357/CEE e 90/232/CEE do Conselho e a Directiva 2000/26/CE do PE e do Conselho relativas ao seguro de responsabilidade civil resultante da circulação de veículos automóveis (Quinta directiva automóvel); Decisão da Comissão 2003/20/CE, de 27/12/2002, respeitante à aplicação do artigo 6.º da Directiva 2000/26/CE do PE e do Conselho relativa à aproximação das legislações dos Estados membros respeitantes ao seguro de responsabilidade civil que resulta da circulação de veículos automóveis e que altera as Directivas 73/239/CEE e 88/357/CEE do Conselho, Decisão da Comissão 2003/564/CE de 28/7/2003, sobre a aplicação da Directiva 72/166/CEE do Conselho relativamente à fiscalização do seguro de responsabilidade civil que resulta da circulação de veículos automóveis, Decisão da Comissão 2004/332/CE, de 2/4/2004, sobre a aplicação da Directiva 72/166/CEE do Conselho relativamente à fiscalização do seguro de responsabilidade civil que resulta da circulação de veículos automóveis, Decisão da Comissão 2005/849/CE de 29/11/2005, relativa à aplicação da Directiva 72/166/CEE do Conselho no que se refere à fiscalização do seguro de responsabilidade civil que resulta da circulação de veículos automóveis; Recomendação 74/165/CEE da Comissão de 6/2/1974, aos Estados membros, relativa à aplicação da Directiva do Conselho, de 24 de Abril de 1974, relativa à aproximação das legislações dos Estados membros respeitantes ao seguro de responsabilidade civil que resulta da circulação de veículos automóveis e à fiscalização

Direito Administrativo dos Seguros 381

em terceiro lugar os actos de direito derivado em matéria financeira, incluindo os actos de direito derivado em matéria de contas anuais e contas consolidadas das empresas de seguros, de fiscalização complementar das empresas de seguros que fazem parte de um grupo segurador, de saneamento e liquidação das empresas de seguros e de supervisão complementar de empresas de seguros[18].

Ao Direito Comunitário que versa sobre as três referidas áreas acrescem alguns actos de direito derivado em matéria de co-seguro comunitário[19], de estatísticas dos serviços de seguros[20] e de criação de Comités

---

do cumprimento da obrigação de segurar esta responsabilidade e Recomendação 81/76/CEE da Comissão de 8/1/1981, relativa à aceleração da regularização de sinistros no âmbito do seguro de responsabilidade civil que resulta da circulação de veículos automóveis. Sobre a harmonização relativa ao seguro automóvel obrigatório vide ADRIANO GARÇÃO SOARES, JOSÉ MAIA DOS SANTOS e MARIA JOSÉ RANGEL DE MESQUITA, *Seguro...,* pp. 535-538, 544-545, 554-557, 563-564, 575-580, 595-606 e 621-635.

[16] Directiva 87/344/CEE do Conselho de 22/6/1987, relativa à coordenação das disposições legislativas, regulamentares e administrativas respeitantes ao seguro de protecção jurídica.

[17] Directiva 84/641/CEE do Conselho, de 10/12/1984, que altera, no que diz respeito, nomeadamente à assistência turística, a Primeira Directiva (73/239/CEE) relativa à coordenação das disposições legislativas, regulamentares e administrativas respeitantes ao acesso à actividade de seguro directo não vida e ao seu exercício.

[18] Respectivamente Directiva 91/674/CEE do Conselho de 19/12/1991, relativa às contas anuais e às contas consolidadas das empresas de seguros (com as alterações introduzidas pelas Directivas 2003/51/CE, do PE e do Conselho de 18/6/03 e 2006/46/CE, do PE e do Conselho de 14/6/2006); Directiva 98/78/CE, do PE e do Conselho, de 27/10/98, relativa à fiscalização suplementar das empresas de seguros que fazem parte de um grupo segurador; Directiva 2001/17/CE do PE e do Conselho de 19/3/2001, relativa ao saneamento e à liquidação das empresas de seguros; e Directiva 2002/87/CE do PE e do Conselho, de 16/12/2002, relativa à supervisão complementar de instituições de crédito, de empresas de seguros e empresas de investimento de um conglomerado financeiro e que altera as Directivas 73/239/CEE, 79/267/CEE, 92/49/CEE, 92/96/CEE, 93/6/CEE e 93/22/CEE do Conselho e as Directivas 98/78/CE e 2000/12/CE do PE e do Conselho – alterada pela Directiva 2005/1/CE, do PE e do Conselho de 9/3/2005 – e introduzida na ordem jurídica portuguesa pelo Decreto-Lei n.º 145/2006, de 31 de Julho, que alterou, entre outros, o Decreto-Lei n.º 94-B/98, de 17 de Abril.

[19] Directiva 78/473/CEE, do Conselho, de 30/5/1978, relativa à coordenação das disposições legislativas, regulamentares e administrativas em matéria de co-seguro comunitário.

[20] Regulamentos (CE) n.º 1225/1999 da Comissão de 27/5/1999, relativo à definição das características das estatísticas dos serviços de seguros, n.º 1226/1999 da Comissão de 28/5/1999, sobre as derrogações a conceder relativamente às estatísticas dos serviços de

382   Maria José Rangel de Mesquita

especializados em certos domínios dos seguros – é o caso do Comité dos Seguros, do Comité das Autoridades Europeias de Supervisão dos Seguros e Pensões Complementares de Reforma e do Comité Europeu dos Seguros e Pensões Complementares de Reforma[21];

No tocante à legislação comunitária em matéria de acesso e exercício da actividade de seguro directo, «Não Vida» e «Vida», saliente-se que a evolução registada se processou em três etapas fundamentais assentes nas correspondentes três «gerações» de directivas: i) a garantia da liberdade de estabelecimento, através da harmonização das condições de acesso à actividade seguradora sujeita a um regime de autorização outorgada nos vários Estados membros de acordo com condições jurídicas e financeiras similares e através de um procedimento uniforme; ii) a garantia da livre prestação de serviços através da harmonização das condições de exercício da actividade em LPS; e, finalmente, a instituição de um sistema de autorização única para o exercício da actividade, sob a forma de estabelecimento ou de livre prestação de serviços, na totalidade do território comunitário e mediante sujeição ao controlo do Estado membro de origem (*home country control*)[22].

Portugal, enquanto Estado membro da União Europeia observa, pois, as regras comunitárias aprovadas em matéria de actividade seguradora no quadro do mercado interno, com incidência nos vários domínios relacionados com a actividade seguradora e os seguros – pelo que todos os actos de direito comunitário derivado sucessivamente aprovados no quadro da realização do mercado interno dos seguros têm sido acolhidos no direito interno, por via dos respectivos actos de transposição e com tradução em actos legislativos de direito interno em matéria de actividade seguradora.

---

seguros, n.º 1227/1999 da Comissão, de 28/5/1999, relativo ao formato técnico para a transmissão das estatísticas dos serviços de seguros e n.º 1228/1999 da Comissão, de 28/5/1999, relativo à séries de dados a produzir para as estatísticas dos serviços de seguros.

[21] Respectivamente Directiva 91/675/CEE do Conselho de 19/12/1991, que cria um comité dos seguros; Decisão da Comissão 2004/6/CE de 5/11/2003, que institui o Comité das Autoridades Europeias de Supervisão dos Seguros e Pensões Complementares de Reforma e Decisão da Comissão 2004/9/CE de 5/11/2004, que institui o Comité Europeu dos Seguros e Pensões Complementares de Reforma.

[22] Vide, quanto a estas etapas do mercado interno dos seguros, por todos, F. LOHÉAC, *Avant-propos,* in **Codification CEA des Directives européennes sur l'Assurance**, Paris, CEA, 1994, pp. 4-8.

Direito Administrativo dos Seguros

2.3. As fontes internas

Ao nível da ordem jurídica interna, e sem prejuízo das disposições constitucionais relevantes, quer em matéria de organização económica quer em matéria de disciplina da competência legislativa em matéria de actividade seguradora, o enquadramento jurídico específico da actividade seguradora encontra-se ao nível infraconstitucional.

2.3.1. Enquadramento jurídico-constitucional

Ao nível constitucional, as disposições relevantes da Constituição Portuguesa em matéria de actividade seguradora prendem-se, por um lado, com a organização económica e, por outro, com a competência dos órgãos de soberania – e forma dos actos respectivos – para aprovação de actos legislativos em matéria de seguros e de actividade seguradora.

Em matéria de disposições constitucionais sobre a organização económica, são de referir em especial as relativas aos sectores de propriedade dos meios de produção e às empresas privadas[23] – a primeira, garantindo a coexistência de três sectores de propriedade dos meios de produção (sectores público, privado e cooperativo); a segunda definindo o papel do Estado relativamente às empresas privadas.

Outras disposições afiguram-se ainda, em termos genéricos, relevantes, como é o caso das referentes a Direitos dos consumidores (art. 60.º), Iniciativa privada, cooperativa e autogestionária (art. 61), Direito de propriedade privada (art. 62.º), Cooperativas e experiências de autogestão (art. 85.º), Actividade económica e investimentos estrangeiros (art. 87.º), Relações internacionais (art. 7.º, n.º 6) e Direito Internacional (art. 8.º, n.ºs 2, 3 e 4).

Quanto à competência para a aprovação de actos legislativos em matéria de seguros e de actividade seguradora, esta incumbe, de acordo com a Constituição vigente, ao Governo, na medida em que não se enquadre na reserva de competência, absoluta ou relativa, da Assembleia da República[24] – sem prejuízo, neste último caso, de autorização legislativa

---

[23] Cf. arts. 82.º e 86.º da Constituição da República Portuguesa.
[24] Cf. art. 198.º, 1, a), da CRP.

384   Maria José Rangel de Mesquita

nos termos constitucionalmente previstos[25]. É o que sucede, em especial, em matéria de ilícitos de mera ordenação social imputáveis às empresas de seguros e outras entidades sujeitas à supervisão do ISP, matéria que se enquadra na reserva relativa de competência legislativa da Assembleia da República[26].

2.3.2. As fontes infra-constitucionais

Ao nível infra-constitucional o direito relevante vigente em matéria de actividade seguradora e respectiva regulação encontra-se em duas categorias de fontes principais: actos legislativos do Governo e direito regulamentar aprovado quer pela autoridade de supervisão[27], quer pelo Governo – não obstante a menor relevância deste último[28].

Os diplomas fundamentais em vigor aprovados pelo Governo são desde logo o diploma relativo à autoridade de supervisão do sector, o Instituto de Seguros de Portugal[29] e o diploma relativo ao acesso e exercício da actividade seguradora e resseguradora – Decreto-Lei n.º 94-B/98, de 17 de Abril[30-31-32]. A estes se deve acrescentar o diploma que regula a cons-

---

[25] Cf. art. 165.º, 1, e 198.º, 1, b), e 3, da CRP.

[26] Cf. art. 165.º, d), da CRP.

[27] O direito regulamentar aprovado pelo ISP abrange todas as áreas contidas nas respectivas atribuições e competências, e o direito e vigor, por área sujeita à sua supervisão, pode ser consultado no respectivo sítio na internet (http://www.isp.pt).

[28] A intervenção do Governo tem em regra lugar através de portaria ministerial ou despacho conjunto.

[29] Decreto-Lei n.º 289/2001, de 13 de Novembro, doravante designado por Estatuto do ISP.

[30] Este diploma foi sucessivamente modificado pelos Decreto-Lei n.º 8-C/2002, de 11 de Janeiro, Decreto-Lei n.º 169/2002, de 25 de Julho, Decreto-Lei n.º 72-A/2003, de 14 de Abril, Decreto-Lei n.º 90/2003, de 30 de Abril, Decreto-Lei n.º 251/2003, de 14 de Outubro (que o republicou) e, ainda, Decreto-Lei n.º 76-A/2006, de 29 de Março, Decreto-Lei n.º 145/2006, de 31 de Julho, Decreto-Lei n.º 291/2007, de 21 de Agosto, Decreto-Lei n.º 357-A/2007, de 31 de Outubro, Decreto-Lei n.º 72/2008, de 16 de Abril, Decreto-Lei n.º 211-A/2008, de 3 de Novembro, e, finalmente, Decreto-Lei n.º 2/2009 de 5 de Janeiro, que republicou em anexo o Decreto-Lei n.º 94-B/98, de 17 de Abril, com a redacção actual.

[31] Este diploma regula as condições de acesso e exercício da actividade seguradora e resseguradora: no território da União Europeia por empresas de seguros com sede social em Portugal; em território português por empresas de seguros sediadas noutros Estados membros da União Europeia – ou Estados que tenham celebrado acordos de associação

Direito Administrativo dos Seguros   385

tituição e o funcionamento dos fundos de pensões e das entidades gestoras de fundos de pensões – Decreto-Lei n.° 12/2006 de 20 de Janeiro[33] –, bem como o diploma que regula as condições de acesso e de exercício da actividade de mediação de seguros ou de resseguros no território da União Europeia, por pessoas singulares ou colectivas, respectivamente, residentes ou cuja sede social de situe em Portugal – Decreto-Lei n.° 144/2006, de 31 de Julho[34].

O diploma que aprovou o Regime jurídico do contrato de seguro, que entrou em vigor em 1 de Janeiro de 2009[35], passou a conter também algumas disposições relevantes em matéria de direito administrativo dos seguros na medida em que, apesar de regular um instrumento jurídico – contrato de seguro – em regra sujeito ao princípio da autonomia da vontade e da liberdade contratual estabelece normas *absolutamente* imperativas que não admitem convenção em sentido contrário conformando a vontade das partes e limitando a sua liberdade contratual[36] e, ainda, disposições *relativamente* imperativas quanto aos seguros de massa – as quais admitem apenas a estipulação de um regime *mais favorável* ao tomador do seguro, ao segurado ou ao beneficiário da prestação do seguro[37]. Após a entrada em vigor deste diploma, e não obstante a sua relevante função codificadora – e revogatória de vários diplomas em vigor à data da sua aprovação – subsistem em vigor um conjunto de diplomas, de carácter geral ou especial no

---

com a União Europeia; em território português por sucursais de empresas de seguros com sede social fora do território da União Europeia; e, ainda, no território de Estados não membros da União Europeia por sucursais de empresas de seguros com sede em Portugal (cf. art. 1.°, n.os 1 a 4).

[32] Doravante referido como DL n.° 94-B/98.

[33] Modificado pelo Decreto-Lei n.° 180/2007, de 9 de Maio e pelo Decreto-Lei n.° 357-A/2007, de 31 de Outubro.

[34] Modificado pelo Decreto-Lei n.° 359/2007, de 2 de Novembro. Vide ainda, a Norma do ISP N.° 17/2006-R, de 29/12, modificada pelas Normas n.os 7/2007-R, de 31/5, 13/2007-R, de 26/7 e 19/2007-R, de 31/12.

[35] Decreto-Lei n.° 72/2008, de 16 de Abril.

[36] Cf. art. 12.° do Decreto-Lei n.° 72/2008, de 16 de Abril. O legislador relativamente a algumas das disposições absolutamente imperativas admite, nos seguros de grandes riscos, convenção em sentido contrário – apenas no tocante aos artigos 59.° (Cobertura dos riscos) e 61.° (Falta de pagamento do prémio do seguro).

[37] Cf. art. 13.° do Decreto-Lei n.° 72/2008, de 16 de Abril. A imperatividade relativa não se aplica aos seguros de grandes riscos.

386 Maria José Rangel de Mesquita

quadro de determinado ramo dos seguros, ou que versam em concreto sobre os contratos e operações dos ramos Não Vida e Vida.

De entre tais diplomas são de salientar, quanto à primeira categoria, o diploma que estabelece regras em matéria de transparência para a actividade seguradora e disposições relativas ao Regime jurídico do contrato de seguro[38], e o diploma que institui regras destinadas a assegurar uma maior transparência em matéria de sobresseguro nos contratos de seguro (automóvel que incluam coberturas facultativas relativas aos danos próprios sofridos pelos veículos seguros) [39].

Quanto à segunda categoria é de mencionar que ao nível infra-constitucional vigora um conjunto alargado de diplomas relativos a contratos de seguros de diversos ramos Não Vida: desde o seguro marítimo, ainda regulado pelo Código Comercial[40], até ao seguro de crédito e caução[41] e seguro de investimento[42], passando pelos seguros (obrigatórios[43]) de responsabilidade civil automóvel[44], de incêndio, de acidentes de trabalho, entre outros, ou de colheitas.

Por último, o conjunto do direito regulamentar aprovado pela autoridade de supervisão assume uma importância fundamental no quadro das fontes de direito administrativo dos seguros, incidindo sobre todas as áreas sujeitas à sua intervenção – acesso e exercício da actividade seguradora e resseguradora, da actividade de gestão de fundos de pensões e de mediação de seguros. A autoridade de supervisão tem ainda competência para aprovar outras fontes vinculativas, como é o caso das instruções vinculativas, e fontes não vinculativas, como é o caso das circulares também em todos os domínios abrangidos no âmbito da sua intervenção[45].

---

[38] Decreto-Lei n.º 176/95, de 26 de Julho. Deste diploma mantêm-se em vigor apenas os artigos 5.º-A, 6.º e 7.º, respectivamente sobre Instrumentos de captação de aforro estruturado, Divulgação das condições tarifárias (em matéria de seguro automóvel obrigatório) e Publicidade.

[39] Decreto-Lei n.º 214/97, de 16 de Agosto.

[40] Artigos 595.º a 615.º do Código Comercial.

[41] Decreto-Lei n.º 183/88, de 24 de Maio.

[42] Decreto-Lei n.º 295/2001, de 21 de Novembro.

[43] A lista actualizada dos seguros obrigatório – e, se existirem, das respectivas cláusulas uniformes aprovadas pelo ISP – pode ser consultada no sítio na internet do ISP (http://www.isp.pt).

[44] Decreto-Lei n.º 291/2007, de 21 de Agosto, alterado pelo Decreto-Lei n.º 153/2008, de 6 de Agosto.

[45] Quanto a outras fontes vide JOSÉ VASQUES, *Direito...*, pp. 25-27, que se refere,

Direito Administrativo dos Seguros 387

3. O ÂMBITO DO DIREITO ADMINISTRATIVO DOS SEGUROS

3.1. O ÂMBITO SUBJECTIVO

O âmbito subjectivo do direito dos seguros apresenta-se tripartido em função dos diversos intervenientes – ou potenciais intervenientes – num contrato de seguro: *grosso modo* a parte que assume a cobertura (ou o resseguro) de um dado risco mediante o recebimento de um prémio, a parte que transfere o risco para aquela mediante o pagamento de um prémio e ainda, se existir, o intermediário entre tais partes. O âmbito subjectivo do direito dos seguros abrange, pois, quer as empresas de seguros e de resseguros[46], quer o tomador do seguro – em regra simultaneamente segurado e beneficiário – e, ainda os mediadores de seguros ou de resseguros.

O âmbito subjectivo do direito dos seguros abrange, ainda, as entidades que têm por objecto a gestão de fundos colectivos de pensões, que se enquadra nas «operações» abrangidas no ramo dos seguros Vida[47] – mas que é objecto de um regime jurídico especial[48].

---

designadamente, aos usos e à equidade, e PEDRO ROMANO MARTINEZ, *Direito...,* p. 40, quanto aos usos do sector segurador.

[46] Após as alterações introduzidas no Decreto-Lei n.º 94-B/98, de 17 de Abril, pelo Decreto-Lei n.º 2/2009, de 5 de Janeiro, justifica-se o tratamento autónomo das empresas de seguros e das empresas de resseguros. Com efeito, o último daqueles diplomas, procedendo à transposição da Directiva n.º 2005/68/CE do Conselho de 16 de Novembro, procedeu também à autonomização daqueles conceitos – não obstante o legislador português já anteriormente estender o regime aplicável às empresas de seguros às empresas de resseguros, mas através de um alargamento do conceito. A autonomização operada, apesar de assentar no essencial na aplicação às resseguradoras, com as devidas adaptações, do regime aplicável às empresas de seguro directo, vem consagrar algumas especificidades de regime jurídico – *infra,* § 6.

[47] Cf. o art. 124.º, 5) e 6) do Decreto-Lei n.º 94-B/98, de 17 de Abril.

[48] Sublinhe-se que as empresas de seguros e as sociedades gestoras de fundos de pensões não são consideradas «sociedades financeiras» para efeitos do disposto no Regime Geral das Instituições de Crédito e Sociedades Financeiras, aprovado pelo Decreto-Lei n.º 298/92, de 31 de Dezembro, o qual foi republicado em anexo ao Decreto-Lei n.º 1/2008, de 3 de Janeiro (cf. art. 6.º, n.º 3, do Decreto-Lei n.º 298/92, de 31 de Dezembro).

388 Maria José Rangel de Mesquita

3.1.1. A empresa de seguros

A *empresa de seguros*, também designada por *seguradora*, é definida pelo legislador como «qualquer empresa que tenha recebido uma autorização administrativa para o exercício da actividade seguradora e resseguradora» – assim dispõe o artigo 2.º, n.º 1, b), do Decreto-Lei n.º 94-B/98, de 17 de Abril.

A actividade seguradora em Portugal só pode ser exercida pelas entidades expressamente elencadas na lei: i) sociedades anónimas autorizadas a exercer a actividade seguradora; ii) mútuas de seguros autorizadas a exercer a actividade seguradora; iii) sucursais de empresas de seguros com sede no território de outros Estados membros da União Europeia; iv) sucursais de empresas de seguros com sede fora do território da União Europeia autorizadas a exercer a actividade seguradora; v) empresas de seguros públicas ou de capitais públicos, criadas nos termos da lei portuguesa, desde que tenham por objecto a realização de operações de seguro em condições equivalentes às das empresas de direito privado; vii) empresas de seguros que adoptem a forma de sociedade europeia[49].

As empresas de seguros acima referidas são consideradas *instituições financeiras* que têm por objecto *exclusivo* o exercício da actividade de seguro directo e de resseguro, podendo ainda exercer actividades conexas ou complementares da de seguro ou de resseguro[50].

3.1.2. A empresa de resseguros

A *empresa de resseguros*, também designada por *resseguradora*, é definida pelo legislador como «qualquer empresa que tenha recebido uma

---

[49] Cf. art. 7.º, n.ºs 1 e 2, do DL n.º 94-B/98. Nos termos do n.º 3 deste artigo, as sociedades de assistência equiparadas a empresas de seguros, nos termos do n.º 3 do art. 8.º daquele diploma, devem revestir a forma de sociedade anónima. São equiparadas a empresas de seguros as sociedades de assistência que tenham por objecto a assunção da responsabilidade financeira e ou gestão de riscos de assistência, quer os respectivos contratos que garantem esse risco sejam subscritos pela própria sociedade de assistência, quer por intermédio de uma ou mais empresas de seguros.

[50] Tais actividades conexas ou complementares abrangem, designadamente, actos e contratos relativos a salvados, à reedificação e reparação de prédios, à reparação de veículos, à manutenção de postos clínicos e à aplicação de provisões, reservas e capitais – cf. art. 8.º, n.º 1, do DL n.º 94-B/98.

Direito Administrativo dos Seguros

autorização administrativa para o exercício da actividade resseguradora» – tal como dispõe o artigo 2.º, n.º 1, c) do Decreto-Lei n.º 94-B/98, de 17 de Abril.

Tal como acontece com a actividade seguradora, a actividade resseguradora em Portugal também só pode ser exercida pelas entidades expressamente elencadas na lei: i) sociedades anónimas autorizadas; ii) mútuas de resseguros autorizadas; iii) sucursais de empresas de resseguros com sede no território de outros Estados membros da União Europeia; iv) sucursais de empresas de resseguros com sede fora do território da União Europeia autorizadas a exercer a actividade resseguradora; v) empresas de resseguros públicas ou de capitais públicos, criadas nos termos da lei portuguesa, desde que tenham por objecto a realização de operações de resseguro em condições equivalentes às das empresas de direito privado; vii) empresas de resseguros que adoptem a forma de sociedade europeia[51].

As empresas de resseguros acima referidas são consideradas *instituições financeiras* que têm por objecto *exclusivo* o exercício da actividade de resseguro e actividades conexas das de resseguro[52].

3.1.3. A entidade gestora de fundos de pensões

O ramo «Vida» inclui, entre outros seguros e operações, as operações de gestão de fundos colectivos de reforma[53]. O legislador português, não obstante a Directiva 2003/41/CE do PE e do Conselho, de 3 de Junho, versar apenas sobre o regime dos fundos de pensões ao serviço de planos de pensões empresariais, optou, no essencial, pela instituição de um regime

---

[51] Cf. art. 7.º, n.os 1 e 2, do DL n.º 94-B/98.

[52] Tais actividades conexas abrangem, designadamente, a prestação aos clientes de serviços de consultoria em matéria estatística ou actuarial, a análise ou pesquisa de riscos, o exercício de funções de gestão de participações sociais e actividades relacionadas com actividades do sector financeiro – cf. art. 8.º, n.º 4, do DL n.º 94-B/98.

[53] Quer as operações de gestão de fundos colectivos de reforma que abrangem toda a operação que consiste na gestão, por uma empresa de seguros, de investimentos e, nomeadamente, dos activos representativos das reservas ou provisões de organismos que liquidam prestações em caso de morte, em caso de vida, ou em caso de cessação ou redução de actividade, quer as operações de gestão de fundos colectivos de reforma quando conjugadas com uma garantia de seguro respeitante, quer à manutenção do capital quer à obtenção de um juro mínimo – vide, respectivamente, os n.os 5) e 6) do art. 124.º do DL n.º 94-B/98.

390   Maria José Rangel de Mesquita

jurídico uniforme dos fundos de pensões ao serviço de planos de pensões quer do segundo pilar quer do terceiro pilar da protecção social – ou seja, fundos de pensões ao serviço de planos de pensões *empresariais* e de planos de pensões *individuais* – apesar de instituir algumas regras diferenciadas em termos da respectiva estrutura de governação[54]. Nos termos de tal legislação vigente, a gestão de fundos colectivos de reforma – ou *fundos de pensões*[55] – pode ser assumida não só pelas empresas de seguros autorizadas a explorar o ramo «Vida» e que possuam estabelecimento em Portugal, mas também pelas sociedades, sob a forma de sociedade anónima, constituídas exclusivamente para esse fim, mediante autorização prévia concedida pela autoridade de supervisão dos fundos de pensões, o ISP, e denominadas *entidades gestoras*[56].

O âmbito subjectivo do direito dos seguros, no que aos fundos de pensões diz respeito abrange assim, também, as entidades gestoras de fundos de pensões – que garantem quer planos de pensões empresariais, quer individuais[57].

---

[54] É o que sucede com a criação de uma comissão de acompanhamento da realização do plano de pensões para os fundos do segundo pilar (empresariais) e da previsão do provedor dos participantes e beneficiários para os fundos do terceiro pilar (individuais)

[55] Um *fundo de pensões* é definido pelo legislador como «o património autónomo exclusivamente afecto à realização de um ou mais planos de pensões e ou planos de benefícios de saúde» – cf. art. 2.º, c), do DL n.º 12/2006, de 20 de Janeiro. Por seu turno, um *plano de pensões* é definido como «o programa que define as condições em que se constitui o direito ao recebimento de uma pensão a título de reforma por invalidez, por velhice ou ainda em caso de sobrevivência ou de qualquer outra contingência equiparável» – cf. art. 2.º, a) do mesmo diploma.

[56] Cf. os arts. 32.º, n.º 1, 38.º, n.º 1 e 39.º, n.º 1, do DL n.º 12/2006, de 20 de Janeiro, que regula a constituição e o funcionamento dos fundos de pensões e das entidades gestoras de fundos de pensões, com as alterações introduzidas pelo DL n.º 180/2007, de 9 de Maio.

[57] Refira-se que além das entidades gestoras de fundos de pensões, a legislação vigente estabelece ainda regras relativas a outras entidades relacionadas com o funcionamento dos fundos de pensões, no quadro das estruturas de governação dos mesmos: os *depositários* dos títulos e outros documentos representativos dos valores mobiliários que integram o fundo de pensões (arts. 48.º a 51.º) e, ainda, as entidades comercializadoras de unidades de participação nos fundos de pensões abertos, a comissão de acompanhamento do plano de pensões, o provedor dos participantes e beneficiários, o actuário responsável e o auditor (vide os arts. 52.º e ss. do DL n.º 12/2006, de 20 de Janeiro – *infra*, § 7, 7.2).

3.1.4. O mediador de seguros ou de resseguros

O âmbito subjectivo do direito dos seguros abrange ainda o intermediário entre a seguradora – ou a resseguradora – e o tomador do seguro: o mediador de seguros.

O regime jurídico nacional de acesso e de exercício da actividade de mediação de seguros ou de resseguros é conformado pelo Direito Comunitário em vigor, em especial pela Directiva 92/2002/CE do PE e do Conselho de 9 de Dezembro[58], aprovada no quadro da realização do mercado interno. Na senda da Directiva, o legislador português definiu os conceitos de mediação de seguros ou de resseguros e, ainda, de mediador de seguros ou de resseguros[59], distinguindo três categorias de mediadores de seguros: o mediador de seguros *ligado*, o *agente de seguros* e o *corretor de seguros*. As pessoas singulares ou colectivas que pretendam exercer a actividade de mediação, de seguros ou de resseguros, podem assim registar-se e exercer essa actividade numa destas três categorias.

Note-se que o regime jurídico aplicável ao acesso e ao exercício da actividade de mediação de seguros é aplicável, com as devidas adaptações e algumas excepções, ao aceso e exercício da actividade de mediação no âmbito de fundos de pensões geridos por empresas de seguros ou sociedades gestoras de fundos de pensões autorizadas a operar no território português[60].

---

[58] Sobre esta Directiva v. JOSÉ VASQUES, *Novo Regime da Mediação de Seguros*, Coimbra, Coimbra Editora, 2006, pp. 12-18 e, JOSÉ PEREIRA MORGADO, *A Mediação de Seguros. A Directiva 2002/92/CE, relativa à Mediação de Seguros*, in *Boletim Informativo da APS*, n.° 108 (2003), pp. 4-9.

[59] Entende-se por *mediador de seguros* «qualquer pessoa singular ou colectiva que inicie ou exerça, mediante remuneração, a actividade de mediação de seguros», entendida como «qualquer actividade que consista em apresentar ou propor um contrato de seguro ou praticar outro acto preparatório da sua celebração, em celebrar o contrato de seguro, ou em apoiar a gestão e a execução desse contrato, em especial em caso de sinistro» (art. 5.°, e) e c), do DL n.° 144/2006, de 31 de Julho). Os conceitos de mediador de resseguros e de mediação de resseguros são definidos em termos idênticos (art. 5.°, f) e d) do mesmo diploma).

[60] Vide o art. 4.° do DL n.° 144/2006, de 31 de Julho – as excepções prendem-se com a não aplicação da secção V do capítulo II, que versa sobre o exercício da actividade no território de outros Estados membros por mediador de seguros ou de resseguros registado em Portugal.

392 Maria José Rangel de Mesquita

O regime nacional regula, quer o acesso e exercício da actividade de mediação, de seguros ou de resseguros, no território da União Europeia, por pessoas singulares e colectivas, respectivamente, residentes e com sede social em Portugal, quer o acesso e exercício da actividade de mediação, de seguros ou de resseguros, em Portugal, por mediadores registados em outros Estados membros da União Europeia[61].

3.1.5. O tomador do seguro, o segurado, a pessoa segura e o beneficiário

O novo diploma em matéria de contrato de seguro optou por não integrar no seu texto quaisquer definições, salientando não obstante no preâmbulo que, em termos de harmonização terminológica, se mantêm como regra os termos tradicionais e se pretendeu que os conceitos de tomador do seguro, segurado, pessoa segura e beneficiário fossem utilizados de modo uniforme e de modo adequado aos diferentes problemas jurídicos da relação contratual de seguro[62]. Os conceitos em causa podem encontrar-se, no entanto, noutras fontes de direito internas.

O diploma que estabelece regras de transparência para a actividade seguradora definia *tomador de seguro* como a entidade que celebra o contrato de seguro com a seguradora, sendo responsável pelo pagamento do prémio[63]; *segurado* como a pessoa no interesse da qual o contrato é celebrado ou a pessoa (*pessoa segura*) cuja vida, saúde ou integridade física se segura; e *beneficiário* como a pessoa singular ou colectiva a favor de quem reverte a prestação da seguradora decorrente de um contrato de seguro ou de uma operação de capitalização[64] – não sendo parte no contrato[65]. Não obstante este diploma ter sido objecto de revogação quase total pelo diploma que instituiu o Regime jurídico do contrato de seguro, os conceitos em causa mantêm-se no essencial, com adaptação em razão do ramo

---

[61] Vide os n.os 1 e 2 do art. 1.º do DL n.º 144/2006, de 31 de Julho.

[62] Cf. Preâmbulo, IV, do DL n.º 72/2008, de 16 de Abril.

[63] Quanto ao 'tomador consumidor' vide PEDRO ROMANO MARTINEZ, *Direito...*, p. 53-54.

[64] Cf. art. 1.º, b), c) e e), do DL n.º 176/95, de 26 de Julho.

[65] Neste sentido, PEDRO ROMANO MARTINEZ, *Direito...*, p. 54, que define beneficiários como aqueles «a quem o sinistro deverá ser liquidado».

dos seguros em causa, em outras fontes de direito, como é o caso das normas regulamentares aprovadas pela autoridade de supervisão[66].

No que diz respeito especificamente aos fundos de pensões, a lei vigente distingue várias categorias de sujeitos, pessoas colectivas ou pessoas singulares envolvidas: associado, participante, contribuinte, aderente e, também, beneficiário[67] – esta definida, com as devidas adaptações, em moldes similares à definição de beneficiário do contrato de seguro. As categorias subjectivas mais relevantes do ponto de vista do regime jurídico instituído são sobretudo as de participante e de beneficiário, cuja protecção aquele regime legal pretende alcançar.

---

[66] Assim sucede, por exemplo, com a Norma Regulamentar do ISP N.º 12/2008-R de 27 de Novembro, que aprova a Parte Uniforme das Condições Gerais da Apólice de Seguro Obrigatório de Responsabilidade Civil Automóvel, que define tomador do seguro e segurado em moldes idênticos – respectivamente «pessoa ou entidade que contrata com o segurador, sendo responsável pelo pagamento do prémio» e «pessoa ou entidade titular do interesse seguro» (Condições Gerais, Cláusula 1.ª, Definições, c) e d)); com a Norma Regulamentar n.º 16/2008-R de 16 de Dezembro, que aprova a Parte Uniforme das Condições Gerais, e das Condições Especiais Uniformes, da Apólice de Seguro Obrigatório de Incêndio – e que define tomador do seguro como «a pessoa ou entidade que contrata com o segurado, sendo responsável pelo pagamento do prémio», *segurado* como «a pessoa ou entidade titular do interesse seguro», *beneficiário* como «a pessoa ou entidade a favor de quem reverte a prestação do segurador por efeito da cobertura prevista no contrato» (Condições Gerais, Cláusula 1.ª, Definições, c), d) e e)); ou, ainda, com a Norma Regulamentar n.º 1/2009-R de 8 de Janeiro que aprova a Parte Uniforme das Condições Gerais, e das Condições Especiais Uniformes, da Apólice de Seguro Obrigatório de Acidentes de Trabalho para trabalhadores por conta de outrem – respectivamente «a entidade empregadora que contrata com o segurador, sendo responsável pelo pagamento do prémio» e «o trabalhador por conta de outrem, ao serviço do tomador do seguro, titular do interesse seguro, bem como os administradores, directores, gerentes ou equiparados, quando remunerados» (Condições Gerais, Cláusula 1.ª, Definições, c) e d)).

[67] Vide o art. 3.º, d) a h), do DL n.º 12/2006, de 20 de Janeiro. Por *associado* entende-se a pessoa colectiva cujos planos de pensões ou de benefícios de saúde são objecto de financiamento por um fundo de pensões (alínea d) do art. 3.º); por *participante* entende-se a pessoa singular em função de cujas circunstâncias pessoais e profissionais se definem os direitos consignados no plano de pensões ou no plano de benefícios de saúde, independentemente de contribuir ou não para o seu financiamento; por *contribuinte* entende-se a pessoa singular que contribui para o fundo ou a pessoa colectiva que efectua contribuições em nome e a favor do participante; por *aderente* entende-se a pessoa singular ou colectiva que adere a um fundo de pensões aberto; por *beneficiário* entende-se a pessoa singular com direito aos benefícios estabelecidos no plano de pensões ou no plano de benefícios de saúde, tenha ou não sido participante (alíneas e) a h) do art. 3.º).

394 Maria José Rangel de Mesquita

3.2. O ÂMBITO MATERIAL

O âmbito material do direito dos seguros abrange a regulação do acesso e do exercício da actividade desenvolvida pelas primeiras quatro das cinco categorias de sujeitos *supra* mencionadas: a empresa de seguros (seguradora), a empresa de resseguros (resseguradora), o mediador – de seguros ou de resseguros – e, ainda, as entidades gestoras de fundos de pensões.

Ainda que a legislação e regulamentação em matéria de seguros não conforme directamente, em regra, a actuação do tomador do seguro, não deixa de ter incidência, em regra protectora, sobre o estatuto jurídico daquele, enquanto parte no contrato de seguro e consumidor, limitando indirectamente a liberdade contratual da seguradora – designadamente pela via da estipulação de regras absoluta e relativamente imperativas no quadro do Regime jurídico do contrato de seguro, da aprovação de cláusulas uniformes relativas aos seguros obrigatórios[68], da imposição de deveres gerais e especiais de informação pré-contratual e durante a vigência do contrato de seguro, bem como de regras sobre transparência[69] ou da fixação de regras que condicionam o montante indemnizatório[70] ou de regras e procedimentos a observar em matéria de sinistros e sua regularização[71]. De igual modo, a legislação vigente tem também incidência sobre o estatuto jurídico do titular do interesse seguro – segurado ou pessoa segura, consoante

---

[68] A lista dos seguros obrigatórios em vigor na ordem jurídica portuguesa, bem como os clausulados uniformes aprovados por norma regulamentar da autoridade de supervisão, quando existam, podem ser consultada no sítio na internet do ISP.

[69] Vide em especial os arts. 6.º e 7.º do Decreto-Lei n.º 176/95, de 26 de Julho, respectivamente em matéria de divulgação das condições tarifárias do seguro obrigatório de responsabilidade civil automóvel e de publicidade em matéria de documentos destinados ao público em geral – disposições que se mantêm em vigor após a aprovação do diploma que aprovou o regime jurídico do contrato de seguro (cf. art. 6.º, n.º 2, e), do Decreto-Lei n.º 72/2008 de 16 de Abril).

[70] Vide em especial o diploma em matéria de sobresseguro nos contratos de seguro automóvel que incluem coberturas facultativas de danos próprios sofridos pelo veículo seguro – Decreto-Lei n.º 214/97, de 16 de Agosto.

[71] É o caso do regime da regularização de sinistros imposto pelo diploma que aprovou o regime do sistema de seguro obrigatório de responsabilidade civil automóvel parcialmente aplicável também aos contratos de seguro automóvel que incluam coberturas facultativas de danos próprios quando o sinistro resulte de choque, colisão e capotamento – vide o art. 31.º e ss., e o art. 92.º, do DL n.º 291/2007, de 21 de Agosto.

Direito Administrativo dos Seguros

se trata de seguros de danos ou de seguros de pessoas, e que em regra coincidirá com o tomador do seguro – e, ainda, do beneficiário no quadro de certos tipos de seguros.

3.2.1. O acesso e o exercício da actividade seguradora

O âmbito material de aplicação do direito dos seguros relativo às condições de acesso e de exercício da actividade seguradora respeita às seguintes realidades: i) acesso e exercício da actividade seguradora no território da União Europeia, incluindo a exercida no âmbito das zonas francas, por empresas de seguros com sede social em Portugal; ii) acesso e exercício da actividade seguradora, em território português, por empresas de seguros sediadas em outros Estados membros da União Europeia – ou em Estados que tenham celebrado acordos de associação com a UE que vinculem o Estado Português; iii) acesso e exercício da actividade seguradora em território português por sucursais de empresas de seguros com sede social fora do território da União Europeia; iv) acesso e exercício da actividade seguradora no território de Estados não membros da União Europeia por sucursais de empresas de seguros com sede em Portugal[72].

De acordo com as regras reguladoras do mercado único decorrentes quer do Tratado CE, quer do Direito Comunitário derivado aprovado em sua aplicação, o exercício da actividade seguradora no território da UE por empresas sediadas em Portugal, quer em território português por empresas de seguros sediadas noutros Estados membros da União Europeia pode ter lugar quer sob a forma de *estabelecimento,* quer sob a forma de *livre prestação de serviços* – operação pela qual uma empresa de seguros cobre ou assume, a partir da sua sede social ou de um estabelecimento situado no território de um Estado membro, um risco ou um compromisso situado ou assumido no território de outro Estado membro[73].

---

[72] Cf. art. 1.°, n.ᵒˢ 1 a 4, do DL n.° 94-B/98. Fica excluída do âmbito do diploma em causa o acesso e o exercício da actividade de seguro de crédito por conta ou com a garantia do Estado – objecto de legislação especial (DL n.° 183/88, de 24 de Maio, em matéria de seguro de créditos, incluindo com a garantia do Estado (arts. 15.° a 19.°), e DL n.° 295/2001, de 21 de Novembro, em matéria de investimento directo português no estrangeiro).

[73] Cf. o disposto no art. 2.°, m) do DL n.° 94-B/98.

396 Maria José Rangel de Mesquita

Relativamente às *condições de acesso* à actividade seguradora, sob a forma de estabelecimento, o legislador nacional, em consonância com o Direito Comunitário derivado, estabelece requisitos relativos às entidades que pretendem aceder ao exercício da actividade – sociedades anónimas e mútuas de seguros – incluindo em matéria de capital e reservas e de administração e fiscalização, bem como regras relativas ao controlo de participações qualificadas em empresas de seguros.

Quanto às condições de acesso ao exercício da actividade seguradora sob a forma de LPS, o legislador estabelece os requisitos e as formalidades prévios a tal exercício.

No que toca às *condições de exercício* da actividade de seguro directo, a matéria objecto de regulação normativa prende-se essencialmente com as garantias prudenciais das seguradoras – incluindo garantias financeiras e sistema de governo –, ramos de seguros, supervisão de contratos e tarifas, conduta de mercado, co-seguro[74], transferência de carteira, supervisão – incluindo supervisão complementar –, regime fiscal e concorrência[75]. A regulação legislativa da actividade seguradora contém ainda normas relativas ao endividamento e aos ilícitos e sanções.

---

[74] O diploma que aprovou o regime jurídico do contrato de seguro (DL n.º 72/2008, de 16 de Abril) revogou, com efeitos a partir de 1/1/2009, uma parte das disposições do DL n.º 94-B/98 relativas ao co-seguro: os artigos 132.º a 142.º Por isso apenas se mantêm em vigor nesta matéria os arts. 143.º a 147.º em matéria de, respectivamente, condições de acesso, provisões técnicas, mediação, regime fiscal e sanções. Veja-se o teor da nota seguinte.

[75] As disposições contidas no diploma que regula o acesso e o exercício da actividade seguradora relativas ao contrato de seguro (Título IV - arts. 176.º a 193.º-A) foram revogados pela alínea d) do n.º 2 do artigo 6.º do Decreto-Lei n.º 72/2008, de 16 de Abril, que aprovou o regime jurídico do contrato de seguro – e com efeitos a partir de 1 de Janeiro de 2009, data da sua entrada em vigor. Note-se que o Decreto-Lei n.º 2/2009, de 5 de Janeiro, que republicou o DL n.º 94-B/98, não considerou a norma revogatória referida, tendo os artigos revogados continuado a constar do texto do diploma – com excepção do artigo 193.º-A. Ainda que o diploma tenha sido aprovado em Conselho de Ministros de 28 de Agosto de 2008, nada impedia o legislador de considerar a revogação levada a cabo pelo diploma que aprovou o regime jurídico do contrato de seguro, dado que este fora publicado em 16 de Abril de 2008. O legislador perdeu uma boa oportunidade de actualizar o texto vigente do Decreto-Lei 94-B/98, de 17 de Abril, que regula as condições de acesso e de exercício da actividade seguradora e resseguradora, em prol da transparência e da certeza jurídica. A única explicação atendível será o facto de se esperar que o diploma que introduziu alterações ao DL n.º 94-B/98 fosse publicado ainda no decurso de 2008 (até porque o prazo de transposição da Directiva 2005/68/CE, nos termos do seu art. 64.º, n.º 1, termi-

3.2.2. O acesso e o exercício da actividade resseguradora

O âmbito material de aplicação do direito dos seguros relativo às condições de acesso e de exercício da actividade resseguradora respeita às seguintes realidades: i) acesso e exercício da actividade resseguradora no território da União Europeia, incluindo a exercida no âmbito das zonas francas, por empresas de resseguros com sede social em Portugal; ii) acesso e exercício da actividade resseguradora, em território português por empresas de resseguros sediadas em outros Estados membros da União Europeia – ou em Estados que tenham celebrado acordos de associação com a UE que vinculem o Estado Português; iii) acesso e exercício da actividade resseguradora em território português por sucursais de empresas de resseguros com sede social fora do território da União Europeia; iv) acesso e exercício da actividade resseguradora no território de Estados não membros da União Europeia por sucursais de empresas de resseguros com sede em Portugal[76].

De acordo com as regras reguladoras do mercado único decorrentes do Tratado CE, quer do Direito Comunitário derivado aprovado em sua aplicação, após a transposição da Directiva 2005/68/CE, o exercício da actividade resseguradora no território da UE por empresas sediadas em Portugal, quer em território português por empresas de seguros sediadas noutros Estados membros da União Europeia pode ter também lugar, quer sob a forma de *estabelecimento,* quer sob a forma de *livre prestação de serviços*.

Relativamente às *condições de acesso* à actividade resseguradora, sob a forma de estabelecimento, o legislador nacional, em consonância com o Direito Comunitário derivado, estabelece requisitos relativos às entidades que pretendem aceder ao exercício da actividade – sociedades anónimas e mútuas de seguros – incluindo em matéria de capital e reservas e de administração e fiscalização, bem como regras relativas ao con-

---

nava em 10 de Dezembro de 2007), o que não aconteceu – por essa razão justificar-se-ia plenamente a sua actualização.

[76] Cf. art. 1.º, n.ºs 1 a 4, do DL n.º 94-B/98. Fica excluída do âmbito do diploma em causa a actividade de resseguro exercida ou integralmente garantida pelo Governo português ou pelo Governo de outro Estado membro quando actue, por razões de interesse público relevante, na qualidade de segurador de último recurso, designadamente quando tal intervenção é exigida face a uma situação do mercado em que é inviável a obtenção de uma cobertura comercial adequada – vide o art. 4.º, n.º 3, do mesmo diploma.

trolo de participações qualificadas em empresas de seguros. Não obstante o regime quanto às condições de acesso à actividade resseguradora seguir, no essencial, o regime aplicável às empresas de seguro directo, registam-se no entanto algumas especificidades[77].

Quanto às condições de acesso ao exercício da actividade resseguradora sob a forma de LPS, o legislador estabelece os requisitos e formalidades prévios a tal exercício – matéria em que se registam especificidades relativamente ao regime aplicável à actividade de seguro directo[78].

No que toca às *condições de exercício* da actividade de resseguro, aplicam-se à actividade de resseguro, em princípio, as regras aplicáveis às empresas de seguro directo – em matéria de garantias prudenciais, de transferência de carteira e de supervisão – sem prejuízo de algumas especificidades de regime, em especial em matéria de garantias prudenciais – concretamente em matéria de activos representativos das provisões técnica e de margem de solvência[79].

As regras em vigor sobre ilícitos e sanções aplicáveis às empresas de seguros são também aplicáveis às empresas de resseguros.

3.2.3. O acesso e o exercício da actividade de gestão de fundos de pensões

O âmbito material do direito dos seguros, em matéria de fundos de pensões, abrange essencialmente a constituição e o funcionamento dos fundos de pensões e das entidades gestoras de fundos de pensões. O Decreto-Lei n.º 12/2006, de 20 de Janeiro, estabelece, para além de regras sobre os planos de pensões e os fundos de pensões, um conjunto de regras relativas às estruturas de governação dos fundos de pensões, incluindo as relativas às condições de acesso e de exercício das sociedades gestoras de fundos de pensões – em especial os requisitos para a sua constituição que depende de autorização prévia da autoridade de supervisão –, às garantias financeiras (margem de solvência e fundo de garantia), aos mecanismos de governação dos fundos de pensões – incluindo gestão de risco e controlo

---

[77] *Infra,* § 6, 6.2.
[78] *Idem.*
[79] *Ibidem.*

Direito Administrativo dos Seguros

interno, informações aos participantes e beneficiários, demais informações e publicidade –, ao regime prudencial, aos serviços transfronteiriços de planos de pensões profissionais e, ainda, à supervisão pelo ISP.

3.2.4. O acesso e o exercício da actividade de mediação de seguros ou de resseguros

O âmbito material do direito vigente que, em conformidade com a Directiva 2002/92/CE, de 9 de Dezembro, regula as condições de acesso e de exercício da actividade de mediação de seguros ou de resseguros, respeita às seguintes realidades: i) acesso e exercício da actividade de mediação de seguros ou de resseguros no território da União Europeia, por pessoas singulares ou colectivas respectivamente residentes em Portugal ou cuja sede social se situe em Portugal; ii) exercício da actividade de mediação de seguros ou de resseguros, no território português, por mediadores de seguros ou de resseguros registados em outros Estados membros da UE – ou em Estados que tenham celebrado acordos de associação com a União Europeia que vinculem o Estado português.

De acordo com as regras reguladoras do mercado único decorrentes quer do Tratado CE, quer do Direito Comunitário derivado aprovado em sua aplicação, o exercício da actividade de mediação de seguros ou de resseguro no território da UE por mediadores registados em Portugal, quer em território português por mediadores registados noutros Estados membros da União Europeia pode ter também lugar, quer sob a forma de *estabelecimento,* quer sob a forma de *livre prestação de serviços.*

Relativamente às *condições de acesso* à actividade de mediação de seguros, sob a forma de estabelecimento, o legislador nacional, em consonância com o Direito Comunitário derivado, estabelece condições relativas às pessoas singulares e colectivas que pretendem ser inscritas no registo de mediadores de seguros ou de resseguro – quer condições comuns de acesso à actividade, quer condições específicas de acesso em razão da categoria de mediador em causa (mediador ligado, agente de seguros e corretor).

Quanto às condições de acesso ao exercício da actividade de mediação de seguros ou de resseguros sob a forma de LPS, o legislador estabelece também os requisitos e as formalidades prévios a tal exercício.

No que toca às *condições de exercício* da actividade de mediação de seguros ou de resseguros, a matéria objecto de regulação normativa

400 Maria José Rangel de Mesquita

prende-se essencialmente com os direitos e deveres dos mediadores, o exercício da actividade e as carteiras de seguros. A regulação legislativa da actividade de mediação de seguros ou de resseguros contém ainda normas relativas ao registo de mediadores, à supervisão e aos ilícitos e sanções.

3.2.5. O contrato de seguro

A reforma da legislação nacional em matéria de contrato de seguro foi consubstanciada na aprovação do diploma que aprovou o Regime jurídico do contrato de seguro – o Decreto-Lei n.º 72/2008, de 16 de Abril[80]. O âmbito material deste diploma abrange: i) disposições comuns aplicáveis a todos os contratos de seguro (regime comum); ii) disposições comuns aplicáveis a todos os seguros de danos; iii) regras específicas aplicáveis a determinados seguros de danos (responsabilidade civil, incêndio, colheitas e pecuário, transporte de coisas, financeiro, protecção jurídica, assistência); iv) disposições comuns aplicáveis a todos os seguros de pessoas; e, por fim, v) regras específicas aplicáveis aos seguros de pessoas (vida, acidentes pessoais e saúde).

Não obstante o princípio da liberdade contratual, a Ordem Jurídica nacional impõe a cobertura obrigatória de determinados riscos e, assim, a correspondente celebração do contrato de seguro que os garante, em prol, designadamente, da protecção do lesado, e preenchendo uma função social. As regras comuns aplicáveis a todos os contratos de seguro são também aplicáveis aos contratos de seguro obrigatórios. A liberdade de estipulação das cláusulas contratuais relativas aos seguros obrigatórios pode ser limitada pela aprovação de clausulados uniformes por norma regulamentar da autoridade de supervisão – o que aliás sucede em relação a um número significativo de seguros obrigatórios.

Se o Regime jurídico do contrato de seguro versa sobre um instrumento jurídico em regra assente no princípio da liberdade contratual, o legislador não deixou de consagrar algumas regras conformadoras daquela

---

[80] Vide PEDRO ROMANO MARTINEZ, JOSÉ MIGUEL DE FARIA ALVES DE BRITO, ARNALDO FILIPE COSTA OLIVEIRA, LEONOR CUNHA TORRES, MARIA EDUARDA RIBEIRO, JOSÉ PEREIRA MORGADO e JOSÉ VASQUES, *Lei do Contrato de Seguro – Anotada*, Coimbra, Almedina, 2009.

Direito Administrativo dos Seguros

– e com intuito protector da parte contratual mais débil. São de salientar, em especial, as que concretizam o princípio da imperatividade – imperatividade absoluta ou relativa – bem como o princípio da igualdade previsto na Constituição. E, ainda, tal como decorre do Direito Comunitário, a proibição de cobertura de determinados riscos, por razões de *ordem pública* – é o caso dos riscos de responsabilidade criminal, contra-ordenacional ou disciplinar, de rapto, sequestro e outros crimes contra a liberdade pessoal, da posse de estupefacientes ou drogas cujo consumo seja interdito e, ainda do risco de morte de crianças com idade inferior a 14 anos (excepto se contratado por instituições escolares, desportivas ou de natureza análoga que dela não sejam beneficiários) ou daqueles que, por anomalia psíquica ou outra causa se mostrem incapazes de governar a sua pessoa[81].

3.2.6. A protecção do consumidor

Uma das preocupações do legislador subjacentes ao direito vigente em matéria de seguros reporta-se à protecção do consumidor, na sua qualidade específica de, em especial, tomador do seguro e segurado (ou pessoa segura) e de beneficiário.

Tal intuito protector decorre não só da aplicação, em matéria de contrato de seguro, de diplomas de aplicação geral que contribuem para essa protecção – como sucede com os diplomas em vigor sobre defesa do consumidor, sobre cláusulas contratuais ou sobre contratos celebrados à distância[82] – mas também de previsões específicas pelo legislador no quadro da legislação em matéria de seguros, seja relativa ao acesso e exercício da actividade, seja relativa ao contrato de seguro, seja relativa a ramos de seguros em especial.

De entre as várias normas protectoras constantes da legislação infraconstitucional vigente, são de destacar, pela sua novidade ou relevância prática, aquelas que constam do regime de acesso e exercício da actividade seguradora e que consagram a obrigação de as seguradoras instituírem, no âmbito das regras aplicáveis em matéria de conduta de mercado, um *Pro-*

---

[81] Cf. art. 14.º do DL n.º 72/2008, de 16 de Abril – que corresponde ao art. 192.º do DL n.º 94-B/98, de 17 de Abril, revogado por aquele diploma a partir de 1/1/2009.

[82] Diplomas cuja aplicação o regime jurídico do contrato de seguro expressamente convoca – vide o art. 3.º do DL 72/2008, de 16 de Abril.

402 Maria José Rangel de Mesquita

vedor do Cliente, e, ainda, as que constam do novo regime jurídico do contrato de seguros e que consagram *deveres de informação* de diversa ordem e relativamente a diferentes momentos da relação contratual e diversos intervenientes e, ainda, um princípio de *imperatividade*[83] – absoluta ou relativa.

4. ORGANIZAÇÃO ADMINISTRATIVA

4.1. A AUTORIDADE DE SUPERVISÃO: O INSTITUTO DE SEGUROS DE PORTUGAL

4.1.1. Natureza jurídica

O exercício da actividade seguradora e da actividade resseguradora pelas empresas de seguros e de resseguros – e equiparadas –, bem como da actividade de mediação de seguros e de fundos de pensões, encontra-se sujeita, em Portugal, à supervisão do Instituto de Seguros de Portugal. Tal não prejudica, no entanto, os poderes de supervisão relativos a contratos de seguro ligados a fundos de investimento atribuídos à Comissão do Mercado de Valores Mobiliários (CMVM)[84].

Do ponto de vista da sua natureza jurídica o Instituto de Seguros de Portugal configura-se como uma pessoa colectiva de direito público, dotada de autonomia administrativa e financeira e de património próprio, integrando a administração autónoma e sujeito a tutela ministerial exercida pelo Ministro das Finanças.

O ISP rege-se pelo respectivo Estatuto e pelo seu Regulamento Interno e, no que por estes não for especialmente regulado e com eles não for incompatível, pelas normas aplicáveis às entidades públicas empresariais[85].

---

[83] A tais regras se aludirá adiante – quanto ao provedor do cliente ver *infra,* § 5, 5.4, e quanto às demais ver *infra,* § 9, 9.1 e 9.2.

[84] Cf. art. 6.º, n.ᵒˢ 1 e 2, do DL n.º 94-B/98.

[85] Vide o art. 2.º, n.º 1, do Estatuto do ISP e o DL n.º 558/99, de 17 de Dezembro, republicado em anexo ao DL n.º 300/2007, de 23 de Agosto – arts. 23.º e ss.

4.1.2. Atribuições e competência

O Estatuto do Instituto de Seguros de Portugal estabelece, no que diz respeito ao sector segurador e à actividade seguradora, à actividade de gestão de fundos de pensões e de mediação, as suas respectivas atribuições e as competências dos seus órgãos.

As atribuições do ISP incluem, em primeiro lugar, a de «Regulamentar, fiscalizar e supervisionar a actividade seguradora, resseguradora, de mediação de seguros e de fundos de pensões, bem com as actividades conexas ou complementares daquelas»[86]. A supervisão do ISP abrange pois toda a actividade das empresas a ela sujeitas, incluindo as actividades conexas ou complementares da actividade principal, sendo exercida de harmonia com a legislação nacional e comunitária em vigor e no sentido do bom funcionamento do mercado e da tutela do mercado, garantindo a protecção dos credores específicos dos seguros[87].

As atribuições do ISP abrangem ainda as seguintes: assistir o Governo e o Ministro das Finanças na definição das orientações a definir na política para o sector segurador e executar e exercer o controlo da execução dessa política; colaborar com as entidades congéneres dos Estados membros da União Europeia e de outros Estados nos domínios da sua competência; colaborar com as demais autoridades nacionais nos domínios da sua competência, em particular com as outras autoridades de supervisão financeira; e, ainda, gerir os fundos que lhe sejam confiados por lei[88].

Para a prossecução das atribuições cometidas por lei o Estatuto do ISP prevê um conjunto de poderes a exercer pelos seus órgãos – o Conselho Directivo, o Conselho Consultivo e a Comissão de Fiscalização – e de entre os quais se destacam, quanto ao *Conselho Directivo*: as competências no âmbito da regulamentação; as competências no âmbito da actividade de supervisão; as competências no âmbito da gestão de fundos; as competências no âmbito das relações com outras instituições e relações internacionais; e as competências no âmbito da gestão do próprio ISP[89].

---

[86] Cf. art. 4.º, n.º 1, a), do Estatuto do ISP.

[87] Cf. art. 4.º, n.º 2, do Estatuto do ISP.

[88] Cf. art. 4.º, n.º 1, respectivamente alíneas b) e c) e d) a f).

[89] Cf. arts. 11.º e ss. do Estatuto do ISP

404 Maria José Rangel de Mesquita

As atribuições do ISP relativas à regulamentação, fiscalização e supervisão das empresas de seguros – e demais empresas – a esta sujeitas são prosseguidas pelo Conselho Directivo, órgão ao qual são expressamente atribuídas competências específicas em matéria de regulamentação e de supervisão[90].

De entre as competências de regulamentação é de salientar a competência para aprovar regulamentos e outros actos normativos de cumprimento obrigatório para as entidades sujeitas à supervisão do ISP[91].

Quanto às competências no âmbito da actividade de supervisão cometidas por lei ao Conselho Directivo do ISP – que abrangem, em rigor, a fiscalização e a supervisão[92] – as mesmas podem agrupar-se nas seguintes principais:

– Competências em matéria de acesso e exercício da actividade seguradora e resseguradora por empresas sediadas em Portugal[93] – bem como por sociedades gestoras de fundos de pensões;
– Competências relativas aos contratos de seguro, incluindo bases técnicas e condições contratuais[94];
– Competências em matéria de provisionamento técnico e contas de exercício[95];
– Competências de certificação de empresas[96];
– Competências de acompanhamento e controlo, incluindo a aplicação de medidas necessárias[97];
– Competências relativas a processos de transgressões e contra-ordenações, incluindo a aplicação de multas, coimas e sanções acessórias[98];

---

[90] Cf. art. 10.º, n.º 2, 11.º e 12.º do Estatuto do ISP.

[91] Cf. art. 11.º, b), do Estatuto do ISP. A competência do ISP no âmbito da regulamentação abrange ainda a competência para apresentação ao Governo, a pedido deste ou por iniciativa própria, de propostas legislativas sobre as matérias das suas atribuições (vide a alínea a) do referido art. 11.º).

[92] V. também o art. 6.º do Decreto-Lei n.º 94-B/98, de 17 de Abril.

[93] Cf. art. 12.º, a) e b), do Estatuto do ISP.

[94] Cf. art. 12.º, c) e d), do Estatuto do ISP.

[95] Cf. art. 12.º, e) e f), do Estatuto do ISP.

[96] Cf. art. 12.º, g), do Estatuto do ISP.

[97] Cf. art. 12.º, h), i) e j), do Estatuto do ISP.

[98] Cf. art. 12.º, n) e o), do Estatuto do ISP.

Direito Administrativo dos Seguros

– Competências de registo dos membros dos órgãos de administração e de fiscalização e dos acordos parassociais entre os accionistas[99].

O Conselho Directivo do ISP tem ainda competências em matéria de certificação dos agentes de mediação de seguros e respectiva supervisão[100], podendo exercer as demais competências de supervisão que lhe sejam cometidas por lei[101] [102].

O ISP, enquanto autoridade de supervisão, assegura que as empresas de seguros e de resseguros exercem a sua actividade na observância das regras aplicáveis em matéria de operações de seguros. A concretização das competências do ISP no âmbito da actividade de supervisão elencadas no seu Estatuto consta basicamente do diploma fundamental vigente regulador do acesso e do exercício da actividade seguradora – o Decreto-Lei n.º 94-B/98, de 17 de Abril, sem prejuízo do seu desenvolvimento em normas regulamentares[103].

4.2. OS FUNDOS DE GARANTIA

Uma das competências do Conselho Directivo do ISP no âmbito da gestão de fundos consiste na prática de todos os actos necessários no âmbito da gestão do Fundo de Garantia Automóvel (FGA), do Fundo de Acidentes de Trabalho (FAT), bem como no âmbito da gestão de outros fundos que lhe sejam confiados por lei – e em qualquer caso nos termos dos respectivos diplomas institutivos[104].

Pela sua particular relevância merecem uma referência autónoma o Fundo de Garantia Automóvel e o Fundo de Acidentes de Trabalho.

---

[99] Cf. art. 12.º, l), do Estatuto do ISP.

[100] Cf. art. 12.º, m), do Estatuto do ISP.

[101] Cf. art. 12.º, p), do Estatuto do ISP.

[102] A par das competências de regulamentação e supervisão o Conselho Directivo do ISP tem ainda competências de gestão de Fundos (Fundo de Garantia Automóvel e Fundo de Acidentes de Trabalho), competências no âmbito das relações com outras instituições e relações internacionais e de gestão do ISP, entre outras – vide arts. 10.º, n.º 2, e 13.º a 16.º do Estatuto do ISP.

[103] Mencione-se em especial a Norma do ISP N.º 17/95-R, de 12/09/95, relativa ao exercício da actividade seguradora Ramos «Não Vida» e a Norma do ISP N.º 16/95-R, de 12/09/95, relativa ao exercício da actividade seguradora – Ramo Vida.

[104] Cf. art. 13.º do Estatuto do ISP.

406 Maria José Rangel de Mesquita

4.2.1. O Fundo de Garantia Automóvel

A criação do Fundo de Garantia Automóvel encontra o seu fundamento último na obrigação de resultado imposta pelo número 4 do artigo
1.º da 2.ª Directiva automóvel (84/5/CEE), segundo a qual cada Estado
membro deve criar ou autorizar a criação de um organismo que tenha por
missão reparar, pelo menos dentro dos limites da obrigação de seguro, os
danos materiais ou corporais causados por veículos não identificados ou
relativamente aos quais não tenha sido satisfeita a obrigação de seguro
imposta pelo Direito Comunitário. O Direito Comunitário condiciona,
nesta matéria, a extensão do âmbito de intervenção dos fundos de garantia
nacionais, entre os quais o Fundo de Garantia Automóvel.

O FGA foi criado no quadro da legislação que instituiu, pela primeira
vez em Portugal, a obrigatoriedade do seguro de responsabilidade civil
automóvel – Decreto-Lei n.º 408/79 e Decreto Regulamentar n.º 58/79,
ambos de 25 de Setembro –, encontrando-se o respectivo âmbito de intervenção e atribuições hoje regulados no diploma em vigor que aprovou o
Regime do sistema do seguro obrigatório de responsabilidade civil automóvel: o Decreto-Lei n.º 291/2007, de 21 de Agosto[105].

Não obstante o FGA ser dotado de autonomia administrativa e financeira, a sua gestão é assegurada pelos órgãos competentes do ISP.

As atribuições do FGA prendem-se essencialmente com três vertentes: i) a garantia da reparação dos danos causados por responsável desconhecido ou isento da obrigação de seguro em razão do veículo em si
mesmo[106], ou por responsável incumpridor da obrigação de seguro de responsabilidade civil automóvel; ii) o exercício das funções de organismo de
indemnização nos termos do regime de protecção das vítimas de acidentes
ocorridos fora do seu Estado membro de residência e causados por veículos com estacionamento habitual e seguros num Estado membro da União
Europeia, nos termos previstos pela 4.ª Directiva automóvel (2000/26/CE);
e, ainda, iii) o reembolso ao Gabinete Português de Carta Verde (GPCV)
dos montantes dispendidos por este, ao abrigo do Acordo entre os serviços
nacionais de seguros dos Estados membros do Espaço Económico Euro-

---

[105] Vide os arts. 47.º e ss. deste diploma.
[106] Vide o art. 4.º, b), da 1.ª Directiva automóvel (72/166/CEE), com a redacção que
lhe foi dada pelo art. 1.º, n.º 3, da 5.ª Directiva automóvel (2005/14/CE).

Direito Administrativo dos Seguros 407

peu e outros Estados associados de 30 de Maio de 2002[107], em consequência das indemnizações devidas por acidentes causados num país aderente ao Acordo por veículos matriculados em Portugal e sujeitos à obrigação de seguro mas em relação ao qual o responsável pela circulação não tenha efectuado o seguro – nos termos previstos no artigo 2.º, n.º 2, da 1.ª Directiva automóvel (72/166/CEE).

Quanto ao primeiro aspecto, o FGA é responsável pelo pagamento das indemnizações decorrentes de acidentes rodoviários ocorridos em Portugal e causados: i) por veículo cujo responsável pela circulação está sujeito ao seguro obrigatório com estacionamento habitual em Portugal, matriculado num país que não tenha serviço nacional de seguros ou cujo serviço não tenha aderido ao Acordo entre serviços nacionais de seguros de 30 de Maio de 2002; ii) por veículo cujo responsável pela circulação está sujeito ao seguro obrigatório sem chapa de matrícula ou com uma chapa de matrícula que não corresponde ou deixou de corresponder ao veículo, independentemente desta ser portuguesa; iii) por veículo cujo responsável pela circulação está isento da obrigação de segurar em razão do veículo em si mesmo, ainda que com estacionamento habitual do estrangeiro. Nestes casos, em termos de âmbito material de intervenção do FGA, este garante, até ao valor do capital mínimo do seguro obrigatório, a satisfação de indemnizações por: i) danos corporais, quando o responsável seja desconhecido ou não beneficie de seguro válido e eficaz, ou for declarada a insolvência da seguradora; ii) danos materiais, quando o responsável, sendo conhecido, não beneficie de seguro válido e eficaz; iii) danos materiais, quando sendo o responsável desconhecido, deva o FGA satisfazer a indemnização por danos corporais significativos, ou tenha o veículo causador do acidente sido abandonado no local do acidente, não beneficiando de seguro válido e eficaz, e a autoridade policial haja efectuado o respectivo auto de notícia, confirmando a presença do veículo naquele local[108].

No quadro do regime de protecção das vítimas de acidentes de viação instituído pela 4.ª Directiva automóvel, o FGA actua como *organismo de indemnização*, podendo os lesados apresentar-lhe um pedido de indemnização sempre que a seguradora do veículo responsável pelo acidente não tenha designado um representante para sinistros em Portugal ou nem a

---

[107] Publicado em Anexo à Decisão da Comissão de 28 de Julho de 2003 (2003/564/CE).

[108] Cf. art. 48.º, n.º 1, e art. 49.º, n.º 1, do DL n.º 291/2007, de 2 de Agosto.

408 Maria José Rangel de Mesquita

empresa de seguros nem o seu representante para sinistros tiver apresentado, no prazo previsto, uma resposta fundamentada aos argumentos apresentados no pedido de indemnização dirigido à seguradora[109]. Nestes casos, o FGA deve dar resposta ao pedido de indemnização no prazo de dois meses – sem prejuízo do direito de ser reembolsado pelo organismo de indemnização do Estado membro do estabelecimento da empresa de seguros do veículo[110].

Por último, quanto à atribuição do FGA relativamente ao Gabinete Português de Carta Verde, refira-se que o reembolso por aquele ao GPCV se efectua desde que, cumulativamente: i) o acidente ocorra no território de outro país cujo serviço nacional de seguros tenha aderido ao Acordo de 30 de Maio de 2002, ou no trajecto que ligue dois territórios onde o acordo do EEE á aplicável quando aí não exista serviço nacional de seguros; ii) o responsável pela circulação não seja titular de um seguro de responsabilidade civil automóvel; iii) as indemnizações tenham sido pagas nas condições previstas para o seguro obrigatório automóvel na legislação do país de ocorrência do acidente ou nos termos da cobertura do seguro imposta pela lei do país do estacionamento habitual do veículo – no caso a portuguesa – se a cobertura for superior ou, quando o acidente tenha ocorrido no trajecto acima referido, as indemnizações tenham sido atribuídas a residentes em Estados membros e em países aderentes ao Acordo e nos termos da lei portuguesa.

Tendo em conta o interesse da vítima e de acordo com a margem de liberdade permitida pelo Direito Comunitário, sempre que ocorrer um fundado conflito entre o FGA e uma seguradora sobre qual deles recai o dever de indemnizar deve o Fundo indemnizar em primeiro lugar, sem prejuízo de vir a ser reembolsado por aquela se sobre ela vier a impender a final essa responsabilidade[111].

A autonomia financeira do FGA é assegurada pelas receitas previstas na lei, em especial as contribuições resultantes da aplicação de uma percentagem sobre o montante total dos prémios comerciais da cobertura obrigatória de responsabilidade civil automóvel, bem como de todos os

---

[109] Cf. art. 69.º e 65.º e ss., em especial art. 70.º, do DL n.º 291/2007, de 21 de Agosto.

[110] Cf. arts. 71.º e 72.º do DL n.º 291/2007, de 21 de Agosto.

[111] Cf. art. 50.º do DL n.º 291/2007, de 21 de Agosto e art. 4.º da 3.ª Directiva automóvel (90/232/CEE).

Direito Administrativo dos Seguros 409

contratos de «Seguro automóvel», processados no ano anterior e líquidos de estornos e anulações – tais percentagens, suportadas pelo segurado, cifram-se actualmente, respectivamente, em 2,5% e em 0, 21% ao ano[112].

4.2.2. O Fundo de Acidentes de Trabalho

A Lei n.º 100/97, de 13 de Setembro, que aprovou o novo regime jurídico dos acidentes de trabalho e das doenças profissionais previu, no seu artigo 39.º, a criação de um fundo, dotado de autonomia administrativa financeira, no âmbito dos acidentes de trabalho para garantir, em especial: o pagamento das pensões por incapacidade permanente ou morte e das indemnizações por incapacidade temporária estabelecidas nos termos da mesma lei, quando não possam ser pagas pela entidade responsável – por motivos de incapacidade económica objectivamente caracterizada em processo judicial de falência ou processo equivalente ou processo de recuperação de empresa ou por motivo de ausência, de desaparecimento ou impossibilidade de identificação; o pagamento dos prémios dos seguros de acidentes de trabalho quando, no âmbito de um processo de recuperação de empresa, esta se encontrar impossibilitada de os pagar; as actualizações de pensões devidas por incapacidade permanente igual ou superior a 30% ou por morte derivadas de acidentes de trabalho[113].

O Fundo de Acidentes de Trabalho (FAT) foi criado pelo Decreto-Lei n.º 142/99, de 30 de Abril[114], substituindo o anterior Fundo de Actualização de Pensões de Acidentes de Trabalho (FUNDAP) e assumindo as novas funções cometidas pelo Lei n.º 100/97, de 13 de Setembro.

Não obstante a sua autonomia administrativa e financeira, o FAT funciona junto do ISP que, como atrás se referiu, assegura a sua gestão técnica e financeira, sendo o seu funcionamento acompanhado por uma

---

[112] Conforme disposto nas alíneas a) e b) do n.º 1, n.º 2 e n.º 3 do art. 58.º do regime do sistema de seguro obrigatório de responsabilidade civil automóvel – note-se que o montante resultante da aplicação da segunda das referidas percentagens se destina à prevenção rodoviária. V. *infra,* § 10, 10.1.

[113] O diploma que criou o FAT veio prever ainda como atribuições do Fundo, em especial, o resseguro e retrocessão dos riscos recusados e outros casos de reembolso às seguradoras além da actualização de pensões (cf. art. 1.º do DL n.º 142/99, de 30 de Abril).

[114] Com as modificações introduzidas pelo Decreto-Lei n.º 185/2007, de 10 de Maio.

410 Maria José Rangel de Mesquita

comissão de acompanhamento à qual compete analisar e dar parecer sobre os aspectos que, não constituindo actos de gestão corrente, sejam relevantes para o bom desempenho do FAT, designadamente sobre as contas e financiamento do FAT, sobre questões colocadas pelo ISP ou propor as medidas legislativas e regulamentares que entenda serem convenientes para incrementar a eficácia do sistema de garantia instituído[115].

A autonomia financeira do FAT é assegurada pela atribuição de receitas próprias, em especial uma percentagem, a cobrar pelas seguradoras aos tomadores de seguro, sobre os salários considerados, sempre que sejam processados prémios da modalidade «Acidentes de Trabalho»[116] e uma percentagem a suportar pelas seguradoras sobre o valor correspondente ao capital de remição das pensões em pagamento à data de 31 de Dezembro de cada ano, bem como sobre o valor da provisão matemática das prestações suplementares por assistência de terceira pessoa, na mesma data.

Após as alterações introduzidas pelo Decreto-Lei n.º 185/2007, de 10 de Maio, o legislador consagrou também expressamente, quer a personalidade judiciária do FAT, quer a autonomização do regime de actualização das pensões de acidentes de trabalho face ao regime geral da segurança social e, ainda, a definição da sub-rogação do FAT nos direitos e privilégios creditórios dos sinistrados e ou beneficiários.

5. O REGIME JURÍDICO DA ACTIVIDADE SEGURADORA

5.1 ACESSO À ACTIVIDADE

O regime relativo às condições de acesso à actividade seguradora diverge consoante a actividade seja exercida sob a forma de estabelecimento ou de livre prestação de serviços e, ainda, em razão da natureza da entidade que pretende exercer a actividade seguradora.

As disposições vigentes em matéria de *estabelecimento* regulam: o estabelecimento de sociedades anónimas e de mútuas de seguros, o estabelecimento em Portugal de sucursais de empresas de seguros com sede no

---

[115] Cf. art. 2.º, n.ºs 2 e 3, do DL n.º 142/99, de 30 de Abril.

[116] Tal percentagem foi fixada em 0,15% para o ano de 2007 pela Portaria n.º 194/2007, de 8 de Fevereiro, aprovada pelo Secretário de Estado do Tesouro e das Finanças. V. *infra*, §10, 10.1.

Direito Administrativo dos Seguros 411

território de outros Estados membros e, ainda, o estabelecimento em Portugal de sucursais de empresas de seguros com sede fora do território da União Europeia. Por seu lado as regras em matéria de livre prestação de serviços abrangem a LPS no território de outros Estados membros por empresas se seguros com sede em Portugal e, ainda, a LPS em Portugal por empresas de seguros com sede no território de outros Estados membros da União Europeia.

Em matéria de acesso à actividade seguradora sob a forma de estabelecimento, a lei prevê que o exercício da actividade seguradora em Portugal se encontra confinado às entidades previstas na lei: sociedades anónimas, mútuas de seguros, sucursais de empresas de seguros com sede fora do território da União Europeia, sucursais de empresas com sede no território de outros Estados membros da União Europeia, empresas de seguros públicas ou de capitais públicos criadas nos termos da lei portuguesa e, ainda empresas de seguros que adoptem a forma de sociedade anónima europeia[117-118]. A identificação, bem, como as vicissitudes ocorridas relativamente a cada uma destas entidades é objecto de registo por parte da autoridade de supervisão e nos termos que esta define por norma regulamentar.

A autorização para o exercício da actividade seguradora é concedida, para as sociedades anónimas de seguros, mútuas de seguros e empresas de seguros públicas ou de capitais públicos, para todo o território da União Europeia e a autorização inicial é concedida ramo a ramo e abrange, em princípio, a totalidade do ramo – sendo porém admitida a concessão de autorização para um dos grupos de ramos previstos na lei (seguro de acidentes e doença, seguro automóvel, seguro marítimo e transportes, seguro aéreo e seguro de incêndio e outros ramos)[119].

---

[117] V. art. 7.º, n.os 1 e 2 do Decreto-Lei n.º 94-B/98, de 17 de Abril.

[118] De acordo com as Estatísticas de Seguros 2007 publicadas pela autoridade de supervisão (ISP) o número de empresas de seguros a operar em Portugal, por forma jurídica, é o seguinte: 46 sociedades anónimas (apenas uma das quais é empresa de resseguros), 2 mútuas de seguros, 2 sucursais de empresas de seguros com sede fora do território da União Europeia e 33 sucursais de empresas de seguros com sede no território da União Europeia – não havendo registo autónomo quer de empresas de seguros públicas ou de capitais públicos, quer de sociedades anónimas europeias. Por essa razão não se autonomiza o tratamento dessas suas categorias no presente texto. O número de empresas a exercer actividade em Portugal em LPS no mesmo ano foi de 414.

[119] Nos termos do art. 19.º, n.os 1 e 3, e 128.º do DL n.º 94-B/98, de 17 de Abril. Os diferentes ramos dos seguros «Não Vida» são elencados no art. 123.º do mesmo diploma

412　　　　Maria José Rangel de Mesquita

5.1.1. Sociedades anónimas de seguros

A constituição das empresas de seguros que revistam a forma de sociedades anónimas – bem como o exercício da actividade seguradora por estas – depende de autorização prévia do ISP e, quando a sociedade a constituir tiver a sua sede numa Região Autónoma, a autorização deve ser precedida de parecer do respectivo Governo Regional[120-121]. Da denominação da sociedade anónima a constituir deve contar uma expressão da qual resulte inequivocamente que o objecto da sociedade é o exercício da actividade seguradora[122].

A concessão de autorização pelo ISP às *sociedades anónimas* a constituir que pretendam exercer a actividade de seguro directo e ou de resseguro em Portugal depende do preenchimento das condições e dos critérios fixados por lei. Entre tais condições e critérios inclui-se desde logo o compromisso de os accionistas iniciais da sociedade se obrigarem a: adoptar a forma de sociedade anónima; dotar a sociedade do capital mínimo que varia entre € 2500000 e € 15000000 em razão dos ramos de seguros a explorar[123]; realizar o capital mínimo na data do acto de constituição da sociedade e o restante, se existir, no prazo subsequente de seis meses. Além disso, a concessão da autorização depende ainda da verificação de um conjunto de requisitos relacionados com a aptidão dos accionistas

---

e os seguros e operações do ramo «Vida» no art. 124.º – em conformidade com o elenco de ramos previstos nas Directivas Não Vida e Vida – Anexo 1, respectivamente, da primeira Directiva Não Vida (73/239/CEE) e da primeira Directiva Vida (79/267/CEE).

[120] V. art. 11.º e ss., art. 22.º e 23.º, e 12.º do Decreto-Lei n.º 94-B/98, de 17 de Abril.

[121] Neste caso, o processo de autorização é remetido ao Governo Regional respectivo que terá um prazo de 30 dias para o enviar ao ISP – findo o qual se considera o parecer *favorável* (cf. art. 15.º, n.º 8, do DL n.º 94-B/98, de 17 de Abril.

[122] Como dispõe o n.º 2 do art. 11 do DL n.º 94-B/98, de 17 de Abril. Às sociedades anónimas de seguros a constituir aplica-se o disposto no diploma regulador do acesso e exercício da actividade seguradora e, subsidiariamente, o disposto no Código das Sociedades Comerciais e legislação complementar, em tudo o que não contrarie aquele diploma e as disposições específicas reguladoras da actividade seguradora.

[123] O capital mínimo imposto por lei é de: € 2500000 para explorar um dos ramos Doença, Protecção Jurídica ou Assistência; € 7500000 para explorar mais do que um daqueles três ramos ou qualquer outro ou outros dos seguros Não Vida; € 7500000 para explorar o ramo Vida e € 15000000 para a exploração cumulativa dos ramos Vida e Não Vida (cf. art. 40.º, n.º 1, do DL n.º 94-B/98).

Direito Administrativo dos Seguros

detentores de uma participação qualificada para assegurar a gestão sã e prudente da sociedade, a adequação e suficiência de meios humanos, técnicos e de recursos financeiros, a localização em Portugal da administração central da sociedade, a inexistência de entraves à supervisão quando a sociedade tenha relações de proximidade com outras pessoas singulares e colectivas e, ainda, com a designação de um representante para sinistros nos outros Estados membros da União Europeia no caso de a empresa a constituir pretender explorar o ramo responsabilidade civil de veículos terrestres a motor.

O requerimento de autorização para a constituição de uma sociedade anónima que pretenda exercer a actividade de seguro directo deve ser dirigido ao ISP e instruído com um conjunto de elementos igualmente fixados pela lei e nos quais se incluem: elementos relativos à sociedade a constituir e aos seus accionistas, designadamente deliberação da constituição, projecto de estatutos, identificação dos accionistas, pessoas singulares ou colectivas e respectivas participações e informações relativas à estrutura do grupo; programa de actividades fundamentado, incluindo, nomeadamente, informação sobre os riscos, ramos e operações a explorar, elementos de carácter técnico relativos à exploração do ramo Vida, princípios orientadores do resseguro, constituição do fundo de garantia, estrutura orgânica e meios técnicos, financeiros e outros a utilizar, estrutura médico-hospitar a utilizar, previsão das despesas de instalação, elementos de carácter contabilístico-financeiro relativos aos três primeiros exercícios sociais e, ainda, um parecer de um actuário responsável sobre a adequação das tarifas, das provisões técnicas e do resseguro. Sempre que no capital da empresa a constituir participem pessoas singulares ou colectivas nacionais de países terceiros em relação à União Europeia, são exigidos elementos complementares para a instrução do requerimento de autorização sob a forma de memória explicativa da sua actividade no âmbito internacional, e das respectivas relações no âmbito da actividade seguradora com empresas de seguros ou entidades portuguesas[124].

Os requerentes têm o dever de indicar o respectivo representante junto do ISP e, ainda, os técnicos responsáveis pelas partes técnica, financeira e jurídica do processo de autorização, em especial o actuário, o financeiro e o jurista responsáveis.

---

[124] Vide os arts. 13.º e 14.º do Decreto-Lei n.º 94-B/98, de 17 de Abril.

414 Maria José Rangel de Mesquita

A apreciação do processo de autorização é da competência do ISP o qual dispõe de vários poderes nesse âmbito: quer no que toca à detecção de irregularidades do requerimento que devem ser comunicadas aos requerentes para que possam ser supridas no prazo de 30 dias sob pena de caducidade, quer no que toca à solicitação de esclarecimentos ou elementos adicionais para a apreciação do processo e, em especial para aferição da aptidão dos accionistas detentores de participações qualificadas. Além disso, o ISP deve, em alguns casos, proceder à consulta prévia de outras autoridades de supervisão – o Banco de Portugal (BP) e as autoridades de supervisão de outros Estados membros – nomeadamente para efeitos de avaliação da adequação dos accionistas para garantir a gestão sã e prudente da empresa de seguros[125]. O ISP consulta o Banco de Portugal no caso de autorização a uma empresa de seguros que seja uma filial de uma instituição de crédito ou de uma empresa de investimento autorizada em Portugal ou da empresa-mãe daquelas ou, ainda, no caso de a empresa de seguros ser controlada pela mesma pessoa singular ou colectiva que controla uma instituição de crédito ou uma empresa de investimento autorizada em Portugal – devendo o Banco de Portugal pronunciar-se no prazo de dois meses. O ISP consulta as autoridades dos outros Estados membros da União Europeia, responsáveis pela supervisão da empresa de seguros, instituição de crédito ou empresa de investimento em causa, quando se trate da autorização de uma empresa de seguros que seja uma filial de uma empresa de seguros, de uma instituição de crédito ou de uma empresa de investimento autorizada noutro Estado membro ou da empresa-mãe daquelas ou, ainda, no caso de a empresa de seguros ser controlada pela mesma pessoa singular ou colectiva que controla uma empresa de seguros, uma instituição de crédito ou uma empresa de investimento autorizada noutro Estado membro[126].

---

[125] V. art. 15.º do Decreto-Lei n.º 94-B/98, de 17 de Abril.

[126] Ainda que a lei se refira a «consulta» e seja omissa quanto à natureza da mesma, deve entender-se que se aplica a regra constante do art. 98.º, n.º 2, do Código de Procedimento Administrativo (CPA) em matéria de pareceres: a consulta tem carácter obrigatório, mas não é vinculativa. Questão diferente é a de saber qual o prazo dentro do qual as autoridades dos outros Estados membros consultadas pelo ISP se devem pronunciar, na falta de indicação expressa desse prazo – ao contrário do que sucede em relação à consulta do BP. Apesar de o CPA prever um prazo supletivo de 30 dias, tendo em conta que se trata de entidades não nacionais, parece adequado que seja o próprio ISP a fixar o prazo para a resposta da autoridade de supervisão em causa de outro Estado membro, desde que a fixação de tal

Direito Administrativo dos Seguros

A lei parece prever que o ISP deve tomar duas decisões relativamente ao processo de autorização para a constituição de uma empresa de seguros e o exercício da actividade seguradora: uma primeira, sobre a conformidade do requerimento apresentado pelos requerentes com o disposto no Decreto-Lei n.º 94-B/98, de 17 de Abril, a tomar do prazo máximo de 90 dias a contar da data em que o requerimento se encontre correcta e completamente instruído – e na qual o ISP se deve pronunciar, designadamente, sobre a adequação dos elementos de informação apresentados pelo requerentes com a actividade que a empresa se propõe realizar; e uma segunda, sobre a concessão de autorização para a constituição da sociedade e para o exercício da actividade seguradora, a tomar no prazo de 6 meses a contar da recepção do requerimento – ou, quando aplicável, a contar da recepção das informações complementares solicitadas – e, em qualquer caso, no prazo máximo de 12 meses a contar da data da entrega inicial do pedido. Esta última decisão deve ser notificada aos requerentes – pelo que a falta de notificação nos referidos prazos constitui presunção de indeferimento tácito[127].

No caso de a autorização ser concedida, a mesma caduca se os requerentes a ela renunciarem, não constituírem formalmente a empresa de seguros no prazo de seis meses ou não derem início à actividade no prazo de doze meses a contar da publicação da autorização – sendo da competência do ISP a verificação da constituição formal da empresa de seguros e do início da sua actividade[128].

O ISP vela pelo cumprimento do programa de actividades apresentado para os três primeiros anos de actividade e, para o efeito, a empresa de seguros deve apresentar-lhe anualmente um relatório circunstanciado sobre a execução do programa de actividades. No caso de se verificar desequilíbrio na situação financeira da empresa, o ISP, no âmbito da sua competência de controlo, pode impor medidas de reforço das garantias financeiras da empresa – sob pena de o seu não cumprimento determinar a revogação da autorização. Ainda no quadro do controlo do cumprimento do programa de actividades inicial, as alterações ao programa de actividades inicialmente apresentado dependem de autorização prévia do ISP –

---

prazo permita que a decisão final sobre a concessão da autorização possa ser tomada dentro do prazo máximo fixado no n.º 1 do art. 16.º do DL n.º 94-B/98, de 17 de Abril.

[127] Conforme dispõe o art. 16.º do DL n.º 94-B/98, de 17 de Abril.

[128] V. art. 17.º do Decreto-Lei n.º 94-B/98, de 17 de Abril.

416 Maria José Rangel de Mesquita

que se pronunciará no prazo de 15 dias a contar da comunicação pela empresa de seguros do projecto de alteração do referido programa de actividades.

Por último, a competência para a revogação, total ou parcial, da autorização concedida à empresa de seguros, é cometida pela lei ao ISP. As disposições aplicáveis em matéria de revogação da autorização não prejudicam no entanto a aplicação das disposições vigentes em matéria de sanções aplicáveis às infracções no âmbito da actividade seguradora e em matéria de inexistência ou insuficiência de garantias financeiras mínimas – e, se for o caso, das sanções penais aplicáveis.

O ISP tem poderes de revogação, total ou parcial, da autorização concedida, sempre que se verifique uma das seguintes situações previstas na lei: obtenção da autorização por meio de falsas declarações ou outros meios ilícitos; cessação ou redução significativa da actividade por período superior seis meses – que se considera existir quando se verifique uma diminuição de, pelo menos 50% do volume de prémios não programada ou imposta pela autoridade competente, e que ponha em risco os interesses dos segurados e terceiros; cessação da verificação de alguma das condições de acesso e de exercício da actividade seguradora exigidas por lei; existência de irregularidades graves na administração, organização contabilística ou fiscalização interna da empresa susceptíveis de pôr em risco os interesses dos segurados ou as condições normais de funcionamento do mercado segurador; quando os capitais próprios da empresa de seguros atingirem um valor inferior a metade dos exigidos por lei[129] para o capital social e não cobrirem a margem de solvência exigida; não comunicação da composição dos órgãos sociais da empresa de seguros ou recusa da designação de qualquer membro da administração ou fiscalização da sociedade pelo ISP e de não regularização da situação; não apresentação ao ISP dos projectos de alteração do programa de actividades inicial, não concessão de tal autorização ou retirada da aprovação daquele programa de actividades; verificação de irregularidades graves na administração, organização contabilística ou fiscalização interna da empresa ou violações das leis e regulamentos aplicáveis à actividade por modo a pôr em risco os interes-

---

[129] V., quanto ao capital, o art. 40.º do Decreto-Lei n.º 94-B/98, de 17 de Abril – o capital social mínimo para a constituição de sociedades anónimas de seguros depende dos ramos a explorar, sendo no máximo de 15 000 000 euros no caso de exploração cumulativa dos ramos Vida e Não Vida.

Direito Administrativo dos Seguros 417

ses dos segurados ou as condições normais de funcionamento do mercado segurador[130].

Por último, em matéria de acesso ao exercício da actividade de seguro directo, por sociedades anónimas de seguros constituídas nos termos da lei portuguesa, há que referir as regras aplicáveis em matéria de controlo de detentores de participações qualificadas em empresas de seguros e, ainda, de administração e fiscalização das mesmas.

Em matéria de *administração e fiscalização*, o Decreto-Lei n.º 2/2009, de 5 de Janeiro introduziu algumas regras novas decorrentes, tal como explica o legislador no preâmbulo do diploma, dos esforços de convergência normativa no seio do Conselho Nacional de Supervisores Financeiros no âmbito do exercício de *"better regulation"* – é o caso das alterações introduzidas em matéria de qualificação adequada e idoneidade dos membros dos órgãos de administração e fiscalização e, ainda, em matéria de cumulação de cargos – nova redacção do artigo 51.º e novo artigo 51.º-A do Decreto-Lei n.º 94-B/98, de 17 de Abril.

Quanto à qualificação adequada e idoneidade dos membros dos órgãos sociais, prevê-se que quer os membros de administração e de fiscalização, incluindo os que integrem o conselho geral e de supervisão e os administradores não executivos, devem preencher os requisitos de qualificação adequada – nomeadamente através de experiência profissional[131] ou de habilitação académica – e de idoneidade. Os requisitos exigidos aplicam-se quer às pessoas singulares eleitas ou designadas para os órgãos de administração ou de fiscalização das empresas de seguros, quer às pessoas designadas pelas pessoas colectivas eleitas ou designadas para os órgãos de administração ou de fiscalização das seguradoras.

O legislador estipula presunções quer de idoneidade, quer de indícios de falta de idoneidade. Por um lado, considera-se preenchido o requisito

---

[130] V. arts. 18.º, n.º 2, 19.º e 20.º do Decreto-Lei n.º 94-B/98, de 17 de Abril, em especial, quanto aos fundamentos de revogação total ou parcial da autorização para o exercício da actividade, as alíneas a) a h) do n.º 1 do art. 19.º.

[131] Nos termos do n.º 4 do art. 51.º do DL n.º 94-B/98, de 17 de Abril, presume-se existir *qualificação adequada através de experiência profissional* quando a pessoa em causa tenha previamente exercido, com competência, funções de responsabilidade no domínio financeiro e técnico, devendo a natureza dessa experiência, bem como a natureza e grau de responsabilidade das funções anteriormente exercidaS, estar em consonância com as características e a dimensão da empresa de seguros.

da idoneidade quando os membros dos órgãos de administração ou fiscalização se encontrem registadoS junto quer do Banco de Portugal quer da CMVM, quando esse registo esteja sujeito a condições de idoneidade, excepto quando factos supervenientes ao registo conduzam o ISP a pronunciar-se em sentido contrário. Por outro lado, considera-se indiciador de falta de idoneidade quando exista: condenação, em Portugal ou no estrangeiro, pelos crimes elencados no diploma incluindo os previstos no Código das Sociedades Comerciais; declaração, por sentença nacional ou estrangeira, de insolvência do membro do órgão social ou de empresa por ele dominada ou de que tenha sido administrador, director ou gerente; condenação, em Portugal ou no estrangeiro, pela prática de infracções às regras legais ou regulamentares que regem a actividade das instituições de crédito, sociedades financeiras ou instituições financeiras, das entidades gestoras de fundos de pensões e do mercado de valores mobiliários, bem como a actividade seguradora ou resseguradora e de mediação de seguros ou de resseguros.

Para a verificação dos requisitos impostos por lei o ISP tem poderes de consulta do Banco de Portugal e da CMVM, sempre que a pessoa em causa, membro de um órgão de administração ou fiscalização de uma empresa de seguros, esteja registada junto delas.

Quanto ao novo regime em matéria de acumulação de cargos, passa a prever-se que o ISP se pode opor a que os membros dos órgãos de administração das sociedades anónimas (e das mútuas de seguros) exerçam funções noutras sociedades, caso entenda que a acumulação é passível de prejudicar o exercício das funções que o interessado já desempenhe – nomeadamente por existirem riscos graves de conflitos de interesses ou, no caso de pessoas que exerçam funções executivas, por não se verificar suficiente disponibilidade para o cargo. O regime previsto apenas não se aplica no caso do exercício cumulativo de funções de administração em sociedades que se encontrem em relação de domínio ou de grupo, nos termos definidos no artigo 3.°, 1) do Decreto-Lei n.° 94-B/98, de 17 de Abril.

Em matéria de *controlo de detentores de participações qualificadas em empresas de seguros*, a legislação vigente impõe a comunicação prévia ao ISP por qualquer pessoa singular ou colectiva, ou entidade legalmente equiparada, que directa ou indirectamente pretenda ou deter participação qualificada em empresa de seguros ou aumentar participação qualificada já detida, de tal modo que a percentagem de direitos de voto ou de capital atinja ou ultrapasse qualquer dos limiares de 20%, 33% ou 50%, ou de tal modo que a empresa se transforme em sua filial, do seu projecto e do montante da participação que se propõe adquirir[132].

Uma vez efectuada a comunicação em causa, o ISP pode não se opor ao projecto se considerar demonstrado que a pessoa em causa reúne condições que garantam uma gestão sã e prudente ou, se assim não entender, deduzir oposição ao projecto. A lei presume que não existem condições para garantir uma gestão sã e prudente quando se verifique alguma de um conjunto de circunstâncias nela fixadas e que se prendem com: o modo como a pessoa em causa gere os seus negócios ou a natureza da actividade exercida – susceptíveis de revelar propensão acentuada para a assumpção de riscos excessivos; a existência de fundadas dúvidas sobre a licitude da proveniência dos fundos utilizados na aquisição da participação ou sobre a identidade do respectivo titular; a inadequação económico-financeira da pessoa em causa ao tempo da aquisição em função do montante a deter; o facto de a estrutura e características do grupo empresarial em que se integraria a seguradora inviabilizarem uma supervisão adequada; a recusa das condições necessárias ao saneamento da seguradora estabelecidas anteriormente pelo ISP; a falta de qualificação adequada e de idoneidade no caso de se tratar de uma pessoa singular.

No caso de não oposição, o ISP poderá fixar um prazo razoável para a realização do projecto comunicado – sem prejuízo de pode solicitar aos interessados elementos e informações complementares, bem como realizar as averiguações que entenda serem necessárias. Consoante a natureza do projecto, o ISP poderá ter de consultar previamente a autoridade competente do Estado membro da União Europeia em causa ou o Banco de Portugal[133].

Qualquer das decisões do ISP – positiva ou negativa – deve ser notificada aos requerente no prazo de três meses a contar da comunicação ou, havendo pedido de informações complementares por parte do ISP, no prazo de três meses contados a partir da sua recepção.

---

[132] Vide o n.º 1 do art. 43.º do DL n.º 94-B/98, de 17 de Abril. Nos termos do n.º 2 da mesma disposição, a comunicação prévia ao ISP deve ser efectuadas sempre que da iniciativa ou iniciativas em causa possa resultar qualquer das situações previstas, ainda que o resultado não seja garantido. A comunicação deve ser acompanhada dos elementos e informações definidas por portaria do Ministro das Finanças, sob proposta do ISP.

[133] Nos termos dos n.os 5 e 6 do art. 44.º do DL n.º 94-B/98, de 17 de Abril.

420   Maria José Rangel de Mesquita

Além do dever de comunicação prévia de aquisição ou aumento de participação qualificada acima referido, impõe-se também um dever de comunicação subsequente ao ISP de factos de que resultem directa ou indirectamente, a detenção de uma participação qualificada numa empresa de seguros ou o seu aumento – no prazo de 15 dias a contar da sua verificação. Idêntico dever, mas de informação ao ISP, se impõe em caso de cessação ou de diminuição da participação qualificada.

Dado que a comunicação prévia ou subsequente ao ISP em matéria de detenção de participações qualificadas em empresas de seguros é configurada como um dever jurídico, a lei comina – sem prejuízo de outras aplicáveis – uma sanção de inibição do exercício de direitos de voto no caso de aquisição ou aumento de participação qualificada quando o interessado não tenha cumprido a obrigação de comunicação prévia, tenha adquirido ou aumentado a sua participação qualificada depois da comunicação prévia ao ISP mas antes da pronúncia deste e, ainda, quando o ISP se tenha oposto ao projecto de aquisição ou de aumento da participação comunicada. A lei comina ainda a sanção de anulabilidade para a deliberação social em que sejam exercidos direitos de voto inibidos – salvo demonstração que a deliberação teria sido tomada e teria sido idêntica ainda que aqueles direitos de voto inibidos não tivessem sido exercidos. A anulabilidade pode ser arguida nos termos gerais ou, ainda, pelo ISP[134]. A inibição do exercício dos direitos cessará se o interessado proceder posteriormente à comunicação ao ISP devida e aquele não deduzir oposição.

A obrigação de comunicação pelos interessados relativa a participações qualificadas em seguradoras, prévia ou subsequente, ao ISP, não dispensa as próprias seguradoras da obrigação de comunicar ao ISP as alterações relativas à aquisição, aumento, cessação ou diminuição de participações qualificadas – e logo que delas tenham conhecimento. De igual modo, as seguradoras têm o dever de comunicar ao ISP anualmente, até ao fim do mês em que se realizar a assembleia geral ordinária, a identidade dos detentores de participações qualificadas e o respectivo montante[135].

---

[134] Vide o art. 46.º, n.os 1, 5 e 6, do DL n.º 94-B/98, de 17 de Abril. Os n.os 2 a 4 da mesma disposição prevêem as competências do ISP, em especial de informação ao órgão de administração da seguradora sobre a inibição, e os deveres do órgão de administração da seguradora em causa.

[135] Nos termos do art. 49.º do DL n.º 94-B/98, de 17 de Abril.

Por último, a abertura de agências, sucursais ou outras formas de representação fora do território da União Europeia por empresas de seguros constituídas de acordo com a lei portuguesa e nos termos do regime supra enunciado, depende de autorização prévia do ISP – aplicando-se, com as devidas adaptações, o regime jurídico que regula o estabelecimento no território de outros Estados membros da União Europeia de sucursais de empresas de seguros com sede em Portugal[136].

5.1.2. Mútuas de seguros

À concessão de autorização pelo ISP às *mútuas de seguros* a constituir que pretendam exercer a actividade de seguro directo e ou de resseguro em Portugal aplica-se, com as devidas adaptações, o essencial do regime previsto para a autorização de sociedades anónimas de seguros.

Como especificidades de regime podem apontar-se, em especial, o facto de a identificação dos membros fundadores e a comprovação da respectiva idoneidade – requisitos previstos nas alíneas c) a f) do n.º 1 do artigo 14.º do Decreto-Lei n.º 94-B/98, de 17 de Abril – apenas ser obrigatória relativamente aos dez membros fundadores que irão subscrever o maior número de títulos e de capital; e, ainda, facto de o capital mínimo para a constituição de mútuas de seguros, a realizar integralmente, ser de € 3750000.

As mútuas de seguros a constituir deverão revestir a forma de sociedade cooperativa de responsabilidade limitada e podem ser em princípio constituídas por documento particular – excepto se for exigida forma mais solene para a transmissão dos bens que representam o seu capital inicial –, ficando sujeitas ao disposto no diploma sobre o acesso e exercício da actividade seguradora e, subsidiariamente, no Código Cooperativo e demais legislação complementar – em tudo o que não for contrário ao disposto no Decreto-Lei n.º 94-B/98, de 17 de Abril ou outras disposições específicas reguladoras da actividade seguradora[137].

---

[136] Tal como dispõe o art. 21.º, n.os 1 e 2, e aplicando-se, por remissão, os arts. 24.º e 29.º, do DL n.º 94-B/98, de 17 de Abril – em matéria de, respectivamente, notificação e alterações a alguns dos elementos submetidos ao ISP. Vide *infra* 5.1.6. Por esse motivo, não se autonomiza o respectivo regime jurídico no presente texto.

[137] V., respectivamente, os arts. 23.º e 22.º do Decreto-Lei n.º 94-B/98, de 17 de Abril. As normas relativas ao processo de autorização das sociedades anónimas de seguros

422 Maria José Rangel de Mesquita

5.1.3. Sucursais de empresas de seguros com sede fora do território da União Europeia

Tal como sucede em relação às sociedades anónimas e às mútuas de seguros, o exercício em Portugal da actividade seguradora por sucursais de empresas com sede fora da União Europeia também depende de autorização prévia, a conceder caso a caso. A competência para a autorização, sob a forma de despacho, é do Ministro das Finanças, o qual pode, por portaria, delegar a sua competência no Conselho Directivo do ISP[138]. No caso de a autorização ser concedida pelo Ministro das Finanças, tem de ser precedida de parecer do ISP – aplicando-se neste caso o regime previsto para o parecer prévio do Governo Regional no caso de autorização de sociedade anónima com sede numa Região autónoma, pelo que o ISP se deverá pronunciar no prazo de 30 dias.

Diversamente do que sucede com a autorização das sociedades anónimas e mútuas de seguros, a autorização é concedida apenas para o território português – ainda que para todo o território português – sendo impostas algumas limitações quanto ao âmbito material da autorização para o estabelecimento de sucursais em Portugal: i) a autorização só pode ser concedida em relação a empresas de seguros que se encontrem constituídas há mais de 5 anos; ii) as empresas de seguros autorizadas no país da sede social a exercer a actividade seguradora nos ramos Vida e Não Vida apenas podem ser autorizadas a estabelecer sucursais em Portugal para a exploração de seguros dos ramos Não Vida; iii) as sucursais em causa apenas podem ser autorizadas a explorar os ramos e modalidades para os quais a empresa se encontra autorizada no país da sede social[139].

O processo de autorização implica a apresentação de um requerimento, dirigido ao Ministro das Finanças e apresentado junto do ISP, instruído com os elementos previstos na lei, os quais incluem: as razões justificativas do estabelecimento de uma sucursal em Portugal; uma memória

---

aplicáveis ao processo de autorização das mútuas de seguros são as seguintes: o n.º 2 do art. 11.º (denominação social), o art. 12.º (autorização específica e prévia), a alínea b) do n.º 1 e o n.º 2 do art. 13 (condições e critérios para a concessão de autorização), bem como os arts. 14.º a 20.º (em matéria de instrução do requerimento, apreciação do processo de autorização e notificação da decisão, caducidade e revogação da autorização e, ainda, cumprimento do programa de actividades) do DL n.º 94-B/98, de 17 de Abril.

[138] V. art. 34.º e ss. do Decreto-Lei n.º 94-B/98, de 17 de Abril.

[139] Nos termos do art. 34.º, n.os 3, 6, 4 e 5, respectivamente.

Direito Administrativo dos Seguros

explicativa da actividade da empresa requerente no âmbito internacional, incluindo as relações com o mercado segurador português; elementos relativos à sociedade e aos seus accionistas – estatutos, lista e identificação dos accionistas, balanços e contas de exploração e de ganhos e perdas relativos aos três últimos exercícios e certificado emitido pela autoridade competente há menos de 90 dias comprovativo de que a sociedade se encontra legalmente constituída, de que funciona de acordo com as disposições legais em vigor e que ateste os ramos e modalidades que se encontra autorizada a explorar; programa de actividades fundamentado, incluindo, nomeadamente, informação sobre os riscos, ramos e operações a explorar, elementos de carácter técnico relativos à exploração do ramo Vida, princípios orientadores do resseguro, constituição do fundo mínimo de garantia, meios técnicos, financeiros, de pessoal e materiais a utilizar, estrutura médico-hospitar a utilizar, previsão das despesas de instalação, elementos de carácter contabilístico-financeiro relativos aos três primeiros exercícios sociais, declaração de compromisso de que no momento da abertura a sucursal a autorizar satisfará os requisitos impostos por lei[140] e, no caso de exploração do ramo responsabilidade civil automóvel, a indicação do nome e do representante para sinistros nos outros Estados membros da União Europeia[141].

À instrução do processo de autorização aplicam-se, com as devidas adaptações, as regras que regem a instrução do processo de autorização de empresas de seguros com sede em Portugal, em especial as referentes à apresentação de documentos em língua portuguesa, à indicação de um representante no âmbito do processo de autorização e dos técnicos responsáveis pelo mesmo e, ainda, ao parecer de um actuário sobre a adequação das tarifas, das provisões técnicas e do resseguro.

A apreciação do processo de autorização é da competência do ISP o qual dispõe de vários poderes nesse âmbito: quer no que toca à detecção

---

[140] Tais requisitos são os seguintes: i) existência de um escritório em Portugal; ii) nomeação de um mandatário geral; iii) disponibilidade em Portugal de activos de valor pelo menos igual ao mínimo do fundo de garantia legalmente estabelecido para as sucursais de empresas de seguros estrangeiras (€ 1500000 ou € 1000000, consoante os ramos Não Vida explorados – cf. art. 102.º, n.º 3, a) e b), do DL n.º 94-B/98, de 17 de Abril); iv) depósito, a título de caucionamento, de uma importância correspondente a metade do valor mínimo do fundo de garantia exigido para as sucursais em causa (v. art. 35.º, n.º 2, i), I) a IV), do DL n.º 94-B/98, de 17 de Abril).

[141] Vide o art. 35.º, n.os 1 e 2, e 4, do DL n.º 94-B/98, de 17 de Abril.

424 Maria José Rangel de Mesquita

de irregularidades do requerimento que devem ser comunicadas aos requerentes para que possam ser supridas no prazo de 30 dias sob pena de caducidade e arquivamento do processo, quer no que toca à solicitação de esclarecimentos ou elementos adicionais para a apreciação do processo. Se a sucursal a autorizar for localizada nas Regiões Autónomas, o procedimento autorizativo carece de parecer do respectivo Governo Regional, a emitir no prazo máximo de 30 dias a contar do envio do processo pelo ISP – findo o qual se considera o parecer favorável.

A lei prevê que o ISP deve apresentar o seu parecer final sobre a conformidade do requerimento apresentado pelos requerentes com o disposto no Decreto-Lei n.º 94-B/98, de 17 de Abril, no prazo máximo de 90 dias a contar da data em que o requerimento se encontre correcta e completamente instruído – e no qual o ISP se deve pronunciar, designadamente, sobre a adequação dos elementos de informação apresentados pelo requerentes com a actividade que a empresa se propõe realizar.

As disposições específicas do Decreto-Lei n.º 94-B/98, de 17 de Abril, relativas ao estabelecimento em Portugal de sucursais de empresas de seguros com sede fora do território da União Europeia – artigos 34.º a 38.º – não prevêem expressamente o prazo máximo para a concessão da autorização a conceder pelo Ministro das Finanças ou, no caso de existir competência delegada, pelo ISP, nem para a notificação da decisão aos interessados. Tendo em conta que, quanto a este aspecto concreto de regime o diploma não faz – como sucede em relação a outros aspectos – qualquer remissão para as correspondentes disposições aplicáveis à constituição de sociedades anónimas de seguros[142], deve entender-se que se aplicam as regras gerais constantes do Código de Procedimento Administrativo – devendo a decisão sobre a autorização ser tomada no prazo de 90 dias presumindo-se, na falta de decisão sobre o pedido de autorização nesse prazo, o indeferimento da pretensão, com todas as consequências, em especial para efeitos de impugnação[143-144].

---

[142] Concretamente para o art. 16.º do Decreto-Lei n.º 94-B/98, de 17 de Abril, que regula a notificação da decisão de autorização e respectivos prazos – cujo decurso, sem notificação da decisão, implica o indeferimento tácito.

[143] Cf. os art. 109.º, n.os 1 e 2, do CPA.

[144] No sentido de o processo de autorização em causa ser idêntico ao aplicável à autorização de empresas de seguros com sede em Portugal – o que implicaria que os prazos para decisão e notificação seriam os previstos para este último caso – JOSÉ VASQUEZ, *Direito...,* p. 154.

Direito Administrativo dos Seguros

À caducidade da autorização para o estabelecimento de uma sucursal de uma empresa de seguros com sede fora do território da União Europeia, bem como ao cumprimento do programa de actividades aplicam-se, com as devidas adaptações, as regras que regulam tais matérias relativamente às sociedades anónimas de seguros[145].

A decisão de revogação, total ou parcial, da autorização concedida para o estabelecimento de uma sucursal de uma empresa seguradora com sede fora do território da União Europeia é da competência do Ministro das Finanças ou, existindo delegação, do ISP. A revogação, total ou parcial, da autorização pode ter lugar quando se verifique alguma das circunstâncias previstas na lei: autorização obtida por meio de falsas declarações ou outros meios ilícitos; cessação ou redução significativa da actividade por período superior a 6 meses; deixar de se verificar alguma das condições de acesso e de exercício da actividade seguradora exigidas por lei; inobservância do dever de designação do mandatário geral; não ser requerida ao ISP a autorização para a alteração do programa de actividades, não ser concedida autorização para tal alteração ou ter sido retirada a aprovação do programa de actividades; ocorrência de irregularidades graves na gestão, organização contabilística ou fiscalização interna da sucursal, susceptíveis de pôr em risco os interesses dos segurados ou as condições normais de funcionamento do mercado segurador; revogação da autorização de que depende o exercício da actividade pelas autoridades competentes do país das sede; violação pela sucursal das leis ou regulamentos que disciplinam a sua actividade, susceptíveis de pôr em risco os interesses dos segurados ou as condições normais de funcionamento do mercado segurador.

Quanto ao procedimento são aplicáveis, com as devidas adaptações, as regras que regulam a revogação da autorização das empresas de seguros com sede em Portugal, previstas nos artigos 19.° e 20.° do Decreto-Lei n.° 94-B/98, de 17 de Abril, em especial em matéria de determinação da redução significativa da actividade, de audição prévia do Governo Regional, de fundamentação da decisão e sua notificação e, ainda, de direito de recurso.

Por último, quanto às especificidades de regime aplicáveis no caso de autorização de sucursais de empresas de seguros com sede fora do território da União Europeia são de ainda de mencionar, em especial, as que se

---

[145] Arts. 17.° e 18.°, por remissão do art. 38.°, todos do Decreto-Lei n.° 94-B/98, de 17 de Abril.

426 Maria José Rangel de Mesquita

prendem com a figura do mandatário geral, com o regime aplicável às empresas de seguros com sede na Suíça e, ainda, com os benefícios que podem ser concedidos em matéria de garantias financeiras[146].

Quanto ao *mandatário geral*, cuja nomeação deve estar efectuada no momento da abertura da sucursal em Portugal, a lei prevê os requisitos a preencher pelo mandatário a nomear, consoante se trate de pessoa singular ou de pessoa colectiva, bem como os respectivos poderes.

No caso de o mandatário geral ser uma pessoa singular, deve ter residência habitual em Portugal e preencher todos os requisitos exigidos por lei para os órgãos sociais de uma sociedade anónima de seguros, em especial os relativos à idoneidade, e sujeito a registo junto do ISP[147]; no caso de o mandatário ser uma pessoa colectiva, deve ser constituída nos termos da lei portuguesa, ter por objecto social exclusivo a representação de seguradoras estrangeiras, ter sede social principal e efectiva da administração em Portugal e, ainda, designar uma pessoa singular para a representar (e respectivo substituto) que preencha os requisitos exigidos para o mandatário geral que seja uma pessoa singular.

Quanto aos poderes conferidos ao mandatário geral, estes incluem os poderes necessários para celebrar, em representação e por conta da empresa de seguros, contratos de seguro, resseguro e contratos de trabalho, assumir os compromissos deles decorrentes e para representar judicial e extrajudicialmente a seguradora representada.

As alterações introduzidas no diploma regulador do acesso e exercício da actividade seguradora pelo Decreto-Lei n.° 2/2009, de 5 de Janeiro, contemplaram a consagração de um regime especial aplicável ao estabelecimento, em Portugal, de *sucursais de empresas de seguros com sede na Suíça*. Não sendo este Estado um Estado membro da União Europeia, ao estabelecimento de uma sucursal em Portugal de uma seguradora com sede na Suíça, aplicar-se-ia em princípio o regime jurídico aplicável ao estabelecimento de sucursais de empresas com sede fora do território da União Europeia. Todavia, o legislador consagrou algumas especificidades de regime que se prendem essencialmente com os seguintes aspectos: a competência para a autorização do estabelecimento em Portugal de sucursais é originariamente do ISP; os requisitos relativos à margem de solvên-

---

[146] Vide, respectivamente, arts. 37.°, 38.°-A e 108.°, todos do DL n.° 94-B/98, de 17 de Abril.

[147] Cf. art. 37.°, n.° 1, a) e b), e arts. 51.° e 54.°, do DL n.° 94-B/98, de 17 de Abril.

Direito Administrativo dos Seguros

cia e fundo de garantia previstos no Decreto-Lei n.º 94-B/98, de 17 de Abril, não se aplicam na medida em que é aplicável o regime estabelecido no país da sede para as respectivas garantias financeiras; os elementos que devem instruir o requerimento para a concessão de autorização são em menor número do que os exigidos às empresas dos demais Estados terceiros em relação à UE; a apresentação de um certificado emitido pela autoridade competente suíça atestando que a empresa dispõe, em relação aos ramos que pretende explorar em Portugal, do fundo de garanta mínimo e da margem de solvência adequada e, ainda, de meios financeiros para fazer face às despesas de instalação de serviços administrativos e da rede de produção. Além destas especificidades, o programa de actividades apresentado pelo requerente com o requerimento de autorização é remetido pelo ISP, e com as observações deste, à autoridade competente do país da sede, que se deverá pronunciar no prazo de 3 meses, findo o qual se considera favorável o respectivo parecer e, ainda, a revogação da autorização das sucursais é da competência do ISP, ouvida a autoridade competente do país da sede – Suíça[148].

Quanto aos *benefícios* que podem ser concedidos a sucursais de empresas de seguros com sede fora da União Europeia, o pedido para a sua concessão pode ser apresentado logo no momento do pedido de autorização para a abertura da sucursal. Os benefícios previstos na lei em matéria de garantias financeiras consistem: no cálculo da margem de solvência em função da actividade global exercida em Portugal e nos outros Estados membros; na dispensa da obrigação de caucionamento das provisões técnica, desde que seja feita prova de realização, noutro Estado membro, de um caucionamento igual a metade do fundo de garantia exigível em função da actividade global exercida em Portugal e nos outros Estados membros; e localização dos activos representativos do fundo de garantia, calculado em função da actividade global exercida em Portugal e nos outros Estados membros, no território português ou de um outro Estado membro. A concessão destes benefícios encontra-se sujeita a limitações e ao preenchimento de determinados requisitos fixados na lei, em especial: os benefícios não podem ser concedidos conjuntamente para os ramos Não Vida e Vida quando a empresa exercer cumulativamente estas duas actividades em Portugal; o pedido deve ser acompanhado da prova de que requeri-

---

[148] Vide o disposto no art. 38.º-A do DL n.º 94-B/98, de 17 de Abril. Apenas são exigidos para a instrução do requerimento os elementos previstos no n.º 2 daquele artigo.

428 Maria José Rangel de Mesquita

mento análogo foi apresentado a todas as entidades competentes dos Estados membros onde está autorizada a explorar ramos de seguros idênticos àqueles para que tem autorização em Portugal, bem como da indicação da autoridade competente encarregada de verificar a solvência global da empresa.

No caso de os benefícios serem concedidos por acordo de todos os Estados membros em que exerça a sua actividade, a empresa fica sujeita a uma fiscalização da sua solvência global para o conjunto das actividades exercidas em Portugal e nos outros Estados membros que concederam os benefícios. Quando a autoridade de supervisão indicada pela seguradora para a fiscalização da solvência global for a portuguesa, cabe ao ISP efectuar tal fiscalização e, para o efeito, poderá utilizar todas as informações obtidas junto das autoridades de supervisão dos demais Estados membros onde a empresa de seguros exerce a sua actividade; quando a autoridade de supervisão for uma autoridade de outro Estado membro, o ISP deverá fornecer-lhe todas as informações úteis de que disponha relativamente à sucursal em Portugal – sem prejuízo de, neste caso, a sucursal dever apresentar ao ISP a documentação necessária ao exercício da fiscalização e os documentos estatísticos solicitados.

Os benefícios concedidos podem ser retirados, por iniciativa de um ou mais Estados que os concederam, desde que a retirada opere simultaneamente em todos os Estados membros nos quais a empresa de seguros, com sede fora da União Europeia, exerce a sua actividade[149].

5.1.4. Sucursais de empresas de seguros com sede no território de outros Estados membros da União Europeia

O exercício da actividade seguradora por sucursais de empresas de seguros com sede no território de outros Estados membros da União Europeia depende dos requisitos previstos na lei e decorrentes da harmonização comunitária em matéria de seguros[150].

O exercício da actividade seguradora em Portugal, através de uma sucursal, por seguradoras sediadas noutros Estados membros da União Europeia, ao invés dos casos anteriores, não depende de autorização pré-

---

[149] Cf. art. 108.º do DL n.º 94-B/98, de 17 de Abril.
[150] V. arts. 30.º a 33.º do Decreto-Lei n.º 94-B/98, de 17 de Abril.

via – pois de acordo com as Directivas «autorização única» essas seguradoras já se encontram autorizadas no seu Estado membro de origem (sede) – mas sim de um procedimento de *comunicação* entre a autoridade competente do Estado membro da sede e o ISP, por um lado, e entre o ISP e a empresa interessada em estabelecer-se em Portugal, por outro. Assim a autoridade competente do Estado membro da sede da empresa que pretenda abrir uma sucursal em Portugal deve comunicar essa pretensão ao ISP que, no prazo de dois meses a contar da data de recepção dessa comunicação, deve informar aquela autoridade das condições fundadas em razões de interesse geral a que deve obedecer o exercício da actividade seguradora em Portugal por essa sucursal. O ISP, dentro do mesmo prazo, poderá comunicar à empresa interessada que esta se encontra em condições de iniciar as suas actividades. Se o ISP nada disser no referido prazo de dois meses a contar da recepção da comunicação da autoridade competente do Estado membro da sede da empresa, a empresa poderá dar inicio à sua actividade em Portugal[151].

Ao exercício da actividade seguradora em Portugal por sucursais de empresas de seguros sediadas noutro Estado membro aplica-se um princípio geral de igualdade de tratamento – decorrente em, última análise, do princípio da não discriminação consagrado pelo Tratado CE e plenamente aplicável no quadro do mercado interno. Com efeito, o exercício da actividade seguradora em Portugal pelas sucursais em causa deve obedecer às condições de exercício da actividade seguradora aplicáveis às empresas de seguros com sede em Portugal. Além disso, as empresas de seguros estabelecidas em Portugal mediante a abertura de uma sucursal devem ser membros e contribuir, nas mesmas condições das empresas de seguros autorizadas nos termos da lei portuguesa, para qualquer regime destinado a assegurar o pagamento de indemnizações a segurados e terceiros lesados, nomeadamente quanto aos riscos de acidentes de trabalho e responsabilidade civil de veículos terrestres a motor – pelo que devem contribuir para o financiamento quer do FAT, quer do FGA, pagando as contribuições legalmente previstas.

---

[151] No caso de alteração das condições comunicadas ao ISP pela entidade competente do Estado da sede social da empresa, a empresa em causa, pelo menos um mês antes de proceder a essa alteração, deve notificá-la ao ISP para efeitos do início de actividade – vide o art. 32.º e, por remissão, os arts. 30.º e 32.º do Decreto-Lei n.º 94-B/98, de 17 de Abril.

430 Maria José Rangel de Mesquita

5.1.5. Livre prestação de serviços em Portugal por empresas de seguros com sede no território de outros Estados membros

Nos termos das regras comunitárias vigentes em matéria de mercado único dos seguros, as empresas de seguros com sede no território de um Estado membro podem exercer a sua actividade, sob a forma de livre prestação de serviços, no território de outro Estado membro – quer a partir da respectiva sede, quer a partir de um estabelecimento situado num Estado membro.

Dado que a harmonização comunitária impõe um regime de *autorização única* para o exercício da actividade seguradora no território dos Estados membros da União Europeia, não é exigível qualquer autorização prévia para o exercício, em Portugal, da actividade seguradora, sob a forma de LPS, por empresas de seguros sediadas nos outros Estados membros. Todavia, o Direito Comunitário – e o Direito nacional que o transpõe para a Ordem Jurídica interna – impõem a verificação de determinados requisitos específicos por parte das empresas de seguros em causa que pretendem operar em LPS em Portugal[152]. Tais requisitos prendem-se, por um lado, com a contribuição para quaisquer regimes destinados a assegurar o pagamento de indemnizações a segurados e terceiros lesados e, por outro lado, com as exigências decorrentes da cobertura, em Portugal, em LPS, de riscos cuja cobertura seja obrigatória por lei.

Quanto ao primeiro aspecto – contribuição para regimes destinados a assegurar o pagamento de indemnizações a segurados e terceiros lesados –, as empresas que pretendam exercer a sua actividade em Portugal, em LPS, deverão, nas mesmas condições previstas para as empresas autorizadas à luz da lei portuguesa, assegurar as contribuições legalmente previstas para FGA e para o FAT, se garantirem em Portugal, respectivamente o risco de responsabilidade civil de veículos terrestres a motor e de acidentes de trabalho. Se vierem a ser criados, no futuro, outros sistemas de garantia do pagamento das indemnizações a lesados, as empresas que operem em LPS em Portugal deverão contribuir de igual modo para o respectivo financiamento, nos termos que vierem a ser fixados por lei – e nas mesmas condições que as seguradoras sediadas em Portugal.

---

[152] Tais requisitos encontram-se previstos nos arts. 65.º a 67.º do DL n.º 94-B/98, de 17 de Abril.

Quanto ao segundo aspecto – garantia de riscos cuja cobertura é obrigatória por lei – as empresas em causa devem nomear um representante para efeitos de LPS em Portugal, com residência habitual em Portugal, cuja identificação deve ser comunicada ao ISP. Os poderes conferidos ao "representante LPS" decorrem do Direito Comunitário e incluem: poderes para reunir todas as informações necessárias relacionadas com os processos de sinistros; poderes para representar a empresa que cobre o risco em LPS junto dos lesados que possam reclamar uma indemnização, incluindo para proceder aos pagamentos devidos aqueles; poderes para representar ou fazer representar a empresa perante os tribunais e as autoridades portuguesas no âmbito dos pedidos de indemnização; poderes para representar a empresa junto da autoridade de supervisão, o ISP, no tocante ao controlo da existência e da validade das apólices de seguro emitidas. Caso a empresa que exerça a sua actividade em Portugal em LPS não tiver designado o "representante LPS" as respectivas funções serão assumidas pelo *representante para sinistros* designado pela empresa em Portugal no âmbito do sistema de protecção das vítimas de acidentes ocorridos fora do seu Estado membro de residência instituído pela 4.ª Directiva automóvel (2000/26/CE).

Por último, as empresas que pretendam garantir em Portugal, em LPS, o risco de responsabilidade civil de veículos terrestres a motor, na modalidade de seguro obrigatório, devem ainda apresentar ao ISP uma declaração, em língua portuguesa, comprovativa: i) de que a empresa se tornou membro do serviço nacional de seguros português (Gabinete Português de Carta Verde) instituído nos termos da 1.ª Directiva automóvel (72/166/CEE); ii) de que assegurará as contribuições para o FGA; iii) de que se compromete a fornecer os elementos necessários que permitam ao organismo competente conhecer, no prazo de 10 dias, o nome da seguradora de um veículo implicado num acidente.

5.1.6. Estabelecimento no território de outros estados membros de sucursais de empresas de seguros com sede em Portugal

As empresas de seguros com sede em Portugal – e, assim, autorizadas pelo ISP em Portugal a exercer a actividade seguradora – podem estabelecer sucursais no território de outros Estados membros da União Europeia. O exercício da actividade seguradora noutros Estados membros, sob

432 Maria José Rangel de Mesquita

a forma de estabelecimento, também não depende de autorização – uma vez que a seguradora já se encontra autorizada no Estado da sede (Portugal) e para todo o território da União Europeia. O exercício da actividade depende de um procedimento de comunicação entre a empresa interessada e o ISP, entre este e a autoridade competente do Estado membro da sucursal, e entre esta e a empresa interessada. Assim, em primeiro lugar, a empresa sediada em Portugal deve notificar o ISP da sua intenção de exercer a actividade seguradora noutro Estado membro da UE especificando os seguintes elementos: Estado membro no qual se pretende estabelecer através da abertura de sucursal, programa de actividades, endereço no Estado membro da sucursal para efeitos de comunicações e envio e recepção de documentação, identificação do mandatário geral no Estado da sucursal e, ainda, declaração de que a empresa de seguros se tornou membro do serviço nacional de seguros e do fundo nacional de garantia do Estado da sucursal sempre que pretenda explorar os riscos do ramo responsabilidade civil de veículos terrestres a motor. Em seguida, o ISP, no prazo de 3 meses a contar da recepção daqueles elementos, comunica-os à autoridade competente do Estado membro da sucursal e, simultaneamente, certifica que a empresa em causa dispõe do mínimo da margem de solvência calculada nos termos previstos na lei português – enviando à empresa interessada informação sobre a comunicação efectuada.

No âmbito do procedimento em causa, o ISP tem competência para a apreciação da adequação das estruturas administrativas da empresa, da situação financeira e da idoneidade, qualificações ou experiência profissional dos dirigentes responsáveis e do mandatário geral. Caso entenda que os requisitos necessários não se encontram preenchidos, o ISP, dentro do referido prazo de três meses, pode recusar a comunicação à autoridade competente do Estado membro da sucursal, devendo notificar a empresa interessada da sua recusa fundamentada.

Quer da decisão do ISP de recusa de notificação, quer da sua falta de resposta, cabe, no prazo de 10 dias a contar, respectivamente, da notificação da recusa de notificação e do termo do prazo de três meses para a comunicação à autoridade competente do Estado da sucursal, recurso para o Ministro das Finanças, entidade que exerce a tutela sobre o ISP. Da decisão do Ministro das Finanças cabe recurso contencioso, nos termos gerais.

O início das actividades através de uma sucursal no território de outro Estado membro pode ter lugar a partir quer da recepção, pela empresa de seguros, da comunicação para o efeito emitida pela autoridade competente

Direito Administrativo dos Seguros

do Estado membro da sucursal quer, no silêncio desta, decorrido um prazo de dois meses contado a partir da recepção da informação, pelo ISP, de que este procedeu à comunicação devida à autoridade de supervisão do Estado membro da sucursal[153-154].

5.1.7. Livre prestação de serviços no território de outros estados membros por empresas de seguros com sede em Portugal

O exercício da actividade de seguro directo, por empresas de seguros com sede em Portugal, no território dos outros Estados membros da União Europeia, sob a forma de livre prestação de serviços, não depende de autorização – mas sim de um procedimento de notificação e de informação entre, por um lado, a empresa de seguros sediada em Portugal e o ISP, e entre este e as autoridades competentes do Estado membro da LPS, por outro[155]. O procedimento é similar ao instituído para o estabelecimento no território de outros Estados membros de sucursais de empresas de seguros com sede em Portugal.

Assim, em primeiro lugar, a empresa sediada em Portugal que pretende exercer a sua actividade em LPS noutro Estado membro da União Europeia deve notificar o ISP da sua intenção de exercer a actividade seguradora noutro Estado membro da UE, indicando a natureza dos riscos ou compromissos que se propõe cobrir ou assumir. No prazo de um mês a contar da data daquela notificação ao ISP, este deve comunicar e enviar às autoridades competentes do Estado membro da LPS, as seguintes informações e elementos: declaração certificando que a empresa dispõe de um mínimo de margem de solvência calculada nos termos da lei portuguesa; os ramos de seguros que a empresa está autorizada a explorar; e, ainda, a

---

[153] V. arts. 24.º a 29.º do Decreto-Lei n.º 94-B/98. O silêncio da autoridade competente do Estado membro da sucursal não impede, pois, o início da actividade da empresa autorizada em Portugal, nesse Estado membro, através de uma sucursal.

[154] No caso de alteração aos elementos comunicados pela seguradora ao ISP, a empresa em causa, pelo menos um mês antes de proceder a essa alteração, deve notificá-la ao ISP e às autoridades competentes do Estado membro da sucursal, para efeitos de, respectivamente, comunicação, ou recusa de comunicação, pelo ISP à autoridade competente do Estado da sucursal e recurso da decisão, e comunicação pela autoridade do Estado de origem – vide o art. 29.º e, por remissão, os arts. 25.º a 27.º e 28.º do Decreto-Lei n.º 94-B/98.

[155] Nos termos previstos nos arts. 59.º a 64.º do DL n.º 94-B/98, de 17 de Abril.

434   Maria José Rangel de Mesquita

natureza dos riscos ou compromissos que a empresa se propõe cobrir em LPS – notificando à empresa interessada a comunicação efectuada às autoridades competentes do Estado membro da LPS.

O ISP pode, no entanto, não efectuar a comunicação às autoridades competentes do Estado da LPS nos moldes acima referidos, sempre que tenha fundadas dúvidas sobre a situação financeira da empresa sediada em Portugal, nomeadamente nos casos em que tenha sido solicitado um plano de reequilíbrio da situação financeira da empresa devido a risco de insuficiência financeira, e enquanto entender que os direitos dos segurados e beneficiários se encontram em risco. Sendo esse o caso, a recusa de comunicação às autoridades competentes do Estado membro da LPS, fundamentada, deve ser notificada à empresa de seguros interessada.

Da decisão do ISP de recusa de comunicação cabe, no prazo de 10 dias a contar da sua notificação, recurso para o Ministro das Finanças, entidade que exerce a tutela sobre o ISP. Da decisão do Ministro das Finanças cabe recurso contencioso, nos termos gerais.

O início das actividades por uma empresa de seguros sediada em Portugal, sob a forma de LPS, no território de outro Estado membro pode ter lugar a partir da data em que tiver sido notificada, pelo ISP, da comunicação efectuada às autoridades competentes do Estado membro da LPS[156].

Dependendo do ramo cujos riscos a empresa pretende cobrir em LPS, aplicar-se-ão também às empresas sediadas em Portugal as exigências decorrentes do Direito Comunitário, de nomeação de um "representante LPS", de contribuição para os sistemas de indemnização dos lesados e, ainda, de pertença ao serviço nacional de seguros do país da LPS.

5.2. GARANTIAS PRUDENCIAIS: GARANTIAS FINANCEIRAS E SISTEMA DE GOVERNO

5.2.1. Garantias financeiras

As empresas de seguros autorizadas a exercer a actividade seguradora devem dispor de três categorias de garantias financeiras: *provisões*

---

[156] No caso de alteração aos elementos comunicados pela seguradora ao ISP, aplicam-se de igual modo as disposições dos arts. 59.º a 63.º, cujo regime se enunciou – vide o art. 64.º do Decreto-Lei n.º 94-B/98, de 17 de Abril.

Direito Administrativo dos Seguros

técnicas, margem de solvência e *fundo de garantia*[157]. Os requisitos relativos à classificação e ao cálculo das garantias financeiras estão previstos pelo Decreto-Lei n.º 94-B/98, de 17 de Abril[158], completados por normas regulamentares aprovadas pelo I.S.P.

As *provisões técnicas* devem ser suficientes para a empresa de seguros cumprir, na medida do razoavelmente previsível, em qualquer momento, as suas obrigações decorrentes de contratos de seguro e os respectivos tipos, com especificidades quanto aos seguros e operações do ramo vida, bem como o seu modo de cálculo, são impostos por lei, complementada por normas regulamentares[159]. A lei impõe a existência de diversas categorias de provisões técnicas, incluindo categorias específicas em relação as seguros de vida[160] e, ainda, em relação a certos ramos de seguros – tal é o caso da provisão para envelhecimento a constituir para o seguro de doença praticado segundo a técnica do seguro de vida ou da provisão para desvios de sinistralidade, a constituir, designadamente, para os seguros de crédito, de caução, de colheitas ou riscos de fenómenos sísmicos[161].

As diversas categorias de provisões técnicas têm de estar totalmente representadas por activos equivalentes, móveis ou imóveis, e congruentes, de acordo com as regras aplicáveis na matéria previstas na lei e aprovadas por norma da autoridade de supervisão[162].

A localização dos activos representativos das provisões técnicas depende nomeadamente da localização da sede da empresa de seguros: território da União Europeia para empresas com sede em Portugal; Portugal, para empresas com sede fora da União Europeia. Dado que os activos representativos das provisões técnicas constituem um património especial que garante especialmente os créditos emergentes dos contratos de seguro, não podem ser penhorados ou arrestados salvo para pagamento dos mesmos créditos os quais em caso de liquidação gozam de um privilégio mobiliário especial sobre os bens móveis ou imóveis que representem as

---

[157] V. art. 68.º, n.º 1, do Decreto-Lei n.º 94-B/98.

[158] V., respectivamente, arts. 69.º e ss., 93.º e ss. e 102.º e ss., do Decreto-Lei n.º 94-B/98.

[159] V., respectivamente, art. 69.º e art. 70.º e ss., do Decreto-Lei n.º 94-B/98.

[160] V. arts. 75.º e 75.º-A do Decreto-Lei n.º 94-B/98.

[161] V., respectivamente, arts. 76.º e 77.º do Decreto-Lei n.º 94-B/98.

[162] V. arts. 88.º a 90.º do Decreto-Lei n.º 94-B/98.

436 Maria José Rangel de Mesquita

provisões técnicas[163]. É exigido às empresas de seguros um inventário permanente dos activos representativos das provisões técnicas que, sendo susceptíveis de depósito, devem ser depositados em contas próprias de estabelecimentos de crédito[164].

A *margem de solvência* disponível, que corresponde ao seu património determinado pela lei, deve ser suficiente considerando o conjunto da actividade da empresa de seguros e o seu cálculo está previsto separadamente para o seguro não-vida e vida[165].

O *fundo de garantia* é uma parte integrante da margem de solvência e corresponde a um terço desta, mas não pode ser inferior aos limites mínimos impostos por lei, separadamente para o seguro não-vida e vida, e dependente das classes de risco exploradas pela empresa de seguros[166].

A fiscalização relativa às garantias financeiras é uma competência do ISP, no exercício da qual este verifica a existência e a suficiência das garantias financeiras impostas por lei e dos meios que as seguradoras têm para cumprir as suas obrigações. Para este fim, a lei impõe às empresas de seguros a obrigação de apresentar ao ISP, em relação ao conjunto de toda a actividade exercida no ano anterior, o relatório e contas anuais, bem como o parecer do Conselho Fiscal, e o documento de certificação legal de contas emitido por um revisor oficial de contas, bem como as contas consolidadas e todos os demais elementos previstos nas normas regulamentares aprovadas pela autoridade de supervisão[167]. Além disso, as empresas de seguros sujeitas à supervisão do ISP têm de, trimestralmente, elaborar um balanço e contas, bem como o cálculo da margem de solvência e da representação das provisões técnicas[168]. Os documentos a enviar ao ISP, elaborados de acordo com as regras contabilísticas aplicáveis, devem ser certificados por um revisor oficial de contas[169]. O ISP tem competência para aprovar as regras de contabilidade aplicáveis às empresas de seguros sujeitas à sua supervisão e para definir os elementos que aquelas devem apresentar-lhe bem como os elementos que devem ser tornados públi-

---

[163] V. art. 88.°, n.° 2, e n.os 3 a 5, respectivamente, do Decreto-Lei n.° 94-B/98, de 17 de Abril.

[164] V. art. 88.°, n.os 7 e 8, do Decreto-Lei n.° 94-B/98.

[165] V. art. 93.° e ss., em especial artigos 96.° e 97.° do Decreto-Lei n.° 94-B/98.

[166] V. art. 102.° do Decreto-Lei n.° 94-B/98.

[167] V. art. 105.°, n.os 2 a 5, do Decreto-Lei n.° 94-B/98.

[168] V. art. 105.°, n.° 6, do Decreto-Lei n.° 94-B/98.

[169] V. art. 105.°, n.° 5, do Decreto-Lei n.° 94-B/98.

cos[170]. Tais regras são estabelecidas por diversas normas regulamentares aprovadas pelo ISP, tendo a directiva comunitária sobre as contas anuais das empresas de seguros (91/674/CEE) sido transposta para o direito interno[171].

No caso de as empresas de seguros não preencherem os requisitos relativos às garantias financeiras (provisões técnicas, margem de solvência e fundo de garantia) e, consequentemente, as mesmas sejam consideradas em risco, pondo em causa os direitos dos segurados e beneficiários dos contratos de seguro, ou insuficientes, a autoridade de fiscalização tem o poder de impor à empresa em causa uma ou várias medidas específicas[172]. Tais medidas destinam-se a recuperar a empresa e melhorar a sua situação financeira. Se existir um mero risco, a empresa de seguros tem de apresentar à autoridade de supervisão um plano para reequilibrar a sua situação financeira, fundado num adequado plano de actividades. Se a situação financeira for insuficiente (insuficiência de garantias financeiras), as medidas que podem ser adoptadas pelo ISP podem incluir: rectificação das provisões técnicas de acordo com as instruções do ISP ou apresentação de um plano de financiamento ou de recuperação a aprovar pelo ISP; restrições ao exercício da actividade seguradora, como por exemplo restrições relativas aos ramos ou modalidades de seguro ou tipos de operações a explorar; restrições na aceitação de crédito ou na escolha de activos financeiros; proibição ou limitação da distribuição de dividendos; aprovação prévia pela autoridade de fiscalização de alguns actos ou operações; suspensão ou destituição de membros dos órgãos sociais da empresa de seguros; encerramento e selagem de estabelecimentos; e, eventualmente,

---

[170] V. art. 242.º do Decreto-Lei n.º 94-B/98.

[171] Tendo em conta as normas de contabilidade internacionais, foi realizada uma consulta pública (Consulta Pública N.º 3/2007) sobre o novo regime contabilístico aplicável às empresas de seguros sujeitas à supervisão do ISP. No âmbito desta consulta foram apresentados vários projectos para discussão pública, em particular projectos de normas regulamentares a aprovar pelo ISP e relativas a: novo plano de contas para as empresas de seguros, novas regras em matéria de margem de solvência e fundo de garantia; financiamento das responsabilidades com pensões das empresas de seguros – veja-se o documento "Resultados da Consulta Pública n.º 3/2007", disponível no sítio na Internet do ISP. A Norma Regulamentar n.º 4/2007-R, de 27 de Abril, estabeleceu o novo regime contabilístico aplicável às empresas de seguros sujeitas à supervisão do ISP – esta Norma foi alterada pela Norma n.º 20/2007-R, de 31 de Dezembro (alteração ao plano de contas para as empresas de seguros).

[172] V. arts. 108.º-A e 109.º do DL n.º 94-B/98.

438 Maria José Rangel de Mesquita

revogação da autorização para o exercício da actividade[173]. A autoridade
de fiscalização pode ainda aprovar outras medidas, tais como: restringir ou
vedar a livre disponibilidade dos activos da empresa; impedir a venda de
novos produtos; nomear administradores provisórios; nomear uma comissão de fiscalização; quaisquer outras medidas adequadas, tais como o
aumento ou a redução do capital social ou a cedência de participações no
capital[174].

As decisões da autoridade de fiscalização em matéria de garantias
financeiras susceptíveis de afectar direitos anteriores de terceiros estão
sujeitas a publicidade adequada e os seus efeitos, nos termos da lei portuguesa aplicável, produzem-se automaticamente no território da União
Europeia[175] – não obstante ser exigível a informação às autoridades de
supervisão dos demais Estados membros[176].

É de sublinhar que os regimes legais gerais relativos à declaração de
falência, recuperação de empresas e protecção de credores não se aplicam
às empresas de seguros[177]. A dissolução voluntária e a liquidação, judicial
ou extra-judicial, de uma empresa de seguros depende da não oposição do
ISP, o qual tem legitimidade exclusiva para requerer a liquidação judicial
e falência – o Código de Processo Civil, bem como o Código dos Processos Especiais de Recuperação da Empresa e Falência são aplicáveis, com
as devidas adaptações[178]. O ISP tem a competência para a nomeação dos
liquidatários judiciais ou extrajudiciais de empresas de seguros[179].

Todas as medidas tomadas pelo ISP no caso de insuficiência de
garantias financeiras não prejudicam a aplicação das sanções previstas na
lei ao abrigo do respectivo poder sancionatório administrativo[180].

---

[173] V. art. 109.º, n.º 2, a) a g), e n.º 3, do DL n.º 94-B/98.
[174] V., respectivamente, arts. 114.º, 116.º, 117.º, 120.º, 118.º e 119.º, do DL n.º
94-B/98.
[175] V., respectivamente, arts. 120.º-A e 120.º-G e 120.º-D do DL n.º 94-B/98.
[176] V. arts. 120.º-F do DL n.º 94-B/98.
[177] V. art. 121.º, n.º 1, do Decreto-Lei n.º 94-B/98.
[178] V. art. 121.º, n.º 3, do Decreto-Lei n.º 94-B/98.
[179] V. art. 121.º, n.º 4, do Decreto-Lei n.º 94-B/98.
[180] V. art. 122.º do Decreto-Lei n.º 94-B/98 e *infra*, 5.8.

Direito Administrativo dos Seguros

5.2.2. Sistema de governo

Além das garantias financeiras, a legislação vigente estabelece ainda regras sobre o *sistema de governo* das empresas de seguros[181].

Sem prejuízo da adequada organização interna e controlo, bem como o respeito das regras de uma gestão sã e prudente[182], as empresas de seguros devem nomear um actuário responsável que deve preencher os requisitos e ter as funções, nomeadamente quanto às garantias financeiras, previstas nas normas regulamentares aprovadas pelo ISP. O actuário responsável deve ter acesso a toda a informação exigida pela sua função e tem o dever de elaborar e apresentar relatórios ao conselho de administração e, se tal for o caso, propor as medidas adequadas[183]. Os referidos relatórios devem igualmente ser apresentados ao ISP.

Entre as alterações introduzidas pelo Decreto-Lei n.º 2/2009, de 5 de Janeiro, no diploma que regula o acesso e o exercício da actividade seguradora contam-se as respeitantes aos directores de topo e aos códigos de conduta.

Quanto aos *directores de topo* (*top management*), as seguradoras devem assegurar que os mesmos preenchem alguns[184] dos requisitos exigidos aos membros dos órgãos de administração das sociedades anónimas e das mútuas de seguros, em especial a qualificação adequada e a idoneidade – podendo o ISP recomendar à seguradora a substituição do director de topo que os não preencha.

O legislador impõe de igual modo que as empresas de seguros estabeleçam *códigos de conduta* versando sobre as linhas de orientação em matéria de ética profissional, incluindo princípios para a gestão de conflitos de interesses – e aplicáveis aos membros dos órgãos de administração, aos trabalhadores e colaboradores das empresas – e que monitorizem o seu cumprimento. Tais códigos, que as seguradoras podem elaborar – mas também adoptar, por adesão, os elaborados pelas associações representativas dos seguradores –, devem ser objecto de divulgação, designadamente através do respectivo sítio na internet.

---

[181] Arts. 122.º-A a 122.º-E do Decreto-Lei n.º 94-B/98.

[182] V. arts. 122.º-A e 122.º-C do Decreto-Lei n.º 94-B/98. Quanto à gestão sã e prudente v. ainda o art. 50.º do mesmo diploma.

[183] V. art. 122.º-B do Decreto-Lei n.º 94-B/98, de 17 de Abril.

[184] Os previstos nos n.os 1, 2 e 4 do art. 51.º do DL n.º 94-B/98, conforme dispõe o art. 122.º-D do mesmo diploma.

440 Maria José Rangel de Mesquita

5.3. CONTRATOS E TARIFAS

Em matéria de supervisão de contratos e tarifas[185] deve salientar-se que, como regra geral, as empresas de seguros são livres de fixar os prémios relativos aos riscos seguros bem como de estabelecer as condições contratuais aplicáveis. Não existe por isso, em regra, supervisão prévia nem de tarifas nem de condições contratuais. Existem todavia algumas excepções que devem ser consideradas: no tocante ao seguro obrigatório, por um lado, e ao seguro não obrigatório, por outro.

No que diz respeito ao seguro obrigatório, as empresas de seguros que pretendem explorar seguros obrigatórios devem registar, junto do ISP, as condições gerais e especiais do seguro, bem como as respectivas modificações. A autoridade de supervisão pode solicitar a modificação de tais condições contratuais a qual, se não for efectuada, implica o cancelamento do registo das condições do seguro[186-187]. Acresce que a autoridade de supervisão pode também impor às empresas de seguros o uso de cláusulas contratuais uniformes para os seguros obrigatórios[188], aprovadas por norma regulamentar ao abrigo da sua competência de regulamentação conferida por lei – tal é o caso, entre muitos outros, das apólices uniformes do seguro obrigatório de responsabilidade civil automóvel, do seguro obrigatório de acidentes de trabalho, ou do seguro obrigatório de incêndio, aprovadas por norma regulamentar do ISP[189].

Quanto à supervisão de outros seguros – seguros não obrigatórios – a autoridade de supervisão, com vista a garantir o cumprimento das regras aplicáveis aos contratos de seguro, goza também de algumas competências conferidas por lei. O ISP pode assim solicitar às empresas de seguros (com sede em Portugal ou empresas que não tenham sede na União Europeia com uma sucursal em Portugal) a comunicação não sistemática das condições gerais e especiais das apólices de seguro, das tarifas[190], das bases técnicas,

---

[185] V. art. 129.º e ss. do Decreto-Lei n.º 94-B/98, de 17 de Abril.

[186] V. art. 129.º, n.ºs 1 a 4, do Decreto-Lei n.º 94-B/98, de 17 de Abril.

[187] V. também o disposto no n.º 3 da Norma do ISP N.º 17/95-R, de 12/09/95.

[188] V. art. 129.º, n.º 5, do Decreto-Lei n.º 94-B/98, de 17 de Abril.

[189] Os clausulados uniformes de contratos de seguros obrigatórios aprovadas por norma regulamentar do I.S.P. podem ser consultadas, como atrás se referiu, no sítio na internet da autoridade de supervisão (www.isp.pt).

[190] A tarifa do seguro obrigatório de responsabilidade civil automóvel deve ser obrigatoriamente depositada junto do ISP – vide o n.º 21 da Norma do ISP N.º 17/95-R, de

Direito Administrativo dos Seguros

bem como de todos os impressos e documentos utilizados na relação contratual com o tomador do seguro[191]. Além disso, para garantir a observância das regras aplicáveis em matéria de princípios actuariais, pode ainda solicitar às empresas de seguros (com sede em Portugal, sem sede na União Europeia mas com uma sucursal em Portugal ou com sede noutro Estado membro da União Europeia e com sucursal ou a operar em livre prestação de serviços em Portugal) a comunicação sistemática das bases técnicas utilizadas no cálculo das tarifas, os pagamentos a realizar, as contribuições a pagar, bem como as provisões técnicas do ramo vida – ainda que tal comunicação não seja uma condição prévia do exercício da actividade seguradora[192-193].

5.4. CONDUTA DE MERCADO

Uma das inovações decorrentes da entrada em vigor do Decreto-Lei n.° 2/2009, de 5 de Janeiro, prende-se com a introdução, no diploma que regula o acesso e o exercício da actividade seguradora, de novos princípios em matéria de *conduta de mercado*.

Para além das regras anteriormente existentes em matéria de publicidade efectuada pelas empresas de seguros e pelas suas associações empresariais e de competência do ISP nesse domínio, as novas regras específicas em matéria de conduta de mercado e relativas a princípios gerais de conduta de mercado, a gestão de reclamações, ao provedor do cliente e à política anti-fraude, passam a integrar uma secção autónoma do Capítulo III – dedicado aos ramos de seguros, supervisão de contratos e tarifas e conduta de mercado[194].

12/09/95. As condições tarifárias do seguro obrigatório automóvel devem também ser afixadas nos balcões e locais de atendimento ao público – vide o n.° 22 da referida Norma N.° 17/95-R do ISP e também o art. 6.° do DL n.° 176/95, de 26 de Julho.

[191] V. art. 130.°, n.° 1, do Decreto-Lei n.° 94-B/98, de 17 de Abril e n.° 5 da Norma do ISP N.° 17/95-R, de 12/09/95.

[192] V. art. 130.°, n.os 2 e 3, do Decreto-Lei n.° 94-B/98, de 17 de Abril.

[193] Na falta ou inadequação de meios técnicos para cumprimento das obrigações específicas decorrentes de contratos, nomeadamente daqueles que envolvam prestações de serviços, tais como contratos de protecção jurídica ou de assistência, o ISP pode determinar a suspensão da sua comercialização, que deve ser publicitada, até que se mostre regularizada a situação – vide o n.° 10 da Norma N.° 17/95-R do ISP de 12/09/95.

[194] Respectivamente, arts. 131.°-A e 131.°-B e os novos artigos 131.°-C a 131.°-F do DL n.° 94-B/98, de 17 de Abril. V. *infra*, nota (378).

442   Maria José Rangel de Mesquita

Até à entrada em vigor do Decreto-Lei n.º 2/2009, de 5 de Janeiro, as disposições em matéria de *publicidade* previam a sua sujeição à lei geral, sem prejuízo de disposições regulamentares aprovadas pelo ISP e, no caso de contratos de seguro ligados a fundos de investimento, aprovadas pela CMVM, ouvido o ISP. Os regulamentos em causa, a aprovar pelo ISP ou pela CMVM, visam a protecção dos credores específicos dos seguros, podendo abranger os intermediários de seguros e, entre outros aspectos, devem versar sobre os termos da divulgação das condições tarifárias nos seguros destinados a pessoas singulares.

A competência para a fiscalização do cumprimento, pelas empresas de seguros, das normas aplicáveis em matéria de publicidade compete em princípio ao ISP – salvo as competências atribuídas à CMVM quanto a contratos de seguro ligados a fundos de investimento e as atribuições específicas em matéria de tutela de consumidores cometidas a outras instituições. As competências do ISP em matéria de fiscalização neste domínio incluem competência para: ordenar as modificações necessárias para pôr termo às irregularidades; ordenar a suspensão de acções publicitárias em causa; determinar a imediata publicação pelo responsável de rectificação apropriada. Sem prejuízo de eventuais sanções aplicáveis às empresas de seguros, o ISP tem também, em caso de incumprimento da obrigação de rectificação apropriada, o poder de se substituir à empresa infractora na prática do acto.

Após as alterações introduzidas pelo Decreto-Lei n.º 2/2009, foi prevista pelo legislador a existência de princípios gerais em matéria de conduta de mercado[195]. De acordo com a nova disposição vigente – artigo 131.º-C –, as empresas de seguros têm o dever de actuar de forma diligente, equitativa e transparente no seu relacionamento com tomadores de

---

[195] Conforme decorre do preâmbulo do DL n.º 2/2009, de 5 de Janeiro, algumas das disposições introduzidas no DL n.º 94-B/98, de 17 de Abril, em matéria de conduta de mercado e de sistema de governo decorrem dos *Insurance Core Principles* emitidos pela *International Association of Insurers Supervisors* (IAIS) e antecipando, quanto a alguns deles, o regime que resultará pós-Directiva Solvência II. O legislador explica ainda que algumas das alterações introduzidas nesta matéria correspondem ao teor de recomendações que o Fundo Monetário Internacional apresentou no âmbito do *Financial Sector Assessment Program* (FSAP) – é o caso das exigências de qualificação quanto aos directores de topo e do código de conduta ética (regulados em sede de sistema de governo) e, ainda, da criação de uma função responsável pela gestão de reclamações ou da política relativa à fraude nos seguros (regulados em sede de conduta de mercado).

Direito Administrativo dos Seguros 443

seguros, beneficiários ou terceiros lesados e, ainda, de definir uma política de tratamento daqueles e assegurar que a mesma é difundida na empresa e divulgada ao público, adequadamente implementada e o seu cumprimento monitorizado. Tais deveres impostos às seguradoras podem ser objecto de concretização, pelo ISP, ao qual é atribuída competência para, mediante norma regulamentar, aprovar princípios gerais a respeitar pelas seguradoras no cumprimento daqueles deveres[196].

Outra das inovações introduzidas pelo Decreto-Lei n.º 2/2009, de 5 de Janeiro prende-se com a gestão de reclamações. As seguradoras passam a ter o dever de instituir uma *função autónoma responsável pela gestão de reclamações* apresentadas pelos vários intervenientes e interessados no contrato de seguro – tomadores de seguros, segurados, beneficiários ou terceiros lesados – relativamente a actos ou omissões das seguradoras. Tal função, que deve ser desempenhada por pessoas idóneas e com qualificação profissional adequada, inclui a recepção e resposta às reclamações apresentadas de acordo com os critérios e procedimentos fixados no respectivo regulamento de funcionamento – sem prejuízo de o tratamento e apreciação das mesmas poder ser efectuado pelas unidades orgânicas (internas) relevantes. Ao ISP é também atribuída competência para, no uso da sua competência regulamentar, aprovar princípios gerais a observar no cumprimento do dever ora imposto por lei de criação daquela função autónoma de gestão de reclamações.

Outra das novidades em matéria de conduta de mercado foi a introdução, no diploma relativo ao acesso e exercício da actividade seguradora, ainda no quadro das regras sobre *conduta de mercado*, da obrigação de as seguradoras designarem[197] um *Provedor do Cliente*[198]. Esta previsão apresenta um carácter inovador no quadro do regime aplicável à actividade

---

[196] A Consulta Pública n.º 3/2009 integra um projecto de Norma Regulamentar em matéria de conduta de mercado, a qual visa o estabelecimento de princípios gerais a observar pelas empresas de seguros no seu relacionamento com os tomadores de seguros, segurados, beneficiários ou terceiros lesados e versa sobre a política de tratamento dos consumidores, a gestão de reclamações, o provedor do cliente e a política anti-fraude. O prazo para entrega dos comentários ao projecto de Norma termina em 5/6/2009 – V. *infra* nota (378).

[197] O Provedor do Cliente pode ser designado por uma seguradora, por um conjunto de seguradoras (p. ex., pertencentes a um mesmo grupo financeiro) ou por associação de empresas de seguros (como a Associação Portuguesa de Seguradores).

[198] Vide o art. 131.º-E do DL n.º 94-B/98, de 17 de Abril.

seguradora, não obstante se inspirar na figura do *provedor dos participantes* já prevista anteriormente para os fundos de pensões abertos[199].

O Provedor do Cliente deve ser uma entidade ou perito independente de reconhecido prestígio e idoneidade – ao qual os tomadores de seguro, segurados, beneficiários ou terceiros lesados podem apresentar reclamações relativas a actos ou omissões das seguradoras que não tenham sido objecto de resolução no quadro do sistema de gestão de reclamações cuja instituição é também imposto às empresas de seguros. Apesar de o Provedor do Cliente ter apenas, nos termos da lei – e do seu regulamento de funcionamento – poderes consultivos, pode apresentar recomendações às seguradoras em resultado da apreciação das reclamações que lhe são submetidas.

Não obstante tal figura não ser uma novidade no mercado português é relevante a sua configuração como um *dever* das empresas de seguros – traduzindo-se num valor acrescentado em termos de protecção do consumidor que contrata com a seguradora.

Além disso, note-se que a intervenção do Provedor do Cliente não prejudica o direito de recurso aos tribunais ou a mecanismos de resolução extrajudicial de litígios – pelo que se traduz num mecanismo adicional de resolução de conflitos em sede extrajudicial.

Por último, no âmbito das novas regras em matéria de conduta de mercado impõe-se às seguradoras a obrigação de definição de uma política de prevenção, detecção e reporte de situações de fraude nos seguros. De igual modo é atribuída competência regulamentar ao ISP neste domínio, para efeitos de aprovação de princípios gerais a respeitar pelas seguradoras no cumprimento daquela obrigação.

5.5. SUPERVISÃO

As competências de supervisão cometidas por lei ao ISP[200] incluem os poderes e os meios para, designadamente: verificar a conformidade técnica, financeira, legal e fiscal da actividade exercida pelas empresas de seguros; obter toda a informação relativa à situação das empresas de segu-

---

[199] *Supra*, §3, 3.1.3, nota (55) e *infra*, § 7.7.1., nota (236).
[200] Vide Capítulo V do Título III do Decreto-Lei n.º 94-B/98, de 17 de Abril – artigos 156.º a 172.º-I.

Direito Administrativo dos Seguros

ros e respectivas actividades; aprovar em relação às empresas de seguros e respectivos administradores todas as medidas adequadas de forma a garantir que as suas actividades respeitem as regras legais aplicáveis e a eliminar quaisquer irregularidades que possam afectar os interesses dos segurados ou beneficiários – e assegurar a aplicação de tais medidas, se necessário através de meios judiciais; obter toda a informação relativa aos contratos de seguro na posse dos mediadores de seguros; obter das empresas de seguros todos os documentos, incluindo documentos estatísticos; exercer as demais funções e atribuições previstas no Decreto-Lei n.º 94-B/98, de 7 de Abril e na legislação e na regulamentação complementares[201-202]. Quando a empresa de seguros pertença a um grupo (financeiro) de empresas o ISP deve assegurar que a estrutura de tal grupo não o impede de desenvolver uma supervisão eficaz[203].

Os poderes de supervisão do ISP podem também aplicar-se a outras empresas que não sejam empresas de seguros – com sede em Portugal, incluindo as actividades exercidas noutros Estados membros da União Europeia ou com sede fora da União Europeia, quanto às actividades exercidas por sucursais em território português. Com efeito, a competência de supervisão do ISP estende-se em princípio às sociedades gestoras de participações sociais quando o valor total das suas participações (directa ou indirectamente) em empresas de seguros – e em sociedades gestoras de fundos de pensões, empresas de resseguro ou de mediação – represente pelo menos 50% do montante global das participações que detiverem e quando se encontrem em relação a tais empresas numa relação de controlo ou domínio, tal como definida no artigo 3.º, n.º 1, do Decreto-Lei n.º 94-B/98, de 17 de Abril, por remissão do artigo 157.º-B do mesmo diploma.

---

[201] V. art. 157.º, n.º 1, a) a f), e n.º 2), do Decreto-Lei n.º 94-B/98, de 17 de Abril.

[202] De acordo com a alínea f) do n.º 1 do art. 157.º, no exercício das funções de supervisão, o ISP tem os poderes e os meios para exercer as «demais funções e atribuições» previstas no diploma que estabelece o regime do acesso e exercício da actividade seguradora, bem como na legislação e regulamentação complementares. Por isso, em bom rigor, todas as atribuições do ISP de «fiscalizar» e «supervisionar» a actividade seguradora se reconduzem a um conceito amplo de *supervisão*. Para efeitos de exposição reportamo-nos neste ponto a um entendimento mais restrito de supervisão, excluindo a fiscalização prévia do acesso ao exercício da actividade, bem como a fiscalização em matéria de garantias financeiras e em matéria de contratos e tarifas (matéria em relação à qual o legislador utiliza aliás expressamente o termo «supervisão» – cf. arts. 129.º e 130.º do mesmo diploma).

[203] V. art. 157.º, n.os 3, 4 e 5, do Decreto-Lei n.º 94-B/98, de 17 de Abril.

446 Maria José Rangel de Mesquita

A competência de supervisão do ISP estende-se ainda à supervisão complementar prevista nos artigos 157.º-C e 157.º-D do Decreto-Lei n.º 94-B/98, de 17 de Abril, no que respeita às informações relativas às empresas participadas, às empresas participantes e às empresas participadas de uma empresa participante da empresa de seguros[204].

5.6. TRANSFERÊNCIAS DE CARTEIRA

Em matéria de transferências de carteira[205], o ISP é a autoridade competente para a respectiva autorização, nos casos seguintes: transferência de carteira por uma empresa de seguros com sede em Portugal para uma cessionária estabelecida na União Europeia; transferência de carteira por uma sucursal de empresa de seguros com sede fora do território da União Europeia e estabelecida em Portugal para uma cessionária estabelecida em Portugal ou para uma cessionária com sede noutro Estado membro da União Europeia; transferência de carteira por uma sucursal de empresa de seguros com sede fora do território da União Europeia e estabelecida em Portugal para uma cessionária com sede fora da União Europeia e estabelecida noutro Estado membro. A autorização a conceder pelo ISP depende quer da certificação, pelo ISP – ou, se for caso disso, pela autoridade competente do Estado membro do estabelecimento da cessionária – da margem de solvência disponível para o efeito, bem como do acordo das autoridades competentes dos Estados onde se situam os riscos ou do Estado membro do compromisso[206].

O ISP tem uma competência específica no que toca às transferências de carteira do ramo Vida, já que o ISP não poderá em regra autorizar a transferência no caso de existir oposição de pelo menos 20% dos segura-

---

[204] Sobre a distinção entre supervisão individual e supervisão complementar vide JOSÉ VASQUES, *Direito...*, pp. 95 e ss.

[205] Vide Capítulo IV do Título III do Decreto-Lei n.º 94-B/98, de 17 de Abril – art. 148.º e ss.

[206] Cf. arts. 148.º a 151.º do Decreto-Lei n.º 94-B/98, de 17 de Abril. No caso de as autoridades competentes consultadas não darem o seu parecer ou acordo no prazo de três meses a contar da data da recepção do pedido, considera-se haver parecer favorável ou acordo tácito, podendo o ISP conceder a autorização para a transferência (cf. art. 152.º).

Direito Administrativo dos Seguros

dos da carteira a transferir[207]. O ISP deve, para o efeito, promover a consulta dos segurados para, no prazo de 60 dias a contar da recepção da notificação do ISP para o efeito, se oporem à transferência[208].

5.7. ENDIVIDAMENTO

Em matéria de endividamento[209], ao ISP são atribuídas competências para fixar os elementos documentais das empresas de seguros e respectivos termos para aferir do cumprimento dos limites ao endividamento[210], autorizar a contracção ou emissão de empréstimos por empresas de seguros em situação económica insuficiente e determinar a suspensão do cumprimento das obrigações dessas empresas decorrentes de quaisquer empréstimos, determinar a constituição de um fundo para amortização do empréstimo contraído ou emitido e, ainda, requerer a declaração de nulidade das aquisições de acções próprias e dos empréstimos contraídos ou emitidos com violação do disposto no Decreto-Lei n.° 94-B/98, de 17 de Abril[211-212].

---

[207] Cf. art. 155.° do Decreto-Lei n.° 94-B/98, de 17 de Abril. O ISP poderá sempre autorizar a transferência de carteira se reconhecer que a transferência de carteira se insere num processo de saneamento de uma situação de insuficiência financeira de uma empresa de seguros – cf. n.° 5 do art. 155.° do mesmo diploma.

[208] Cf. art. 155.°, n.° 2, do Decreto-Lei n.° 94-B/98, de 17 de Abril.

[209] Vide o Título V do Decreto-Lei n.° 94-B/98, de 17 de Abril – art. 194.° e ss.

[210] Limites fixados nos n.os 1 e 4 do art. 195.° e no n.° 1 do art. 196.° do Decreto-Lei n.° 94-B/98, de 17 de Abril. No caso de empréstimos emitidos ou contraídos que ultrapassem os limites base de endividamento previstos no n.° 1 do art. 195.°, os termos do empréstimo devem ser antecipadamente comunicados ao ISP (cf. art. 196.°, n.° 2).

[211] V., respectivamente, arts. 197.°, 198.°, 199.° e 201.°-B, n.° 2, do Decreto-Lei n.° 94-B/98, de 17 de Abril.

[212] À emissão de títulos de dívida a curto prazo aplica-se a legislação em vigor, tendo o ISP competência para propor ao Banco de Portugal o que entender por necessário para regulamentação da legislação geral, com referência às empresas de seguros (cf. art. 201.°, n.° 2, do Decreto-Lei n.° 94-B/98, de 17 de Abril).

448 Maria José Rangel de Mesquita

5.8. Ilícitos e sanções

No tocante a ilícitos e a sanções[213], o Decreto-Lei n.° 94-B/98, de 17 de Abril prevê duas categorias de ilícitos: ilícitos penais e contra-ordenacionais.

Quanto aos primeiros, prevê-se que a prática de actos ou operações de seguros e de resseguros – ou de gestão de fundos de pensões – sem a necessária autorização é punido com pena de prisão até cinco anos[214].

Quanto aos ilícitos contra-ordenacionais, o referido diploma, para além de regras gerais relativas ao âmbito de aplicação pessoal e territorial, à responsabilidade, à graduação da sanção, à reincidência, ao concurso de infracções e à prescrição[215], prevê normas sobre ilícitos em especial – contra-ordenações simples, contra-ordenações graves, contra-ordenações muito graves e sanções acessórias – e respectivo processo[216].

No domínio sancionatório compete ao ISP o processamento das contra-ordenações e a aplicação das coimas e das sanções acessórias, com excepção das sanções acessórias que devam ser aplicadas pelo Ministro das Finanças sob proposta do ISP[217]. A decisão do processo contra-ordenacional compete em regra, e em concreto, ao Conselho Directivo do ISP. Enquanto entidade administrativa competente para instruir os processos de contra-ordenação – e decisão respectiva – o ISP tem poderes para proceder à apreensão de documentos e valores e à selagem de objectos não apreendidos sempre que tal seja necessário às averiguações ou à instrução do processo. O ISP tem ainda competência para, quando a infracção constitua irregularidade sanável e preenchidas as condições previstas na lei relativas à salvaguarda dos interesses dos segurados ou beneficiários das apólices, suspender o processo e notificar o infractor para sanar a irregularidade cometida; e, ainda, para a aplicação de sanções pecuniárias às tes-

---

[213] Vide o Título VI do DL n.° 94-B/98. V. *infra* nota (378) – art. 202.° e ss.

[214] Cf. art. 202.° do Decreto-Lei n.° 94-B/98, de 17 de Abril.

[215] Cf., respectivamente, arts. 204.° a 208.° e 210.° e 211.° do Decreto-Lei n.° 94-B/98, de 17 de Abril.

[216] Respectivamente arts. 212.°, 213.°, 214.°, 216.° e 217.° e ss. do Decreto-Lei n.° 94-B/98, de 17 de Abril. O regime geral do ilícito de mera ordenação social é subsidiariamente aplicável, em tudo o que não estiver previsto no regime especial contido no DL n.° 94-B/98, de 17 de Abril – conforme dispõe o art. 234.° deste diploma.

[217] Cf. art. 217.°, n.os 1 a 3, do Decreto-Lei n.° 94-B/98, de 17 de Abril, e, por remissão, alíneas c) a f) do art. 216.° do mesmo diploma.

Direito Administrativo dos Seguros

temunhas e aos peritos que violarem o dever de comparência nas diligências agendadas[218].

A decisão condenatória proferida pelo Conselho Directivo do ISP deve observar os requisitos previstos na lei, em especial a indicação dos termos em que a mesma pode ser impugnada judicialmente e se torna exequível[219]. A lei confere à autoridade administrativa que aplica uma sanção competência para suspender, total ou parcialmente, a sua execução[220].

A decisão proferida em matéria sancionatória torna-se exequível se não for judicialmente impugnada. Todavia, a decisão que aplique alguma das sanções acessórias previstas nas alíneas b) a f) do artigo 216.º – ou seja, aquelas sanções acessórias em que a competência de aplicação compete ao Ministro das Finanças (alíneas c) a f)) e, ainda a sanção acessória de inibição do exercício de cargos sociais quando o agente seja pessoa singular – torna-se, quanto à aplicação da sanção, imediatamente exequível, sem prejuízo da suspensão jurisdicional da sua eficácia nos termos do Código de Processo nos Tribunais Administrativos[221-222].

Em caso de recurso da decisão sancionatória, o mesmo tem lugar mediante requerimento de interposição de recurso apresentado junto do

---

[218] V., respectivamente, arts. 217.º, n.os 4 e 5, 218.º e 220.º do Decreto-Lei n.º 94--B/98, de 17 de Abril.

[219] Cf. art. 224.º, n.º 1, em especial alínea d), do Decreto-Lei n.º 94-B/98, de 17 de Abril.

[220] Cf. art. 225.º, n.º 1, do Decreto-Lei n.º 94-B/98, de 17 de Abril. A suspensão é fixada entre dois e cinco anos a contar da data em que se esgotar o prazo da impugnação judicial da decisão e decorrido o tempo da suspensão, consoante o caso, a condenação fica sem efeito ou procede-se à execução imediata da sanção aplicada (v. n.os 2 e 3 da mesma disposição).

[221] Cf. art. 228.º do Decreto-Lei n.º 94-B/98, de 17 de Abril – não obstante esta disposição mencionar a Lei de Processo nos Tribunais Administrativos, deve entender-se que tal referência se reporta, após a reforma do contencioso administrativo, ao Código de Procedimento nos Tribunais Administrativos.

[222] Sem prejuízo do disposto em matéria sancionatória – e, portanto, de recurso, execução e suspensão jurisdicional da eficácia das decisões sancionatórias –, sublinhe-se que dos demais actos administrativos do ISP em matéria de regulação da actividade seguradora, nomeadamente actos do Presidente do Conselho Directivo, do Conselho Directivo ou dos serviços do ISP, no uso de poderes delegados, cabe, nos termos do art. 40.º do Estatuto do ISP, recurso contencioso nos termos gerais de direito, sendo pois aplicável o disposto no Código de Processo dos Tribunais Administrativos (v. em especial o art. 46.º, n.º 2, a), e 50.º e ss. deste Código e, ainda, o art. 4.º, n.º 1, b), do Estatuto dos Tribunais Administrativos e Fiscais).

450 Maria José Rangel de Mesquita

ISP, que o remeterá ao magistrado competente do Tribunal de Pequena Instância Criminal de Lisboa. Este Tribunal é competente para conhecer do recurso das decisões, despachos e medidas tomadas pelas autoridades administrativas – ISP ou, se for caso disso, Ministro das Finanças – no decurso do processo, bem como para proceder à execução das decisões definitivas[223]. O juiz pode decidir por despacho desde que o agente, o Ministério Público, o ISP ou, se for o caso, o Ministro das Finanças, a tal não se oponham. O ISP – e, se for caso disso, quando a decisão sancionatória seja da sua competência, o Ministro das Finanças – têm o direito de participar na audiência de julgamento através de um representante, não podendo o Ministério Público desistir da acusação sem a concordância da entidade administrativa que proferiu a decisão impugnada[224]. Quer o ISP quer o Ministro das Finanças têm legitimidade para recorrer das decisões proferidas no processo de impugnação e que admitam o recurso[225].

6. O REGIME JURÍDICO DA ACTIVIDADE RESSEGURADORA

O Decreto-Lei n.º 2/2009, de 5 de Janeiro, que entrou em vigor no dia seguinte ao da sua publicação, transpôs para a ordem jurídica interna a Directiva (CE) n.º 2005/68/CE sobre resseguro, permitindo a instituição de um sistema de *licença única*. As alterações introduzidas no diploma sobre o acesso e exercício da actividade seguradora foram no sentido de autonomizar o regime relativo ao acesso e exercício da actividade de resseguro do regime relativo ao acesso e exercício da actividade de seguro directo sem prejuízo de este ser, no essencial, aplicável à actividade de resseguro[226].

6.1. REGIME GERAL

Em princípio as regras gerais aplicáveis às empresas de seguros aplicam-se, de igual modo, às empresas de resseguros com sede em Portugal

---

[223] V. arts. 230.º e 231.º do Decreto-Lei n.º 94-B/98, de 17 de Abril.
[224] V. art. 233.º, n.os 1 e 2, do Decreto-Lei n.º 94-B/98, de 17 de Abril.
[225] V. art. 233.º, n.º 3, do Decreto-Lei n.º 94-B/98, de 17 de Abril.
[226] Vide o preâmbulo do Decreto-Lei n.º 2/2009, de 5 de Janeiro.

– bem como às sucursais de resseguradoras estabelecidas fora do território da União Europeia. Tais regras respeitam ao procedimento autorizativo, ao estabelecimento em Portugal, ao controlo qualificado de participações no capital social, aos requisitos relativos à qualificação profissional e idoneidade (*fit and proper*) dos órgãos de direcção e de controlo, às garantias prudenciais, ao controlo das garantias financeiras, à insuficiência de garantias financeiras, aos poderes de supervisão, ao segredo profissional, à troca de informação entre as autoridades de supervisão, à supervisão complementar de seguradoras pertencentes a um grupo de seguradoras, bem como às sanções.

Ao estabelecimento no território de outros Estados membros de sucursais de empresas de resseguros com sede em Portugal aplica-se, com as devidas adaptações, parte do regime previsto para o estabelecimento no território de outros Estados membros de sucursais de empresas de seguros com sede em Portugal[227].

6.2. ESPECIFICIDADES DE REGIME

Não obstante, o legislador estabeleceu regras e princípios aplicáveis às empresas de resseguros que diferem das regras aplicáveis às companhias de seguro directo. Tais regras específicas dizem respeito: ao objecto da resseguradora, ao âmbito da autorização para o acesso e o exercício da actividade de resseguro, aos requisitos para operar em livre prestação de serviços (LPS), à definição dos activos representativos das provisões técnicas, à margem de solvência bem como à actividade de resseguro quando uma empresa se encontre estabelecida em Portugal e outra em território fora da UE.

O *objecto* da empresa resseguradora inclui a actividade de resseguro bem como as actividades conexas, enunciadas de modo não taxativo pelo legislador no n.º 4 do artigo 8.º do DL 94-B/98, de 17 de Abril[228].

---

[227] Conforme dispõe o art. 58.º-A, n.º 6, do DL n.º 94-B/98, de 17 de Abril – sendo aplicáveis as alíneas a), c) e d) do art. 24.º (em matéria de notificação), bem como os n.os 3 a 5 (referentes ao programa de actividades) do referido art. 58.º-A.

[228] V. *supra*, §3, 3.1.2, nota 52.

452 Maria José Rangel de Mesquita

Quanto ao *âmbito da autorização*, esta é concedida pela autoridade de supervisão para o resseguro dos ramos Não Vida, para o resseguro de Vida ou para todo o tipo de actividades de resseguro[229].

Uma resseguradora com sede em Portugal que queira exercer a sua actividade em LPS no território de outro ou outros Estados membros da União Europeia apenas tem de notificar previamente o ISP[230].

Quanto à *margem de solvência* exigida às resseguradoras, as novas regras prevêem que a margem exigida para o resseguro de Vida é determinada em regra de acordo com as disposições aplicáveis ao resseguro Não Vida, aplicando-se no entanto o regime fixado para o ramo Vida a determinados seguros e operações deste ramo quando ligados a fundos de investimento ou com participação nos resultados, rendas, operações de capitalização e operações de fundos colectivos de reforma[231].

Por último, e no que toca às especificidades principais do regime aplicável à actividade resseguradora, a definição dos activos representativos das provisões técnicas é efectuada de acordo com regras menos prescritivas do que as aplicáveis às seguradoras e baseadas em princípios (*prudent person approach*) em vez de regras pormenorizadas – enunciados pelo legislador no n.º 2 do novo artigo 122.º-G do DL 94-B/98, de 17 de Abril. Tais princípios prendem-se com a consideração do tipo de operações efectuadas, a garantia da diversificação e dispersão adequadas, a manutenção de níveis prudentes de investimentos em activos não admitidos à negociação num mercado regulamentado, a contribuição do investimento em produtos derivados para a redução dos riscos de investimento e a facilitação de uma gestão eficiente da carteira e, ainda, a suficiente diversificação[232].

Por último, as novas regras aprovadas em 2009, no que diz respeito à supervisão de garantias financeiras, prevêem que um contrato de resseguro celebrado entre uma seguradora e uma seguradora ou resseguradora

---

[229] Cf. art. 10.º, n.º 3, do DL n.º 94-B/98.

[230] Cf. novo art. 67.º-A do DL n.º 94-B/98, que remete, com as devidas adaptações, para a disposição aplicável às empresas de seguro directo – parecendo assim que o legislador afasta a necessidade de indicação da natureza dos riscos ou dos compromissos que se propõe cobrir ou assumir.

[231] Cf. novo art. 122.º-I, n.os 1 e 2, do DL n.º 94-B/98.

[232] Cf. alíneas a) a e) do art. 122.º-G do DL n.º 94-B/98.

Direito Administrativo dos Seguros

não pode ser recusado com fundamento em razões relacionadas com a solidez financeira de tal seguradora ou resseguradora[233].

Relativamente às matérias que não são objecto de harmonização comunitária – como é o caso da regulação da actividade de resseguro ou retrocessão de riscos de cedente com sede em Portugal e cessionário sediado fora do território da União Europeia – o legislador optou por admitir a constituição de filiais e de sucursais de empresas de resseguro sediadas em países terceiros em termos idênticos aos previstos para a constituição de filiais e de sucursais de empresas de seguro directo.

7. O REGIME JURÍDICO DOS FUNDOS DE PENSÕES

O regime jurídico vigente em matéria de fundos de pensões consta do Decreto-Lei n.º 12/2006, de 20 de Janeiro, com as alterações introduzidas pelo Decreto-Lei n.º 180/2007, de 9 de Maio. O diploma regulador dos fundos de pensões foi complementado por diversas normas regulamentares aprovadas pela autoridade de supervisão, de que se destaca em particular a Norma N.º 7/2007-R, de 17 de Maio, relativa às estruturas de governação dos fundos de pensões. A legislação vigente em matéria de acesso e exercício da actividade seguradora é subsidiariamente aplicável aos fundos de pensões, como resulta do artigo 97.º do Decreto-Lei n.º 12/2006, de 20 de Janeiro[234].

7.1. ACESSO À CONSTITUIÇÃO E GESTÃO

A constituição de fundos de pensões depende de autorização prévia do ISP.

No caso de fundos de pensões fechados[235], a autorização depende da apresentação ao ISP de requerimento conjunto das entidades gestoras e

---

[233] Vide o n.º 5 do art. 68.º do DL n.º 94-B/98.

[234] Vide também o art. 12.º, n.º 1, do Estatuto do ISP.

[235] Considera-se que um fundo de pensões é *fechado* quando disser respeito apenas a um associado ou, existindo vários associados, quando existir um vínculo de natureza empresarial, associativo, profissional ou social entre os mesmos e seja necessário o assentimento destes para a inclusão de novos associados no fundo (cf. art. 13.º, n.º 1, a), do DL n.º 12/2006, de 20 de Janeiro).

454 Maria José Rangel de Mesquita

dos associados fundadores, acompanhado do projecto de contrato constitutivo do fundo e do plano técnico-actuarial, no caso de planos de benefício definido ou misto. No caso de fundos de pensões abertos[236], a autorização depende de apresentação ao ISP de requerimento da entidade
gestora, acompanhado do projecto de regulamento de gestão[237]. A lei
prevê o deferimento tácito do pedido de autorização, já que se o ISP não
se pronunciar no prazo de 90 dias a contar do recebimento dos requeri-
mentos – ou das respectivas alterações ou documentos complementares –
a constituição dos fundos de pensões considera-se autorizada nos termos
requeridos. No caso de o pedido de autorização de constituição do fundo
ser indeferido pelo ISP, a lei prevê a existência de recurso para o Ministro
das Finanças, que exerce tutela sobre o ISP[238].

No quadro das regras vigentes em matéria de *estruturas de governação* dos fundos de pensões, a lei impõe que a constituição de sociedades
gestoras de fundos de pensões depende, tal como a constituição de fundos
de pensões, de autorização prévia concedida pelo ISP e sujeita a publicação obrigatória[239]. O legislador impõe a forma que a constituição da sociedade gestora de fundos de pensões deve revestir – sociedade anónima –
bem como os requisitos a observar em termos de localização da sede social
e da administração, capital social mínimo e sua realização e representação,
denominação e exclusividade do seu objecto[240]. De igual modo, a lei con-
forma o âmbito das funções das sociedades gestoras de fundos de pensões
quer pela positiva – expressamente definindo a natureza jurídica da sua
actuação, enunciando as respectivas funções e, ainda que a título exempli-

---

[236] Considera-se que um fundo de pensões é *aberto* quando não se exigir a existência de qualquer vínculo entre os diferentes aderentes ao fundo, dependendo a adesão ao
fundo unicamente de aceitação pela entidade gestora (cf. art. 13.°, n.° 1, b), do DL n.°
12/2006, de 20 de Janeiro).

[237] A lei fixa expressamente os elementos a incluir obrigatoriamente no regulamento
de gestão de fundos de pensões abertos, bem como no contrato constitutivo e no contrato
de gestão de fundos de pensões fechados – respectivamente art. 23.° e arts. 21.° e 22.° do
DL n.° 12/2006, de 20 de Janeiro

[238] Cf. art. 20.°, n.os 1 a 4, e n.° 5, respectivamente, do DL n.° 12/2006, de 20 de
Janeiro.

[239] A publicação deve ser efectuada nos termos previstos nas alíneas a) a d) do n.° 1
do art. 19.° do DL n.° 12/2006, de 20 de Janeiro: no sítio na Internet do ISP, em meio de
comunicação de grande divulgação no território nacional, no Diário da República ou no
sítio na Internet previsto no n.° 2 do art. 70.° do Código de Registo Comercial.

[240] Nos termos do art. 38.° do DL n.° 12/2006, de 20 de Janeiro.

Direito Administrativo dos Seguros 455

ficativo, os actos e operações que a entidade gestora autorizada deve praticar com vista à boa administração e gestão do fundo, e os respectivos deveres gerais – quer pela negativa – expressamente enunciando os actos que lhe são vedados ou condicionados[241].

O requerimento para a constituição de uma sociedade gestora de fundos de pensões deve ser instruído com os elementos taxativamente previstos na lei e com indicação do capital social e accionistas fundadores e suas participações. De entre os elementos exigidos para instrução do requerimento para a constituição da sociedade gestora são de destacar o projecto de estatutos[242], os documentos comprovativos da idoneidade dos accionistas, as informações relativas à estrutura de grupo e o programa de actividades (plurianual), incluindo indicação das garantias e meios financeiros[243].

A autorização concedida pelo ISP para a constituição de uma sociedade gestora de fundos de pensões caduca nos casos seguintes: renúncia por parte dos requerentes; não constituição da sociedade gestora no prazo de 6 meses; não início da sua actividade no prazo de 12 meses a contar da data da publicação da autorização para a constituição – sendo a verificação da constituição formal da sociedade gestora e do início da actividade nos prazos referidos da competência do ISP.

Para além do caso de inexistência ou insuficiência de garantias financeiras mínimas, a autorização concedida pelo ISP para a constituição de uma sociedade gestora pode ser por este revogada, por decisão fundamentada, nos casos expressamente previstos nas alíneas a) a h) do n.º 1 do artigo 42.º do Decreto-Lei n.º 12/2006, de 20 de Janeiro.

À constituição de sociedades gestoras de fundos de pensões aplicam-se as disposições do regime de acesso e de exercício da actividade seguradora em especial no tocante a: apreciação do processo de autorização pelo ISP e notificação da decisão, controlo dos detentores de participações qualificadas, órgãos sociais e, ainda, uso ilegal de denominação[244].

---

[241] Conforme decorre dos arts. 33.º a 37.º do DL n.º 12/2006, de 20 de Janeiro.

[242] Após a concessão de autorização para a constituição da sociedade gestora de fundos de pensões, algumas alterações de disposições estatutárias carecem de autorização prévia do ISP – as referidas nas alíneas a) a f) do n.º 1 do art. 40.º do DL n.º 12/2006, de 20 de Janeiro –, carecendo as demais de mera comunicação ao ISP.

[243] Art. 39.º do DL n.º 12/2006, de 20 de Janeiro.

[244] Vide, respectivamente, os arts. 15.º e 16.º, 43.º a 50.º, 51.º, 54.º e 55.º, e 58.º do DL n.º 94-B/98 – e arts. 39.º, n.º 4, e 38.º, n.º 2, do DL n.º 12/2006, de 20 de Janeiro.

456 Maria José Rangel de Mesquita

Relativamente aos serviços transfronteiriços de gestão de planos de pensões profissionais, no quadro da UE, a gestão de planos de pensões profissionais constituídos ao abrigo da legislação de outros Estados membros, depende de autorização prévia do ISP e a gestão de planos de pensões profissionais nacionais por instituições de realização de planos de pensões profissionais de outros Estados membros da UE depende de um procedimento de informação do ISP à autoridade competente congénere do Estado membro em causa[245].

A autoridade de supervisão é também a autoridade competente para a revogação, mediante decisão fundamentada, da autorização concedida à entidade gestora quando se verifique uma das situações previstas na lei, e que implicará a posterior liquidação da sociedade gestora[246].

O regime de autorização para a constituição de fundos de pensões e de entidades gestoras é extensível à extinção dos mesmos, a qual depende de autorização da autoridade de supervisão e deve ser efectuada através de negócio jurídico de extinção escrito. A extinção das entidades gestoras ou dos associados não implica todavia a extinção do fundo, se se proceder à respectiva substituição[247].

7.2. Estruturas de governação

No tocante às estruturas de governação dos fundos de pensões vigora o princípio segundo o qual as entidades gestoras devem ter uma estrutura organizacional adequada à dimensão e complexidade do seu negócio, bem como às características dos planos e fundos de pensões geridos. Para alcançar tal fim, dois aspectos são objecto de regulação pelo legislador: a gestão de riscos e o controlo interno. Por um lado, as sociedades gestoras devem implementar e manter políticas e procedimentos que lhes permitam identificar, avaliar e gerir riscos internos e externos significativos. Por outro lado, devem ser implementados procedimentos de controlo interno

---

[245] Nos termos dos artigos 83.º e 85.º e ss., e 84.º e 89.º e ss., respectivamente, do DL n.º 12/2006, de 20 de Janeiro.

[246] Tal como dispõem os arts. 42.º e 43.º do DL n.º 12/2006, de 20 de Janeiro.

[247] Tal como dispõe o art. 30.º, n.os 1, 5 e 6, respectivamente, do DL n.º 12/2006, de 20 de Janeiro. A extinção do fundo importará em regra a liquidação do seu património nos termos definidos pelo negócio jurídico de extinção (cf. art. 31.º do mesmo diploma).

Direito Administrativo dos Seguros

adequados com vista a garantir que a gestão da actividade de fundos de pensões seja efectuada de forma sã e prudente e no melhor interesse dos participantes e beneficiários[248].

A Norma do ISP N.º 7/2007-R, de 17 de Maio, regulamentou desenvolvidamente as matérias relativas às estruturas de governação dos fundos de pensões.

Ainda no quadro das estruturas de governação dos fundos de pensões, a lei impõe deveres de informação aos participantes e beneficiários no âmbito de fundos de pensões fechados, de adesões colectivas a fundos de pensões abertos e de adesões individuais a fundos abertos – quer informação inicial, quer informação durante a vigência do contrato. De igual modo no âmbito das estruturas de governação, são impostos às entidades gestoras de fundos de pensões deveres especiais de informação relacionados com a contabilidade e as contas anuais, devendo enviar à autoridade de supervisão um relatório e contas anuais para cada fundo de pensões, os quais são objecto de publicitação[249].

7.3. REGIME PRUDENCIAL

A legislação vigente prevê regras prudenciais relativas à gestão de fundos de pensões e que se prendem com os activos dos fundos de pensões, os critérios para a sua avaliação, o cálculo do valor das unidades de participação, a política de investimento, o equilíbrio entre os activos e as responsabilidades do fundo, regras de solvência e insuficiência financeira[250].

7.4. SUPERVISÃO

Nos termos do disposto no artigo 4.º do Decreto-Lei n.º 12/2006, de 20 de Janeiro, a autoridade de supervisão dos fundos de pensões e entidades gestoras de fundos de pensões é o Instituto de Seguros de Portugal.

---

[248] Vide os arts. 57.º a 59.º do DL n.º 12/2006, de 20 de Janeiro.

[249] Cf., respectivamente, arts. 60.º a 63.º e arts. 64.º e 65.º do DL n.º 12/2006, de 20 de Janeiro.

[250] Vide as arts. 66.º a 81.º do DL n.º 12/2006, de 20 de Janeiro.

458 Maria José Rangel de Mesquita

No âmbito subjectivo da supervisão do ISP incluem-se os fundos de pensões constituídos ao abrigo da lei portuguesa, bem como das respectivas entidades gestoras, incluindo as actividades transfronteiriças. A supervisão do ISP exerce-se ainda sobre: os depositários dos activos dos fundos de pensões; se for caso disso, sobre as entidades para as quais sejam transferidas, nos termos da lei vigente, funções que influenciem a situação financeira dos fundos de pensões sujeitos à supervisão do ISP, ou sejam de alguma forma relevantes para a sua supervisão eficaz – e sem prejuízo de tais entidades se encontrarem sujeitas à supervisão do Banco de Portugal ou da Comissão do Mercado de Valores Mobiliários que colaborarão com o ISP; as sociedades gestoras de participações sociais que detenham participações em sociedades gestoras de fundos de pensões[251].

No âmbito material da supervisão do ISP quanto aos fundos de pensões, entidades gestoras e demais entidades abrangidas, estão incluídos os poderes e meios para verificação da conformidade técnica, financeira e legal da actividade dos fundos e entidades gestoras; obtenção de informações sobre a situação dos fundos e das entidades gestoras e o conjunto das suas actividades; adopção de todas as medidas adequadas e necessárias em relação às entidades gestoras, seus dirigentes responsáveis ou pessoas que as controlem e garantia da sua aplicação, inclusive pela via judicial; exercício das demais funções e atribuições prevista na lei e regulamentação vigentes; emissão de instruções e recomendações para a sanação das irregularidades detectadas e, em caso de incumprimento das mesmas, aplicação de medidas que consistam na restrição ou proibição do exercício da actividade de gestão de fundos de pensões[252].

No tocante, em especial, às garantias financeiras exigidas às entidades gestoras de fundos de pensões[253], à autoridade de supervisão é atribuída competência para definir as condições específicas a que deve obe-

---

[251] Vide o art. 92.º do DL n.º 12/2006, de 20 de Janeiro.

[252] Vide o art. 93.º do DL n.º 12/2006, de 20 de Janeiro.

[253] A lei exige que as sociedades gestoras de fundos de pensões disponham de adequada *margem de solvência* e de *fundo de garantia* compatível – que faz parte integrante daquela e corresponde a um terço do seu valor, não podendo no entanto ser inferior a € 800 000. Os limites mínimos da margem de solvência são fixados por lei (em função do montantes dos fundos de pensões geridos), bem como a sua constituição e forma da sua determinação – em função, designadamente, da assunção de risco de investimento (vide os arts. 44.º a 46.º do DL n.º 12/2006, de 20 de Janeiro).

Direito Administrativo dos Seguros

decer o plano de financiamento a curto prazo a apresentar por aquelas quando se verifique a insuficiência da margem de solvência de uma sociedade gestora ou a margem de garantia não atinja o limite mínimo fixado por lei. Além disso, ao ISP é também atribuída competência para a adopção de *medidas de recuperação e saneamento* quando se verifique uma situação de insuficiência da margem de solvência. As providências de recuperação podem consistir, isolada ou cumulativamente, na restrição ou proibição da livre utilização dos activos da sociedade gestora e na designação de gestores provisórios – aplicando-se, com as devidas adaptações as regras que regulam idênticas competências do ISP no âmbito da supervisão das empresas de seguros[254]. Além disso, nos casos em que a gestão do fundo não ofereça garantias de actividade prudente – e com o intuito de protecção dos participantes e beneficiários e de bom funcionamento do mercado –, o ISP pode, isolada ou cumulativamente aprovar providências de saneamento que podem consistir: em restrições ao exercício da actividade de fundos de pensões; na proibição ou limitação da distribuição de dividendos ou de resultados; na sujeição à aprovação prévia do ISP de certas operações ou actos; na suspensão ou destituição de titulares de órgãos sociais da empresa; encerramento; e, ainda, na selagem de estabelecimentos.

7.5. Ilícitos e sanções

Em matéria de ilícitos e sanções aplica-se, subsidiariamente, parte do regime estabelecido para a actividade seguradora e resseguradora previsto no Decreto-Lei n.º 94-B/98, de 17 de Abril. Assim, não só a generalidade das contra-ordenações simples, graves e muito graves previstas e punidas naquele diploma são aplicáveis à actividade de gestão de fundos de pensões[255], como também é aplicável o regime contra-ordenacional nele previsto.

---

[254] Vide o art. 94.º do DL n.º 12/2006, de 20 de Janeiro e, por remissão do seu n.º 1, alíneas a) e b), os arts. 114.º e 117.º do DL n.º 94-B/98.

[255] Por remissão do n.º 1 do art. 96.º do DL n.º 12/2006, de 20 de Janeiro, as previstas nas alíneas a) a g) do art. 212.º (contra-ordenações leves), nas alíneas a) a j), m) e n) do art. 213.º (contra-ordenações graves) e a) a g) do art. 214.º (contra-ordenações muito graves). V. *infra* nota (378).

460 Maria José Rangel de Mesquita

É de notar que alguns dos ilícitos contra-ordenacionais elencados no diploma que regula o acesso e o exercício da actividade seguradora se reportam expressamente à actividade de gestão de fundos de pensões – desde logo porque a actividade de gestão de fundos de pensões também pode ser exercida por empresas de seguros que explorem legalmente o ramo Vida e possuam estabelecimento em Portugal. Tais ilícitos contra-ordenacionais são os seguintes: incumprimento de deveres de informação para com os associados, participantes ou beneficiários de planos de pensões; o incumprimento, pela entidade gestora de fundos de pensões, do dever de compra de seguro celebrado em nome e por conta do beneficiário, para garantia das pensões resultantes de planos de pensões de contribuições definidas; incumprimento dos deveres de informação para com os associados, participantes ou beneficiários de planos de pensões, susceptível de induzir em conclusões erróneas acerca da situação da empresa ou dos fundos por ela geridos; prática de actos ou operações de gestão de fundos de pensões, por conta própria ou alheia, sem que para tal exista a necessária autorização[256].

8. O REGIME JURÍDICO DA MEDIAÇÃO DE SEGUROS OU DE RESSEGUROS

O regime jurídico vigente em matéria de mediação de seguros e de resseguros, em consonância com a Directiva 92/2002/CE de 9 de Dezembro de 2002, consta do Decreto-Lei n.º 144/2006, de 31 de Julho, com as alterações introduzidas pelo Decreto-Lei n.º 359/2007, de 7 de Novembro. O diploma regulador da mediação foi complementado por diversas normas regulamentares aprovadas pela autoridade de supervisão, de que se destaca em particular a Norma N.º 17/2006-R, de 29 de Dezembro, modificada pelas Normas N. 8/2007-R, de 31 de Maio, N.º 19/2007-R de 31 de Dezembro e N.º 17/2008-R, de 23 de Dezembro. O Regime jurídico do contrato de seguro contém também algumas disposições que versam sobre a mediação de seguros, consagrando uma remissão para o regime jurídico especial aplicável, impondo deveres de informação específicos estabeleci-

---

[256] Respectivamente, art. 214.º, h) (contra-ordenação muito grave), 23.º, e) e i) (contra-ordenações graves) e art. 214.º, a) (contra-ordenação muito grave).

dos em lei especial e, ainda, regulando a representação aparente e o valor das comunicações efectuadas através de mediador[257].

A lei interna, em conformidade com a Directiva vigente na matéria, distingue três categorias de mediadores: *mediador de seguros ligado*, *agente de seguros* e *corretor de seguros*[258]. A cada uma destas categorias corresponde um estatuto diferente e um regime jurídico diferenciado, em especial no que diz respeito às condições de acesso e exercício da actividade.

8.1. ACESSO À ACTIVIDADE

O acesso à actividade de mediação de seguros no território português por pessoas singulares e colectivas, respectivamente residentes e com sede em Portugal, depende de *inscrição no registo de mediadores* junto do ISP.

O direito vigente estipula diversas condições cujo preenchimento permite a inscrição no registo – quer condições comuns de acesso, diversas para pessoas singulares e para pessoas colectivas, quer condições específicas de acesso em função da categoria de mediador de seguros ou de resseguros em causa[259].

De entre as condições comuns de acesso aplicáveis quer às pessoas singulares quer aos membros do órgão de administração responsável pela actividade de mediação e às pessoas directamente envolvidas na actividade, são de destacar as que se prendem com a *qualificação adequada* e a reconhecida *idoneidade* para o exercício da actividade de mediação. A verificação do requisito da qualificação adequada implica a verificação alternativa de uma das seguintes situações: escolaridade mínima obrigatória legalmente definida e aprovação num curso sobre seguros, adequado à actividade a exercer, reconhecido pelo ISP e que respeite os conteúdos mínimos que o mesmo fixar; curso de bacharelato ou de licenciatura, ou de formação de nível pós secundário, conferente de diploma, cujo plano de estudos inclua os conteúdos mínimos definidos pelo ISP; registo como

---

[257] Vide, respectivamente, os arts. 28.º a 31.º do diploma em causa.

[258] Sobre a distinção entre as três categorias v. JOSÉ VASQUES, *Novo Regime...,* pp. 24-46, e EDUARDA RIBEIRO, *Anotação ao Artigo 28.,* in PEDRO ROMANO MARTINEZ, LEONOR CUNHA TORRES, ARNALDO DA COSTA OLIVEIRA, MARIA EDUARDA RIBEIRO, JOSÉ PEREIRA MORGADO, JOSÉ VASQUES e JOSÉ ALVES DE BRITO, *Lei...,* p. 142.

[259] Vide o art. 7.º e ss. do Decreto-Lei n.º 144/2006, de 31 de Julho.

mediador de seguros ou de resseguros noutro Estado membro da UE no ano precedente ao do pedido de inscrição do registo junto do ISP. O acesso à categoria de corretor ou de mediador de resseguros implica, em termos de qualificação, o preenchimento da condição adicional de experiência correspondente ao exercício, durante pelo menos cinco anos consecutivos ou interpolados durante os sete anos que antecedem a inscrição no registo, de actividades relacionadas com a mediação.

A condição relativa à idoneidade é delimitada pelo legislador pela negativa – através do elenco, não taxativo, de situações que impedem a verificação daquela condição – e simultaneamente pela positiva, considerando preenchida a condição relativamente a pessoa que se encontre já registada junto de autoridade de supervisão do sector financeiro quando esse registo esteja sujeito a condições de idoneidade.

As condições específicas de acesso variam em função da categoria de mediador de seguros ou de resseguros em causa: menos exigentes para o mediador ligado e mais exigentes para os corretores. Se a inscrição no registo junto do ISP como mediador de seguros ligado implica a celebração de um contrato escrito com uma ou mais empresas de seguros através do qual cada uma assume a responsabilidade pela sua actividade quanto à mediação dos respectivos produtos, a inscrição como agente de seguros e como corretor implica, designadamente, uma organização técnica, comercial, administrativa e contabilística própria e estrutura económico financeira adequadas à dimensão e natureza da sua actividade e, ainda, a existência de um seguro de responsabilidade civil profissional válido para o território da UE que garanta os capitais mínimos exigidos pela lei. A inscrição no registo como corretor implica ainda a existência de um seguro de caução ou garantia bancária equivalente de valor mínimo fixado pela lei.

Os trâmites do processo de inscrição no registo bem como os respectivos prazos, diferem também em função da categoria de mediador cujo registo se solicita à autoridade de supervisão.

No caso do *mediador de seguros ligado*, compete à empresa de seguros que celebra um contrato com o mesmo verificar do preenchimento das condições de acesso pelo candidato e, após tal verificação e celebração do contrato exigido, solicitar ao ISP o respectivo registo. A notificação da inscrição no registo deve ser efectuada no prazo máximo de cinco dias a contar do pedido de registo.

No caso do *agente de seguros*, compete também à seguradora que com ele contrata a verificação da completa instrução do processo pelo can-

Direito Administrativo dos Seguros 463

didato e remetê-lo ao ISP. A notificação da inscrição no registo – ou a notificação da decisão de recusa – deve ser efectuada no prazo de 60 dias a contar da recepção do registo ou da recepção dos elementos ou esclarecimentos solicitados pelo ISP.

Diferentemente, a instrução do processo para inscrição como *corretor de seguros*, bem como a sua apresentação ao ISP cabe ao próprio candidato, e cabe ao ISP aferir da verificação das condições exigidas para a inscrição no registo. O prazo para a notificação da decisão de inscrição no registo – ou da decisão de recusa de inscrição – é mais alargado, estando fixado em 90 dias.

Podem ainda aceder ao exercício da actividade de mediação de seguros ou de resseguros em território português, através de estabelecimento ou em regime de LPS, os mediadores, de seguros ou de resseguros, registados em outros Estados membros da União Europeia, desde que cumpridas as formalidades exigidas e que consistem na comunicação ao ISP de tal intenção pela autoridade competente do Estado membro de origem do mediador e notificação deste por aquela autoridade da comunicação efectuada ao ISP. A autoridade de supervisão portuguesa pode no entanto comunicar à autoridades competentes congéneres as condições em que, por razões de interesse geral, a actividade de mediação deva ser exercida em Portugal, tal como dispõem os artigos 7.°, n.° 1, b), e 22.° e 23.° do Decreto Lei n.° 144/2006 de 31 de Julho.

Por último, os mediadores de seguros ou de resseguros inscritos no registo junto do ISP podem aceder ao exercício da sua actividade, sob a forma de estabelecimento ou de LPS, no território de outros Estados membros da UE mediante um procedimento de informação prévia ao ISP, com indicação do âmbito da actividade a exercer, que por sua vez comunica tal intenção às autoridades competentes dos Estados membros em causa e notifica em simultâneo o interessado dessa comunicação.

A inscrição dos mediadores no registo junto do ISP confere aos mesmos o direito à emissão de um certificado de registo pela autoridade de supervisão do qual devem constar as informações mínimas previstas na lei e a que podem acrescer outras mediante averbamento – a extensão da actividade do mediador e a identificação dos outros Estados membros em que o mediador de seguros em Portugal exerce a sua actividade[260].

---

[260] Cf. arts. 47.° e 54.° do DL n.° 144/2006, de 31 de Julho.

464 Maria José Rangel de Mesquita

As alterações aos elementos relevantes para aferir as condições de acesso ao exercício da actividade de mediação devem ser comunicadas ao ISP, consoante o caso, pelo mediador de seguros ou pelo mediador ligado à seguradora, que as transmite ao ISP. Por último, a inscrição no registo do mediador pode ser suspensa, ou o registo cancelado, nos casos em que se verificam os fundamentos expressamente previstos na lei[261].

8.2. SUPERVISÃO

A supervisão da actividade de mediação de seguros e de resseguros é exercida, em Portugal, pelo ISP.

O âmbito subjectivo da supervisão exercida pelo ISP respeita a mediadores residentes ou cuja sede se situe em Portugal – incluindo a actividade exercida no território dos outros Estados membros da UE através das respectivas sucursais ou em regime de LPS.

Quanto ao âmbito material da supervisão cometida por lei ao ISP, esta abrange em especial: a verificação da conformidade técnica, financeira e legal da actividade exercida; a verificação das condições de funcionamento e a qualidade técnica dos cursos sobre seguros ministrados para efeito de acesso à actividade de mediação de seguros e, se for caso disso, retirá-lo da lista de cursos reconhecidos; a obtenção de informações pormenorizadas sobre a situação dos mediadores, designadamente através de recolha de dados e inspecções *in loco;* a adopção de todas as medidas adequadas e necessárias para garantir que as actividades de mediação respeitem as disposições legais e regulamentares aplicáveis e para evitar ou eliminar irregularidades lesivas dos interesses dos tomadores, segurados ou beneficiários ou das seguradoras e resseguradoras – e garantir a sua efectiva aplicação se necessário através da via judicial; estabelecer as regras de contabilidade aplicáveis à actividade de mediação; a emissão de instruções ou recomendações para a sanação das irregularidades.

Dos actos administrativos praticados pelo ISP no âmbito da sua competência de supervisão cabe recurso contencioso nos termos gerais de direito[262].

---

[261] Conforme dispõem, respectivamente, o art. 49.° e os arts. 55.° a 57.° do DL n.° 144/2006, de 31 de Julho.

[262] Tal como dispõe expressamente o art. 67.° do DL n.° 144/2006, de 31 de Julho – apesar de o direito ao recurso contencioso decorrer já do art. 40.° do Estatuto do ISP.

8.3. Ilícitos e sanções

O âmbito subjectivo das regras sancionatórias previstas no regime jurídico da mediação de seguros abrange quer os mediadores, de seguros ou de resseguros, registados junto do ISP, quer os mediadores registados no território de outro Estado membro da UE quanto à actividade exercida no território português.

O regime sancionatório previsto é ainda aplicável às seguradoras, às entidades gestoras de fundos de pensões, às resseguradoras, quanto a determinadas contra-ordenações, às pessoas que exercem a actividade de mediação sem estarem registados num Estado membros e, ainda, aos detentores de participações qualificadas em mediador de seguros[263].

O regime sancionatório previsto relativamente à actividade de mediação de seguros ou de resseguros segue, no essencial, o regime aplicável em matéria de acesso e exercício da actividade seguradora – sem prejuízo da adaptação do regime geral das contra-ordenações ao caso específico da actividade de mediação[264].

Tal como em relação ao exercício da actividade seguradora e resseguradora, o regime sancionatório assenta na consagração de várias categorias de ilícitos em especial – contra-ordenações leves, graves e muito graves – a que correspondem coimas cujos limites mínimos e máximos são fixados por lei e, ainda, no caso de contra-ordenações graves e muito graves, sanções acessórias[265].

A competência para o processamento das contra-ordenações e a aplicação das coimas e sanções acessórias, bem como para aplicação de medidas cautelares, compete ao ISP, cabendo ao seu Conselho Directivo a de – cisão do processo. As decisões, despachos e demais medidas aprovadas pelo ISP, no âmbito de processo contra-ordenacional em matéria de mediação de seguros ou de resseguros, podem ser objecto de impugnação judicial junto do Juízo de Pequena Instância Criminal de Lisboa – tribunal igualmente competente para a execução das decisões definitivas.

---

[263] Nos termos do disposto no n.º 2, alíneas a) a d), do art. 68.º do DL n.º 144/2006, de 31 de Julho.

[264] Veja-se o Capítulo VI do DL n.º 144/2006, de 31 de Julho (arts. 68.º a 96.º).

[265] Quanto à existência, além das contra-ordenações expressamente previstas, de sanções administrativas, penais e civis v. José Vasques, *Novo Regime...*, pp. 142-144.

466 Maria José Rangel de Mesquita

9. A ADMINISTRATIVIZAÇÃO DO REGIME JURÍDICO DO CONTRATO DE SEGURO

9.1 O PRINCÍPIO DA IMPERATIVIDADE

A protecção do consumidor na sua veste de, em especial, tomador do seguro e segurado, decorre desde logo da consagração, pelo legislador, no âmbito do Regime jurídico do contrato de seguro, do princípio da imperatividade, através da estipulação de disposições *imperativas*[266] – quer *absolutamente* imperativas, quer *relativamente* imperativas[267]. Tais disposições traduzem-se numa limitação da liberdade contratual conformando a vontade das partes, assentando na distinção, oriunda do Direito Comunitário[268], entre *grandes riscos* e *riscos de massa* – os primeiros qualificados em razão do ramo de seguros em causa ou do ramo de seguros e das características do tomador de seguro[269] e os segundos delimitados pela nega-

---

[266] Nos termos do art. 9.º do DL 72/2008, de 16 de Abril, as disposições imperativas em matéria de contrato de seguro que tutelem interesses públicos regem imperativamente a relação contratual, qualquer que seja a lei aplicável.

[267] Criticando o novo regime do contrato de seguro, exactamente pelo facto de não proteger de modo suficiente o tomador de seguro e o segurado, vide JOSÉ CARLOS MOITINHO DE ALMEIDA, *O novo regime jurídico do contrato de seguro. Breves considerações sobre a protecção dos segurados*, in *Contrato de Seguro. Estudos, Coimbra,* Coimbra Editora, 2009, p. 34. e ss..

[268] A definição de «grandes riscos» consta do art. 5.º, d), i) a iii), da Directiva 73/239/CEE do Conselho de 24/7/1973, com a redacção da Directiva 88/357/CEE do Conselho de 22/6/1988, cit.

[269] São considerados grandes riscos: i) os riscos que respeitem aos ramos dos seguros Não Vida «Veículos ferroviários», «Aeronaves», «Embarcações marítimas, lacustres e fluviais», «Mercadorias transportadas», «Responsabilidade civil de aeronaves» e «Responsabilidade civil de embarcações marítimas, lacustres e fluviais»; ii) os riscos que respeitem aos ramos dos seguros Não Vida «Crédito» e «Caução» sempre que o tomador exerça a título profissional uma actividades industrial, comercial ou liberal, e o risco se reporte a essa actividade; iii) os riscos que respeitem aos ramos dos seguros Não Vida «Veículos terrestres», «Incêndio e elementos da natureza», «Outros danos em coisas», «Responsabilidade civil de veículos terrestres a motor», «Responsabilidade civil geral» e «Perdas pecuniárias diversas» desde que, relativamente ao tomador, sejam excedidos dois dos seguintes limites: total do balanço – 6,2 milhões de euros; montante líquido do volume de negócios – 12,8 milhões de euros e número médio de empregados durante o último exercício – 250 (cf. n.ᵒˢ 3 e 4 do DL n.º 94-B/98).

Direito Administrativo dos Seguros   467

tiva[270]. Se nos seguros de riscos de massa se justifica uma tutela particular do tomador do seguro na medida em que se presume ser a parte mais débil no contrato, tal tutela não se afigura indispensável no caso dos seguros de grandes riscos – por essa razão o legislador não só previu algumas excepções ao princípio da imperatividade absoluta no tocante aos seguros de grandes riscos, como excepcionou estes do princípio da imperatividade relativa[271].

9.1.1. Disposições absolutamente imperativas

As disposições que revestem carácter *absolutamente* imperativo, não admitindo convenção em contrário, e que assumem uma função assumidamente protectora do tomador do seguro, prendem-se com as seguintes matérias: autorização legal do segurador para o exercício da actividade seguradora em Portugal; forma do contrato de seguro e obrigação de o segurador formalizar o contrato num instrumento escrito (apólice) a entregar ao tomador; modo e língua de redacção da apólice de seguro; existência de um interesse em segurar o risco digno de protecção legal; inexistência de risco; modo de efectuar o pagamento do prémio do seguro; cobertura dos riscos dependente do pagamento do prémio do seguro; cominação legal da falta de pagamento do prémio; impossibilidade de convencionar a resolução pelo segurador após sinistro nos seguros de vida, de saúde, de crédito e caução e seguros obrigatórios de responsabilidade civil; e, ainda, dever de sigilo do segurador[272-273].

---

[270] O legislador delimita os riscos de massa pela negativa, ou sejam todos os riscos que não são considerados como grandes riscos – vide o art. 2.°, n.° 6 e n.°s 3 e 4, do DL n.° 94-B/98. As disposições relativamente imperativas em relação aos seguros de riscos de massa não são, pois, imperativas para os seguros de grandes riscos.

[271] Veja-se, respectivamente, o n.° 2 do art. 12.° e o n.° 2 do art. 13.° do DL n.° 72/2008, de 16 de Abril. Nos seguros de grandes riscos admite-se convenção em sentido diverso relativamente às matérias constantes dos artigos 59.° e 61.° – princípio *no premium no risk* e resolução ou não prorrogação do contrato por falta de pagamento do prémio do seguro.

[272] Vide o art. 12.° do Regime aprovado pelo DL n.° 72/2008, de 16 de Abril, e, por remissão deste, os arts. 16.° (Autorização legal do segurador), 32.° (Forma), 34.° (Entrega da apólice), 36.° (Redacção e língua da apólice), 43.° (Interesse), 44.° (Inexistência do risco), 54.° (Modo de efectuar o pagamento), n.° 1, 59.° (Cobertura), 61.° (Falta de paga-

468 Maria José Rangel de Mesquita

Apenas se admite convenção em sentido diverso nos seguros de grandes riscos e apenas quanto ao princípio *no premium, no risk* e quanto às consequências jurídicas do não pagamento do prémio do seguro – apesar de o legislador não justificar a opção de apenas permitir uma derrogação a estas regras absolutamente imperativas e não em relação às demais expressamente elencadas.

O elenco – ainda que não taxativo[274] – das disposições absolutamente imperativas implica a consideração da questão do desvalor jurídico inerente à respectiva violação.

Nos termos do Código Civil (CC), os negócios jurídicos celebrados contra disposição legal de carácter imperativo são nulos, salvo nos casos em que outra solução resulte da lei[275] – e o regime geral da nulidade do negócio jurídico constante do Código Civil aplicar-se-á na falta de regime especial[276]. Ora o legislador, no Regime jurídico do contrato de seguro, não optou por fixar uma consequência jurídica *única* para a violação de uma regra absolutamente imperativa, qualquer que ela seja. O legislador optou por fixar, relativamente a cada uma das disposições absolutamente

---

mento), 80.º (Pagamento do prémio), n.ᵒˢ 2 e 3, 117.º (Resolução após sinistro), n.º 3, e 119.º (Dever de sigilo) do mesmo diploma.

[273] Note-se que algumas disposições dotadas de imperatividade absoluta não se reportarão exclusivamente à tutela do tomador do seguro, em razão da sua posição no contrato de seguro, mas também à tutela da própria seguradora e, inclusive da ordem pública: é o caso das relativas à existência de interesse digno de protecção legal por parte do segurado (art. 43.º), à inexistência de risco (art. 44.º), aos meios de pagamento do prémio de seguro (art. 54.º, n.º 1), à dependência da cobertura dos riscos do prévio pagamento do prémio (art. 59.º) e, ainda, às consequências da falta de pagamento do prémio de seguro (arts. 61.º e 80.º, n.ᵒˢ 2 e 3).

[274] No sentido do carácter não taxativo das disposições imperativas consagradas pelo novo regime, ARNALDO OLIVEIRA e EDUARDA RIBEIRO, *Novo regime jurídico do contrato de seguro. Aspectos mais relevantes da perspectiva do seu confronto com o regime vigente,* pp. 16-17 (disponível in http://www.isp.pt/Estudos e documentos). Em sentido idêntico, quer quanto às normas absolutamente imperativas, quer quanto às normas relativamente imperativas, PEDRO ROMANO MARTINEZ, *Anotação ao artigo 12.º* e *Anotação ao Artigo 13.º,* in PEDRO ROMANO MARTINEZ, JOSÉ MIGUEL DE FARIA ALVES DE BRITO, ARNALDO FILIPE COSTA OLIVEIRA, LEONOR CUNHA TORRES, MARIA EDUARDA RIBEIRO, JOSÉ PEREIRA MORGADO e JOSÉ VASQUES, *Lei...,* respectivamente p. 63, III, e p. 65, III.

[275] Cf. art. 294.º do CC – o regime da nulidade (e também da anulabilidade) consta dos arts. 285.º e ss. do mesmo Código.

[276] Segundo o disposto no art. 285.º do CC, as disposições dos artigos 286.º e ss. estabelecem o regime da nulidade e da anulabilidade do negócio jurídico.

Direito Administrativo dos Seguros 469

imperativas expressamente consagradas e qualificadas como tal, a consequência jurídica para a sua violação e o desvalor jurídico que lhe está subjacente – regime especial que prevalecerá sobre aquele regime geral consagrado no Código Civil e sem prejuízo de outras sanções aplicáveis, de índole penal, contra-ordenacional[277] ou civil.

Assim, o legislador apenas impõe como desvalor jurídico a *nulidade* do contrato nos seguintes três casos: exercício da actividade seguradora sem autorização legal para o efeito; inexistência de interesse digno de protecção legal relativamente ao risco coberto; e conhecimento da cessação do risco, pelo segurador, tomador do seguro ou segurado, à data da celebração do contrato[278] – sem prejuízo de outras sanções aplicáveis como sucede no primeiro caso, já que o diploma que regula o acesso e o exercício da actividade seguradora configura a prática de actos ou operações de seguros sem a necessária autorização como um ilícito penal punível com pena de prisão até cinco anos e, ainda, como contra-ordenação muito grave[279]. Acresce que, neste caso, o legislador, não obstante ter optado pela nulidade do contrato, fixou uma consequência jurídica específica desse regime, na medida em que a nulidade do contrato não exime aquele que aceitou cobrir o risco sem estar legalmente autorizado para tal do cumprimento das obrigações que para ele decorreriam do contrato ou da lei caso o negócio fosse válido, excepto se houver má fé da contraparte – assim dispõe o n.º 2 do artigo 16.º do Regime aprovado pelo Decreto-Lei n.º 72/2008, de 17 de Abril, configurando um regime de nulidade *atípico*[280].

Nos demais casos expressos de disposições absolutamente imperativas em que o legislador fixou as consequências jurídicas do desrespeito das mesmas, tais consequências variam – separada ou cumulativamente,

---

[277] Sublinhe-se que o art. 212.º, g), do DL 94-B/98, de 17 de Abril, que aprova o regime do acesso e exercício da actividade seguradora – e resseguradora – configura como contra-ordenação simples «A violação de preceitos imperativos da legislação aplicável às entidades sujeitas à supervisão do ISP ou de normas emitidas em seu cumprimento e para sua execução que não seja considerada contra-ordenação grave ou muito grave».

[278] Respectivamente art. 16.º, n.º 2, art. 43.º, n.º 1 e art. 44.º, n.º 2, do DL 72/2008, de 16 de Abril.

[279] Vide, respectivamente, o art. 202.º e o art. 214.º, a), do DL 94-B/98, de 17 de Abril.

[280] Conforme sublinha o legislador no Preâmbulo do DL n.º 72/2008, de 16 de Abril, «(...) a nulidade não opera em termos desvantajosos para o tomador (...)» e a solução afasta «(...) alguma rigidez do regime civil da invalidade (...)» (ponto V do Preâmbulo).

470 Maria José Rangel de Mesquita

consoante o caso –, além de outras, entre a consagração da resolução automática do contrato, o direito à resolução do contrato pelo tomador do seguro, a não invocabilidade de cláusulas, consoante o caso pelo tomador ou pelo segurador, a não cobertura do risco e a ineficácia das alterações contratuais que impliquem o pagamento de um sobreprémio.

A violação da disposição absolutamente imperativa que impõe ao segurador a obrigação de formalizar o contrato de seguro numa apólice, datada e assinada pelo segurador, e de a entregar ao tomador do seguro no prazo previsto na lei – aquando da celebração do contrato ou no prazo de 14 dias nos seguros de massa, salvo se houver motivo justificado, ou no prazo acordado nos seguros de grandes riscos – determina, no caso de atraso na entrega da apólice, a *inoponibilidade*, pelo segurador, de cláusulas que não constem de documento escrito assinado pelo tomador ou a ele anteriormente entregue; uma vez decorrido o prazo para a entrega da apólice e enquanto tal entrega não tiver lugar, é conferido ao tomador do seguro o direito de resolver o contrato, tendo a cessação do contrato efeito retroactivo e o tomador direito à devolução da totalidade do prémio pago[281].

No caso de falta de pagamento do prémio do seguro na data do respectivo vencimento, prevista no artigo 61.º do Regime jurídico do contrato de seguro, disposição absolutamente imperativa, as consequências jurídicas são, para a generalidade dos contratos de seguro[282-283], as seguintes: *mora* do tomador do seguro e, quando se trate do prémio inicial ou da primeira fracção do prémio inicial, a *resolução automática* do contrato a partir da data da sua celebração (e não cobertura do risco); do prémio de anui-

---

[281] Cf. art. 433.º do CC que estabelece que na falta de disposição especial a resolução do contrato é equiparada, quanto aos seus efeitos, à nulidade ou anulabilidade do negócio jurídico (com ressalva do disposto nos arts. 434.º e 435.º do mesmo Código) e, ainda, o art. 289.º do CC.

[282] O legislador ressalva os casos dos seguros enunciados no art. 58.º – seguro de vida, seguros de colheitas e pecuário, seguros mútuos em que o prémio seja pago com o produto de receitas e seguros de cobertura de grandes riscos – em que se permite que os efeitos da falta de pagamento dos prémios sejam os estipulados nas condições contratuais (cf. art. 57.º, n.º 2, b), e art. 58.º do Regime aprovado pelo DL 72/2008, de 16 de Abril).

[283] A falta de pagamento do prémio por parte do tomador – ou segurado, se tal for acordado – nos seguros de grupo tem, nos termos do artigo 80.º, disposição também dotada de imperatividade absoluta, idênticas consequências – com a diferença que no caso de seguro contributivo em que o segurado deva efectuar o pagamento do prémio directamente ao segurador, as consequência do não pagamento do prémio respeitam apenas à cobertura do próprio segurado.

Direito Administrativo dos Seguros 471

dades subsequentes ou da primeira fracção deste, na data do vencimento, a não prorrogação do contrato; de uma fracção do prémio no decurso de uma anuidade, de um prémio de acerto ou parte de um prémio de montante variável ou de um prémio adicional decorrente de modificação contratual fundada em agravamento do risco, a *resolução automática* do contrato na data do vencimento[284-285].

Nos casos em que o legislador *não* fixou expressamente as consequências jurídicas da violação de disposições *absolutamente* imperativas – como sucede no caso da regra prevista no artigo 36.º do Regime jurídico do contrato de seguro, sobre a redacção e língua da apólice, no caso da regra prevista no artigo 54.º, n.º 1, sobre o modo de efectuar o pagamento do prémio, no caso da regra prevista no artigo 59.º que consagra o princípio *no premium, no risk* e, ainda, no caso da regra prevista no artigo 117.º, n.º 3, que versa sobre a proibição, salvo disposição legal em contrário, de convencionar a resolução do contrato, pelo segurador, após sinistro, nos seguros (de massa) de saúde, de crédito e caução e, ainda, nos seguros obrigatórios de responsabilidade civil – e existir *desconformidade*, total ou parcial, entre o conteúdo do contrato e a disposição absolutamente imperativa deverá aplicar-se, em princípio – se não houver lugar à aplicação do regime das cláusulas contratuais gerais – a regra geral prevista no Código Civil que determina a *nulidade* do negócio, ainda que apenas parcial, e não determinando por isso a invalidade de todo o contrato de seguro – mas tão somente a invalidade de cláusulas do contrato de seguro que violem aquelas regras imperativas – tendo em conta o disposto no preceito regulador da redução do negócio[286], sem prejuízo, se for caso disso, de conversão do negócio[287]. Contudo, relativamente a tais casos, há que considerar os seguintes aspectos.

Quanto à regra absolutamente imperativa prevista no artigo 59.º, segundo a qual não há cobertura do risco nos seguros de massa sem o

---

[284] Cf. art. 57.º, n.º 1, n.º 2, a), e art. 61.º, n.os 1, 2 e 3, do Regime aprovado pelo DL 72/2008, de 16 de Abril.

[285] O não pagamento de um prémio adicional decorrente de alteração contratual que não se funde no agravamento do risco apenas determina, em regra, a ineficácia da modificação contratual, a não ser que a subsistência do contrato se revele impossível, caso em que se considera resolvido na data do vencimento do prémio não pago – cf. o n.º 4 do art. 61.º do Regime aprovado pelo DL 72/2008, de 16 de Abril.

[286] Cf. o art. 292.º do CC, sobre a redução do negócio jurídico.

[287] Nos termos do art. 293.º do CC.

472   Maria José Rangel de Mesquita

pagamento do prémio devido, apesar de o legislador não ter expressamente previsto as consequências da sua violação *per se*, fixou as consequências jurídicas da falta de pagamento do prémio do seguro – que se aplicarão em qualquer caso. Assim, sem prejuízo da impossibilidade de cobertura do risco pela seguradora sem o prévio recebimento do prémio devido – imposição legal que por si só não determina a inexistência ou a invalidade do contrato – no caso de não pagamento do prémio do seguro na data do respectivo vencimento as consequências jurídicas são, para a generalidade dos contratos de seguro, as acima enunciadas: a resolução automática do contrato a partir da data da sua celebração (e não cobertura do risco), a não prorrogação do contrato na data do vencimento e a resolução automática do contrato na data do vencimento, consoante o prémio devido em causa – respectivamente, prémio inicial ou primeira fracção do prémio inicial, prémio de anuidades subsequentes ou primeira fracção deste, ou uma fracção do prémio no decurso de uma anuidade, de um prémio de acerto ou parte de um prémio de montante variável ou de um prémio adicional decorrente de modificação contratual fundada em agravamento do risco[288].

Quanto à regra absolutamente imperativa prevista no n.° 3 do artigo 117.° – e sem prejuízo da aplicação do regime geral previsto no Código Civil – há que atender também ao disposto no artigo 3.° do novo Regime jurídico do contrato de seguro, já que o legislador ressalva expressamente a aplicação ao contrato de seguro de diplomas de aplicação geral, como é o caso da legislação sobre cláusulas contratuais gerais[289]. Em consequência, deve aplicar-se o respectivo regime na medida em que uma cláusula de resolução após sinistro, pelo segurador, nos referidos casos não permitidos por lei, se possa caracterizar como uma cláusula contratual geral – na acepção do artigo 1.° do Decreto-Lei n.° 446/85, de 25 de Outubro – absoluta ou relativamente proibida nas relações com o consumidor final[290]. Isto

---

[288] Cf. art. 57.°, n.° 1, n.° 2, a), e art. 61.°, n.os 1, 2 e 3, do Regime aprovado pelo DL n.° 72/2008, de 16 de Abril.

[289] O regime das cláusulas contratuais gerais foi aprovado pelo DL n.° 446/85, de 25 de Outubro, e alterado pelo DL n.° 220/95, de 31 de Agosto, que o republicou e, ainda, pelo DL n.° 249/99, de 7 de Julho – que alterou os artigos 1.°, 11.° e 23.°

[290] Cf. arts. 21.° e 22.° do DL n.° 446/85, de 25 de Outubro. Em nosso entender, uma cláusula de resolução após sinistro nos casos não permitidos por lei, usada nas relações com o consumidor final num contrato de seguro de riscos de massa individualizado – e cujo conteúdo o tomador não pode influenciar – enquadra-se na categoria de cláusula relativa-

Direito Administrativo dos Seguros 473

sem prejuízo de a cominação legal para as cláusulas contratuais gerais proibidas pelo referido regime ser também a nulidade – e sem prejuízo também da subsistência dos contratos singulares e, se for caso disso, da redução do negócio jurídico[291].

Por último sendo o legislador omisso quanto à consequência jurídica aplicável no caso de violação do dever de sigilo profissional previsto no artigo 119.° – quer em relação ao segurador quer em relação a certas pessoas sobre as quais impende esse dever (administradores, trabalhadores, agentes e demais auxiliares do segurador) – aplicar-se-ão as regras gerais constantes do Código Penal[292], sem prejuízo da verificação de um ilícito contra-ordenacional por violação de preceito imperativo[293].

9.1.2. Disposições relativamente imperativas

Quanto às disposições dotadas de imperatividade *relativa,* estas assumem uma função protectora do tomador do seguro, do segurado e do beneficiário relativamente aos seguros de *riscos de massa*, já que se admite expressamente a estipulação de um regime *mais favorável* ao tomador do seguro, ao segurado ou ao beneficiário da prestação de seguro[294] – fun-

---

mente proibida prevista na alínea b) do n.° 1 do art. 22.° do regime das cláusulas contratuais gerais na medida em que permitem à seguradora – o contraente que a predispõe – resolver o contrato sem motivo justificativo, fundado na lei (e uma vez que a convenção entre as partes nesse sentido é nesses casos expressamente proibida).

[291] Cf. arts. 12.°, 13.° e 14.° do DL n.° 446/85, de 25 de Outubro.

[292] Cf. arts. 195.° e 196.° do Código Penal.

[293] Cf. o art. 212.°, g), do DL n.° 94-B/98, de 17 de Abril.

[294] Vide o art. 13.°, n.° 1, do Regime aprovado pelo DL n.° 72/2008, de 16 de Abril, e, por remissão deste, os artigos 17.° a 26.° (representação do tomador do seguro e deveres de informação do segurador e do tomador do seguro ou do segurado), 27.° (valor do silêncio do segurador), 33.° (mensagens publicitárias), 35.° (consolidação do contrato), 37.° (texto da apólice), 46.° (actos dolosos), 60.° (aviso de pagamento), 78.° (dever de informar), 79.° (incumprimento do dever de informar), 86.° (âmbito do seguro contributivo), 87.° a 90.° (regras especiais sobre o seguro contributivo relativas ao dever adicional de informar no seguro contributivo, adesão ao contrato, condições da declaração da adesão e participação nos resultados), 91.° (dever de informação relativo à alteração do risco), 92.°, n.° 1 (diminuição do risco), 93.° (comunicação do agravamento do risco), 94.° (sinistro e agravamento do risco), 100.° a 104.° (participação e falta de participação do sinistro e pagamento do sinistro), 107.°, n.os 1, 4 e 5 (estorno do prémio por cessação antecipada), 111.°, n.° 2 (cessação por acordo), 112.° (regime comum da denúncia), 114.° (limitações à

474 Maria José Rangel de Mesquita

cionando nessa medida como um patamar *mínimo* de protecção e assumindo um carácter de supletividade condicionada ou limitada (ao referido patamar mínimo).

Uma vez que se trata de disposições imperativas, a respectiva violação por parte das empresas de seguros (ou resseguros) sujeitas à supervisão do ISP configurará sempre um ilícito contra-ordenacional simples[295] – sem prejuízo das demais consequências jurídicas expressamente consagradas pelo legislador quer em sede de Regime jurídico do contrato de seguro, quer em sede de regime das cláusulas contratuais gerais ou de outros diplomas de aplicação geral, como a Lei de defesa do consumidor[296].

Ao elencar expressamente as disposições relativamente imperativas no âmbito do Regime jurídico do contrato de seguro, o legislador, tal como em relação às disposições absolutamente imperativas, não estabeleceu uma consequência jurídica idêntica quando ocorra a sua violação por preceitos negociais que integram o conteúdo do contrato: em relação a cada uma das disposições relativamente imperativas ou nada estabelece em relação ao desvalor inerente à respectiva violação, ou fixa consequências jurídicas que variam, isolada ou conjuntamente, desde a *responsabilidade civil* do segurador – fixando a consequência ao nível da sanção indemnizatória com fundamento na lei – até à *anulabilidade*, com aplicação do regime geral ou de regime atípico, passando pelo *direito de resolução* do contrato, consoante o caso, pelo tomador do seguro ou pelo segurador,

---

denúncia), 115.º (aviso prévio da denúncia), 118.º (livre resolução), 126.º (salvamento no âmbito do seguro de danos), 127.º (obrigação de reembolso no âmbito do seguro de danos), 132.º (sobresseguro), 133.º (pluralidade de seguros), 139.º, n.º 3 (período de cobertura), 146.º (direito do lesado no âmbito do seguro obrigatório), 147.º (meios de defesa no âmbito do seguro obrigatório), 170.º (menções especiais do seguro de protecção jurídica), 178.º (informação sobre exames médicos), 185.º (informações pré-contratuais no seguro de vida), 186.º (informações na vigência do contrato de seguro de vida), 188.º, n.º 1 (incontestabilidade), 189.º (erro sobre a idade da pessoa segura), 202.º (pagamento do prémio no âmbito do seguro de vida) e 217.º (cessação do contrato de seguro de saúde).

[295] Nos termos da alínea g) do art. 212.º do DL n.º 94-B/98, de 17 de Abril – excepto se configurar uma contra-ordenação grave ou muito grave, e sem prejuízo de poder configurar simultaneamente infracção diversa (como é o caso do incumprimento de deveres de informação para com os tomadores do seguro, segurados ou beneficiários das apólices de seguros, nos termos da alínea h) do art. 214.º e da alínea i) do art. 213.º do mesmo diploma).

[296] A Lei de Defesa do Consumidor foi aprovada pela Lei n.º 24/96, de 31 de Julho.

Direito Administrativo dos Seguros

pela redução da prestação do segurador, pela exoneração do segurador das respectivas prestações, entre outras consequências.

As disposições em que o legislador fixa expressamente as consequências da respectiva violação são as relativas aos aspectos do Regime jurídico do contrato de seguro que de seguida se enunciam.

O incumprimento dos deveres de informação e de esclarecimento previstos no Regime jurídico do contrato de seguro faz incorrer o segurador em *responsabilidade civil* nos termos gerais[297] – independentemente de eventuais sanções invalidatórias que se prendem com o valor do efeito do negócio pretendido pelas partes. Além disso, o incumprimento dos deveres de informação do segurador previstos na Subsecção I (Deveres de informação do segurador) da Secção II (Informações) do Capítulo II (Formação do contrato) do Título I (Regime comum) do Regime jurídico do contrato de seguro – artigos 18.º a 23.º do Decreto-Lei n.º 72/2008, de 16 de Abril – confere ao tomador do seguro o *direito de resolução* do contrato – excepto se a falta do segurador não tiver razoavelmente afectado a decisão de contratar da contraparte ou haja sido accionada a cobertura por terceiro – a exercer no prazo de 30 dias a contar da recepção da apólice, tendo a cessação efeito retroactivo e o tomador do seguro direito à devolução da totalidade do prémio pago[298].

O incumprimento do dever de informar no âmbito do seguro de grupo faz incorrer aquele sobre quem o dever impende – tomador do seguro ou segurador[299] – em *responsabilidade civil* nos termos gerais.

A violação do dever do segurador de informar o tomador do seguro ou o segurado, antes da celebração do contrato, do dever destes últimos de

---

[297] Nos termos do n.º 1 do art. 23.º do Regime aprovado pelo DL n.º 72/2008, de 16 de Abril. Esta disposição deve aplicar-se também ao incumprimento dos deveres de informação específicos – pré-contratuais ou durante a vigência do contrato – do contrato de seguro de vida (previstos nos artigos 185.º e 186.º do DL 72/2008, de 16 de Abril) e do seguro de protecção jurídica (previstos no art. 170.º do mesmo diploma) – as disposições que impõem tais deveres específicos de informação são qualificadas pelo legislador de disposições *relativamente* imperativas (cf. art. 13.º, n.º 1do referido diploma). Vide o art. 227.º, n.º 1 do Código Civil.

[298] Nos termos dos n.os 2 e 3, respectivamente, do art. 23.º do Regime do Contrato de Seguro. Quanto ao regime geral da resolução do contrato vide o art. 432.º e ss. do CC.

[299] O n.º 5 do art. 78.º prevê que o contrato de seguro de grupo possa prever que o dever de informação a cargo, em princípio, do tomador (previsto nos n.os 1 e 2 do mesmo artigo) seja assumido pelo segurador.

476 Maria José Rangel de Mesquita

declaração inicial do risco, bem como do regime do seu incumprimento, faz incorrer o segurador em responsabilidade *civil* nos termos gerais[300].

O incumprimento doloso do dever de declaração inicial do risco, pelo tomador do seguro ou o segurado, previsto no n.º 1 do artigo 25.º do Regime jurídico do contrato de seguro determina, se não tiver ocorrido sinistro, a *anulabilidade* do contrato de seguro, por iniciativa do segurador, mediante declaração e enviar pelo segurador ao tomador do seguro – no prazo de 3 meses a contar do conhecimento do incumprimento – e tendo o segurador direito ao prémio devido até ao termo do referido prazo de 3 meses, excepto se tiver concorrido dolo ou negligência grosseira do segurador ou do seu representante. Todavia, em caso de dolo do tomador do seguro ou do segurado com o intuito de obter uma vantagem, o segurador tem direito ao prémio devido até ao termo do contrato[301]. No caso de ocorrência de sinistro antes do conhecimento, pelo segurador, do incumprimento doloso do tomador do seguro, ou no decurso do referido prazo de três meses para a anulação do contrato, o segurador não está obrigado a cobrir o sinistro – seguindo-se neste caso o *regime geral da anulabilidade*[302].

Diferentemente, o incumprimento negligente do dever de declaração inicial do risco por parte do tomador do seguro ou do segurado não gera a invalidade do contrato de seguro, antes confere ao segurador, no caso de não existir sinistro, o direito de propor uma alteração ao contrato[303] ou *fazer cessar* o contrato demonstrando que em caso algum celebra seguros para a cobertura de riscos relacionados com o facto omitido ou declarado inexactamente, mediante envio da declaração de cessação[304] – cessando o

---

[300] Nos termos dos n.º 4 do art. 24.º do Regime do contrato de seguro.

[301] Nos termos dos n.º 1, 2, 4 e 5 do referido art. 25.º.

[302] Cf. arts. 285.º e ss. do CC – pelo que o segurador poderá arguir a anulabilidade no prazo previsto no art. 287.º do CC, tendo a anulação efeito retroactivo, devendo ser restituído tudo o que tiver sido prestado, nos termos do n.º 1 do art. 289.º do CC. No sentido de a remissão para o regime geral ser apenas quanto ao prazo de arguição e com a limitação de o prazo inferior a 3 meses já decorrido não acrescer ao prazo legal, ARNALDO OLIVEIRA, *Anotação ao Artigo 25.º*, in PEDRO ROMANO MARTINEZ, JOSÉ MIGUEL DE FARIA ALVES DE BRITO, ARNALDO FILIPE COSTA OLIVEIRA, LEONOR CUNHA TORRES, MARIA EDUARDA RIBEIRO, JOSÉ PEREIRA MORGADO e JOSÉ VASQUES, *Lei...,* p. 126, II, 4.

[303] Neste caso, o contrato cessa também os seus efeitos 20 dias após a recepção pelo tomador do seguro da proposta de alteração, caso o tomador nada responda ou a rejeite (art. 26.º, n.º 2).

[304] Vide, quanto aos modos de 'cessação' do contrato de seguro, os artigos 105.º e seguintes do Regime do contrato de seguro DL n.º 72/2008, de 16 de Abril.

Direito Administrativo dos Seguros 477

contrato 30 dias após o envio daquela declaração e havendo lugar à devolução do premio *pro rata temporis*[305].

A violação do dever de inclusão na apólice do conteúdo acordado pelas partes e dos elementos mínimos fixados na lei confere ao tomador do seguro o *direito de resolver* o contrato – nos termos previstos nos números 2 e 3 do artigo 23.º para a violação dos deveres de informação e de esclarecimento pelo segurador –, bem como o direito de a qualquer momento exigir a correcção da apólice – sem prejuízo do disposto quanto ao dever de entrega da apólice ao tomador e da responsabilidade a que haja lugar.

O incumprimento do dever adicional do tomador de um seguro de grupo contributivo de informar os segurados[306] determina a obrigação de o tomador suportar a parte do prémio correspondente ao segurado, sem perda das respectivas garantias até à data da renovação do contrato ou sua data aniversária[307].

No caso de adesão ao contrato de grupo contributivo o tomador do seguro que não tenha entregado a proposta ou os documentos em que sejam prestadas informações essenciais à avaliação do risco, ou tenha procedido à respectiva entrega tardia, responde perante o segurador pelos danos decorrentes da falta de entrega dos referidos proposta e documentos[308].

No caso de diminuição do risco e na falta de acordo entre o segurador e o tomador do seguro quanto ao novo prémio que reflicta tal diminuição, é conferido ao tomador o *direito de resolução* do contrato[309].

No caso de agravamento do risco, que deve ser comunicado pelo tomador ou pelo segurado ao segurador no prazo de 14 dias a contar do seu conhecimento – e sem prejuízo da modificação do contrato por iniciativa do segurador e aceite pelo tomador – o segurador tem o *direito de resolução* do contrato se demonstrar que em caso algum celebra contratos que cubram riscos com as características resultantes daquele agravamento[310]. Se todavia ocorrer sinistro, influenciado pelo agravamento do risco, antes

---

[305] Nos termos dos n.º 1, 2 e 3 do art. 26.º do Regime do contrato de seguro.

[306] O conteúdo do dever de informação adicional consta dos n.ºs 1 e 2 do art. 87.º DL n.º 72/2008, de 16 de Abril.

[307] Cf. art. 87.º. n.º 3, do Regime aprovado pelo DL n.º 72/2008, de 16 de Abril.

[308] Cf. art. 88.º, n.º 4, do Regime aprovado pelo DL n.º 72/2008, de 16 de Abril.

[309] Cf. art. 92.º, n.º 2, do Regime aprovado pelo DL n.º 72/2008, de 16 de Abril

[310] Cf. art. 93.º, n.º 2, b), do Regime aprovado pelo DL n.º 72/2008, de 16 de Abril.

478 Maria José Rangel de Mesquita

da alteração ou cessação do contrato, o segurador, consoante o caso, em função do comportamento do tomador do seguro: cobre o risco e efectua a prestação, cobre parcialmente o risco e reduz proporcionalmente a sua prestação, recusa a cobertura do risco – no caso de dolo do tomador ou segurado com o propósito de obtenção de uma vantagem, mantendo neste caso o direito aos prémios vencidos – ou fica desobrigado do pagamento da prestação se o agravamento do risco resultar de facto do tomador ou do segurado e demonstrar que em caso algum celebra contratos que cubram os riscos com as características resultantes do agravamento[311].

Em matéria de sinistros, no caso de incumprimento dos deveres de participação e de prestação de informações relativas ao sinistro, o legislador permite que o contrato de seguro preveja – em caracteres destacados e de maior dimensão[312] – a *redução da prestação* do segurador tendo em conta o dano que o incumprimento daqueles deveres lhe cause ou a *perda da cobertura* se o incumprimento (ou incorrecto cumprimento) daqueles deveres for doloso e tiver determinado dano significativo para o segurador[313]. Idêntico regime se aplica no caso de incumprimento do dever de salvamento em caso de sinistro[314].

A omissão fraudulenta, por parte do tomador do seguro ou do segurado, da informação relativa à existência de pluralidade de seguros – quando tome conhecimento da sua verificação ou quando da participação do sinistro – *exonera os seguradores das* respectivas *prestações*[315].

Por último, no caso de erro sobre idade da pessoa segura no âmbito do seguro de vida, o legislador determina: a *anulabilidade do contrato,* se a idade verdadeira divergir dos limites mínimo e máximo estabelecidos pelo segurador para a celebração do tipo de contrato em causa; não sendo causa de anulabilidade, a divergência para mais ou para menos entre a idade declarada e a verdadeira gera, consoante o caso, a *redução da pres-*

---

[311] Cf. art. 94.º do Regime aprovado pelo DL n.º 72/2008, de 16 de Abril.

[312] Conforme dispõe o art. 37.º, n.º 3, b), do Regime do contrato de seguro.

[313] Cf. art. 101.º, n.os 1 e 2, do Regime do contrato de seguro. No caso de sinistro relativo a contrato de seguro obrigatório de responsabilidade civil a redução da prestação ou a perda da cobertura não são oponíveis aos lesados – sem prejuízo do direito de regresso do segurador contra o incumpridor (cf. o n.º 4 da mesma disposição e, ainda, o art. 144. .º do mesmo diploma, em sede de regulação do seguro de responsabilidade civil.)

[314] Cf. art. 126.º, n.º 2, e por remissão, art. 101.º, n.os 1, 2 e 4, do Regime aprovado pelo DL n.º 72/2008, de 16 de Abril.

[315] Cf. art. 133.º, n.º 2, do Regime aprovado pelo DL n.º 72/2008, de 16 de Abril.

tação do segurador na proporção do prémio pago ou a devolução pelo segurador do prémio em excesso[316].

Em síntese: quando o legislador estipula expressamente as consequências do incumprimento, pela parte relevante, de disposições *relativamente* imperativas, não o faz de modo uniforme, prevendo consequências jurídicas para o incumprimento que não passam sempre pela invalidade do contrato – e, assim, pela sua aptidão para produzir direitos e deveres – e que vão desde a responsabilidade civil nos termos gerais, até à anulabilidade do contrato de seguro nos termos gerais, passando pela anulabilidade do contrato com variantes relativamente ao regime geral de anulabilidade, pelo direito à resolução do contrato ou à cessação do contrato, pela redução da prestação do segurador, pela exoneração do segurador das respectivas prestações, pela perda da cobertura ou pelo direito de propor uma alteração do contrato. Nunca se prevê expressamente, para o incumprimento de disposições *relativamente* imperativas, o desvalor mais grave: a nulidade do contrato.

Quid iuris nos casos de violação de disposições relativamente imperativas – quer por virtude da existência de cláusulas contratuais com elas desconformes, quer por virtude do incumprimento de deveres por elas impostos[317-318] – quando o legislador não previu as respectivas consequências jurídicas e o respectivo desvalor jurídico?

---

[316] Cf., respectivamente, o n.° 1 e o n.° 2 do art. 189.° do Regime aprovado pelo DL n.° 72/2008, de 16 de Abril.

[317] A desconformidade entre uma cláusula contratual e uma disposição *relativamente* imperativa pode traduzir-se quer na *supressão* da protecção por ela consagrada (afastando um direito consagrado), quer na *diminuição* do nível de protecção que a mesma disposição visa assegurar. E, mesmo que não exista violação de disposições relativamente imperativas *por acção* – pela estipulação de cláusulas contratuais com elas desconformes – ainda assim pode verificar-se a sua violação *por omissão* – por incumprimento de deveres por elas impostos, como é o caso do dever de incluir a menção a certos direitos do segurado no contrato de seguro, ou dos deveres de informação específicos em relação a certos contratos de seguro.

[318] Refira-se, a título de exemplo, o caso de uma cláusula elaborada pelo segurador inserida num seguro obrigatório de responsabilidade civil que previsse a inexistência de acção directa do lesado contra o segurador da responsabilidade civil – violando a regra relativamente imperativa do art. 146.°, n.° 1 do DL n.° 72/2008, de 16 de Abril; de uma cláusula inserida num contrato de seguro de acidentes pessoais ou de saúde que preveja que o tomador do seguro que seja pessoa singular apenas pode resolver livremente o contrato sem invocar justa causa nos 10 dias imediatos à data da recepção da apólice – violando o prazo de 30 dias previsto na alínea a) do n.° 1 do art. 118.° do DL n.° 72/2008, de 16 de

480 Maria José Rangel de Mesquita

Importa pois, determinar desde logo qual o desvalor jurídico em presença quando um contrato de seguro de riscos de massa contiver *cláusulas contratuais desconformes* – porque consagram uma protecção *menos favorável* (por supressão ou diminuição) ao tomador, segurado ou beneficiário, do que a protecção conferida por lei – com as disposições relativamente imperativas qualificadas como tal pelo diploma que aprova o regime jurídico aplicável ao contrato de seguro.

Há que ter em conta desde logo que o Regime jurídico do contrato de seguro, aprovado pelo Decreto-Lei n.º 72/2008, de 16 de Abril, expressamente remete para diplomas de aplicação geral, prevendo que o disposto naquele regime não prejudica a aplicação ao contrato de seguro do disposto, designadamente, na legislação sobre cláusulas contratuais gerais[319]. E há que ter ainda em conta que o Regime jurídico do contrato de seguro expressamente refere, no artigo 4.º, como direito subsidiário aplicável, além da lei comercial, a *lei civil* – a qual se aplicará em todas as questões sobre contratos de seguro não reguladas no regime nem em diplomas especiais, sem prejuízo no disposto no regime jurídico de acesso e exercício da actividade seguradora.

Assim, na falta de previsão especial do referido desvalor pelo legislador, não pode deixar de aplicar-se em primeiro lugar o disposto na lei das cláusulas contratuais gerais, enquanto diploma de aplicação geral, se, existindo uma cláusula contratual desconforme com uma disposição *relativamente* imperativa, tal cláusula se enquadrar no conceito de cláusula contratual geral absoluta ou relativamente proibida nas relações com o consumidor final – sendo, por isso, nula, sem prejuízo da subsistência dos contratos singulares, quer pela aplicação do artigo 13.º da lei das cláusulas contratuais gerais, quer pela redução consagrada no artigo 292.º do Código Civil por remissão do artigo 14.º da mesma lei[320].

Não havendo lugar à aplicação do regime das cláusulas contratuais gerais, aplicar-se-á o regime geral consagrado pelo Código Civil, enquanto

---

Abril, disposição relativamente imperativa; ou, ainda, da celebração de um contrato de seguro de vida sem que o segurador tenha prestado ao tomador do seguro as informações pré-contratuais adicionais constantes do n.º 1 do art. 185.º do Regime aprovado pelo DL n.º 176/2008, de 16 de Abril, disposição relativamente imperativa.

[319] Cf. art. 3.º do regime jurídico do contrato de seguro aprovado pelo DL n.º 72/2008, de 16 de Abril.

[320] Cf. arts. 12.º, 13.º e 14.º do DL n.º 446/85, de 25 de Outubro.

Direito Administrativo dos Seguros

direito subsidiário, segundo o qual os negócios jurídicos celebrados contra disposição legal de carácter *imperativo* são *nulos*. Com efeito, o regime geral do Código Civil não distingue entre imperatividade *absoluta* e imperatividade *relativa*, pelo que este regime se aplicará qualquer que seja a 'modalidade' de imperatividade em causa prevista no Regime jurídico do contrato de seguro. O legislador reconhece aliás que a alusão a regras «absolutamente imperativas» não visa criar uma nova realidade, mas apenas contrapor estas às normas «relativamente imperativas»[321] – pelo que ambas são imperativas para efeitos de aplicação do disposto no artigo 294.° do Código Civil.

A questão que se coloca todavia é a de saber se a aplicação da regra geral da lei civil que comina o desvalor dos negócios jurídicos celebrados contra a lei – disposição legal de carácter imperativo – determina, no caso em apreço de disposições relativamente imperativas em matéria de Regime jurídico de contrato de seguro, a nulidade de *todo* o contrato de seguro ou, pelo contrário, apenas a sua nulidade parcial – nulidade da cláusula contrária, ou cláusulas contrárias, a disposições relativamente imperativas cujo não acatamento o legislador não dotou expressamente de sanção.

Tendo em conta, em especial, o disposto na lei geral sobre a redução do negócio em caso de nulidade e, ainda, o disposto no regime das cláusulas contratuais gerais sobre a subsistência dos contratos singulares – que implica a vigência, na parte afectada, das normas supletivas aplicáveis[322] –, constata-se também aqui o princípio de aproveitamento do negócio jurídico, perante preceitos negociais desconformes com a disposição relativamente imperativa feridos de nulidade.

---

[321] Neste sentido, PEDRO ROMANO MARTINEZ, *Anotação ao artigo 12.°*, in PEDRO ROMANO MARTINEZ, JOSÉ MIGUEL DE FARIA ALVES DE BRITO, ARNALDO FILIPE COSTA OLIVEIRA, LEONOR CUNHA TORRES, MARIA EDUARDA RIBEIRO, JOSÉ PEREIRA MORGADO e JOSÉ VASQUES, *Lei...*, III, p. 64. Não obstante, o mesmo autor refere-se às regras relativamente imperativas como um «(...) *tertium genus* entre as regras imperativas e supletivas (...)» (*Anotação ao artigo 13.°*, in PEDRO ROMANO MARTINEZ, JOSÉ MIGUEL DE FARIA ALVES DE BRITO, ARNALDO FILIPE COSTA OLIVEIRA, LEONOR CUNHA TORRES, MARIA EDUARDA RIBEIRO, JOSÉ PEREIRA MORGADO e JOSÉ VASQUES, *Lei...*, II, p. 65) – o que poderia *prima facie* inculcar a ideia de que, no silêncio do legislador no regime do contrato de seguro, apenas as regras *absolutamente* imperativas seriam regras imperativas para efeitos de aplicação do disposto no artigo 294.° do CC e apenas a violação destas determinaria a nulidade do contrato de seguro.

[322] Vide, respectivamente, o art. 292.° do CC e o art. 13.°, n.ºs 1 e 2, do DL n.° 220/95, de 31 de Janeiro.

482 Maria José Rangel de Mesquita

Sendo o objectivo das disposições *relativamente* imperativas estabelecer um patamar mínimo de protecção, já que apenas admitem estipulação de um regime *mais favorável* ao tomador do seguro, ao segurado e ao beneficiário, tais regras são simultaneamente regras supletivas, mas com carácter limitado ou condicionado. Assim, no caso de nulidade de cláusula contratual do contrato de seguro por desconformidade com uma disposição relativamente imperativa, esta mesma disposição, na medida em que estabelece um patamar mínimo de protecção, aplicar-se-á e funcionará como regra substitutiva daquela cláusula nula[323] caso se verifique a subsistência do negócio.

Tome-se como exemplo a disposição relativamente imperativa que prevê o direito de acção directa do lesado contra o segurador nos seguros obrigatórios de responsabilidade civil – consagrada no artigo 146.º, n.º 1, do Regime jurídico do contrato de seguro aprovado pelo Decreto-Lei n.º 72/2008, de 16 de Abril. Ou, ainda, a disposição relativamente imperativa que prevê que o contrato de seguro celebrado sem duração determinada pode ser denunciado a todo o tempo, por qualquer das partes (artigo 112.º do referido Regime jurídico), a disposição relativamente imperativa segundo a qual o contrato de seguro individual, quando o tomador seja uma pessoa singular, se tem por concluído nos termos propostos em caso de silêncio do segurador durante 14 dias contados da recepção da proposta (artigo 27.º, n.º 1, do Regime jurídico do contrato de seguro), ou a disposição relativamente imperativa que prevê que o contrato de seguro de protecção jurídica deve mencionar expressamente um conjunto de direitos específicos do segurado – livre escolha de advogado, recurso à arbitragem e informação sobre estes direitos no caso de conflito de interesses ou desacordo quanto à resolução do litígio (artigo 170.º, n.º 1, do mesmo Regime aprovado pelo Decreto-Lei n.º 72/2008, de 16 de Abril).

Nestes casos, se a regra relativamente imperativa for violada por estipulação de cláusula contratual contrária ao teor da regra imperativa – estipulando, respectivamente, que o segurado não goza do direito de acção directa contra o segurador, que não existe direito de denúncia a todo o tempo, que o contrato se tem por concluído em caso de silêncio do segurador durante 30 dias contados da recepção da proposta, e que o tomador e o segurado não têm nem o direito de livre escolha de advogado nem de

---

[323] Ou, inclusive, a norma relativamente imperativa funcionará como regra integradora do clausulado do contrato que viola aquela não por acção, mas por omissão.

Direito Administrativo dos Seguros

recurso à arbitragem no caso de conflito de interesses – parece adequado que o desvalor da nulidade se reporte apenas à cláusula contrária (por supressão ou diminuição da protecção) à regra relativamente imperativa, mantendo-se válido e subsistindo o contrato de seguro no restante e aplicando-se a regra relativamente imperativa quanto à questão em causa – que funciona também como regra supletiva de protecção mínima.

Situação diversa se verifica quando, não existindo cláusulas contratuais expressas desconformes com disposições relativamente imperativas – que se traduzem na supressão ou diminuição do nível de protecção que tais disposições visam assegurar – exista violação daquelas disposições por incumprimento de deveres por elas impostos. Tal situação pressupõe uma distinção de *natureza* entre as várias regras *relativamente* imperativas: designadamente entre disposições relativamente imperativas que impondo deveres a uma das partes, correspondem *per se* a regras de protecção e, assim, a regras de protecção mínima do tomador do seguro, do segurado ou do beneficiário, e aquelas que, tendo também um intuito protector de nível mínimo, impõem para o efeito deveres específicos a uma parte no contrato, o segurador, mas que carecem de concretização – e cujo incumprimento, exactamente pelo facto de carecerem de concretização, não poderá ser suprido, em rigor, nem pela aplicação das regras relativamente imperativas enquanto regras supletivas de protecção mínima, nem através do recurso às regras de integração dos negócios jurídicos[324].

Tome-se como exemplo a disposição relativamente imperativa do artigo 170.° do Regime jurídico do contrato de seguro, que impõe – implicitamente – ao segurador o dever de mencionar expressamente um conjunto de direitos do segurado no contrato de seguro de protecção jurídica. Esta disposição implica um comportamento *positivo* por parte do segurador, que é a parte que elabora o clausulado dos contratos de seguro (de riscos de massa) de protecção jurídica: a menção expressa dos direitos do segurado no contrato de seguro. Se o clausulado do contrato de seguro de protecção jurídica nada disser, verifica-se uma violação da regra relativamente imperativa por omissão, no clausulado contratual, da referência expressa àqueles direitos imposta por lei. Neste caso, não sendo aplicável, quanto ao aspecto em causa, o regime das cláusulas contratuais gerais, a sanção da violação da disposição relativamente imperativa seria em prin-

---

[324] A fazer lembrar a hipótese, consagrada no art. 9.°, n.° 2, da lei das cláusulas contratuais gerais, de «indeterminação insuprível de aspectos essenciais» do negócio.

484 Maria José Rangel de Mesquita

cípio a *nulidade*, nos termos gerais, do contrato de seguro. Julga-se todavia que tal cominação se afigura excessiva, já que, constituindo, a regra relativamente imperativa, um patamar mínimo de protecção, se aplica supletivamente, conferindo directamente e garantindo ao segurado, no silêncio do clausulado, os direitos nela previstos. A aplicação supletiva, colmatando a omissão no contrato, da disposição relativamente imperativa, justificará ainda a não aplicação da consequência regra da celebração de negócio contra a lei e o regime mais gravoso da nulidade do contrato: pois ainda que não constem expressamente do clausulado contratual, os direitos imperativamente conferidos – decorrentes aliás da harmonização comunitária em matéria de seguro de protecção jurídica – sempre existem na esfera jurídica do segurado, na medida em que a regra relativamente imperativa se traduz num patamar mínimo de protecção deste.

Diferente é o caso de violação de uma disposição relativamente imperativa que impõe um dever e implica um comportamento positivo efectivo por parte do segurador para a concretização de tal dever, cujo conteúdo não é passível de determinação apenas com base no conteúdo dessa mesma disposição relativamente imperativa.

Tome-se como exemplo a disposição relativamente imperativa que prevê deveres de informação pré-contratuais, a cargo do segurador, específicos dos contratos de seguro (de riscos de massa) de vida consagrado no artigo 185.º, n.º 1, do Regime jurídico do contrato de seguro. Esta disposição implica uma acção efectiva por parte do segurador: de informação concreta sobre vários aspectos específicos do contrato de seguro de vida. Se antes da celebração do contrato o segurador não informar o tomador do seguro sobre, entre outros aspectos, a forma de cálculo e atribuição da participação nos resultados, a indicação dos valores de resgate e de redução ou o rendimento garantido, o dever de informação adicional pelo segurador imposto pela disposição relativamente imperativa que visa assegurar a protecção do tomador do seguro não pode ser suprido pura e simplesmente pela aplicação a título supletivo, da norma relativamente imperativa – que não determina em concreto tais aspectos ou valores. Neste caso, existindo celebração de contrato de seguro, com violação da disposição sobre o dever de prestar informações pré-contratuais específicas do contrato de seguro de vida, deve entender-se que a violação da disposição relativamente imperativa em causa determinará a aplicação do desvalor regra previsto para o caso de celebração de negócio contra disposição legal de carácter imperativo: a nulidade do contrato, e de *todo* o contrato. Outra

Direito Administrativo dos Seguros 485

solução deixaria o tomador desprotegido e contrariaria o intuito protector subjacente à estipulação de regras relativamente imperativas[325].

Por último, ainda relativamente aos casos de violação de disposições relativamente imperativas que impõem deveres às partes no contrato de seguro, há que considerar a hipótese de violação dessas disposições sem celebração do contrato de seguro, ou seja, de mera conduta violadora da disposição relativamente imperativa[326]. Tendo em conta que a sanção de invalidade (nulidade total ou parcial do contrato de seguro) pressupõe uma desconformidade entre o conteúdo do negócio, entre os preceitos negociais ou cláusulas contratuais que o integram, e a disposição relativamente imperativa, se existir apenas uma mera conduta violadora da disposição relativamente imperativa (sem consubstanciar um conteúdo negocial contrário a ela), não haverá lugar a qualquer sanção de invalidade, sem prejuízo de responsabilidade civil da parte que a violou, nos termos gerais[327].

Face à diversidade de situações que podem configurar uma violação de disposições relativamente imperativas para as quais não foi cominada

---

[325] Não se olvida que o art. 23.º, n.º 1, do regime jurídico do contrato de seguro, aprovado pelo DL n.º 72/2008, de 16 de Abril, dispõe que o incumprimento dos deveres de informação previstos no mesmo regime faz incorrer o segurador em responsabilidade civil, nos termos gerais – pelo que também no caso de incumprimento dos deveres de informação pré-contratual específicos do contrato de seguro de vida o segurador incorrerá em responsabilidade civil, nos termos gerais, fundada na lei civil. Todavia, o legislador não abrangeu no regime especial previsto no n.º 2 do mesmo art. 23.º – que confere ainda ao tomador o direito de resolver o contrato – o incumprimento do dever de prestar as informações pré-contratuais específicas do seguro de vida previstas no art. 185.º do mesmo regime, uma vez que o direito de resolução apenas se aplica no caso de incumprimento dos deveres de informação previstos nos artigos 18.º a 21.º, integrados na Subsecção I (Deveres de informação do segurador). Por isso, na falta de menção expressa do legislador quanto ao direito de resolução, não parece ser de afastar a regra geral do Código Civil em matéria de negócios celebrados com violação de disposições legais imperativas – sem prejuízo, reitere-se, de responsabilidade civil, nos termos gerais. Esta solução tem todavia o inconveniente de gerar uma situação de desarmonia de consequências jurídicas entre o regime comum do contrato de seguro e o regime especial do seguro de pessoas, na modalidade de seguro de vida, no que diz respeito ao incumprimento, pelo segurador, dos deveres fundamentais de informação.

[326] Refira-se como exemplo o caso em que o segurador não presta ao tomador do seguro todas as informações pré-contratuais relativas ao seguro de vida impostas pela disposição relativamente imperativa do art. 185.º, n.º 1, do regime jurídico do contrato de seguro, mas o contrato não chega a ser celebrado.

[327] Vide o art. 227.º do CC.

486   Maria José Rangel de Mesquita

expressamente, no Regime jurídico do contrato de seguro, uma sanção específica, afigura-se pertinente, em nome da certeza e da segurança jurídicas, bem como da própria protecção do tomador do seguro, do segurado e do beneficiário, que aquelas disposições visam exactamente assegurar, uma clarificação por parte do legislador numa eventual revisão daquele Regime jurídico.

9.2. DEVERES DE INFORMAÇÃO

Uma das formas através das quais se assegura a protecção do consumidor na sua qualidade de tomador do seguro e segurado é a estipulação legal de deveres de informação por parte da empresa de seguros, concretizando um princípio de transparência no quadro dos contratos de seguro[328], quer obrigatórios quer facultativos.

Até à entrada em vigor do novo Regime jurídico do contrato de seguro, as regras relativas à transparência e aos deveres de informação encontravam-se dispersas em vários diplomas, de que se destacam o diploma em matéria de transparência para a actividade seguradora – o Decreto-Lei n.º 176/95, de 26 de Julho[329] – e o diploma que regula o

---

[328] Tal princípio de transparência é de igual modo concretizado pela imposição às seguradoras dos elementos mínimos da apólice de seguro, a que acresce a imposição de elementos específicos a incluir nas apólices de co-seguro e de certos seguros de danos – é o que sucede em relação aos seguros de incêndio, de colheitas e pecuário, seguro de transporte de coisas – e de pessoas – e é o que sucede em relação aos seguros de acidentes pessoais e de saúde de longa duração e aos seguros de vida (cf. respectivamente, arts. 37.º, 63.º, 151.º, 154.º, 158.º 179.º e 187.º do Regime aprovado pelo DL n.º 72/2008, de 16 de Abril). O legislador consagra, inclusive, no n.º 3, do referido art. 37.º, a obrigatoriedade de a apólice incluir determinadas cláusulas em caracteres destacados e de maior dimensão do que os restantes, designadamente aquelas que fixem o âmbito das coberturas, incluindo a sua limitação ou exclusão.

[329] Note-se que as disposições deste diploma que subsistiram após a entrada em vigor no novo regime jurídico do contrato de seguro (arts. 5.º-A a 7.º) também se destinam, em parte, a garantir a transparência – nomeadamente prevendo a definição de deveres específicos de informação (e publicidade) a definir pelo ISP em relação aos instrumentos de captação de aforro estruturado, à obrigatoriedade de prestação de informações sobre condições tarifárias por escrito e, ainda, a imposição de regras em matéria de publicidade.

Direito Administrativo dos Seguros 487

acesso e exercício da actividade seguradora, na parte relativa ao contrato de seguro[330].

Após a entrada em vigor daquele regime, as regras sobre deveres de informação foram concentradas no mesmo, o qual passou a consagrar: deveres gerais de informação no quadro da formação do contrato[331], a que acrescem deveres de informação específicos quando o contrato seja celebrado com intervenção de mediador, e deveres especiais de informação relativos a certo tipo de contratos de seguro – seguro de grupo contributivo e seguros de pessoas, incluindo seguros de vida[332-333-334-335]. O legislador não só elenca as informações a prestar, como regula expressamente o *modo* como as mesmas devem ser prestadas – de forma clara, por escrito e em língua portuguesa – impondo ainda à empresa de seguros, em certos casos, um dever especial de esclarecimento[336]. A relevância dos deveres de informação no âmbito contratual traduz-se na sanção prevista para o seu incumpri-

---

[330] Originários art. 176.º e seguintes, que integravam o Título IV sobre «Disposições aplicáveis ao contrato de seguro» – e revogados pelo art. 6.º, n.º 2, d), do DL n.º 72/2008, de 16 de Abril.

[331] Deveres previstos no art. 18.º e ss. do Regime do contrato de seguro. Note-se que alguns desses deveres de informação decorrem directamente das Directivas Vida e Não Vida – cf. art. 33.º da Terceira Directiva Não Vida e art. 37.º da Terceira Directiva Vida.

[332] Previstos, respectivamente, nos arts. 29.º, 87.º e 178.º e 185.º do Regime aprovado pelo DL n.º 72/2008, de 16 de Abril.

[333] Relativamente aos seguros de vida, a fixação das informações pré-contratuais a fornecer pelo legislador não preclude a fixação, pela autoridade de supervisão, por via regulamentar, de outros deveres de informação – e publicidade – ajustados às características específicas do seguro e, inclusive, da obrigatoriedade de a informação ser disponibilizada através de um prospecto informativo cujo conteúdo e suporte são aprovados pelo ISP (cf. 185.º, n.ºs 3 e 4, do Regime aprovado pelo DL n.º 72/2008, de 16 de Abril). O legislador prevê ainda, quanto aos seguros de vida, informações adicionais durante a vigência do contrato e aquando do termo da sua vigência (nos termos do art. 186.º do mesmo diploma).

[334] A legislação em vigor prevê ainda, no âmbito do regime aplicável aos seguros de danos, a obrigatoriedade de inclusão de menções especiais no contrato de seguro de protecção jurídica – direito à livre escolha de advogado e direito à arbitragem, em especial no caso de conflito de interesses. Tais menções decorrem directamente do Direito Comunitário vigente – vide o art. 4.º, 6.º e 7.º da Directiva 87/344/CEE e o art. 170.º do Regime aprovado pelo DL n.º 72/2008, de 16 de Abril).

[335] Em matéria de seguro automóvel v. JOSÉ ALBERTO VIEIRA, *O dever de informação do Tomador do Seguro em Contrato de Seguro Automóvel*, in *Estudos em Homenagem ao Prof. Doutor António Marques dos Santos*, Vol. I, Coimbra, Almedina, 2005, p. 999 e ss.

[336] Conforme resulta dos arts. 21.º e 22.º do Regime do contrato de seguro.

488 Maria José Rangel de Mesquita

mento – em regra a responsabilidade civil da seguradora e, em certos casos, o direito de resolução do contrato por parte do tomador do seguro[337].

10. AS TAXAS A FAVOR DAS ENTIDADES PÚBLICAS NO ÂMBITO DA ORGANIZAÇÃO ADMINISTRATIVA EM MATÉRIA DE ACTIVIDADE SEGURADORA

Em matéria de actividade seguradora, o diploma que regula o acesso e o exercício da actividade seguradora prevê, no quadro da harmonização comunitária alcançada[338], quanto ao regime fiscal aplicável em matéria de prémios de seguros, que os prémios dos contratos de seguro que cubram riscos situados em território português, ou em que Portugal seja o Estado membro do compromisso, estão sujeitos aos impostos indirectos e às taxas previstos na lei portuguesa, independentemente da lei que vier a ser aplicada ao contrato[339-340].

Em conformidade com tal enquadramento legal em matéria fiscal, a lei interna prevê a cobrança de diversas taxas parafiscais[341], calculadas sobre os prémios de determinados seguros, quer a cargo dos tomadores de

---

[337] Conforme resulta do art. 23.º do regime aprovado pelo DL n.º 72/2008, de 16 de Abril – v. *supra*, § 9, 9.1.2.

[338] Vide, quanto aos seguros Não Vida, o artigo 46.º da Directiva 92/49/CEE do Conselho (terceira Directiva Não Vida) – segundo o qual os contratos de seguro Não Vida ficam exclusivamente sujeitos aos impostos indirectos e taxas parafiscais que oneram os prémios de seguro no Estado membro do *risco* – e, para os seguros do ramo Vida, o artigo 44.º da Directiva 92/96/CEE (terceira Directiva Vida) – que estabelece idêntica regra, referindo-se ao Estado membro do *compromisso*.

[339] Art. 173.º, n.º 1, do DL n.º 94-B/98, de 17 de Abril – esta disposição ressalva a legislação especial aplicável ao exercício da actividade seguradora no âmbito institucional das zonas francas.

[340] Vide também os arts. 33.º e 175.º do DL n.º 94-B/98, de 17 de Abril – respectivamente quanto ao regime parafiscal aplicável às sucursais de empresas de seguros sediadas no território de outro Estado membro da UE e ao representante fiscal das empresas que exercem a actividade seguradora em Portugal em regime de LPS, solidariamente responsável pelo pagamento dos impostos indirectos e taxas que incidam sobre os prémios dos contratos que a empresa celebrar em LPS em Portugal.

[341] O artigo 165.º, n.º 1, alínea i), da CRP prevê que a matéria respeitante à criação de impostos e sistema fiscal e regime geral das taxas e demais contribuições financeiras a favor das entidades públicas está abrangida na reserva relativa de competência legislativa da Assembleia da República.

Direito Administrativo dos Seguros   489

seguros, quer a cargo das empresas de seguros[342], a favor de entidades públicas no âmbito da organização administrativa em matéria de actividade seguradora – o ISP, o FGA ou o FAT[343] – e, inclusive, a favor de outras entidades públicas cujos fins e correspondentes serviços públicos prestados transcendem o âmbito específico da actividade seguradora, não obstante se relacionarem com os riscos cobertos, como é o caso do Instituto Nacional de Emergência Médica, I.P. – INEM, I.P. (INEM) [344], da Autoridade Nacional de Protecção Civil (ANPC)[345] ou, ainda, do Instituto

---

[342] Sobre as taxas aplicáveis no âmbito da actividade seguradora v. ROGÉRIO FERNANDES FERREIRA e JOÃO R. B. PARREIRA MESQUITA, *As Taxas de Regulação Económica no Sector dos Seguros,* in *As taxas de Regulação Económica em Portugal,* Coimbra, Almedina, 2008, pp. 429 ss. – sem prejuízo das modificações legislativas e regulamentares entretanto ocorridas.

[343] A análise subsequente versa *exclusivamente* sobre as taxas parafiscais que oneram os prémios dos contratos de seguro, suportadas pelos tomadores de seguros e pelas seguradoras, e se destinam ao financiamento das entidades públicas que integram a organização administrativa em matéria de actividade seguradora e a que se aludiu, no § 4, *supra*: o ISP, o FGA e o FAT – sem prejuízo de uma referência sucinta aos demais casos (vide o teor das notas seguintes).

[344] A taxa cobrada pelas seguradoras aos tomadores de seguros para financiar o INEM incide sobre os prémios ou contribuições relativos a contratos de seguros (celebrados por entidades sediadas ou residentes no continente), em caso de morte, do ramo «Vida» e respectivas coberturas complementares, e a contratos de seguros dos ramos «Doença», «Acidentes» (que inclui acidentes de trabalho, acidentes pessoais e pessoas transportadas), «Veículos terrestres» e «Responsabilidade Civil dos veículos terrestres a motor» – vide o art. 11.º, n.º 2, a), do DL n.º 220/2007, de 29 de Maio, e o n.º 2 da Norma do ISP n.º 17/2001-R, de 22 de Novembro, com a redacção da Norma do ISP n.º 21/2008, de 31 de Dezembro. A percentagem fixada por lei aplicável à base de incidência referida é de 2%, nos termos do art. 11.º, n.º 2, do DL 220/2007, de 29 de Maio, na redacção que lhe foi dada pelo art. 155.º do Orçamento do Estado para 2009, aprovado pela Lei n.º 64-A/2008, de 31 de Dezembro. Não obstante a omissão do legislador quanto à indicação expressa do sujeito passivo do imposto, deve entender-se que o contribuinte é o tomador do seguro, existindo neste domínio uma situação de substituição tributária – vide *infra,* §10, 10.1.

[345] A taxa parafiscal destinada ao financiamento da ANPC encontra-se prevista no diploma que a institui – o Decreto-Lei n.º 75/2007, de 29 de Março – o qual prevê, no seu artigo 19.º, n.º 2, g), como receita própria, as percentagens legalmente atribuídas sobre os prémios de seguros. Dado que a ANPC sucede ao Serviço Nacional de Bombeiros e Protecção Civil (SNBPC), passa a ter direito à percepção das taxas que se destinavam ao financiamento deste último – a ANPC sucede, tal como dispõe o art. 26.º do DL n.º 75/2007, de 29 de Março, ao SNBPC e aquele diploma revoga, na quase totalidade, o DL n.º 49/2003, de 25 de Março que criou o SNBPC que, por sua vez, tinha sucedido ao Serviço Nacional de Bombeiros (SNB). A taxa anteriormente destinada ao SNBPC e, antes deste, ao SNB,

490   Maria José Rangel de Mesquita

de Financiamento da Agricultura e Pescas, I.P. (IFAP)[346], e mesmo a favor da administração directa periférica do Estado, como é o caso dos Governos Civis[347].

---

aplica-se – ainda que em diferentes percentagens – aos prémios das seguintes modalidades de seguros que cobrem o risco de incêndio: seguro agrícola e seguro pecuário (6%), seguros contra fogo, seguros de transporte de mercadorias perigosas, incluindo seguro de carga e seguro automóvel de veículos desenhados para tal transporte (13%) – vide, sucessivamente, o originário art. 5.º, n.º 1, do DL n.º 388/78, de 9 de Dezembro, com a redacção do DL n.º 97/91, de 2 de Março, o art. 38.º, n.º 1, h) do DL n.º 49/2003, de 25 de Março (que criou o SNBPC) e o n.º 2 da Norma Regulamentar do ISP n.º 16/2001-R de 22 de Novembro. A taxa parafiscal em causa, que é aplicável aos riscos acessórios e aos inseridos em seguros multirrisco, incide sobre o valor dos prémios brutos e deve ser cobrada pela seguradora (sediada ou não em Portugal, que actue em regime de estabelecimento ou em LPS, e explore os ramos acima referidos) conjuntamente com o prémio do seguro (v. os n.ºs 3 e 4 da referida Norma N.º 16/2001-R, alterada pelas Normas n.º 2/2002-R, de 3/1, n.º 2/2006-R, de 13/1, e 21/2008-R, de 31/12). O montante cobrado pelas seguradoras a favor da ANPC deve ser entregue no decurso do mês seguinte àquele em que se efectuar a cobrança, devendo aquelas preencher e submeter o formulário disponibilizado no Portal ISPnet, acto que gera a emissão do documento único de cobrança que identifica o valor e as formas de pagamento a utilizar (v. o n.º 8 da Norma n.º 16/2001-R, de 22 de Novembro, com a redacção da Norma n.º 21/2008, de 31 de Dezembro). Dado que as seguradoras estão obrigadas a entregar o montante do tributo *cobrado,* deve entender-se que o sujeito passivo da relação tributária é o tomador do seguro, verificando-se uma situação de substituição tributária – v. *infra,* §10, 10.1.

[346] As seguradoras e os agricultores podem contribuir para o financiamento do Sistema Integrado de Protecção contra as Aleatoriedades Climáticas (SIPAC), instituído pelo Decreto-Lei n.º 20/96, de 19 de Março, que revogou o diploma que previa o Fundo de Compensação do Seguro de Colheitas (DL n.º 283/90, de 18 de Setembro). O SIPAC, nos termos do art. 1.º do diploma que o institui, integra três componentes: seguro de colheitas, fundo de calamidades e compensação de sinistralidade. O art. 10.º, n.º 1, c) e b), e o art. 11.º, n.º 2, do diploma que institui o SIPAC prevêem que o seu financiamento é efectuado, entre outros, pelas contribuições das seguradoras e dos agricultores, as quais são recebidas pelo IFADAP, sem prejuízo da sua afectação aos encargos com a compensação de sinistralidade e aos encargos do fundo de calamidades (v. os n.ºs 4 e 3 do art. 11.º do mesmo diploma). Nos termos do art. 17.º, n.º 1, do DL n.º 87/2007, de 29 de Março, o IFAP, I. P. sucede nas atribuições do IFADAP – pelo que ao IFAP, I.P. caberá, desde a sua criação, receber as contribuições das seguradoras e dos agricultores no âmbito do SIPAC. A Portaria n.º 907/2004, de 26 de Julho, aprovou o Regulamento do SIPAC, tendo sido alterada pela Portaria n.º 395/2005 de 7 de Abril. A adesão, pelas seguradoras, ao mecanismo de compensação de sinistralidade é facultativa, mas as mesmas só podem ter acesso à compensação de sinistralidade se pagarem uma contribuição para o SIPAC (art. 9.º do DL n.º 20/96, de 19 de Março). As contribuições das seguradoras devem ser entregues ao IFAP (cf. art. 11.º, n.º 2, do DL n.º 20/96, de 19 de Março). Nos termos do Capítulo III, 5, da

Direito Administrativo dos Seguros   491

O regime jurídico das várias taxas parafiscais que incidem sobre determinados prémios de seguros e se destinam especificamente ao financiamento das entidades que integram a organização administrativa em

---

Portaria n.º 907/2004, de 26 de Julho, que aprovou o Regulamento do SIPAC, as percentagens fixadas para a determinação do montante da contribuição das seguradoras são os seguintes: 6,3% da totalidade dos prémios processados para as regiões A, B e C; 9% da totalidade dos prémios processados na região D; e 10,8% da totalidade dos prémios processados na região E. A contribuição dos agricultores para o fundo de calamidades (Capítulo II, 4, ii) do Regulamento do SIPAC) é cobrada conjuntamente com o prémio de seguro de colheitas e corresponde a 0,2% do valor seguro – e apenas podem beneficiar das medidas de apoio a criar no âmbito do fundo de calamidades os agricultores que tenham contrato de seguro de colheitas e tenham efectuado o pagamento da contribuição para o fundo. Note-se que o legislador, no diploma que criou o SIPAC, determinou expressamente os sujeitos passivos da taxa em causa – os agricultores e as seguradoras, verificando-se uma situação de substituição tributária no primeiro caso, quando os agricultores optem pelo pagamento da contribuição para o SIPAC, na vertente fundo de calamidades. Vide ainda a Norma do ISP N.º 261/1991, de 2 de Outubro, que definia a forma e o montante a liquidar ao antigo Fundo de Compensação do Seguro de Colheitas, cujos direitos e obrigações foram assegurados pelo art. 20.º do DL n.º 20/96, de 19 de Março, que instituiu o SIPAC, e ainda em vigor, pelo menos na parte relativa ao modo de pagamento da contribuição das seguradoras para o actual SIPAC.

[347] As seguradoras – sediadas ou não em Portugal, actuando em regime de estabelecimento ou em LPS, que explorem o ramo automóvel em Portugal – têm ainda a obrigação de entregar ao ISP o montante de uma taxa fixa por cada certificado internacional de seguro automóvel (carta verde) emitido (sem prejuízo das substituições ou anulações), cujo montante se destina aos Governos Civis (v. o n.º 1 e o n.º 2 da Norma n.º 12/2001-R, de 22 de Novembro). A referida taxa foi fixada originariamente em 150$00 por carta verde – a que corresponde, após a substituição do escudo pelo euro, o valor de € 0,7481 (vide o n.º 5.º da Portaria n.º 403/86, de 26 de Julho). A Norma do ISP n.º 12/2001-R, de 22 de Novembro, estabeleceu o regime de pagamento aos Governos Civis das taxas que incidem sobre as cartas verdes – alterada pelas Normas do ISP N.º 2/2006-R, de 13/1, e N.º 21/2008-R, de 31/12. O montante devido aos Governos Civis deve ser pago até ao dia 20 de cada mês relativamente às cartas verdes atribuídas (leia-se emitidas) no mês anterior devendo a seguradora para esse efeito preencher e submeter o formulário disponibilizado no portal ISPnet, acto que gera a emissão do documento único de cobrança que identifica o valor e as formas de pagamento a realizar (n.º 3 da Norma n.º 12/2001-R, de 22 de Novembro, com a redacção do n.º 2 do art. 2.º da Norma n.º 21/2008-R, de 31 de Dezembro). Note-se que o legislador nada especifica expressamente sobre a incidência subjectiva do tributo, nem refere que a obrigação de entrega pela seguradora respeita às taxas cobradas. Assim, a obrigação da entrega ao ISP da taxa em causa incide sobre a seguradora, mas esta repercute sempre, na prática, o respectivo valor sobre o tomador do seguro – pelo que será este, em última instância, a suportar a taxa em causa, enquanto *contribuinte de facto*, e verificando-se assim um fenómeno de *repercussão* tributária.

492 Maria José Rangel de Mesquita

matéria de actividade seguradora – ISP, FAT e FGA – não é todavia claro, nem uniforme, no que diz respeito a alguns aspectos, como sucede em especial com a determinação do sujeito passivo do tributo, quando este diga respeito ao tomador do seguro, ou do fim a que se destina o montante das taxas devidas – sem prejuízo de outros aspectos daquele regime que são naturalmente divergentes, como sucede com a base de incidência da taxa parafiscal e a respectiva percentagem legalmente fixada.

10.1. TAXAS A CARGO DO TOMADOR DO SEGURO

As taxas que incidem sobre os prémios de seguro que oneram, expressamente ou não, os tomadores de seguros destinam-se ao financiamento do Fundo de Acidentes de Trabalho e do Fundo de Garantia Automóvel.

A taxa que financia o funcionamento do *Fundo de Acidentes de Trabalho* é *cobrada* pela seguradora aos tomadores de seguros e incide sobre os salários seguros considerados, sempre que sejam processados prémios da modalidade 'Acidentes de Trabalho' – tendo a respectiva percentagem sido fixada[348] em 0,15% para o ano de 2007[349].

O facto de o legislador apenas referir que constitui receita do FAT uma percentagem dos prémios de acidentes de trabalho *a cobrar* aos tomadores de seguros, indicia que a taxa parafiscal é *suportada* pelos tomadores de seguros e que a cobrança da percentagem respectiva é um dever da seguradora – mas não esclarece, em rigor, a questão da incidência subjectiva do imposto ou da determinação do sujeito da relação jurídico-tributária, com todas as consequências, em especial em termos de direitos dos contribuintes e de consequências do incumprimento das normas tributárias. O legislador não opta claramente entre a substituição tributária e a repercussão tributária, entre a configuração do tomador como o

---

[348] Nos termos do n.º 2 do art. 3.º do DL n.º 142/99, de 30 de Abril, a percentagem é fixada anualmente, por portaria do Ministro das Finanças, sob proposta do ISP e ouvida a comissão de acompanhamento do FAT (esta prevista no n.º 2 do art. 2.º do mesmo diploma legal). V. também o art. 3.º, n.º 1, a), da Norma do ISP n.º 12/2007-R, de 26 de Julho.

[349] Nos termos do art. 3.º, n.º 1, a), do DL n.º 142/99, de 30 de Abril, e conforme fixado pela Portaria n.º 194/2007, de 8 de Fevereiro – v. também o art. 3.º, n.º 1, a) e b), da Norma do ISP N.º 12/2007-R, de 26 de Julho. V. *supra,* § 4, 4.2.2. A taxa mantém-se inalterada desde então.

Direito Administrativo dos Seguros

sujeito passivo da relação tributária ou como contribuinte de facto[350]. A Norma do ISP n.º 12/2007-R, de 26 de Julho, que regula as receitas do FAT e os reembolsos às empresas de seguros, esclarece no entanto que os recibos de prémio da modalidade de Acidentes de Trabalho devem incluir *obrigatoriamente* a percentagem a cobrar aos tomadores de seguros que incide sobre os salários seguros e, ainda, que as seguradoras devem ter um registo próprio (ou discriminado em qualquer outro registo) dos quantitativos processados para o FAT[351]. Verifica-se assim que a seguradora tem um verdadeiro dever jurídico de proceder ao cálculo da taxa parafiscal devida, aplicando a respectiva percentagem legalmente fixada à base de incidência do tributo, enquanto condição da inclusão do montante da taxa devido nos recibos de prémios processados, bem como de registar os quantitativos processados e, ainda, de entregar periodicamente (mensalmente) os montantes destinados ao FAT, mas relativos aos recibos *cobrado*[352] – ao invés, não existirá dever por parte da seguradora de entregar o montante do tributo em favor do FAT, relativamente aos recibos processados, mas não cobrados, entendendo-se por prémio *cobrado* o efectivo pagamento do prémio pelo tomador do seguro através de um dos meios legalmente previstos para o efeito[353] e o correspondente recebimento do prémio pela seguradora (ou seu mediador com poderes de cobrança).

O facto de a entrega do tributo não ser devida pela seguradora no caso de não existir cobrança de prémio de seguro já processado, aliado à obrigatoriedade de inclusão do montante da taxa devida no recibo de prémio, apontam no sentido de o tomador do seguro ser o verdadeiro sujeito passivo da relação tributária – não obstante a lei exigir o pagamento da taxa em questão às seguradoras que cobram o prémio de seguro, em subs-

---

[350] Sobre esta questão a propósito da taxa parafiscal em favor do INEM, I.P., vide ROGÉRIO FERNANDES FERREIRA e JOÃO R. B. PARREIRA MESQUITA, *As Taxas...*, p. 450.

[351] Assim dispõem, respectivamente, o n.º 2 do art. 3.º e o n.º 1 do art. 5.º da Norma do ISP n.º 12/2007-R, de 26 de Julho.

[352] A entrega do quantitativo global da taxa parafiscal destinada ao FAT incluída nos recibos *cobrados* no mês anterior, líquidos de estornos e anulações, deve ser feita até ao final de cada mês, devendo para o efeito a seguradora preencher e submeter o formulário disponibilizado no Portal ISPnet, acto que gera a emissão do documento único de cobrança que identifica o valor e as formas de pagamento a utilizar – assim dispõe o n.º 1 do art. 4.º da Norma Regulamentar do ISP n.º 12/2007-R, de 26 de Julho, na redacção da Norma do ISP n.º 21/2008-R, de 31 de Dezembro.

[353] Cf. art. 54.º do regime anexo ao DL n.º 72/2008, de 16 de Abril.

494 Maria José Rangel de Mesquita

tituição daquele. Não se verificará, assim, um fenómeno de repercussão tributária.

Se a cobrança da taxa parafiscal em causa destinada ao FAT não é uma faculdade da seguradora, mas sim uma obrigação – e por isso se impõe que a mesma seja incluída nos recibos de prémio processados – a seguradora não deverá estar obrigada a entregar ao Estado o montante de uma taxa que, por falta de pagamento pelo tomador do seguro, ainda não cobrou efectivamente e recebeu. Isto quer se trate do não pagamento do prémio do seguro inicial, ou fracção deste, ou do prémio de continuado das anuidades subsequentes do seguro – passível de gerar, respectivamente, a resolução ou a não renovação do contrato: não havendo cobrança efectiva do prémio, não haverá obrigação de entrega ao Estado nem, excepto no caso dos seguros de grandes riscos, cobertura do risco. E, de igual modo, em caso de resolução do contrato por falta de pagamento do prémio em que subsiste a obrigação do tomador de seguro de proceder ao pagamento do prémio relativo ao período de vigência do contrato[354] – acrescido dos juros de mora devidos –, o montante da taxa parafiscal devida sobre o prémio processado relativo àquele período de vigência não tem de ser entregue ao Estado enquanto o prémio não for, efectivamente, cobrado e recebido pela seguradora.

Podem no entanto suscitar-se algumas dúvidas nos casos em que a cobertura do risco não fica dependente do pagamento do prémio – não se aplicando o princípio *no premium, no cover* – e em que a falta de pagamento do prémio não determina a resolução automática ou a não renovação do contrato, na medida em que se admite convenção em sentido diverso a disposições absolutamente imperativas no caso dos contratos de seguro de grandes riscos[355]. Apesar de se admitir, nestes casos, o início da cobertura do risco sem o prévio pagamento do prémio do seguro, deverá ainda assim ser seguida a mesma regra: se não tiver lugar o pagamento do prémio pelo tomador do seguro e a correspondente cobrança do prémio pela seguradora, não há dever de liquidação e pagamento, pela seguradora, do tributo destinado ao FAT, de acordo com as formas de pagamento pas-

---

[354] Cf. art. 57.º, n.º 3, do regime jurídico do contrato de seguro aprovado pelo DL n.º 72/2008, de 16 de Abril.

[355] Cf. art. 12.º, n.º 2, do regime jurídico do contrato de seguro aprovado pelo DL n.º 72/2008, de 16 de Abril – que admite convenção em contrário ao princípio *no premium, no risk* .

Direito Administrativo dos Seguros 495

síveis de utilização. Uma vez processado o recibo de prémio de contratos de grandes riscos que cubram o ramo em causa, e verificando-se o não pagamento do prémio devido, aplicar-se-ão as consequências previstas na lei – resolução ou não renovação – sem prejuízo da cobrança efectiva do prémio ser uma condição *sine qua non* da liquidação e pagamento da taxa parafiscal, pela seguradora, ao Estado, em substituição do tomador do seguro. A entrega da taxa parafiscal destinada ao FAT só é, pois, devida, se for efectivamente cobrada, conjuntamente com o prémio, ao tomador do seguro e por este paga.

Por último, refira-se que o montante da taxa suportada pelo tomador do seguro de acidentes de trabalho e destinada ao FAT não é afecta, pelo legislador, a uma finalidade ou finalidades específicas, pelo que se destinará a financiar o exercício das suas diversas competências enunciadas no n.º 1 do artigo 1.º do Decreto-Lei n.º 142/99, de 30 de Abril.

Relativamente à taxa parafiscal que se destina ao financiamento do *Fundo de Garantia Automóvel*, o legislador, no quadro da aprovação, pelo Decreto-Lei n.º 291/2007, de 21 de Agosto[356], do Regime do sistema do seguro obrigatório de responsabilidade civil automóvel decorrente, em especial, do dever de transposição da quinta directiva automóvel para a ordem jurídica interna, clarificou definitivamente a questão da determinação do sujeito passivo do tributo – que é ora, inequivocamente, o tomador do seguro.

A taxa parafiscal que constitui receita do FGA consiste numa contribuição que incide quer sobre o montante total dos prémios comerciais (de seguro directo) da cobertura obrigatória do seguro de responsabilidade civil automóvel (processados no ano anterior), líquidos de estornos e anulações, quer sobre o montante total dos prémios comerciais de todos os contratos de «seguro automóvel» (processados no ano anterior), também líquidos de estornos e anulações[357]. O montante das contribuições resulta

---

[356] Vide o artigo 1.º do diploma.

[357] Conforme dispõe o art. 58.º, n.º 1, a) e b), do DL n.º 291/2007, de 21 de Agosto. Vide também o art. 3.º, n.º 1 e n.º 2 da Norma do ISP n.º 15/2007-R, de 25 de Outubro – os números 3 e 4 desta última disposição especificam qual ou quais as coberturas relevantes, de acordo a Tabela 1 – Ramos Não Vida do plano de contas para as empresas de seguros (respectivamente ramo 43 e grupo de ramos "4 – Automóvel" (ramos 41 (Veículos terrestres), 42 (Mercadorias transportadas), 43 (Responsabilidade civil de veículos terrestres a motor) e 44 (Pessoas transportadas)).

496 Maria José Rangel de Mesquita

da aplicação, à base de incidência do tributo, de uma taxa fixada, respectivamente, em 2,5% ao ano e em 0,21% ao ano[358-359].

Ao invés do disposto na legislação anterior[360], as seguradoras, não só *devem cobrar* as contribuições em causa conjuntamente com o prémio do seguro, sendo responsáveis por essas cobranças perante o FGA, como também *devem mencionar* especificamente nos recibos de prémio emitidos tais contribuições e as respectivas bases de incidência. Além disso, as contribuições cobradas pelas seguradoras são entregues ao FGA no mês seguinte a cada trimestre civil de *cobrança*[361].

Tal como sucede em relação à taxa parafiscal destinada ao FAT, a obrigação de cobrança das contribuições em causa conjuntamente com o prémio do seguro, de especificação do seu montante e respectivas bases de incidência no recibo de prémio emitido e, ainda, de entrega das contribuições ao FGA no mês seguinte a cada trimestre de *cobrança* – apontam

---

[358] Conforme dispõe o art. 58.º, n.º 1, a) e b), e n.os 2 e 3 do DL n.º 291/2007, de 21 de Agosto. As percentagens previstas na lei podem, quando se revelar necessário, ser objecto de alteração: a primeira, por Portaria ministerial do Ministro de Estado e das Finanças, sob proposta do ISP; a segunda, por despacho conjunto dos Ministros de Estado e das Finanças e da Administração Interna, também sob proposta do ISP (nos termos do n.º 2 e do n.º 3, *in fine*, do referido art. 58.º). V. *supra*, § 4, 4.2.1.

[359] A Norma do ISP N.º 15/2007-R, de 25 de Outubro, operacionalizou o regime de processamento e de pagamento das contribuições destinadas ao FGA.

[360] Vide o art. 27.º, n.º 1, a), n.º 2 e n.º 4 do DL n.º 522/85, de 31 de Dezembro. De acordo com esta disposição – revogada pelo DL n.º 291/2007, de 31 de Dezembro –, que apenas previa uma única contribuição que incidia sobre os prémios simples (líquidos de adicionais) de seguro directo do ramo automóvel, processados no ano anterior, líquido de estornos e anulações – não distinguindo entre prémios da cobertura de seguro obrigatório de responsabilidade civil automóvel e prémios do seguro automóvel – para cumprimento da obrigação de liquidação daquela contribuição (alínea a) do n.º 1) as seguradoras *ficam autorizadas a cobrar aos seus segurados* do ramo «automóvel» um adicional, calculado sobre os prémios simples (líquidos de adicionais), igual à percentagem fixada por lei (n.º 4), de 2,5% (n.º 2). Configurando-se a cobrança do *adicional* aos segurados como uma faculdade, tratava-se de uma situação de mera repercussão tributária, em que o segurado era o contribuinte de facto. A taxa era paga pelas seguradoras ao FGA no início de cada trimestre (nos termos do n.º 3 do referido art. 27.º).

[361] Vide os n.os 4 e 6, respectivamente, do DL n.º 291/2007, de 21 de Agosto, e, ainda, o n.º 1 do art. 4.º da Norma do ISP n.º 15/2007-R, de 25 de Outubro, com a redacção da Norma n.º 21/2008-R, de 31 de Dezembro segundo o qual a seguradora deve, para o efeito do pagamento, submeter o formulário disponibilizado no portal ISPnet, acto que gera o documento único de cobrança que identifica o valor e as formas de pagamento a utilizar.

para uma situação de incidência subjectiva do tributo em que o sujeito passivo da relação tributária é o tomador do seguro e actuando a seguradora, na cobrança e pagamento do tributo ao FGA, como substituta tributária daquele. É de sublinhar que a legislação em vigor nesta matéria não se refere expressamente ao tomador ou ao segurado[362]. Todavia, sendo o *tomador do seguro*, na terminologia tradicional[363], o responsável pelo pagamento do prémio, será este o sujeito passivo do tributo – coincida, ou não, com o segurado.

Por último, quanto à finalidade dos montantes das taxas parafiscais suportadas pelos tomadores de seguros e configuradas como receitas do FGA, sublinhe-se que apenas as taxas que incidem sobre o montante total dos prémios comerciais dos contratos de seguro automóvel se encontram afectas a uma finalidade específica e apenas a essa – a *prevenção rodoviária*[364]. As contribuições a cargo do tomador que incidem sobre os prémios da cobertura obrigatória do seguro de responsabilidade civil automóvel destinar-se-ão, no silêncio do legislador, ao financiamento do exercício das várias competências cometidas por lei ao FGA[365] – mas deveriam em rigor ser alocadas ao exercício das competências do FGA que se prendem especificamente com o seu estatuto jurídico de *organismo de indemnização* ao abrigo da harmonização comunitária em matéria de seguro de responsabilidade civil automóvel e correspondente protecção e indemnização das vítimas de acidente de viação, em especial causados – consoante o caso, em Portugal, na União Europeia ou em países terceiros em relação à União Europeia – por veículos matriculados em Portugal em relação aos quais não tenha sido satisfeita a obrigação de segurar imposta pelo Direito Comunitário ou quando o responsável pelo acidente seja desconhecido[366].

---

[362] Como sucedia no anterior diploma do seguro obrigatório que se referia ao *segurado* (art. 27.º, n.º 4, do DL n.º 522/85, de 31 de Dezembro).

[363] *Supra*, § 3, 3.1.5.

[364] Como dispõe a parte final da alínea b) do n.º 1 do art. 58.º do DL n.º 291/2007, de 21 de Agosto.

[365] Vide os artigos 47.º, 48.º e 53.º do DL n.º 291/2007, de 21 de Agosto.

[366] *Supra*, § 4, 4.2.1.

498 Maria José Rangel de Mesquita

10.2 Taxas a cargo da empresa de seguros

As empresas de seguros têm também a obrigação de pagar determinadas taxas, de diversas percentagens, para assegurar o financiamento de diversas entidades que integram a organização administrativa em matéria de actividade seguradora – o Instituto de Seguros de Portugal e o Fundo de Acidentes de Trabalho.

No que respeita ao *Fundo de Acidentes de Trabalho*, as seguradoras suportam uma percentagem sobre o valor correspondente ao capital de remição das pensões em pagamento à data de 31 de Dezembro de cada ano, bem como sobre o valor da provisão matemática das prestações suplementares por assistência de terceira pessoa, em pagamento à data de 31 de Dezembro de cada ano – e que constituem receitas do FAT –[367], a qual foi fixada em 0,85% para o ano de 2007[368].

O sujeito passivo da relação tributária é, neste caso, a própria seguradora – não existindo qualquer fenómeno de substituição tributária –, a qual que se encontra obrigada a liquidar e *pagar*, até 30 de Junho do ano seguinte, o montante do tributo correspondente à aplicação das taxas a favor do FAT que incidem sobre o valor do capital de remição das pensões em pagamento à data de 31 de Dezembro de cada ano e sobre o valor da provisão matemática das prestações suplementares por assistência de terceira pessoa em pagamento em 31 de Dezembro de cada ano[369]. Tal como sucede em relação à taxa a favor do ISP suportado pelos tomadores de seguros de Acidentes de Trabalho, o legislador também não consagrou

---

[367] Nos termos do art. 3.º, n.º 1, b), do DL n.º 142/99, de 30 de Abril, com a redacção do DL n.º 185/2007, de 10 de Maio. V. *supra*, § 4, 4.2.2. Vide também a Norma N.º 12/2007-R, de 26 de Julho, em matéria de FAT – Receitas e reembolsos às empresas de seguros, alterada pela Norma N.º 21/2008-R, de 31/12, em especial o seu art. 3.º, n.º 1, a) e b).

[368] Conforme dispõe a Portaria n.º 194/2007, de 8 de Fevereiro – tendo-se mantido inalterada desde então. A percentagem em causa é, nos termos do n.º 2 do art. 3.º do DL n.º 142/99, de 30 de Abril, fixada anualmente por portaria do Ministro das Finanças, sob proposta do ISP, ouvida a comissão de acompanhamento do FAT.

[369] O pagamento do montante correspondente à aplicação das taxas fixadas pelo legislador à respectiva base de incidência, deve ser feito nos termos previstos para a taxa parafiscal suportada pelos tomadores de seguros, pelo que as seguradoras devem preencher e submeter o formulário disponibilizado no Portal ISPnet, acto que gera a emissão do documento único de cobrança que identifica o valor e as formas de pagamento a utilizar – assim dispõe o n.º 2 do art. 4.º da Norma Regulamentar do ISP n.º 12/2007-R, de 26 de Julho, na redacção da Norma do ISP n.º 21/2008-R, de 31 de Dezembro.

Direito Administrativo dos Seguros

expressamente a finalidade específica da receita, com a natureza de taxa parafiscal, do FAT suportada pelas seguradoras.

Quanto à receita destinada ao Instituto de Seguros de Portugal, o art. 30.º, n.º 1, a), do Estatuto do ISP, que dispõe sobre as suas receitas, prevê que as entidades sujeitas à sua supervisão, entre as quais as empresas de seguros[370], pagam uma taxa ao ISP, nos termos da legislação em vigor[371]. As empresas de seguros obrigadas a pagar a referida taxa a favor do ISP são todas as empresas de seguros, sediadas ou não em Portugal, actuando em regime de estabelecimento ou de livre prestação de serviços, que operem em Portugal[372]. De igual modo, as entidades gestoras de fundos de pensões autorizadas a exercer a sua actividade em Portugal estão também obrigadas ao pagamento de uma taxa parafiscal a favor do ISP e que constitui receita deste[373].

A taxa a favor do ISP é fixada anualmente por Portaria do Ministro das Finanças, e incide: no caso das *empresas de seguros*, sobre a totalidade da receita processada, líquida de estornos e anulações, relativa aos prémios de seguro directo, cujos contratos cubram riscos situados no território português; no caso das *entidades gestoras de fundos de pensões*, sobre a totalidade das contribuições efectuadas pelos associados e pelos participantes para os correspondentes fundos de pensões [374]. Cada um dos montantes da taxa parafiscal apurado, a cargo das seguradoras e das entidades gestoras de fundos de pensões, deve ser pago em duas prestações, respectivamente nos meses de Janeiro e Julho de cada ano, com referência ao semestre imediatamente anterior[375] – verificando-se uma situação de autoliquidação.

---

[370] A disposição em causa aplica-se também às entidades gestoras de fundos de pensões. Vide o teor da nota (373).

[371] Vide a Norma do ISP n.º 10/2001, de 22 de Novembro, alterada em último lugar pela Norma do ISP N.º 21/2008-R, de 31 de Dezembro, que define os procedimentos gerais relativos à taxa a favor do ISP e uniformiza os procedimentos de pagamento e envio de informação.

[372] V. o n.º 1 da Norma do ISP n.º 10/2001, de 22 de Novembro. V. também o art. 2.º e o art. 3.º do DL n.º 156/83, de 14 de Abril.

[373] V. o n.º 1, *in fine,* da Norma do ISP n.º 10/2001, de 22 de Novembro, e o art. 30, n.º 1, a), do Estatuto do ISP – já que as entidades gestoras de fundos de pensões se encontram, tal como as seguradoras, sujeitas à supervisão do ISP (veja-se o art. 4.º, n.º 1, a), do mesmo Estatuto). V. ainda o art. 1.º do DL n.º 171/87, de 20 de Abril.

[374] Nos termos do n.º 2, respectivamente a) e b), da Norma n.º 10/2001-R, de 22 de Novembro.

[375] Nos termos do n.º 6 da Norma n.º 10/2001, de 22 de Novembro, na redacção que

500 Maria José Rangel de Mesquita

As taxas a favor do ISP para 2008 a pagar pelas seguradoras foram fixadas em 0,046% sobre a receita processada relativamente aos seguros directos do Ramo Vida e em 0,23% sobre a receita processada quanto aos seguros directos dos restantes ramos. A taxa para 2008 a pagar pelas entidades gestoras de fundos de pensões foi fixada em 0,046% sobre a totalidade das contribuições efectuadas pelos associados e pelos participantes para os correspondentes fundos de pensões[376-377-378].

---

lhe foi dada pela Norma n.º 21/2008-R, de 31 de Dezembro. Para efeitos dos pagamentos em causa, a seguradora ou a empresa gestora de fundos de pensões deve preencher e submeter um formulário disponibilizado no portal ISPnet, acto que gera a emissão do documento único de cobrança que identifica o valor e as formas de pagamento a utilizar – assim dispõe o n.º 7 da mesma Norma do ISP, também na redacção resultante da Norma n.º 21/2008-R, de 31 de Dezembro.

[376] V. 1.º e 2.º da Portaria N.º 1092/2007, de 18 de Dezembro.

[377] Nos termos do art. 3.º do DL n.º 156/83, de 14 de Abril, a taxa a favor do ISP não poderá exceder o montante máximo de 0,75%.

[378] O presente texto foi concluído em 10 de Maio de 2009. Posteriormente a esta data foi publicada e entrou em vigor a Lei n.º 28/2009, de 19 de Junho, que revê o regime sancionatório para o sector financeiro em matéria criminal e contra-ordenacional e alterou o diploma que regula o acesso e o exercício da actividade seguradora. A referida Lei n.º 28/2009 procede à 13.ª alteração do DL n.º 94-B/98, de 17 de Abril, introduzindo alterações nos seus arts. 202.º, 212.º a 214.º e 217.º e aditando os arts. 214.º-A, 229.º-A e 229.º-B. As alterações introduzidas no DL n.º 94-B/98 pelos arts. 8.º e 9.º da Lei n.º 28/2009 foram as seguintes: elevação da moldura penal para a prática de actos e operações de seguros, resseguros ou gestão de fundos de pensões sem a necessária autorização, de 3 para 5 anos; elevação dos limites das coimas previstas nos arts. 212.º a 214.º para as contra-ordenações simples, graves e muito graves; agravamento da natureza das contra-ordenações associadas à violação dos deveres de informação que passam de contra-ordenações simples a muito graves; atribuição ao ISP da competência para, no âmbito do processamento das contra-ordenações e aplicação das coimas e sanções acessórias, solicitar a quaisquer pessoas ou entidades todos os esclarecimentos e informações que se revelem necessários; definição de regras específicas no âmbito do agravamento da coima (novo art. 214.º-A); introdução da figura do processo sumaríssimo (novo art. 229.º-A); e, por último, acolhimento do regime da publicidade das decisões condenatórias em processos de contra-ordenações (novo art. 229.º-B). Na falta de alteração expressa pelo legislador, a remissão do art. 96.º, n.º 1, do DL n.º 12/2006, de 20 de Janeiro (que regula a constituição e o funcionamento dos fundos de pensões e das entidades gestoras), para as alíneas a), c) e d) do art. 212.º (contra-ordenações simples) do DL n.º 94-B/98 – alíneas revogadas pelo art. 8.º da Lei n.º 28/2009, de 19 de Junho – deve entender-se feita para as novas alíneas h) a j) do art. 214.º (contra-ordenações muito graves) do DL n.º 94-B/98. Note-se que a Lei n.º 28/2009 estabeleceu também o regime de aprovação e de divulgação da política de remuneração dos membros dos órgãos de administração e de fiscalização das entidades de interesse público (arts. 1.º e 2.º

Direito Administrativo dos Seguros 501

a 4.°) e que a violação das regras fixadas nos arts. 2.° e 3.°, respectivamente em matéria de política de remuneração e de divulgação de remuneração, por empresas de seguros ou de resseguros, sociedade gestora de participações sociais no sector dos seguros, sociedade gestora de participações mistas de seguros ou sociedades gestoras de fundos de pensões constitui uma contra-ordenação muito grave punível nos termos do art. 214.° do DL n.° 94-B/98, sendo aplicável o regime previsto nos arts. 204.° a 234.° deste último diploma (art. 4.°, n.° 2, da Lei n.° 28/2009).

Posteriormente à data de conclusão do texto foram também publicadas e entraram em vigor duas Normas Regulamentares do ISP relevantes: a Norma do ISP N.° 10/2009-R de 25 de Junho, que fixa Princípios gerais em matéria de *conduta de mercado*, na sequência do aditamento, pelo art. 3.° do DL n.° 2/2009, de 5 de Janeiro, dos arts. 131.°-C a 131.°-F ao DL n.° 94-B/98, de 17 de Abril, e da competência conferida ao ISP pelos arts. 131.°-C, n.° 3, 131.°-D, n.° 4, 131.°-E, n.° 9 e 131.°-F, n.° 2 – v. *supra,* § 5, 5.4. – sendo de salientar, em especial, a obrigação imposta às seguradoras de designação de um «interlocutor privilegiado» para efeitos de contacto com o ISP no âmbito da gestão de reclamações e de resposta a pedidos de informação ou esclarecimento (art. 16.° da Norma N.° 10/2009-R); e, ainda, a Norma do ISP N.° 8/2009-R de 4 de Junho que, ao abrigo da competência conferida pelos arts. 4.°, n.° 2, 58.°, n.° 2 e 59.°, n.° 1, do DL n.° 12/2006, de 20 de Janeiro, regula os mecanismos de governação no âmbito dos fundos de pensões, em matéria de gestão de riscos e controlo interno.

As referidas alterações de regime jurídico foram, tanto quanto possível, contempladas no texto e, quando tal não se afigurou possível, efectuou-se no texto uma remissão para a presente nota.

BIBLIOGRAFIA

BIGOT, Jean *et al.*, *Traité de Droit des Assurances, Tome I, Entreprises et Organismes d'Assurance*, 2.ª ed., Paris, LGDJ, 1996.

BLANCO-MORALES LIMONES, Pilar, CARBONELL PUIG, Jordi, *La Actividad Aseguradora en el Espacio Economico Europeo*, Madrid, Colex, 2002.

BORGES DE SOUSA, Vicente, *O Controlo e fiscalização dos Seguros em Portugal, Séculos XIV e XVIII*, Lisboa, ISP, 1989.

CALVÃO DA SILVA, João, *Banca, Bolsa e Seguros. Direito Europeu e Português, Tomo I, Parte Geral*, Coimbra, Almedina, 2005.

CARAMELO GOMES, José, *Direito Comunitário dos Seguros*, in *Lusíada*, n.ºs 1 e 2 (1999), pp. 545 ss.

COSTA MARTINS, Manuel da, *Reforma da Legislação de Seguros*, in *Lusíada*, n.ºs 1 e 2 (1999), pp. 559 ss.

DIAS PEREIRA, Alexandre, *A Construção Jurídica do Mercado Único dos Seguros*, in *Estudos Dedicados ao Prof. Doutor Mário Júlio de Almeida Costa*, Lisboa, Universidade Católica Editora, 2002, pp. 75 ss.

DUARTE RODRIGUES, A., *A Indústria do Seguro em Portugal (Escorço Histórico)*, Lisboa, 1918.

ESPARTEIRO BARROSO, Maria da Nazaré, *Garantias Financeiras das Empresas de Seguros*, Lisboa, Universidade Autónoma Editora, 1999.

FERNANDES FERREIRA, Rogério e PARREIRA MESQUITA, João R. B., *As Taxas de Regulação Económica no Sector dos Seguros,* in As taxas de Regulação Económica em Portugal, Coimbra, Almedina, 2008, pp. 429 ss.

GARÇÃO SOARES, Adriano e RANGEL DE MESQUITA, Maria José, *Regime do Sistema de Seguro Obrigatório de Responsabilidade Civil Automóvel*, Coimbra, Almedina, 2008.

GARÇÃO SOARES, Adriano, MAIA DOS SANTOS, José e RANGEL DE MESQUITA, Maria José, *Seguro Obrigatório de Responsabilidade Civil Automóvel. Direito Nacional. Direito da União Europeia. O Sistema de Carta Verde*, 3.ª ed., Coimbra, Almedina, 2006.

JANUZZI, Angelo, *L'assicurazione nel mercato único europeo*, Milano, Giuffrè, 1989.

LAMBERT-FAIVRE, Yvonne, *Droit des Assurances,* 12.ª ed., Paris, Dalloz, 2005.

504 Maria José Rangel de Mesquita

LAPA, Albino, *Seguros em Portugal (Estudo Histórico)*, Lisboa, 1939.

LEVIE, Guy, *Droit Européen des Assurances*, Bruxelles, Bruylant, 1992.

MACEDO, Pedro, *Do Resseguro*, in Boletim da Ordem dos Advogados, n.° 22 (1984), pp. 31-32.

MARTINHO Rui Leão, *A Regulação e Supervisão da Actividade Seguradora e de Fundos de Pensões*, Lisboa, ISP, 2004.

MENEZES CORDEIRO, António, *Manual de Direito Comercial*, 2.ª ed., Coimbra, Almedina, 2009.

MOITINHO DE ALMEIDA, José Carlos, *O Contrato de Seguro no Direito Português e Comparado*, Lisboa, Sá da Costa, 1971.

– *O novo regime jurídico do contrato de seguro. Breves considerações sobre a protecção dos segurados*, in *Contrato de seguro. Estudos*, Coimbra, Coimbra Editora, 2009.

MOREIRA, António e COSTA MARTINS (eds.), *I Congresso Nacional de Direito dos Seguros*, Coimbra, Almedina, 2000.

– *II Congresso Nacional de Direito dos Seguros, Memórias*, Coimbra. Almedina, 2001.

– *III Congresso Nacional de Direito dos Seguros, Memórias*, Coimbra, Almedina, 2003.

OLIVEIRA, Arnaldo Filipe da Costa, *A Protecção dos Credores de Seguros na Liquidação de Seguradoras. Considerações de Direito Constituído e a Constituir*, Coimbra, Almedina, 2000.

– *Fundos de Pensões. Estudo Crítico*, Coimbra, Almedina, 2003.

– *Contratos de Seguro face ao Regime das Cláusulas Contratuais Gerais*, in *Boletim do Ministério da Justiça*, N.° 448 (1995), pp. 69 ss.

– *Dois Exemplos Portugueses da Resistência Material do Contrato de Seguro ao Direito das Cláusulas Contratuais Gerais*, in *Boletim do Ministério da Justiça*, N.° 467 (1997), pp. 5 ss.

– *Seguro Obrigatório de Responsabilidade Civil Automóvel. Síntese das Alterações de 2007 – DL 291/2007, 21 Ago.*, Coimbra, Almedina, 2008.

OLIVEIRA, Arnaldo e RIBEIRO, Eduarda, *Novo regime jurídico do contrato de seguro. Aspectos mais relevantes da perspectiva do seu confronto com o regime vigente*, Lisboa, s.d. (disponível em http://www.isp.pt/Estudos e documentos).

OLIVEIRA MARQUES, A. H. de, *Para a História dos Seguros em Portugal. Notas e Documentos*, Lisboa, Arcádia, 1977.

PEREIRA, Eduardo Farinha, *Caracterização da actividade de mediação de seguros*, in *Forum*, Revista Semestral do ISP, ano X, n.° 22 (2006), pp. 25-62.

PEREIRA MORGADO, José, *A Directiva 2002/92/CE, relativa à Mediação de Seguros*, in *Boletim Informativo da APS*, n.° 108 (2003), pp. 4-9.

PIMENTA, Maria Helena, *Litígio e os Seguros*, in *Lusíada*, n.os 1 e 2 (1999), pp. 571 ss.

Direito Administrativo dos Seguros

RANGEL DE MESQUITA, Maria José, *O Regulamento Geral e a protecção das vítimas da circulação comunitária e internacional de veículos automóveis,* in
Cadernos de Direito Privado, No.6 (2004), pp. 16 ss.

RIBEIRO, Eduarda, *O mediador de seguros* "exclusivo" – *Algumas soluções de
direito comparado,* in *Boletim Informativo da Associação Internacional de
Direito dos Seguros – Secção Portuguesa,* n.° 2 (2004), pp. 8-11.

ROMANO MARTINEZ, Pedro, *Direito dos Seguros. Apontamentos,* Cascais, Principia, 2006.

– *Direito dos Seguros. Relatório,* Revista da FDUL, Suplemento 2005, Lisboa, 2006.

– *Novo Regime do Contrato de Seguro,* in O Direito, 140.° (2008) I, pp. 23 ss.

ROMANO MARTINEZ, Pedro, ALVES DE BRITO, José Miguel de Faria, COSTA OLI-
VEIRA, Arnaldo Filipe, CUNHA TORRES, Leonor, RIBEIRO, Maria Eduarda,
PEREIRA MORGADO, José, VASQUES, José, *Lei do Contrato de Seguro – Ano-
tada,* Coimbra, Almedina, 2009.

SILVA ARAÚJO, Laurentino da, *Distinção entre "Agente" e "Angariador de Seguros",* in *Scientia Iuridica,* Tomo XVIII (1969), pp. 530 ss.

SINDE MONTEIRO, Jorge, RANGEL MESQUITA, Maria Joré, *Insurance Law – Portugal, in International Encyclopedia of Laws, Kluwer Law International,* 2009.

SOARES PÓVOAS, Manuel S., *Considerações sobre a Indústria Seguradora,* Lisboa, 1962.

SOUTO, Alberto, *Evolução Histórica do Seguro,* Coimbra, França & Arménio, 1919

VASQUES, José, *Contrato de Seguro. Notas para uma Teoria Geral,* Coimbra,
Coimbra Editora, 1999.

– *Direito dos Seguros. Regime Jurídico da Actividade Seguradora,* Coimbra, Coimbra Editora, 2005.

– *O Novo Regime da Mediação de Seguros,* Coimbra, Coimbra Editora,
2006.

VIEIRA, José Alberto, *O dever de informação do Tomador do Seguro em Contrato
de Seguro Automóvel,* in *Estudos em Homenagem ao Prof. Doutor António
Marques dos Santos,* Vol. I, Coimbra, Almedina, 2005, pp. 999 ss.

ABREVIATURAS E SIGLAS

ANPC	– Autoridade Nacional de Protecção Civil
BP	– Banco de Portugal
CC	– Código Civil
CE	– Comunidade Europeia
CEE	– Comunidade Económica Europeia
CPA	– Código do Procedimento Administrativo
CMVM	– Comissão do Mercado dos Valores Mobiliários
CPTA	– Código de Processo nos Tribunais Administrativos
CRP	– Constituição da República Portuguesa
DL	– Decreto-Lei
EEE	– Espaço Económico Europeu
EFTA	– Associação Europeia de Comércio Livre (*European Free Trade Association*)
ETAF	– Estatuto dos Tribunais Administrativos e Fiscais
FAT	– Fundo de Acidentes de Trabalho
FGA	– Fundo de Garantia Automóvel
GPCV	– Gabinete Português de Carta Verde
IFADAP	– Instituto Financeiro de Apoio ao Desenvolvimento da Agricultura e Pescas
IFAP	– Instituto de Financiamento da Agricultura e Pescas, I.P.
INEM	– Instituto Nacional de Emergência Médica, I.P.
ISP	– Instituto de Seguros de Portugal
LPS	– Livre Prestação de Serviços
ONU	– Organização das Nações Unidas
PE	– Parlamento Europeu
SIPAC	– Sistema Integrado de Protecção contra as Aleatoriedades Climáticas
SNB	– Serviço Nacional de Bombeiros
SNBPC	– Serviço Nacional de Bombeiros e Protecção Civil
Tratado CE	– Tratado institutivo da Comunidade Europeia
UE	– União Europeia

ÍNDICE GERAL

DIREITO ADMINISTRATIVO DA ÁGUA
JOANA MENDES

1. Enquadramento histórico e conceptual 12
   1.1. Os três períodos fundamentais na evolução do direito português 12
   1.2. Conceitos e instrumentos fundamentais do direito da água 17
2. Enquadramento comunitário 20
   2.3. A primeira e a segunda geração de directivas 21
      2.3.1. Primeira geração, novas directivas e efeito directo 21
      2.3.2. Segunda geração: o anúncio de uma mudança de paradigma 24
   2.4. A Directiva Quadro da Água 25
      2.4.1. Um novo paradigma do direito da água 25
      2.4.2. A Estratégia Comum de Implementação da Directiva 30
3. A Lei da Água 34
   3.1. Domínio público 37
   3.2. Organização administrativa 44
      3.2.1. Entre a Directiva Quadro e a tradição do direito português 44
      3.2.2. O quadro actual 49
   3.3. Planeamento 71
      3.3.1. A importância do planeamento hídrico, o planeamento no direito português e as indicações da Directiva 71
      3.3.2. O regime jurídico da Lei da Água 78
      3.3.3. Participação no planeamento 94
   3.4. Utilização dos recursos hídricos 101
      3.4.1. Um regime jurídico condicionado pela protecção ambiental 101
      3.4.2. Os diferentes títulos de utilização 108
      3.4.3. A transacção de títulos de água e a possibilidade de mercados de água 112
      3.4.4. O sistema de informação dos títulos de utilização 114
      3.4.5. Fiscalização 114
   3.5. Regime económico e financeiro 117
      3.5.1. Taxa de recursos hídricos 120
      3.5.2. Tarifas de serviços públicos 126
      3.5.3. Contratos-programa 127
4. Conclusões 127
Bibliografia 133

512   Tratado de Direito Administrativo Especial

DIREITO DO NOTARIADO
José Alberto Vieira

PARTE I
Notariado e sistemas jurídicos nacionais. O notariado latino

1. O notariado nos sistemas jurídicos da família romano-germânica e de Common Law 135
2. O notariado latino 136
3. O notariado português antes e depois do Estatuto do Notariado 137
4. O Direito Notarial. Uma parte do Direito Administrativo ou um ramo autónomo do Direito? 137
5. Direito do Notariado: Direito público ou Direito privado? 139

PARTE II
O notário: Entre o oficial público e o profissional liberal

6. O notário e o exercício da função notarial por terceiros 143
7. O notário como oficial público. Significado 145
8. O notário como profissional liberal 148

PARTE III
Instrumentalidade e fé pública notarial

9. A dupla vertente da função notarial 149
10. A fé pública notarial 150
11. Intervenção notarial, legalidade e validade do acto jurídico 151

PARTE IV
Princípios do direito notarial

12. O princípio da legalidade 153
13. O princípio da autonomia 157
14. O princípio da imparcialidade 157
15. O princípio da exclusividade 158
16. Princípio da livre escolha 159
17. O princípio da responsabilidade do notário 159

PARTE V
A função notarial

18. Caracterização da função notarial 163

Índice geral 513

19. A fé pública 166
20. Requisitos de acesso e de exercício da função notarial 168
21. Deveres gerais dos notários 169
22. Fiscalização do notário 173
23. Disciplina 173

PARTE VI
O acto notarial em geral

24. Noção de acto notarial 177
25. Acto notarial e acto jurídico. Distinção necessária 178
26. A competência do notário 179
27. Impedimentos do notário 180
28. Requisitos gerais do instrumento notarial 181
29. Requisitos especiais 184
30. Intervenientes nos actos notariais 185
31. Nulidade do acto notarial 187
32. Efeitos da nulidade do acto notarial 190
33. Sanação da nulidade de acto notarial 190
34. Revalidação do acto notarial. Os actos notariais que podem ser objecto de revalidação 192
35. O processo de revalidação 193

PARTE VII
Os actos notariais em especial

SECÇÃO I
As escrituras

36. Observações gerais 197
37. As escrituras em geral 197
38. As escrituras especiais 198
39. As escrituras de habilitação notarial 199
40. As escrituras de justificação notarial 201
41. Extinção da responsabilidade de dívidas por emissão de títulos ... 210

SECÇÃO II
Os instrumentos avulsos

42. Instrumentos públicos avulsos. Observações gerais 210
43. Aprovação de testamentos cerrados 211
44. Depósito de testamentos 212

514 Tratado de Direito Administrativo Especial

45. Abertura de testamentos cerrados e testamentos internacionais......................... 213
46. Procurações, substabelecimentos e prestação de consentimento conjugal......... 214
47. Protestos 215
48. Averbamentos 216
49. Registos 217
50. Autenticação de documentos particulares... 217
51. Reconhecimentos 218
52. Cerificações, certidões e documentos análogos.. 219
53. Traduções... 222

PARTE VIII
**A recusa da prática de actos notariais pelo notário
e o recurso da decisão do notário**

Secção I
A recusa de práticas de actos notariais

54. Recusa da prática de acto notarial e o princípio da legalidade 223
55. Recusa de prática de actos jurídicos nulos 224
56. Outros fundamentos de recusa de outorga de actos notariais além da nulidade. 224
57. Outorga pelo notário de actos jurídicos anuláveis e ineficazes em sentido restrito 225

Secção II
Do recurso da recusa de actos pelo notário

58. Generalidades.. 226
59. Legitimidade para recorrer.. 226
60. O recurso hierárquico.. 227
61. O recurso judicial.. 228

PARTE IX
Acesso e cessação da actividade do notário

Secção I
O acesso ao notariado

62. A qualificação para o acesso ao notariado 231
63. O estágio profissional do candidato a notário 233
64. O concurso para o acesso.. 233
65. Atribuição do título de notário... 233
66. Concurso de licenciamento 236
67. Bolsa de notários... 237
68. A tomada de posse do notário... 237

Índice geral 515

SECÇÃO II
A cessação da actividade do notário

69. Factos que causam a cessação da actividade do notário 238
70. Efeitos da cessação da actividade do notário 240

PARTE X
O conselho do notariado

71. A criação do Conselho do Notariado 243
72. A competência do Conselho do Notariado 243
73. Funcionamento do Conselho do Notariado 244

PARTE XI
Fiscalização e disciplina da actividade notarial

SECÇÃO I

74. A origem do poder de fiscalização do Estado sobre os notários 245
75. A competência no âmbito da fiscalização dos notários 246
76. As inspecções aos notários. Termos em que podem ser feitas 246

SECÇÃO II
O poder disciplinar sobre os notários

77. A tutela disciplinar do Estado sobre os notários 247
78. Um poder disciplinar parcialmente concorrente 248
79. Os órgãos do poder disciplinar 249
80. O poder disciplinar e a função notarial 250
Bibliografia 253

DIREITO ADMINISTRATIVO DA CULTURA
JOSÉ LUÍS BONIFÁCIO RAMOS

1. Introdução 255
    1.1. Considerações gerais 255
    1.2. O Direito Administrativo da Cultura 256

2. Evolução do regime jurídico 261
    2.1. Razão de Ordem 261
    2.2. Manifestações esparsas de índole cultural 262

516 Tratado de Direito Administrativo Especial

2.3. A estruturação pública das iniciativas culturais 264
2.4. A autonomização da política cultural 269
2.5. O Ministério da Cultura 273
2.6. A Reestruturação da Administração 277

3. O Ministério: Os serviços auxiliares do gabinete ministeriaL 281
  3.1. A Secretaria Geral 281
  3.2. A Inspecção Geral 282
  3.3. O Gabinete de Planeamento e Relações Internacionais 284

4. As áreas culturais 286
  4.1. Razão de Ordem 286
  4.2. O Teatro, o Bailado e a Música 287
    4.2.1. Aspectos gerais 287
    4.2.2. O Teatro Nacional de São Carlos 287
    4.2.3. A Companhia Nacional de Bailado 296
    4.2.4. A Orquestra Nacional do Porto 300
    4.2.5. O Teatro Nacional D. Maria II 301
    4.2.6. O Teatro Nacional de São João 309
  4.3. As Artes 311
    4.3.1. Razão de Ordem 311
    4.3.2. A Arte Contemporânea 312
    4.3.3. A Fotografia 313
    4.3.4. As Artes do Espectáculo 314
    4.3.5. Os Direitos de Autor 317
  4.4. Cinema 320
    4.4.1. Razão de Ordem 320
    4.4.2. O Instituto do Cinema 320
    4.4.3. A Cinemateca 323
  4.5. Os Arquivos 325
  4.6. O Livro e a Biblioteca 327
    4.6.1 Razão de Ordem 327
    4.6.2. A Biblioteca 328
    4.6.3. O Livro 330
  4.7. O Património 332
    4.7.1. Razão de Ordem 332
    4.7.2. O Património Cultural 332
    4.7.3. O Património Arqueológico 338
  4.8. Os Museus e o Restauro 339
    4.8.1. Razao de Ordem 339
    4.8.2 O Instituto dos Museus 340
    4.8.3. O Restauro 343

5. As Academias e as Fundações 344
  5.1. Razão de Ordem 344

Índice geral 517

5.2. As Academias 345
5.3. As Fundações 347
6. O Financiamento 350
6.1. Razão de Ordem 350
6.2. O Fundo de Fomento Cultural 351
6.3. O Programa Operacional da Cultura 353
6.4. Apoios ao Cinema 357
6.5. O Apoio às Artes do Espectáculo 365
6.6. Outros Apoios 369

7. Conclusões 371
Bibliografia 373

DIREITO ADMINISTRATIVO DOS SEGUROS
MARIA JOSÉ RANGEL DE MESQUITA

1. A actividade seguradora e o direito administrativo dos seguros em Portugal:
breve evolução histórica 375

2. As fontes de direito 376
2.1. As fontes jurídico-internacionais 376
2.2. As fontes jurídico-comunitárias 378
2.3. As fontes internas 383
2.3.1 Enquadramento jurídico-constitucional 383
2.3.2. As fontes infra-constitucionais 384

3. O âmbito do direito administrativo dos seguros 387
3.1. O âmbito subjectivo 387
3.1.1. A empresa de seguros 388
3.1.2. A empresa de resseguros 388
3.1.3. A entidade gestora de fundos de pensões 389
3.1.4. O mediador de seguros ou de resseguros 391
3.1.5. O tomador do seguro, o segurado, a pessoa segura e o beneficiário ... 392
3.2. O âmbito material 394
3.2.1. O acesso e o exercício da actividade seguradora 395
3.2.2. O acesso e o exercício da actividade resseguradora 397
3.2.3. O acesso e o exercício da actividade de gestão de fundos de pensões 398
3.2.4. O acesso e o exercício da actividade de mediação de seguros ou de
resseguros 399
3.2.5. O contrato de seguro 400
3.2.6. A protecção do consumidor 401

4. Organização administrativa 402
4.1. A autoridade de supervisão: o Instituto de Seguros de Portugal ... 402

518 Tratado de Direito Administrativo Especial

4.1.1. Natureza jurídica 402
4.1.2. Atribuições e competência 403
4.2. Os Fundos de Garantia 405
4.2.1. O Fundo de Garantia Automóvel 406
4.2.2. O Fundo de Acidentes de Trabalho 409

5. O regime jurídico da actividade seguradora 410
5.1. Acesso à actividade 410
5.1.1. Sociedades anónimas de seguros 412
5.1.2. Mútuas de seguros 421
5.1.3. Sucursais de empresas de seguros com sede fora do território da União Europeia 422
5.1.4. Sucursais de empresas de seguros com sede no território de outros Estados membros da União Europeia 428
5.1.5. Livre prestação de serviços em Portugal por empresas de seguros com sede no território de outros Estados membros ... 430
5.1.6. Estabelecimento no território de outros Estados membros de sucursais de empresas de seguros com sede em Portugal ... 431
5.1.7. Livre prestação de serviços no território de outros Estados membros por empresas de seguros com sede em Portugal ... 433
5.2. Garantias prudenciais: garantias financeiras e sistema de governo ... 434
5.2.1 Garantias financeiras 434
5.2.2 Sistema de governo 439
5.3. Contratos e tarifas 440
5.4. Conduta de mercado 441
5.5. Supervisão 444
5.6. Transferências de carteira 446
5.7. Endividamento 447
5.8. Ilícitos e sanções 448

6. O regime jurídico da actividade resseguradora 450
6.1. Regime geral 450
6.2. Especificidades de regime 451

7. O regime jurídico dos fundos de pensões 453
7.1. Acesso à constituição e gestão 453
7.2. Estruturas de governação 456
7.3. Regime prudencial 457
7.4. Supervisão 457
7.5. Ilícitos e sanções 459

8. O regime jurídico da mediação de seguros ou de resseguros 460
8.1. Acesso à actividade 461
8.2. Supervisão 464
8.3. Ilícitos e sanções 465

Índice geral 519

9. A administrativização do regime jurídico do contrato de seguro...................... 466
  9.1. O princípio da imperatividade 466
    9.1.1. Disposições absolutamente imperativas... 467
    9.1.2. Disposições relativamente imperativas.. 473
  9.2. Deveres de informação 486

10. As taxas a favor das entidades públicas no âmbito da organização administrativa em matéria de actividade seguradora.. 488
  10.1. Taxas a cargo do tomador do seguro... 492
  10.2. Taxas a cargo da empresa de seguros.. 498
Bibliografia 503
Abreviaturas e siglas 507